Romantic Outlaws: the extraordinary lives of Mary Wollstonecraft and Mary Shelley

Copyright © 2015 by Charlotte Gordon
All rights reserved.

Tradução para a língua portuguesa
© Giovanna Louise Libralon, 2020

**Diretor Editorial**
Christiano Menezes

**Diretor Comercial**
Chico de Assis

**Gerente Comercial**
Giselle Leitão

**Editores**
Bruno Dorigatti
Marcia Heloisa
Raquel Moritz

**Editora Assistente**
Nilsen Silva

**Capa e Projeto Gráfico**
Retina 78

**Coordenador de Arte**
Arthur Moraes

**Designers Assistentes**
Aline Martins/Sem Serifa
Flávia Castro
Sergio Chaves

**Finalização**
Sandro Tagliamento

**Revisão**
Carla Bitelli
Cecília Floresta
Felipe Pontes

**Impressão e acabamento**
Ipsis Gráfica

---

DADOS INTERNACIONAIS DE CATALOGAÇÃO NA PUBLICAÇÃO (CIP)
Andreia de Almeida CRB-8/7889

Gordon, Charlotte
  Mulheres extraordinárias : as criadoras e a criatura / Charlotte Gordon ; tradução de Giovanna Louise Libralon. — Rio de Janeiro : DarkSide Books, 2020.
  624 p.

  Bibliografia
  ISBN: 978-85-9454-220-5
  Título original: Romantic Outlaws

  1. Escritoras inglesas – Biografia 2. Literatura inglesa 3. Wollstonecraft, Mary, 1759-1797 4. Shelley, Mary Wollstonecraft, 1797-1851 I. Título II. Libralon, Giovanna Louise

20-1350                                              CDD 828.609

Índices para catálogo sistemático:
  1. Escritoras inglesas – Biografia

---

[2020]
Todos os direitos desta edição reservados à
**DarkSide®** *Entretenimento LTDA.*
Rua Alcântara Machado, 36, sala 601, Centro
20081-010 — Rio de Janeiro — RJ — Brasil
**www.darksidebooks.com**

# Charlotte gordon

**MARY WOLLSTONECRAFT & MARY SHELLEY**

# MULHERES EXTRAORDINÁRIAS

## AS CRIADORAS & A CRIATURA

TRADUÇÃO
GIOVANNA LOUISE LIBRALON

PREFÁCIO E NOTAS
LUZIANE CECCONI

DARKSIDE

*Para minha mãe,*
*Emily Conover Evarts Gordon*

*A lembrança da minha mãe sempre foi
o orgulho e a alegria da minha vida.*

— Mary Shelley —

# · Sumário ·

**PREFÁCIO:** Além do tempo e do sangue ................................ 13
**INTRODUÇÃO** ........................................................................ 15

01. Uma morte e um nascimento | 1797-1801 ............................... 21
02. **MARY WOLLSTONECRAFT:** Primeiros anos | 1759-1774 ......................... 31
03. **MARY GODWIN:** Infância e uma nova família | 1801-1812 ..................... 43
04. **MARY WOLLSTONECRAFT:** Hoxton e Bath | 1774-1782 ........................ 57
05. **MARY GODWIN:** Escócia, um "ninho de liberdade" | 1810-1814 ............... 71
06. **MARY WOLLSTONECRAFT:** Independência | 1783-1785 ........................ 83
07. **MARY GODWIN:** "O momento de sublime êxtase" | 1814 ...................... 97
08. **MARY WOLLSTONECRAFT:** Sobre a educação das filhas | 1785-1787 ........ 111
09. **MARY GODWIN:** A fuga | 1814 ................................................. 123
10. **MARY WOLLSTONECRAFT:** Londres | 1786-1787 ............................. 133
11. **MARY GODWIN:** Londres e Bishopsgate | 1814-1815 ......................... 145
12. **MARY WOLLSTONECRAFT:** A primeira reivindicação | 1787-1791 ........... 163
13. **MARY GODWIN:** "Louca, cruel e perigosa de conhecer" | 1816 ............... 177
14. **MARY WOLLSTONECRAFT:** "Uma revolução feminina" | 1791-1792 .......... 193
15. **MARY GODWIN:** Acessos de fantasia | 1816 .................................. 207
16. **MARY WOLLSTONECRAFT:** Paris | 1792-1793 ................................. 221
17. **MARY SHELLEY:** Retribuição | 1816-1817 .................................... 233
18. **MARY WOLLSTONECRAFT:** Apaixonada | 1792 ................................ 249
19. **MARY SHELLEY:** Marlow e Londres | 1817-1818 ............................. 261
20. **MARY WOLLSTONECRAFT:** "Maternidade" | 1793-1794 ....................... 273
21. **MARY SHELLEY:** Itália, "as horas felizes" | 1818-1819 ...................... 285
22. **MARY WOLLSTONECRAFT:** Abandonada | 1794-1795 ......................... 299

# · Sumário ·

23. **MARY SHELLEY:** "Nosso pequeno Will" | 1818–1819 ............................ 309
24. **MARY WOLLSTONECRAFT:** "Você não me esquecerá" | 1795 ................ 323
25. **MARY SHELLEY:** "A mente de uma mulher" | 1819 ............................. 335
26. **MARY WOLLSTONECRAFT:** A volta para casa | 1795–1796 .................. 343
27. **MARY SHELLEY:** "Quando chega o inverno" | 1819–1820 .................... 357
28. **MARY WOLLSTONECRAFT:** "Uma consideração humana" | 1796 ......... 371
29. **MARY SHELLEY:** Pisa | 1820–1821 ....................................................... 385
30. **MARY WOLLSTONECRAFT:** Apaixonada outra vez | 1796 .................... 401
31. **MARY SHELLEY:** "A Liga do Incesto" | 1821–1822 ............................... 413
32. **MARY WOLLSTONECRAFT:** "Ser independente" | 1797 ....................... 429
33. **MARY SHELLEY:** "Tudo acabou" | 1822 ............................................... 441
34. **MARY WOLLSTONECRAFT:** "Um pouco de paciência" | 1797 .............. 465
35. **MARY SHELLEY:** "Na mais profunda solidão" | 1823–1828 ................. 479
36. **MARY WOLLSTONECRAFT:** As memórias | 1797–1801 ........................ 497
37. **MARY SHELLEY:** Uma vida de escrita | 1832–1836 ............................. 509
38. **MARY WOLLSTONECRAFT:** *The Wrongs of Woman* | 1797–1798 ...... 521
39. **MARY SHELLEY:** Divagações | 1837–1848 .......................................... 529
40. **MARY E MARY:** Esforços heroicos ....................................................... 547

**NOTAS** ............................................................................................... 559
**NOTA BIBLIOGRÁFICA: CARTAS DE PERCY BYSSHE SHELLEY** ......... 603
**BIBLIOGRAFIA ESCOLHIDA** ............................................................. 605
**CRÉDITO DAS IMAGENS** .................................................................. 617
**AGRADECIMENTOS** .......................................................................... 620

PREFÁCIO
# ALÉM DO TEMPO E DO SANGUE

"Como se deve ler este livro?" é a pergunta que os leitores farão a si mesmos ao se depararem com os quarenta capítulos sobre a vida destas mulheres extraordinárias: Mary Wollstonecraft e sua filha, Mary Shelley. Para começar, podemos resgatar a lição de Virginia Woolf (1926)[1] e aconselhá-los a manter a mente aberta, se deixar envolver para obter o máximo que esta experiência de leitura pode oferecer. Biografias e memórias, leciona Virginia, permitem-nos assistir aos antepassados em seus afazeres cotidianos, acompanhá-los em passeios pelas ruas de outra época, percebê-los sob outra luz e "retornar" ao nosso presente com uma percepção diversa sobre seus feitos históricos.

Nesta dupla biografia, Gordon entrelaça as vidas de Wollstonecraft e Shelley em um movimento que nos permite viajar de uma geração à outra e notar que, embora muitas coisas tenham se transformado de 1759 a 1848, pouco essencialmente mudou. Estamos falando de duas mulheres na convergência das Revoluções Industrial e Francesa, do Iluminismo e Romantismo, que viveram experiências muito semelhantes de injustiça por causa de seu gênero. Nenhuma delas chegou a presenciar a realização dos ideais que defendiam, mas ambas deixaram como legado as marcas da resistência feminina em tudo que escreveram e publicaram.

Os leitores poderão optar por ler este livro de duas formas diferentes: seguir a sequência proposta pela autora, com a alternância entre os anos da vida de Wollstonecraft e de Shelley, ou ler primeiro os capítulos pares e depois os ímpares, para assim obter uma sequência linear da história. De um jeito ou de outro, é inevitável o mergulho no universo oitocentista dos grandes escritores, artistas, poetas e pensadores, que Gordon explora tão bem. É surpreendente a quantidade de informação que podemos obter sobre a condição jurídica, social, econômica, política e cultural das mulheres da época, o que torna esta biografia muito singular.

---

1 Woolf, Virginia. "How should one read a book?" [Como se deve ler um livro]. *The Yale Review*, n. 1, vol. 89, 2001, p. 41-52.

Não só mãe e filha foram, elas mesmas, figuras importantes na história do feminismo, como também, a partir delas, é possível acessar as histórias de outras mulheres (antepassadas e contemporâneas), tais como Mary Astell, Charlotte Corday, Olympe de Gouges, Mary Wortley Montagu e a brasileira Nísia Floresta. É também por meio da experiência das duas escritoras que podemos entender o papel central que o trabalho editorial cumpriu (e cumpre) na perpetuação das ideias sobre igualdade de gêneros, em conjunto com as atividades de tradução que garantiram (e garantem) o trânsito desses registros por todo o mundo. Além disso, o resgate dessas obras protofeministas confirma a importância da pesquisa historiográfica como uma verdadeira atividade de escavação em busca de nomes e referências marginais daquelas que, justamente por estarem no lado das "perdedoras", acabaram ocultadas pela história dos "vencedores".

As referências femininas que a autora traz reforçam a necessidade de aprofundarmos a conexão com as vozes extraordinárias do passado, estejam elas à nossa espera em porões de bibliotecas (vários casos de escritoras que são "descobertas" no fundo de estantes) ou escondidas em nossa própria árvore genealógica (conhecer a história familiar pode trazer algumas revelações), não para cultuá-las como ícones estáticos, mas para aprender com suas experiências. Shelley cultivou a memória de Wollstonecraft, e talvez essa seja a moral da história.

*Luziane Cecconi*
Uma rebelde transgressora
Verão de 2019

# INTRODUÇÃO

No dia 30 de agosto de 1797, em Londres, Inglaterra, uma recém-nascida lutava pela vida. Pequena e fraca, não se esperava que ela sobrevivesse. A mãe se esforçava para expelir a placenta, mas estava tão exausta que um médico foi chamado para ajudar. Ele removeu a placenta cirurgicamente, mas não havia lavado as mãos, transmitindo de forma inadvertida os germes de uma das doenças mais perigosas da época: a febre puerperal ou do parto. Dez dias depois, a mãe morreu; porém, para a surpresa de todos, o bebê sobreviveu. Pelo resto da vida, a filha lastimaria a perda da mãe, dedicando-se à preservação do legado materno e culpando-se por sua morte.

Essa é a história de um dos nascimentos mais famosos da história da literatura. O nome da mulher que morreu era Mary Wollstonecraft. Cinco anos antes, Wollstonecraft escandalizara a opinião pública ao publicar *Reivindicação dos Direitos da Mulher*[1] — uma denúncia das leis e preconceitos injustos que restringiam a vida das mulheres do século XVIII. A filha que ela deixou viria a se tornar a lendária Mary Shelley, que, aos 19 anos, escreveria *Frankenstein*, um romance tão famoso que dispensa apresentações.

Não obstante, mesmo aqueles familiarizados com as figuras de Wollstonecraft e Shelley por vezes ainda se surpreendem ao descobrir que as duas eram mãe e filha. Por gerações inteiras, a morte prematura de Wollstonecraft levou muitos estudiosos a subestimar seu impacto sobre Shelley; eles viam mãe e filha como figuras desvinculadas que representavam perspectivas

---

1 O livro, publicado em 1792, aproximadamente cem anos antes do princípio do movimento sufragista inglês (a União Nacional pelo Sufrágio Feminino foi fundada na Inglaterra em 1897, por Millicent Fawcett), é uma crítica aberta e contundente ao modo arbitrário como os homens impuseram condições humilhantes às mulheres. Escrito em uma estrutura própria dos livros teóricos, *Reivindicação dos Direitos da Mulher* apresenta premissas, define o problema, explora hipóteses, enuncia objetivos e propõe soluções. Quanto ao conteúdo, Wollstonecraft foi capaz de alternar divagações abstratas, como "razão", "virtudes" e "liberdade", com o relato da vida concreta das mulheres, lançando um olhar crítico sobre a sociedade inglesa da época. Isso torna a leitura de *Reivindicação dos Direitos da Mulher* mais desafiadora, pois a obra consegue ao mesmo tempo preservar o tom pessoal do discurso e o rigor da crítica. [Notas complementares por Luziane Cecconi, daqui em diante identificadas como NC]

filosóficas e movimentos literários diferentes. Shelley aparece no epílogo de biografias de Wollstonecraft, e Wollstonecraft consta nas páginas introdutórias dos relatos da vida de Shelley.

*Mulheres Extraordinárias: As Criadoras e a Criatura* é o primeiro estudo de fôlego da vida dessas duas mulheres. No entanto, apesar de seu caráter tardio, este livro deve muito ao trabalho de estudiosos anteriores. Sem seus esforços, teria sido impossível explorar a contribuição de Wollstonecraft na vida e na obra de Shelley, bem como a obsessão de Shelley pela mãe.

Essa afirmação pode soar estranha. Como poderia uma mãe que morreu dez dias depois de dar à luz ter causado tamanho impacto sobre a filha? Entretanto, por mais inusitado que pareça, a influência de Wollstonecraft sobre a filha foi profunda. Sua filosofia radical moldou Shelley, inflamando-lhe a determinação de se tornar alguém e de criar uma obra-prima exclusivamente sua. Ao longo da vida, Shelley leu e releu os livros da mãe, muitas vezes decorando suas palavras. Havia um enorme retrato de Wollstonecraft na parede do lar onde Mary Shelley passou a infância. A garota o analisava, comparando-se com a mãe, na esperança de encontrar semelhanças. O pai de Mary Shelley, bem como os amigos dele, apresentavam Wollstonecraft como um paradigma de virtude e amor, enaltecendo sua genialidade, bravura, inteligência e originalidade.

Envolvida como estava pelas ideias da mãe e criada por um pai que nunca conseguiu superar a perda da esposa, Mary Shelley ansiava viver de acordo com os princípios da mãe, satisfazer as aspirações dela e resgatar Wollstonecraft das sombras da história, tornando-se, se não a própria Wollstonecraft, sua filha ideal. Incontáveis vezes ela reimaginava o passado e reformulava o futuro em um desventurado esforço de ressuscitar a falecida, mantendo os olhos fixos no que ela jamais poderia trazer de volta, mas que buscava reproduzir em tempos muitos diferentes.

Quanto a Wollstonecraft, embora tenha partilhado de apenas dez dias com a filha, ela foi profundamente influenciada pela *ideia* de filhos. Destinou a maior parte do trabalho de sua vida para a geração seguinte, imaginando como poderia ser a vida dessas crianças e de que modo poderia ajudá-las a herdar um mundo mais justo.[2] As primeiras obras de Wollstonecraft, escritas antes de sua famosa *Reivindicação*, foram manuais

---

2 Em seus textos, Wollstonecraft deixa muito evidente sua confiança nas gerações vindouras, consciente de que ela mesma não usufruiria dos direitos que reivindicava. Em *Reivindicação dos Direitos da Mulher*, por exemplo, quando faz a defesa da representatividade política das mulheres, a autora admite que a ideia por si só poderia provocar risadas daqueles que não compartilham dos mesmos ideais de igualdade entre os gêneros. O ativismo de Wollstonecraft foi marcado por um profundo sentimento de solidariedade com as mulheres do passado, do presente e do futuro. [NC]

pedagógicos, livros sobre como educar crianças e sobre *o que* ensinar, em especial às meninas. Condenada por sua própria época, Wollstonecraft se voltou para quem viria depois, inspirando-se naqueles que talvez viessem a ler seus livros após a sua morte, sem jamais ter sequer sonhado que uma de suas mais importantes leitoras acabaria sendo a própria filha que deixou.

*Mulheres Extraordinárias: As Criadoras e a Criatura* alterna entre a vida de Wollstonecraft e a de Shelley, permitindo que os leitores ouçam o eco de Wollstonecraft nas cartas, nos diários e nos romances escritos por Shelley, e mostrando com que frequência Wollstonecraft dirigia seus escritos para o futuro, para a filha que planejava educar. Existem muitas biografias detalhadas dessas duas mulheres, escritas por alguns dos mais distintos estudiosos da literatura de gerações anteriores, mas este livro lança uma nova luz sobre Wollstonecraft e Shelley ao explorar as interseções da vida delas. E são muitas as interseções.

Mãe e filha tentaram se libertar da ação repressora da sociedade elegante, esforçando-se para equilibrar sua necessidade de amor e companheirismo com sua necessidade de independência. Elas enfrentaram com coragem as críticas de seus pares, escrevendo obras que abordavam as questões mais polêmicas da época. Corajosas, apaixonadas e visionárias, violaram quase todas as regras possíveis. Ambas tiveram filhos fora do casamento. Ambas lutaram contra as injustiças que as mulheres enfrentavam e escreveram livros que revolucionaram a história.

Suas conquistas são ainda mais impressionantes porque elas viveram em uma época em que as mulheres eram consideradas incapazes de conduzir sua própria vida.[3] Embora se tratasse de uma era revolucionária — Wollstonecraft viveu à época das Revoluções Americana e Francesa, e Shelley atingiu a maioridade no ápice do Romantismo[4] —, a maior parte de seus contemporâneos julgava o conceito de direitos das mulheres algo tão absurdo quanto direitos dos chimpanzés. Na realidade, os chimpanzés (e outros animais) ganhariam proteção legal em 1824, vinte anos antes da

---

3   Para Wollstonecraft, o paradigma da inferioridade da mulher era reforçado pelo tipo de educação feminina defendido na época. Em Rousseau, por exemplo, ela denuncia a ilusão criada na mente das meninas de que a exaltação da beleza, da suavidade e da submissão as coloca em uma posição especial de poder. Hoje em dia é muito mais fácil identificar doutrinas incapacitantes; porém, na época de Wollstonecraft e Shelley, o discernimento sobre o que realmente consistia em poder e autonomia das mulheres era traído pela alta romantização do ser feminino. [NC]

4   Entre os escritores, a figura da mulher permanecia restrita ao lugar de musa inspiradora. Poucos trataram da desigualdade entre os gêneros ou ousaram romper com o mito do feminino. Daí a importância da rebeldia de Wollstonecraft e Shelley, para fazer o contraponto entre Romantismo e Iluminismo: o primeiro nega a dimensão humana da mulher, e o segundo lhe nega a razão. [NC]

aprovação da primeira lei que limitava, mas não proibia, a violência contra as mulheres. Especialistas pregavam que as mulheres eram irracionais e fracas. As garotas eram ensinadas a ser submissas a seus irmãos, pais e maridos. Mulheres casadas não podiam ser proprietárias de imóveis.[5] Salvo em circunstâncias muito raras, não podiam dar entrada em pedidos de divórcio. Os filhos eram propriedade do pai. Não só era lícito que o marido batesse na esposa[6] como os homens eram encorajados a manter as mulheres sob seu controle, punindo qualquer comportamento que considerassem rebelde. Caso um homem fracassasse em tais deveres, era tido como alguém sob o domínio feminino e sua masculinidade era questionada. Se uma mulher tentasse fugir de um marido cruel ou violento, era vista como uma fugitiva, e o marido tinha o direito judicial de aprisioná-la.

Não surpreende que, em um ambiente como esse, os críticos escarnecessem da obra de mãe e filha. Seus contemporâneos as ridicularizavam e insultavam, chamando-as de putas e fazendo ofensas ainda piores. Mesmo suas próprias famílias as rejeitaram. Para os inimigos, elas eram como os raios de uma tempestade: destruidoras e imprevisíveis. Diante da hostilidade que enfrentaram, sua história é uma história de coragem e inspiração. Wollstonecraft e Shelley resistiram à pobreza, ao ódio, à solidão e ao exílio, bem como ao desrespeito da vida cotidiana — aos insultos e à fofoca, aos silêncios e às pessoas que lhes davam as costas —, a fim de escrever

---

5 Na Inglaterra, o direito das mulheres casadas a adquirir propriedades foi institucionalizado em 1870 pelo Married Women's Property Act [a lei pela propriedade das mulheres casadas], como resultado de repetidas decisões a favor das esposas (os casos mais emblemáticos são Hulme v. Tenant e Peacock v. Monk). Assim, elas passaram a ser consideradas capazes, aos olhos da lei, de exercer as responsabilidades de proprietárias e administradoras dos próprios recursos. Até então, estavam à margem do sistema jurídico, e os bens que lhes correspondiam, fosse por herança ou esforço próprio, automaticamente passavam à propriedade do marido, que tinha total poder para dispor deles. [NC]

6 A agressão contra mulheres, denominada *wife beating*, não era proibida pelo *common law* (direito costumeiro e não registrado por escrito da sociedade inglesa) por ser entendido como um direito legítimo dos homens da época. Isso porque as esposas eram tidas como pessoas juridicamente incapazes e intelectualmente inferiores, de modo que cabia aos maridos — chefes da casa — a educação de suas esposas e filhas. Era comum impor disciplina com socos e pancadas. Após 1853, com o advento da lei pela melhor prevenção e punição de agressões contra mulheres e crianças (Act for the Better Prevention and Punishment of Aggravated Assaults Upon Women and Children), a prática de disciplinamento das mulheres com o uso da violência deixou de ser considerada direito legítimo dos homens e passou a ser condenável, o que possibilitou a prisão sumária dos agressores. Entretanto, há registros de que os efeitos da lei não surtiram como esperado, evidenciando a necessidade de transformações muito mais profundas na sociedade no que tangia à vida das mulheres. A exemplo da pesquisa publicada por Florence Fenwick Miller em 1899, em muitos casos os homens obtinham condenações mais brandas ao justificar que foram provocados pelas esposas, ou que estavam bêbados, ou que não foram servidos com um jantar adequado ao seu gosto. [NC]

palavras que não deveriam escrever e levar vidas que não deveriam ter. O que as sustentava era sonhar com o dia em que, muito depois de sua morte, seus leitores concordariam com suas ideias: que as mulheres são iguais aos homens; que todas as pessoas merecem os mesmos direitos; que a razão humana e a capacidade de amar podem melhorar o mundo; que os grandes inimigos da felicidade são a ignorância, a pobreza, a crueldade e a tirania; e que toda pessoa tem direito à justiça e à liberdade. E particularmente à última. Para mãe e filha, a liberdade era o mais importante, a chave que abriria os portões da mudança.

"TENDO O EPITÁFIO DO TÚMULO DE MINHA MÃE POR PRIMEIRA CARTILHA, APRENDI A LER." — TRECHO DE *MRS. LEICESTER'S SCHOOL*, PUBLICADO POR WILLIAM GODWIN.

CAPÍTULO 1
# UMA MORTE E UM NASCIMENTO
[1797–1801]

Era uma tarde ensolarada no fim de agosto de 1801. Alguns quilômetros ao norte de Londres, Mary Godwin, então aos 3 anos de idade, segurava a mão do pai quando atravessavam os portões do terreno da igreja de St. Pancras. Eles seguiam para uma visita ao túmulo da mãe da garota, em um cemitério tão familiar a Mary quanto sua própria casa. Ela e o pai, William, iam até lá quase todos os dias. Aquele lugar parecia mais uma pastagem que um cemitério. A relva crescia em tufos irregulares; havia velhas lápides caídas no chão, e uma cerca baixa separava o terreno dos campos abertos.

William Godwin não achava estranho ensinar a filha pequena a ler valendo-se da lápide da mãe. E Mary era ávida por aprender tudo que seu pai tivesse a ensinar. A seus olhos, ele era "maior, mais sábio, e melhor [...] que qualquer outro ser". Ele também era tudo que lhe restava.

A garotinha começou traçando cada letra com os dedos: "Mary Wollstonecraft Godwin". Exceto pelo "Wollstonecraft", o nome era igual ao dela: MARY GODWIN. Uma, morta. A outra, viva. Aquela lápide poderia ser dela. A garota ansiava por se juntar à mãe, Mary Wollstonecraft, a mulher que ela jamais conhecera, mas que amava mesmo assim.

Mary Godwin nascera em 30 de agosto de 1797, no fim de um mês em que um cometa flamejante atravessara os céus de Londres. Por toda a Inglaterra, as pessoas haviam especulado acerca de seu significado. Um bom augúrio, pensaram seus pais. Eles não poderiam imaginar que Wollstonecraft morreria de febre puerperal dez dias depois, deixando uma filha tão pequena e fraca que provavelmente logo acompanharia a mãe. No entanto, sob os cuidados da querida amiga de Wollstonecraft, Maria Reveley, Mary foi ganhando forças e, quando completou um mês, embora ainda pequena para a idade, berrava todas as horas do dia e da noite. A meia-irmã, Fanny, então com 3 anos e de um temperamento amável, filha ilegítima de Wollstonecraft com outro homem, tentava acalmar os choros de Mary, mas não havia nada que se pudesse fazer. O bebê não se acalmava.

Godwin pediu ao amigo William Nicholson, especialista em fisionomias, que mensurasse o crânio e os traços faciais de Mary, mas o bebê guinchou durante o exame inteiro, levando o exasperado Nicholson a informar que: "A boca foi demasiadamente usada para que pudesse ser bem observada". Todavia, ele disse a Godwin que notara indícios de "memória e inteligência consideráveis", bem como uma "sensibilidade aguçada". O único potencial negativo, segundo Nicholson, em observação aos gritos da criança, era que ela pudesse ser "irascível em sua resistência".

Godwin, Fanny e Mary moravam no número 29 do Polígono, um quarteirão semicircular de casas georgianas altas em Somers Town, pouco mais de três quilômetros ao norte da catedral de St. Paul.

O Polígono já foi demolido há muito tempo e, embora haja uma placa na Werrington Street informando que os Godwin viveram ali, é preciso algum esforço da imaginação para vê-los, hoje, atrás de St. Pancras. Hospitais, novos empreendimentos e casas custeadas pelo município substituíram as lojas, os roseirais e os estábulos da infância de Mary. No início da década de 1800, sua casa ficava no campo, bem afastada da cidade. Uma estrada de terra levava até a catraca branca na entrada de Clarendon Square, onde 32 casas geminadas haviam sido construídas como parte de um experimento inicial de vida suburbana. O número 29 tinha uma grande sala de estar com uma lareira de consolo de mármore, na qual Godwin recebia seus convidados e onde Mary e Fanny aprenderam a permanecer em silêncio durante as conversas dos adultos. Os jantares da família aconteciam na sala de jantar, no piso superior, onde podiam sair para uma sacada de ferro forjado para contemplar as charnecas agrestes, Hampstead e Highgate. Da janela de seu quarto, no último andar, Mary via o rio Fleet e a estreita faixa que levava ao túmulo da mãe.

Amplas e elegantes, essas casas tinham valor acessível por ficarem distantes da requintada e moderna área de West End; porém, para a família Godwin e muitas outras, Somers Town era a combinação ideal, um truísmo dos modernos corretores de imóveis: a tranquilidade de uma cidade pequena a uma curta distância da cidade, uma "fuga" de Londres, como um contemporâneo chamava tais empreendimentos. Depois que Mary atingiu idade suficiente, ela e Fanny passeavam pela praça com a ama, observando com curiosidade, pelas janelas de vidro plano, o interior dos estabelecimentos do boticário, do fabricante de brinquedos, do mercador de tecidos, do comerciante de aviamentos, do seleiro e do chapeleiro. Por vezes, as garotas tinham permissão de escolher uma fita ou ir à casa de chá tomar um *syllabub* espumante, uma deliciosa bebida doce feita com creme batido e vinho ou suco de frutas. Um vendedor de bolinhos doces cujo apelido era "Prefeito de Garratt" circulava pela praça, empurrando seu carrinho e tocando uma sineta. Relojoeiros e ourives se debruçavam sobre mesas de trabalho, malhando metais preciosos ou examinando relógios de bolso com lupas. Esses homens eram refugiados da Revolução Francesa e, se as garotas tivessem sorte, um deles poderia erguer os olhos e cumprimentá-las com uma leve mesura, ou dizer *bonjour* pela porta aberta, o que era uma experiência exótica.

Godwin mantinha uma rotina que, para as filhas, parecia insculpida em rocha, tão constante como o tiquetaquear do relógio. Filósofo político e romancista de renome, Godwin não admitia quaisquer interrupções quando estava escrevendo; as ideias vinham em primeiro lugar na casa da família Godwin. Ele trabalhava até a uma da tarde, almoçava e depois lia para as meninas.

Juntos, eles desfrutavam a leitura de *Mamãe Gansa*, de Perrault, e das *Fábulas* de La Fontaine. Em dias especiais, Godwin escolhia o livro que a mãe das garotas escrevera para Fanny antes de morrer. O estilo afetuoso e loquaz de Wollstonecraft fazia parecer que ela estava de fato na sala: "Quando tinha fome, você começava a chorar", dizia ela, dirigindo-se diretamente a Fanny. "Você tinha sete meses, não tinha nenhum dente e estava sempre mamando. Mas, depois de ganhar o primeiro, você começou a roer cascas de pão. Não demorou muito para nascer o segundo dente. Aos dez meses, você tinha quatro belos dentes brancos, que usava para me morder. Coitada da mamãe!"

Havia lembranças dessa mãe amorosa por toda parte, desde o retrato pendurado no gabinete de estudos de Godwin até os livros que se enfileiravam nas estantes. Godwin dava o melhor de si para homenagear a esposa falecida, mas não tinha vocação para a educação de crianças pequenas. Ele passara a maior parte da vida solteiro, tendo casado-se com Mary Wollstonecraft já aos 41 anos de idade. Criado por rígidos calvinistas, podia se mostrar aflitivamente reservado e era parcimonioso com o tempo e o dinheiro, organizando seus horários com cuidado para evitar perder tempo de trabalho.

No fim da tarde, homens e mulheres ilustres se reuniam em sua casa para lhe prestar homenagem. Muitas das pessoas que visitavam Godwin ansiavam por conhecer as filhas de Wollstonecraft, em especial Mary, que, como filha daqueles dois intelectuais de peso, parecia destinada à fama. Ela se habituara a ouvir um silenciar das pessoas quando entrava na sala, alguma respiração mais profunda, como se ela fosse uma grande dignitária; os convidados apontavam para seus belos cabelos avermelhados, os grandes olhos claros — como eram parecidos com os da mãe, diziam —, como havia sido esplêndida a primeira Mary, como era sensata e corajosa, como era afetuosa; um gênio e uma bela mulher também. Por certo, a filha haveria de seguir seus passos.

De cabelos castanhos e com marcas deixadas pela catapora, Fanny era relegada ao segundo plano em tais eventos. Ela sabia que a precedência era de Mary. Quando se casou com Wollstonecraft, Godwin adotou Fanny, que era filha de Gilbert Imlay, o parceiro anterior de Wollstonecraft. Godwin amava Fanny, mas tinha verdadeira adoração por sua "própria" filha, descrevendo Mary como "inteligente", "bonita" e "consideravelmente superior" a Fanny, que era "lenta" e "propensa à indolência". Se alguém lhe tivesse chamado a atenção para esse óbvio favoritismo, ele teria respondido que apenas dizia a verdade; que todas as indicações apontavam para a superioridade da pequena Mary, observação que tinha o benefício adicional de provar sua própria superioridade em relação a Imlay. Em seu favor, é preciso dizer que Godwin nunca julgou Wollstonecraft por seu caso amoroso, embora nunca tenha superado o ciúme que tinha da paixão que ela sentira por Imlay.

A despeito da paixão de Godwin, a jovem Mary sempre impressionou as pessoas, mostrando-se uma criança incomum. Delicada, com a pele de uma palidez quase fantasmagórica, cachos acobreados, olhos enormes e boca pequena, ela viera ao mundo de uma maneira tão trágica que o pesar a seguia como a cauda de um vestido de noiva. Quando as visitas falavam com a menina, ficavam impressionadas com o que parecia ser uma inteligência sobrenatural da parte dela. George Taylor, um dos fãs de Godwin, visitou o viúvo duas vezes durante o primeiro ano da vida da pequena Mary. Na primeira visita, embora gostasse de brincar com a bebê, ele não notou nada de extraordinário. Foi em sua segunda visita que se surpreendeu, quando teve a impressão de que a garotinha de nove meses "conheceu-me imediatamente e estendeu os braços". Como seria possível que ela tivesse se lembrado dele?

Um dos especiais adoradores de Mary era o poeta Samuel Taylor Coleridge,[1] que fez sua primeira visita ao Polígono no inverno de 1799, quando tinha 27 anos de idade, e Mary, apenas dois. Admirador de Godwin, e ainda mais de Wollstonecraft, o jovem poeta se sentia solitário, estando afastado da esposa e vivendo longe da família. Quando ia jantar na casa dos Godwin, ficava ainda muito tempo depois do horário em que as garotas deveriam ir para a cama, mantendo a família acordada até tarde com suas histórias.

Para as meninas, ele era como uma das criaturas mágicas de *Mamãe Gansa*. Com uma covinha no queixo, o rosto rechonchudo, longos cabelos revoltos, grossas sobrancelhas e lábios incrivelmente avermelhados, Coleridge era

---

[1] Em 1798, Samuel Taylor Coleridge e William Wordsworth publicaram uma coleção de poemas sob o título *Lyrical Ballads* [Baladas líricas], considerada uma das obras inaugurais do Romantismo. [NC]

MARY WOLLSTONECRAFT DURANTE A GRAVIDEZ DE MARY GODWIN, RETRATO PINTADO POR JOHN OPIE, EM 1797.

GRAVURA DE SAMUEL TAYLOR COLERIDGE, FEITA POR WILLIAM SAY (1840) COM BASE NO RETRATO DE JAMES NORTHCOTE, QUE PINTOU O POETA AINDA JOVEM, EM 1804, POR VOLTA DA ÉPOCA EM QUE MARY O CONHECEU.

um fantástico contador de histórias. Mesmo o pedante Godwin sentava-se de bom grado para ouvi-lo.

No entanto, Coleridge ficava impressionado com a quietude de sua plateia. Godwin educara as filhas para que tivessem um comportamento perfeito na companhia de outras pessoas — comportamento perfeito demais, pensava Coleridge. A própria Mary, que era muito mais indomável que a irmã, conseguia permanecer em silêncio por horas na presença de convidados, sem ao menos se remexer. Posteriormente, Mary viria a dizer que, embora a amasse, o pai era muito rigoroso e exigente no tocante à disciplina, e raramente carinhoso. Em um de seus retratos ficcionais de um pai e uma filha, baseado em seu próprio relacionamento com Godwin, ela escreveu:

> [Meu pai] nunca me acariciava; nas raras vezes que afagava minha cabeça ou me colocava sobre os joelhos, eu sentia uma mistura de receio e alegria que é difícil descrever. Ainda assim, é estranho dizer, meu pai me amava quase ao ponto da idolatria; e eu sabia disso, e retribuía seu afeto com uma ternura arrebatada, apesar de sua reserva e de meu respeito.

Coleridge acreditava que a frieza de Godwin prejudicava as filhas. Fanny e Mary deveriam ser mais parecidas com seu garotinho Hartley, de 3 anos de idade, que raramente ficava quieto e nunca parava. Ele cavalgava o vento como um pássaro, dizia Coleridge, "usando o ar das brisas como uma corda de pular". De início, Godwin ficou impressionado com a descrição que o pai orgulhoso fez desse jovem espírito livre, mas mudou sua opinião quando conheceu Hartley. Na ocasião, como se recorda Coleridge, o garoto "acertou um pino de boliche com tanta força nas canelas do filósofo que Gobwin [como Hartley o chamava], sentindo muita dor, rezou um sermão [à esposa de Coleridge] a respeito de sua turbulência".

Todavia, Godwin tinha suficiente respeito pelo amigo poeta a ponto de permitir que ele tentasse alegrar suas filhas. Embora tenha escrito poemas sombrios como "Dejection: an Ode" [Melancolia: uma ode] e "A Balada do Velho Marinheiro",[2] Coleridge gostava de toda sorte de piadas e tinha um vasto repertório de truques. Ele amava histórias de fantasmas e conhecia muitas e muitas cantigas infantis. "Faço trocadilhos, charadas, ouço as meninas e danço", disse ele, certa vez, a um amigo. O poeta fazia os dedos da mão galoparem como cavalos ou "fugirem como cervos perseguidos por cães de caça" — um truque que imortalizou em uma carta para Wordsworth, na

---

2   Ateliê Editorial, 2005. Tradução de Alípio Correia de Franca Neto. [NC]

qual conta ao amigo poeta como fazer as mãos realizarem "o salto, o trote e o galope" de linhas hexâmetras.

Poucos conseguiam resistir ao charme de Coleridge, e Fanny e Mary não eram exceção. O vibrante poeta era diferente de qualquer pessoa que as garotas já tivessem conhecido. Quando ele se sentava na sala de visitas, tudo podia acontecer: uma bruxa talvez despencasse da chaminé; um espectro poderia sair flutuando pelo lugar. Quando o amigo derramava vinho no carpete, em vez de franzir o cenho como fazia quando as meninas cometiam tais erros, Godwin acabava rindo. Embora o poeta estivesse sempre com alguma indisposição física — uma dor de cabeça, uma dor de garganta, uma infecção nos olhos, uma queimação no estômago —, esses incômodos não o impediam de se dedicar às garotas Godwin.

Aproveitando-se de sua enorme capacidade de se sentir fascinado, Coleridge proporcionava às meninas — mesmo a Mary, que sequer conseguia se lembrar da primeira visita do grande poeta — uma sensação de que elas eram agradabilíssimas e de que valia a pena ouvir suas ideias. Ele fazia com que as atenções recaíssem sobre elas e, embora Fanny resistisse, Mary adorava a sensação de sair de trás de uma cortina, de ser empurrada para o palco em uma casa onde o pai reinava supremo. Para ela, como para todos os Godwin, foi triste o dia em que Coleridge partiu para se reunir à sua família em Lake Country, no ano de 1802. Contudo, em poucas semanas, Mary e Fanny se reacomodaram aos confortos do quarto infantil e de sua rotina sossegada, e apenas Godwin continuou a sofrer. Inquieto e solitário, ele desejava se casar novamente, encontrar uma esposa com quem pudesse compartilhar a vida, a cama e o fardo de educar duas crianças. Coleridge deixara claro que as meninas precisavam de mais do que ele podia oferecer. Elas precisavam de um toque materno.

CAPÍTULO 2

# MARY WOLLSTONECRAFT: PRIMEIROS ANOS

[1759–1774]

A infância de Mary Wollstonecraft não poderia ter sido mais diferente da infância de sua filha. Longe de ser a favorita, Wollstonecraft era a invisível segunda filha em uma família de sete. Enquanto Godwin era controlado e previsível, o pai de Wollstonecraft era impulsivo e dado a caprichos. Alcoólatra que esbanjava o dinheiro da família, Edward Wollstonecraft tratava a esposa e os filhos com brutalidade. A mãe de Mary, Elizabeth, sentia-se tão intimidada que pouco fazia para defender as crianças. O único filho de quem ela gostava muito era seu primogênito, Ned. Quando deu à luz Mary, em 27 de abril de 1759, Elizabeth despachou a nova filha a uma ama de leite em vez de amamentá-la, como fizera com o filho. Com isso, a mãe deixou de acompanhar todo o início do desenvolvimento de Mary — o primeiro dente, o primeiro sorriso, o primeiro passo —, mas assim era o costume da época, e amamentar Ned fora a exceção, não a regra. Mais tarde em sua vida, Mary criticaria essa prática ao escrever que: "O afeto parental [de uma mãe] [...] sequer merece esse nome se não a leva a amamentar seus filhos".

Quando, com um ano de idade, Mary voltou ao seio de sua família, após ser desmamada, logo ficou claro que, em uma daquelas ironias da genética e do legado familiar, Mary, que odiava a brutalidade do pai, era mais parecida com ele que com a mãe indolente. Ela partilhava do temperamento agressivo de Edward e de sua aversão a restrições. Enfrentava o irmão mais velho quando este tentava intimidá-la, opunha-se às regras da mãe e logo inaugurou uma insurreição — que duraria a vida toda — contra o pai, valendo-se das mesmas ferramentas que herdara dele: a raiva, a teimosia e um senso profundamente arraigado de merecer uma vida melhor.

Mary passou os primeiros quatro anos de sua vida em uma casa modesta na Primrose Street, perto da atual estação da Liverpool Street. A Primrose

Street desapareceu já faz muitos anos; porém, durante a infância de Mary, essa rua serpeava pelo centro da antiga cidadezinha comercial de Spitalfields. Aninhado ao leste dos muros da cidade, onde havia um antigo cemitério romano, esse vilarejo era infectado pelo fedor que emanava dos enormes tanques de urina usados nos curtumes dos arredores, sendo um dos distritos mais violentos e marcados pela divisão de classes na Londres do século XVIII. Embora alguns dos moradores de Spitalfields, entre eles o avô de Mary, tivessem conquistado verdadeiras fortunas e vivessem em belas casas na Fournier Street ou na recém-construída Spital Square, a maioria de seus habitantes ganhava a vida com o comércio ou a manufatura: mercadores, curtidores, vendedores, tecelões, fabricantes de perucas e mantôs, carregadores e feirantes, e também aqueles que se aproveitavam deles, tais como ladrões, mendigos e prostitutas. Apinhado, barulhento e imundo, esse povoado de East End não era lugar para uma pessoa de aspirações requintadas como o pai de Mary.

Quatro anos não é tempo suficiente para deixar fortes impressões, principalmente no início da vida, mas foi o modo Spitalfields de ver as coisas, a amargura de Spitalfields transmitida pelo pai, que sensibilizaria a jovem Mary diante das sórdidas injustiças que os pobres sofriam nas mãos dos ricos. Os Wollstonecraft tinham mais dinheiro que a maioria dos moradores de Spitalfields, mas isso não amainava seu ressentimento pelas classes sociais mais altas. Como muitas pessoas que estão mais abaixo na escada social, Edward Wollstonecraft era um perito nos degraus superiores, nos quais ele acreditava merecer estar, diferentemente dos diabos sortudos que já estavam lá, gozando de todas as benesses. Essa existência injusta, essas leis de classe e da economia eram a raiz de um rancor permanente dos Wollstonecraft contra o mundo, atitude que Mary absorveu mesmo antes de começar a falar.

O pai de Edward, também chamado Edward, começara como tecelão de seda, trabalhando muito até se tornar proprietário de um lucrativo estabelecimento de artigos do tecido. Ele se ressentia dos aristocratas que compravam suas luvas, vestidos e plastrões, ainda que o tivessem enriquecido, e ele não era o único. Os tecelões de seda de Spitalfields eram famosos por seu ódio dirigido às classes mais abastadas. Radicais discursavam nas esquinas, incitando disposições de espírito já abaladas por longas e tediosas horas de trabalho, sem ter o suficiente para comer e bebendo gim em excesso: os pobres eram oprimidos. A seda estrangeira barata vinha diretamente do diabo. O livre-comércio arruinaria o mundo. Se alguém fosse tolo o bastante para descer a Primrose Street vestindo trajes de seda francesa, os tecelões os fariam em pedaços; eles se rebelavam e realizavam tantos protestos que protestar se tornou um estilo de vida, uma marca de identidade. Em 1765, quando Mary tinha 6 anos de idade, os tecelões, em uma tentativa de impedir a importação de seda da França, obrigaram a Câmara dos Lordes a suspendê-la com suas ameaças de violência. Eles também atacaram a casa do duque de Bedford e tentaram derrubar suas paredes, acusando-o de aceitar suborno para incentivar o comércio com os franceses. O recado de Spitalfields foi claro: Classes mais altas, cuidado! Aristocratas, andem na linha! Ninguém estava a salvo da ira dos tecelões, nem mesmo os membros das linhagens mais elevadas.

Embora pai e filho não fossem radicais, eles compartilhavam das queixas e do ressentimento dos tecelões revoltosos: como poderia ser justo que a alta burguesia morasse em grandes casas perto de Westminster enquanto eles, os Wollstonecraft, viviam perto dos curtumes? Além disso, por que os nobres podiam beber conhaque, flertar com as damas, gastar fortunas na jogatina, desfrutar festas elegantes, correr em bons cavalos e se banquetear com ostras enquanto os Wollstonecraft trabalhavam muitas horas, cortando luvas de seda e preparando seus teares?

Entretanto, ao passo que os tecelões queriam forçar o governo a mudar as políticas de comércio, os homens Wollstonecraft desejavam tão somente enriquecer. Desiludido por Spitalfields e dotado de um desmedido senso de grandiosidade, o avô de Mary passou os últimos anos de sua vida tentando integrar as fileiras do inimigo, intitulando-se cavalheiro[1] e instigando o filho a se libertar do estigma do comércio de seda. Na verdade, se havia uma crença de potencial revolucionário que os homens Wollstonecraft albergavam era esta: as classes sociais estavam sujeitas a mudanças; você poderia mudar seu lugar na sociedade caso ganhasse muito dinheiro, desposasse a pessoa correta, ou se mudasse para o distrito adequado, oportunidades de que não se ouvia falar cem anos atrás, mas que haviam surgido graças à florescente Revolução Industrial.

Motivado por sua crença de que era tão bom quanto qualquer outra pessoa, o avô de Mary começou a procurar, para a família do filho, um

---

[1] No contexto da sociedade inglesa da época, a palavra *gentleman* (traduzida como "cavalheiro") designava status atribuído aos homens que não só possuíam patrimônio suficiente para não precisar trabalhar, mas que agiam de acordo com a moral, adotando as etiquetas e os bons modos. O *gentleman* inglês do século XVIII aspirava mais ao "ser" do que ao "ter" e representava um novo modelo de sofisticação. [NC]

novo lar que os colocasse diretamente nos círculos da classe média[2] e, em 1763, ele o encontrou; "uma velha mansão, com um pátio defronte", em Epping, nos limites da floresta de Epping, quase 25 quilômetros ao nordeste de Londres e a mais de um dia de viagem de Spitalfields. Ali, a família já não haveria de costurar lenços à mão nem atender clientes. Edward Júnior poderia se apresentar como cavalheiro e fazendeiro,[3] em vez de filho de um tecelão. Os netos teriam a oportunidade de se misturar com grupos melhores.

Epping era como um paraíso depois de toda aquela imundície de Londres. Havia bosques, lagoas, charnecas e campos onde brincar, e Mary passava o máximo de tempo possível fora de casa, devaneando e explorando. Longe da vista de ambos os pais, Mary, que "desprezava bonecas", subia nas velhas faias e passava horas contemplando as nuvens, encontrando inspiração e alegria na natureza — uma descoberta que lhe seria útil nos anos que se seguiriam. Ela sempre tinha o cuidado de evitar Ned, então com 7 anos — o "tirano substituto da casa", como Mary o chamava. Quase tudo que Ned fazia era repreensível. Ele torturava insetos e pequenos animais, bem como seus irmãos mais jovens e mais fracos; não apenas Mary, de 4 anos na época, mas também Henry, de 2 anos, que viera ao mundo enquanto ainda estavam em Spitalfields, e até mesmo o novo bebê, Eliza, que chegou pouco depois da mudança para Epping. Tratava-se de um direito inato do filho, acreditava a mãe, que, por isso, nunca o repreendia, dando-lhe liberdade irrestrita para punir qualquer um que o enfurecesse.

Depois de um ano em Epping, Edward se mudou com a família para o vilarejo, a fim de ficar perto de um bar, o Sun and Whalebone, onde poderia se entregar com maior facilidade às suas bebedeiras habituais. Sendo já um homem inconstante, Edward se tornava temerariamente imprevisível sob a influência do álcool. Por vezes, era amável — em demasia, segundo Mary —, mas tinha um "temperamento irascível e impetuoso". Ele abraçava a esposa e beijava os filhos, em seguida virava a mesa ou batia na criança mais próxima, talvez porque o gato havia derrubado algo, ou a chuva tinha entrado por alguma janela aberta. Em um dia terrível, por

---

2 Segundo os tradutores Maria Tereza Teixeira e Marcos Penchel, na 25ª edição brasileira de *A Era das Revoluções: 1789-1848*, do historiador Eric J. Hobsbawm, o termo inglês *middle class* é impossível de ser traduzido com exatidão porque depende do contexto em que está inserido. Aqui o termo "classe média" designa a classe situada abaixo da monarquia, nobreza e clero, e acima dos camponeses, artífices e trabalhadores pobres. É a classe composta pela burguesia propriamente dita (*upper middle class*) e pela pequena burguesia (*lower middle class*). [NC]

3 No original, *gentleman farmer* ("cavalheiro fazendeiro") designa proprietários de terra que cultivam por prazer, sem interesse lucrativo na atividade agrícola. [NC]

nenhum motivo aparente, ele enforcou o cão da família. A natureza irracional desse ato o tornou ainda mais horrendo. Pelo resto de sua vida, Mary odiaria o som de um cão chorando, pois trazia de volta o que ela chamava de a "agonia" de sua infância. À noite, ele aterrorizava Elizabeth, estuprando-a e agredindo-a com tanta violência que ela não conseguia sufocar os gritos. Seus pavorosos berros inarticulados atravessavam as finas paredes da casa e ressoavam diretamente no quarto de Mary, onde a garota permanecia deitada, exasperada com a vulnerabilidade da mãe e com a própria. Por fim, já na adolescência, ela se rebelou: acampou junto à porta do quarto da mãe para esperar pela chegada do pai, de modo a impedi-lo de passar. No entanto, seus esforços para salvar Elizabeth apenas pioraram as coisas. Edward a tirou do caminho com violência, e Elizabeth acusou Mary de inflamar a ira do pai, mas a jovem não abandonou suas tentativas. Noite após noite, ela assumia seu posto.

Em 1765, quando Mary tinha 6 anos de idade, o avô Edward morreu, deixando para o filho 10 mil libras esterlinas. Essa era a oportunidade de Edward Júnior aumentar a fortuna da família e reservar um dote para as filhas; porém, em vez de investir em um negócio que conhecesse, ou ao menos poupar o dinheiro para o futuro, Edward se mudou com a família para uma propriedade cara nas proximidades de Barking, uma cidade comercial quase treze quilômetros a leste de Londres. Esse novo lar, de uma grandiosidade que ele não era capaz de bancar, adequava-se a seu inflado senso do que o mundo lhe devia. Em Barking, Edward e Elizabeth passavam o tempo em jantares com outras famílias prósperas e marcando visitas ocasionais à cidade, onde Elizabeth podia fazer compras e Edward podia se reunir com os cavalheiros que passeavam pela Primrose Street com suas bengalas de cabeça branca.

Para uma garotinha, os campos de Barking eram ainda mais convidativos que os de Epping. Os prados estavam sempre salpicados de ovelhas e gado. As colinas eram baixas. O rio Roding se apresentava em muitas e diversas disposições de espírito, de plácido a turbulento, mas nunca ameaçador. Mary vagueava sozinha por horas, abrandando sua solidão ao povoar os campos com amigos invisíveis. Ao sul ficavam as charnecas, onde ela "contemplava a lua, passeava pela trilha lúgubre, observando os formatos variados que as nuvens assumiam, e ouvia o mar, não muito distante dali".

Em 1768, quando Mary tinha 9 anos, o dinheiro de Edward finalmente acabou. A fim de evitar realizar o pagamento devido ao dono da propriedade, ele fugiu com a família para Walkington, ao norte, um vilarejo minúsculo a quase cinco quilômetros da cidadezinha mais próxima, Beverley, em East Riding. Ali, os aluguéis eram muito mais baixos que no sul. Poucas famílias queriam viver em uma área tão remota, pois a terra era inclemente, e as pessoas, notoriamente provincianas.

A prole Wollstonecraft agora incluía Everina, de 3 anos, bem como um novo bebê, James, ao qual Elizabeth prestava pouca atenção. Ned continuava sendo seu favorito, porém Mary, ávida pela afeição da mãe, esforçava-se para ser útil. Ela cuidava de James, Henry, Eliza e Everina enquanto a mãe descansava. Contudo, em vez de se sentir grata, Elizabeth planejava severos castigos para Mary, como se tentasse convencer a si mesma e à filha mais velha de que ela tinha algum poder. Por desobediências insignificantes, ela forçava Mary a ficar três ou quatro horas sentada ao lado da lareira, "sem ousar dizer uma única palavra". Já adulta, Mary escreveu que, se tivesse sido punida por fazer algo errado, ela teria aceitado. O que ela odiava era a injustiça da mãe: os castigos impostos por Elizabeth eram incompatíveis e contraditórios. A todos os filhos, salvo Ned, ela impunha restrições nas questões mais triviais, bem como submissão incondicional a ordens. No entanto, Mary não deixou de desejar sua ternura. Por vezes, ela tentava contar segredinhos à mãe, na esperança de uma reação amena, mas a mãe apenas a afastava.

Pelos dois anos e meio que se seguiram, Edward Wollstonecraft tentou se dedicar à lavoura em North Country, mas para qualquer um era difícil se sustentar naquela região inóspita do mundo, principalmente para Edward, que não tinha a disposição nem o conhecimento para cultivar a terra. Quando as plantações não produziam e as ovelhas adoeciam, Edward bebia para lidar com o desespero. Presas na pequena casa campestre da família, as crianças tinham dificuldade de escapar dos acessos de raiva do pai. De acordo com Mary, "a casa inteira devia fugir à menção da palavra de ordem". À medida que os recursos da família diminuíam, o comportamento de Edward piorava. Por fim, no verão de 1770 — assim que Elizabeth deu à luz o último filho, Charles —, Edward desistiu da fazenda de Walkington e se mudou com a família para a vizinha Beverley.

Na década de 1770, essa cidade comercial ostentava cerca de 5 mil habitantes, algo de caráter certamente metropolitano depois das pequenas comunidades agrícolas em que Mary vivera desde os 4 anos de idade. Tudo parecia estranho e sofisticado. Para ela, foi um choque descobrir, anos mais tarde, que a cidade era muito menos do que havia imaginado. Contudo, aos 11 anos, ela sentia ter desembarcado em um lugar deliciosamente estranho, tão exótico quanto Roma ou Paris. Havia lojas para tudo: chapéus, sapatos, artigos de linho, selas, artigos em tecido, papéis de parede, joias de ouro, queijos, luvas, objetos de vidro, sombrinhas. Ela estava acostumada a comer alimentos típicos do campo — pão rústico de cereais integrais, ovos, maçãs e, de tempos em tempos, carne bovina, de cordeiro ou de porco, quando Edward abatia um porco ou comprava carne de algum vizinho. Em Beverley, as lojas vendiam alimentos que Mary nunca havia experimentado: canela, laranjas, açafrão, cominho, chocolate e bolos decorados com açúcar caramelizado. Os jornais londrinos chegavam de coche. Havia uma biblioteca itinerante e bailes de gala. Peças eram representadas no teatro local.

Convencido de que recuperaria em pouco tempo a riqueza que havia perdido, Edward conseguiu persuadir um ingênuo proprietário a alugar para ele um sobrado de tijolos com belas portas, janelas de guilhotina e molduras clássicas, localizado em uma das partes mais caras da cidade, Wednesday Market. Se soubesse que os planos de Edward para ganhar dinheiro consistiam em apostar em cavalos no hipódromo da vizinhança, o proprietário talvez tivesse hesitado, mas a jactância de Edward o convenceu e, em pouco tempo, os Wollstonecraft estavam instalados em uma residência elegante. Em dia de feira, Mary conseguia sentir o cheiro de ostras fritas, provar uma taça de sidra, admirar as livrarias e comparar os preços dos laços. Agricultores, floristas, vendedores de tortas, leiteiras e mercadores mascateavam seus produtos. Vacas mugiam. Cavalos fugiam. Peões confinavam cordeiros e gansos. Mercadores erguiam estandes. Ciganos engoliam fogo, criadores de silhuetas desenhavam perfis, toldos de seda tremulavam como pendões medievais. Acima de todo esse cenário, elevavam-se as torres de calcário arrepiantes e inspiradoras da antiga igreja do monastério de Beverley, não exatamente uma catedral. Em seu interior, quando a luz do sol entrava pelas janelas do clerestório, a garota conseguia admirar os entalhes, que haviam sido pagos com as doações de uma guilda de músicos: homens e mulheres em miniatura tocando instrumentos perfeitamente esculpidos, um gato tocando rabeca para uma porção de camundongos admirados, um dragão baforando e um ferreiro colocando ferraduras em um ganso, ou tentando fazê-lo.

Em casa, Elizabeth se retirava para o quarto dos adoentados, ruminando suas frustrações, catalogando os pecados de Edward e reclamando de suas obrigações domésticas. Ned saíra de casa para ser aprendiz de Direito em Londres. Mas Henry, Eliza, Everina, James e o bebê Charles dependiam de Mary para cerzir suas meias, passar manteiga em suas torradas, abraçá-los e defendê-los de Edward. Aos olhos dos irmãos, ela parecia uma adulta, embora, aos 11 anos, fosse apenas alguns anos mais velha.

Para Mary, o aspecto mais instigante da mudança era a oportunidade de ir à escola. Todos haviam aprendido a ler em casa, mas ela ansiava por mais educação. Na primeira manhã de aulas, Henry e James dispararam para a Beverley Grammar School, onde aprenderiam história, matemática e latim. Porém, quando chegaram à escola local para meninas, Mary, Eliza e Everina descobriram que seu currículo seria limitado às artes da costura e somatórias simples.

Mary ficou furiosa. A lista do que elas *não* aprenderiam era interminável: latim, grego, francês, alemão, história, filosofia, retórica, lógica, matemática. Além disso, havia suas colegas. Com indignação, ela se recordaria, mais tarde, de como as garotas "faziam piadas e pregavam peças grosseiras" nela. O dialeto local era atirado nela sem piedade: se estava chovendo ao ponto de não poderem sair, as crianças de Yorkshire diziam que estava "coando"; um "*buffit*" era uma pequena banqueta; um bêbado "pestanejava como um gato". Elas chamavam o almoço de "provisão". Para suas colegas de Beverley, as garotas Wollstonecraft — a desajeitada e séria Mary, bem como suas estranhas irmãs mais novas — eram alvos fáceis. As duas garotas mais jovens raramente falavam, e a mais velha falava demais. Era evidente que aquela Mary Wollstonecraft não estava preocupada em ser uma jovem dama segundo os padrões da época. Será que ela não sabia que educação demais poderia prejudicar suas chances de conseguir um bom casamento? As provocações de suas colegas de escola ecoavam as opiniões do período: "Se, por acaso, você aprender alguma coisa, mantenha isso no mais absoluto segredo", disse um pai, orientando as filhas a não assustar e afastar seus pretendentes. A famosa intelectual lady Mary Wortley Montagu[4] aconselhou sua talentosa neta a esconder seu grande talento matemático "com tanto empenho quanto esconderia uma deformidade ou deficiência".

Felizmente, havia uma garota que não zombava das meninas Wollstonecraft e parecia até mesmo respeitar a excentricidade de Mary. Jane Arden era um ano mais velha que Mary. Era séria e instruída, e Mary desejava ganhar sua afeição. Na igreja de Beverley Minster, Mary se atirava no banco ao lado de Jane. Ela fazia refeições na casa dos Arden, seguia os passos de Jane a tarde toda depois das aulas e em pouco tempo havia conseguido arrancar confissões de amizade de sua adorada. Pode-se quase ter pena de Jane. Como ela poderia ter percebido o que esse relacionamento envolveria? Havia rusgas, discussões,

---

4   Mary Wortley Montagu (1689-1762) ficou conhecida por sua habilidade retórica na redação de cartas endereçadas ao marido e à filha, além de personalidades como Alexander Pope, com quem frequentemente se correspondia. Segundo o estudo de Kathryn Carlisle Schwartz, o tema da educação feminina, que servia de conselho para a neta de Montagu, foi abordado especialmente nas correspondências de 19 de fevereiro de 1750, 28 de janeiro de 1753 e 6 de março de 1753. Atribui-se à escritora a publicação de *Woman Not Inferior to Man* [A mulher não é inferior ao homem] sob o pseudônimo de Sophia, texto surgido na Inglaterra em 1739. E há um elo estabelecido entre a primeira feminista brasileira, Nísia Floresta, e Mary Wortley Montagu, defendido por Maria Lúcia Garcia Pallares-Burke: a obra de Nísia, *Direitos das Mulheres e Injustiça dos Homens* (1832), teria sido uma tradução do texto de Sophia, e não do *Reivindicação dos Direitos da Mulher* de Wollstonecraft. Muito embora, como ressalta a pesquisadora Constância Lima Duarte, Nísia tenha impresso na capa original os seguintes dizeres: "Traduzido livremente do francês para o português da obra de Mistriss Godwin". [NC]

negociações ciumentas, pedidos de desculpas, declarações de amor e longas cartas manchadas de lágrimas. Mary não queria compartilhar Jane com outras garotas. Jane devia amá-la acima de todas as demais. Caso Jane se sentasse ao lado de outra pessoa na igreja, o coração de Mary ficava em pedaços. "Se eu não te amasse, eu não o escreveria", expressava-se ela, com veemência:

> Criei noções românticas de amizade [...]. Sou um pouco incomum em minhas opiniões sobre o amor e a amizade; devo ter o primeiro lugar, ou nenhum. — Reconheço que teu comportamento está mais de acordo com a opinião do mundo, mas eu romperia com esses limites assim tão estreitos. — Dar-te-ei motivos do que digo; — desde que a srta. C*** chegou, comportas-te da maneira mais fria possível. — Eu confiava que nossa amizade estava construída sobre um alicerce permanente: —.

Carta após carta, Mary explicava suas exigências: Jane tinha de escolhê-la em detrimento das demais. Ela não podia preferir outras garotas, nem mesmo convidados de fora da cidade. "O amor e o ciúme são irmãos gêmeos", declarou Mary, quando as duas debatiam as regras de sua amizade. Ela brigava com a srta. R., amiga de Jane, e não pedia desculpas. Quando Jane não tentava aplacar seus sentimentos exaltados, Mary se recusava a ir ao teatro com as outras meninas, preferindo ficar amuada em casa. Ela decidia cortar os laços com Jane, mas não conseguia suportar a ideia de perder a amiga, confessando: "Passei parte da noite em prantos [...]. Não posso tolerar sequer a menor mostra de indiferença daqueles que amo".

Mary também tinha adoração pelo pai de Jane. Autonomeado embaixador do Iluminismo,[5] John Arden, um apóstata católico, disseminava o evangelho da ciência, ganhando uma renda substancial com palestras sobre eletricidade, gravitação, magnetismo e ótica. Estava na moda ter conhecimento de ao menos algumas noções de ciência e filosofia. Porém, naquela época, quando não havia regras estritas para determinar em que consistiam investigações científicas e filosóficas, cientistas e exibicionistas eram intercambiáveis. Multidões ávidas, que não se deixavam perturbar pela mistura do alquímico com o químico, do astrológico com o astronômico, do

---

5 O Iluminismo foi a ideologia revolucionária europeia dos séculos XVII e XVIII, pautada na libertação do indivíduo em relação ao tradicionalismo da Idade Média, as superstições e irracionalismo dos estamentos sociais determinados pelo nascimento. Para promover a ruptura com a antiga ordem, os iluministas defendiam o domínio do homem sobre a natureza por meio da razão, que possibilitaria o progresso tecnológico, econômico, social e político. [NC]

filosófico com o supersticioso, pagavam altos preços para ver demonstrações e experimentos.

O pai de Jane era um cientista mais rigoroso do que os charlatães que dominavam o circuito de palestras e demonstrava cuidado pela dedicada amiga da filha, incluindo-a nas aulas que dava aos próprios filhos, ensinando-a a olhar em microscópios e a apontar um telescópio para o céu. Mary não descobriu nenhum planeta, mas encontrou a grande curiosidade que lhe era inerente. A astronomia começou a ensiná-la a ver a busca pelo conhecimento de uma maneira diferente. Se trezentos anos antes todos pensavam que o Sol girava ao redor da Terra, que outras concepções equivocadas poderiam existir? O que se poderia descobrir hoje?

A inquietação de Mary já assumia uma forma diferente daquela do pai e do avô. Como eles, a garota era ambiciosa e insatisfeita, mas compreendia algo que lhes escapava: que a educação era a chave para o seu futuro. A instrução seria o caminho que a tiraria da degradação e da violência que caracterizavam sua família. E assim, quando os Arden sugeriram que ela lesse volumes grossos e difíceis como *The Conquest of Granada* [A conquista de Granada], peça teatral do período da Restauração Inglesa, de Dryden, e *Letters from a Citizen of the World* [Cartas de um cidadão do mundo] (1760-61), relato satírico dos costumes ingleses, de Goldsmith, ela logo agarrou a oportunidade. A cada livro que lesse, ela poderia criar uma distância maior entre si mesma e os pais.

Apesar de todos os testes aos quais Mary a submeteu, Jane permaneceu leal à amiga irascível. Nas tardes de tempo bom, as meninas passeavam por Westwood, uma área de pastagens de uso comum nos limites da cidade. Elas iam a danças e concertos nos salões e cochichavam sobre os flertes que viam. "O mortal mais estranho que já existiu tornou-se um dos pretendentes da srta. C\*\*\*", Jane escreveu a Mary, que se deleitava com esse tipo de fofoca, escrevendo de volta à amiga para dizer: "A extrema frivolidade dela e a extrema gravidade dele devem ser superlativamente ridículas; — ou seja, você deve deixar-me rir". Mary estava compensando o tempo perdido. Depois de viver anos no campo, tendo tão somente a família por companhia, ela se atirou com entusiasmo no torvelinho social. Com Jane ao seu lado, frequentava muitas festas, regalando-se com a novidade de encontrar tantas pessoas novas. A jovem Mary também estava descobrindo suas próprias habilidades sociais. As pessoas eram atraídas por sua cordialidade, e ela era muito hábil na conversa rápida e jovial e nos gracejos espirituosos que predominavam em tais reuniões.

Em 1774, o pai de Mary anunciou haver encontrado uma nova oportunidade de negócios em Hoxton, um vilarejo deprimente ao norte de

Londres, conhecido por seus três manicômios. Aos 15 anos, Mary teria de abandonar Jane — um duro choque, já que, após tantas mudanças, ela fora levada a acreditar que Beverley seria seu lar para sempre. Todavia, o pai havia perdido tanto dinheiro nas corridas de cavalos que já não podia sequer fingir que tinha condições de bancar Wednesday Market. Para a tristeza de Mary, os vizinhos haviam previsto a ruína de sua família. Ela se queixava a Jane de que eles "não hesitavam em prognosticar a ruína da família inteira, e o modo como ele [o pai] continuava a proceder mostrava que tinham razão".

Os Wollstonecraft se mudaram no inverno, quando Hoxton era ainda menos atraente. Os deficientes mentais de Londres ficavam internados nas propriedades arruinadas da época da dinastia Tudor que ainda permaneciam de pé no vilarejo, e havia também diversos asilos para os pobres. Em tardes deprimentes, Mary caminhava pelas ruas esburacadas, horrorizada com o que via. Já era triste ver os mendigos, mas observar os insanos, dizia ela, era contemplar "a mais aterradora das ruínas — a ruína da alma humana". Deterioração, insanidade, confinamento: Mary escolheria um manicômio como cenário de seu último livro, *Maria*. "A melancolia e a imbecilidade marcavam as feições dos pobres infelizes que vagueavam pelas calçadas", disse ela, posteriormente, ao recordar seus anos ali.

Contudo, nem todos os vizinhos de Mary eram lunáticos. Proibidos de frequentar outras universidades, dissidentes da Igreja Anglicana afluíram para a cidade, onde fundaram sua própria faculdade, a Hoxton Academy, hoje parte da New College London. Aos alunos de Hoxton, ensinava-se o princípio radical de que os seres humanos eram naturalmente bons e tinham o direito de ser livres. Esse ensinamento se opunha ao da Igreja Anglicana, que sustentava que os seres humanos eram pecadores e precisavam de regras rígidas e governos autoritários para conter seus impulsos maléficos. Um aluno de Hoxton aderiu de tal forma a essas ideias que, após deixar a Hoxton Academy, dedicaria o restante de sua vida à luta pela liberdade. Seu nome era William Godwin e, vinte anos depois, ele se casaria com Mary Wollstonecraft.

Enquanto o futuro marido estava imerso nas ideias que moldariam a obra de sua vida, Mary era consumida pelos deveres domésticos. De fato, poucas circunstâncias ilustram tão bem o abismo existente entre os homens e as mulheres de classe média do século XVIII que os dias de William Godwin e Mary Wollstonecraft em Hoxton. Eles moravam a apenas poucos quilômetros um do outro, mas suas vidas não poderiam ser mais diferentes: ela cuidando dos irmãos e preocupada com a organização da casa; ele debruçado sobre os livros, estudando filosofia política e conjugando verbos em latim. Ambos queriam subir no ringue, punhos erguidos contra a injustiça; porém, enquanto Godwin se preparava para ter muitas oportunidades como um jovem instruído, Mary devia servir a família. Mulheres não podiam participar dos debates da época, nem sequer fazendo contribuições secundárias, menos ainda como combatentes sérias.

Mesmo os homens progressistas da Hoxton Academy concordavam com o princípio de que o lugar das mulheres era no lar. Eles defendiam revoluções, se correspondiam com colonos indignados na América e com radicais na França, lutavam contra a escravidão e a intolerância religiosa, desmascaravam a tirania, argumentavam contra o despotismo e rogavam pela dissipação de crenças irracionais, mas nem uma única vez advogaram a independência das mulheres nem difundiram a ideia de que se deveria permitir que elas defendessem suas crenças em público. Apesar de educados para protestar contra a injustiça, eles não conseguiram perceber as correntes que prendiam suas mães, filhas e esposas.

Embora Hoxton tenha sido a plataforma de lançamento de Godwin, jamais poderia ter sido a de Mary. Ao mesmo tempo em que os horizontes dele se expandiam, os dela encolhiam. Uma vez mais, os únicos companheiros de Mary eram as irmãs e os irmãos, mas os garotos partiriam em breve. Eles tinham o mundo para conquistar.

CAPÍTULO 3

# MARY GODWIN: INFÂNCIA E UMA NOVA FAMÍLIA

[1801–1812]

Se a primeira tragédia de Mary Godwin foi a morte da mãe, a segunda foi o casamento do pai com uma gorducha de 35 anos chamada Mary-Jane Clairmont, que havia se mudado para a casa ao lado em 1801. Mãe de dois filhos pequenos, Mary-Jane estava ávida por encontrar um marido. A fim de preservar a respeitabilidade, ela afirmava ser viúva, mas, na realidade, nunca havia se casado, e os filhos tinham cada qual um pai diferente. Ela fugira da Inglaterra na adolescência para viver com os primos franceses e passara a maior parte da vida adulta no exterior. Agora que estava de volta à sua pátria, queria a segurança do casamento e ficou felicíssima ao encontrar um viúvo qualificado convenientemente próximo. Sem se deixar dissuadir por trivialidades como a aparência pouco atraente de Godwin — ele era de baixa estatura e tinha o nariz longo e torto —, ela planejou sua aproximação com cuidado, lendo o máximo que pôde suportar de sua grande obra, *Political Justice* [Justiça política], e aprendendo seus hábitos. Este último passo não foi difícil. Godwin, avesso à espontaneidade em todas as suas variadas formas, observava sua rotina com a devoção de um monge medieval.

O primeiro encontro aconteceu em uma noite de maio, pouco depois que ela se mudou para a vizinhança. Como era seu costume, Godwin saiu na sacada do segundo andar para desfrutar o ar da primavera. Mary-Jane correu para o jardim e chamou pelo vizinho: "Será possível que eu esteja vendo o imortal Godwin?". Godwin, que todos sabiam ser suscetível à adulação, sorriu com cortesia e admitiu que, sim, ele era de fato William Godwin. Mary-Jane uniu as mãos com força e arfou: "Ó grande Ser, como eu te adoro!".

Para Godwin, esse foi um acontecimento agradável em meio à hostilidade que vinha enfrentando desde que incorrera em infâmia por causa de suas visões políticas radicais em 1798. Aclamado como líder intelectual do movimento reformador depois da publicação de *Political Justice*, em 1791,

GRAVURA DE WILLIAM GODWIN, BASEADA NA PINTURA DE JAMES NORTHCOTE (1802). GODWIN POSOU PARA ESSE RETRATO EM JULHO DE 1801, DOIS MESES DEPOIS DE TER CONHECIDO MARY-JANE E POUCO ANTES DE MARY COMPLETAR 4 ANOS. EM SUA OPINIÃO, A GRAVURA CAPTAVA SUA ESSÊNCIA MELHOR QUE QUALQUER OUTRA E ELE A MANTINHA PENDURADA EM SUA CASA, ONDE PERMANECEU ATÉ SUA MORTE.

Godwin argumentava que todo governo deveria ser abolido, pois, por sua própria natureza, qualquer governo invadia a esfera dos direitos naturais dos homens. Esse ataque ousado à autoridade civil inspirou muitos reformadores a exigir drásticas mudanças políticas. Os liberais elogiaram a arrojada filosofia de Godwin. Porém, no fim da década, os ventos políticos haviam mudado de direção. Para a maioria do povo inglês, o caos e a carnificina da Revolução Francesa fizeram com que estabilidade, segurança e ordem parecessem muito mais importantes que liberdade. Godwin, juntamente com outros radicais, agora parecia uma espécie de agitador e, ainda pior, "francês" — um dos piores insultos que se podia atribuir a um político ou intelectual. Em 1798, Godwin piorara a situação ao publicar uma biografia de Wollstonecraft após sua morte, expondo ao público as escapadas sexuais da esposa. Duramente condenado, Godwin perdeu muitos de seus admiradores. Agora, apenas antigos radicais e jovens escritores românticos, como Coleridge, o visitavam.

Em seu favor, é preciso reconhecer que Godwin se recusou a renunciar às suas opiniões, permanecendo fiel a elas apesar das ideias da época. Mas ele se sentia solitário. Três longos anos já haviam decorrido desde a morte de Mary Wollstonecraft, e sua busca por uma nova esposa não estava dando resultados. Perfeccionista no que dizia respeito à verdade, ele insistia em anunciar, não só para seus amigos como para as mulheres que estava cortejando, que ninguém poderia alcançar a perfeição de Mary Wollstonecraft. Em consequência, sofrera muitas rejeições, de modo que a cordialidade e a persistência de Mary-Jane se mostraram uma investida muito bem-vinda. Quando voltou para dentro de casa naquela noite, ele tomou nota do encontro em seu diário, escrevendo "Conheci a sra. Clairmont", uma frase extensa para um homem que resumia enormes acontecimentos de sua vida a linhas traçadas horizontalmente na página (morte de Mary Wollstonecraft), uma abreviação de quatro letras ("Panc") para o casamento com a escritora na antiga igreja de St. Pancras, e uma sequência de pontos e traços, bem como frases em francês, para indicar intimidade sexual.

Ao longo das semanas que se seguiram, sempre que Godwin punha os pés para fora, Mary-Jane surgia, pronta para uma caminhada ou uma conversa amena à soleira da porta. Ela apresentou os filhos, Charles, de 5 anos, e Jane, de 3, para Mary e Fanny. Em pouco tempo, as famílias se visitavam quase todas as noites. No início de julho, já faziam passeios juntas: *O Gato de Botas,* no Astley's Theater, em Lambeth, e piqueniques no campo. Na segunda semana de julho, Mary-Jane e Godwin consumaram sua relação, ocasião comemorada por Godwin com um X em seu diário. Foi sua primeira relação sexual desde a morte de Wollstonecraft.

Apesar da intensidade crescente desse novo relacionamento, Godwin manteve o envolvimento com Mary-Jane em segredo. Ele sabia que qualquer potencial substituição de Wollstonecraft enfrentaria hostilidade por parte de seus amigos. E Mary-Jane não era um paradigma. Embora inteligente, instruída e dotada de um senso de humor irônico, seu temperamento era terrível, e ela fazia cenas em público sempre que se sentia menosprezada, o que era frequente. "Controle-se e contenha seu temperamento", admoestava-a Godwin. Não seja "amarga e mimada". Entretanto, Mary-Jane acreditava que as pessoas mereciam o azedume que ela destilava e nunca tentava se controlar.

Em setembro, ela descobriu que estava grávida. Godwin já havia passado por isso com Wollstonecraft, cuja gravidez fora inesperada e forçou-os ao casamento, instituição a qual ambos se opunham. Em *Political Justice*, Godwin argumentava que a "posse de uma mulher" pelo marido, de forma legalizada no casamento, é um "egoísmo odioso". A radical Wollstonecraft concordava, mas descobrira como o mundo poderia ser cruel com uma mãe solteira quando teve Fanny. Ela não queria que o segundo filho sofresse a mesma ignomínia que ela temia para o futuro de Fanny. E assim, embora contrariando seus princípios, eles decidiram agir de acordo com as regras convencionais.

Depois da morte de Wollstonecraft, Godwin, o único guardião de duas filhas, se tornou mais conservador. Ele revisitou *Political Justice* a fim de reformular suas opiniões, recuando em sua afirmação anterior de que o casamento deveria ser abolido e reconhecendo que era um mal necessário em uma sociedade imperfeita como a da Inglaterra do século xix. Se uma de suas filhas engravidasse fora do casamento, ele desejaria que ela fosse desposada pelo pai da criança e, assim, estaria salva do exílio social. Depreendia-se daí que a coisa certa a se fazer era dar a Mary-Jane e à nova criança a proteção de seu nome. Além disso, ele gostava da ideia de conquistar uma companheira, e, como Coleridge havia ressaltado, suas filhas precisavam de mais do que ele poderia oferecer: elas precisavam de uma mãe. Os primeiros sinais de problemas — o temperamento de Mary-Jane, seu ciúme, sua petulância e rispidez em geral — não o dissuadiram. "Não [...] abandone todos os seus defeitos", dizia-lhe ele. "Eu amo alguns deles. Amo o que é humano, o que dá suavidade e um ar agradável de fragilidade e docilidade ao todo."

Godwin foi o primeiro homem na vida de Mary-Jane que assumiu suas responsabilidades como pai. Baixando a guarda, ela confessou seu histórico de romances, inclusive o fato de que nunca fora casada. Seu primeiro amor, um soldado francês, morrera tragicamente, contou ela, deixando-a com um filho pequeno, Charles. O segundo pretendente, um crápula, a abandonara com um segundo bebê, Jane, e uma pilha de contas que ela não podia pagar. Muito mais corajosa e versátil do que sua enteada Mary jamais reconheceria, ela conseguiu superar várias adversidades, entre elas um período de três meses, com dois bebês, em uma prisão para endividados. Liberta, usou sua fluência em francês para arranjar trabalho como tradutora; sua tradução de *A Família Robinson* (1814) viria a ser a versão inglesa padrão da obra por mais de um século.

Passadas tais dificuldades, Mary-Jane queria estabilidade. Diferentemente de Godwin e Wollstonecraft, ela era pragmática, não sonhadora, e sua principal preocupação era o dinheiro — ganhá-lo, gastá-lo, poupá-lo e parecer tê-lo. Godwin não gostava das tendências materialistas de Mary-Jane, mas para ele era um alívio estar com uma mulher que não contestasse suas ideias como Wollstonecraft por vezes fazia.

No fim de dezembro daquele ano, o casal escapuliu para a igreja sem dizer nada às crianças. Para evitar a exposição da verdadeira situação de Mary-Jane, eles conceberam um plano ousado, encenando uma cerimônia ilegal para os amigos, na qual Mary-Jane manteve a identidade falsa de viúva Clairmont. Terminada a celebração, eles seguiram de carruagem para uma igreja diferente, onde foi realizada a cerimônia oficial: o casamento de William Godwin com a solteirona Mary-Jane Vial, em 21 de dezembro de 1801.

Eles passaram a noite de núpcias em uma hospedaria no campo e voltaram para casa no dia seguinte. Godwin contou a Fanny e Mary que lhes havia dado uma nova mãe, uma "segunda mamãe". Porém, nem Mary, nem Fanny queriam uma segunda mamãe e principalmente não queriam Mary-Jane, a quem elas consideravam uma intrusa. Para a Mary de 4 anos de idade, que tinha, como veio a dizer mais tarde, um apego "excessivo e romântico" pelo pai, a chegada de Mary-Jane foi um desastre. O pai, que antes não demonstrava afeto, agora abraçava Mary-Jane com entusiasmo, beijando-a no corredor e se entregando a uma espécie de tagarelice de amantes que constrangia quem estivesse olhando. Será que ele já não se importava com sua filha favorita? E quanto a sua mãe? Godwin a teria esquecido por completo?

Em duas semanas, os Clairmont haviam se mudado para o número 29, destruindo a ordem sossegada da casa dos Godwin. Mary-Jane batia portas, rasgava cartas, gritava com os criados, batia nos filhos, depois implorava perdão. Ela pensava que Godwin havia mimado Mary e, para compensar isso, a mulher tratava a garotinha com uma severidade imerecida. Quanto a Fanny, ela a ignorava na maior parte do tempo.

A própria filha de Mary-Jane, Jane, então com 3 anos, estava longe de ser um modelo de bom comportamento. Propensa a birras, ela amuava e chorava violentamente quando era repreendida, um espetáculo novo na casa dos Godwin, já que Fanny e Mary apenas raras vezes desobedeciam. Charles brincava lá fora, tentando evitar as cenas dramáticas que aconteciam dentro da casa. A pobre Jane não sabia o que pensar de suas novas irmãs postiças; elas não eram o tipo de companheiras de brincadeiras às quais a menina estava acostumada. Na realidade, eram totalmente diferentes das outras garotas. Elas não davam risadinhas, não brincavam de se arrumar nem cantavam, tampouco berravam quando suas vontades não eram atendidas. Fanny parecia simplória. A brilhante Mary já sabia ler e escrever. Jane gostaria de ser mais como ela; talvez assim o novo padrasto lhe desse atenção. Ela tinha ciúmes da atenção que ele dava à própria filha. Embora tentasse ser gentil, Godwin raramente falava com as crianças Clairmont. Charles parecia não se importar; sendo o único garoto, ele subia e descia as escadas a toda e corria em disparada pelos campos próximos ao Polígono. Mas Jane saíra à mãe. Ela lutava pelo amor de Godwin, esforçando-se para derrotar Mary.

Com o tempo, Godwin piorou as coisas ao ler livros para Mary, mas não para Jane, ao discutir filosofia e política com a própria filha enquanto ignorava a enteada, criando entre as garotas uma hostilidade que se tornaria mais profunda à medida que passavam os anos. Pelo resto de sua vida, Jane lutaria com o sentimento de ser sempre a segunda melhor em relação à irmã postiça. Por sua vez, Mary logo passou a ver Jane como uma rival, alguém que desejava vê-la falhar para poder roubar seu lugar nos afetos de Godwin. Também havia lealdade e carinho entre as duas meninas, mas, graças às notáveis falhas dos Godwin no papel de pais, criou-se um relacionamento notoriamente complicado.

As diferenças entre as duas famílias logo se converteram em pontos imutáveis de ódio. Os Clairmont ressentiam a altivez dos Godwin; estes desprezavam a teatralidade dramática dos Clairmont. Quando ficou mais velha, Mary passaria a usar "Clairmont" como um adjetivo que significava egoísta, extremamente dramático e grosseiro. Mary-Jane, por seu lado, viria a acusar Mary de mentirosa, piorando as coisas ao se exceder na tentativa de impor sua autoridade. A madrasta acreditava ser seu papel subjugar Mary. Ela proibiu qualquer menção a sua antecessora, insistia em ser chamada de "mamãe" e ficava furiosa quando Mary resistia. Despediu Marguerite, a adorada ama de Fanny e de Mary, bem como as empregadas e a cozinheira de Godwin — todas as mulheres que haviam cuidado das garotas Godwin desde que sua mãe morrera. Para substituí-las, contratou estranhas, entre elas uma governanta e uma tutora. Da noite para o dia, as meninas Godwin foram arrancadas do conforto de seu quarto infantil e mergulhadas nos rigores da sala de aula. Godwin não interferia, tendo decidido relegar à nova esposa todas as questões relacionadas à educação das crianças.

Mary-Jane não era sempre cruel. Ela lançava mão de suas formidáveis habilidades de organização para, com pouco dinheiro, alimentar e vestir quatro crianças, assegurando-se de que seus lençóis estivessem limpos e seus colchões, arejados e firmes (durante toda a vida, Mary não suportou dormir em camas macias). Ela levava as crianças para brincar em Hampstead Heath, acompanhando-as também em peças de teatro, exposições e espetáculos; cuidava delas quando estavam doentes, ensinou as garotas a costurar e a bordar, colocava-as para dormir e se preocupava com seu comportamento. Contudo, ela nunca conseguiu amar verdadeiramente as garotas Godwin. Mesmo que a demissão dos antigos empregados tivesse sido seu único ato de crueldade, o que não foi o caso, tal iniciativa ilustrava sua falta de empatia pelas enteadas. Fanny, em particular, lastimou a separação drástica da antiga ama, seu último vínculo com a mãe.

Em junho, Mary-Jane deu à luz um garotinho que morreu poucos minutos depois do parto. Furiosa e sofrendo com a morte do bebê, a mulher se tornou mais irascível do que nunca. Dezoito meses mais tarde, ela teve um bebê que vingou, William Júnior, o que deixou Godwin satisfeitíssimo, pois ele sempre quisera um filho, mas provocou em Mary uma reação de franca rebeldia. Agora que ela tinha de dividir o pai com o bebê William, exasperava Godwin ao enfrentar Mary-Jane como uma sectária; qualquer coisa era um bom motivo — as tarefas domésticas, que vestido usar, como escovar os cabelos. Apesar de invejar a irmã postiça, Jane geralmente apoiava Mary, o que enfurecia Mary-Jane ainda mais. Fanny, por outro lado, abaixava a cabeça. Ela não gostava de Mary-Jane, mas era demasiado insegura para se rebelar.

Quando Mary tinha 8 anos de idade, Coleridge fez uma visita à cidade de Londres. Mary e Fanny não viam o poeta desde que o pai se casara com Mary-Jane, mas Godwin mantivera viva a lembrança do amigo lendo suas cartas e poemas em voz alta. Mary-Jane fez o possível para impedir que Coleridge fosse até eles. Ela desconfiava dos velhos amigos de Godwin, pois tinha plena ciência de que eles faziam comparações insidiosas entre ela e Wollstonecraft. Porém, no caso de Coleridge, ela não teve sucesso. Godwin tinha um afeto muito grande pelo amigo mais jovem para se recusar a vê-lo.

Na noite da visita de Coleridge, em uma demonstração descabida de poder, Mary-Jane mandou as quatro crianças para a cama em vez de permitir que ficassem acordadas para ouvir as histórias do poeta. Nada poderia ter sido mais bem calculado para irritar a enteada mais jovem, que voltou sorrateiramente para o andar de baixo, acompanhada da admiradora Jane. As garotas se esgueiraram para dentro do gabinete de estudos de Godwin e se esconderam atrás do sofá, exatamente quando Coleridge começava a recitar "A Balada do Velho Marinheiro". Para Mary, a voz desenvolta e fluida de Coleridge criava cenas imaginárias extravagantes que ela jamais esqueceria. Pelo restante de seus dias, ela seria capaz de recordar cada palavra, recitando-as para os poetas que viria a conhecer posteriormente, garantindo assim a influência de Coleridge sobre a geração seguinte de escritores românticos.

A história era, ao mesmo tempo, aterrorizante e familiar para Mary: o marinheiro matara um albatroz e provocara a morte de seus companheiros de bordo, exatamente como ela causara a morte da mãe ao nascer. Até que ponto Mary compreendia isso na época é outra questão, mas quando Coleridge recitou a famosa estrofe

> *Ah, infeliz! que olhares maus*
> *Tive eu, de velho e moço!*
> *Não uma cruz, mas o Albatroz*
> *Puseram-me ao pescoço.*[1]

Mary sentiu compaixão pelo marinheiro: também ela sofria sob o peso de uma enorme culpa. Ela ainda não conseguia expressar claramente por que, mas esse fardo, um dia, a incitaria a criar sua própria obra de arte, na qual viria a explorar e a desnudar os sentimentos opressores de culpa que a atormentaram a vida inteira.

Ao mesmo tempo, ela absorvia outra história ainda mais perturbadora: a batalha inútil do poeta com sua própria invenção. O marinheiro de Coleridge é incapaz de se libertar de sua própria narrativa — ele precisa recontá-la eternamente, como castigo por seu "crime". Já adulta, Mary viria a compreender que "A Balada do Velho Marinheiro" é, em essência, um relato do âmago, uma exploração das grutas escuras da mente de Coleridge. Todavia, quando criança, ela o vivenciou de forma visceral, sentindo, em primeira mão, como as criações podem controlar seus criadores.

Para Godwin e Coleridge, a recitação do poeta era mais importante que as regras de Mary-Jane, de modo que, se tivessem visto as duas garotinhas, como parece provável, eles não as teriam mandado embora. No entanto, Mary-Jane não tinha tamanha reverência por poesia. Ao encontrar as camas vazias, ela entrou teatralmente no gabinete de estudos de Godwin, arrancou as infratoras de trás do sofá e as escoltou de volta ao quarto das

---

[1] Ateliê Editorial, 2005. Tradução de Alípio Correia de Franco Neto. [Nota do editor, de agora em diante NE]

crianças. Ela ganhara essa batalha, mas a um custo. A enteada nunca se esqueceria da humilhação. Uma mãe mais sensata talvez tivesse tentado aplacar a fúria de Mary; contudo, Mary-Jane não era sensata: faltavam-lhe a estabilidade e a tranquilidade cordial que a teriam ajudado a fazer as pazes com sua pequena oponente furiosa.

Godwin não fazia nada para amenizar o conflito entre Mary e Mary-Jane. Consumido por preocupações financeiras, não se perturbava com as disputas domésticas. Sua renda, sempre instável, era estendida para além de seus limites pela nova família. Em pouco tempo, Mary-Jane se viu forçada a comprar mantimentos a crédito, negociar com mercadores enraivecidos e mentir ao proprietário da casa sobre o aluguel. Assombrada pelas lembranças da prisão para endividados, ela exortava o novo marido a se emendar e ganhar dinheiro. Ele precisava parar de se aventurar em filosofia e escrever livros que vendessem. Ou, caso insistisse em seguir com temas impopulares, deveria escrever mais depressa para ganhar mais dinheiro.

Todavia, Godwin não conseguia, ou não queria — ela não tinha certeza —, escrever livros diferentes, nem escrever mais rápido. Ele odiava desleixo e imprecisão intelectual, portanto, seus adiantamentos acabavam muito antes que ele terminasse suas obras. Ainda mais assustador era que Godwin começara a sofrer desmaios, perdendo a consciência por períodos prolongados. Esses acessos do que ele chamava de "delíquio" preocupavam sua já apreensiva esposa e atrasavam ainda mais seus projetos literários. Seu médico deu conta de tais episódios com um diagnóstico de esgotamento mental. Contudo, o estresse não dava sinais de desaparecimento. As vendas de seus livros continuavam a cair.

Após três anos suportando as ameaças de mercadores locais e do proprietário da casa, Mary-Jane, uma astuta mulher de negócios, resolveu assumir o controle da situação, declarando que já era hora de abrirem sua própria livraria.[2] Ciente do crescimento do mercado de livros para crianças, ela decidiu que a literatura juvenil seria a especialidade da livraria, tornando-a, assim, a primeira do gênero. Foi um plano excelente, já que iria retirá-los da competição com outros vendedores de livros mais tradicionais. Além disso, eles poderiam fornecer materiais exclusivos: Godwin tinha alguns contos que escrevera para as filhas, entre eles uma versão das *Fábulas de Esopo* na qual enfatizava os males da tirania e a importância da liberdade.

---

2 Chamada M. J. Godwin and Co., a livraria infantil de William e Mary-Jane existiu por aproximadamente 25 anos (1800-1825) e, de acordo com a pesquisadora Pamela Clemit, da William Godwin's Juvenile Library, cumpriu o importante papel de produzir livros infantis voltados para a nova moral. Também eram publicados livros escritos pelo próprio casal ou por escritores do mesmo círculo intelectual e adeptos da razão moderna. [NC]

IMAGEM DO MERCADO DE NEWGATE, NA PATERNOSTER SQUARE, LONDRES, POR VOLTA DE 1850, MOSTRANDO "CARCAÇAS PENDURADAS EM GANCHOS E UM AGLOMERADO DE PESSOAS".

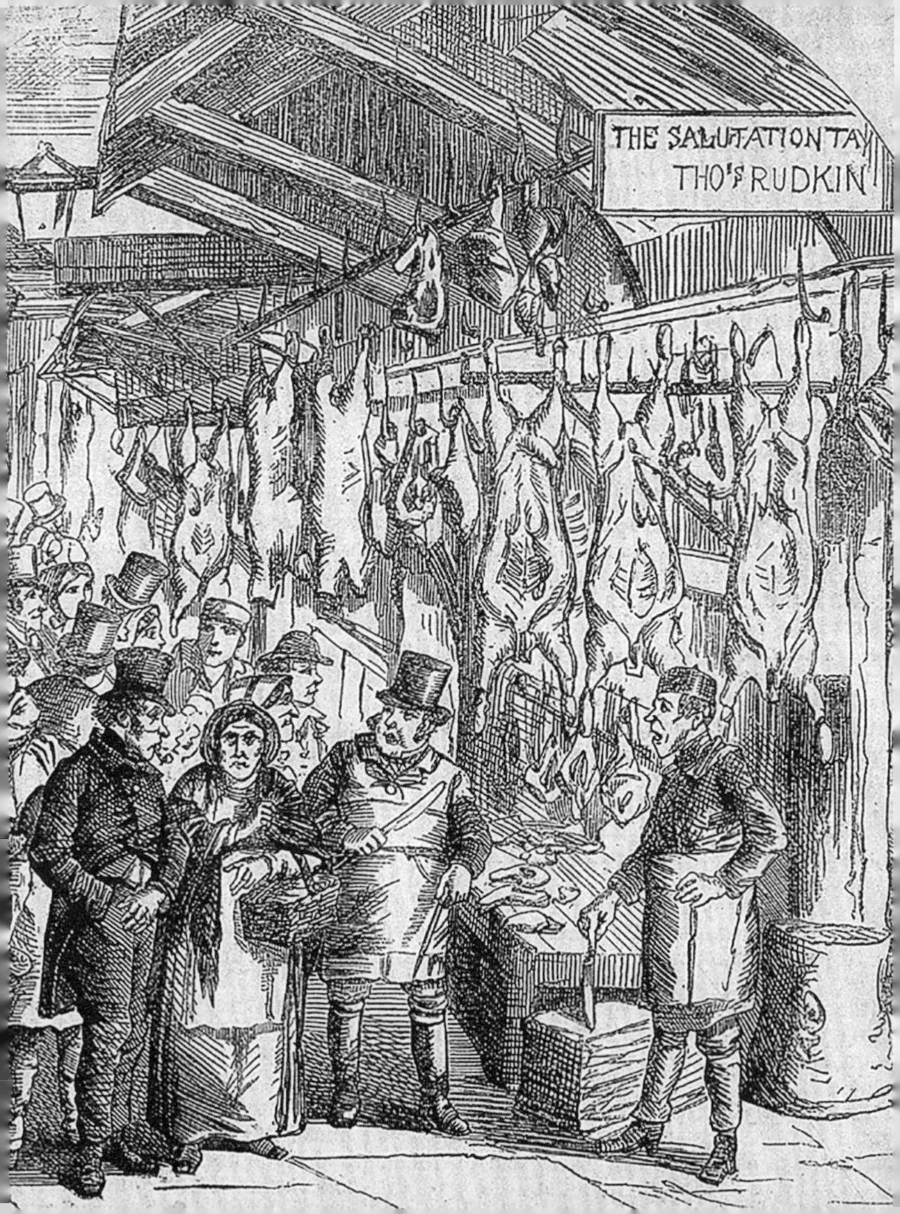
THE SALUTATION TAV
THO'S RUDKIN

No entanto, Godwin relutava em adentrar o mundo comercial, e foi apenas quando a situação financeira da família piorou ainda mais que ele cedeu. No verão de 1807, pouco antes de Mary completar 10 anos, a família se mudou para Londres, abandonando o Polígono às escondidas para fugir do dever de pagar os aluguéis atrasados.

...

O número 41 da Skinner Street, novo lar dos Godwin, tinha cinco andares de altura e estava em péssimas condições. Não tinha pintura e era feio. A prisão de Newgate ficava a um quarteirão de distância e, nos dias de execução, os sinos da igreja da vizinhança, St. Sepulcher, anunciavam as condenações à morte, quando multidões passavam por ali às pressas, seguindo para assistir aos enforcamentos. Das janelas da sala de aula no último andar de sua casa, onde tinham aulas todos os dias, Mary, Fanny e Jane podiam observar os prisioneiros fazendo sua caminhada final de Newgate até a forca em Tyburn.

Elas também podiam ver o rio Fleet, escuro e de aparência sinistra. Como aquele poderia ser o mesmo rio que serpenteava pelo cemitério no terreno da igreja de St. Pancras? Ali, ele parecia uma cobra sombria, enrolada no sopé da colina Holborn. Mais perto da casa, as carcaças de bovinos, caprinos e suínos pendiam de prateleiras do lado de fora dos açougues do mercado de Newgate, o que tornava quase impossível caminhar por ali sem pisar em poças de sangue. Em dias quentes de verão, os berros dos animais dos matadouros de Smithfield, nos arredores, entravam pelas janelas abertas, trazidos pelo vento.

O barulho, a pobreza e o fedor da Skinner Street eram opressivos. Os mercadores disputavam clientes, oferecendo seus produtos de forma ruidosa. Quando Mary-Jane abriu a livraria no andar térreo, o tempo livre das garotas evaporou. Elas embrulhavam e desembrulhavam volumes, organizando-os nas estantes. Quando ganharam mais idade, passaram a ajudar Mary-Jane no atendimento aos clientes. Charles, que estava fora, no internato, escapava de tais obrigações, e William era considerado novo demais para ajudar.

Mary se aborrecia com tais restrições, acrescentando-as à sua longa lista de queixas contra Mary-Jane. Para ela, a Skinner Street representava os males da vida com a "segunda mamãe", ao passo que a tranquilidade dos prados próximos ao Polígono simbolizava as virtudes de Mary Wollstonecraft. Em Somers Town, as garotas tinham permissão para passear à vontade, mas aqui era perigoso sair sem companhia. O velho cemitério da igreja de St. Pancras ganhou um brilho nostálgico e especial. Afinal, ali era não apenas o lugar onde a mãe estava enterrada, mas também aquele em que Mary havia passado horas junto ao pai.

Mas a situação tinha seu lado bom. Os Godwin viviam agora no coração do mundo editorial. Escritores faziam paradas em suas viagens para visitá-los. Havia livros por todos os lados, empilhados sobre cadeiras e no chão. Godwin direcionava Mary para os teóricos sociais pelos quais ele e a mãe da garota tinham admiração, tais como Rousseau[3] e Locke.[4] Nos jantares em família, eles costumavam discutir esses autores. Godwin concordava com a ideia de Rousseau de que a sociedade corrompia a natureza humana, de modo que, desde a tenra infância, Mary absorveu a ideia romântica de que os grilhões do convencionalismo deveriam ser quebrados. O pai exigia que ela tentasse responder aos questionamentos de todos os reformadores: quais eram as melhores maneiras de mudar o mundo? Que papel o governo deveria desempenhar na vida das pessoas? Deveria sequer haver um governo? Enquanto Fanny e Jane ficavam apenas olhando, em um silêncio pasmo, Mary expressava suas opiniões, citando habilmente exemplos dos livros que o pai lhe dava para ler.

A localização central da Skinner Street também tornava Godwin mais acessível para seus admiradores. Embora ainda fosse considerado um radical infame por muitos conservadores, reformistas políticos continuavam a procurá-lo. Entre os mais notáveis deles estava o terceiro vice-presidente norte-americano, Aaron Burr. Em 1808, Burr fora expulso dos Estados Unidos por seus inimigos, apenas três anos depois de servir Thomas Jefferson como segundo em comando. Durante seu último ano como vice-presidente, Burr se envolvera em um duelo, fatalmente ferindo seu rival político, Alexander Hamilton. Agora, o homem de 52 anos estava no ponto mais baixo de sua carreira, e Godwin era uma das poucas pessoas com coragem suficiente para lhe oferecer amizade.

Tendo sido a vida inteira um adepto de Mary Wollstonecraft, Burr acreditava na igualdade entre homens e mulheres, incentivando a adorada filha, Theodosia, a aprender latim, lógica e matemática avançada. Contudo, em 1811, uma tragédia aconteceu: Theodosia, então aos 29 anos, se afogou em um desastre de navio na costa da Carolina do Sul. O pesaroso Burr encontrou consolo ao dedicar especial atenção ao bem-estar das três

---

3   Jean-Jacques Rousseau (1712-1778), considerado um dos mais importantes filósofos iluministas que inspirou os ideais dos revolucionários franceses de 1789. [NC]
4   John Locke (1632-1704), médico, filósofo e político inglês, um dos expoentes do Iluminismo e defensor do método empírico. Em seus ensaios filosóficos, Locke sustenta a tese de que o homem nasce como uma tábula rasa e que nenhuma condição é inata. Por isso, tudo pode ser ensinado e aprendido por e para o homem. Pensar sobre a forma como o conhecimento se dá foi o tema principal da sua trajetória filosófica. [NC]

garotas Godwin, apelidando-as de "as deusas". De sua parte, as meninas amavam Burr. Ele não era cerimonioso na companhia delas, permitindo que as garotas o chamassem de "Gamp". Por vezes, ele chegava a ser persuadido a visitá-las no andar superior, no quarto das crianças. Em uma dessas ocasiões, elas o convenceram a ouvir William, então com 8 anos, lendo um discurso que Mary escrevera, intitulado "A Influência do Governo no Caráter do Povo". Fanny serviu chá enquanto Burr admirava uma apresentação de canto de Jane, que, como de costume, estava decidida a não parecer inferior a Mary.

Burr elogiou o chá e a canção, mas reservou seu maior elogio para o discurso e sua redatora. Mesmo aos 13 anos de idade, Mary sabia ter sido a ganhadora dos louros. Ela conquistara a atenção de Burr com sua pena. O pai lhe ensinara que escrever era seu legado, que ela era a filha de Wollstonecraft e Godwin, filha de filósofos. Quando se sentia sozinha e desejava que tivesse uma mãe que a amasse, ela tentava se consolar com o pensamento de que o destino a elevara acima das pessoas comuns. Ela tinha uma linhagem que os Clairmont jamais lhe poderiam arrancar. Mas tais consolos pouco faziam para afastar a solidão. O pai já não lhe pertencia — Mary-Jane se apossara dele. Fanny era demasiado insegura para servir de bálsamo. E Jane, companhia muito melhor que Fanny, era uma adversária perigosa, mais do que disposta a tomar o lugar de Mary caso ela viesse a cair.

## CAPÍTULO 4
# MARY WOLLSTONECRAFT: HOXTON E BATH
### [1774—1782]

Com o passar de cada semana no novo lar da família em Hoxton, o desalento de Mary Wollstonecraft, então com 15 anos de idade, crescia mais e mais. Em casa com a mãe enquanto os irmãos mais jovens estavam na escola, ela tentava se encorajar, escrevendo para a amiga, Jane Arden: "Minha filosofia e minha religião sempre haverão de ensinar-me a encarar infortúnios como bênçãos". Apesar de todos os esforços, sua tristeza aumentava. As explosões de fúria do pai quando bêbado se tornavam cada vez mais frequentes, e a mãe enfraquecia gradualmente, tanto em termos físicos como emocionais. Frustrada e indignada, Mary perdia a cabeça, apenas para se torturar por isso em seguida, preocupada de que estivesse ficando igual ao pai. Ela recorria à oração e começou "a refletir sobre a Primeira Grande Causa, formar apenas noções de seus atributos e, em particular, pensar com pesar sobre sua sabedoria e bondade".

A mãe, nesse ínterim, passava horas no sofá-cama, debaixo de um cobertor, reclamando de seus mal-estares, lendo romances e cochilando. Embora Mary sentisse desprezo pela prostração de Elizabeth, não podia evitar continuar ansiando pela atenção da mãe. Poucas coisas haviam mudado desde a infância de Mary. Embora Ned tivesse saído de casa, ele ainda era o favorito da mãe: ainda o único filho com o qual ela sempre se preocupou. Mary tentou confidenciar com a mãe, como fizera quando mais jovem, mas Elizabeth riu da filha. Sem os Arden e privada da oportunidade de ler e estudar, Mary não conseguia se desvencilhar da tristeza. A menos que se casasse, ideia à qual era totalmente avessa após testemunhar os abusos do pai, ela teria de viver com a mãe pelo resto da vida. Em um clássico caso de injustiça do século XVIII, Ned, então com 18 anos, trabalhava em um escritório de advocacia em Londres, e Henry, com 13, já era aprendiz de um cirurgião na cidade de Beverley, onde moravam antes. Ambos eram independentes da família e ganhavam o próprio sustento, enquanto ela, que ansiava estar no mundo, era forçada a permanecer dentro dos limites da casa.

Na virada do ano, Mary já estava às raias de um colapso nervoso: havia parado de comer e de lavar os cabelos, e sofria de dores de cabeça, febres e crises nervosas. A jovem passava a maior parte da noite acordada, matutando, e durante o dia estava exausta. Felizmente, a sra. Clare, uma das vizinhas dos Wollstonecraft, atentara para a melancólica adolescente e convidou-a para tomar chá. Essa visita inicial correu tão bem que outras se seguiram e, em pouco tempo, a sra. Clare e o marido, o reverendo Henry Clare, já convidavam Mary para passar semanas inteiras com eles. A mãe de Mary, que preferiria ter a filha em casa cuidando do ambiente doméstico, não tinha coragem de dizer não. Tampouco era capaz de imaginar em que tais visitas poderiam culminar. Se o imaginasse, talvez tivesse imposto uma resistência maior, ou envolvido o pai de Mary, Edward, na questão.

Henry Clare era um homem estranho. Mesmo em Hoxton, um vilarejo de lunáticos, ele se destacava em sua esquisitice. Ele usava o mesmo par de sapatos havia catorze anos porque quase nunca saía da casa. Assustadoramente magro, arqueado, da cor de papel, ele se dedicara com exclusividade, no passado, ao estudo da poesia e da filosofia, e era incapaz de conversar sobre assuntos triviais. A esposa, alegre e diligente, mantinha as relações com os amigos e vizinhos e dirigia o negócio da família, o que permitia que o marido passasse a noite em claro escrevendo, lutando com frases que poucas pessoas viriam a ler um dia. Por mais despropositadas que as atividades do clérigo pudessem parecer a alguém como Elizabeth, era seu fervor apostólico, sua nobre rejeição às preocupações corriqueiras, que atraía a jovem Mary Wollstonecraft, então com 15 anos. Na realidade, o reverendo Clare era exatamente do que ela precisava.

Para os Clare, ficou imediatamente nítido que Mary não era como as outras garotas de sua idade, que se preocupavam com moda e casamento. Frustrada com o modo como a mudança para Hoxton havia interrompido sua educação, ela pediu ao sr. Clare que lhe recomendasse livros para ler e filósofos para estudar. Clare permitiu que a jovem usasse seu gabinete de estudos, o que era uma honra, pois ele raramente deixava alguém entrar em seu santuário exclusivo. Ali, ela se apegou ao homem com uma devoção que teria agradado a um santo, a qual o místico Clare tratava como uma responsabilidade sagrada. Ele apresentou para Mary as ideias de John Locke, cujos escritos haviam sido proibidos pela Universidade de Oxford em 1701, incitando liberais dissidentes como Clare a estudá-lo com o tipo de fervor analítico que, até então, haviam reservado às Escrituras.

Os princípios do grande filósofo político — "criaturas da mesma espécie e posição social [...] deveriam [...] ser iguais" e o marido "não deveria ter mais poder sobre [a vida da esposa] do que ela o tem sobre a vida dele"

— revigoravam Mary. Ela sempre achara que o pai não tinha direito algum de tiranizar a família e que o tratamento preferencial que ele e a mãe dispensavam a Ned era injusto. Agora, depois de ler Locke, ela tinha um fundamento ético para suas impressões. Não era apenas seu o direito de escolher e conduzir o próprio futuro; esse era um direito de todos. Na realidade, o contrato social de Locke fazia com que protestar parecesse a única resposta racional à injustiça; destruir a tirania[1] era obrigação da humanidade; um governo que não protege a liberdade das pessoas é ilegítimo. Um pai que maltrata a esposa e os filhos perde seu poder.

O ano de 1775 foi revolucionário. Os ativistas da época — Thomas Paine, Patrick Henry e John e Samuel Adams, para mencionar apenas alguns — chegavam rapidamente às mesmas conclusões. Enquanto a adolescente Mary Wollstonecraft lia Locke, Adam Smith escrevia *A Riqueza das Nações* e Edward Gibbon terminava o primeiro volume de *Declínio e Queda do Império Romano*, radical por sua crítica ao cristianismo e seus elogios à Roma pagã. No mês de março, o estadista Edmund Burke,[2] discursando em nome dos colonos norte-americanos, disse ao parlamento que os Estados Unidos deveriam ser um "santuário de liberdade". O dr. Richard Price, um pastor do protestantismo unitarista, também defendia a liberdade norte-americana em sua obra de estrondoso sucesso, "Observations on the Nature of Civil Liberty" [Observações sobre a natureza da liberdade civil], um panfleto que vendeu 60 mil cópias. Na semana que antecedeu o aniversário de 16 anos de Mary, o norte-americano Paul Revere realizou sua famosa

---

[1] Em sua obra *Segundo Tratado Sobre o Governo Civil*, publicada em 1689, Locke afirma que a tirania "consiste em exercer poder além do direito legítimo" e satisfazer interesses egoísticos do próprio governante em detrimento do bem comum. Foi a partir desse conceito que Locke construiu sua tese do direito de resistência: "Toda pessoa investida de uma autoridade que excede o poder a ela conferido por lei [...] deixa de ser um magistrado; e, como age sem autoridade, qualquer um tem o direito de lhe resistir, como a qualquer homem que pela força invada o direito de outro". Mary Wollstonecraft utilizará esses termos para construir um paralelo com a condição da "mulher-súdita" e do "homem-governante" que usurpa seu poder e age tiranicamente ao despi-la da liberdade e dos direitos que circunscrevem a autonomia. Em *Reivindicação dos Direitos da Mulher*, ela escreve: "O direito divino dos maridos, tal qual o direito divino dos reis, pode, como é de se esperar nesta época iluminista, ser questionado sem perigo". [NC]

[2] Considerado por alguns estudiosos como o representante do Iluminismo britânico, Edmund Burke (1729-1797) defendia a ideia de que a sociedade precede o homem e, portanto, as liberdades individuais não seriam inatas, mas transmitidas hereditariamente. Era importante que as revoluções implicassem na restauração das liberdades, e não na ruptura com o passado, motivo pelo qual Burke via com preocupação os revolucionários franceses de 1789, que, movidos por um entendimento diverso do significado de revolução, buscavam realizar uma cisão absoluta com o Antigo Regime, abandonando toda a tradição da sociedade francesa construída até então, como podemos notar nos relatos de Mary Wollstonecraft no período em que viveu em Paris. [NC]

corrida;³ o tiro de mosquete disparado em Lexington Green foi ouvido no mundo inteiro; e um virginiano de 31 anos de idade, chamado Thomas Jefferson, esquadrinhava o *Segundo Tratado Sobre o Governo Civil* em busca das ideias que, um ano mais tarde, inspirariam suas reivindicações pela independência norte-americana.

Certo dia, naquela primavera, a sra. Clare levou Mary para visitar os Blood, amigos que viviam no vilarejo de Newington Butts, ao sul do Tâmisa. Tratava-se de uma cidadezinha comum: as casas eram pequenas, e os jardins, simples. Contudo, quando Mary e a sra. Clare chegaram à casa de campo dos Blood e foram convidadas a entrar por Fanny Blood, de 18 anos, Mary foi tomada de admiração. A filha mais velha da família era dotada de uma graciosidade tão gentil que fez Mary vibrar. Enquanto a sra. Clare conversava amenidades com a sra. Blood, Mary observava a delicada Fanny, que se ocupava em alimentar e supervisionar os irmãos menores. Quando Fanny e Mary tiveram oportunidade de conversar, Mary se encantou com a inteligência, o tato e a paciência da moça. No fim da visita, a adolescente já havia prometido a si mesma que ela e Fanny seriam amigas.

Assim como Mary, Fanny Blood era a irmã mais velha de uma grande prole de crianças. Também como Mary, o pai era alcoólatra e apostador compulsivo, e embora não fosse violento, não conseguia sustentar a família. A sra. Blood fazia pequenos serviços de costura em casa, mas, na realidade, era a renda de Fanny que os sustentava. Artista talentosa, ela havia sido contratada pelo botânico William Curtis para desenhar espécimes de flores silvestres para sua série em dois volumes *Flora Londinensis*, ou *The Flowers of London* [As flores de Londres]. O emprego de Fanny foi o primeiro verdadeiro exemplo que Mary teve do poder da versatilidade feminina. Fanny, com a ajuda da mãe, punha comida na mesa e permitia que a família mantivesse um estilo de vida respeitoso e refinado sem o auxílio de homem nenhum.

Como as jovens moravam demasiado longe uma da outra para se verem com frequência, Mary pediu permissão a Fanny para começar a se corresponder com ela. Nenhuma dessas cartas sobreviveu, porém Mary considerava o modo de escrever da amiga muito superior ao seu. A inteligência de Fanny era "masculina", dizia Mary, um adjetivo que ela reservava para as mulheres de "bom senso". Quando Mary confessou que queria aprender a escrever tão bem quanto Fanny, esta concordou em ensiná-la. Mary declarou que nunca havia amado tanto uma pessoa como ela amava Fanny. "Eu poderia delongar-me para sempre em louvores [a Fanny]", escreveu ela para Jane Arden, sem nenhum remorso aparente por estar tratando Jane exatamente

---

3    Para alertar as milícias coloniais da chegada dos britânicos. [NT]

como ela acusara Jane de tê-la tratado, trocando-a por uma nova amiga. Felizmente, a generosa Jane não expressou mágoa alguma diante das volúveis afeições da amiga.

Em pouco tempo, Mary começou a sonhar com um novo futuro, um futuro que a permitiria cortar relações com a família sem se casar: ela e Fanny morariam juntas, em um lugar onde poderiam ler e estudar sem interrupções e viver como iguais. Ela escreveu a Jane que preferiria compartilhar a vida com a nova amiga do que se casar com um homem, declarando: "Sei que essa decisão pode parecer um pouco insólita, mas, ao tomá-la, sigo tanto os ditames da razão como os da inclinação de minhas preferências".

No século XVIII, era tendência entre as mulheres escrever cartas extravagantes para as amigas, andar de mãos dadas, dançar juntas e expressar desejos ardentes entre si sem que fossem tidas por amantes. Mesmo Mary, que frequentemente sentia paixões arrebatadoras por outras mulheres, acreditava ser importante que amigas íntimas mantivessem um "recato pessoal decente". Ela julgava que o passo "mais racional" a ser dado em sua amizade com Fanny era que morassem juntas em outro lugar porque a erudição e a sofisticação de Fanny ajudariam Mary a progredir, e a força e a coragem de Mary protegeriam ambas as jovens da hostilidade do mundo. Juntas, elas poderiam se libertar da tirania dos homens de suas famílias.

No entanto, Mary optara por desprezar um fato importante: Fanny estava noiva. Seu pretendente era um homem corpulento e cheio de si chamado Hugh Skeys, que a havia cortejado por mais de um ano e, então, dera um pequeno retrato seu para Fanny e zarpara a fim de supervisionar seus negócios em Portugal, prometendo regressar para desposá-la assim que estivesse seguro de seu futuro financeiro. Para Mary, essa partida era prova de que Hugh não amava Fanny de verdade. Fanny, porém, agarrava-se à ideia de que ele voltaria. Ela tinha afeição por Hugh, e o casamento com ele proporcionaria estabilidade financeira tanto para ela como para sua família. Mary não podia oferecer esse tipo de apoio econômico para Fanny. As únicas possibilidades de trabalho para mulheres da classe média que não tivessem um talento como o de Fanny eram em empregos que pagavam baixos salários, tais como os de professoras, governantas ou damas de companhia. Porém, por mais desagradáveis que fossem tais opções, Mary estava decidida a começar uma vida com a amiga — assim, resolveu arranjar um emprego. Essa foi uma tarefa difícil, pois se considerava inadequado a uma jovem de boa educação abordar estranhos para pedir trabalho. Por sorte, e provavelmente por intermédio do sr. Clare, Mary soube da oportunidade de se tornar uma dama de companhia remunerada de uma viúva de idade que morava em Bath. Ela teria preferido ser professora, ou mesmo governanta, mas o que realmente

*THE SOUTH PARADE, BATH*, DE JAMES GANDON (1784),
INSPIRADA EM UMA PINTURA DE THOMAS MALTON JR.,

importava era ganhar dinheiro. Por certo ela não receberia nenhuma ajuda financeira de sua família. Embora Ned tivesse alcançado a maioridade recentemente e, por isso, recebido uma generosa herança do avô — um terço da propriedade, ou cerca de 5 mil libras esterlinas —, ele não tinha intenção de oferecer auxílio. Mesmo quando se casou — ocasião em que irmãos tradicionalmente davam às suas irmãs solteiras um pequeno dote ou as convidavam a viver em sua casa —, ele manteve a fortuna Wollstonecraft, tal como era, só para si. A injustiça desse ato enfurecia Mary. Sem um dote, seria difícil para as irmãs mais jovens conseguirem um marido, e ainda que a própria Mary não quisesse se casar, ela pensava que Eliza e Everina mereciam essa oportunidade. Quanto a ela, uma pequena poupança, somente uma fração da riqueza do irmão, poderia tê-la ajudado a começar uma nova vida, libertando-a da necessidade de trabalhar.

Na primavera de 1778, Mary, então com 19 anos, tomou o coche público para a casa de sua nova empregadora, a mal-humorada e arrogante Sarah Dawson, que já havia afugentado uma sucessão de acompanhantes. Mas Mary era feita de um material mais resistente que suas antecessoras. Ela não gostava da sra. Dawson; porém, via aquele emprego como um mal necessário, confessando abertamente seus sofrimentos a Jane Arden em uma longa carta: "A dor e a decepção fazem-me companhia constante [...]. Estou entre Estranhos, distante de todas as minhas antigas relações [...]. Sou praticamente uma obra de natureza-morta [...]. Não tenho força suficiente para animar-me".

Todavia, para o restante do mundo, Bath, então no auge de sua popularidade, era o lugar ideal. Os ricos e famosos iam até lá para se banhar nas águas termais, que, segundo se acreditava, curavam a maioria dos males, e perambulavam pelos salões sociais para serem notados por pessoas importantes.

Estando em meio à alta sociedade elegante pela primeira vez, Mary se queixava da falsidade dos modos das pessoas e censurava a "civilidade sem sentido que vejo todos os dias". Ela acompanhava a sra. Dawson para onde quer que fosse, mas era forçada a permanecer à margem, observando, sem falar a menos que se dirigissem a ela: uma marginalização imposta que a deixava furiosa, pois lembrava demais os castigos da mãe.

É possível que parte do desdém de Mary pela alta sociedade derivasse de sua relativa pobreza. Ela não tinha condições de se vestir de acordo com a moda, ainda que o quisesse. As jovens compravam suntuosas fazendas de tafetá listrado para suas anáguas e desmaiavam por apertar demais seus caros corpetes. Usavam rijas anquinhas de seda ao redor dos quadris, peças que custavam uma fortuna e tinham pelo menos 1,5 metro de largura, dificultando sua circulação pela pista de dança, a passagem por portas estreitas ou mesmo a realização dos movimentos de uma mesura sem tombar.

As damas da sociedade se empoavam com um caro pó branco feito de chumbo, embora todos soubessem que o "pó branco" havia provocado a morte de mulheres elegantes, em especial a das irmãs Gunning. As criadas pintavam círculos de ruge nas maçãs do rosto de suas senhoras e, por vezes, faziam uma escura "marca de nascença" a lápis perto dos lábios. Os cabelos eram arrumados em torres inclinadas de ao menos sessenta centímetros de altura, um custoso feito de engenharia que exigia serviçais altamente treinados para atar um cone de arame no alto da cabeça, pentear os cabelos em mechas verticais para cobrir a estrutura e, em seguida, "eriçá-los" de modo que parecessem "frisados". Se uma mulher não tivesse cabelo suficiente para atender ao estilo, ela poderia comprar madeixas artificiais, feitas de rabo de cavalo, ou cabelo em uma loja de perucas, a fim de complementar o próprio. A estrutura costumava ser encimada com raras (e caras) penas de avestruz ou laços e, então, empoada com farinha.

O segredo de beleza do século XVIII era ostentar o quanto se era rico. Assim como os jardins cultivados desse período, com sua ênfase na habilidade do jardineiro de controlar e moldar a Natureza — as sempre-vivas podadas em formatos cônicos, os caminhos geométricos traçados com perfeição, o templo grego absolutamente simétrico —, a aparência de uma mulher devia mostrar quantas criadas ela podia bancar e quantas joias possuía. Toda dama se esforçava por disfarçar ou aumentar seus atributos naturais — nenhum vestido era magnífico demais, nenhuma saia era rodada demais, nenhum penteado era demasiado extravagante. A artificialidade era uma virtude — prova de exímia habilidade artística e extremo bom gosto. Para comemorar uma vitória no mar, uma mulher usava sobre a cabeça um navio em miniatura absurdamente caro. Outras ostentavam miniaturas de árvores, pássaros e frutas. As pessoas compravam e estudavam livros que ensinavam requinte e boas maneiras. Complicados passos de dança eram a última moda. Maria Antonieta, que se tornara rainha da França apenas quatro anos antes, era considerada um ideal: seus trajes eram copiados por modistas e seu gosto era muitíssimo elogiado. Era impensável que, um dia, ela viesse a ser um dos mais odiados símbolos da riqueza aristocrática, bem como o era a ideia de que alguém poderia querer parecer espontâneo em vez de elegante, natural em vez de requintado.

Encarcerada em meio às extravagâncias da sociedade aristocrática de Bath, Mary se sentia definitivamente deslocada. Como era de esperar, ela transformou sua alienação em virtude, escrevendo para Jane Arden: "Desejo afastar-me [do mundo] tanto quanto possível. Estou particularmente farta da vida refinada. Não passo de uma espectadora". No entanto, essa era uma descrição errônea, se é que já existiu uma. Mesmo como acompanhante

*A CRIADA DA DAMA OU ADEREÇO DE CABEÇA DE TOALETE*,
CARICATURA DOS ESTILOS DE PENTEADO DO SÉC. XVIII.

contratada, Mary chamava a atenção. Ela tinha cachos de cabelos dourado-avermelhados que, com relutância, recobria de pó apenas por insistência da sra. Dawson. Sua boca revelava um contorno perfeito, e ela tinha uma silhueta bastante feminina; a pele era clara, e as maçãs do rosto, coradas. Quando ria ou sorria, seu rosto se iluminava de animação. Ela adorava conversar, desde que o assunto fosse filosofia ou literatura, e deixava nas pessoas a impressão de ser uma jovem expressiva e inteligentíssima. Os homens se sentiam atraídos por ela, e Mary parece ter vivido um flerte durante o tempo em que trabalhou para a sra. Dawson, pois algumas de suas cartas foram encontradas em posse de um distinto clérigo mais velho, Joshua Waterhouse, após a morte deste. Nesse período, a correspondência entre um homem solteiro e uma mulher era incomum o bastante para assinalar o relacionamento como, no mínimo, potencialmente romântico.

Todavia, Mary sabia que um homem como Waterhouse era inadequado para ela. Sua própria família era demasiado pobre, e ele ocupava uma posição elevada demais na sociedade. Mas, em vez de ser rebaixada por isso, ela ostentava sua pobreza como uma insígnia, declarando-se superior, uma mulher de princípios, capaz de autodisciplina, diferentemente daqueles com quem ela convivia. Mary tinha tão somente vestidos simples e não usava maquiagem. Ela não ansiava por uma vida de luxo. Em vez disso, ia à igreja, preocupava-se com os pobres e os doentes e desejava poder aliviar seu sofrimento. Leu *Paraíso Perdido*, de Milton, e o longo poema contemplativo de James Thompson, "The Seasons" [As estações]. Sempre que podia, fazia longas caminhadas, buscando consolo "nas variegadas disposições de luz e sombra" e "nos belos matizes que os raios de sol davam às colinas distantes". Enquanto a sra. Dawson e suas amigas devoravam doces e assados suculentos e colocavam creme no chocolate quente, Mary seguia uma dieta monástica. "Cearei sozinha, apenas um cacho de uvas e casca de pão", escreveu ela a Jane. "Beberei água pura à sua saúde."

Ao contrário das acompanhantes anteriores, que a bajulavam, elogiando sua beleza, elegância, requinte e espirituosidade, a sra. Dawson logo percebeu que essa nova jovem parecia desprezar a tudo e a todos: nem mesmo a realeza escapava da língua afiada de Mary. De fato, quando ouviu que o rei havia cavalgado seus cavalos até que as pobres criaturas caíssem mortas, ela demonstrou legítima indignação: "Creio ser assassinato provocar a morte de qualquer ser vivo, a menos que seja necessário como alimento, ou se nos mostre nocivo".

Durante esse período, Mary escreveu o mínimo possível para a família a fim de evitar as censuras que ela sabia que enfrentaria. A mãe ficara enraivecida quando Mary partiu para Bath, acusando a filha de não ter "consideração" suficiente por seus familiares. As irmãs mais jovens se sentiram abandonadas. Mary sempre administrara a casa, cuidando de todas elas e impedindo as ameaças do pai embriagado. Agora que tinham de assumir as responsabilidades de Mary, elas se sentiam magoadas e inadequadas. Como deveriam cuidar dos irmãos mais jovens e da mãe adoentada? Mary era a filha mais velha: administrar a casa era trabalho dela, não das filhas mais jovens. Por que as abandonara? Será que pensava ser melhor que as irmãs? Como ousava tentar conduzir a própria vida? Ela devia ter permanecido leal à família. Elas trocavam cartas exasperadas e, nelas, Mary se defendia sempre da pior acusação que uma mulher da época poderia enfrentar: o egoísmo.

Porém, Mary extraía coragem das teorias de Locke e das obras de Rousseau, que desenvolvia um pouco mais as ideias de Locke, argumentando que a liberdade era o que mais importava, e que a obediência e a subordinação eram sintomas de opressão social. Os homens devem desfrutar o direito inato à independência, afirmava Rousseau. E as mulheres também, concluía Mary, o que significava que ela tinha o direito de se opor às exigências da família. Ela sabia que estava infringindo os costumes da época; tinha compaixão pelas irmãs e não gostava do julgamento que a mãe fazia dela. Contudo, a jovem se lembrava do desconsolo que sentia em Hoxton, da sensação claustrofóbica de estar aprisionada, e sabia que seria perigoso retornar. Talvez ela jamais teria forças para fazer outra tentativa de conquistar a liberdade. Era melhor receber ordens e mais ordens da sra. Dawson, ser ignorada pelos convidados desta, desprezada pelos demais criados e forçada a aturar as frivolidades da sociedade de Bath do que ficar prisioneira na casa da família. Ao menos a sra. Dawson lhe pagava, e com isso vinha a promessa de independência futura, ainda que distante. Com as irmãs e a mãe, o futuro pareceria vazio, os dias passando monótonos.

• • •

No outono de 1781, Elizabeth Wollstonecraft desenvolveu uma enfermidade tão grave que Mary já não conseguia suportar os pedidos de ajuda das irmãs e, relutante, voltou para casa. A mãe padecia de uma afecção desconhecida que a deixava dolorosamente inchada. Mary chamou a doença de hidropisia. Hoje, a condição é conhecida como edema, a retenção de fluidos pelo corpo todo, provavelmente causada por uma disfunção hepática ou renal. Mês a mês, a pele de Elizabeth intumescia com a pressão, dificultando cada vez mais a movimentação dos membros. Na primavera, ela já não conseguia se alimentar. As filhas tinham de vesti-la, banhá-la e tentar amenizar sua dor.

Ironicamente, era de Mary que ela mais dependia, queixando-se amargamente se a filha mais velha se afastava de seu leito.

Evidentemente, os homens Wollstonecraft não se sentiam na obrigação de ajudar em coisa alguma. Edward praticamente desaparecera já no início da doença da esposa, embora continuasse a ajudar com as despesas da família, aparecendo de quando em quando para pagar as contas mais urgentes. Mary usou seu próprio dinheiro para tentar cobrir o restante. Ned permaneceu quase que totalmente fora de cena; Henry havia sumido de tal forma que foi impossível descobrir seu paradeiro. James fora enviado ao mar, e Charles ainda tinha apenas 12 anos de idade. Não obstante, se Mary tivesse se recusado a ir para casa, a família nunca a teria perdoado, e ela talvez jamais tivesse perdoado a si mesma, tão firmemente arraigado era o valor social do sacrifício da filha pela família.

Durante os dois anos que se seguiram até quase os 23 anos, Mary dedicou sua energia aos cuidados com a mãe. Enquanto a jovem viveu com a sra. Dawson, a família se mudou várias vezes, indo parar em Enfield, uns dezesseis quilômetros ao norte de Charing Cross. Não tendo condições de pagar por uma das casas elegantes da parte refinada da cidade, a família vivia em uma moradia barata na periferia do vilarejo, onde Mary se sentia abandonada e isolada, longe da amiga Fanny Blood e aprisionada com as irmãs. Em 19 de abril de 1782, Elizabeth entrou em um coma final, mas, antes, murmurou palavras que Mary recordaria pelo resto da vida, em parte porque não eram o que ela queria ouvir: "Um pouco de paciência e tudo estará acabado". Essa aceitação passiva do sofrimento não era a reconciliação no leito de morte pela qual Mary ansiava. Em *Mary*, o romance que ela escreveria poucos anos depois, a mãe moribunda diz: "Ai de mim, minha filha, nem sempre te tratei bem". Elizabeth, porém, nunca pediu desculpas para a filha mais velha. Ela nunca deixou de preferir o primogênito e jamais conseguiu superar sua aversão pela natureza impetuosa de Mary e seu desdém pelo comportamento feminino adequado.

Após a morte da mãe, Mary escreveu a Jane Arden que estava "esgotada", fazendo um contraste entre sua tristeza e a alegria de Jane: "Você continua risonha, mas eu sou uma criatura estúpida, e você se cansaria terrivelmente de mim se ficasse comigo por uma semana". O pai de Mary voltou para casa com a nova esposa, Lydia, poucos dias depois da morte de Elizabeth. Ele havia começado aquele romance enquanto Elizabeth ainda estava viva, mas ninguém sabia por quanto tempo eles já estavam juntos. Levando Charles consigo, eles se mudaram para o País de Gales, deixando que Mary empacotasse e distribuísse os poucos pertences da mãe, encontrasse moradia para si e as irmãs, e arranjasse dinheiro para alimentação e vestuário.

Mary localizou Ned e convenceu-o a hospedar as garotas mais jovens em seu casarão na St. Katherine Street, perto da Tower, e, então, por insistência de Fanny, ela foi morar com os Blood em Walham Green, um agradável vilarejo alguns quilômetros ao oeste de Chelsea, nas proximidades da Putney Bridge, no rio Tâmisa. Ali, ela fazia o possível para compensar parte do fardo econômico ajudando a sra. Blood com suas costuras. A saúde de Fanny, sempre frágil, deteriorou durante o ano que Mary passou com os Blood. Ela começou a tossir sangue e foi diagnosticada com tuberculose. Embora o caso de Fanny fosse relativamente brando, Mary sentia uma necessidade feroz de proteger a amiga. Ela a exortou a reduzir suas horas de trabalho, embora a queda na renda de Fanny tornasse o sonho de viver sozinha com a amiga algo ainda mais remoto. Para Mary, a recuperação de Fanny era o que mais importava.

Apesar dessas preocupações, Mary estava vivendo com uma família que ela amava e que a amava. Eliza e Everina, por outro lado, eram irmãs necessitadas indesejadas na casa de um irmão dominador e de uma cunhada com má vontade. Elas poderiam ter procurado emprego como governantas ou acompanhantes remuneradas, mas lhes faltava a iniciativa da irmã mais velha. Em vez disso, tendo assistido à luta desesperada de Mary para construir uma vida sozinha, sem marido, Eliza, que tinha então 19 anos de idade e era jovial e atraente, caiu nos braços de um respeitável construtor naval solteiro, Meredith Bishop. Eles se casaram em 20 de outubro, apenas seis meses depois da morte de Elizabeth. Mary escreveu para Jane Arden dizendo que a irmã "fizera bem, casando-se com um homem honrado e cuja situação na vida é realmente conveniente". Ela não condenou Eliza por tomar esse caminho em busca de segurança e, na realidade, sentia certo alívio. A irmã era agora responsabilidade de Bishop; ele podia tomar conta dela, deixando a Mary menos uma pessoa com quem se preocupar e mais tempo para se concentrar em construir uma vida com Fanny.

## CAPÍTULO 5
# MARY GODWIN: ESCÓCIA, UM "NINHO DE LIBERDADE"
### [1810–1814]

A jovem Mary Godwin estava convencida de que, se a mãe tivesse sobrevivido, ela teria sido muito mais feliz. Primeiro, porque ela não teria sido obrigada a enfrentar a madrasta, lidar com uma irmã postiça competitiva, nem com um irmãozinho que lhe roubava a atenção do pai. E, acima de tudo, ela teria tido uma mãe que a adorava: disso ela estava certa. Bastou ler os livros que Wollstonecraft escrevera para Fanny para perceber como ela fora uma mãe amorosa.

Embora, para as pessoas de fora, Mary e seus irmãos postiços parecessem desfrutar uma vida familiar feliz, a inimizade entre a garota e a madrasta fizera apenas piorar ao longo do tempo. Quando Mary tinha 13 anos, a tensão se manifestou como uma aflitiva crise de eczema nas mãos e nos braços. Mary-Jane fez o que pôde para ajudá-la, levando a menina a vários médicos e viajando com ela para o litoral. No entanto, Mary continuava a resistir à autoridade de Mary-Jane. Ela não tinha ataques de birra como Jane, mas recorria, em vez disso, a um silêncio impassível e a comentários capciosos e sarcásticos, deixando claro que não respeitava a madrasta.

Como o eczema não melhorava, os Godwin enviaram Mary para um internato na popular estância litorânea de Ramsgate, a quase 130 quilômetros da Londres central, na esperança de que uma estada prolongada em ar puro ajudasse na cura. Todavia, Mary ficou inconsolável em meio aos veranistas e turistas que afluíam para lá a fim de banhar-se nas águas e, seis meses depois, deixou a escola sem que o eczema estivesse curado. Ao voltar para casa, a garota descobriu que Mary-Jane havia arranjado dinheiro suficiente para que Jane — e apenas Jane — estudasse francês e tivesse aulas de canto. Mary-Jane incentivava a filha a cantar para os convidados, e embora Jane gostasse da atenção e Fanny aplaudisse o talento da irmã postiça, Mary espumava diante do fato de que ela e Fanny eram tão intencionalmente ignoradas.

Se Fanny compartilhava da indignação de Mary, nunca demonstrou. Receosa de ser um fardo para os padrastos, Fanny fazia o possível para não causar nenhum aborrecimento. Ela não gostava de se impor e era atormentada pela depressão, um "torpor" do qual não conseguia se livrar. Embora Mary sentisse compaixão por Fanny, Jane era impaciente com ela, assim como Godwin, que interpretava erroneamente a depressão de Fanny, tomando-a por "indolência". Fanny nunca pareceu esperar mais que isso. Ela preferia ser invisível — uma tendência inquietante, embora nenhum dos Godwin expressasse qualquer preocupação real a esse respeito. Era muito mais fácil lidar com seu silêncio do que com a teatralidade dramática de Jane ou com o aquilo que Godwin chamava de modos "altivos" de Mary.

Contudo, embora ele a considerasse "soberba", à medida que Mary crescia, Godwin esperava cada vez mais dela, reservando tempo de seu atarefado dia de trabalho para supervisionar o desenvolvimento intelectual da filha. Posteriormente, Mary relembraria tais sessões:

> Godwin [...] estendia seu máximo cuidado à tarefa de educar; contudo, muitas coisas tornavam-no inadequado ao papel. Sua severidade se restringia às palavras, mas elas eram incisivas e humilhantes. Seu rigor era constante [...]. Ele era demasiado minucioso em suas censuras, demasiado sério e rigoroso no modo de ensinar.

O próprio Godwin admitia ter uma tendência a ser muito crítico, porém não conseguia evitar. Ele queria que Mary se esforçasse ainda mais. Ela tinha tanto potencial; por que não se aplicava? Diante de tamanha pressão, era difícil que Mary não se sentisse revoltada, embora sempre fosse respeitosa com Godwin. E ele não abrandava, nem levando em conta a idade de Mary: a filha tinha de ser superior às outras crianças. Pior ainda, ele sempre apoiava Mary-Jane quando surgia algum conflito. Para Mary, isso era uma traição. Ele colocava a esposa em primeiro lugar — a *segunda* esposa —, ao passo que ela, sua própria filha, de algum modo estava sempre errada.

A solidão e a agressividade de Mary aumentavam até que, quando contava já 14 anos, Godwin acabou decidindo enviar a filha descontente para a Escócia. Essa decisão inusitada foi inspirada por um convite de William Baxter, um radical escocês que havia lido *Political Justice* anos antes e começara a se corresponder com Godwin, alardeando as glórias da vida em seu remoto vilarejo escocês. Quando soube dos problemas de saúde de Mary,

Baxter, recém-viúvo, disse a Godwin que enviasse a filha para passar um tempo com ele. Diferentemente de Godwin e Mary-Jane, o sr. Baxter, pai de quatro filhas, estava acostumado a uma vida doméstica com garotas. Ela se adaptaria depressa, declarou o homem, e o ar puro da Escócia curaria suas enfermidades.

Embora nunca tivesse encontrado Baxter pessoalmente, Godwin concordou com a ideia. A fim de preparar o amigo para a chegada de Mary, Godwin escreveu uma descrição um tanto didática da filha: "Acredito que ela não tenha nada do que normalmente é chamado de vício e que seja dotada de considerável talento. Anseio que ela seja educada [...] como uma filósofa [...]. Não desejo que ela seja tratada com demasiada atenção. Desejo, também, que ela seja incentivada ao empenho. Por vezes, ela tem grande perseverança, mas, ocasionalmente, também, demonstra grande necessidade de incentivo". Ele queria que os Baxter a levassem a sério enquanto jovem intelectual, mas que não a tratassem com indulgência.

Em 7 de junho de 1812, Mary embarcou no *Osnaburgh*, com destino à Escócia. O pai e as duas irmãs, Fanny e Jane, foram vê-la partir; Mary-Jane não fingiu estar triste e permaneceu em casa, saboreando sua vitória. Mary tinha uma tendência a sentir enjoos em viagens marítimas e, em um momento de descuido, Godwin admitiu a Baxter que tinha "mil preocupações" no tocante a enviar a filha de 14 anos, sozinha, em uma viagem de uma semana. Ele percorreu os conveses em busca de uma senhora mais velha e confiável para cuidar da filha, mas a mulher que encontrou abandonou Mary no instante em que o navio zarpou. A inexperiente Mary, que se sentiu terrivelmente indisposta durante a viagem inteira, teve o dinheiro roubado a bordo e chegou a Dundee sem um único centavo e fraca por causa dos enjoos.

No entanto, ela não se queixou. Essa viagem difícil marcou o início de um novo capítulo em sua vida. Ao menos, ela estaria livre da madrasta. Sentiria falta do pai, mas era um alívio estar distante de seu escrutínio e de suas duras repreensões. O internato lhe mostrara como era viver longe de casa. Contudo, lá ela havia ficado mergulhada em regras, e Mary-Jane e o pai estiveram perto o suficiente para vigiá-la. Em última análise, fora o pior de ambos os mundos: nenhum dos confortos de Londres e até mesmo mais restrições do que aquelas impostas por Mary-Jane em sua casa na Skinner Street.

Além disso, a Escócia não era nenhuma Ramsgate. Uma das cidades mais desenvolvidas da Europa ficava no sudeste: Edimburgo, que abrigava uma grande universidade, bem como os filósofos iluministas David Hume e Adam Smith. As Terras Altas, por outro lado, estavam entre os lugares mais agrestes e perigosos do mundo, palco de incontáveis insurreições contra o domínio inglês.

Para o turista inglês do século XIX, a Escócia era um lugar extraordinário. Mary estava seguindo os passos dos viajantes do início do Romantismo que foram até lá para fugir da civilização e escreveram relatos fabulosos sobre suas experiências. William e Dorothy Wordsworth haviam feito longas caminhadas pelo interior silvestre na companhia de Coleridge, em 1803, e se encantaram com suas imensidões desabitadas e suas casinhas solitárias, suas colinas verdejantes e suas vastas extensões de charnecas. Os riachos da Escócia não precisavam de pontes, dizia Dorothy Wordsworth, porque, ao contrário dos ingleses, que usavam sapatos, os escoceses não viam problemas em molhar os pés descalços. As hospedarias eram sujas, mas expoentes do Romantismo como os Wordsworth não se importavam em tolerar um pouco de desconforto para viajar por aquela terra de campos ondeantes e velhas igrejas de pedra, veredas tranquilas e antigos fortes militares. Após sua visita, Dorothy declarou o que Mary logo viria a descobrir por si mesma: "A Escócia é o país, entre todos os outros que já visitei, no qual um homem de talento criativo pode criar seus próprios prazeres".

Quando Mary Godwin chegou ao país, em junho de 1812, os montanheses haviam se rendido à coroa, mas ainda brandiam suas espadas à espera de uma chance de derrubar o rei Jorge III. Os rebeldes preparavam e realizavam ataques de guerrilha, sabotando tropas inglesas que se embrenhassem demais nos territórios dos clãs; os comandantes ingleses respondiam torturando, encarcerando e executando qualquer um que fosse suspeito de fomentar revoltas. Possuir uma gaita de foles ou mesmo tocar uma podia levar um montanhês à prisão. Tecidos de lã xadrez foram produtos ilegais durante a maior parte do século; a proibição foi abolida apenas há pouco tempo. Para uma adolescente, tais perigos pareciam empolgantemente românticos. Sir Walter Scott havia publicado o poema "The Lady of the Lake" [A dama do lago] em 1810, e multidões de turistas ingleses afluíam para as Terras Altas, recitando as palavras de Scott enquanto desciam encostas a pé e contemplavam enormes cachoeiras. Para Mary, a nobre heroína de Scott, Ellen Douglas, personificava tudo que ela desejava se tornar: amada, valente e trágica.

A família Baxter vivia alguns quilômetros a leste de Dundee, no vilarejo de Broughty Ferry, na margem setentrional do estuário Firth of Tay, não muito distante do mar do Norte e das Terras Altas do sul. Se Mary já não fosse uma amante da natureza, ela se tornaria a partir de então. Em Broughty Ferry, o vento parecia soprar o tempo todo. Nuvens cruzavam um céu que se renovava constantemente, muito mais límpido e vasto do que a névoa fuliginosa que pairava sobre as ruas da cidade de Londres. Ao nascer e ao pôr do sol, dosséis em tons alaranjados e róseos se estendiam nas alturas, com impressionantes explosões de vermelho, como as pinturas de Turner que o pai de Mary a levara para ver na galeria do artista, na Harley Street. Atrás da cidade, as colinas se erguiam por toda a distância até as Terras Altas e, ao sul, o estuário ondeava agitado, iluminando-se e ensombrecendo ao vento.

O sr. Baxter se sentiu honrado por acolher a filha de Godwin em sua antiga e majestosa casa, "A Casa de Campo", e Mary ficou encantada com a afabilidade de sua recepção. Velho radical que era, Baxter ainda abraçava os princípios da Revolução Francesa e dava às filhas muito mais independência do que Mary imaginara possível. Mais tarde, ela diria que, embora outras pessoas pudessem achar aquela parte da Escócia "sem graça e monótona", encontrou em Dundee um "ninho de liberdade nas alturas".

Isabella, de 16 anos, a filha de Baxter que mais se aproximava de Mary em idade, tinha madeixas de cachos pretos, olhos escuros e um semblante atento e inteligente. Jovial e acolhedora, era tudo que Mary queria ser: a garota conversava e ria, e normalmente estava no centro das atividades, ao passo que Mary tendia a permanecer calada, antes uma observadora que uma protagonista. Para Isabella, a linhagem de Mary a tornava fascinante: ela era filha de Mary Wollstonecraft, uma das heroínas de Isabella, e seu comportamento reservado a tornava uma garota misteriosa, como se tivesse segredos que apenas compartilharia com quem conquistasse tal privilégio. Não passava pela cabeça de Isabella que Mary pudesse apenas ser tímida.

Isabella partilhava do entusiasmo do pai pela Revolução Francesa. Ela estudava seus acontecimentos, desde os grandes até os pequenos, e lia biografias de seus líderes. A jovem tinha grande admiração por Charlotte Corday e madame Roland, duas célebres revolucionárias, e falava sobre elas como se as tivesse conhecido em pessoa. As palavras de madame Roland antes de morrer na guilhotina — "Ó Liberdade! Que crimes são cometidos em teu nome!" — pareciam de uma pungência quase insuportável, e o corajoso assassinato de Jean-Paul Marat, perpetrado por Charlotte

Corday,[1] era o tipo de sacrifício que Isabella ansiava fazer por seu país. Essa relação apaixonada com a História foi uma revelação para Mary. O pai sempre elogiara o conhecimento histórico, mas Isabella perscrutava o passado em busca de pistas sobre o presente, de ideias sobre como viver uma vida de acordo com os ideais românticos, um prospecto muito mais atraente que o conhecimento pelo mero conhecimento.

Embora Broughty Ferry ficasse nos limites de matas e regiões ermas, ninguém se preocupava quando Isabella e Mary desapareciam por horas, às vezes até dias inteiros. Ocasionalmente, Mary saía sem Isabella e passava várias horas sozinha nos campos próximos do mar. Foi ali, diria ela mais tarde, que começou a alimentar o sonho de escrever histórias "fantásticas", contando com a imaginação para "povoar as horas com suas criações".

Perto da casa dos Baxter, uma fortaleza do século XV, de paredes laterais desnudas e retas, guardava a foz do rio Tay. Do alto de sua torre era possível ver o vilarejo de Newburgh, do outro lado do rio, onde a irmã mais velha de

---

[1] Durante a Revolução Francesa, Charlotte Corday (1768-1793) foi condenada pelo assassinato do pensador político e jornalista suíço Jean-Paul Marat, ocorrido em 13 de julho de 1793. Marat era muito popular na época e estava ligado aos jacobinos, embora não fosse integrante oficial dessa ala revolucionária. Corday entendia que Marat era um dos responsáveis pelo derramamento de sangue de milhares de pessoas, em especial girondinos e célebres revolucionárias francesas, como Olympe de Gouges (1748-1793). Por isso, agiu por conta própria quando resolveu "matar um homem para salvar cem mil", assim dito em suas próprias palavras. A historiadora Chantal Thomas traz uma abordagem interessante sobre o julgamento e condenação de Corday ao refletir sobre a ameaça simbólica que ela representava aos olhos dos jacobinos. Em primeiro lugar, por ser ré confessa, Corday surpreendeu os membros do tribunal de justiça pelo fato de, aos 24 anos, ter sido capaz de planejar e executar o assassinato do popular e poderoso Marat. A imagem de uma mulher jovem, insurgente, determinada, corajosa e tipicamente francesa precisava ser descaracterizada para não inspirar outras moças a seguirem o mesmo caminho (já que naquele momento da revolução os direitos das mulheres estavam fora de questão). Em segundo lugar, Corday estava no pleno exercício da sua liberdade, ou seja, não tinha medo de agir e assumir as consequências (sequer tentou fugir da cena do crime) — a propaganda "terrorífica" produzida pelos revolucionários não foi suficiente para inibi-la. Como medida para neutralizar o "perigo-Charlotte", o tribunal recusava-se a pronunciar seu nome e a aceitá-la como mentora do crime. O pintor Jacques-Louis David foi um dos primeiros a representar artisticamente o assassinato, na tela *A Morte de Marat* (1793), na qual não revela a assassina. Com o intuito de prejudicar a imagem de Corday, panfletos foram distribuídos na época com o curioso texto (tradução livre): "Esta mulher dita bonita não o era nem um pouco; ela era desagradável e masculina, gorda em vez de atraente, suja, como as filósofas e radicais quase sempre são... Além disso, estes apontamentos seriam inúteis se não fosse verdade que qualquer mulher bonita que se agrada com sua beleza agarra-se à vida e teme a morte... Sua cabeça estava cheia de todo tipo de livro; ela declarou, ou melhor, confessou com um orgulho quase ridículo que havia lido tudo desde *Tacitus* a *Portier des Chartreux*... Tudo indica que esta mulher estava completamente em desacordo com seu sexo. (Domingo, 21 de julho, Ano II da Revolução Francesa)". Graças ao pintor Jean-Jacques Hauer, que atendeu ao último desejo da prisioneira em 1793, é possível conhecer o verdadeiro rosto de Charlotte. E, ao longo dos anos, o crime foi representado por diferentes pintores com outros olhares, a exemplo da tela de Paul-Jacques-Aimé Baudry, *Charlotte Corday* (1860), que evidencia a jovem com aspecto heroico e faca em punho, ao lado do mapa da França. [NC]

Isabella, Margaret, vivia com o excêntrico marido, David Booth. Quando o tempo estava limpo, as duas garotas cruzavam o estuário para ficar com o casal em sua casa de campo de telhas cinzentas, empoleirada na encosta que tinha vista para a água. Margaret era inválida e não conseguia distrair as garotas. Enquanto ela cochilava ou balançava em sua cadeira, o marido de 47 anos, que era chamado de "o diabo" pelos vizinhos por causa de sua política radical e de seu prodigioso cabedal de conhecimentos arcanos, discutia os males da tirania e as glórias da liberdade com Mary e Isabella. Mary ficou felicíssima por ser tratada como uma adulta por aquele homem que, segundo Godwin, era o único radical que ele conhecia capaz de superá-lo em inteligência. Booth se mostrava ávido por trocar ideias com a filha de Godwin e Wollstonecraft, conversando com Mary como se ela fosse extraordinária, um gênio tal como os pais.

Na casa da família Baxter, Isabella e Mary dividiam um quarto e costumavam ficar acordadas até tarde compartilhando segredos e histórias, muitas das quais incluíam David, a quem as garotas admiravam. Isabella chegava mesmo a sonhar em trocar de lugar com a irmã. Em uma de suas visitas, elas gravaram suas iniciais na vidraça de uma janela com um anel de diamante sem jamais sonhar que, um dia, Mary teria fãs que viajariam milhares de quilômetros para ver seu rabisco MWG; a casa de campo se tornou um local de peregrinação até a janela ser roubada na década de 1970.

Por vezes, os Baxter visitavam Dundee. Isabella havia decorado um grande número de poemas e amava as lendas e as histórias de fantasmas de Dundee. No fim da Guthrie Street havia uma pequena colina onde centenas de mulheres haviam sido queimadas como bruxas, e os moradores locais diziam que seus espíritos ainda caminhavam por ali. Atrás da cidadezinha erguia-se uma colina descampada de basalto chamada Law. De acordo com o folclore local, se uma virgem subisse ao topo dela e fizesse um pedido, este se tornaria realidade. Não sabemos se Mary e Isabella realmente subiram a colina, mas o fato é que ambas as garotas tinham muitos desejos. Nenhuma delas queria ser comum; elas sonhavam com vidas grandiosas e dramáticas, com tragédias e sacrifícios, glória e fama. Que elas tivessem a aparência de heroínas foi algo providencial: Mary com sua pele de uma brancura impressionante e o halo formado por sua cabeleira louro-avermelhada; e Isabela com seus vívidos olhos escuros e seus cachos revoltos. No único retrato que restou de Isabella, ela está vestida com uma fantasia de lady Jane Grey, a trágica jovem rainha, famosa por sua erudição e beleza, que governou a Inglaterra por apenas nove dias antes de ser executada.

A cada semana, Mary se mostrava mais saudável e forte, e o eczema desapareceu. Todavia, Godwin e os Baxter haviam combinado que a visita seria curta — cinco meses — e, embora quisesse permanecer ali por mais tempo, Mary regressou à Inglaterra em novembro. De volta à Skinner Street, foi como se a garota jamais tivesse partido. Brigas antigas eclodiram e novas surgiram. Mary-Jane continuava intransigente. Godwin se trancava no gabinete de estudos, reclamando do barulho. Fanny recuava ainda mais para as sombras. Jane seguia Mary como um cachorrinho. A própria Mary estava irritada e belicosa. Felizmente, os Baxter escreveram uma carta convidando-a para passar mais uma temporada com eles e, tão logo as condições climáticas se abrandaram, em junho de 1813, Godwin despachou Mary de volta para a Escócia.

Ela chegou perto do fim de uma primavera amena, o coração alegrando-se durante a viagem para o norte, rumo a Dundee. O ar estava úmido, e a terra, verdejante. Os bosques de castanheiras estavam em flor, e as colinas azuladas eram uma promessa de mistério e romance. Porém, quando chegou à Casa de Campo, a garota encontrou seus moradores de luto. Margaret, irmã de Isabella e esposa de David Booth, havia morrido. Embora fosse um acontecimento doloroso para a família, a morte de Margaret criou um dilema interessante. David Booth agora estava livre para se casar novamente. A princípio, ele flertou com Mary, mas, embora lisonjeada, a jovem queria se apaixonar perdidamente por alguém que fosse um romântico incorrigível. Booth acabara de completar 48 anos de idade, era de baixa estatura e corpulento. Dogmático e rigoroso, ele certamente não era o pretendente ideal.

Quando percebeu que Mary não estava interessada, David Booth logo tomou outro caminho. Poucas semanas depois, ele se declarou apaixonado por Isabella — uma escolha de todo pecaminosa aos olhos da igreja local, pois a lei eclesiástica proibia um homem de desposar a irmã da esposa.

Contudo, a natureza escandalosa da proposta de Booth era exatamente o que Isabella sempre quis: uma regra para quebrar, um tabu para abraçar. Além disso, ela sempre tivera um pouco de ciúmes da irmã mais velha. Mary incentivou Isabella a partir de sua posição de espectadora. Para ela, o escândalo fazia o relacionamento parecer ainda mais instigante. Se o casal se amava, coisa de que ela tinha certeza, então a diferença de mais de trinta anos de idade entre eles não deveria ser um impedimento, tampouco a desaprovação da igreja.

Assim como Mary, o pai de Isabella acreditava que o amor deveria triunfar. Ele sabia que haveria muitas objeções, mas permaneceu leal à filha, até mesmo quando a família inteira foi excomungada depois que o casal anunciou o noivado no outono. Para Mary, esse foi um final feliz para a história. A família Baxter defendera o amor e a liberdade em detrimento de regras e restrições antiquadas.

Em março de 1814, já era tempo de Mary navegar de volta para a Inglaterra. Ela se despediu dos Baxter com tristeza, sonhando com uma ocasião em que ela e Isabella se reencontrassem para transformar o mundo juntas, heroínas idênticas, unidas em sua devoção ao amor romântico.

Ao chegar de regresso à casa, agarrada ao tecido xadrez que comprara para se recordar da Escócia, Mary estava pronta para sua própria e grandiosa história de amor, de preferência com os mesmos ingredientes do caso de Isabella: rebeldia, exílio e escândalo. Ela estava segura de que o pai a apoiaria em sua escolha de um parceiro, ainda que o mundo inteiro a censurasse. Afinal, o pai de Isabella era discípulo de Godwin, e ele abençoara a união heterodoxa da filha.

Na realidade, o pai mantinha a distância de sempre, desesperado em sua tentativa de impedir a ruína financeira que pairava constantemente no horizonte. A maior esperança de solvência da família, disse ele, era um jovem aristocrata que ele conhecera enquanto a filha esteve na Escócia. Com cabelos castanhos encaracolados e enormes olhos azuis, Percy Shelley[2] era rico, rebelde e encantador. O rapaz tinha um senso de humor cheio de malícia, visões políticas radicais e uma propensão a chocar as pessoas. Shelley fora expulso da Universidade de Oxford, juntamente com o melhor amigo, Thomas Hogg, por publicar uma crítica à religião. Seu comportamento indócil o tornava ideal para a convivência com os Godwin. Ele havia lido *Political Justice* e agora, aos 21 anos, inspirado pela filosofia libertária de Godwin, partira depressa para a Irlanda a fim de ajudar a organizar os protestos contra o domínio britânico. Em troca da orientação de Godwin, o rapaz prometera ajudá-lo financeiramente. Shelley fizera visitas frequentes à família enquanto Mary esteve fora e, em tais ocasiões, foi tão gentil e tranquilo em suas conversas com Fanny, dando gargalhadas tão estrondosas diante da frivolidade de Jane, que ambas as garotas se apaixonaram um pouco por ele, ou pelo menos foi o que disseram os Godwin muitos anos depois. Infelizmente, ele já era casado. Sua esposa, Harriet Westbrook, de 19 anos, deixou Fanny e Jane boquiabertas com sua beleza e seus vestidos elegantes.

Era importante que Mary se unisse à família na tentativa de agradar esse rapaz, disse Godwin. Quando Shelley fosse visitá-los, ela deveria se comportar de modo exemplar. Se Shelley se dispusesse a lhes fazer um empréstimo, então Godwin conseguiria restabelecer suas finanças. Do contrário, tudo poderia estar perdido.

2 Influenciado pelo pensamento de Mary Wollstonecraft, Shelley era avesso à submissão feminina. Seu legado literário reflete esse sentimento na criação de personagens significativas, em papéis revolucionários, e na abordagem de temas sensíveis como assédio e violência contra as mulheres. [NC]

O que Godwin não percebeu era que a capacidade de Shelley para levantar fundos se baseava inteiramente em uma precária herança futura controlada pelo pai do rapaz, sir Timothy, que havia deixado de falar com o filho quando este foi expulso de Oxford. Cada centavo que o jovem Shelley brigava para arrancar da propriedade da família era produto de longos e desagradáveis processos judiciais, ou de um arcaico sistema conhecido como empréstimo *post mortem*. Esses pagamentos "após a morte" estipulavam que, quando passasse a ser sir Percy, o jovem Shelley teria de pagar até quatro vezes o valor do empréstimo a título de juros. O rapaz, que via a propriedade da família como uma fonte de financiamento para seus projetos revolucionários prediletos, prometera a Godwin que ele seria o próximo em sua lista de beneficiários.

Godwin também não sabia que Shelley, que sempre estivera à mercê de grandes flutuações emocionais, se achava em um estado particularmente instável naquela primavera. Ele havia abandonado Harriet seis meses antes e, embora não quisesse viver com a esposa, sentia-se solitário sem ela. De início, Shelley considerava seu casamento uma gloriosa missão de resgate: ele havia libertado a então adolescente de 16 anos, Harriet Westbrook, de um lar sufocante e conservador, pelo menos aos olhos do jovem Shelley — Harriet não dava sinais de que se sentia aprisionada antes de conhecê-lo —, e o casal fugira para o norte, casando-se apenas por insistência dela. O próprio Shelley era contrário ao casamento, tendo lido a crítica que Mary Wollstonecraft fizera da instituição em *Reivindicação dos Direitos da Mulher*, bem como as opiniões iniciais de Godwin sobre o tema. Na primeira edição não revisada de *Political Justice*, Godwin declarava que:

> O casamento, tal como compreendido hoje, é um monopólio,
> e o pior entre eles. Enquanto dois seres humanos forem
> proibidos, por uma instituição positiva, de seguir os ditames
> da própria consciência, o preconceito estará vivo e ativo.

Havia muito tempo que Godwin mudara de opinião sobre o assunto; Shelley, porém, desconhecendo a mudança de pensamento do seu mentor, acreditava que Godwin ainda defendia a ideia do amor livre.

Fascinada como estava por Shelley, Harriet subestimara a resistência do rapaz aos votos que haviam feito. Ela seguiu o marido para a Irlanda e, então, para o País de Gales, onde Shelley teve novas ideias para incitar protestos, incluindo o arremesso de garrafas com mensagens sediciosas ao mar. Entretanto, tudo mudou em 1813, quando Harriet deu à luz uma filha, Ianthe, e da noite para o dia (ou assim pareceu a Shelley) começou a importuná-lo por causa de dinheiro e de suas mudanças frequentes. Ele ficou desiludido.

E quanto à filosofia? E a rebelião irlandesa? Ela já não se importava com o grandioso ideal da liberdade? Agora o rapaz se arrependia de ter fugido com a jovem, encarando a situação como uma calamidade, "uma união apressada e sem sentimentos". Mais preocupante ainda, se Harriet não era quem ele pensava que ela fosse, então sua união estava alicerçada em uma mentira, e isso envenenava o sonho do rapaz de se dedicar à verdade a todo custo, de viver uma vida de filósofo. Uma sensação de culpa por sua própria hipocrisia o assombrava. Poucos meses depois, ele assim descreveria essa sensação ao amigo Hogg: "Senti como se um corpo vivo e um morto estivessem unidos em uma comunhão repugnante e horrível".

Logo depois que Shelley abandonou Harriet, ela descobriu que estava grávida novamente e implorou ao rapaz que voltasse, mas ele recusou a ideia: voltar a viver com Harriet seria como dar um passo para trás. Ele queria se libertar da antiga vida e estava atento, à espera de um sinal — um falcão, um eclipse, um sonho —, qualquer coisa que lhe mostrasse o caminho a seguir.

Mary também estava atenta, à espera de um sinal de transformação naquela primavera. A plácida paisagem dos campos escoceses parecia um sonho perdido em meio ao barulho e à sujeira da cidade. As solitárias horas de silêncio nos campos haviam terminado. As longas caminhadas nas colinas também tinham chegado ao fim. Em vez disso, havia horas forçadas do chá com Mary-Jane, Fanny, Jane e o meio-irmão, William. Nos cômodos apinhados da casa na Skinner Street, era impossível ter privacidade. Mary se sentia só. Ela sentia saudades de sua irmã de alma, Isabella.

Como bem observara a mãe, havia poucas escolhas para jovens na situação de Mary. As dívidas e a má reputação de Godwin faziam com que o futuro da moça não parecesse promissor: nenhum pretendente haveria de querer uma noiva sem dote e, se não quisesse ser professora, governanta ou dama de companhia, Mary teria de atender clientes na livraria e, talvez, escrever livros infantis para aumentar a renda familiar. A vida com que ela sonhava, repleta de amor e paixão, parecia impossível, uma aventura gloriosa reservada a outras pessoas, e não a ela.

## CAPÍTULO 6
# MARY WOLLSTONECRAFT: INDEPENDÊNCIA
### [1783–1785]

Em agosto de 1783, aos 24 anos, Mary Wollstonecraft se tornou tia. Menos de um ano depois de Eliza, aos 19 anos, ter se casado com Meredith Bishop, ela deu à luz uma garotinha a quem deu o nome de Elizabeth Mary Frances Bishop, em homenagem à mãe, à irmã mais velha e a Fanny Blood. A princípio, Mary regozijou-se com a boa notícia. Um bebê saudável. Uma garotinha. Uma xará. Todavia, em novembro daquele ano, poucos meses após o batismo da pequena Mary (como a chamavam), chegou uma carta urgente do marido de Eliza. Ele dizia que Eliza havia enlouquecido e implorava que Mary fosse até lá para ajudar.

Quando Mary chegou no casarão da irmã e do cunhado em Bermondsey, um enclave da classe média ao sul do rio Tâmisa, Eliza estava tendo o que Mary chamava de "acessos de desvario". Os olhos rolavam para trás, para dentro da cabeça. Ela tremia como se tivesse febre; murmurava consigo mesma e não reconhecia a irmã. O restante da casa estava um caos, mas Eliza parecia não perceber nada nem ninguém: ela se refugiara dentro de si mesma, em uma profundidade tal que era impossível alcançar. Nas palavras de Mary, ela não tinha "o menor vestígio de razão".

Mary pretendia ficar em Bermondsey apenas um ou dois dias, mas a aflição da irmã era tão extrema que ela achou que não poderia deixá-la. Fez o possível para se comunicar com Eliza, sentando-se com ela durante horas todos os dias, aninhando-a nos braços, lendo para ela, orando com ela e levando-a para passeios de coche. Depois de algumas semanas, Mary escreveu a Everina para dizer que os acessos tinham parado, mas que Eliza não se mostrava lúcida. "Suas ideias são todas desconexas e muitos caprichos desvairados flutuam em sua imaginação e emanam dela sem correção."

Para ela, parecia provável que os delírios de Eliza tinham origem no trauma do parto e que ela se recuperaria com uma assistência cuidadosa. O termo "depressão pós-parto" ainda não havia sido inventado; não obstante, o período após o nascimento do bebê já era largamente tido como perigoso para as mulheres, tanto em aspectos físicos como emocionais. Em um famoso caso que ocorreu poucas décadas mais tarde, a esposa do escritor William Thackeray ficou tão deprimida após o parto do segundo filho que teve de ser internada. De início, essa teoria pareceu correta, já que, depois de cerca de um mês sob o olhar vigilante de Mary, Eliza se mostrou gradualmente mais coerente. Mas, então, surgiu um desdobramento da situação. Mary observou que a irmã tremia sempre que Bishop se aproximava, chorando e acusando-o de ser cruel. Isso seria prova de uma perturbação mais grave, ou era a causa primeira do colapso de Eliza? Mary não tinha certeza. O aparentemente afável Bishop teria sido truculento com a irmã? Ele parecia desconsolado com a doença dela. Durante os primeiros dias da crise, Mary ouvira as impressões de Bishop com empatia; porém, após notar o medo de Eliza na presença do marido, ela passou a ficar cada vez mais desconfiada. Tendo testemunhado as perigosas flutuações de humor do pai, ela sabia que bom humor em público não excluía invectivas cruéis em casa, e ficou ainda mais preocupada quando um dos amigos de Bishop lhe contou que ele poderia ser tanto "um leão como um cocker spaniel" — era uma expressão que bem poderia ter descrito Edward Wollstonecraft.

Ao longo dessas semanas de dúvida, Mary escreveu muitas cartas, tentando organizar suas impressões, refletindo sobre o estado mental da irmã e o próprio. Em uma carta reveladora para Everina, a jovem descreve como se sentia confusa: "Não sei o que fazer — a situação da pobre Eliza deixa-me quase transtornada — não consigo ficar vendo esse sofrimento constante — e deixá-la suportá-lo sozinha, sem ninguém para consolá-la, é ainda mais doloroso — eu faria qualquer coisa para tirá-la de sua condição atual".

E havia ainda outro aspecto urgente do caso, pois, independentemente de Bishop ter razão ou não em dizer que Eliza havia enlouquecido, ele tinha, por lei, autoridade para enviá-la a um manicômio. A internação era uma solução bastante comum para lidar com esposas turbulentas, já que a lei inglesa outorgava ao marido um poder absoluto no casamento. A esposa não tinha permissão para possuir nada, nem tinha nenhum tipo de direito reconhecido por lei. Posteriormente, Mary diria que "sendo a esposa uma propriedade do homem, tal como o é seu cavalo, ou seu burro, ela não tem nada que possa chamar de seu". Sem proteção legal, as mulheres ficavam vulneráveis a toda sorte de abusos. O marido podia bater na esposa e declará-la insana. Se a mulher tentasse fugir, o marido tinha o direito de trazê-la de volta à força. Um homem podia privar a esposa de alimentos e mantê-la trancada em casa. Também podia impedi-la de procurar cuidados médicos ou de receber visitas que pudessem ajudar a aliviar seu sofrimento. Para a maioria das mulheres, a morte e a deserção eram as únicas maneiras de fugir de um casamento infeliz. Para conseguir o divórcio, era preciso enfrentar o longo e caríssimo processo de peticionar ao parlamento; apenas 132 casos de divórcio foram deferidos antes de 1800, e os requerentes eram todos homens. No século XVIII, apenas quatro mulheres conseguiram ganhar o direito à separação judicial. Apenas com a Lei de Causas Matrimoniais, de 1857,[1] é que ambos os sexos poderiam dar início a um processo de divórcio.

A injustiça desse sistema jurídico ficou marcada na mente de Mary, moldando os argumentos de sua obra mais famosa, *Reivindicação dos Direitos da Mulher*, e ainda se fez presente muitos anos depois em seu último romance, *Maria*, no qual retrata o sofrimento causado quando um marido perverso aprisiona a esposa virtuosa (e perfeitamente sã) em um manicômio, com total aprovação da lei.

Em dezembro, Eliza começou a ter momentos de lucidez, mas ainda não conseguia descrever o que Bishop lhe fizera, apenas repetira que ela havia sido "maltratada". O máximo que Mary podia conjecturar era que Bishop não conseguia se refrear em sua "satisfação", palavra que Mary usava para se referir ao sexo não consensual, já que não havia nome para o estupro marital. Na realidade, o estupro dentro do casamento passou a ser reconhecido como crime na Grã-Bretanha apenas em 1991.[2] Não importava que Bishop tivesse agido dessa forma por insensibilidade ou se valendo de patente agressão. O importante para Mary era que Eliza estava aterrorizada. Bishop também

---

1 No período de 1700 a 1857, a possibilidade de divórcio era muito restrita e dependia de uma legislação especial emitida pelo parlamento, vigente somente para o casal envolvido no processo, como uma espécie de alvará. O Matrimonial Causes Act foi a primeira legislação inglesa propriamente dita a regular o direito de divórcio. Embora fosse de ampla abrangência, o fundamento legal do pedido limitava-se à comprovação de adultério cometido pela esposa, em caso de solicitação de divórcio feito pelo marido; e, no caso de ser a mulher solicitante, teriam de ser comprovados adultério incestuoso, bigamia, emprego de práticas sexuais cruéis ou, ainda, abandono do lar por mais de dois anos. [NC]

2 O registro mais antigo no direito inglês que faz menção ao estupro marital data de 1736, no tratado escrito por sir Matthew Hale (1609–1676), *History of the Pleas of the Crown* [História dos pleitos da Coroa] (publicado sessenta anos após a morte do autor). Em sua obra, o jurista argumentou que o marido não poderia ser simplesmente acusado de estuprar a esposa, uma vez que ela consentiu ao casamento e, portanto, ao ato sexual proveniente desse compromisso inexcusável. Sir Hale, portanto, defendia a tese do consentimento tácito. Essa arguição foi finalmente refutada pelo precedente judicial de 1991, que oficializou o entendimento jurisprudencial de que, no tocante a relações sexuais, o casamento, por si só, não poderia ser argumentado como prova de consentimento implícito da esposa. Como reflexo dessa nova orientação, o estupro marital passou a ser reconhecido pelos tribunais, e as reiteradas decisões no mesmo sentido levaram à modificação da legislação criminal inglesa em 1994 (Criminal Justice and Public Order Act 1994 [Lei de justiça criminal e ordem pública]). Nessa primeira reforma, o crime de estupro deixou de ser ato restrito a relações extraconjugais. E finalmente, em 2003, o crime de estupro marital foi regulamentado de modo explícito pela lei de ofensas sexuais (Sexual Offences Act 2003). [NC]

começava a mostrar sua verdadeira índole. Ele negava, furioso, as acusações de Eliza, e Mary estava impressionada com a frieza do cunhado. Se Bishop tivesse, ao menos uma vez, demonstrado empatia pela jovem esposa assustada, é possível que Mary não houvesse se posicionado contra ele, mas agora que Eliza estava mais equilibrada ele recorria ao que Mary chamava de despotismo, tentando forçar Eliza a retomar o casamento. O cunhado era tão impaciente que Mary temia pelo que poderia acontecer caso ela não estivesse ali para proteger a irmã. Mary escreveu a Everina: "Não consigo deixar de ter pena de B, mas a tristeza é o que ele deve suportar, em qualquer caso, até que mude seu comportamento — e isso seria um milagre".

A essa altura, para Mary já era claro que o sofrimento de Eliza não derivava apenas da difícil experiência do parto. Ela fez inúmeras tentativas de conversar com Bishop, pedindo-lhe que tentasse compreender os temores de Eliza. Mas o cunhado se recusava a ouvir, insistindo que não havia nada de errado, escreveu Mary a Everina, "embora o contrário estivesse tão claro como o meio-dia". No início de janeiro, Mary já havia tomado sua decisão: não deixaria que Eliza continuasse vivendo com Bishop. Ela pediu a Ned que acolhesse Eliza em sua casa, mas o irmão se recusou a recebê-la, sem dúvida na esperança de evitar o escândalo, visto que era ilegal que uma esposa abandonasse o marido. A recusa foi um fato lamentável, pois, se Eliza tivesse ido viver com o irmão, poderia ter levado o bebê consigo no que teria sido possível chamar de visita de parentes. Do contrário, ela teria de abandonar a pequena Mary, já que as mães inglesas do século XVIII não tinham direito sobre os filhos. O bebê estava então com cinco meses de idade e já sabia sorrir, aninhar-se em braços amorosos e até mesmo erguer a cabeça, mas era tecnicamente propriedade de Bishop.

Apesar dos perigos que sabia que ela e a irmã enfrentariam, Mary começou a fazer planos para a fuga de Eliza, garantindo-lhe que recuperariam o bebê tão logo Eliza estivesse em segurança. Ao contrário de Ned, ela não poderia permitir que a irmã acabasse enlouquecendo e acreditava que, caso Eliza ficasse com o marido, ela jamais se recuperaria por completo. Os princípios universais de justiça e moralidade exigiam ação, na concepção de Mary. Locke lhe propiciara a premissa teórica de que ela precisava para justificar sua posição: Bishop revogara seus direitos de marido ao violar a liberdade natural de Eliza. Na verdade, a "situação" de Eliza havia deixado de ser apenas sobre Eliza. Libertá-la de Bishop, quaisquer que tivessem sido seus "crimes", tinha que ver com a liberdade em todas as suas formas: pessoal, sexual, financeira, espiritual, legal e política. Ali, ao menos, Mary tinha a chance de remediar a injustiça contra a qual protestara a vida toda. "Aqueles que desejam salvar Bess [Eliza] devem agir, e não falar", escreveu ela para Everina. No que lhe dizia respeito, as únicas dúvidas que ainda existiam eram para onde ir e quando.

A habilidade com que Mary traçou sua estratégia dava a impressão de que ela passara a vida inteira preparando-se para aquela emergência. E, em muitos aspectos, havia passado. Tendo fracassado em proteger a mãe, Mary estava decidida a impedir que a irmã vivesse como uma vítima. Ela reservou um quarto em uma estalagem em Hackney, um vilarejo uns oito quilômetros ao norte da Londres central, estocou mantimentos com Everina, que ainda vivia na casa de Ned, do outro lado do rio, e juntou o pouco dinheiro que conseguiu arranjar. Quando contou o plano a Eliza, a irmã recebeu bem a ideia, embora tenha chorado por não poder levar o bebê.

Em um dia nublado de janeiro, elas já tinham tudo pronto. Quando Bishop saiu da casa, depois do almoço, Mary correu para chamar uma carruagem, mas, estando Eliza prestes a fechar a porta da frente, ela assustou a irmã mais velha com sua hesitação. A jovem não conseguia se ver separada da criança, recusando-se a entrar na carruagem. Por fim, Mary a empurrou para dentro do veículo. A princípio, foi um alívio se afastar da casa; porém, em uma tarde movimentada, era impossível evitar o tráfego, e a cada parada a agitação de Eliza aumentava. Para o horror de Mary, o olhar da irmã assumiu uma expressão desvairada, e ela começou a morder o anel de casamento. Mary tentou acalmá-la, mas Eliza não parou até despedaçar o anel.

Elas trocaram de carruagem para despistar Bishop e, depois de mais de uma hora de uma viagem tensa, chegaram à tranquila estalagem em Hackney, onde se hospedaram usando os pseudônimos pouco originais de "srtas. Johnson". Por sorte, a proprietária, sra. Dodd, não contestou o direito das jovens de estar ali. "Espero que Bishop não nos encontre", escreveu Mary para Everina quando já estavam seguras no quarto, confessando que ela "preferiria enfrentar um Leão" e que "as batidas do meu coração acompanham cada carruagem que passa, e uma batida à porta quase me leva a um colapso". Nesse ínterim, Eliza recobrou a calma e dormia tranquilamente enquanto Mary mantinha uma vigilância apreensiva.

Para o alívio de Mary, Bishop não as seguiu. Em vez disso, o homem enviou uma mensagem por intermédio de Ned, dizendo que, se Eliza voltasse, ele "tentaria fazer a sra. B. feliz". No entanto, com o apoio de Mary, Eliza se recusou a ceder. Viver com Bishop estava fora de cogitação, disse ela a Ned, que, apesar da negativa inicial, se tornara o mediador entre a irmã e o cunhado. Bishop, furioso por ser rejeitado, se recusou a permitir que Eliza visse a filha, deixando-a sem um único centavo.

Punir esposas desgarradas separando-as de seus filhos era quase tão comum quanto interná-las em manicômios e, em geral, era mais eficiente.

Afinal, uma esposa talvez odiasse o marido, mas amava seu bebê. E nenhuma mulher estava a salvo desse tratamento. A famosa Georgiana, duquesa de Devonshire, tolerava os casos amorosos do marido, chegando ao ponto de acomodar a amante no lar do casal e criar os filhos ilegítimos, porque ele ameaçara afastá-la das próprias filhas caso ela não se submetesse a seus desejos.

Mesmo quando havia provas do tratamento cruel, era difícil encontrar quem tivesse compaixão pela esposa fugitiva. Mary ouviu rumores, provavelmente espalhados por Bishop, de que ela era culpada por ser "a vergonhosa incitadora desse escândalo" e por agir "contra todas as regras de conduta". Para a sorte das Wollstonecraft, seus amigos íntimos permaneceram leais. A sra. Clare, esposa do clérigo, viajou até Hackney com comida e vinho para as jovens, oferecendo-lhes dinheiro emprestado. Os Blood as convidaram para ficar em sua casa. Todavia, apesar desse apoio, o nome Wollstonecraft ficara manchado. Sem o divórcio, era impossível que Eliza se casasse novamente, e, diante do escândalo, era improvável que Everina despertasse o interesse de algum pretendente. Para sobreviver, as irmãs teriam de arranjar emprego, mas isso apenas seria possível se os futuros empregadores não tivessem tido conhecimento da fuga de Eliza.

A solução encontrada por Mary foi algo com que ela vinha sonhando havia já alguns anos: elas abririam uma escola. Sua amiga, Jane Arden, fundara uma escola com a irmã poucos anos antes e, em uma carta entusiasmada, Mary declarara seu apoio: "Não deixe que algumas pequenas dificuldades a intimidem, eu imploro; — enfrente quaisquer obstáculos em vez de submeter-se a um estado de dependência — digo isso do fundo do coração. — Já senti o peso e gostaria que você o evitasse, de todas as formas".

Antes da crise de Eliza, Mary havia despertado o interesse de uns poucos alunos. Agora, ela voltava a atenção para os muitos problemas que enfrentava. A jovem precisava de fundos e de alunos. Contudo, embora estes estivessem desencorajados, ela tirava coragem de seu êxito ao libertar a irmã das garras de Bishop. Após anos tentando salvar a mãe do jugo do pai, ela resgatara a irmã do sofrimento. Com ânimo renovado, ela estava segura de que conseguiria superar os desafios que estavam por vir.

Ela também havia chegado a uma nova conclusão. Depois de sua imersão na vida doméstica de Bishop, ela percebeu que a fraqueza de Eliza era tão problemática quanto a ira e a insensibilidade de Bishop. Uma esposa amedrontada jamais seria capaz de enfrentar o marido, e acovardar-se apenas fazia as coisas piorarem. Se Eliza tivesse sido capaz de se defender, ela e Bishop talvez ainda estivessem vivendo juntos, e a pequena Mary seria criada por uma mãe forte, cheia de amor-próprio.

Para Mary, essa percepção conferia ainda mais urgência à ideia de abrir uma escola. Ensinar garotas a cultivar a mente e o corpo a fim de poderem se tornar independentes ajudaria a criar uma sociedade em que esposas fossem capazes de se defender e mulheres solteiras pudessem existir à sua própria maneira. Nessa utopia, já não haveria necessidade de salvar mulheres como Eliza. Elas seriam capazes de salvar a si mesmas.

Mas nem mesmo Mary Wollstonecraft conseguiria abrir uma escola apenas com a força de seu próprio entusiasmo. Ela precisava de dinheiro, de patrocinadores e de um prédio: e parecia impossível obter tudo isso — até ela conhecer a sra. Burgh, a rica viúva do educador e escritor James Burgh, um conhecido ativista da reforma educacional. Nenhum dos biógrafos de Mary sabe como as duas mulheres se conheceram, embora possivelmente tenha sido por meio dos Clare. Não obstante, todos concordam que Hannah Burgh ofereceu a Mary exatamente o que ela precisava nessa conjuntura crucial de sua vida: recursos financeiros, orientação e apoio prático.

A missão de vida de Hannah Burgh — e que ela acreditava ter recebido de Deus — era educar jovens mulheres para serem boas cristãs e cidadãs úteis. Garotas precisavam aprender a ser mulheres independentes para contribuir com a sociedade. Ela não concordava com seus contemporâneos, os quais pensavam que tudo aquilo de que uma jovem de classe média precisava era alcançar certo refinamento aprendendo um pouco de francês, conhecendo os mais recentes passos de dança e tocando algumas peças fáceis ao piano. Quando pôs os olhos em Mary, uma jovem que irradiava inteligência, convicção e autoconfiança, a sra. Burgh percebeu que havia encontrado a diretora ideal. Juntas, elas poderiam criar um ambiente onde as garotas aprenderiam a levar vidas mais significativas e virtuosas. Com eficiência admirável, as duas mulheres chegaram a um acordo. A sra. Burgh forneceria a Mary uma casa e vinte alunos, e Mary teria liberdade para gerir a escola como desejasse.

Não obstante, a sra. Burgh fez uma exigência: que a escola fosse construída em seu próprio vilarejo, Newington Green, um centro de inconformistas desde a Restauração. Pouco mais de três quilômetros ao norte de Londres, esse agradável povoado rural não parecia um foco de dissidência. Ele tinha todas as características de um vilarejo inglês tradicional: uma pastagem de uso comum, à sombra, no centro do vilarejo, na qual pastavam ovelhas; majestosas casas georgianas; igrejas com campanários e jardins de flores. Um rio gracioso, que fornecia água potável para Londres, serpeava pelos arredores da cidadezinha.

Apesar disso, os moradores de Newington Green estavam entre os mais radicais da Inglaterra do século XVIII, tendo sido atraídos para lá pela tradição revolucionária da cidade e pelo atual pastor da igreja unitarista de Newington

Green, o dr. Richard Price, um famoso pastor rebelde. Mary estava prestes a entrar para uma comunidade política e religiosa diferente de todas aquelas que conhecera antes, bem como de qualquer outra na Inglaterra.

No início da primavera de 1784, Mary deixou Londres para dar início ao seu novo empreendimento. Ela levou consigo Everina e Eliza, que atuariam como professoras. Reunidas pela primeira vez desde a morte da mãe, as irmãs Wollstonecraft se instalaram na enorme casa vazia que a sra. Burgh arranjara para ser a escola. Mary comprou móveis, livros e agulhas de costura; contratou uma cozinheira e serviçais com o dinheiro da anuidade que os pais dos alunos pagaram adiantado (meia libra esterlina por trimestre). Duas famílias decidiram deixar as filhas em regime de internato na escola, pagando valores extras que ajudavam a cobrir as despesas. Mary escrevera diversas cartas para Fanny, na tentativa de persuadi-la a se unir a elas na escola, e finalmente, para a alegria de Mary, a moça decidiu ir, chegando antes do verão. Seu noivo enfadonho, Hugh, ainda estava em Portugal, sem demonstrar nenhum interesse em casamento, e Fanny desejava estar ao lado da amiga querida. Embora ainda estivesse fraca por causa da tuberculose, ela poderia contribuir dando algumas aulas de botânica e pintura. Agora, o mundo de Mary estava completo. Ela estava com a mulher que mais amava no mundo. Vivia de acordo com suas crenças mais profundas. Conquistara a independência, ainda que fosse difícil se sentir totalmente independente quando atormentada pelas preocupações de uma empreitada como aquela. De quantos alunos ela precisava para manter a escola em funcionamento? Os pais protestariam caso ela implementasse algumas de suas ideias revolucionárias? Se uma única família não pagasse a anuidade, ela talvez tivesse de fechar as portas.

No entanto, apesar desses temores, Mary decidiu não fazer concessões. Ela queria ensinar seus alunos a pensar por si mesmos. Havia alguns garotos, mas a maioria dos alunos eram garotas, de 7 ou 8 a 15 ou 16, e ela as estimulava a fazer mais que apenas memorizar as obviedades literárias da época: "Estou farta de ouvir sobre a sublimidade de Milton, a elegância e a harmonia de Pope, e a genialidade original e instintiva de Shakespeare", declarava ela. Se seus alunos aprendessem a valorizar o próprio intelecto, talvez ficassem menos propensos a sucumbir às armadilhas do mundo sofisticado e tivessem melhores condições de contribuir com a sociedade. Mary acreditava que cada um de seus pupilos era único e, portanto, demandava "um modo diferente de tratamento" — um princípio seguido pelas atuais escolas progressistas, mas uma abordagem praticamente original em 1784. Tratar alunos como indivíduos! Exigir que as garotas usassem a razão! Se os conservadores descobrissem o que ela estava fazendo, Mary seria duramente criticada. Os amigos reformadores de Mary, por outro lado, achavam as ideias da jovem tão compatíveis com as suas que a convidaram para participar de seu grupo de discussões, o qual se reunia semanalmente.

O dr. Richard Price, líder do grupo, tinha 62 anos quando Mary o conheceu. Baixo e magro, com grossas sobrancelhas escuras, um casaco preto sem adornos e uma peruca branca penteada com perfeição, ele tinha uma aparência severa que contradizia sua brandura. Usava seu púlpito para pregar ideais iluministas e falava tão baixo que era difícil ouvi-lo, a menos que se estivesse sentado nas primeiras filas. Naquela primavera, ele declarou que o mundo estava progredindo e apontava a vitória norte-americana sobre os britânicos como prova disso — o Tratado de Paris, que havia encerrado oficialmente a Revolução Americana, havia sido assinado apenas alguns meses antes. Seu rol de aliados era uma lista de chamada de revolucionários — Ben Franklin, John e Abigail Adams, Thomas Jefferson e Thomas Paine. Mary se deleitava com o otimismo de Price. Libertação da tirania: esse era o lema de Price, e o de Mary também.

Assim como o pai de Jane e o reverendo Clare antes dele, o dr. Price reconheceu de imediato a originalidade de Mary e sua sede de conhecimento. Mas ele também se interessava pela paixão da jovem por reformas e compartilhava de sua ambição de instruir futuros radicais. Para o dr. Price, a educação era o caminho para um futuro melhor. Ele apontava para os Estados Unidos como um exemplo: sem um povo esclarecido, dizia ele, o experimento norte-americano certamente fracassaria, o que, por sua vez, seria uma tragédia para toda a humanidade. Isso fazia sentido para Mary. Afinal, a educação mudara sua vida. Se não tivesse lido Locke, encontrando nele as palavras para expressar seus sentimentos de injustiça e fúria, talvez ela não estivesse lutando agora por liberdade para si mesma e para os outros. Talvez não tivesse tido a coragem de salvar a irmã. Abrir uma escola era um empreendimento verdadeiramente nobre. Não apenas um esforço pessoal para alcançar a independência, mas um meio de promover reformas. Ela inspiraria seus alunos a moldar a própria vida.

Desde o instante em que chegaram, Mary tratou as crianças da forma como ela gostaria de ter sido tratada quando menina: com respeito e ternura. Defendia a adoção de hábitos alimentares saudáveis e exercícios vigorosos para ajudá-los a se tornarem fortes e capazes. Em vez de envergonhá-los ou de distribuir castigos, Mary cativava seus alunos com doçura e compreensão. Ela não podia lhes oferecer aulas de francês nem de música, mas havia muitos alunos cuja família não tinha condições de pagar por uma educação requintada e que ainda precisavam aprender o básico. Em vez de lhes impor a leitura de cartilhas, Mary estimulava as crianças a compor suas próprias histórias. "Que não haja disfarces para as emoções genuínas do coração", escreveria ela posteriormente. A jovem desprezava a memorização por repetição e encorajava seus pupilos a pensar por si mesmos, a explorar o que era diferente e pouco convencional. Acima de tudo, ela prezava a integridade, a criatividade e a autodisciplina. Em uma época em que outras escolas puniam equívocos insignificantes com surras e economizavam em alimentação e aquecimento, em que a garota Jane Austen quase morreu por negligência da Abbey School (algumas gerações depois, as duas garotas mais velhas das irmãs Brontë morreram de tuberculose na Cowan Bridge School), a insistência de Mary no bem-estar físico, espiritual e moral de seus alunos era um farol de valores iluministas.

Mary esperava que as irmãs seguissem seu exemplo e se dedicassem a seus deveres enquanto professoras. Porém, Eliza e Everina não gostavam das longas horas de trabalho duro e faziam o possível para se esquivar de suas responsabilidades. Elas deviam ensinar leitura, escrita e costura. Everina também ajudava Fanny no ensino de esboços. Diferentemente de Mary, elas não queriam mudar o mundo, de um aluno recalcitrante para o outro. Desejavam uma vida agradável e com poucas exigências. Eliza, que ainda se recuperava de sua fuga angustiante, estava frágil e, em agosto, um mês antes do primeiro aniversário da filha, ela recebeu a terrível notícia de que o bebê havia morrido. Deixada aos cuidados de serviçais e amas de leite, a criança enfraquecera e adoecera. Para Mary, essa era mais uma prova da torpeza de Bishop: ele provavelmente negligenciara a filha para punir a esposa desertora. Eliza nunca expressou arrependimento por sua decisão, mas permaneceu em um estado de depressão que não conseguia superar. Sua liberdade fora comprada à custa da vida da filha.

Everina, aos 19 anos, também passava por maus bocados. Apenas um pouco mais velha que seus pupilos, ela estava tendo dificuldade de seguir e de fazer com que os alunos seguissem os padrões educacionais de Mary. A jovem, ressentida com as recomendações de Mary sobre como gerir uma sala de aula, se uniu a Eliza, ambas reclamando da irmã mais velha pelas costas. Em consequência, as três mulheres Wollstonecraft estavam em constante tensão; havia explosões de raiva e incontáveis discussões. A lassidão das irmãs deixava Mary furiosa. Será que não percebiam como esse projeto era importante? Não era apenas a independência delas que estava em jogo: as irmãs tinham a oportunidade de melhorar a vida das mulheres e transformar a sociedade.

Contudo, nenhuma das irmãs partilhava do idealismo de Mary. Tampouco possuíam a mesma gana de se tornar independentes. Elas não tinham, como Mary, as horríveis lembranças de trabalhar para a rabugenta sra. Dawson. Ao contrário, esperavam que Mary cuidasse delas — era exatamente assim que as coisas deveriam ser na opinião das jovens. Ela era a irmã mais velha; a mãe havia morrido; o pai era um inútil; quem mais poderia cuidar delas? Elas não tinham interesse em participar da comunidade intelectual de Newington Green. Elas não gostavam de ficar cuidando dos alunos enquanto Mary participava de palestras e grupos de discussão, e ficaram ainda mais aborrecidas quando um novo amigo de Mary, o reverendo John Hewlett, um aspirante a escritor com conexões no mundo literário, levou-a para conhecer o adoentado Samuel Johnson sem convidá-las. Johnson era o escritor mais célebre da época, e as jovens diziam que a irmã estava roubando a cena enquanto elas, as escravas da escola, eram ignoradas e menosprezadas.

A intimidade entre Mary e Fanny tornava as coisas ainda mais difíceis. Ela nunca havia dividido uma casa com as irmãs e a amiga ao mesmo tempo, e a combinação foi desastrosa. E, em parte, a própria Mary era culpada: ela se recusava a confidenciar com as irmãs ou consultá-las a respeito de decisões importantes, fazendo com que se sentissem excluídas, como se desprezasse a opinião das duas. Elas se irritavam porque Mary não as respeitava como adultas, tratando-as como os alunos. Felizmente, Fanny era uma alma mais afetuosa que Mary e tinha o dom de apaziguar os ânimos. Ela ficava em casa quando Mary saía e insistia em incluir as Wollstonecraft mais jovens em decisões referentes à escola, apesar da oposição de Mary. Impedindo que a tensão entre Mary e as irmãs se transformasse em verdadeiras brigas, Fanny ajudava a manter a escola viva, mas em detrimento da própria saúde. Ela sofria de acessos de tosse e enfraquecia a olhos vistos. Perto do fim do primeiro ano da escola, assim que o tempo frio chegou com força total, a tuberculose de Fanny piorou e, no outono de 1784, parecia evidente que, se permanecesse na úmida e gélida Inglaterra, ela morreria. Aterrorizada, Mary exortou Fanny a entrar em contato com o hesitante Hugh.

Depois de recuar por anos, Hugh escrevera recentemente para dizer a Fanny que estava pronto para desposá-la; os negócios em Lisboa prosperavam o suficiente para sustentar uma família. Porém, chegado o momento de dar esse passo, Fanny não tinha certeza se o queria. Hugh, fazendo-a esperar tanto tempo, a havia humilhado. Além disso, fazia anos que não o via. A correspondência entre eles fora pouco frequente, para dizer o mínimo, pois Hugh não era nenhum inspirado escritor de cartas, e não se podia confiar no serviço de correios entre Portugal e Inglaterra. Acima de tudo, ela sentiria saudades de sua amada Mary. No entanto, foi Mary quem persuadiu a amiga a aceitar a proposta de casamento de Hugh: na sua cabeça, era melhor perder Fanny para o casamento que para a morte. Talvez na quente e seca Lisboa a amiga melhorasse. Assim, em janeiro de 1785, Fanny viajou para Portugal a fim de se casar com Hugh, que, ela veio a descobrir, havia envelhecido consideravelmente. "Ele está muito mais gordo e parece, no mínimo, dez anos mais velho", escreveu Fanny em fevereiro, revelando ainda que estava grávida, com apenas um mês de casamento.

Quando soube da notícia, Mary ficou extremamente preocupada. Um parto era bastante arriscado para mulheres saudáveis, mas para aquelas já enfraquecidas por uma doença crônica era algo muito perigoso e potencialmente fatal. Sua vontade era partir de imediato para visitar Fanny, entretanto, relutava em deixar a escola na mão das irmãs. Durante as longas férias de verão, ela ficou dividida, atormentada pela possibilidade de perder sua amiga mais querida, mas temerosa de arriscar o futuro da escola. Era impossível confiar em Eliza e Everina, e difícil amá-las: "Eu poderia antes fugir que abrir-lhes meu coração", Mary escreveu ao irmão de Fanny, George.

Em junho, Newington Green recebeu duas celebridades do outro lado do oceano: John e Abigail Adams. Em 1785, aos 50 anos, John Adams fora a Londres como o primeiro embaixador norte-americano. Em vez de participar de uma elegante congregação em West End, ele e Abigail optaram pela igreja do dr. Price. Os londrinos escarneceram deles por preferirem os sermões do velho dissidente à pregação de um pastor mais famoso. Todavia, para o casal Adams, não havia dúvidas em relação a qual paróquia eles frequentariam. Price fora, e ainda era, um dos mais notáveis defensores da causa norte-americana. Suas ideias, dizia Adams, representavam "todo o escopo de minha vida". Além disso, o casal Adams se harmonizava com o local. Para os radicais de Newington Green, as toucas artesanais de Abigail e os modos desajeitados de John, ambos motivo de riso em meio aos requintados moradores de West End, constituíam prova reconfortante de que o casal se importava mais com os princípios de liberdade que com as últimas tendências de Londres. A lei era essencial, escrevia Adams, para proteger os fracos dos fortes e para assegurar a liberdade de cada cidadão. Abigail não só concordava com a adoção de medidas jurídicas de proteção à mulher como também a apoiava, tendo assim escrito ao marido quando ele e seus companheiros colonos estavam prestes a declarar a independência:

> [...] no novo código de leis que, suponho, será necessário que vocês criem, desejo que se lembrem das mulheres e sejam mais generosos e favoráveis em relação a elas do que seus antepassados. Não coloquem poderes tão ilimitados nas mãos dos maridos. Lembrem-se de que todos os homens seriam tiranos se pudessem. Se não forem dispensados cuidado e atenção particular às Mulheres, estamos decididas a fomentar uma Revolta e não nos consideraremos adstritas a quaisquer Leis em que não tenhamos voz nem Representação.

Embora não haja registros de que Mary e o casal Adams tenham se conhecido naquele verão, parece provável que, naquela pequena comunidade, seus caminhos se cruzassem. Por certo, Mary sabia quem eram John e Abigail Adams, ainda que estes ainda não a conhecessem. E, em pouco tempo, a situação seria inversa — apenas alguns anos mais tarde, Abigail se tornaria uma fã tão ardorosa da obra de Mary que John chamaria a esposa de uma "discípula de Wollstonecraft". Ele mesmo viria a ler o livro de Wollstonecraft acerca da Revolução Francesa, escrevendo à margem, quando ela elogiava a Revolução Americana: "Agradeço-lhe, srta. W. Que possamos gozar de sua estima por muito tempo".

No outono de 1785, Mary já não conseguia atenuar suas preocupações em relação à saúde de Fanny. Ela convenceu a sra. Burgh a lhe emprestar dinheiro para comprar uma passagem até Lisboa. Embora alguns pais de alunos ameaçassem retirar os filhos da escola caso Mary já não estivesse no comando, ela ignorou tais preocupações e partiu, chegando, após uma viagem de treze dias, no momento em que Fanny entrava em trabalho de parto. Quatro horas depois de Mary ter entrado pela porta, Fanny deu à luz um menino. Contudo, Hugh e Mary não puderam se alegrar porque Fanny enfraqueceu tremendamente com o parto. Ao longo dos dias que se seguiram, ela definhava devagar, animando-se apenas quando segurava o bebê ou via Mary. No fim da semana, ela e o bebê já haviam morrido.

Para Mary, a perda foi arrasadora. Ela tentou recorrer à fé, mas escreveu ao irmão de Fanny, dizendo que "a vida parece um fardo quase pesado demais para suportar [...]. Minha cabeça não consegue pensar, e meu coração está amargurado e exausto [...]. Consigo antever apenas tristeza [...]. Espero não viver por muito mais tempo".

## CAPÍTULO 7
# MARY GODWIN: "O MOMENTO DE SUBLIME ÊXTASE"
### [1814]

Em abril de 1814, pouco depois de Mary, aos 16 anos, regressar da Escócia, Godwin alertou a família de que deveria se preparar para o pior. Suas economias estavam quase no fim e ele poderia vir a enfrentar uma prisão por dívida, humilhação e ruína. Como última esperança, convidou Shelley para jantar, a fim de exortar o rapaz a cumprir suas promessas de um empréstimo.

Quando chegou a fatídica noite, todos estavam com os nervos à flor da pele, inclusive Shelley. Desorientado diante do fracasso de seu casamento, ele se sentia desalentado e sem propósito. Contudo, ao entrar na sala de visitas do número 41 da Skinner Street, soube de imediato que algo estava prestes a mudar. Algumas noites antes, durante uma longa caminhada noturna, ele vira "manifestações" que indicavam que em breve conheceria "a mulher que estava destinada a ser minha", como escreveu mais tarde a Thomas Hogg, seu amigo de faculdade. Shelley havia começado até mesmo a "compor uma carta para Harriet sobre a questão de minha paixão por outra". Quando a porta da sala de visitas se abriu e surgiu uma garota pálida com uma cabeleira ruiva resplendente como fogo, ele soube que sua visão acabava de se tornar realidade: aquela era a jovem de seus sonhos. Tratava-se da filha de Wollstonecraft, a filha de Godwin que ele ainda não havia conhecido. Shelley a fitou, fascinado, enquanto Mary, ainda desfrutando a recente descoberta de seu poder sobre os homens depois das atenções de David Booth, permitiu-se um olhar coquete de soslaio.

Shelley parecia ser a essência de um poeta romântico, com os cabelos revoltos, as botas sujas de lama e olhos apaixonados. Ele tinha um aspecto geral de confusão e espanto, como se o mundo fosse extraordinário demais para que ele pudesse compreendê-lo. Usava a camisa aberta, expondo o peito pálido. Alguns meses antes, Hogg descrevera-o como "indômito, intelectual, transcendental; como um espírito que acabou de descer do céu; como um demônio elevando-se do chão naquele instante". Para Godwin e Mary-Jane,

RETRATO DE PERCY BYSSHE SHELLEY,
PINTADO POR AMELIA CURRAN, 1819.

essa descrição feita por Hogg viria a se provar uma espécie de premonição assustadora. A princípio, Shelley parecia angelical, mas, em pouco tempo, ele magoaria cada uma das jovens Godwin, querendo ou não.

Ao tomarem seus lugares à mesa, Jane começou a tagarelar, como era de sua natureza, enquanto Mary permaneceu em silêncio. A irmã Fanny não estava presente. Anteriormente, naquela primavera, a jovem se mostrara tão deprimida que Mary-Jane enviou-a em visita às suas tias Wollstonecraft. Mais tarde, Mary-Jane afirmaria que as aflições de Fanny eram consequência de seu amor não correspondido por Shelley.

Para Shelley, Mary parecia distante, tão pálida e longínqua como a lua — imagem que ele viria a usar para representá-la em sua poesia. Ela tinha olhos "pensativos" de um cinza-esverdeado, rosto oval, boca pequena e voz "suave". Seu atributo mais notável, porém, eram os cabelos. De acordo com Jane, eles tinham "um brilho radiante e lustroso, como a folhagem de outono quando iluminada pelos raios do poente; descem em volta do rosto e cascateiam sobre os ombros em ondas diáfanas, tão finos que o vento parece tê-los emaranhado em uma rede dourada [...] eram tão delicados que se temia destruir sua beleza". Embora permanecesse em silêncio a maior parte do tempo, quando falava suas frequentes alusões e citações revelavam sua erudição. Shelley ficou aturdido. Ele nunca havia conhecido ninguém como Mary Godwin. A mãe da jovem deveria ter sido exatamente assim: uma intelectual, uma bela filósofa. Seu entusiasmo crescia à medida que o jantar se desenrolava. Ali estava a resposta que ele vinha procurando. Mary Godwin inspiraria sua criatividade.

Parecia inevitável, de muitas maneiras, que Percy Shelley se apaixonasse por Mary Godwin. Ele já estava um pouco apaixonado antes de se conhecerem, fascinado pela ideia de que Godwin e Wollstonecraft, os dois representantes da liberdade política que ele admirava com um fervor quase religioso, tinham uma filha. Com tais genitores, Mary tinha de ser excepcional. Mesmo quando ainda estava feliz em seu casamento com Harriet e conheceu Godwin, o rapaz olhou admirado para o grande retrato de Mary Wollstonecraft no gabinete de estudos de Godwin e ficou intrigado ao ouvir que a jovem Mary era "muito parecida com a mãe". Dois anos mais tarde, ele imortalizaria a linhagem de Mary:

> *Dizem que és adorável desde a nascença,*
> *De gloriosos pais, ó Criança aspirante.*
> *Não me admira — pois Uma deixou a existência*
> *A vida a planeta poente e grácil semelhante,*
> *Que te recobriu no imaculado fulgor brilhante*

*De sua glória derradeira; ainda seu renome*
*Fulgura sobre ti, através de tanta tormenta escura e trovejante,*
*Que sacode os dias atuais; e podes reivindicar*
*De teu Pai, o refúgio de um eterno nome.*[1]

Quanto a Mary, ela observava Percy com a mesma atenção com que ele a observava. Assim como ele, a jovem já estava um pouco apaixonada. De quando em quando, naquela primeira noite, o rapaz olhava-a como se a sorvesse, fitando-a diretamente nos olhos, como ninguém jamais fizera. Mais tarde, ele diria que podia ver a alma da jovem cintilando como "uma lâmpada de fogo vestal".

Terminado o jantar, parecia a Mary que Shelley era o homem mais fascinante do mundo. Ela também imaginou que não havia melhor maneira de ganhar o coração do pai que fazer amizade com o rapaz. Godwin assentia com a cabeça a cada palavra que Shelley dizia, indicando à família que deveriam aceitar as opiniões do jovem. Mary estava contente de atender ao pai, embora decepcionada por Shelley já ser um homem casado. Ela se deu por satisfeita com o fato de que Harriet não estivesse ali e também porque Shelley fizera alusão a tragédias insuspeitadas em seu casamento, desentendimentos cruéis e dolorosos. Na verdade, aos olhos de Mary, ele parecia perdido e indeciso, uma criança que precisava de amor.

Nos dias que se seguiram, Shelley e Mary se viam quando ele jantava em sua casa ou quando ela estava trabalhando atrás do balcão do estabelecimento da família. Quanto mais tempo passavam juntos, mais se sentiam atraídos um pelo outro. Para Mary, Shelley parecia ao mesmo tempo fascinante e profundo, o homem mais atraente que ela já havia conhecido. Todavia, estava bem ciente de que, se tivessem um caso amoroso, ela, tal como Isabella, teria de enfrentar um mundo hostil; à época, havia poucos tabus maiores que um relacionamento com um homem casado. Entretanto, Mary tinha certeza de que o pai a apoiaria, exatamente como o pai de Isabella concedera sua bênção à filha. Ela conhecia a história da mãe: Wollstonecraft tivera Fanny fora do casamento, mas ainda assim Godwin a desposara. Ele era o grande filósofo da liberdade. Amara Mary Wollstonecraft, que havia desprezado as regras da sociedade. O pai por certo aprovaria um caso amoroso com Shelley, especialmente após ter falado sobre o rapaz com tanto entusiasmo.

---

1   "They say that thou wert lovely from thy birth,/ Of glorious parents, thou aspiring Child./ I wonder not — for One then left this earth/ Whose life was like a setting planet mild,/ Which clothed thee in the radiance undefiled/ Of its departing glory; still her fame/ Shines on thee, through the tempests dark and wild/ Which shake these latter days; and thou canst claim/ The shelter, from thy Sire, of an immortal name." (Tradução nossa.) [NT]

Em junho, Mary e Shelley quiseram se encontrar a sós, embora ainda como "amigos", e encarregaram Jane de ajudá-los a sair sem que ninguém notasse. Jane concordou, embora enciumada porque Shelley escolhera Mary em vez dela. Pouco havia mudado entre as irmãs: Jane ao mesmo tempo invejava e admirava Mary e ainda seguia os passos da brilhante meia-irmã. Agora, Jane atirava-se à missão de ajudar os dois jovens a marcar encontros e trocar mensagens, atuando no mesmo papel que Mary fizera junto à Isabella, regozijando-se com o sigilo e o drama, mas alimentando secretamente o desejo de que Shelley talvez mudasse de ideia e a escolhesse.

À tarde, as meninas saíam juntas da casa na Skinner Street. Fanny havia regressado de sua visita às tias Wollstonecraft, porém Mary e Jane não a levavam, pois não confiavam que ela pudesse guardar o segredo. Quando já estavam a uma distância segura da casa, Shelley surgia, e Jane se afastava discretamente.

As ruas de Londres eram encantadoras àquela época do ano. Os donos das lojas plantavam gerânios em tinas; as senhoras desfilavam de cá para lá em seus coloridos vestidos de musselina; os mercadores de tecido escancaravam suas portas, na esperança de seduzir compradores com suas sedas e seus cetins. Havia jardins espalhados por toda a cidade, se você soubesse onde os encontrar, o que Shelley sabia. Posteriormente, um jardineiro intrometido contou à sra. Godwin que Jane ficava caminhando sozinha pelas aleias da Charterhouse Square "enquanto a bela jovem senhora e o jovem cavalheiro sempre se retiravam para sentar-se sob a pérgula".

À medida que o relacionamento se intensificava, tornava-se mais difícil esconder os sentimentos de olhares indagadores. Thomas Hogg fez uma visita a Shelley e o acompanhou na curta caminhada do lugar onde Shelley se hospedava, em Hatton Garden, até a livraria de Godwin, onde Hogg pensou que encontrariam o famoso filósofo. Quando chegaram lá, entretanto, "a porta foi parcialmente aberta com delicadeza", não por Godwin, recordava-se Hogg, mas por uma figura pequena que era "ruiva, muito pálida e tinha um olhar penetrante". Ela usava uma roupa em tecido xadrez, lembrava-se ele, e, numa "voz entusiasmada, disse: 'Shelley!', que, numa voz entusiasmada, respondeu: 'Mary!'". Ela fez um sinal para Shelley e o jovem casal arremeteu para fora, deixando Hogg sozinho na livraria.

As coisas se tornaram mais sérias quando Mary levou Shelley até seu local sagrado, o túmulo da mãe no cemitério ao lado da igreja de St. Pancras, e esse logo se tornou o lugar favorito para ficarem a sós. Ali, os dois liam em voz alta trechos de livros, em geral volumes da mãe de Mary, e discutiam seus assuntos prediletos: a grosseria de Mary-Jane, a falta de compaixão de Harriet, os pecados do pai de Shelley, liberdade, literatura, a imaginação e

*THE LOVERS' SEAT* (1877): PINTURA VITORIANA DE SHELLEY
E MARY GODWIN NO ANTIGO CEMITÉRIO DE ST PANCRAS,
FEITA MUITO DEPOIS DA MORTE DE AMBOS.

o potencial para um amor verdadeiro e igualitário entre um homem e uma mulher. Ambos tinham grande interesse por sonhos, visões e pela questão do que acontecia após a morte. Existiria renascimento? Existiria um além-túmulo? Seria possível que a mãe de Mary permanecesse em algum lugar como um espírito, invisível a eles, mas igualmente viva? Mary tinha certeza de que sim; normalmente, ela conseguia sentir seu "pálido fantasma" por perto. Por mais difícil que deva ter sido, Jane mantinha uma discreta distância, dando ao casal a oportunidade de conversarem sem que fossem ouvidos.

Nas seis primeiras semanas do relacionamento, eles conservaram uma rigorosa distância física durante tais encontros. Para o casal, a linguagem era um meio de comunicação ardente, e o diálogo era um componente essencial de uma união íntima. Mais tarde, Shelley explicaria a Hogg que se havia apaixonado por Mary não pela beleza ou delicadeza de suas maneiras, que eram inegáveis e poderiam ser admiradas por qualquer homem, mas por causa da originalidade da jovem, que ele sentia sobrepujar a sua própria "em genuína elevação e magnificência". O rapaz também se sentia atraído pela "intensidade dos sentimentos" de Mary e por sua capacidade para uma "fervorosa indignação e ódio" diante das injustiças sociais. Mary ficou tocada quando Shelley, um homem cuja amizade o pai valorizava e da qual precisava, que publicara com ousadia suas próprias ideias mesmo sendo perseguido por suas opiniões, contou-lhe como fora infeliz antes de conhecê-la, como seu casamento com Harriet era uma farsa, e como, durante o último inverno, ele havia "desistido de todos os prospectos de utilidade ou felicidade", exausto, aprisionado em uma união que era "uma flagrante e desprezível superstição".

Em meados de junho, Shelley jantou na casa dos Godwin dez noites seguidas. Estranhamente, Mary-Jane e Godwin não pareciam notar a crescente atração entre os jovens amantes, embora, toda noite, os dois desaparecessem da casa por horas, aparentemente para longas caminhadas. Possivelmente isso acontecia porque Jane sempre saía em seu encalço, ou talvez os Godwin estivessem preocupados demais com seus apuros financeiros. De qualquer forma, sem Fanny para agir como informante, Mary-Jane e Godwin permaneciam no escuro.

Por fim, em 27 de junho, Mary tomou as rédeas da situação. Ela se colocou de pé diante do túmulo da mãe, olhou nos olhos de Shelley e fez o que nenhuma moça deveria fazer: declarou seu amor por ele e se atirou em seus braços. Recordando o fato, Shelley disse que Mary foi inspirada "por um espírito que penetra a verdade das coisas [...]. O momento de sublime êxtase em que ela se confessou minha, a mim que havia tanto tempo era já dela em segredo, não pode ser concebido por imaginação mortal".

Eles se deitaram sobre o gramado e se tocaram com "todo o ardor do amor", como Mary descreveu mais tarde. O que ela quis dizer exatamente com essas palavras não está claro. Parece improvável que eles tenham consumado seu relacionamento sobre o túmulo de Wollstonecraft, dadas todas as dificuldades envolvidas — a inexperiência de Mary e o local público, sem falar nas complicadas roupas íntimas usadas pelas inglesas à época. Não obstante, eles marcaram esse dia como o início de seu relacionamento sexual.

Mary e Shelley teriam ficado estupefatos ao saber que esse momento de profunda intimidade se tornaria largamente conhecido, que seus beijos seriam discutidos em conferências literárias e em salas de aula de faculdades, que seu caso amoroso seria objeto de especulação e um interesse central de críticos literários. Porém, a união de Shelley e Mary é um momento literário ímpar. Seu amor produziria algumas das maiores obras de todo o movimento romântico. Shelley viria a imortalizar seus sentimentos por Mary na dedicatória de seu poema, "The Revolt of Islam" [A revolta do Islã]:

> Quão bela e serena e livre foste
> Em tua jovem sensatez, quando o grilhão mortal
> Dos Costumes tu quebraste e partiste em dois.[2]

Para Mary, esse foi o seu primeiro momento de expressão irrestrita de si mesma, a chance de afirmar suas próprias ideias radicais sobre relacionamentos. Foi também uma maneira de abandonar a Skinner Street, uma forma de se libertar de Mary-Jane. Tal como a mãe, Mary acreditava que ela e Percy podiam fazer suas próprias regras. Mais tarde, Shelley imortalizaria as palavras de Mary em seu poema "Rosalind and Helen", no qual o alter ego de Mary, Helen, diz ao amante: *Mas nossa igreja haverá de ser o céu estrelado,/ Nosso altar, as extensões relvadas dos campos,/ E nosso padre, o vento sussurrante.*[3]

A partir de então, eles passaram a fazer menção a essa data como o aniversário de Shelley, o dia em que ele nasceu de verdade, conquanto tivesse sido mais exato descrevê-la como o aniversário de Mary, pois era sua vida que daria a guinada mais decisiva. Shelley já era um pária social: fora expulso da faculdade por ateísmo, rompera os vínculos com o pai e fugira com Harriet para desposá-la. Um caso com Mary não poderia causar muito mais danos a sua reputação. Porém, ao beijar Shelley, Mary cometera uma transgressão muito mais grave do que ele jamais poderia cometer; as convenções que

---

2  "How beautiful and calm and free thou wert/ In thy young wisdom, when the mortal chain/ Of Custom thou didst burst and rend in twain." (Tradução nossa.) [NT]
3  "But our church shall be the starry night,/ Our altar the grassy Earth outspread,/ And our priest the muttering wind." (Tradução nossa.) [NT]

regiam o comportamento feminino eram muito mais rigorosas que aquelas que regiam o comportamento masculino. No romance *Mansfield Park,* de Jane Austen — que estava sendo preparado para publicação no instante mesmo em que Mary estava deitada na relva com Shelley —, a ruína que sobrevinha a jovens que se desviavam era descrita, em detalhes, com a exatidão de uma tragédia grega. A bonita Maria, que foge com um garboso cafajeste, fica arruinada, condenada a passar o resto da vida no exílio.

Essas eram as regras e Mary as conhecia — toda jovem de classe alta as conhecia. Ainda assim, embora já imaginasse que haveria aborrecimentos, ela não se aterrorizou diante do futuro. Ocorreu justamente o contrário. Era com isto que a jovem sonhara: um romance grandioso! Ela sentia como se tivesse sido conduzida a um recinto sagrado para onde poucos haviam viajado, e ouvia enlevada as histórias de sofrimento de Shelley, sem jamais suspeitar que muitas delas eram falsas. Shelley alegou erroneamente que, certa vez, o pai o havia enviado a um manicômio. Ele também insinuou que a esposa, Harriet, o traíra e que ele não tinha certeza de que o bebê que ela estava esperando era realmente dele — outra invenção.

Diante desse emaranhado de verdades e mentiras, seria fácil julgar Shelley um libertino que queria tirar vantagem da ingenuidade de Mary. No entanto, Mary nunca acreditou nisso, mesmo quando já tinha mais idade e conseguia ver Shelley e os detalhes de sua situação a partir de uma perspectiva mais clara. Na realidade, ela jamais criticou Shelley por suas invencionices, supondo que ele normalmente acreditava nas histórias que criava. Por certo, Shelley *sentia* que suas histórias eram verdadeiras. Harriet talvez não tivesse sido infiel, mas o traíra ao mudar depois que teve um filho. Na cabeça do rapaz, a infidelidade filosófica era uma ofensa muito mais grave do que poderia ser qualquer aventura sexual. O pai talvez não o tenha internado literalmente em um manicômio; porém, para o jovem Shelley, a sensação era de que o pai o fizera. Após as declarações ateístas do rapaz em Oxford, sir Timothy impedira o filho de ter qualquer contato com a mãe e as irmãs mais jovens, as quais ele tanto amava, dizendo à família que Percy havia enlouquecido. Cruel e punitivo, sir Timothy tentara cortar a mesada do filho, mesmo que com isso Percy talvez fosse parar na prisão de devedores. Para Percy, foi fácil passar a acreditar que o pai queria vê-lo preso.

De qualquer modo, Mary não era de natureza desconfiada e não perdia tempo tentando separar as invenções de Shelley dos fatos. Impulsionada por suas próprias motivações, ela ansiava por viver à altura do legado da mãe e deixar de ser controlada pela madrasta. Mais tarde, Harriet, que tinha uma visão compreensivelmente amarga do que havia acontecido, escreveu:

"Mary estava determinada a seduzi-lo. Ela é a culpada. Ela lhe instigou a imaginação falando da mãe e indo com ele ao túmulo dela todos os dias, até enfim lhe dizer que estava morrendo de amor por ele". Em verdade, Mary jamais negaria o papel que desempenhou quando deu início ao seu relacionamento com Shelley. Ela se orgulhava disso. Presumindo que o pai daria sua bênção ao caso amoroso dos jovens, ela ficou chocada ao descobrir o inverso. Quando Mary e Shelley anunciaram seu amor aos Godwin no início de julho, o pai, horrorizado, ordenou que a jovem fosse para o quarto de estudos e expulsou o rapaz da casa. Todavia, Godwin havia subestimado os amantes. Escritores iniciantes que eram, os dois logo passaram a se dedicar à composição de longas epístolas, as quais Jane entregava, sentindo-se feliz por ser uma intermediária revolucionária.

Com o passar dos dias, o drama se intensificou. Harriet, alertada por rumores, fixara residência na casa do pai em Londres e, no dia 14 de julho, Shelley solicitou uma reunião formal com ela para lhe dizer que o casamento havia terminado. Ele comunicou o acontecimento a Godwin, crendo que receberia sua aprovação. Contudo, escandalizado com o comportamento de Shelley, Godwin foi ter com Harriet no dia seguinte, assegurando-lhe que defenderia sua causa perante Shelley e Mary. Naquela tarde, ele fez um sermão à filha sobre as consequências desastrosas de seus atos, não se cansando até que Mary prometesse, com relutância, deixar de instigar as afeições de Shelley.

Mas os esforços de Godwin para colocar um fim naquele caso amoroso foram minados por seu próprio desespero monetário. Ao mesmo tempo em que tentava separar os jovens amantes, ele ainda buscava concluir a tomada de um empréstimo de Shelley; durante a terceira semana de julho, ele se encontrou com Shelley todas as tardes a fim de discutir questões financeiras. No entanto, se para Godwin era possível dar continuidade a tais conversas como se não houvesse nada de errado, Shelley não conseguia fazê-lo, e o rapaz acabou explodindo. Na última semana de julho, ele bateu com insistência na porta da casa da Skinner Street, passou às pressas pela criada, tirou a sra. Godwin do caminho e arremeteu escada acima para ver Mary. Quando Mary-Jane o alcançou, ele tinha uma pistola na mão e a brandia, com uma expressão desvairada no rosto, gritando que não podia viver sem Mary. O rapaz sacou um frasco de láudano e sacudiu-o, declarando que, se Mary tomasse a droga, ele se mataria com um tiro e eles ficariam juntos na morte, como Romeu e Julieta ou Tristão e Isolda. Mary-Jane gritava apavorada. Godwin talvez tivesse conseguido apaziguar as sensibilidades abaladas de Shelley, mas ele não estava ali, então Mary, com lágrimas rolando pelo rosto, implorou ao amante que se acalmasse e voltasse para casa. Ela jurou que jamais amaria outro homem e enfatizou que ele não devia se matar.

Shelley foi embora; porém, mais tarde naquela semana, o proprietário da casa em que o rapaz morava bateu desesperado à porta dos Godwin, bradando que Shelley havia tomado uma grande dose de láudano. Quando Godwin e Mary-Jane chegaram aos aposentos de Shelley, um médico já estava ali atendendo o agitado paciente. A sra. Godwin ficou com Shelley no dia seguinte, cuidando dele até que se sentisse melhor.

Enquanto Shelley se recuperava, Mary permanecia na sala de aula do andar superior, preocupada, relendo as cartas do amado e estudando o longo poema de sua autoria, "Queen Mab" [Rainha Mab]. Em uma nota no fim do poema, o rapaz afirmava que qualquer lei que exigisse que marido e mulher vivessem juntos "após o esfacelamento de sua afeição seria de uma tirania intolerável". Aí estava o argumento de Shelley para justificar o término de seu relacionamento com Harriet e o início de seu caso com Mary. Dizer que uma pessoa estava presa a seus votos matrimoniais pela vida toda era uma violação aos direitos naturais do indivíduo, declarava ele. Mary concordava, é claro. Essas eram as mesmas ideias que os pais haviam esposado — isto é, antes da retratação de Godwin. Para Mary, parecia evidente que o casamento era uma instituição absurda. Quem era capaz de controlar o coração? Não se deveria permanecer com alguém puramente em virtude de regras sociais. É preciso ser sempre fiel às próprias paixões. Como declarava seu amado: "O amor é livre" e "prometer amar eternamente a mesma mulher não era menos absurdo que prometer acreditar sempre no mesmo credo".

Ela rabiscou sua própria observação no final do precioso volume:

> Este livro é sagrado para mim, e como nenhuma outra criatura jamais haverá de lê-lo, posso escrever nele o que me aprouver — ainda que eu deva escrever que amo seu autor para além de todas as possibilidades de expressão e que fui afastada dele.
> Diletíssimo e único amor, por aquele amor que prometemos um ao outro, embora talvez eu não possa ser tua, nunca poderei ser de outro
> Mas sou tua, unicamente tua — pelo beijo de amor

Mary deve ter pensado que Shelley jamais leria essas palavras. Forçada a permanecer em casa, parecia possível que ela não tornasse a vê-lo. Então, ela escreveu as últimas palavras que ele lhe dissera, com tamanha reverência como se as tivesse pronunciado no leito de morte:

> *Lembro-me de tuas palavras, irás agora*
> *Mary misturar-te a muitas pessoas e, por um*
> *Instante, devo partir, mas na solidão de*
> *Teu quarto, estarei contigo — sim, tu*
> *Estás sempre comigo, visão sagrada.*[4]

Todavia, se a abnegação ocorreu facilmente a Mary, o mesmo não se deu com Shelley. Enquanto ela lia e relia a poesia do amado, trancada sozinha no último andar como Rapunzel, Shelley se enfurecia diante de sua impotência. Nada lhe despertava mais a ira que ser impedido de fazer o que quisesse: seu objetivo na vida era se libertar (e aos outros, com certeza) da opressão. Sua satisfação em fugir com Harriet derivava, em grande parte, mais de sua vitória sobre o sr. Westbrook e o próprio pai que de quaisquer sentimentos românticos profundos. O rapaz chegara mesmo a pensar em sequestrar as próprias irmãs e levá-las consigo para minar ainda mais a autoridade do pai. Assim, as tentativas de Godwin de impedir o acesso de Shelley a Mary, em vez de frustrar o desejo do rapaz, incitaram-no ainda mais, inspirando-o a tomar atitudes drásticas.

É claro que a definição de Shelley para *opressão* era um tanto idiossincrásica. Ainda pequeno, ele já ignorava os limites que o pai tentava impor, por mais razoáveis que fossem (nada de cobras em casa; nada de brincar com fogo). Fugia quando era castigado, derrubava os preciosos abetos do pai, abria furos no teto para encontrar fadas, usava pólvora para explodir a cerca do parquinho e a carteira da sala de aula em sua casa, ateou fogo acidentalmente ao mordomo e assustava as irmãs com histórias de fantasmas e experimentos. A irmã mais jovem, Hellen, lembrava-se de como ele "reunia" as irmãzinhas e as "colocava, de mãos dadas, ao redor da mesa do quarto das crianças para serem eletrificadas". Certa noite, enquanto brincava com eletricidade, ele botou fogo na propriedade baronial dos pais. As chamas foram apagadas, mas, em vez de emendar-se, o jovem Shelley ficou frustrado por não ter destruído a casa.

Na época em que conheceu Mary, o entusiasmo de Shelley por seus "experimentos" havia crescido, e não diminuído com a idade, como era a esperança do pai. Tal como a maioria dos intelectuais da época, Shelley considerava a ciência um ramo da filosofia, ou por vezes um ramo do ocultismo. Ele procurava por espíritos com a mesma avidez com que fazia observações

---

4  "I remember your words, you are now/ Mary going to mix with many and for a/ Moment I shall depart but in the solitude of/ Your chamber I shall be with you— yes you/ Are ever with me sacred vision". (Tradução nossa.) [NT]

em seu microscópio solar, e estudava química ao mesmo tempo em que tentava invocar o diabo. Certa noite, ele entrou furtivamente em uma igreja a fim de passar a noite na catacumba, na esperança de ver fantasmas. As investigações científicas de Shelley eram de grande interesse para Mary, pois ela também se sentia intrigada com a ideia de que a eletricidade, ou o fogo elétrico, pudesse suscitar o nascimento, animar o inanimado e trazer os mortos de volta à vida. Não que ela realmente acreditasse que tais coisas fossem possíveis, mas era uma ideia fascinante: o poder das forças naturais sobre a vida humana.

Para Shelley, tais "investigações" continuavam vinculadas ao pai. Para ele, pesquisa científica, aparições, explosões, balões de ar quente, *ghouls*, liberdade individual, justiça, amor e rebeldia estavam todos misturados. E assim, enquanto Mary ficava sentada no sótão de sua casa, lendo e escrevendo em silêncio, Shelley aplicava seus potenciais criativos para elaborar um plano de fuga que libertaria sua amada do cárcere e, melhor ainda, imporia sua vontade à de Godwin. Seria uma tremenda aventura, uma instigante revolução fugir com Mary Godwin. O mundo precisava ser inflamado, revigorado, virado de cabeça para baixo, e seria ele o responsável.

M

## CAPÍTULO 8
# MARY WOLLSTONECRAFT: SOBRE A EDUCAÇÃO DAS FILHAS
### [1785–1787]

Arrasada, Mary Wollstonecraft deixou Portugal de navio, rumo à Inglaterra, em dezembro de 1785. A morte de Fanny Blood fazia parecer impossível seguir adiante. Quando chegou a Newington Green, os dias eram escuros; a água havia congelado nas pias; o comportamento das irmãs revelava mágoa e esgotamento. A escola progredia aos tropeços e com dificuldades tremendas; muitos alunos haviam abandonado as aulas e outros planejavam fazer o mesmo. No entanto, sem Fanny, Mary já não se importava. E, assim, quando a sra. Burgh decidiu que elas deviam fechar as portas no fim do ano letivo, Mary não protestou. "Não consigo sequer encontrar um nome para a apatia que se abateu sobre mim — estou cansada de tudo no mundo", escreveu ela a George, irmão de Fanny. Ela se culpava pela perda de Fanny. Se ao menos não tivesse incentivado a amiga a se casar com Hugh, Fanny ainda estaria com ela; os alunos estariam em franco desenvolvimento e ela não teria de se preocupar com o que seria das irmãs mais jovens ou dela mesma. "Minhas esperanças de felicidade acabaram", disse ela.

Na primavera, o último aluno partiu. Embora a sra. Burgh tivesse bancado a maior parte das atividades da escola, Mary fizera empréstimos para cobrir as próprias despesas e as das irmãs. Agora, os credores exigiam o pagamento, perseguindo-a como "Fúrias". Certa noite, ela sonhou que Fanny lhe fazia um sinal, dizendo a Mary que se reunisse a ela no céu. Os amigos notaram o desespero da jovem e ficaram preocupados. O que havia acontecido com as grandiosas ideias e convicções de Mary? Onde estava a moça dinâmica que chegara ali dois anos antes? Em seu lugar estava uma mulher de 26 anos, desolada e abatida, tão perdida agora como no passado fora confiante.

Felizmente, John Hewlett, o amigo que a levara para conhecer Samuel Johnson, teve uma inspiração. Cinco anos mais novo que Mary, Hewlett admirou seu fervoroso idealismo quando eles se conheceram nos jantares de Newington. Intelectual e matemático, ele concordava com as ideias da jovem sobre educação e, mais importante ainda, tinha certeza de que podia ajudá-la a superar a dor da perda. Mary devia escrever um livro, declarou ele. O mundo precisava ouvir suas ideias.

Cristão devoto, Hewlett disse a Mary que ela tinha lições a aprender com a perda de Fanny: se ela se recordasse da transitoriedade da vida humana, de que os prazeres deste mundo são efêmeros, então conseguiria se dedicar ao verdadeiro caminho da virtude, que era "o aprimoramento diligente" de suas "capacidades intelectuais". Em verdade, de acordo com Hewlett, Deus era isto: puro intelecto, um cérebro perfeito sem as fraquezas humanas. Por mais que Mary estivesse sofrendo, agradou-lhe a ideia de que era seu dever — um dever dado por Deus — se dedicar aos estudos. Quando Hewlett sugeriu que era uma obrigação cristã da jovem voltar a trabalhar, e que a própria Fanny desejaria que Mary desse continuidade a sua missão de transformar a educação, ela lhe deu ouvidos.

Desse modo, com a partida do último aluno, Mary começou a escrever. Ela queria mostrar ao mundo como era difícil para mulheres solteiras conseguir o próprio sustento. Em seu coração, associava esse problema a Fanny. Se a amiga tivesse conseguido ganhar mais dinheiro, se pudesse ter sustentado financeiramente a família, talvez não tivesse sentido a necessidade de se casar e, se não se tivesse casado, ainda estaria viva.

Alimentada por essa sensação de injustiça, Mary sentiu que seu entusiasmo voltava. Não era justo que mulheres solteiras como ela mesma e as irmãs tivessem tão poucas escolhas. Ela se perguntava por que as opções das mulheres eram tão restritas. Isso era ruim não só para as mulheres: era ruim para o mundo. Em poucas semanas, já havia produzido 49 páginas: *Thoughts on the Education of Daughters: With Reflections on Female Conduct, in the More Important Duties of Life* [Ideias sobre a educação das filhas: com reflexões sobre conduta feminina nas obrigações mais importantes da vida]. Como a extensão do título indica, Mary queria ser levada a sério. Ela estava escrevendo não apenas para orientar como também para afirmar seus direitos enquanto ser racional. Tendo Fanny, as irmãs e ela mesma em mente, Mary escreveu um capítulo chamado "[A] Situação deplorável das mulheres, de educação esmerada, mas deixadas sem fortuna". O capítulo começa assim:

> São poucas as formas de ganhar o sustento [para a mulher solteira], e estas são muito humilhantes [...]. Dolorosamente consciente da hostilidade, ela tem percepção de tudo e é

> objeto de muito sarcasmo [...]. Ela está sozinha, excluída [...] dependente dos caprichos de uma criatura que lhe é igual.

Para a época, as ideias de Mary eram extremamente originais, bem como sua voz. Em 1786, nenhuma outra pessoa havia descrito em detalhes o sofrimento de jovens mulheres em busca de independência, exceto para alertar contra os perigos da prostituição. Diferentemente de outros escritores, que se valiam de pronunciamentos formais para dar autoridade a seus escritos, Mary lançava mão de uma voz coloquial para expressar sua profunda indignação. Ela escrevia para sobreviver, emocional e financeiramente — suas dívidas acumulavam-se —, e era capaz de escrever depressa porque, ao longo dos dois anos anteriores, discutira suas ideias sobre criação de filhos, escolas, mulheres, educação e casamento com seus amigos e nos jantares de Newington até que elas estivessem plenamente desenvolvidas, prontas para ser vertidas sobre o papel. Quem era a mulher ideal?, indagava Mary. Uma donzela frágil, ingênua e que se cansa com facilidade? Não! Era um ser humano versátil e inteligente.

Como sempre, Mary estava sozinha com suas ideias e uma única vela na escuridão. Apesar da popularidade dos manuais de orientação sobre a "educação" de mulheres, escritos por autores relativamente esclarecidos, o tom desses supostos especialistas era de uma condescendência absurda, ainda que muitos deles fossem mulheres. A poeta Anna Barbauld, ela mesma uma talentosa escritora e professora, declarava que as garotas eram "delicadas" demais para serem independentes dos homens, não obstante cuidasse do marido mentalmente doente e fosse a única provedora de sua família. Para Barbauld, as mulheres tinham sido criadas "tão somente para prazer e deleite" e, portanto, os professores deveriam se concentrar em ensinar às meninas como agradar. A literata Hannah More acreditava que pais e professores deveriam expulsar o "espírito ousado, independente e empreendedor" das meninas, mas alimentá-lo nos meninos — uma filosofia baseada no princípio de que as mulheres deveriam ficar subordinadas aos homens e aprender a obedecer, não a liderar. Mary considerava tais ideias inadmissíveis. Embora não divulgasse sua opinião sobre toda a força que a mente feminina provaria ter quando educada — Mary argumentava que, até que fossem cultivados os talentos das mulheres, ninguém conheceria sua verdadeira capacidade —, ela tinha certeza de que educar garotas para que fossem damas afetadas da sociedade não era apenas ruim para elas mesmas, mas para todos, criando uma geração de jovens tolas, incapazes de apoiar o marido em tempos de crise, de criar os filhos ou de contribuir para a comunidade.

Hewlett se apressou em levar o manuscrito terminado para um amigo, Joseph Johnson. Um dos mais famosos editores de Londres, Johnson estava comprometido com a causa da reforma social. Os autores que publicava estavam entre os mais radicais da época — Benjamin Franklin, William Blake,[1] Erasmus Darwin (avô do famoso Charles Darwin), Joseph Priestley e William Cowper. Levar tais escritores ao grande público era uma atividade perigosa no fim do século XVIII. Editores poderiam enfrentar acusações de traição caso seus escritores criticassem o governo, o que quase todos os autores de Johnson faziam. Porém, Johnson sentia ter uma obrigação pessoal e ética para com seus autores. Em 1799, ele acabaria na prisão por publicar um panfleto que fazia duras críticas ao parlamento.

Johnson percebeu de pronto que o livro de Mary tinha potencial de comercialização e convidou-a para ir à cidade discutir a possibilidade de publicação. No fim do século XVIII, reformistas e seus adversários se mostravam cada vez mais preocupados com a questão da educação das mulheres. Os especialistas concordavam com Mary quando ela afirmava que uma mãe inadequadamente educada poderia gerar muitos problemas para a sociedade ao criar filhos egoístas e mimados. No entanto, grassava o debate a respeito de qual seria o currículo apropriado para jovens mulheres. Se as mulheres eram inferiores aos homens, como proclamavam os profissionais da área médica, então era necessário ter cuidado para não exigir demais de um cérebro feminino. Os argumentos cogentes de Mary em favor do aprimoramento da educação das mulheres e da expansão de oportunidades para que ganhassem seu sustento dialogavam diretamente com tais preocupações. Além disso, o estilo de sua escrita era particularmente acessível. Ela escrevia tal como falava, de forma direta e sem floreios desnecessários, uma decisão consciente da parte de Mary, que odiava o estilo rebuscado de outros autores, tanto do sexo feminino como do masculino. Desejosa de conhecer personagem tão distinta, Mary logo tomou o bonde rumo aos escritórios de Johnson, perto da catedral de St. Paul.

Aos 48 anos de idade, Johnson era de baixa estatura, vestia-se sem ostentação e tinha maneiras simples que deixaram Mary à vontade. Quando ele ofereceu dez libras pelo manuscrito de Mary, a jovem ficou estupefata. Embora fosse uma iniciante no campo da literatura, ela o conhecia o bastante para perceber que esse patrocínio de Johnson era extraordinário, e

---

[1] Blake (1757-1827) pode ser considerado o "primeiro grande romântico inglês propriamente dito", nas palavras de Maria Leonor Machado de Sousa. Foi poeta, tipógrafo e pintor, "criou um código extremamente complexo" para seus poemas com base em símbolos e também o seu próprio sistema de impressão, tanto tipográfico como de gravura. [NC]

ficou ainda mais desconcertada quando o homem aumentou a oferta, fazendo uma proposta inusitada: se ela lhe enviasse mais alguma obra, Johnson a analisaria para publicação. Quando deixou os escritórios de Johnson, Mary já vislumbrava um caminho novo e diferente, que estava fora do alcance da maior parte das pessoas, ainda mais para uma solteirona de 27 anos: o caminho para uma verdadeira carreira literária.

Com esse novo sonho, o futuro de repente pareceu mais atrativo, embora ainda houvesse o problema do dinheiro. Dez libras era um valor significativo — o equivalente a 1500 libras atualmente —, mas não cobriria suas dívidas. Além disso, ela tinha de sustentar as irmãs e queria ajudar os Blood, que também passavam por dificuldades financeiras. Mary precisava de um emprego que a sustentasse até que pudesse viver apenas de sua escrita. Seus amigos começaram a espalhar a notícia de que ela procurava trabalho, e, no início daquele verão, surgiu uma oferta por intermédio do dr. Price. Robert e Caroline King: lorde e lady Kingsborough de Mitchelstown, Irlanda, precisavam de uma governanta. Eles gostaram do que ouviram sobre Mary; ela tinha a idade ideal e experiência como professora escolar. O casal estava disposto a pagar quarenta libras esterlinas por um ano de serviço, um salário muito mais generoso do que Mary havia imaginado. Ela estimou (equivocadamente, como viria a descobrir) que vinte libras saldariam suas dívidas, e as outras vinte poderiam ajudá-la e às irmãs a começarem uma vida nova.

Como lady Kingsborough queria que ela começasse de imediato, Mary chegou a Mitchelstown em outubro de 1786. A maioria das pessoas ficava impressionada com o esplendor da propriedade Kingsborough, mas Mary teve a impressão de haver entrado em uma prisão. Ela se sentia comprometida com a causa dos lavradores rendeiros, por cujos casebres havia passado quando chegava ao seu novo lar. As circunstâncias a forçaram — logo ela, que odiava todas as formas de opressão — a viver com aqueles a quem desprezava, supremos senhores ingleses que haviam roubado terras irlandesas. E lorde e lady Kingsborough não eram quaisquer senhores: eram os maiores proprietários de terras da Irlanda. O casal ganhara sua residência no condado de Cork como recompensa por sua fervorosa participação nas guerras contra os irlandeses. Em troca, ajudavam a impor o domínio britânico — aos olhos de Mary, um sistema injusto que, na prática, estabelecia dois códigos distintos: um para os católicos irlandeses e outro para os protestantes ingleses. Os católicos não podiam ter cargos públicos, votar, portar armas, tornar-se advogados, ir à escola, nem sequer possuir um cavalo caro. Os ingleses, por outro lado, se viam no direito de desfrutar suas liberdades à custa dos vizinhos irlandeses.

JOSEPH JOHNSON, UM DOS MAIS
FAMOSOS EDITORES DE LONDRES.

Mitchelstown era uma casa enorme, que lembrava um castelo, reformada para atender à última moda. Uma longa avenida ladeada por teixos levava à mansão decorada com colunas e a seus anexos — estábulos, lavanderia, cozinhas, panificação, ferrajaria e outras dependências, todas interligadas por colunatas abertas. Esse era exatamente o tipo de excesso que Mary detestava — por que os empregadores deviam ter tanto, e seus rendeiros, tão pouco? Até mesmo a magnífica localização acabrunhava sua alma. Originalmente uma fortaleza, a propriedade era isolada e de saída difícil, como uma ilha, o que aumentava a sensação de aprisionamento de Mary. Para melhorar a paisagem, lorde Kingsborough demolira o vilarejo original, transferindo-o para outro local nas proximidades, mas fora de suas vistas.

Ao ser conduzida para o saguão de entrada, Mary viu que o rapto de Proserpina[2] estava pintado no teto, os braços da jovem donzela para trás, impotentes, enquanto era arrastada. O estupro era um risco ocupacional no trabalho de governanta. Embora uma geração mais tarde Charlotte Brontë viesse a romantizar o relacionamento entre uma jovem governanta e seu patrão, em *Jane Eyre*, não havia nada consensual naquilo que acontecia àquelas governantas que acabavam vítimas das investidas sexuais de seus empregadores. Mary ouvira rumores de que lorde Kingsborough, um famoso mulherengo, se aproveitara da última governanta, e que lady Kingsborough demitira a moça por despeito. Na ampla sala de recepção, Mary encontrou uma batelada de criados bem treinados e "uma multidão de mulheres — minha senhora, sua madrasta e três irmãs — e um sem-número de senhoras e senhoritas". Para sua consternação, as damas a examinaram com a mais cuidadosa atenção. Ao deparar-se com essas mulheres empoladas em seus vestidos incrustados de joias e suas torres de cabelos que as faziam parecer mais altas, sua confiança começou a diminuir. "Estou certa de que se espera muito mais de mim do que sou capaz", confessou ela a Everina.

No início, lady Kingsborough foi cordial com a nova integrante de seu pessoal doméstico. Casada aos 15 anos de idade, sua senhoria mal completara 30 anos quando contratou Mary e se vangloriava de ser uma boa patroa. Ela presenteava Mary e lhe fazia pequenas cortesias lisonjeiras, convidando-a para jantar com a família e acompanhá-los em bailes e concertos.

---

2   Na mitologia romana, Proserpina é filha de Ceres (a grande mãe, deusa relacionada ao crescimento e à nutrição) e Júpiter (deus equivalente ao Zeus da mitologia grega). Ela é raptada por Plutão, seu tio por parte de mãe, deus do submundo. O mito conta o drama de Ceres na busca por sua filha raptada, que termina com o retorno de Proserpina à superfície a cada seis meses, quando a terra floresce e as plantações crescem. [NC]

Criados de posição mais elevada, como governantas, costumavam ser gratos por tais gestos; Mary, contudo, tomada ao mesmo tempo de orgulho e vergonha, rejeitava as aproximações de sua senhoria, exasperando-se com seus presentes e recusando seus convites. Ainda que quisesse ir às festas dos Kingsborough, ela não tinha dinheiro para comprar um vestido novo ou pagar uma criada para lhe fazer um penteado.

As recusas de Mary desconcertavam sua senhoria. Ela queria uma governanta convencional — alguém que fosse atenciosa, modesta e que se apressasse em cumprir suas ordens. Mary, porém, se mostrava mais radical do que nunca depois de passar o verão anterior estudando filosofia política como se estivesse preparando-se para liderar uma revolução em vez de educar os rebentos de uma família aristocrática. É claro que ela também trabalhara no sentido de aprimorar sua proficiência nos assuntos que teria de ensinar — francês, música e artes —, mas apenas superficialmente, visto que se indignara com o novo emprego antes mesmo de chegar ao local de trabalho.

Mary incluiu as jovens pupilas em sua censura geral a Mitchelstown. "Indisciplinada", pensou ela, com desdém, quando pousou os olhos pela primeira vez na corpulenta e sardenta Margaret, de 14 anos, e em suas duas irmãs mais bonitas, Caroline, de 12, e Mary, de 7. As garotas estavam unidas em seu desejo de enxotar essa nova governanta, e Mary logo as considerou casos perdidos, classificando-as de "não muito agradáveis".

Todavia, em pouco tempo, Mary começou a ter compaixão por suas alunas. Lady Kingsborough tinha pouco afeto pelas filhas e "faltava-lhe suavidade nas maneiras", como dizia Mary. Sua senhoria gostava apenas de festas e de flertar e fofocar sobre os amigos e seus casos amorosos. Parecia que ninguém era fiel a ninguém. Em casa, ela recorria a seus cães de latido estridente para se divertir, aninhando-os nos braços durante o chá, rindo enquanto eles corriam pelos aposentos, comiam travesseiros ou mordiam os calcanhares de Mary, mas ignorando-os quando faziam as necessidades no meio do cômodo. Ela falava com eles como se fossem bebês, coisa que Mary já desaprovava no trato com crianças, quem dirá com animais.

Cerca de um mês depois da chegada de Mary, as três garotas caíram doentes. Em vez de cuidar das filhas, lady Kingsborough evitava ficar junto de seus leitos. Mary, horrorizada com a frieza de sua senhoria, logo interferiu, assumindo a responsabilidade de cuidar das garotas. A ternura de Mary foi uma experiência nova para as filhas Kingsborough, cuja rebeldia desapareceu. Margaret, que, sendo a mais velha, suportara a maior parte da rispidez de lady Kingsborough e "tinha muito medo da mãe", foi quem mais se afeiçoou. Mary sabia o que era ter uma mãe fria e distante e se ofereceu para ajudar a garota, descobrindo logo que Margaret era inteligente e tinha um temperamento amoroso.

Na sala de aula, Mary não escondia seu desprezo por lady Kingsborough, tampouco seu desdém pela vida superficial das mulheres da sociedade. Para o espanto de suas pupilas, ela considerava um "monte de bobagens" as habilidades que a mãe julgava tão importantes — complexos trabalhos de agulha e gracejos em francês.

Todas as manhãs, ela levava as meninas para caminhadas ao ar livre — uma novidade para as irmãs, acostumadas a ficar enfurnadas na sala de aula — e elaborava as aulas com base em suas perguntas e observações. Preocupada com a falta de compaixão das garotas pelos pobres, Mary as levou para visitar os lavradores rendeiros. Na sala de aula, ela não só conversava com as alunas sobre as ideias que as meninas tinham como também as consolava quando estavam preocupadas ou tristes. Nunca tendo conhecido alguém como Mary, que as levava a sério e realmente se importava com seus sentimentos, no Natal as três garotas já se mostravam dedicadas à governanta.

Contudo, o afeto de suas alunas não era suficiente para dispersar a nuvem que pairava sobre a cabeça de Mary. Nem mesmo a notícia de que *Thoughts on the Education of Daughters* já estava nas bancas de Londres a animou. À noite, ela fechava a porta do seu quarto, nos fundos da imensa casa, e chorava a perda de Fanny, bem como o sacrifício de sua independência. Escrevia cartas pesarosas para as irmãs. Apenas aos poucos, conforme o inverno se intensificava, é que ela começou a trabalhar em seu sonho de ser escritora em tempo integral, esboçando uma ideia para um livro em que pudesse expressar sua indignação diante de sua situação na vida e revelar as ideias e opiniões que tinha de manter em segredo enquanto trabalhava em Mitchelstown.

Em janeiro, Mary já não escondia suas críticas à "arrogância" e "condescendência" de lady Kingsborough. Embora gostasse de ser tratada como uma fidalga, sua posição continuava a ser solitária. Mais de oitenta criados trabalhavam para lorde e lady Kingsborough, mas ela tinha tão pouco em comum com eles quanto com os aristocratas. Mary estava presa em um estranho limbo entre classes — "nem cá, nem lá", como dizia ela.

Naquelas ocasiões em que decidia participar das elegantes *soirées* de lady Kingsborough, Mary procurava o que chamava de companhia "racional", em especial se o indivíduo racional fosse um homem bonito. No entanto, sua senhoria reprovava essa atitude. Em seu modo de pensar, Mary não agia como uma criada deveria agir; em vez de se retirar para as sombras, que era o seu lugar, ela se lançava ao centro de conversas animadas, roubando a atenção de sua senhora. Perto do fim de março, Mary escreveu para Everina a respeito de um amigo de lorde Kingsborough, George Ogle, que tinha "entre quarenta e cinquenta anos — um gênio e infeliz. Você pode imaginar que um homem como esse atrairia a atenção de sua irmã". No entanto, lady Kingsborough também gostava de Ogle e competia com Mary pela atenção do homem, o que fez aumentar o atrito entre as duas. Mary sentia prazer em triunfar sobre sua senhoria, dizendo a Everina que: "Lady K. escolheu-o para seu flerte — não me entenda mal, seus flertes são muito inofensivos —, e ela não consegue compreender nem desfrutar as conversas com ele".

Conforme a primavera se transformava lentamente em verão, as tensões aumentaram por causa do comportamento rebelde de Margaret. Inspirada em Mary, Margaret protestava contra os chás da mãe e se recusava a contrair matrimônio na alta sociedade. Ela queria uma formação, não um marido, e, tendo assimilado o desdém de sua governanta pela moda, chocava a mãe com sua "aversão pelas bobagens de vestuário, artigos de uso pessoal e outros objetos comuns da vaidade feminina". Lady Kingsborough poderia estar disposta a relevar as excentricidades de sua governanta, mas ela tinha planos para a filha — potenciais pretendentes já haviam sido escolhidos —, e era dever de Mary ajudar a fazer com que tais planos se concretizassem.

A impaciência de Mary se tornara impossível de esconder. Na privacidade do seu quarto, quando as meninas já estavam dormindo, ela lia *Emílio*, de Rousseau, regozijando-se com a glorificação que o autor fazia da sensibilidade de seu herói. Talvez seus próprios momentos de irritação não fossem sintomas de fraqueza, mas de grandeza. Ela enchia suas cartas com descrições de suas dores e tormentos interiores, ostentando-os como insígnias. Contou às irmãs que, certo dia, na igreja, seus nervos estavam tão à flor da pele que "tive [...] um violento acesso de tremores [...] que continuou, em menor intensidade, o dia inteiro — estou frequentemente à beira de um desmaio e tenho quase sempre uma saliência na garganta, que sei ser uma afecção nervosa".

Não obstante, embora admirasse a obra de Rousseau e se sentisse inspirada pela importância que ele atribuía às emoções e à liberdade política, ela não gostava da descrição que o autor fazia das mulheres. Mary reclamava que Sophie, a heroína de Rousseau em *Emílio*, existia tão somente em benefício do herói, e que seu único papel era desejar e ser desejada, atrair e encantar. Onde estava a vida interior de Sophie? "Rousseau afirma que uma mulher jamais deve, nem por um instante, sentir-se independente", escreveu Mary, "que ela deve ser governada pelo medo [...] e transformada em uma escrava coquete a fim de tornar-se um objeto mais atraente de desejo, uma companhia mais *agradável* ao homem." Já era tempo, declarou ela, de mostrar aos leitores "a mente de uma mulher".

Em junho daquele ano, Mary dedicou seu tempo ao que depressa se tornava um romance. Na primeira página, na "divulgação" da obra, ela anunciava que sua heroína não seria uma "Sophie", mas uma mulher com "grande capacidade de raciocínio", uma personagem diferente daquelas geralmente retratadas por romancistas do sexo masculino. Com marcadas características autobiográficas, ela deu a sua heroína o nome de Mary e estruturou a maior parte de seu enredo valendo-se de elementos de sua própria vida: um pai opressor chamado Edward e uma melhor amiga que morre de tuberculose enquanto está vivendo em Lisboa. Na segunda metade do romance, Mary é obrigada a se casar com um calhorda e adoece gravemente antes que o casamento possa ser consumado, regozijando-se, em seu leito de morte, de que em breve estará "naquele mundo em que ninguém se casa nem se dá em casamento". Do início ao fim, Mary enfatizava a vida interior de sua heroína, decidida a provar que as mulheres não existem tão somente em benefício dos homens. Ela também se vingava de seus inimigos, em especial de lady Kingsborough, que constitui a base para a composição da mãe da heroína:

> Ela tinha [...] dois cães belíssimos, que partilhavam de seu leito e ficavam reclinados em almofadas, perto dela, o dia todo. A esses ela observava com o mais incansável interesse, cumulando-os com os carinhos mais afetuosos. Essa ternura por animais não era o tipo de enternecimento que faz uma pessoa sentir prazer em oferecer sustento e conforto para uma criatura viva; mas procedia da vaidade, dando-lhe a oportunidade de cecear as mais belas expressões francesas de afeto enlevado, com inflexões que nunca foram ajustadas pela ternura.

Embora *Mary* compartilhe de muitas características de outros romances da época — uma heroína suspirosa e chorosa, um enredo gótico —, a imagem negativa que Mary pinta do casamento é antagônica ao princípio do século XVIII de que um matrimônio feliz seria a recompensa de uma heroína bem-comportada. Tendo testemunhado o sofrimento da mãe e da irmã, Mary tinha esperança de despertar seus leitores, instigá-los a lutar por um mundo onde as mulheres pudessem se desenvolver livremente, sem que fossem cerceadas nem maltratadas pelos homens.

Mary terminou o primeiro esboço no fim do verão de 1787. Quando concluiu, já estava consumida pela impaciência diante de sua própria posição de subordinação. Nem mesmo a lealdade de Margaret amenizava seu desespero. Ela estava cansada de engolir aborrecimentos, tolerar conversas triviais e fingir que não tinha opiniões. Em julho, Mary e lady Kingsborough tiveram várias discussões acaloradas e, no fim de agosto, sua senhoria enfim demitiu Mary, atirando-a ao mundo sem trabalho nem lugar para ficar.

Essa era exatamente a ruptura dramática de que Mary necessitava. Ela arrumou sua bagagem com alívio, furiosa, mas não com medo. Embora elas nunca viessem a se reencontrar, Mary atacaria lady Kingsborough com palavras pelo resto da vida, valendo-se de sua senhoria como base para muitos retratos críticos da aristocracia em sua obra futura. Lady Kingsborough, por outro lado, convenceu-se de que Mary havia arruinado suas filhas. Apenas Margaret via com satisfação o tempo que sua governanta trabalhara na casa. Posteriormente, muito depois da morte de Mary, Margaret declarou que Mary havia "libertado sua mente de todas as superstições". Ela fez um casamento infeliz, mas, em vez de se resignar a uma vida de sofrimento, Margaret se rebelou: disfarçou-se de homem para estudar medicina na Alemanha e em seguida se mudou com seu amante para a Itália. Já adulta, a filha órfã de Mary, Mary Shelley, viria a procurar por Margaret, dando-lhe a oportunidade de se tornar amiga da filha da amada governanta, tal como Wollstonecraft lhe tivera amizade no passado.

## CAPÍTULO 9
# MARY GODWIN: A FUGA
### [1814]

Nos dias que se seguiram imediatamente à sua invasão dramática da casa na Skinner Street, Shelley se lançou à ação, enviando bilhetes com planos detalhados para Mary por intermédio de um criado subornado depois que Jane foi surpreendida entregando as cartas do casal. Tendo fugido três anos antes para se casar, ele sabia perfeitamente como proceder e ficou satisfeito ao descobrir que, ao contrário de Harriet, Mary não se perturbava com o prospecto de viver com um homem fora do vínculo matrimonial. Era exatamente com esse tipo de emoção que ela havia sonhado na Escócia. Mary não precisava dos costumes. Que importava o casamento quando dois corações eram um só? Sua única hesitação era abandonar o pai.

Apesar da complexidade que marcava o relacionamento entre Jane e Mary — a competição, a inveja, as artimanhas para receber mais atenção —, Jane ainda era sua única confidente verdadeira. Fanny teria acreditado ser seu dever contar tudo a Godwin. Jane, por outro lado, gostava de participar do segredo. Sua única ressalva era não querer ser deixada para trás. E não se tratava apenas do pavor que tinha da perspectiva de enfrentar Godwin e Mary-Jane depois que os amantes tivessem fugido: ela detestava o fato de que Mary era sempre a garota especial. Primeiro Godwin, e agora Shelley.

Bem ciente da inveja de Jane, Mary não estava disposta a levar a irmã postiça consigo, mas Shelley gostava da ideia de libertar duas jovens do cárcere doméstico. Era o que ele havia sonhado para as irmãs mais jovens. Ademais, Jane seria um bom acréscimo para a viagem do casal. Ela era uma animada jovem de 16 anos, tinha cabelos cacheados e falava francês, o que seria útil, visto que os amantes tinham esperança de chegar a Paris. Ele teria ficado feliz em levar até mesmo Fanny, mas concordava com Mary que não se podia confiar na pobre e persuadível moça de 19 anos para guardar seus planos em segredo.

Shelley enviou um recado para as duas garotas, dizendo-lhes que fossem ao seu encontro no dia 28 de julho, às quatro horas da madrugada. Na noite anterior, Mary e Jane tentaram agir normalmente. Elas se reuniram à família no jantar e foram para a cama no horário habitual. Se Mary-Jane e Godwin fossem mais atentos, talvez tivessem notado que Mary estava um pouco mais pálida, e Jane, menos falante que de costume. Porém, em vez disso, eles desejaram boa noite às filhas e se prepararam para dormir, sem jamais suspeitar do drama que estava prestes a se desenrolar. As garotas se deitaram, mas não conseguiram dormir, os nervos à flor da pele. Jane estava entusiasmada, desejosa de que a aventura começasse, porém Mary se sentia apreensiva. Ela queria ficar com Shelley, mas sabia que, ao deixar a casa da Skinner Street, sua vida jamais seria a mesma. Quando enfim chegou a hora de partir, na escuridão que precede o alvorecer e com as estrelas ainda visíveis no céu, elas desceram sorrateiramente as escadas e correram em direção ao veículo que aguardava na esquina de Hatton Garden, Jane explodindo de expectativa, Mary ainda hesitante. Tão logo encontraram Shelley, Jane logo entrou na carruagem, contudo, Mary ficou paralisada. Ela conseguia visualizar a decepção do pai, a dor e a fúria, e aquilo foi insuportável. A moça girou sobre os calcanhares e correu de volta até a casa para escrever às pressas um bilhete de última hora ao pai, implorando-lhe que compreendesse. Pôs o bilhete sobre a penteadeira do pai, desceu as escadas nas pontas dos pés e correu ao encontro do amante, que a enlaçou em um abraço apertado enquanto a carruagem partia, chocalhando sobre os paralelepípedos.

    Eles haviam escolhido a França por destino porque a mãe de Mary vivera ali durante a Revolução, mas primeiro tinham de vencer a distância de quase 121 quilômetros até Dover, onde cruzariam o Canal. A estrada era muito esburacada e irregular, e Mary, que sempre passava mal em viagens, pôde fazer pouco mais que se afundar nas almofadas. Jane, mais resistente, olhava animada pela janela, porém com receio de que fossem capturados. Shelley, também preocupado de que estivessem sendo seguidos, não permitiu que o mal-estar de sua amada os atrasasse, fazendo apenas algumas paradas para descanso. Em Dartford, eles alugaram quatro cavalos novos para substituir os anteriores e, às quatro da tarde, após doze horas de viagem, os três chegaram a Dover. Mary se sentia tão mal que estava quase perdendo a consciência. Ainda assim, Shelley não parou. Certo de que estariam em seu encalço e ansioso para partir, ele alugou um pesqueiro que os transportaria imediatamente para a França. Mary permaneceu aninhada nos braços de Shelley, enjoada, com frio e assustada. Depois da meia-noite, o vento ficou mais forte e as ondas se erguiam acima da proa. Antes do nascer do sol, caiu uma tempestade que os deixou encharcados e inundou a pequena embarcação. Mary se acocorou no convés, agarrando-se aos joelhos de Shelley. O rapaz estava extasiado: aquele era exatamente o tipo de perigo que ele adorava. Jane teve medo de que morressem, mas se orgulhava por não estar sentindo enjoos.

Pela manhã, o céu se abriu e um vento forte os impeliu diretamente para o porto de Calais. O dia estava claro e límpido, como se uma tempestade não tivesse caído apenas poucas horas antes. "Mary, veja; o sol nasce sobre a França", exortou Shelley. Mary estava encantada. O dia bonito era um augúrio maravilhoso, acreditava ela, tal como o cometa que marcara seu nascimento.

Em Calais, Shelley se hospedou com as jovens nos quartos mais caros do Dessin's, o hotel predileto dos turistas ingleses ricos. Ali eles cochilaram, exaustos após sua aventura. Naquela noite, um criado bateu à porta, dizendo-lhes que "uma senhora gorda" estava ali, exigindo que a filha lhe fosse entregue. De algum modo, Mary-Jane os encontrara. Ela agarrou Jane, levou-a para seu quarto e tentou persuadir a filha a voltar para casa. Tendo sofrido em virtude de suas próprias atitudes imprudentes na juventude, Mary-Jane conhecia muito bem as dificuldades que Jane enfrentaria enquanto mulher solteira de reputação duvidosa. Jane hesitou, mas Shelley a levou para uma caminhada e a convenceu a ficar, fazendo com que a jovem se lembrasse dos ideais que os três compartilhavam: liberdade em face da escravidão, rejeição dos valores burgueses, uma vida cheia de emoções. Se quisesse ser uma verdadeira radical, ela tinha de seguir os passos de Wollstonecraft e perseverar contra Mary-Jane e as forças do convencionalismo social. Fascinada, Jane se esquivou das súplicas da mãe até que Mary-Jane, relutante, reconheceu a derrota. Ela culpou Shelley, mas reservou a maior parte de sua fúria para sua implacável adversária dos últimos doze anos: a enteada. Mary triunfara afinal. Não havia melhor maneira de ferir uma mãe que prejudicar sua filha.

No entanto, Mary-Jane era uma inimiga perigosa. Sendo ela mesma uma excelente escritora, sabia como se vingar com a pena. Em longas cartas para as amigas, fazia duras críticas a Mary Godwin, afirmando que a jovem havia corrompido Jane. Harriet, a esposa abandonada de Shelley, também deu início a uma campanha de cartas, nas quais atacava não apenas Mary como toda a família Godwin. Shelley já lhe havia dito que se apaixonara por Mary Godwin, mas a esposa tinha esperanças de que essa paixão passasse e que ele voltaria para ela antes do nascimento do novo bebê. Agora que a situação parecia irreversível, ela dizia aos amigos que Godwin vendera as duas filhas para Shelley por 1500 libras. Havia um pouco de verdade na acusação, pois, logo antes da fuga, Shelley enfim emprestara a Godwin o dinheiro prometido, salvando o filósofo da ruína financeira.

Sem quaisquer defensores, o trio foi condenado pela sociedade londrina. O escândalo daria o que falar por anos. Shelley, herdeiro de um título ilustre, fugira com duas adolescentes, entre elas a filha da infame Mary Wollstonecraft. Uma garota não era suficiente? Ele planejava dormir com as duas? Godwin havia de fato leiloado as filhas para serem escravas sexuais?

Sir Timothy, pai de Shelley, sentiu-se profundamente humilhado e nunca perdoou o filho por essa segunda fuga, julgando a garota Godwin/Wollstonecraft como uma mulher da vida.

Não obstante, enquanto observava o navio de Mary-Jane desaparecer no horizonte, Shelley se sentia exultante. Ele vencera. Os pais haviam sido derrotados; os filhos estavam no comando. Isso era uma vitória para os oprimidos de toda parte: o irlandês, o camponês, o escravo. Mary também vibrava ao ver Mary-Jane recuar, mas seus sentimentos eram mais complexos que os do amante. Ela odiava a madrasta, porém nunca quisera se libertar do pai. Todas as suas lembranças apontavam para o desejo de que seu pai a amasse mais que Mary-Jane. Alguns anos mais tarde, ela viria até mesmo a escrever um romance em que um pai confessaria seu amor incestuoso pela filha. Diferentemente do amante, ela nunca havia considerado Godwin um tirano e jamais quisera magoá-lo. Ela ansiava pelos louvores do pai e temia que o tivesse perdido para sempre. Todavia, era-lhe impossível ficar desalentada quando estava na companhia de Shelley, e os três jovens seguiram para Paris cheios de expectativas, apesar do calor, dos cavalos reluzindo com o suor e do sofrimento das garotas em seus vestidos de viagem pretos e de gola alta.

Contudo, no dia 2 de agosto de 1814, quando alcançaram a capital cobertos de poeira e fatigados, não se podia encontrar *fraternité* nem *liberté* em lugar algum. Eles se hospedaram no pouco atrativo Hôtel de Vienne, nos arrabaldes do bairro de Marais, e perambularam pelas ruas da cidade, decepcionados ao constatar que a maioria dos parisienses estava cansada da guerra e se mostrava cética. A derrota sofrida por Napoleão naquele ano, um alívio para muitos, pois significava o fim da guerra, fora também um golpe para o orgulho francês. Ninguém mais pregava a revolução. Muitas das pessoas que o trio conheceu eram monarquistas, ávidas pela restauração da *gloire* francesa. Justiça e liberdade eram *passé*. As revolucionárias martirizadas, madame Roland e Charlotte Corday, fontes de tão grande inspiração para Mary quando a amiga Isabella falara sobre elas na Escócia, já estavam mortas havia muito tempo. E, a propósito, Mary Wollstonecraft também.

Em jornadas desse tipo, era tentador pensar que os mortos poderiam se materializar, que uma visita a uma casa antiga ou uma caminhada por velhos lugares famosos poderia trazê-los de volta. Quando o trio lia a obra de Wollstonecraft em voz alta, o que faziam com frequência, a sensação era de que ela estava perto. Talvez, se olhassem com cuidado, conseguissem ter um vislumbre dela, caminhando por uma das ruas estreitas, as longas saias de seu vestido de musselina arrastando-se logo atrás. Em vez disso, eles viam homens vestidos com elegância bebericando café, rapazes e moças flertando e fofocando como se uma revolução jamais tivesse acontecido ali. Senhoras trajadas de acordo com a última moda andavam de cá para lá com passinhos curtos em seus sapatos de salto alto e bico fino, segurando um pouco erguidas as saias de seus vestidos leves e justos. Usando seus antiquados vestidos abotoados até o queixo, Mary e Jane sabiam que pareciam inquestionavelmente inglesas. Elas usavam toucas pretas e penteavam os cabelos de modo a deixá-los atrás das orelhas, como estudantes, enquanto as francesas usavam laquê para compor obras-primas elaboradamente esculpidas.

Apesar de todas essas decepções, em sua primeira noite em Paris, quando fecharam a porta para a cidade, Mary e Shelley estavam "felizes demais para dormir". Aquela foi o que Shelley viria a chamar de "noite de núpcias" do casal. Pela primeira vez, eles estavam a sós, livres de seus perseguidores e também de Jane, que estava instalada em segurança em um quarto próprio. Mary vinha ansiando por esse momento desde que declarara seu amor a Shelley junto ao túmulo da mãe. Shelley também vinha sonhando com o momento em que ele e Mary poderiam estar juntos, sem preocupações nem culpa. Para ele, o sexo era uma experiência quase mística, uma passagem para "êxtases" espirituais. Porém, conquanto ele a desejasse com sofreguidão — um desejo imortalizado em um poema em que ele exaltava "os lábios ávidos dela, como rosas", "seus alvos braços erguidos em meio à cascata escura/ De seus cabelos soltos" —, ele não a levou logo para a cama.

Primeiro, eles conversaram, compartilharam seus sonhos sobre a arte de escrever e o futuro literário de cada um. Mary contou a Shelley sobre seus anos na Escócia e mostrou algumas das cartas que Isabella lhe escrevera. Eles leram poemas de Byron em voz alta e só então fizeram amor. Posteriormente, Shelley escreveu:

> Eu sentia o sangue que queimava
> No corpo dela misturar-se ao meu, e derramar-se
> Em redor de meu coração como fogo.[1]

Em seguida, caíram no que Shelley chamava de um "inexprimível desfalecimento de júbilo". Ele estava tranquilo, finalmente em paz depois da ansiedade frenética dos últimos meses. Mary disse a Shelley que nunca mais queria abandonar seus braços.

Na manhã seguinte, porém, o casal teve de enfrentar suas responsabilidades. Havia Jane com que se preocupar, bem como a necessidade de se alimentar — embora Mary dissesse que conseguiria viver sem comer de tão feliz

---

1 "I felt the blood that burn'd/ Within her frame, mingle with mine, and fall/ Around my heart like fire." (Tradução nossa.) [NT]

que estava. O que era mais preocupante, no entanto, é que eles estavam quase sem recursos. Tendo deixado a Inglaterra com toda aquela pressa, Shelley não pensara em levar consigo dinheiro extra em espécie, e o que eles tinham já havia acabado. Depois de uma longa procura, encontraram um banqueiro corajoso disposto a lhes adiantar sessenta libras esterlinas em virtude do nome nobre de Shelley. Parecia uma grande soma para Mary e Jane, mas o dinheiro não duraria muito, dada a extensa jornada que haviam planejado. Shelley estava ciente disso, mas ignorou todas as preocupações. Ele tinha certeza de que arranjariam recursos e conseguiriam sobreviver de alguma forma.

A cada dia que passava, Paris ficava menos fascinante. Notre Dame não era tão esplêndida como eles esperavam. Os jardins das Tulherias eram feios. O hotel era escuro, apertado e insuportavelmente quente. Em 8 de agosto, após quase uma semana ali, eles desistiram de encontrar a Revolução na cidade e seguiram para o campo. Em uma tentativa de economizar, Shelley, ignorando os alertas do hoteleiro, decidiu que seria mais "prazeroso" caminhar do que alugar uma carruagem. Ele e Jane foram comprar um burro para carregar seus pertences, enquanto Mary, sentindo-se fraca e apreensiva, descansava no hotel. Mas nem Shelley nem Jane tinham experiência em escolher burros. Embora fosse amistosa e disposta a obedecer, a pobre criatura desabou por causa do calor não muito depois de iniciada a viagem, deixando-os ilhados ali com seus livros, roupas e caixas. Na cidade seguinte, eles trocaram o burro por uma mula, mas, depois de quatro dias nessa nova situação, Shelley, revelando uma preocupante propensão a acidentes, torceu o tornozelo e não conseguiu mais andar. Eles tiveram de descarregar a mula e deixar Shelley montá-la enquanto Jane e Mary se arrastavam logo atrás, carregadas com seus pertences e desejando uma parada revigorante em uma estalagem campestre ou em uma choupana com telhado de colmo de algum camponês afável.

No entanto, não havia nem camponeses afáveis, nem estalagens campestres revigorantes — um duro choque para três jovens que, à guisa de preparação para sua jornada, se puseram a contemplar gravuras do século XVIII do bucólico interior francês, que incluíam ordenhadeiras de faces rosadas, belos pastores e lavradores diligentes arando a terra escura. A terra que eles encontraram mal sobrevivera aos últimos anos das guerras napoleônicas. Apenas alguns meses antes, em retaliação à invasão da Rússia por Napoleão, os cossacos, unidos aos exércitos da Áustria e da Prússia, haviam entrado na França a galope. Eles roubaram rebanhos e pisotearam campos, queimaram vilarejos, mataram crianças e estupraram mulheres. As tropas de Napoleão não foram melhores, saqueando os campos em busca de comida e riquezas. Por fim, em 11 de abril, Napoleão já se havia rendido, mas o campo continuava em crise. Fazendas prósperas e pastagens pontilhadas de gado gordo haviam sido substituídas por estradas de terra poeirentas, plantações arruinadas e encostas desoladas. As pessoas estavam morrendo de fome. "[Havia] sujeira, miséria e fome em toda parte", declarou Shelley. Os próprios franceses eram, de acordo com Shelley, "o povo mais antipático, menos hospitaleiro e menos prestativo da raça humana". Forasteiros ingleses desgarrados como o andrajoso trio eram presa fácil para camponeses famintos, que cobravam preços exorbitantes por tudo, até mesmo por um copo de leite azedo. Por vezes, a única coisa que encontravam para comer era pão seco, que tinha de ser embebido em água para ficar palatável. À noite, eles dormiam em celeiros e catres em casas de fazenda. Em Troyes, cerca de 160 quilômetros ao leste de Paris, os jovens encontraram uma hospedaria, mas ratos passaram correndo sobre o rosto de Jane no meio da noite e ela fugiu para o quarto de Mary e Shelley, gritando tão alto que o casal teve de acolhê-la em sua cama.

Desconsolado, Shelley sugeriu que alterassem o curso e partissem para a Suíça. Essa era a verdadeira terra da liberdade e da alegria, declarou ele, baseando sua afirmação no romance *Fleetwood*, de Godwin, uma homenagem a Guilherme Tell e "aos gloriosos fundadores" da liberdade suíça. De acordo com Godwin, os suíços eram um povo nobre que estava acima das restrições banais da vida burguesa.

Mas eles foram muito ingênuos. Godwin nunca estivera na Suíça, e ainda que fosse um pesquisador cauteloso, seu objetivo tinha sido escrever um bom romance, não apresentar um diário preciso de viagem. Mary tinha consciência disso; porém, sentindo muitas saudades do pai, ela esperava que, se eles refizessem os passos de sua jornada ficcional, talvez ele viesse a aprovar os atos da filha, ou ao menos perceber o quanto ela o admirava e amava. O calor de agosto tornou a viagem extremamente desconfortável e o ritmo do trio diminuiu, em especial porque Shelley ainda mancava. Por fim, embora o dinheiro estivesse acabando depressa, eles alugaram um coche com condutor para levá-los a Neuchâtel.

Mary e Shelley vinham mantendo um diário conjunto desde o início de sua aventura. Nele, Shelley cantava louvores ao brilhantismo de Mary, à natureza do amor verdadeiro e ao romance que desejava escrever, enquanto Mary escrevia fragmentos sobre a paisagem e as tribulações que enfrentavam. Ambos já haviam perdido a paciência com Jane, que registrava suas altercações com Shelley e Mary em seu próprio diário. Secretamente, Jane se julgava apaixonada por Shelley, mas o rapaz estava por demais enamorado de Mary para prestar muita atenção nela, embora ele se recordasse de Harriet com carinho, chegando mesmo a lhe escrever uma carta na qual se declarava um "amigo leal e constante", convidando-a para se unir a eles como camarada na sociedade utópica que ele queria criar. Harriet, compreensivelmente, não respondeu.

"Sua imensidão estonteia a imaginação", observou Shelley no diário que mantinha com Mary quando eles enfim viram os picos nevados dos Alpes. Contudo, o diário cobrava seu preço, bem como a luta frenética por dinheiro. Mary sentia falta do pai e começava a achar que Shelley não era o herói romântico que ela imaginara. Em Paris, compartilhar a cama com o novo amante havia compensado, e muito, sua decepção com a cidade. Porém, após dez dias quentes de caminhada pelos desolados campos franceses, era difícil sentir aquelas mesmas emoções de paixão. Eles tinham fome, estavam suados e exaustos. Além disso, era quase impossível ter privacidade em um celeiro ou na cozinha de algum camponês. Mesmo a magnificência dos picos pouco a animou; a jovem começou a ficar calada e distante, refletindo desencantada, certa tarde, que nada jamais acontecia da maneira como as pessoas imaginavam. As pessoas poderiam agir com boas intenções, mas ainda assim era possível que os resultados fossem dolorosos. Embora ela falasse em termos de filosofia geral, Shelley compreendeu o que Mary queria dizer e a acusou de ter se arrependido da decisão de fugir com ele. Mary logo recuou, mas Jane anotou em seu diário que Mary mentira. Shelley tinha razão. Mary estava infeliz com o amante e com a aventura como um todo. Eles não estavam vivendo no Éden de liberdade que ele havia prometido; pelo contrário, estiveram à beira do fracasso total desde que saíram de Londres.

Em uma tarde, fazia um calor tão sufocante que Shelley sugeriu a Mary que desse um mergulho em uma das lagoas do arvoredo que eles viam da estrada. Ele cuidaria para que nenhum transeunte a visse e a secaria com relva e folhas. Em vez de se deliciar com a ideia, como Shelley imaginou que ela faria, Mary se aborreceu. Que proposta indelicada! Era necessário levar em conta o condutor da carruagem, sem mencionar qualquer estranho que pudesse aparecer. Ela não queria se despir no meio da mata para que Shelley se deleitasse com aquela visão, nem para o deleite de qualquer outro. Jane pensou que Mary estava sendo ridiculamente puritana — se Shelley a tivesse convidado para se banhar nua, ela teria aceitado sem hesitar, escreveu a jovem mal-humorada.

Quando cruzaram a fronteira, chovia. Eles estavam na estrada havia já quase três semanas, prontos para se deleitar na companhia dos suíços. Mas os negociantes diligentes, as ruas limpas, os degraus regulares na entrada das casas, as crianças bem alimentadas e as esposas alegres que geralmente encantavam os turistas ingleses foram uma enorme decepção para o trio. Jane falou pelos três ao escrever que os suíços "são ricos, satisfeitos, felizes e desinteressantes, pois são absurdamente estúpidos e feios quase ao ponto da deformidade". Os respeitáveis habitantes do lugar devem ter ficado curiosos em relação àquele estranho trio, tão sujo em consequência de seus dias de viagem — ou, ao menos, os três jovens rebeldes assim o esperavam, pois gostavam da ideia de parecer diferentes, de "conjecturar o espanto" daqueles a quem encontravam, como dizia Mary.

A chuva aliviara o calor de agosto, mas, embora aquela fosse uma mudança bem-vinda, o trio mal conseguiu vislumbrar o lago Lucerne em meio à neblina. Tampouco eles encontraram as florestas de faias e pinheiros descritas por Godwin, nem os campos agrestes e românticos das aventuras de Fleetwood. Em Brunnen, já tendo se valido de quase metade das sessenta libras que Shelley tomara emprestado em Paris, eles alugaram uma casa no lago por seis meses. No entanto, passado o primeiro dia, já estavam entediados. A Suíça definitivamente não era para eles. Voltar para a França estava fora de cogitação. Após discutir o problema, concluíram que os três estavam dispostos a regressar para sua pátria. Na realidade, queriam partir naquele exato instante. Contudo, tiveram de esperar que a lavadeira lhes devolvesse as roupas, mas, quando ela o fez, as peças ainda estavam molhadas, de modo que sua partida teve de ser adiada para o dia seguinte — um aborrecimento que Shelley registrou no diário do casal. Mary e Shelley tentaram se consolar lendo Tácito um para o outro, mas Jane ficou amuada. Ela não apreciava os momentos em que era ignorada pelo casal.

Para evitar quaisquer novos encontros com os camponeses franceses, eles decidiram comprar passagens para uma barcaça que subia o rio Reno e atravessava o Canal a partir da Holanda. Essa rota tinha a vantagem adicional de ser mais barata que a jornada terrestre pela França. Na verdade, eles teriam de ser bem cautelosos a fim de ter dinheiro suficiente para regressar à Inglaterra.

Flutuar pelo rio era certamente mais agradável que caminhar pelos campos devastados da França, porém, embora Mary se sentisse inspirada por aquela extensão impressionante do vale do Reno, ela estava horrorizada com a vulgaridade dos demais viajantes, que bebiam o dia inteiro e se tornavam cada vez mais barulhentos e boçais com o passar das horas. Jane e ela tentavam evitá-los, o que era impossível em uma embarcação tão pequena. Depois do primeiro dia, Mary escreveu, com irritação, em seu diário: "Nosso único desejo era aniquilar esses animais imundos. Seria mais fácil que deus fizesse homens inteiramente novos do que tentar purificar monstros como esses [...] vermes nojentos".

Certo dia, no início de setembro, enquanto a barcaça fazia uma pausa em Gernsheim, alguns quilômetros ao norte de Mannheim, Mary e Shelley se separaram sorrateiramente de Jane, passaram pelos casebres com empenas, pelas ruas de paralelepípedos e saíram para os campos nos arredores. Ao longe, contra o céu, eles divisaram as torres de um pitoresco castelo chamado Frankenstein.

Havia uma lenda perturbadora associada a esse castelo e, em troca de algumas moedas, um morador do vilarejo contou a história ao casal. Konrad Dippel, um infame alquimista, nascera ali no ano de 1673. Dippel tinha por obsessão encontrar a "cura" para a morte e realizava experiências macabras, escavando túmulos para roubar partes de corpos e moendo ossos até transformá-los em pó, que misturava com sangue e administrava em cadáveres na tentativa de trazê-los de volta à vida. Ele morreu no fracasso, deixando sem solução o questionamento: É possível trazer os mortos de volta à vida?

De volta à barcaça, Mary e Shelley passavam o tempo conversando sobre a história do castelo, a respeito dos livros que haviam lido e daqueles que desejavam escrever. Jane mergulhou em um dos livros prediletos de Wollstonecraft: *Emílio*, de Rousseau. Tal como Wollstonecraft, Jane percebeu que admirava as ideias do filósofo francês, mas detestava o retrato que ele fazia das mulheres, o que não era de surpreender, já que ela tinha uma tendência a concordar com a maioria das opiniões de Wollstonecraft.

Nos últimos dias de viagem, o trio se revezava na leitura em voz alta das obras de Wollstonecraft. Os três jovens se sentiam mais otimistas tendo a mãe de Mary como companheira de viagem. Porém, para Jane, essa nova exposição ao radicalismo de Wollstonecraft reforçou sua decisão de criar para si uma nova identidade, diferente daquela de sua mãe. Assim como Mary e Shelley, ela acreditava que todos eles eram discípulos de Wollstonecraft, mas começava a pensar que ela, Jane, era na verdade a herdeira mais genuína da escritora. Shelley era homem, de modo que pertencia a uma categoria diferente, e, embora Mary fosse brilhante, por vezes era fraca — fraca demais, pensou Jane, para carregar o estandarte de Wollstonecraft. Afinal, Mary havia dado muitos passos em falso (conforme Jane anotara em seu diário): recusara-se a se banhar nua; estava sempre indisposta; alimentara dúvidas em relação à grandiosa aventura do trio. Jane, por outro lado, permanecera leal à empreitada conjunta, orgulhando-se de sua força e determinação.

O mau tempo manteve os jovens presos na cidade portuária holandesa de Maasluis, onde Mary começou a escrever uma história com um título raivoso: "Ódio". Infelizmente, não restou nenhum rascunho dessa primeira obra, mas seu título sugere qual era o estado de espírito de Mary. Ela se sentia cada vez mais adoentada ao longo das últimas semanas e, antes de embarcarem no navio para a Inglaterra, descobriu o porquê: estava grávida.

## CAPÍTULO 10
# MARY WOLLSTONECRAFT: LONDRES
### [1786–1787]

Se lady Kingsborough esperava aniquilar sua governanta ao demiti-la, ela subestimou Mary Wollstonecraft deploravelmente. Sua partida de Mitchelstown naquele mês de agosto marcou o início de uma nova era para a inglesa de 28 anos. Ela nunca mais se permitiria trabalhar em situação tão degradante: estava decidida a ganhar a vida com sua escrita.

Mary embarcou no coche de Bristol rumo a Londres, levando seus livros nas malas, bem como seu manuscrito concluído. Ela não deixou que Eliza e Everina soubessem para onde estava indo — um segredo que pode parecer trivial para o leitor moderno, mas que, na verdade, era uma afirmação de seu direito de dirigir o curso da própria vida. Mary fizera o possível para cumprir sua responsabilidade de irmã mais velha antes de partir para a Irlanda: conseguiu um emprego de professora para Eliza em uma escola perto de Newington e convenceu Ned a permitir que Everina voltasse para sua casa. Porém, em vez de ficarem gratas, as irmãs se queixavam, de modo que à exausta Mary restava pouca compaixão por elas. A maioria das mulheres solteiras de classe média, inclusive ela mesma, tinha de aceitar o que conseguisse: trabalho assalariado humilhante, ou a dependência de parentes e amigos. As irmãs deveriam se sentir agradecidas por não irem parar na rua e, se estavam descontentes, deveriam se esforçar, pensava ela, em vez de depender exclusivamente da irmã mais velha.

Após uma viagem de coche de dezesseis horas, Mary chegou à quente e apinhada Londres, um contraste dramático em relação ao isolamento da propriedade rural de Kingsborough. No entanto, os estranhos que se acotovelavam, as fachadas desconhecidas das lojas, e até mesmo o odor repugnante dos esgotos representavam esperança. No anonimato da cidade, ela poderia se libertar dos embaraços que haviam impedido seu crescimento. Com esse objetivo em mente, ela seguiu de imediato para a livraria de Joseph Johnson a fim de lhe entregar seu romance.

Usando um modesto vestido *chemisier* e discretas botinas de solado alto, com os cabelos descendo pelas costas sob um chapéu escuro de feltro de castor que se ajustava perfeitamente à sua cabeça, ela sabia que parecia antiquada se comparada com as jovens damas elegantes em suas leves musselinas de verão, suas anáguas, seus chapéus de abas largas e delicadas sapatilhas. Para Mary, porém, esse desprezo pela moda era parte de sua liberdade recém-descoberta. Ela já não tinha que se adequar a um mundo que detestava. De fato, Mary certamente não se afligiria se viesse a descobrir que alguns de seus novos conhecidos costumavam se referir a ela, pelas costas, como "uma filósofa desmazelada". Agora que se retirara do mercado matrimonial, bem como das salas de estar dos ricos e bem relacionados, ela já não precisava perder tempo fazendo-se atraente para os outros.

O escritório de Johnson ficava no número 72 da St. Paul's Churchyard, a casa mais alta do pátio da catedral de St. Paul. Um enxame de pessoas de aparência interessante passeava pelo calçamento de pedra do lado de fora; depois de ser a jovem bizarra em uma residência de aristocratas e servos, era um alívio para Mary se misturar com "gente comum". Pouquíssimos lordes e damas frequentavam aquela parte de Londres, o coração do comércio de livros. Quarenta outros editores se aglomeravam ali perto, na Leadenhall Street, Paternoster Row e Ave Maria Lane. Papeleiros, agentes de publicidade, compradores de livros, autores e leiloeiros eram acompanhados de advogados, juristas e curiosos em sua caminhada aos patíbulos para ver os enforcamentos, pois as infames prisões de Fleet e de Newgate ficavam a poucas ruas dali. Outras mulheres teriam temido por sua segurança; as heroínas românticas dos romances populares da época por certo teriam desmaiado diante da imundície. Entretanto, Mary se sentia empolgadíssima. Era exatamente o lugar onde ela queria estar.

Ao bater à porta de Johnson, Mary esperava ser recebida com gentileza, mas acabou surpreendida com toda a generosidade de seu anfitrião. Ele a convidou para subir até seus aposentos abarrotados, longe da movimentação da loja. Eles se acomodaram na sala de jantar, com sua vista para a catedral, a fim de discutir o futuro de Mary. Ela mostrou seu romance *Mary* e mencionou outra ideia: uma coletânea de contos educativos baseados em sua experiência como professora e governanta. Johnson concordou em publicar o romance e o livro educativo tão logo estivesse escrito, garantindo-lhe que, se ela trabalhasse com empenho, poderia ganhar dinheiro suficiente para seu sustento.

Até lá, Johnson se ofereceu para encontrar novas acomodações para Mary, convidando-a para ficar em sua casa até que ele encontrasse um local adequado. Mary concordou, embora se tratasse de um acordo inusitado e impróprio: uma mulher e um homem solteiros dormindo na mesma casa sem supervisão. Todavia, Mary confiava que ele seria uma companhia segura. Eles não haviam passado muito tempo juntos, mas haviam se correspondido enquanto ela estava na Irlanda; Johnson jamais manifestara qualquer interesse romântico por ela, nem por mulher alguma, aliás, e Mary estava determinada a construir uma carreira literária, não a iniciar um caso amoroso.

A residência de Johnson não era nada elegante. Os pisos eram irregulares, e as paredes, ásperas. Todas as superfícies disponíveis estavam cobertas de livros e papéis poeirentos. Mesmo os dormitórios e a sala de jantar eram repletos de volumes. De fora, era possível ouvir, até tarde da noite, os gritos dos vendedores ambulantes e os chamados da multidão. Não obstante, Mary estava felicíssima. Ela se sentia rejuvenescendo a cada dia, livre da quietude sufocante do interior da Irlanda. Após o café da manhã, Johnson passava a maior parte do dia na loja, que ficava no térreo, e ela o acompanhava, a única mulher no que era basicamente um mundo masculino. Embora Johnson publicasse outras poucas escritoras, elas eram a exceção e raramente podiam ser vistas em público.

Muitos dos escritores de Johnson iam até lá para discutir política ou pedir adiantamentos por suas obras. Em geral, eles ficavam para jantar. Com o passar dos dias, Mary percebeu que ela e seu editor tinham opiniões políticas e literárias semelhantes. Ela já sabia que Johnson ganhara renome publicando obras de radicais famosos. O que Mary descobria agora era com que profundidade ele compartilhava do ódio que ela tinha pela injustiça em todas as suas formas e o quanto se dedicava à promoção dos direitos das mulheres, dos judeus e dos escravos; ele também fizera uma campanha contra os abusos do trabalho infantil. Como ela, Johnson odiava convenções e hipocrisia. Também como Mary, ele acreditava que as ideias podiam mudar o mundo e que a palavra escrita era capaz de transformar a humanidade.

Contudo, Johnson não era tão somente um idealista intelectualizado. Negociador perspicaz e astuto, ele se tornaria um dos editores mais bem-sucedidos de sua época. A fim de garantir livros a preços acessíveis, ele economizava nos custos de produção. Assim, os volumes que produzia não eram particularmente elegantes, mas ele dava suporte para os escritores: pagou a fiança para tirar o belicoso Thomas Paine da prisão, arranjava trabalhos de gravura para William Blake, emprestou dinheiro a William Cowper nos primeiros anos da carreira do poeta e distribuía os lucros com liberalidade quando a obra de um autor começava a dar dinheiro. Mary havia encontrado o homem certo para ajudá-la a iniciar sua carreira literária. Durante as três semanas que passaram juntos naquele verão, eles construíram a base do que viria a ser uma das amizades mais importantes da vida de Mary.

Já quase no fim de sua estadia, Mary confessou a Johnson que se sentia profundamente aflita em virtude de "irritações e desespero". Ela estava apreensiva com a possibilidade de não conseguir cuidar das irmãs e de si mesma, temendo ser obrigada a retomar a horrorosa vida de governanta para tal. Johnson demonstrou empatia e disse para sua protegida ter coragem. O talento de Mary venceria os obstáculos que bloqueavam seu caminho. Ele também fez outra oferta, prometendo fazer pedidos constantes de textos a Mary, em quantidade suficiente para que ela recebesse pagamentos regulares. Mas lhe fez uma advertência: ela teria de acreditar em si mesma. Na verdade, a autoconfiança de Mary era a chave de toda aquela empreitada. Ela teria de tomar cuidado com sua tendência em duvidar de suas capacidades. Do contrário, sua atitude pessimista destruiria suas possibilidades.

No início do outono daquele ano, Johnson arranjou uma pequena casa amarela de tijolos para Mary, no número 49 da George Street (hoje Dolben Street), a uns dez minutos a pé da catedral de St. Paul, do outro lado do rio, perto da recém-construída Blackfriars Bridge. O lado sul do Tâmisa não era uma área residencial elegante, entretanto, Mary não se importou; estava contente por ter sua própria casa. Ela não se deu o trabalho de decorar os cômodos. Uma cama, uma mesa e uma cadeira — era o que lhe bastava, embora Johnson tenha colocado uma serva à sua disposição para ajudar nas tarefas diárias de cozinhar, limpar e fazer compras. Da janela do último andar, onde ela trabalhava, Mary podia esquadrinhar os telhados da cidade encardida que começava a amar.

Em 1787, Londres estava inchada a ponto de estourar. Entre 1750 e 1801, sua população foi de 675 mil para 900 mil habitantes, quase o dobro do tamanho de Paris no século XVIII. Como escreveu o romancista Henry Fielding: "Aqui se tem a Vantagem da solidão sem sua Desvantagem, pois é possível estar só e Acompanhado ao mesmo tempo, e embora se possa sentar e caminhar sem ser notado, o Barulho, a Pressa e uma constante Sucessão de Objetos distraem a Mente".

Levando em conta que a taxa de mortandade piorava a cada década, o crescimento de Londres era ainda mais surpreendente. O médico escocês George Cheyne atribuía essa alta taxa de mortalidade à superlotação e às péssimas condições sanitárias da cidade, observando que:

> [...] as nuvens de Hálitos Fétidos e Transpiração, sem falar do excremento de tantos animais doentes, inteligentes e irracionais, as aglomerações nas Igrejas, nos Campos-Santos e Cemitérios, com os Corpos em putrefação, os Antros, Açougues, Estábulos, Estrumeiras etc. [...] apodrecem, envenenam e infectam o Ar mais de Trinta Quilômetros em redor, um Ar que, com o Tempo, deve alterar, enfraquecer e destruir as Constituições Físicas mais saudáveis.

O poeta William Cowper descrevia a cidade como "um esgoto comum e extremamente nauseabundo", e mesmo Mary, não obstante sua afeição pelo novo ambiente, teria admitido que Cowper estava certo. O número de mortes alcançava o dobro do número de nascimentos. O gim era a bebida mais popular dos pobres. A violência e o crime dominavam as ruas, de prostituição a assassinatos. Sujeira, lixo e até cadáveres ficavam espalhados pelas pedras do calçamento. Não existia privacidade. Ainda não haviam sido inventados "banheiros" fechados. As pessoas esvaziavam seus penicos atirando seu conteúdo pelas janelas, deixando poças de dejetos que eram pisadas descuidadamente pelos pedestres. A escassez de água limpa, as habitações aglomeradas e as dificuldades da pobreza levavam à rápida disseminação de epidemias sazonais, varíola no inverno e disenteria no verão. Como tantos de seus habitantes morriam prematuramente — por volta dos 37 anos, em média —, o crescimento de Londres dependia do influxo de recém-chegados que acorria à cidade, um número que crescia em ritmo constante, apesar dos muitos perigos da vida urbana. Além de salários mais altos, Londres oferecia certo alívio no que dizia respeito às repressões da vida provinciana, na qual família e amigos impunham convenções e restrições sociais. Ademais, era empolgante. Havia sempre algo novo para ver ou fazer. De acordo com o célebre comentário de Samuel Johnson, "quando um homem está cansado de Londres, ele está cansado da vida".

Na área onde Mary vivia, ao rebuliço da cidade somava-se a movimentação da faixa portuária à margem do rio ali perto. Capitães de embarcações mantinham-nas tão próximas que o rio "ficava quase oculto por navios mercantes de todos os países". O poeta James Thompson comparava as longas fileiras de embarcações a "uma extensa floresta invernal" com "bosques de mastros".

Para Mary, a vantagem de tudo isso era que ela podia se misturar facilmente à multidão. Nessa parte de Londres havia bizarrices muito maiores do que uma escritora profissional. Ninguém comentava a respeito de sua aparência ou sobre seus hábitos. Durante o dia, ela trabalhava nas revisões que Johnson sugerira para *Mary* e estudava línguas estrangeiras, pois ele lhe dissera que seus primeiros trabalhos seriam provavelmente traduções do francês e do alemão. Ela também deu início a seu novo projeto de contos educativos, que decidira chamar *Original Stories* [Histórias originais]. Às cinco horas, ela atravessava a ponte rumo à casa de Johnson para jantar, e ali conheceria homens como Henry Fuseli, artista germano-suíço que se gabava de suas proezas sexuais e escarnecia da moralidade convencional; John Bonnycastle, matemático que escrevia livros na tentativa de tornar a matemática e a ciência acessíveis ao leitor comum; e Erasmus Darwin, cuja descrição sexualizada das flores em seu livro-poema *The Loves of the*

*THE NIGHTMARE*, FAMOSA PINTURA DE FUSELI.

*Plants* [Os amores das plantas], um sucesso de vendas, havia sido recentemente considerada demasiado explícita para leitoras solteiras. Apesar da diversidade de interesses, o que esses homens — com exceção de Fuseli — tinham em comum com Mary era a crença de que educar a todos, inclusive mulheres, poderia melhorar a sociedade. Como Voltaire, eles se consideravam popularizadores do conhecimento, e não inventores, acreditando que, se escrevessem com clareza, seus leitores aprenderiam com suas ideias e encontrariam inspiração para exigir mudanças.

A comida em tais jantares era simples: peixe, legumes, verduras e, por vezes, um flã de sobremesa. A pintura quase pornográfica de Fuseli, *The Nightmare* [O pesadelo], pendia acima da mesa de jantar de Johnson: sua representação de uma bela jovem atirando a cabeça para trás em doloroso êxtase enquanto um demônio se encontra sugestivamente sentado sobre seus quadris chocava observadores comuns, mas os convidados de Johnson não eram comuns.

Não se podia ser pudico e jantar com Johnson. E Mary, apesar de sua inexperiência sexual, não era puritana. Os convidados de Johnson gostavam de discutir assuntos que, em regra, eram considerados impróprios para ouvidos femininos, desde adultério até bissexualidade. Tais questões eram de grande interesse para Mary, já que estavam diretamente ligadas à vida das mulheres e, assim, embora fosse uma observadora silenciosa no início, não demorou muito para que ela se envolvesse apaixonadamente nas discussões, ávida por apresentar suas próprias opiniões e ideias. Como os radicais de Newington antes deles, esse grupo de intelectuais admirava a originalidade e a franqueza de Mary. Em pouco tempo, ela já era um membro vital do clube do jantar de Johnson.

Em novembro, Mary já havia terminado a revisão de seu romance. Ela sabia que sua decisão de se tornar escritora não era nada ortodoxa, mas se sentia confiante o bastante agora para enviar uma carta às irmãs explicando seu novo empreendimento. Para esconder seus temores, ela usou termos pomposos: "Serei, então, a primeira de um novo gênero. [...] Serei independente. [...] Trago esse projeto há muito na mente. Vocês sabem que não nasci para levar uma vida comum — a inclinação peculiar da minha natureza me impele adiante". Ela implorou que as irmãs não contassem nada para os amigos e para a família, pois não queria ninguém tentando dissuadi-la: "Vocês não podem imaginar como piedade e conselhos seriam horríveis neste momento".

Havia outras mulheres que ganhavam seu sustento com a escrita, Anna Barbauld e Fanny Burney entre as mais famosas. Contudo, Mary era a primeira escritora a receber um fluxo constante de trabalho de seu editor, como se fosse uma funcionária assalariada. Johnson tinha condições de ser generoso por causa do *boom* da indústria editorial na década de 1780. Antes disso, naquele século, a maioria dos leitores era composta de aristocratas, prósperos homens de família. Contudo, na época em que Mary chegou a Londres, a classe média havia adentrado esse mercado, exigindo livros que enriquecessem sua mentalidade e seus modos, preparando-os para subir aos círculos mais elevados. Bibliotecas que faziam empréstimos de livros e clubes do livro floresciam por todo o país. Guias de viagem, livros de recomendações, sermões, romances, poesia e livros infantis — a lista de gêneros populares parecia não ter fim.

Tão logo receberam a notícia de que Mary estava em Londres, as irmãs imploraram para ir viver com ela. Mary, porém, não queria dividir sua casa. Sozinha, ela podia fazer o que lhe aprouvesse, comer e dormir quando quisesse, escrever e estudar sem interrupções e participar dos jantares de Johnson. Ela escreveu para George, irmão de Fanny: "Tomei uma decisão, a de jamais ter minhas Irmãs vivendo comigo. Meu estilo de vida solitário não lhes seria agradável e tampouco eu conseguiria prosseguir com meus estudos se fosse forçada a me adaptar". No entanto, ela considerava as garotas, como ainda as chamava, sua responsabilidade e, quando da chegada do Natal, já havia feito planos em benefício delas, embora não tivesse perguntado o que elas poderiam desejar para si mesmas. Eliza permaneceria em seu atual emprego de professora. Everina iria para Paris aprender francês, o que lhe permitiria conseguir empregos melhores como professora no futuro. A independência de Mary estava a salvo, mas as irmãs ficaram indignadas. A irmã mais velha sempre fora despótica e arbitrária, mas dessa vez tinha ido longe demais. Everina não queria ir para Paris, e Eliza estava ressentida por ter de ficar para trás.

Mary, porém, seguiu adiante com seus planos. Em sua cruzada pelo bem-estar das irmãs, não lhe passava pela cabeça que deveria levar o desejo das jovens em consideração. Em janeiro, ela havia complementado sua renda por meio de um empréstimo que tomara de Johnson e juntara dinheiro suficiente para instalar Everina com uma certa mademoiselle Henry em um apartamento elegante na Rue de Tournon, no centro de Faubourg Saint-Germain, uma área residencial que, mesmo à época, já era apinhada de intelectuais e artistas. Teria sido um lugar perfeito para Mary viver, mas não para Everina, que, do instante em que chegou, escrevia a Mary reclamando de "desastres e dificuldades" triviais e implorava que a irmã mais velha a visitasse, pois se sentia sozinha. Mary, que se relegara a uma vida de dificuldades financeiras em prol de Everina, ficou exasperada: "Se um dia eu tiver dinheiro de sobra para satisfazer meus desejos, certamente visitarei a França", escreveu ela, com aspereza, para a irmã mais nova; "há muito esse desejo me passa pela mente". Mesmo à egocêntrica Everina seria impossível não entender a insinuação da irmã mais velha: Mary não podia ir porque já gastara todo o seu dinheiro na estadia não solicitada de Everina em Paris.

Na primavera de 1788, apenas nove meses depois da chegada de Mary a Londres, Johnson publicou dois novos livros de autoria de Mary Wollstonecraft: *Mary* e *Original Stories from Real Life* [Histórias originais da vida real]. O romance *Mary* não recebeu muita atenção dos críticos, mas *Original Stories* se tornaria uma obra essencial da literatura de aconselhamento sobre o desenvolvimento moral infantil por quase cinquenta anos. Nele, seu segundo livro sobre educação, Mary retomava os temas que enfatizara em *Thoughts on the Education of Daughters*, mas dessa vez ela foi adiante, destacando a necessidade da educação ética de jovens garotas ao retratar uma série de aulas ministradas por uma governanta a quem chamou de sra. Mason. Através da sra. Mason, Mary provava como meninas podiam ser educadas com facilidade, opondo-se à crença de Rousseau de que a mente feminina era demasiado débil para apreender verdades morais e problemas lógicos. Ela também incluiu no livro um ataque agressivo à injustiça social e econômica. A sra. Mason conta histórias acerca dos sofrimentos dos pobres, as quais se fizeram ainda mais vívidas graças ao gênio que Johnson contratou para fazer as ilustrações, William Blake. As seis xilogravuras de Blake para o livro de Mary retratam indigentes desesperados e angustiados, e órfãos de rosto encovado sofrendo com a fome. A sra. Mason não só ensina a importância do cuidado com os indigentes como também faz duras críticas à frieza e indiferença das classes mais abastadas, coisa que Mary testemunhara enquanto viveu na propriedade Kingsborough.

Na realidade, a pobreza era uma preocupação constante para Mary, apesar da remuneração que agora ganhava regularmente de Johnson. A insegurança financeira de sua infância vivia a assombrá-la, bem como a precariedade de sua vida como escritora. O risco de ficar sem dinheiro fazia com que escrevesse, estudasse e publicasse em ritmo frenético. Naquele verão, apesar de seu conhecimento insuficiente de outras línguas, ela começou a trabalhar em duas traduções: um tratado do ministro das finanças da França, Jacques Necker, intitulado *The Significance of Religious Theories* [O significado das teorias religiosas], e um livro educativo alemão chamado *Elements of Morality, for the Use of Children* [Elementos da moralidade, para uso pelas crianças], de Christian Salzmann. Ambas as obras exigiram o máximo das habilidades de Mary, mas ela conseguiu terminar seu trabalho.

Para o leitor atual, esses volumes são dignos de nota porque Mary se afastou drasticamente dos textos originais em muitos pontos, não em virtude de seu domínio insuficiente das línguas, mas por razões puramente filosóficas. E isso se deu, em especial, com a obra de Salzmann. Quando discordava de suas

*ŒCONOMY & SELF-DENIAL ARE NECESSARY*, UMA DAS SEIS XILOGRAVURAS DE WILLIAM BLAKE PARA *ORIGINAL STORIES FROM REAL LIFE*, DE MARY WOLLSTONECRAFT.

teorias ou acreditava que ele estivesse negligenciando um ponto importante, ela não tinha o menor escrúpulo em alterar suas palavras. Por exemplo, ela detestava os elogios que o autor fazia aos aristocratas, bem como seus arroubos sentimentais em relação à vida familiar, principalmente sua crença de que a esposa tinha de ser em tudo subordinada ao marido. Por vezes, ela chegava mesmo a omitir passagens inteiras, introduzindo, em seu lugar, suas próprias teses sobre os males da moda feminina e a importância de uma boa educação para meninas — inserções que antecipam alguns dos temas mais importantes de sua obra futura. Ela mudou o nome da heroína de Salzmann para Mary e inventou uma cena em que esta implora à mãe que a deixe vestir trajes finos e elegantes para ir um casamento ao qual a família foi convidada. A mãe alerta para a moça que não deve fazê-lo, todavia, Mary insiste e, na manhã do casamento, veste um espartilho pela primeira vez, descobrindo que a peça parece um "grilhão". As coisas pioram ainda mais com a chegada do cabeleireiro:

> [Ele] colocou os cabelos da jovem em papéis, cabelos que costumavam descer-lhe em madeixas naturais pelo pescoço e pelos ombros; ele os entrelaçava com força, prensando-os com ferros quentes. A pobre Mary tremia, esperando, a cada instante, que os ferros quentes tocassem sua testa ou suas bochechas, e perguntava a todo momento se ele não terminaria logo. Mas ele pedia que ela tivesse paciência e, depois de enrolar e encrespar os cabelos da jovem por mais de meia hora, ele a convidou a se olhar no espelho, onde ela viu um rosto pequenino espiando por uma peruca encaracolada. Em seguida, ataram-lhe ao corpo uma apertada combinação de seda e, por cima dela, um vestido longo de gaze decorado com tantos adornos e flores artificiais que ela mal conseguia se mexer, tão sobrecarregada estava de ornamentos.

Por fim, Mary suplica à mãe que saiam cedo do casamento e voltem para casa. Quando a mãe pergunta "Por que quer ir, quando se vê tantas companhias e diversões agradáveis aqui?", Mary responde:

> E de que me servem [...] quando não posso desfrutar nada? Se eu estivesse com meu casaquinho de algodão e meu chapéu de palha, então eu estaria alegre e saltitante; mas, neste vestido, estou cativa como uma prisioneira. Por vezes meu cabelo me dá comichões, minhas plumas e flores mantêm minha cabeça rígida, o espartilho machuca-me e, quando começo a brincar, meus babados, minhas flores ou meu vestido enroscam em cada árvore. E, além disso, os garotos pisam na minha cauda de propósito, para fazer-me parecer tola.

É evidente que o lamento de Mary tem origem na tradutora, e não no autor, mas como o nome de Wollstonecraft não foi vinculado ao *Elements of Morality*, o leitor foi levado a crer que essa vívida descrição da natureza restritiva do vestuário feminino fora concebida pelo estudioso alemão, uma estratégia brilhante por parte de Wollstonecraft; ela conseguiu veicular uma opinião controversa e se safar da condenação pública. Haveria melhor maneira de adentrar o debate acerca das limitações impostas às mulheres do que protegida pela identidade de um escritor estrangeiro do sexo masculino? O próprio Salzmann nunca o descobriu. A ironia disso é que seu disfarce se mostrou tão eficaz que, por mais de duzentos anos, suas ideias sobre esse assunto permaneceram sepultas nesse tomo pouco lido, tendo sido descobertas apenas recentemente por estudiosos da literatura.

Em 1787, porém, Mary se sentiu encorajada pelo fato de que ninguém recebeu a tradução da obra de Salzmann com indignação. Sua confiança em relação às habilidades que possuía de expressar as próprias opiniões em livros crescia cada vez mais. E assim, quando Johnson e seu amigo, Thomas Christie, pediram que Mary atuasse como uma das principais críticas literárias em uma nova revista de literatura que apresentaria os escritos de seu círculo intelectual e defenderia a causa da reforma contra os conservadores, ela aceitou a oferta com satisfação. Esse novo desafio permitiria que Mary desenvolvesse suas ideias e aperfeiçoasse suas habilidades enquanto membro de uma equipe de escritores em vez de ter que construir uma carreira literária absolutamente sozinha.

## CAPÍTULO 11
# MARY GODWIN: LONDRES E BISHOPSGATE
### [1814–1815]

Mary, Jane e Shelley navegaram de volta para a Inglaterra em meio a uma tempestade de setembro. Mary "sentia-se muito mal e foi obrigada a ir para a cama", escreveu Jane, registrando com alegria que isso a deixou sozinha com Shelley no convés enquanto "as ondas, que se haviam tornado terrivelmente altas, quebravam sobre nós". Eles não tinham dinheiro suficiente para pagar ao capitão pela viagem, mas Shelley garantiu às preocupadas jovens que arranjaria os recursos tão logo atracassem. Contudo, quando chegaram ao porto e seguiram diretamente para o banco de Shelley em Londres a fim de pegar o dinheiro, descobriram que Harriet havia limpado a conta. Shelley quis ter com ela e exigir o dinheiro de volta, mas Mary exortou-o a evitar o confronto. Ela sugeriu que entrassem em contato com seus amigos de infância, os Voysey, uma família com duas filhas da mesma faixa etária de Jane e Mary, pedindo um empréstimo e um lugar para ficar. Entretanto, quando chegaram à casa dos Voysey, a sra. Voysey se recusou a vê-los.

Essa foi a primeira experiência das rejeições, recusas e insultos que estavam à espera do trio. Apesar de seu rápido crescimento, a classe média de Londres ainda funcionava como uma cidade pequena. Todos tinham ouvido falar sobre a fuga das garotas e poucas pessoas queriam sua amizade. O escândalo era contagioso, em particular pecadilhos sexuais. Se alguma moça apenas admitisse conhecer Mary Godwin, colocava em risco não só sua própria reputação como a da família inteira. A sobrevivência social dependia de evitar aquelas pessoas que tivessem ido além dos limites aceitáveis; poucos tinham a desenvoltura ou a coragem de infringir esse código.

Sem mais opções, Shelley contratou um coche para levá-los à majestosa casa dos Westbrook, na tranquila Chapel Street, perto da Grosvenor Square, onde Harriet, em seu último trimestre de gravidez, morava com os pais.

Essa opulenta área residencial era muito diferente de qualquer uma em que Mary e Jane já tivessem vivido, e as estalagens imundas com que se depararam na Europa haviam reforçado nas garotas a noção de sua própria pobreza. Elas tentaram encarar suas privações como o preço da liberdade, mas ratos, sujeira e cascas secas de pão não são material de romance, e parecia injusto que a apática burguesa Harriet ficasse com o dinheiro de Shelley enquanto elas ficavam sem nada.

O capitão não acreditou que Shelley voltaria e, por isso, enviou um de seus barqueiros para viajar com o trio até que conseguissem o dinheiro do pagamento. Quando Shelley desapareceu no interior da casa dos Westbrook, o marinheiro e as garotas foram obrigados a esperar do lado de fora por mais de duas horas, um acordo embaraçoso que nem toda a conversa bem-humorada ou a boa comida do mundo poderia sanar. As garotas temiam que Shelley mudasse de ideia, que Harriet o convencesse a dar uma segunda chance para o casamento, ou pior, que ela decidisse se unir ao trio. Mary e Jane não estavam nada entusiasmadas com essa última ideia, mas Shelley ainda acalentava o propósito de criar uma comunidade de jovens amorosos e despreocupados.

Por fim, Shelley reapareceu, sorrindo, com os recursos de que precisavam. Após uma noite em uma estalagem na Oxford Street, ele arranjou para o trio uma casa simples na Margaret Street, perto da Chapel Street, de modo que pudesse dar seguimento às negociações com Harriet. Nesse ínterim, Mary tentou pensar em quaisquer amigos ou conhecidos que se pudessem compadecer dela. A jovem fez propostas a uma antiga governanta, Maria Smith, mas os Godwin já haviam colocado Smith contra Mary. Certa tarde, Mary-Jane e Fanny fizeram uma visita constrangedora à Margaret Street, tocando a campainha, mas se recusando a entrar quando Shelley as convidou. Elas disseram que apenas gostariam de ver Jane, restando a Mary observar pela janela enquanto as jovens conversavam com a irmã postiça nos degraus da entrada. Furioso com o sofrimento que haviam causado a Mary, Shelley escreveu uma carta a Godwin naquela tarde, exigindo uma explicação para aquele tratamento cruel. Ele e Mary não tinham feito nada de errado, disse o rapaz; apenas fizeram uma tentativa de obedecer à própria filosofia de liberdade e amor livre de Godwin. Uma semana depois, veio a resposta de Godwin: ele não queria mais nenhum contato com Mary e ordenara que a família e os amigos a excluíssem de suas vidas.

Shelley era tudo que restara a Mary. Aos prantos, ela lhe disse que ele teria de ser tudo para ela: pai, amante e amigo. Jane também estava ali, é claro, mas sua presença se tornava cada vez mais inconveniente. Nos primeiros estágios da gravidez, Mary dormia cedo e, em vez de lhe fazer companhia na cama, Shelley ficava acordado até tarde conversando com Jane. Mary não se iludia com a situação, sabendo que a irmã postiça estava saboreando seu tempo sozinha com ele. Com o lento passar do outono, os dois se tornaram mais próximos e, em vez de considerar Jane um estorvo adorável, como fora na França, Shelley agora procurava pela jovem, fazendo-lhe confidências e levando-a para passear pela cidade enquanto Mary descansava.

Certa noite, no início de outubro, Shelley, que gostava de assustar as pessoas — particularmente as moças, um hábito que vinha da época em que o rapaz aterrorizava as irmãs mais jovens —, regalava Jane com uma descrição vívida da punição de soldados desobedientes, que tinham tiras da pele arrancadas das costas com uma faca afiada. Jane se contorcia em um horror delicioso. Quando as velas já chegavam ao fim, Shelley não conseguiu resistir à tentação de coroar a noite dizendo que aquela era "a hora das bruxas", horário em que espíritos malignos perambulavam pela terra e fantasmas possuíam corpos humanos. Jane deu um grito e subiu correndo para o quarto. Contente com seu desempenho naquela noite, Shelley seguiu para o quarto que compartilhava com Mary, mas foi interrompido no caminho por Jane, que estava muito agitada. Shelley registrou o que aconteceu em seguida:

> Naquela hora em que a aurora lutava com o luar, Jane notou em mim aquela expressão indescritível que lhe causara tamanho horror antes. Ela a descreveu, dizendo que expressava uma mistura de profunda tristeza e um poder consciente sobre ela [...] seu horror e agonia intensificaram-se até ao ponto das mais pavorosas convulsões. Ela guinchava e se contorcia no chão.

Shelley se deliciava com o efeito que provocava em Jane, cuja volatilidade era muito diferente do silêncio de sua amante reservada e autossuficiente. Teatral e imaginativa, Jane era a audiência perfeita. Ela arfava com suas histórias e queria que ele a consolasse em seguida. É verdade que Jane era muito menos madura que Mary: a jovem não conseguia falar com ele sobre a alma artística do rapaz, restaurar sua confiança na própria genialidade, aquietá-lo com discussões sobre Tácito ou ajudá-lo a compreender a poesia de Byron como Mary fazia, mas Jane era instigante exatamente porque adorava surpresas. Se não estivesse acontecendo nada empolgante, ela logo se entediava.

Seria possível pensar que havia agitação suficiente na vida real do trio para satisfazer os anseios de Jane. Contudo, a garota estava achando o ostracismo social mais tedioso do que havia imaginado. Em vez de serem aclamados como discípulos de Mary Wollstonecraft, eles eram completamente ignorados. Ninguém os procurava. Ninguém parecia admirá-los. Ela e Mary cochilavam, costuravam e liam enquanto Shelley percorria as ruas de Londres à procura de dinheiro. Com seus habituais floreios de eloquência, Shelley garantia às jovens que era capaz de cuidar das coisas. Porém, quando ficou claro para Harriet que o ex-marido não voltaria, ela se recusou a entregar o restante do dinheiro de Shelley que havia tirado do banco. Afinal, ela também estava grávida, e seu bebê se encontrava prestes a nascer. O pai de Shelley também não daria assistência alguma. Chocado com o comportamento do filho, sir Timothy não adiantaria nenhum dinheiro, e, assim, sem condições de pagar as contas do trio, Shelley se tornou um especialista em evitar credores, dormindo fora e passando tempo em locais remotos a fim de não ser mandado para a prisão de devedores.

Esse nível de privação era algo novo para as jovens. Embora tivessem crescido em uma casa em perpétuas dificuldades financeiras, elas sempre tiveram vestidos novos, refeições decentes — Mary-Jane cozinhava bem — e férias de verão fora da cidade. Elas não sabiam como era difícil ser pobre, realmente pobre, e como podia ser solitária a vida em uma cidade grande. A fim de ajudar Shelley, elas passavam horas em escritórios de bancos, ou apaziguando e evitando credores, escrevendo cartas súplices para conhecidos que poderiam ajudá-los e, o pior de tudo, arrumando suas malas e se mudando, constantemente mudando. Eles se mudaram quatro vezes naquele primeiro ano para se esquivar de mercadores furiosos e evitar o pagamento de aluguéis com os quais não podiam arcar. Não era divertido nem dramático viver em pequenos apartamentos em áreas perigosas da cidade e economizar em tudo, até na comida. Grávida, Mary não conseguia fazer muita coisa, de modo que a maior parte do trabalho pesado ficava por conta de Jane e de uma criada contratada. Não admira, portanto, que Jane e Shelley desfrutassem suas noites de alegria. No refúgio da escuridão, Jane podia ser uma bela donzela, indefesa e apaixonada, desejável e encantadoramente vulnerável. Pela primeira vez, ela podia se sentir superior a Mary. Quanto a Shelley, com Jane, ele conseguia fugir da crescente sensação de impotência, sendo ao mesmo tempo vilão e salvador, torturador e consolador — o que era muito melhor que ser um filho enjeitado e endividado, um marido irresponsável para com Harriet e um amante decepcionante para Mary.

O clima estava excelente naquele outono e, à tarde, quando não estavam evitando credores, o trio caminhava até uma lagoa próxima de Parliament

Hill, na qual Shelley colocava barquinhos de papel que passara horas montando em sua sala de visitas. Por vezes, eles voltavam à lagoa no início da noite e ateavam fogo aos barquinhos, observando-os cintilar e chiar em contato com a água até apagar, os esqueletos chamuscados flutuando por um instante antes de afundar. Muitos anos mais tarde, Mary recordaria o entusiasmo com que ele conduzia sua diminuta frota, comentando que esse era o modo como Shelley "se refugiava das tempestades e decepções, da dor e do sofrimento que atormentavam sua vida".

•••

Mary-Jane não tinha perdido a esperança de que a filha retornasse ao lar na Skinner Street. Ela argumentava que a família poderia reparar o dano causado à reputação de Jane atribuindo a culpa de toda aquela situação aos dois amantes e que a jovem teria condições de retomar a antiga rotina sem muita dificuldade.

Todavia, Jane não gostava da ideia de voltar a ser uma garota normal. Agradava-lhe estar longe do controle da mãe e ela decidira agir de acordo com seu entendimento de que era uma das "verdadeiras" filhas de Mary Wollstonecraft, adotando o aniversário de Wollstonecraft (27 de abril) como o seu próprio. Haveria melhor maneira de provar seu renascimento e afirmar sua independência em relação a Mary-Jane? Com essa mesma disposição, ela também decidiu mudar de nome. Já não seria conhecida como Jane, nome que ecoava o da mãe, mas por Claire, um nome mais romântico. Mary não registrou seus sentimentos sobre a metamorfose de Jane, mas sua irritação com a irmã só fazia crescer. Não bastava que Jane/Claire quisesse roubar Shelley, ela queria o legado de Mary também. As irmãs discutiam por qualquer coisa e brigavam. Mas Jane persistia, sem se deixar intimidar pela censura de Mary.

Para Jane, um dos aspectos mais encantadores de sua mudança de nome era seu simbolismo. Em francês, *claire* significa claro ou transparente, como ela bem sabia, mas, durante a Revolução, a palavra também passara a significar autêntico, sincero e verdadeiro. Melhor ainda, Clara (a versão anglicizada de Claire) era o nome de uma famosa personagem literária da tradução inglesa do clássico de Rousseau, *A Nova Heloísa*. Nesse romântico triângulo amoroso, Julie, a heroína, e Clara, sua prima e melhor amiga, estão ambas apaixonadas por St. Preux, seu tutor. St. Preux ama Julie, mas troca confidências com Clara, paradoxalmente se aproximando cada vez mais desta última até que, um dia, Julie morre de forma trágica. Com Julie fora de cena, St. Preux percebe que sempre fora apaixonado por Clara. Ele a procura, mas Clara o rejeita.

Essa era uma trama gratificante do ponto de vista da recém-forjada Claire. Rousseau exaltava a posição em que ela mesma se encontrava junto de Mary e Shelley. Em vez de ser tão somente alguém que ficava sobrando, ela podia se ver como uma heroína tal como era, a mais íntima confidente do herói que é, ao mesmo tempo, seu amado. É evidente que, para Claire, a melhor parte era como Clara acabava tendo êxito, passando a ser o centro da atenção no fim da história. Em suas *Confissões*, Rousseau disse que havia concebido duas heroínas de "caráter análogo":

> Fiz uma morena, a outra, clara; uma, irrequieta, a outra, delicada; uma, prudente, a outra, frágil, mas de uma fragilidade tão tocante que a virtude parecia vencer graças a ela. A uma dei um amante, que tinha a outra por amiga querida, e até algo mais; mas eu não admitia rivalidade, nem discussões, tampouco ciúme, porque me era difícil imaginar sentimentos dolorosos.

Tais paralelos não passaram despercebidos a Claire, que havia mergulhado na obra de Rousseau no fim do verão. Ela era morena como Clara. Mary tinha a pele clara como Julie. Ela era irrequieta; Mary, delicada. Ela não era particularmente prudente, entretanto Mary, sem dúvida alguma, era frágil. Na realidade, Mary, como Julie, bem poderia morrer cedo — um pensamento triste, mas sedutor para Claire, visto que, assim, o caminho estaria livre.

Imaginar-se uma heroína literária alegrava os momentos medíocres do dia de Claire, dando algum glamour para as muitas privações de sua vida. Inspirada por Shelley, ela começou até a falar em criar uma "comunidade de mulheres". Ela sonhava em escrever um romance cuja heroína desafiaria, com bravura, qualquer coisa que atrapalhasse a realização de seus desejos; ela acreditava que o mais importante era levar uma vida autêntica. Shelley a exortara a ler um de seus livros favoritos, *The Empire of the Nairs; or, The Rights of Women* [O império das Nairs; ou os direitos das mulheres], de James Lawrence. Mary também o havia lido, mas não se entusiasmara com as declarações inusitadas de Lawrence sobre o amor. "Que toda mulher viva absolutamente livre do controle de qualquer homem", declarava ele, "e gozando de toda a liberdade da qual apenas os homens desfrutaram até hoje; deixe-a escolher seu amante e trocá-lo a seu bel-prazer." Embora Mary apreciasse a ideia de independência para as mulheres — afinal, esse era o princípio central da obra de sua mãe —, ela não demonstrava muito entusiasmo pela ideia de ter muitos amantes diferentes. Para Mary, o relacionamento ideal era uma conexão permanente. A fim de agradar Shelley, ela disse que concordava com a opinião

RETRATO DE CLAIRE CLAIRMONT, PINTURA
DE AMELIA CURRAN, 1819.

de Lawrence, mas, em seu íntimo, Mary se mantinha fiel à sua crença no comprometimento. Claire, por sua vez, como Shelley, inspirou-se na filosofia de Lawrence. A partir de então, ela permaneceria fiel a tais princípios, recusando toda e qualquer oferta de casamento.

Um dia, Mary viu o pai na rua e ele lhe deu as costas. Em outra tarde, ela bateu à porta da casa na Skinner Street e ele não permitiu que a criada a deixasse entrar. Quando Fanny se atreveu a fazer uma visita, ela disse às moças que Godwin a proibira de conversar com Mary. Dando início a um padrão que seguiria pelo resto da vida, Mary se voltou a um disciplinado programa de estudos para se consolar e começou a estudar grego antigo. Shelley lhe dava aulas e ela praticava, copiando verbos e declinações de substantivos. Os três continuavam a se apoiar no exemplo de Wollstonecraft para se manter, lendo e relendo seus livros. Naquele inverno, eles se instalaram em uma residência perto da antiga casa das garotas em Somers Town, a fim de ficarem perto do túmulo de Wollstonecraft.

Embora Shelley não gostasse de ver Mary sofrer, ele nunca sentira verdadeira satisfação em ter uma esposa grávida. Durante a primeira gravidez de Harriet, ele começara a ter um caso com outra mulher, uma professora de escola rural cuja vida acabou arruinada por isso. Ele abandonara Harriet para ficar com Mary durante a segunda gravidez da esposa. Agora, privado da atenção que ansiava receber da fraca e exausta Mary, ele se dedicava cada vez mais a Claire. Enquanto estava fora, escondendo-se dos meirinhos, ele escrevia longas cartas para Claire, mas apenas breves notas rápidas destinadas a Mary, para quem era uma tortura crescente ver Shelley se interessar pela irmã postiça. Ela sabia que Shelley desejava levar uma vida livre de convenções sociais, o que significava que, caso se apaixonassem por outras pessoas, estavam livres para agir de acordo com seus sentimentos, mas ela nunca sonhara que ele pudesse trocá-la por Claire. Porém, em vez de culpá-lo, ela concentrava sua raiva em Claire, tal como escolhera culpar Mary-Jane por "roubar" o afeto do pai.

Em novembro daquele ano, Harriet deu à luz um menino. Shelley ficou orgulhoso de ter um herdeiro e seu entusiasmo pelo novo bebê aborrecia Mary. Ela se refugiava no silêncio, a postura que sempre lhe fora natural, e fazia registros sardônicos em seu diário, queixando-se de que esse acontecimento "devia ser recebido com repicar de sinos etc., pois é o filho da *esposa* dele". Nesse momento de sua vida, arrasada por sua própria melancolia, Mary não tinha condições de sentir empatia por Harriet. Em vez disso, esperava que, quando tivesse o filho, Shelley voltasse a demonstrar ternura por ela. Se ele permanecesse distante, Mary se consolava imaginando um filho que ela poderia amar e que também a amaria em retribuição. Tempos depois, porém, quando ela mesma já havia sofrido perdas terríveis, Mary lamentou a dor que ajudara Shelley a infligir a Harriet, cuja sina de esposa abandonada em uma época em que se faziam tantos julgamentos morais era desesperadora.

Conforme a gravidez de Mary avançava, ela se sentia pior em vez de melhorar. Shelley continuava a desaparecer com Claire por horas a fio, e a maioria dos biógrafos presume que eles tenham se tornado amantes, mas nem Shelley, nem Claire deixaram registros de seus sentimentos mútuos durante aquele inverno. Na realidade, páginas dos diários de Claire e Mary escritas durante esse período crucial foram arrancadas, indicando que elas, ou algum de seus descendentes vitorianos, tentaram encobrir o que aconteceu.

Independentemente de Shelley e Claire estarem de fato envolvidos em um romance, o resultado para Mary era o mesmo: ela se sentia desolada. Em uma tentativa de consertar as coisas, Shelley tomou a iniciativa pouco convencional de incentivar o amigo, Thomas Hogg, que chegara a Londres naquele inverno, a conquistar o coração de Mary. Ele esperava que um caso amoroso distraísse Mary do ciúme que sentia de Claire, bem como colaborar com seus planos de criar uma comunidade baseada no amor livre. Hogg, que conhecia bem as ideias do amigo, concordou com o plano; porém, conquanto Mary tentasse acolher a galantaria de Hogg, ela estava demasiado apaixonada por Shelley para querer outro homem. A jovem sofria intensamente quando Shelley e Claire saíam para alguma de suas aventuras ou riam baixinho juntos em outro cômodo, mas fazia o possível para agradar Shelley, aceitando conhecer seu amigo, discutindo questões filosóficas como "o amor da Sabedoria e do Livre-Arbítrio" — o mais próximo que ela conseguia chegar do flerte. Contudo, mesmo enquanto companheiro intelectual, Hogg era inferior a Shelley. Quando debatiam os princípios da liberdade, ela achava os argumentos do rapaz fracos e confusos. Ele era maçante e ríspido em seus modos. Por fim, ela acabou confessando ao novo pretende o quanto amava Shelley. "Eu [...] o amo tão completa e ternamente [...]. [Minha] vida depende da luz de seus olhos e [minha] alma inteira está totalmente absorta nele", declarou a jovem.

Incitado por Shelley, Hogg intensificou sua campanha, fazendo-se constantemente presente na residência do trio e passando a noite ali com regularidade, até que por fim, em janeiro, Mary reconsiderou, prometendo-lhe (e a Shelley) que pensaria na possibilidade de um relacionamento de caráter sexual depois que o bebê nascesse, em abril. Esse adiamento serviu apenas para aumentar a paixão de Hogg. Mas os acontecimentos tomaram um rumo trágico. Em 22 de fevereiro, Mary deu à luz uma garotinha prematura.

Nascendo oito semanas antes do tempo, o bebê sobreviveu somente treze dias. No dia 6 de março, Mary escreveu uma carta manchada de lágrimas para Hogg, descrevendo o que sucedera:

> Meu bebê morreu — venha ver-me assim que puder; desejo vê-lo — ela estava perfeitamente bem quando fui dormir — acordei durante a noite para dar-lhe de mamar, ela parecia estar dormindo tão serenamente que não consegui acordá-la — já estava morta, mas não o percebemos até que amanheceu — pela aparência, ela certamente morreu de convulsões —
> Venha ver-me — você é uma criatura tão tranquila, e Shelley está temeroso de uma febre do leite —

Não está claro se Shelley temia por Mary ou por si mesmo, mas outra limitação de seu relacionamento já se tornava evidente. Embora Shelley recorresse a Mary em busca de conforto e sensatez, ela não podia contar com ele para apoio mútuo. Atormentado por seus próprios medos, ele parecia incapaz de compreender o que Mary sentia. Se ela quisesse, teria de procurar em outro lugar.

Hogg foi vê-la, mas pouco pôde ajudar. Nunca tendo sido um interlocutor perspicaz nos melhores momentos, ele não sabia como agir diante da amiga chorosa. E, assim, Mary pranteou sozinha a morte da filha. Noite após noite, ela sonhava que o bebê estava vivo, escrevendo em seu diário: "Sonhar que meu bebezinho voltou à vida — que ela estivera apenas fria e que nós a esfregamos perto do fogo e ela reviveu — acordo e não encontro bebê nenhum — penso em minha pequenina o dia inteiro".

Em abril, Shelley finalmente se desvencilhou de seu egocentrismo e levou Mary em uma excursão agradável até Salt Hill, perto de Slough, pouco mais de trinta quilômetros a oeste de Londres. Eles passaram algumas noites em uma graciosa estalagem campestre. As árvores frutíferas estavam em flor; jacintos recobriam os campos; os jardins do vilarejo cintilavam com ervilhas-de-cheiro, delfínios e dedaleiras. Sem Claire, seu romance reacendeu, e Mary sentiu que voltava à vida. Não obstante, ela estava atormentada pela culpa. Se tivesse feito as coisas de outra maneira, o bebê ainda estaria vivo? Se tivesse amamentado a filha com mais frequência, ou tomado mais cuidado com a própria saúde? Mas era difícil se sentir demasiado triste durante esse tempo a sós com Shelley, o primeiro desde que haviam fugido de Londres, dez meses antes. Ela escreveu breves notas espirituosas para Hogg, que compreendeu que sua causa estava perdida, regressando soturno para sua casa. O próprio Shelley se sentia mais otimista, pois seu avô havia morrido alguns meses antes e, depois de muita discussão, ele e o pai concordaram que o rapaz receberia uma renda anual de mil libras esterlinas, bem como algumas quantias adicionais para saldar débitos pendentes.

Tudo apontava para um futuro mais feliz. Todavia, quando Mary e Shelley voltaram a Londres, Claire estava furiosa por ter sido abandonada, crendo que fora somente usada por Shelley enquanto Mary estava grávida. A qual delas ele amava mais? Ela já não pensava em representar a Clara de Rousseau diante da Julie de Mary. Agora, o ciúme que sempre existira entre elas irrompeu em conflitos ostensivos. Havia brigas aos gritos e, desde então, Claire e Mary recordariam esse período como um dos piores de sua vida. Não obstante, é de admirar que a tensão tivesse demorado tanto para explodir. As garotas haviam sido criadas para serem rivais: Godwin privilegiava Mary; Mary-Jane privilegiava Claire; os pais competiam, as garotas competiam, e Fanny ficava de lado, a única que não participava da disputa.

Em maio, Mary já não conseguia sequer pronunciar o nome de Claire, uma situação desconfortável, já que viviam todos juntos. Ela se referia à irmã postiça como a "amiga" de Shelley e, apavorada de que viesse a se tornar uma "coisa abandonada pela qual ninguém se importa", mantinha um registro obsessivo do tempo que os dois passavam juntos: Shelley saía para caminhar com "sua amiga" ou conversava com "a dama". Incapaz de apaziguar as duas rivais, Shelley buscava tranquilidade nos estoicos, lendo Sêneca, até que, por fim, Claire partiu subitamente no dia 13 de maio, viajando para o sul a fim de ficar em uma pequena casa de campo que Shelley alugara para ela no vilarejo de Devon, tão distante e remoto quanto possível. As irmãs ficaram aliviadas com a distância. Claire escreveu para Fanny afirmando que estava feliz por ter um pouco de paz depois de vivenciar "tanta insatisfação, tantas cenas violentas, tamanho caos de paixão e ódio [...]".

Essa decisão — enviar Claire para um lugar onde não conhecia ninguém — sugere a veracidade de um envolvimento sexual entre Claire e Shelley. E também explica a súbita intensidade dos conflitos entre Mary e Claire. Em regra, moças como Claire se refugiavam no campo, como ela o fez, apenas quando estavam grávidas. Se Claire descobriu que teria um filho de Shelley e revelou o fato quando Mary e Shelley voltaram de seu fim de semana fora, isso por certo ajudaria a explicar a ferocidade de seu desentendimento. Sugere, ainda, que Mary tenha dado um ultimato a Shelley: ele poderia ficar com Claire ou com ela, não com ambas. Infelizmente, é impossível saber ao certo o que aconteceu, visto que tais páginas do diário de Mary desapareceram. No entanto, essa tentativa de ocultar o curso dos acontecimentos, somada à adesão dos jovens à ideia do amor livre, faz parecer provável que Shelley e Claire tenham sido amantes.

Os registros no diário de Mary só recomeçam após a partida de Claire, quando a primeira deu início a um novo diário. Em um registro sem data, Mary comemorava sua "regeneração" com Shelley. Ela vencera a batalha por seu amado, pelo menos por ora. Todavia, a jovem também descobrira como, na verdade, era precário o relacionamento entre eles. Mary sabia que Shelley sentia falta de Claire e se mantinha atenta às atitudes do rapaz, caso ele estivesse planejando abandoná-la em segredo.

Poucas semanas depois da partida de Claire, Mary começou a se sentir cansada e doente, vindo a descobrir que estava grávida outra vez. Shelley também se sentia fraco e apático, talvez em consequência da dieta vegetariana que ele concluíra ser o único modo ético de viver. Uma visita ao médico resultara em um diagnóstico de tuberculose que, embora posteriormente tenha se provado falso, muito preocupou Mary. Ali estava mais uma ameaça à felicidade do casal, uma ameaça mais perigosa que Claire. Ela podia perdê-lo para sempre se Shelley não cuidasse da saúde. Eles não podiam permanecer nem mais um instante sequer na cidade, decidiu a jovem. Shelley precisava do ar do campo para seus pulmões.

Em junho, com o dinheiro que herdara do avô, Shelley alugou uma mansão de tijolos vermelhos com dois andares e amplos jardins em Bishopsgate, nos arredores de Eton, a menos de dois quilômetros da cidadezinha de Windsor e apenas alguns passos da entrada oriental do Windsor Great Park. Shelley adorava essa parte da Inglaterra. Ele tinha lembranças muito felizes de suas caminhadas pelo campo quando, ainda garoto, estudava ali, e queria mostrar suas belezas para Mary.

No novo lar do casal, Mary contratou sua primeira cozinheira e um pequeno quadro de criados, de modo que, em vez de passar as manhãs realizando tarefas domésticas, ela tinha tempo para ler, escrever e estudar grego. Tendo herdado de Godwin a crença na rotina, ela seguiu rigorosamente o cronograma que aprendera do pai — trabalhar de manhã, fazer a refeição, sair para caminhar à tarde —, uma conduta estruturada que ajudava a acalmar o errático Shelley, que estava sempre entrando e saindo da casa, ávido por inspiração. Ele não tinha noção de horários para as refeições e comia apenas quando tinha fome, o que não era muito frequente. Quando se alimentava, o rapaz devorava pães inteiros e tinha o hábito infantil de fazer bolinhas de pão e atirá-las nas pessoas. "Mary, eu comi?", perguntava ele às vezes. Mary não se preocupava com esse esquecimento do rapaz, atribuindo-o a sua genialidade. Ela mandava a cozinheira preparar as refeições vegetarianas que ele insistia em fazer e a não colocar açúcar nas sobremesas, de modo a não apoiar as plantações escravagistas. Abrir mão dos doces era um grande sacrifício para Shelley, que adorava açúcar. De acordo com Hogg, um de seus pratos prediletos era um doce que ele mesmo fazia. Ele picava alguns pães em uma tigela, derramava água fervente sobre eles, deixava-os de molho por alguns instantes, depois os espremia para tirar a água, picava essa massa com uma colher e salpicava tudo com enormes quantidades de açúcar e noz-moscada. Hogg provocava o amigo, dizendo que ele se empanturrava dessa "papa" com tanta voracidade que parecia uma valquíria "deleitando-se com o sangue da carnificina"!

"'Sim!", [Shelley] berrava com um prazer feroz, "eu me deleito com o sangue da carnificina!"

Desde então, para a consternação dos convidados, sempre que estava comendo essa mistura açucarada, o rapaz gritava: "Deleitar-me-ei com o sangue da carnificina! Cearei o sangue das feridas de reis assassinados!".

Ele também adorava biscoitos de gengibre e toda sorte de flãs. Mas, por ora, decidira abrir mão de todas essas guloseimas. Enquanto houvesse escravos no mundo, ele se recusaria a se entregar aos prazeres açucarados.

Aos poucos, a saúde do casal melhorou. Shelley se sentia mais forte depois de passar algumas horas ao ar livre, e, agora que Mary vencera os primeiros meses de gravidez, seus mal-estares haviam cessado. Depois do café da manhã, ela trabalhava, e Shelley perambulava do lado de fora da casa com sua caderneta e um livro de poesia. No início da tarde, ele costumava reaparecer e o casal saía para caminhar pelo Windsor Great Park ou subir a Cooper's Hill ali perto, explorar as abadias em ruínas, o antigo castelo real, Bishopsgate Heath, a Chapel Wood e as campinas de Windsor. Como a mãe, Mary acreditava que os exercícios eram um remédio para a maioria dos males e, sentindo-se mais forte, insistia em caminhadas que duravam a tarde inteira. Em dias especialmente bonitos, ela e Shelley levavam seus livros para o parque e liam sob antigos carvalhos. Por vezes, cervos passavam por ali, ou coelhos agitavam os arbustos verde-escuros enquanto o casal discutia arte, filosofia e suas aspirações. Shelley respeitava o que chamava de "aristocracia hereditária" de Mary, seus modos serenos e reservados, bem como sua acuidade intelectual. Ele também se regozijava com o desprezo que ela tinha pela hipocrisia. Mary acreditava novamente que eles estavam vivendo o sonho da mãe ao estabelecerem uma união entre iguais, na qual o homem e a mulher tinham um trabalho importante a fazer — ideia que Shelley apoiava plenamente. Mas a questão era: que trabalho seria esse?

• • •

Quando Shelley conheceu Mary, ele estava em dúvida entre se dedicar à filosofia ou à poesia. Seu primeiro poema publicado, "Queen Mab", era um estranho amálgama de ambas as coisas, pois Shelley acrescentara longas notas ao poema, defendendo os méritos da dieta vegetariana, da emancipação sexual e da liberdade. Mary fora educada por Godwin a pensar logicamente e não hesitou quando Shelley lhe perguntou o que ela achava que ele deveria fazer da vida. Ela o exortou a abraçar a poesia como sua verdadeira vocação, citando a crença da mãe de que a poesia, e não a filosofia, era o ápice da realização humana. Shelley acreditava que Mary devia ter razão, não apenas por ser sensata e versada, mas porque tinha a impressão de que ela o compreendia melhor que ninguém. A poesia seria o trabalho de sua vida, declarou o rapaz, e, ao tomar essa decisão, sentiu um grande alívio, escrevendo a Hogg: "Nunca antes senti a plenitude de minha natureza". Para Mary, ele escreveu: "Você é a única que consegue reconciliar-me comigo mesmo e com minhas adoradas esperanças".

Escolhido o objetivo, Shelley imediatamente se pôs a trabalhar. Com outro amigo de escola, o escritor Thomas Peacock, que vivia ali perto, e Hogg, que costumava vir de Londres para visitá-lo, ele deu início a um rigoroso estudo dos poetas gregos e italianos. Com Mary, ele mergulhou na poesia inglesa. O casal leu "The Faerie Queene" [A rainha das fadas], de Spenser, poema que inspirou Mary a chamar Shelley seu "cavaleiro mágico". Embora se entusiasmassem com o romance de Spenser, com suas profusões de epítetos e estrofes gloriosas, Mary e Shelley não gostavam de seu tom moralizante. Castidade, temperança, obediência — esses não eram valores que o casal esposava. E quanto à liberdade? À imaginação? No outono daquele ano, eles leram *Paraíso Perdido* e ficaram maravilhados com a vívida descrição do Satanás rebelde de Milton. Ali estava um poeta que não se deixava prender por moralismos comezinhos. Ali estava um poeta que valia a pena imitar.

O impacto que tais discussões vieram a ter na obra de Mary e na de Shelley, bem como nos trabalhos de escritores futuros, é incalculável. Em seu "Uma Defesa da Poesia", Shelley daria voz às ideias desenvolvidas pelo casal, elogiando Milton por dar liberdade irrestrita a sua imaginação e criticando Spenser por suas limitações filosóficas. A maioria dos leitores do início do século XIX admirava Milton, mas colocá-lo acima de Spenser, então considerado o maior entre os poetas ingleses, era um escândalo. No entanto, séculos mais tarde, as ideias de Shelley e Mary continuam a exercer sua influência. A "Defesa" de Shelley já foi lida por gerações de universitários e ainda é uma obra essencial nas salas de aula, moldando a perspectiva de inúmeros estudiosos e escritores. Agora, a noção de Shelley e Mary de que a imaginação deve se destacar na atividade literária, de que o artista não deve moralizar, mas, em vez disso, se apoiar em criatividade e inspiração, é um lugar-comum literário. Jovens escritores são ensinados a revelar, e não a ditar, a comunicar suas ideias por meio de imagens e tramas, evitando palestras e sermões. E, embora tais princípios talvez não tenham tanta influência como no passado, a "Defesa" de Shelley é, sem dúvida, um dos grandes manifestos românticos, famoso por abolir alguns dos princípios mais caros à literatura inglesa, bem como por abalar a ênfase cristã na literatura como ferramenta de conversão.

Ainda assim, o papel de Mary no desenvolvimento das teorias revolucionárias de Shelley é raramente reconhecido. Em vez disso, o debate da crítica sempre se concentrou na influência de Shelley sobre Mary. Em parte, isso é obra da própria Mary. Em sua versão dos fatos, Shelley era o grande homem, e ela, a ínfima seguidora. No entanto, o modo como ela representou seu relacionamento com Shelley está mais relacionado às suas próprias complexidades do que com a verdadeira parceria que estabeleceram em Bishopsgate. Prova disso é a mudança drástica no rumo que a obra de Shelley tomou no verão e no outono daquele ano. Sob a influência das ideias que o casal desenvolvera em conjunto, Shelley começou a compor "Alastor", o primeiro poema de considerável extensão que escreveu desde que conhecera Mary, normalmente considerado seu primeiro trabalho literário amadurecido. Em vez de lançar mão de longas notas de fim para expressar suas ideias, como fizera em "Queen Mab", Shelley usaria símiles, metáforas, alusões e imagens originais para dar vida a seus pensamentos. E ainda mais importante: pela primeira vez, Shelley se permitiu explorar a própria consciência, revelar o que Mary chamava "um solitário coração de poeta", dando a "Alastor" uma sofisticação psicológica que falta em "Queen Mab".

Enquanto Shelley fazia as pazes com sua identidade de poeta, Mary também estava mergulhada em um aprendizado literário, embora ainda não tivesse muita certeza do que viria a escrever. Ela se dedicava assiduamente ao estudo do grego e à leitura, mantendo uma lista detalhada dos livros que lia, entre eles as obras dos pais e volumes sobre filosofia, ciências, literatura clássica, teoria política, literatura de viagem, história e até mesmo um ou outro romance gótico. Durante seus últimos meses de gravidez, o tema que mais prendia sua atenção era a escravidão. Mesmo que a Lei de Abolição da escravatura de 1807 tivesse tornado ilegal o tráfico de escravos em solo inglês, a escravidão ainda prosperava nas Índias Ocidentais, no Brasil e em Cuba, bem como na América do Norte. Profundamente perturbada pelas condições dos escravos e pelo péssimo tratamento que recebiam,

Mary leu relatos de primeira mão do comércio escravagista e pesquisou sua história até que as primeiras dores do trabalho de parto forçaram-na a deixar os livros de lado. No dia 24 de janeiro de 1816, ela deu à luz um menino e lhe deu o nome de William em homenagem ao pai, na esperança de que tal gesto pudesse ajudar a diminuir a distância entre eles. Godwin, porém, não se abrandou. Ele ainda se recusava a manter qualquer contato com a filha, embora continuasse a atormentar Shelley com pedidos de um empréstimo. Por fim, Shelley perdeu a paciência:

> Meu espanto, e, confessarei, quando fui tratado com tamanho rigor e crueldade pelo senhor, minha indignação foram extremos porque, conhecendo minha índole como o senhor a conhece, deixou-se influenciar por quaisquer opiniões para ser assim rígido e cruel.

Enquanto isso, Mary tentava aliviar a dor da rejeição do pai concentrando-se inteiramente nos cuidados de seu novo bebê, desta vez um filho saudável. Ela não retomou suas leituras sobre a escravidão. Em vez disso, memorizava verbos gregos, lia os livros da mãe e escrevia em seu diário. A única dificuldade que experimentou naquela primavera foi a constante ausência de Shelley; um ano após o falecimento do avô, ele ainda travava uma batalha judicial com os advogados do pai quanto à situação de sua herança e tinha de ir a Londres com muito mais frequência do que Mary gostaria. Felizmente, o conflito terminou bem para Shelley. Sir Timothy concordou em saldar algumas dívidas do filho e a continuar pagando a renda de mil libras esterlinas por ano. De sua renda anual, Shelley dava duzentas libras para Harriet — um montante insuficiente para a mãe de seus dois filhos, mas Shelley a considerava uma traidora, dizendo a si mesmo que ela conseguiria levar uma vida independente se praticasse a moderação.

Embora as oitocentas libras que restavam por ano não fizessem de Shelley um homem rico, o valor permitia que vivesse com conforto. Em uma época em que a renda anual de artífices variava de apenas cinquenta a noventa libras, e advogados ganhavam no máximo 450 libras, os membros da aristocracia podiam viver com menos de quinhentas libras ao ano se fossem cautelosos. No outro extremo do espectro, o sr. Darcy de Jane Austen tinha uma renda anual de 10 mil libras, valor que o tornava um homem extremamente abastado, quase o equivalente a um milionário de hoje.

Em março, Claire voltou do exílio para visitar Mary. Se ela teve um filho, já não havia sinais disso na ocasião. Talvez ela tivesse dado o bebê para adoção, sofrido um aborto natural ou procurado uma parteira para realizá-lo. Mas também pode ser que ela não tivesse engravidado. De qualquer forma, o fato é que Claire e Mary logo retomaram sua antiga amizade desconfortável. Já não havia conflitos ostensivos. Mary tinha condições de ser tolerante agora que era mãe de um filho de Shelley, porém ainda conseguia sentir o ciúme da irmã postiça, mesmo que moderado pela renovada afeição e admiração.

Para Claire, mais uma vez, Mary parecia ter tudo: um amante, um filho e um lar. Todavia, a vida de Mary também parecia insuportavelmente tediosa. Sentar-se junto ao fogo com um bebê, sacudi-lo para cima e para baixo ou empurrar seu carrinho eram atividades absolutamente desagradáveis para uma inquieta jovem de 18 anos como Claire. Porém, caso tivesse de fato acabado de abrir mão do próprio filho, elas também deviam ser muito dolorosas. Em pouco tempo, Claire já estava fazendo viagens para Londres, aborrecendo Mary quando ficava com Shelley em suas residências temporárias. Por vezes, ela visitava a mãe e Godwin na Skinner Street. Shelley e Mary tinham esperança de que ela conseguisse persuadir os Godwin a aceitá-los como um casal. Mas Claire não tinha muito interesse em facilitar a vida da irmã postiça. Ela estava concentrada em outro esquema, um plano inspirado em seu desejo de se destacar e em sua sede de aventura, e, não obstante, destinado a lhe causar tanto sofrimento anos mais tarde que ela desejaria ter refletido melhor antes de mergulhar nele de cabeça.

M

## CAPÍTULO 12
# MARY WOLLSTONECRAFT: A PRIMEIRA REIVINDICAÇÃO

[1787–1791]

As revistas eram invenções relativamente novas quando Mary Wollstonecraft, aos 29 anos de idade, começou a escrever críticas de livros para a recém-criada *Analytical Review*, de Johnson. Ao contrário dos "jornalecos" diários em que os escritores lançavam mexericos, sermões, discursos furiosos, vociferando a respeito de tudo, desde quais botas comprar até quais membros do parlamento apoiar, a *Analytical Review* era uma publicação de ideais elevados que saía uma vez ao mês e contava com mais de cem páginas, mais semelhante a um livro que a uma revista. Johnson e Christie tinham sérios propósitos filosóficos e políticos. Eles se referiam a seus críticos como "os HISTORIADORES da República das Letras", e sua missão era formar um público bem informado, dando destaque para publicações importantes que "enriqueceriam o repertório do conhecimento humano". Os conservadores consideravam a nova revista um perigoso veículo de expressão para radicais, alegando que Johnson e Christie queriam derrubar o governo. No entanto, a *Analytical Review* se orgulhava de suas opiniões moderadas e racionais, defendendo a reforma gradual do parlamento e se opondo à violência e ao faccionalismo em todas as suas formas.

Mulheres não deveriam participar de debates sérios como aqueles apoiados pela *Analytical Review*. Se uma mulher quisesse escrever, tinha de se ater a reflexões religiosas amenas, livros de conselhos reconfortantes, breves homilias ou romances ficcionais. Ela, por certo, não deveria tentar compor análises muito versadas e intricadas da literatura e da política contemporâneas. Tampouco deveria ter opiniões que refutassem as verdades aceitas à época. Como era de se esperar, Mary ignorou tais suposições e logo se atirou ao tórrido debate literário, usando a pena com violência, tal qual uma faca, criticando os livros de que não gostava com a mesma ferocidade que o faziam seus pares do sexo masculino. As narrativas sentimentais que Johnson a incumbia de analisar eram "lixo", escreveu Mary. Elas reforçavam as ideias perniciosas de que as mulheres precisavam ser salvas pelos homens e de que precisavam que os homens lhes dissessem o que fazer. Era um disparate destrutivo, declarou ela. As "personagens artificiais, os incidentes improváveis, as tristes histórias de infortúnio narradas em um estilo afetado, meio poético, meio prosaico, a refinadíssima e intensa sensibilidade, a beleza deslumbrante e os drapeados elegantes" eram não só absurdos como prejudiciais a suas leitoras.

Não que ela detestasse romances — ela, é claro, escrevera um —, mas o que a perturbava eram as fórmulas empregadas por tantas "escritoras". Donzelas frágeis, belos pretendentes, vestidos de baile esvoaçantes, castelos sinistros e vilões de manto negro "envenenam a mente de nossas moças", dizia ela. "Por que a virtude deve ser sempre recompensada com uma carruagem puxada por seis cavalos?" Em seu romance, a mãe de "Mary", uma mulher fraca por natureza, enfraquece ainda mais com a leitura de tais romances. Isso não significa que Mary fosse contrária aos sentimentos, tendo aprendido a se orgulhar de sua grande delicadeza no sentir após ler Rousseau, mas ela rejeitava a ideia de que seus sentimentos turvassem sua capacidade de tomar decisões lógicas. Ela acreditava que era capaz de pensar com tanta racionalidade como qualquer homem e queria ler e escrever livros que estivessem à altura de seu intelecto.

Com o passar dos meses, a previsão de Johnson se concretizou. Mary estava ganhando mais dinheiro do que jamais teria sonhado um ano antes. Contudo, em vez de poupar para seu próprio futuro, ela enviava dinheiro para sustentar Everina em Paris, pressionando a irmã a estender sua estadia na França indefinidamente. Mary conseguiu uma posição melhor para Eliza em uma escola de Putney, onde a jovem poderia ser uma *parlour boarder* ou pensionista especial — uma posição em que a jovem lecionava para pagar por sua acomodação e refeições. O restante — afora o mínimo necessário — ela entregava à enlutada família de Fanny.

Embora essas obrigações exaurissem seus recursos financeiros, Mary ainda desfrutava uma vida literária movimentada e recebia homens em seu apartamento sem a supervisão de uma aia, apesar de ser um comportamento nada convencional à época. Ainda menos convencional era seu estilo enquanto anfitriã. Ela chocou seus conhecidos quando serviu vinho a seu visitante, o príncipe Talleyrand, um político francês, "de forma despreocupada, em xícaras de chá". Mary, porém, estava soltando as amarras que a prendiam desde a infância. Bastava de frivolidade e artificialidade: os impulsos naturais de uma pessoa importavam mais que boas maneiras; a originalidade estava no âmago do ser, não no tilintar de cristal fino.

Durante os primeiros anos de Mary em Londres, o assunto que ocupava a mente de todos era a França. O país passava por uma crise financeira e política. O rei Luís XVI havia resistido às recomendações de seus conselheiros por tempo demais. O governo precisava desesperadamente de recursos, mas se o rei aumentasse os impostos mais uma vez, parecia possível que eclodisse uma revolta. Já havia irrupções de violência em Paris. Os intelectuais franceses publicavam um panfleto atrás do outro: o governo era corrupto; os ricos eram ricos demais; os pobres, demasiado pobres. Por meio de sua tradução da obra do ministro das finanças de Luís XVI, Jacques Necker, Mary tomara conhecimento da situação financeira na França, contribuindo de forma significativa nas discussões com Johnson e seus amigos sobre o estado de agitação em Paris. Todos esses homens eram concordes em princípios básicos — os direitos do indivíduo em face do Estado, a importância da liberdade e a corrupção inerente da posição social herdada e da propriedade imobiliária —, mas ainda circulavam discussões pela mesa: qual era a melhor maneira de reformar a sociedade? Deveria haver novas leis? Insurreições violentas seriam necessárias? Qual eficácia teriam marchas e petições de protesto? Quais eram os direitos dos reis? A França deveria instituir um sistema parlamentarista? E quanto à Inglaterra? Deveria sequer existir uma monarquia?

Para o deleite de Mary, apesar de sua saúde frágil, o dr. Price, seu herói de Newington Green, viajava para a cidade a fim de conduzir alguns desses debates, elogiando os radicais e fazendo duras críticas ao rei francês. Os cidadãos tinham o direito de escolher seus governantes, afirmava ele, citando Locke. Mary concordava com seu antigo mentor e ouvia atentamente seus argumentos. Johnson começava a lhe confiar críticas mais importantes, de obras políticas e estudos de história, e não apenas narrativas românticas, o que lhe permitiu desenvolver as ideias revolucionárias que vinha formulando à mesa dele ao mesmo tempo em que aprendia lições fundamentais enquanto escritora: como criar uma voz pública que estivesse fora do âmbito da "feminilidade" — como ofender, antagonizar e discordar com veemência.

Sua tarefa foi facilitada por mecanismos de proteção que eram característicos do jornalismo do século XVIII. A maioria dos escritores assinava seus artigos com as iniciais do nome, de modo que, sob a designação de M. W., neutra em relação ao gênero feminino ou masculino, ela podia dar saltos, defender ideias que sabia seriam impopulares, insultar escritores que julgava tolos e discursar sobre seus assuntos favoritos — a educação das mulheres, as virtudes da liberdade e os males da riqueza — sem temer quaisquer ataques pessoais. Aqueles que se opunham a M. W. faziam-no por motivos ideológicos, não porque M. W. fosse mulher. Em pouco tempo, ela já trocava insultos com o melhor deles, chamando seus opositores da *The Critical Review* de "covardes, cruéis" e avaliando um livro como "um monte heterogêneo de bobagem, afetação e improbabilidade".

Em 1789, durante o terceiro verão de Mary em Londres, houve uma drástica reviravolta nas notícias que vinham da França. Os cidadãos de Paris haviam marchado até a prisão da Bastilha, rendido os guardas reais e libertado os prisioneiros que estavam apodrecendo ali havia décadas. Para Mary, que comparara sua estadia com lorde e lady Kingsborough à vida na Bastilha, essa vitória teve um gosto estranhamente pessoal. Ela estava livre; os prisioneiros franceses estavam livres. A liberdade triunfara sobre a tirania aristocrática. Seu amigo, o poeta William Cowper, que costumava comparecer aos jantares de Johnson, logo compôs seu "Address to the Bastille" [Recado à Bastilha]:

> *Vós, masmorras, e vós, Jaulas de Desespero! —*
> *Não há um único coração inglês que não saltaria,*
> *Ao ouvir que enfim caístes.*[1]

No *New Annual Register*, um jovem jornalista chamado William Godwin comemorou: "Recebido um aviso de Paris, de uma grande revolução na França". Os conservadores, por outro lado, ficaram alarmados. Revoluções eram contagiosas, e as marolas da Revolução Francesa podiam chegar à Inglaterra em breve. Os pobres já estavam inquietos. Entre 1740 e 1779, as Leis de Cercado[2] haviam transferido milhares de acres de terras de uso comum para as mãos de latifundiários abastados, aumentando o abismo entre ricos e pobres. Aconteceram muitas manifestações violentas em Londres; trabalhadores tomavam as ruas, queimando efígies do rei

---

1 *"Ye dungeons, and ye Cages of Despair!—There's/ not an English heart that would not leap,/ To hear that ye were fall'n at last"* (Tradução nossa.) [NT]

2 Série de medidas estabelecidas no século XVIII para racionalizar o uso da terra e acabar com a forma de cultivo comunal da Idade Média, caracterizada pelo campo aberto, o pasto comum e a cultura de subsistência. Simon Fairlie, em seu artigo "A Short History of Enclosure in Britain" [Uma breve história do cercado na Grã-Bretanha], reconta o processo de privatização das terras comuns ocorrido entre 1760 e 1870, instaurado por aproximadamente 4 mil atos legislativos do parlamento. Esses atos determinaram a delimitação de pelo menos um sexto das terras em favor de indivíduos, onde antes funcionavam comunidades agrícolas. O autor descreve esse processo como roubo puro e simples, promovido pelo governo e com forte viés ideológico que caracterizava os camponeses como preguiçosos e ignorantes. O historiador Eric J. Hobsbawm, em *A Era das Revoluções: 1789-1848*, chama essas medidas de "Movimento das Cercas", cujo resultado foi, de um lado, o vertiginoso aumento da produção agrícola inglesa e, de outro, a pobreza generalizada dos trabalhadores do campo e a consequente geração de mão de obra barata para as indústrias. [NC]

e insurgindo-se contra o alto preço do pão. Na verdade, os motins já haviam sido incorporados à cultura inglesa. Como descreveu Ben Franklin em sua visita à cidade em 1769: "Em um ano, vi motins no campo por causa dos cereais; motins por causa de eleições; motins por asilos para pobres; motins de carvoeiros; motins de tecelões; motins de carregadores de carvão; motins de serradores". As implicações dessa inquietação não passaram despercebidas pelos aristocratas ingleses. As tensões haviam atingido níveis perigosos e potencialmente explosivos.

Para Mary, os revolucionários da França proclamavam os ideais que lhe eram mais caros: o repúdio à tirania e a emancipação dos pobres e oprimidos — a nova Assembleia Nacional chegara mesmo a jurar defender uma "Declaração dos direitos do homem" inspirada diretamente em Rousseau. A queda da Bastilha era um evento que "saudava a aurora de um novo dia", escreveu ela, "e a liberdade, como um leão que sai da toca, ergueu-se com dignidade, sacudindo-se tranquilamente".

Na vida particular, Mary também passava por uma transformação. Em setembro daquele ano, ela criara o hábito de conversar até tarde da noite com um dos amigos mais próximos de Johnson, o artista suíço de 49 anos Henry Fuseli.

O assunto preferido de Fuseli era o sexo. Suas pinturas retratavam diabretes roçando o nariz nos róseos seios desnudos de fadas, deuses gregos nus flexionando os músculos e bruxas lascivas. A princípio, foi difícil para Mary aceitar a ideia de que a sexualidade poderia ser uma força positiva. Em *Original Stories*, ela advertia as garotas a não ceder a seus desejos, discursando em desfavor da paixão sexual.

Mas Fuseli era um adepto ferrenho do princípio de que nenhum ato sexual deveria ser tabu. Ele explicava prazeres que eram absolutamente novos para Mary e lhe contava sobre seus casos amorosos com homens e mulheres, o mais infame deles com a sobrinha do primeiro amante que tivera, um padre protestante. Ele achava que as mulheres deveriam ter permissão de descobrir e expressar a própria sensualidade. Dizia que a masturbação era importante; que a sexualidade humana precisava ser retirada do esgoto e elevada, honrada como a força vital que ela é. Fuseli era proprietário de uma vasta coleção de desenhos explícitos que jamais poderiam ser expostos ao público, dos quais os mais inusitados eram seus esboços de mulheres com "penteados fálicos". Estudiosos mais recentes chegaram a sugerir que ele estivesse tendo um romance secreto com Johnson.

No verão daquele ano, Fuseli já havia convencido Mary a acreditar que os impulsos sexuais deviam ser reconhecidos, celebrados até. Todavia, aprender sobre o desejo com um mestre no assunto tinha seus inconvenientes: ela

AUTORRETRATO DO ARTISTA
SUÍÇO HENRY FUSELI.

começava a ter dificuldade para controlar seus sentimentos. Embora Fuseli não fosse particularmente bonito — ele era baixo e tinha as pernas arqueadas —, seu poder de sedução era um fato célebre. Mary tinha um intenso desejo de se aproximar do artista, mas, após suas discussões até altas horas da noite, Fuseli sempre retornava à casa, para a cama da esposa, uma ex-modelo belíssima, porém muito inferior a Mary em termos intelectuais. Mary se esforçava para aceitar as limitações do seu relacionamento com aquele homem fascinante, dizendo a si mesma que, ainda que ele não estivesse apaixonado por ela, suas conversas explícitas eram prova de que fora aceita em um clube exclusivo de intelectuais do sexo masculino. Contudo, isso não era de grande consolo quando ela ansiava por mais.

O reconhecimento da própria sexualidade foi, por si só, um ato muito corajoso da parte de Mary. "Especialistas" da época acreditavam que mulheres que sentiam desejo estavam invadindo um território perigosamente masculino. Pensavam que as mulheres eram tão fracas que a paixão poderia subjugá-las com facilidade, fazendo-as perder toda a capacidade de pensamento racional. Mary era cautelosa, guardando seus sentimentos para si. Ela sabia que se qualquer pessoa de seu passado — as irmãs ou velhas amigas — descobrisse a atração que sentia, ela seria condenada. O simples fato de estar a sós com um homem já ia contra o estrito código moral; conversar sobre sexo com um homem, mesmo que a mulher nunca tivesse tido uma relação sexual, era considerado imoral e escandaloso.

O flerte com Fuseli foi apenas um dos muitos desvios da escritora em relação ao caminho tradicional, que ela havia abandonado tanto tempo atrás. Mary tinha opiniões sólidas — "verdades", teria dito —, as quais desejava expressar no que ela chamava de um estilo "masculino": ousado, honesto e extremamente racional, em vez de trivial, débil e floreado, a lista infeliz de adjetivos atribuídos à escrita "feminina" pela maioria no século XVIII. Agora, ela já tinha uma bagagem de críticas a livros que normalmente pertenceriam ao domínio masculino — um livro sobre boxe, uma enciclopédia de música — e estava pronta para aceitar novos desafios, quaisquer que fossem.

Ao mesmo tempo, Mary, que já se inspirava em Rousseau, estava agora preparada para abraçar os novos ideais do que viria a ser chamado Romantismo,[3]

---

3 O Romantismo foi um movimento artístico que surgiu no final do século XVIII e se estendeu por todo o século XIX. Seus adeptos proclamavam o estado de espírito alinhado com a natureza, os sentimentos humanos e a individualidade, em contraponto ao universalismo e racionalismo defendidos pelos pensadores iluministas. Maria Leonor Machado de Sousa defende a existência de duas gerações distintas de escritores românticos: a dos *Lake Poets*, composta por sir Walter Scott, Wordsworth, Coleridge e Southey, situados ao norte da Inglaterra (região dos lagos); e a segunda, formada por Shelley, Keats e Byron, reunidos na Itália. [NC]

e ela seria uma das primeiras a promover esse movimento literário na Inglaterra: a exaltação da emoção sobre a razão, da paixão sobre a lógica, da espontaneidade sobre o comedimento e da originalidade sobre a tradição. Embora ela protestasse contra aqueles que diziam que as mulheres eram facilmente governadas por seus sentimentos e tinham pouca capacidade de raciocínio lógico, ela também concordava com Fuseli e seus novos amigos à mesa de Johnson que as emoções haviam sido estigmatizadas pelas gerações anteriores. A paixão podia ser uma força propulsora para a transformação do mundo e devia ser reverenciada. Esse afastamento das crenças iluministas representou uma importante evolução no pensamento da escritora e ela agora imaginava se seria possível lançar mão de um estilo direto, racional, "masculino" e, ainda assim, defender esses novos ideais.

Em suas colunas na *Analytical Review*, Mary lutava com essa contradição, elogiando um novo romance, *Julia*, de Helen Maria Williams, exatamente por causa de sua "singela energia de sentimento". Ao contrário dos romances que Mary já havia criticado duramente, a ficção de Williams lhe parecia promover honestidade em vez de artificialidade, a Natureza em vez da sociedade. Caso se enxergasse a capacidade feminina para a paixão como uma força, e não uma fraqueza, então seria possível combater as suposições dos críticos que ridicularizavam a escrita feminina, tachando-a de excessivamente emocional e irracional. Em outras palavras, longe de pertencer "tão somente" ao domínio feminino, não havia nada de trivial nos sentimentos. A Bastilha fora vencida porque o povo se inflamara com suas próprias paixões, e Mary conseguia sentir essa verdade em sua vida; ela se sentia viva, ciente de suas capacidades. Ao associar a liberdade de expressar as próprias paixões com a liberdade de protestar contra o Estado, a liberdade das mulheres com a liberdade do artista e do intelectual, Mary aprendia uma lição importante. Nenhuma questão política estava isenta de implicações pessoais. Nenhum motivo racional estava isento de emoções. O discurso lógico era importante, mas a paixão era ainda mais. Se o sentimentalismo desonesto redundava em escrita ruim, o mesmo se dava com a razão impassível. Razão e sentimento. Paixão e lógica. As duas coisas tinham de ser combinadas.

Depois de solucionar essa contradição em sua vida de escritora, ela quis se libertar das restrições que regiam sua sexualidade — o mais perigoso entre os projetos em que embarcara até ali. Embora não existam detalhes nos registros históricos, no início do outono seu relacionamento com Fuseli ficou tão intenso que a esposa dele se viu desconfortável. Os dois traduziam panfletos revolucionários juntos e falavam em fazer uma viagem para a França. Mary apreciava a vida e seu relacionamento com o artista.

Ela escreveu a Everina: "Minha sorte está lançada! — eu não poderia abrir mão de atividades intelectuais por confortos domésticos".

Embora, aos ouvidos modernos, "atividades intelectuais" possa soar um tanto banal, a expressão era um código para uma proclamação surpreendente. Mary estava declarando seu direito de viver o tipo de vida pública que a maioria das pessoas acreditava ser impossível para mulheres. É verdade que ela já vinha vivendo como uma intelectual durante os últimos três anos e se declarara a primeira de "um novo gênero", mas jamais havia afirmado sua posição com tanta determinação para si mesma, nem para as irmãs. Agora, ela afirmava ferozmente seu direito de infringir as regras que regiam as mulheres, muito embora soubesse que uma vida pública realmente dedicada à política e às ideias, em lugar de uma vida privada, de domesticidade, haveria de deixá-la exposta a duras críticas.

O primeiro teste de sua coragem se deu em novembro, quando Edmund Burke, o maior orador e escritor liberal da época, então aos 60 anos de idade, condenou a Revolução Francesa, publicando *Reflexões Sobre a Revolução na França*, uma resposta furiosa ao livro do dr. Price, lançado no ano anterior, obra que Mary havia elogiado em uma crítica para Johnson. Mary leu o ataque de Burke com profunda indignação. A tradição deveria ser respeitada, entoava Burke, e o governo, reverenciado. Acima de tudo, mudanças deveriam ser vistas com desconfiança, e a liberdade, tratada com cautela.

Para Mary, isso era um anátema. Apenas vinte anos antes, Burke apoiara a Revolução Americana, arriscando sua reputação pela causa justa da liberdade dos Estados Unidos. Ela ficou indignada com o fato de que esse defensor da liberdade estivesse agora lançando argumentos *contrários* à maior revolução de todos os tempos. Mas, na realidade, Burke sempre fora muito mais conservador do que seus partidários tinham se dado conta. Ele representava os interesses da aristocracia latifundiária e julgava a independência norte-americana como algo correto porque as colônias custavam ao governo britânico muito mais do que valiam. Além disso, ele achava que as colônias demonstravam uma vocação para a autonomia política desde o século XVII. Já no tocante à Revolução Francesa, Burke deplorava o que considerava um salto irracional e apocalíptico do movimento para um futuro que abandonava as tradições que ele acreditava essenciais à preservação da civilização.

A mobilização de Burke foi um sucesso imediato. Ele se aproveitara da antiga desconfiança que os ingleses nutriam por seus vizinhos franceses, incitando o medo de que a febre revolucionária pudesse atravessar o Canal, inaugurando assim uma onda de conservadorismo que se alastrou por

Londres, arrasando a política e os políticos liberais com sua força. Mary detestava o modo como os leitores engoliam a propaganda de Burke. Ele atacava tudo que ela exaltava, colocando "os costumes, a autoridade e o exemplo" acima das reivindicações de liberdade. Ademais, ele havia insultado seu mentor, o dr. Price.

Era hora de agir, decidiu Mary: ela escreveria uma refutação das *Reflexões* de Burke. Ao propor a ideia a Johnson, ele logo viu seus méritos, em termos éticos e financeiros. Ele prometeu publicar aquela resposta a Burke tão logo Mary a escrevesse, mas o faria sem revelar a identidade dela.

Mary se lançou ao trabalho. Sua refutação seria direta e realista, decidiu ela, como se estivesse à mesa de jantar de Johnson, abordando os assuntos à medida que lhe ocorressem em vez de discursar de um púlpito. Ela também se permitiria fazer uso da emoção para imbuir o texto de fervor romântico. Mary queria se diferenciar das imagens cuidadosamente construídas e da "grandiloquência bombástica" de Burke, criticando suas "flores de retórica", que, ironicamente, ela descrevia como femininas. Colunista experiente, ela sabia que sua melhor estratégia seria mostrá-lo como o político arrogante que, Mary acreditava, ele era.

Suas refutações bem fundamentadas e geralmente espirituosas mostram com que cuidado ela construía os parágrafos que afirmava espontâneos. Quando Burke escreve "[Os pobres] devem respeitar aquela propriedade de que não podem participar. [...] Eles devem aprender a encontrar seu consolo nas proporções finais da justiça eterna", Mary torna "É possível, senhor, fazer os pobres mais felizes neste mundo sem privá-los do consolo que o senhor gratuitamente lhes concede no próximo". A reverência que seu oponente tem pela tradição, diz ela, levou-o a apoiar toda sorte de males tão somente porque existiam no passado. A escravidão era um bom exemplo disso. Deveríamos manter esse comércio hediondo apenas porque ele é "antigo"?

Ela também rebateu o elogio que Burke fazia à aristocracia inglesa por sua atitude paternalista para com os pobres. "A caridade não é uma distribuição condescendente de esmolas, mas uma troca de favores e benefícios mútuos, com base no respeito pela condição humana", escreveu ela. Nenhum aristocrata jamais havia cuidado das contas dela, tampouco custeado ou apoiado seus projetos, ao passo que Johnson, seu querido amigo de classe média, lhe apoiara e remunerava seu trabalho com generosidade. À síntese dourada que Burke fazia da história inglesa, Mary respondeu acusando o estadista de ser "defensor da propriedade" em vez de "amigo da liberdade". É o futuro que traz a esperança, dizia ela. Reforma, não nostalgia, é o que salvará a humanidade. Se homens como Burke abrissem caminho e espaço para uma nova era, as visões utópicas dos revolucionários teriam uma chance de se tornar realidade.

No meio de seu projeto, Mary entrou em crise. De repente, ela se deu conta de que estava confrontando diretamente um dos homens mais poderosos da Inglaterra, debatendo princípios que a maioria dos ingleses considerava pedras angulares: a inviolabilidade da propriedade, a preservação da herança e o valor fundamental da aristocracia. Desalentada, ela se arrastou até a casa de Johnson, sentou-se e disse que desistiria do projeto. Johnson, que a essa altura já sabia como lidar com os humores de Mary, deixou que ela apresentasse suas justificativas — a saúde frágil, sua pouca determinação, a carência de instrução formal — e, então, disse que destruiria as páginas que ela já havia enviado e que ela não precisava terminar, em especial se acreditava não estar à altura do projeto. Nenhuma outra abordagem teria sido tão eficaz. Posteriormente, ela admitiu que ele havia "afrontado seu orgulho".

Inflamada uma vez mais, Mary voltou ao trabalho, concluindo-o tão depressa que, apenas 28 dias após a publicação das *Reflexões* de Burke, *A Vindication of the Rights of Men* [Uma reivindicação dos direitos dos homens] apareceu nas livrarias, a primeira resposta a Burke no que em breve se tornaria um debate acalorado. Apesar de sua hesitação, Mary escrevera mais depressa que qualquer dos demais oponentes de Burke e, em três semanas, *Rights of Men* já estava esgotado. Como seus leitores bem sabiam, o título escolhido por Mary era uma referência direta à "Declaração dos direitos do homem e do cidadão" dos revolucionários franceses, publicada no ano anterior, e foi como que um toque de trombeta, anunciando seu apoio aos revolucionários franceses.

Com 150 páginas, algo por volta de 45 mil palavras, *Rights of Men* foi uma obra substancial que recebeu muitas avaliações positivas. Mesmo seus antagonistas reconheceram que o autor anônimo escrevera uma sólida argumentação cheia de paixão. Tendo recebido tamanha aceitação, Johnson e Mary decidiram revelar o nome da autora na segunda edição, um passo radical. Todavia, seu otimismo se provou inadequado. Com a revelação da identidade de Mary, os críticos a censuraram, acusando-a de ser uma mulher pretensiosa em vez de se ocuparem das ideias que ela havia proposto. Críticos que antes haviam elogiado a obra agora se queixavam de suas falhas. De repente, o livro era incoerente e absurdo. Horace Walpole, escritor, historiador de arte e ultraconservador, chamou Mary de "hiena de anáguas". Outros críticos se contentavam em ridicularizá-la:

> Os *direitos dos homens* defendidos por uma bela mulher! A era
> do cavalheirismo não deve ter acabado, ou os sexos mudaram de

atitude. [...] Lamentamos fazer uma zombaria contra uma bela mulher; mas sempre fomos ensinados a supor que os *direitos das mulheres* fossem o tema próprio ao sexo feminino.

Mary estava preparada para tais ataques. Ela sabia que estava se embrenhando em território proibido. No entanto, depois da resposta positiva à primeira edição anônima, sua coragem se intensificara. Ela estava pronta para defender suas ideias. O exemplo de Eliza lhe mostrara as consequências debilitantes dos preceitos básicos do direito comum inglês — que esposas não podiam ser proprietárias das próprias terras, nem celebrar contratos comerciais, tampouco controlar o próprio dinheiro. Em 1782 houvera uma tentativa de reformar o misógino código legal, mas o máximo que os legisladores conseguiram foi declarar ilegal que um homem batesse na esposa com uma vara mais grossa que um polegar. No mundo intelectual, essas crenças se traduziam na suposição de que as mulheres eram incapazes de raciocínio independente. Para Mary, a melhor maneira de lutar contra isso era provar o que uma mulher podia fazer, e isso significava admitir seu papel de autora do livro *Rights of Men*.

Felizmente, seus companheiros radicais lhe deram imenso apoio. Thomas Paine, absorto que estava na composição de sua própria obra *Direitos do Homem*, disse a Mary que a considerava uma companheira de armas, e, quando Mary enviou sua *Vindication* para o debilitado dr. Price, ele disse estar "feliz por ter uma defensora como ela". Apareceram também muitos novos partidários expressando seu apoio, liberais que acreditavam que a autora de *Rights of Men* desafiara um tirano — Burke — e saíra vitoriosa. Eles insistiam em conhecer Mary, comprando seu livro aos montes. Assim, o livro vendeu cerca de 3 mil cópias, número significativo para a época.

Com o aumento de seus rendimentos, que nunca haviam sido tão altos, Mary comprou móveis novos, adotou um gato e se mudou para uma casa na Store Street, em Bloomsbury, maior e muito mais elegante que suas acomodações em Southwark. Aglomeravam-se visitantes em sua porta, esperando para conhecer aquela mulher tão franca. Quando não estava trabalhando ou recebendo admiradores, Mary caminhava com os amigos pelos jardins próximos, que se estendiam atrás do Museu Britânico, hoje terreno da University College London.

Um dos admiradores de Mary, William Roscoe, mandou pintar um retrato da escritora, e o famoso artista John Opie também pediu para retratá-la em tela. Posar para tais retratos obrigou-a a pensar melhor a respeito do modo como aparecia em público. Ela ainda se recusava a cachear os cabelos, aplicar ruge nas maçãs do rosto ou usar vestidos com babados.

GRAVURA FEITA POR RIDLEY, COM BASE EM UMA PINTURA DE OPIE.

Mas prendeu os cabelos com grampos e comprou vestidos novos, de tecidos suntuosos. Para o retrato de Roscoe, ela usou um vestido preto (nada de renda, nada em cor-de-rosa) com um fichu branco sem estampa metido no corpete, traje que a fez parecer mais um primeiro-ministro que uma jovem radical.

No retrato de Opie, ela parece um pouco mais acessível, embora também estivesse usando um vestido preto, recusando novamente todos os ornatos femininos convencionais da época.

A impressão geral que ambos os retratos deixam é de seriedade e dignidade. Ela não sorri. Ela não tenta encantar sua plateia. Seu olhar severo e firme diz que ela é uma mulher capaz de construir uma argumentação fundamentada e perfeita, uma filósofa e também uma pessoa de sentimentos profundos, dotada de paixão e convicção, idealismo e empatia. Os retratos mostram-na exatamente no momento em que ela estava prestes a se tornar a Mary Wollstonecraft que os leitores reconhecem hoje, autora de uma das obras mais importantes da história da filosofia política.

## CAPÍTULO 13
# MARY GODWIN: "LOUCA, CRUEL E PERIGOSA DE CONHECER"
### [1816]

No inverno de 1816, Londres estava estarrecida com as atividades escandalosas de Lord Byron, um dos homens mais famosos da Europa. Seus poemas haviam conferido fama ao então jovem de 28 anos, e seus chocantes casos amorosos lhe haviam garantido uma celebridade odiosa. Deixando Mary em Bishopsgate, Claire, sua irmã postiça, decidira ficar na cidade, por vezes com Shelley, outras vezes com os Godwin e, em pouco tempo, ela também foi apanhada pela febre de Byron.

Para Claire, como para muitas moças da época, o nome de Byron era, ao mesmo tempo, um conto moral e um afrodisíaco. Ela havia lido vários de seus poemas, que eram famosos por suas descrições ostensivas de casos amorosos ilícitos e seus cenários exóticos. Em 1814, Byron publicara *O Corsário*, que se passava em um harém turco e vendeu 10 mil cópias no dia de sua publicação — um feito que nenhum outro autor jamais havia realizado. As respeitáveis senhoras inglesas advertiam as filhas a tomar cuidado com os truques do jovem poeta, mas como elas poderiam resistir? Byron era tentadoramente bonito, e seus poemas, instigantes demais para serem ignorados. Ele era "louco, cruel e perigoso de conhecer", afirmou lady Caroline Lamb, uma de suas amantes rejeitadas. Um rapaz que viajava o mundo todo, um homem perseguido por legiões de mulheres, um radical que falava em defesa da classe trabalhadora e um poeta muito vendido: aos olhos de Claire, Byron era exatamente do que ela precisava.

Claire ficou entusiasmada ao saber que o rapaz voltara a Londres havia pouco tempo e fora visto assistindo a peças no Drury Lane, o principal teatro da cidade. Se conseguisse fazê-lo se interessar por ela, por sua habilidade como cantora ou talvez como atriz, a jovem poderia começar a fazer avanços em sua competição com Mary. Caso pudesse fazer mais — conseguir a amizade do poeta ou, melhor (e mais impossível) ainda, que ele se apaixonasse por ela —, Claire estaria à frente da irmã pelo menos uma vez. Até então, ninguém ouvira falar de Shelley, mas todos tinham ouvido falar de Byron. Com ele a seu lado, Claire finalmente venceria sua disputa com a irmã postiça.

Ela iniciou a sua ofensiva bombardeando Byron com cartas, apresentando-se como uma sofisticada radical que acreditava que o casamento era um dos grandes males da sociedade moderna: "Nunca consigo resistir à tentação de atirar uma pedra nele quando passo", declarou a jovem. Ela também tomou o cuidado de revelar sua relação com Godwin, bem como com Shelley e Mary, contando a Byron a história de suas escapadas na França e na Suíça, além do ostracismo que Shelley e Mary agora enfrentavam. Byron já se mostrava interessado no poeta mais jovem, que lhe enviara uma cópia de "Queen Mab", obra que Byron considerava promissora. Experiente no que dizia respeito a escândalos e fofocas, ele bem compreendia a situação de Shelley. Além disso, estava intrigado com a relação que Shelley mantinha com Mary. Ele admirava Wollstonecraft e também Godwin. Como a maioria dos radicais, Byron experimentava um verdadeiro fascínio ao pensar na filha daqueles dois escritores e tinha curiosidade de conhecê-la.

Em outro período de sua vida, Byron teria ignorado Claire, mas, naquele inverno, ele estava em um estado deplorável de insegurança e solidão. Não conseguia escrever poesia. O público que o venerava passou a ver suas aventuras amorosas com um horror cheio de fascínio. O casamento de um ano com Anne Isabella Milbanke, que, imaginara o rapaz, lhe proporcionaria estabilidade, respeitabilidade e companheirismo, transformara-se em um inferno de acusações mútuas, difamação e ameaças de processos judiciais. Anne voltara para a casa dos pais e dizia a todos que o marido a maltratara e estava tendo um caso com a meia-irmã, Augusta — alegações que eram, em sua maior parte, verdadeiras. Augusta, que estava grávida (a paternidade dessa criança ainda é incerta), vivera com Byron na mansão do poeta, o número 13 de Piccadilly Terrace, defronte ao Green Park, mas deixara a residência naquela primavera em uma malograda tentativa de apaziguar os mexericos. Embora apoiasse tal decisão, a partida de Augusta fez com que Byron se sentisse abandonado. Ele não era convidado para ir a lugar nenhum. Antigos amigos lhe deram as costas. Não obstante, multidões de fãs curiosos continuavam a se aglomerar em Piccadilly Terrace, tentando espiar pelas janelas do poeta ou subindo nos muros do jardim. Quando não estava bebendo ou montando sua égua flamenga, achava-se mergulhado em negociações ilegais com a família de Anne para a separação do casal. As cartas de Claire, com seus arroubos de elogios e suas referências especulativas à literatura e à filosofia, eram um bálsamo reconfortante. Ali estava uma moça que ainda o admirava apesar dos escândalos que ele causara, ou talvez até mesmo por causa deles.

RETRATO DE LORDE BYRON, PINTADO POR THOMAS PHILLIPS, 1814: "LOUCO, CRUEL E PERIGOSO DE CONHECER".

Byron escreveu em resposta, propondo um encontro às escondidas. Claire, contente com seu êxito e na esperança de seduzi-lo, revelou que ela não tinha guardião, pai ou mãe, nem irmão que representasse algum empecilho. Isso agradou muito a Byron; ele estava cansado de evitar os furiosos maridos e pais de suas amantes. O rapaz instruiu Claire a encontrá-lo em seu camarote privativo no teatro, e depois de novo em segredo, em Piccadilly Terrace, onde os jovens fizeram amor quase que imediatamente. Claire ficou exultante: ela ousara apenas esperar por algumas conversas; agora, era amante do grande homem. Talvez viesse até a se tornar sua amante permanente. Afinal, se Mary podia viver com Shelley, ela podia viver com Byron. Seria bom para a carreira de Shelley; Byron o ajudaria. E positivo para a dela também, muito embora ainda não estivesse claro que carreira seguiria. Ela sabia apenas que era uma livre-pensadora e pretendia levar adiante a lâmpada do Iluminismo no espírito de Mary Wollstonecraft.

Durante umas poucas semanas, Byron ficou interessado. Ele leu a narrativa "The Idiot" [O idiota] de Claire e a elogiou; infelizmente, não sobreviveram cópias dessa narrativa. Quando a ouviu cantar, o que era o principal talento de Claire, a voz da jovem se tornou a inspiração para um dos mais belos poemas de amor de Byron:

> Entre as filhas da Beleza, nenhuma há
> Com magia igual à tua;
> E como música sobre as águas
> É tua doce voz para mim.[1]

Esse entusiasmo logo diminuiu. Quando Byron lhe disse que não queria uma amante e que não estava apaixonado por ela, Claire, desesperada para manter sua influência, deu um passo ousado. Mary fora até Londres naquela primavera para ficar com Shelley enquanto ele travava suas batalhas judiciais. Percebendo que Byron ficaria curioso, Claire ofereceu Mary ao poeta como uma espécie de prêmio, dizendo-lhe que a irmã postiça admirava o trabalho do rapaz e gostaria de conhecê-lo. Era verdade que Mary adorava a poesia de Byron. Muito antes de conhecer Shelley, Byron fora sua imagem do poeta ideal. Ela e as irmãs haviam lido relatos de suas aventuras nos jornais e, como outras garotas de sua idade, tiveram esperanças de avistá-lo em eventos sociais. Mary decorara longas passagens de "Childe Harold"; "To Thyrza" [Para Thyrza], que ela também sabia de cor, inspirou-a durante as terríveis

---

[1] "There be none of Beauty's daughters/ With a magic like thee;/ And like music on the waters/ Is thy sweet voice to me." (Tradução nossa.) [NT]

semanas que precederam sua fuga com Shelley. Ela escrevera quatro de suas linhas mais famosas no exemplar de "Queen Mab" que Shelley lhe dera, começando com seu próprio voto solene de amor — "Mas sou tua, unicamente tua — pelo beijo de amor" — e, então, acrescentou as palavras de Byron:

> *O relance que ninguém por perto viu*
> *O sorriso que ninguém mais poderia entender*
> *O pensamento sussurrado de corações unidos*
> *O aperto da mão a estremecer.*²

As quais ela conclui com seu próprio floreio dramático: "Entreguei-me a ti, e sagrada é essa dádiva", palavras que guardam uma incrível semelhança com um voto de casamento, um substituto para a cerimônia que eles ainda não haviam realizado.

Entretanto, apesar disso tudo, Mary não expressava o desejo de conhecer o grande poeta. Para persuadir a irmã, Claire disse a Mary que Byron estava interessado em oferecer sua ajuda a Shelley; ela não mencionou que seduzira o poeta, indo para a cama com ele, e fez Byron prometer não mencionar o caso. Para Mary, deve ter sido uma surpresa saber que Claire tinha amizade com o lorde, porém, como as páginas do diário de Mary referentes a esse período desapareceram, é impossível saber como Claire explicou a situação. Anos mais tarde, Claire diria que ela e Byron haviam se conhecido por intermédio de um amigo em comum, sem jamais revelar que ela fizera a primeira aproximação.

Conseguindo a concordância dos dois principais envolvidos, Claire marcou o encontro. Apreensiva quanto à confiabilidade de Byron, que tinha um histórico de fazê-la esperar, a jovem insistiu que ele fosse pontual. No entanto, Byron tratou seu encontro com Mary com muito mais respeito do que tinha por seus encontros secretos com Claire. Ele estava interessado em conhecer aquela jovem, filha de mãe e pai tão famosos. Poucos anos antes, Byron, que admirava a obra *Political Justice*, doara parte de seus próprios rendimentos ao sempre falido Godwin. O poeta havia muito reverenciava Wollstonecraft. Mary e Byron tinham Coleridge por amigo e ambos admiravam sua poesia. Byron exortara Coleridge a publicar "Christabel", um poema sobrenatural tão amado por Byron que este o memorizou ao lê-lo em versão manuscrita. Tanto Mary como Byron valorizavam a erudição, a bela linguagem e os voos da imaginação, ainda que perturbadores.

---

2   "The glance that none saw beside/ The smile none else might understand/ The whispered thought of hearts allied/ The pressure of the thrilling hand." (Tradução nossa.) [NT]

Em seu primeiro encontro, Mary falou pouco e manteve uma postura respeitosa e séria. Byron foi educado e comunicativo. Apesar da vida desregrada e dos escândalos que protagonizava, ele, no fundo, era bastante convencional. As boas maneiras e a compostura de Mary o agradaram muito. Ele não tentou flertar com ela, nem ela com ele. Desde a infância, Mary conversara com homens famosos, os grandes poetas e intelectuais que frequentavam a casa de Godwin. Ela conversava com Byron como se ele fosse um amigo ou um colega, uma experiência inusitada para o poeta, que estava acostumado com moças que se intimidavam ou tentavam seduzi-lo. Para Mary, Byron não era fascinante pela boa aparência ou pela reputação de amante, mas tão somente porque era um escritor brilhante e um rebelde.

Não obstante, por muito que tivesse apreciado o encontro com Mary, o interesse de Byron por Claire continuou a diminuir. Contudo, ela não era fácil de rechaçar. Ao descobrir que Byron planejava passar parte do verão em Genebra, ela implorou que ele a levasse; quando o rapaz se recusou, ela usou Mary novamente, dizendo que a irmã postiça desejava muito lhe escrever e queria seu endereço em Genebra: "Mary está encantada com você, como eu sabia que ficaria. [...] Está sempre dizendo 'Como ele é amável! Como é gentil! Tão diferente do que eu esperava'".

Todavia, Byron logo percebeu as verdadeiras intenções de Claire. Tendo passado uma longa tarde com a decorosa Mary, Byron sabia que a descrição dos sentimentos da irmã postiça feita por Claire era um subterfúgio. Parecia improvável que palavras tão excessivamente lisonjeiras tivessem vindo de uma jovem tão reservada. Ele se sentia bastante satisfeito em dormir com Claire enquanto ainda estivesse em Londres, mas não tinha intenção de levá-la consigo em suas viagens. Como última cartada, Claire recorreu a Mary e Shelley, sugerindo que o trio fizesse uma viagem para Genebra a fim de ficarem perto de Byron. Mary gostou da ideia de fugir da hostilidade de Londres e considerou que o ar puro da Suíça faria bem para William, seu filho, então com três meses de idade. Para Shelley, a proposta de Claire não poderia ter vindo em momento melhor, pois se encaixava em um plano que ele vinha elaborando havia meses, instigado por uma negativa desagradável de Godwin.

Em fevereiro, Shelley tentara se desculpar com o pai de Mary, tocando a campainha da casa na Skinner Street na esperança de ver o filósofo. Quando Godwin enviou os criados para mandá-lo embora, Shelley se recusou a partir e continuou tocando a campainha. Mas Godwin permaneceu irredutível, e Shelley foi forçado a ir embora, magoado e furioso. O homem mais velho ganhara aquela batalha, mas com grande prejuízo para sua própria felicidade futura. Após o incidente, Shelley soou o primeiro alerta, escrevendo a Godwin que se sentia tentado a "abandonar minha pátria natal". Ele estava cansado de sofrer a "experiência sem fim do desprezo ou da inimizade de quase todos".

O impulso de deixar o país foi intensificado com a reação hostil dos críticos a "Alastor", que Shelley publicara naquele inverno. Eles ignoraram o poema de tal forma que Shelley se sentiu humilhado, confessando estar "morbidamente sensível à [...] injustiça do descaso". Antes da sugestão de Claire, ele não sabia ao certo para onde queria ir. Sabia apenas que desejava virar as costas para todos aqueles que o haviam rejeitado. Genebra parecia um lugar tão bom como qualquer outro, em especial porque ele estava ávido por conhecer Byron, o famoso poeta. Desse modo, assim que o tempo esquentou, Shelley decidiu cumprir sua ameaça de abandonar o país, levando consigo Mary e o bebê William. Seria um exílio temporário — ou talvez não. Era provável que eles nunca voltassem.

Quando Claire escreveu para Byron contando tais planos, ele ficou interessado o suficiente para não rejeitar de pronto. Ele não queria incentivá-la, mas gostou da ideia de passar um tempo instalado com o poeta mais jovem e a filha de Godwin e Wollstonecraft. No fim de abril, quando encerraram os processos judiciais que os dois rapazes enfrentavam, cada qual partiu com os seus para a Suíça.

Claire tentou encobrir suas reais intenções em uma carta ao amante relutante, dizendo-lhe que esperava que ele tivesse um caso com Mary naquele verão, e não com ela:

> Ouso dizer que você virá a se apaixonar por ela; ela é muito bonita e
> muito amável, e vocês serão, sem dúvida, muito felizes em sua ligação;
> nada me pode dar tanto prazer como vê-lo feliz em suas relações.
> Se assim o for, redobrarei minhas atenções para contentá-la. Farei
> tudo que ela disser, seja bom ou ruim, pois eu não decepcionaria
> a afeição da pessoa que seja tão abençoada com o seu amor.

Uma Claire mais madura jamais teria escrito uma carta como essa. Porém, tendo mal completado 18 anos e acostumada a ver os homens escolherem Mary em vez dela, a jovem fez o que sempre fizera — rebaixou-se, prometendo, nesse caso, ser escrava de Mary — a fim de ganhar as boas graças do homem que ela queria. As cicatrizes da união de Godwin com Clairmont não haviam desaparecido; Shelley, Byron e Godwin eram geralmente intercambiáveis no drama entre as irmãs postiças. Para Claire, não importava que Byron não fosse digno de sua adoração. Ele era um elemento fundamental em sua batalha para ganhar amor e atenção.

• • •

Mary, Shelley, Claire e o bebê William chegaram à França no início de maio. Eles esperavam fazer uma viagem agradável pelas montanhas agora que Shelley tinha dinheiro para uma carruagem privativa, mas o percurso se mostrou mais difícil do que o esperado. Apelidado de "o ano sem verão", 1816 é considerado uma famosa anomalia na história climática. Em abril daquele ano, um vulcão entrara em erupção na Indonésia, a maior explosão do tipo no mundo em mais de 1500 anos, lançando densas nuvens de cinzas na atmosfera e perturbando os padrões climáticos na Europa, na Ásia e até na América do Norte. O rio Yangtzé transbordou. Neve vermelha caiu na Itália. A fome se alastrou de Moscou a Nova York. Os cereais congelaram e o milho murchou. Os preços dos alimentos dispararam e as taxas de mortalidade dobraram.

A Suíça foi fortemente atingida pelos padrões climáticos irregulares, e ainda caía bastante neve quando eles chegaram ao sopé dos Alpes. O frio fora de época já havia atrapalhado o avanço dos viajantes pela França, e eles estavam impacientes para começar suas férias junto ao lago. Inconsequente como sempre no tocante a viagens, Shelley insistiu em começar a subida dos Alpes no começo de maio, em um início de noite em que uma nevasca impedia quase totalmente a visão. Felizmente, os moradores locais intervieram, exortando-o a contratar dez homens fortes para acompanhá-los na eventualidade de ficarem presos na neve e precisarem ser desatolados.

Apesar de trazer um bebê irritadiço no colo, Mary registrou suas impressões da subida dos Alpes em seu diário, escrevendo passagens que, mais tarde, usaria para descrever a paisagem invernal de seu romance *Frankenstein*:

> Nunca houve um cenário mais terrivelmente desolado. As árvores nessas regiões são enormes e distribuem-se em pequenos grupos dispersos pela imensidão branca; a monotonia dessa amplidão de neve quebrava-se apenas por aqueles pinheiros gigantescos e os postes que marcavam nossa estrada: não havia rios nem gramados cercados por rochas para aliviar a vista [...].

Demorou a noite toda para que eles chegassem ao topo da montanha, mas, dando início à descida, a neve começou a derreter lentamente, até que, por fim, eles chegaram aos campos verdejantes e aos pomares bem cuidados do vale de Genebra. Quando entraram na cidade, o mau tempo finalmente se desfez e o sol surgiu, permitindo-lhes ver a beleza serena do lago que se estendia à frente. As ruas estavam vazias, e os parques, desertos, já que a estação ainda não havia começado oficialmente. Eles se hospedaram no imponente Hôtel d'Angleterre, no coração da cidade, na Quai du Mont Blanc, a escolha tradicional para turistas ingleses de posses, no qual convidados solteiros não eram bem-vindos. A essa altura um especialista em subterfúgios, Shelley disse ao proprietário, M. Dejean, que Mary era sua esposa e que havia reservado para o casal alguns quartos no último andar, com vista para o lago, que Mary descreveu ser "azul como os céus" e "com lampejos de luz dourada". Nas tardes de tempo firme, eles podiam ver o campanário triunfal do Mont Blanc elevando-se majestosamente a distância.

A alegria de Mary foi um pouco prejudicada por sua preocupação com William, que sofrera com o percurso. Felizmente, quando retomaram uma rotina regular, o bebê começou a recobrar as forças, mamando em intervalos frequentes e cochilando de manhã e à tarde, dando à mãe uma chance para descansar — isto é, quando ela conseguia fugir de Claire, que tagarelava sem parar e com entusiasmo sobre o que eles, e, em especial, ela, fariam quando Byron chegasse. No entanto, Claire ficava cada vez mais apreensiva com o passar dos dias. Todas as tardes, ela andava de cá para lá às margens do lago, agitada por causa da expectativa, enquanto Mary e Shelley desfrutavam a tranquilidade dos novos arredores.

O clima permaneceu agradável depois da chegada do grupo, e o sol brilhava quase todos os dias.

Uma das primeiras providências de caráter prático da família foi encontrar uma babá de confiança para William, pois assim Mary poderia passar um tempo com Shelley e se dedicar aos estudos. Quando conheceram Elise Duvillard, uma jovem suíça que também tinha um bebê, mas aparentemente não tinha marido, eles souberam que haviam encontrado a pessoa certa. Elise era alegre, tinha um semblante radiante e adorava crianças pequenas. Mary confiou William a seus cuidados com satisfação, o que foi um verdadeiro elogio a Elisa, visto que, depois de perder seu primeiro bebê, Mary não gostava de ficar longe do filho.

Encantados com o lugar em que estavam, Mary e Shelley abraçaram de bom grado a nova rotina. Mary escreveu:

> Não frequentamos a sociedade aqui, mesmo assim, nosso tempo
> passa depressa e é delicioso. Lemos italiano e latim durante
> os calores do meio-dia e, quando o sol desce, caminhamos
> pelo jardim do hotel. [...] Estou feliz como um pássaro recém-
> saído do ninho e não me preocupo com o galho para onde voo,
> de modo a poder experimentar as asas que reencontrei.

No fim da tarde, eles velejavam no lago — por vezes, na companhia de Claire — e geralmente não voltavam até a lua aparecer. Mary se regozijava com "o delicioso aroma das flores e da relva aparada, o chichiar dos gafanhotos e a melodia dos pássaros do entardecer". Eles conseguiam ver o fundo do lago; de quando em quando, nuvens de carpas nadavam para lá e para cá. Tais detalhes ficaram na memória de Mary e, alguns meses mais tarde, ela os usaria em sua descrição da única tarde de felicidade de Frankenstein, que se deixava levar no lago em companhia da noiva, exclamando: "Olhe [...] para a multidão de peixes que nada nas águas límpidas, onde conseguimos distinguir cada seixo que repousa no fundo. Que dia divino! Como a natureza parece feliz e serena".

No dia 25 de maio, duas semanas depois de sua chegada, uma enorme carruagem vinha trovejando pela estrada alpina no meio da noite. Azul-militar e com espalhafatosas faixas vermelhas e douradas, esse veículo extraordinário era uma réplica exata da imponente carruagem de guerra de Napoleão. Desde as armas imperiais nas portas até os quatro castiçais de ferro parafusados em cada canto, a semelhança era tamanha que, distraídos, os espectadores poderiam pensar que o conquistador derrotado escapara da prisão em St. Helena e estava agora chegando a Genebra.

Byron, que mandara fazer o veículo a um custo altíssimo, muito se regozijava em provocar uma confusão desse tipo, convencido que estava de que ele e o imperador eram quase a mesma pessoa ou, no mínimo, partilhavam destinos semelhantes. Os dois se haviam elevado a grandes alturas e, então, despencado. Byron colecionava *memorabilia* de Napoleão e possuía uma gravura do imperador, sob a qual se sentava para escrever seus poemas. Ele acabava de voltar de uma visita a Waterloo, onde o *páthos* da rendição última de Napoleão o levara às lágrimas. O fim da grandiosidade e a enormidade da ruína de seu herói atormentavam Byron. Ele e o imperador tinham "alçado voo"; eles haviam se tornado gigantescos e singulares; eles "deslumbravam e perturbavam". Ambos haviam lutado pela mesma causa — a Liberdade —, embora Byron tivesse usado a arte, não as armas, para mostrar ao povo que ele merecia ser livre. Agora, tal como Napoleão, Byron estava exilado. A luta que travara para libertar seus leitores dos grilhões das convenções inspirara ódio, uma sina compartilhada pelos heróis de sua poesia — um ponto que não passou despercebido por seus contemporâneos. Quando soube que Byron havia abandonado a Inglaterra, possivelmente para sempre, o romancista Walter Scott declarou que o poeta "fizera como Childe Harold, proscrevendo a si mesmo, em uma semelhança imensa com as imagens de sua imaginação". Byron chegara a usar a voz de seu herói derrotado em um poema que concluiu pouco antes de sua chegada à Suíça, "Napoleon's Farewell" [O adeus de Napoleão], no qual o imperador de Byron diz:

> *Adeus ao País em que a lugubridade de minha Glória*
> *Ascendeu e ensombreceu a terra com seu nome.*[3]

Embora tivesse uma convicção diferente de todos os demais, Byron seguiu diretamente para o Hôtel d'Angleterre. Assim como qualquer outro inglês, ele não teria pensado em se hospedar em nenhum outro lugar. O alvoroço de sua chegada despertou os hóspedes que dormiam. Byron nunca viajava sem sua coleção de animais exóticos, composta de "oito cães enormes, três macacos, cinco gatos, uma águia, um corvo e um falcão". Em outras ocasiões, ele viajou com pavões, um grou egípcio, gansos, uma garça e um bode com uma perna quebrada, animais que viviam com ele dentro da residência. Ele não se importava que estivesse incomodando alguém. Na faculdade, chegara mesmo a adotar um urso domesticado, instalando o animal em seus aposentos para protestar contra a regra da instituição que o proibia de viver com seu cão, um imenso terra-nova chamado Boatswain.

Claire desceu para recebê-lo, mas Byron estava exausto; ele informou que tinha a idade de 100 anos no registro do hotel e se retirou depressa para seu quarto antes que ela pudesse encontrá-lo. O dia seguinte passou sem que Byron fizesse qualquer esforço para contatar Claire ou Shelley. Após esperar a noite toda por um recado de Byron, Claire, sentindo-se profundamente ofendida, escreveu ao poeta um bilhete magoado, patético e infantil na manhã seguinte: "Passei as últimas duas semanas neste hotel enfadonho", escreveu ela em uma ortografia que revelava irritação, "e parece muito indelicado, muito cruel de sua parte, tratar-me com tão flagrante indiferença. Queira dirigir-se diretamente ao último andar da casa esta noite, às sete e meia, e eu estarei, sem falta, no patamar para mostrar-lhe o quarto".

Um pouco mais tarde naquela manhã, quando olhava pela janela de seu quarto, Claire viu Byron e seu médico pessoal de 21 anos de idade, John Polidori, remando no lago. Arrastando Mary e Shelley consigo, Claire os fez caminhar de cá para lá pela praia até que Byron visse o grupinho e voltasse para a margem. Shelley se mostrou desconfortável e silencioso, subitamente tomado por uma mistura de admiração e inveja. Mary foi educada e discreta, enquanto Claire tagarelava e ria. Polidori observava tudo com muita atenção. Felizmente, para a posteridade — ainda que não para Byron —, Polidori trabalhava em segredo para John Murray, o editor; sua função era fornecer detalhes da vida pessoal de Byron para as colunas de fofoca.

---

3 *"Farewell to the Land where the gloom of my Glory/ Arose and o'ershadow'd the earth with her name."* (Tradução nossa.) [NT]

Para o jovem médico, Shelley pareceu "acanhado, tímido, tuberculoso", mas ficou impressionado com a mentalidade moderna e científica do poeta; Shelley pediu que Polidori vacinasse o bebê William quase no momento em que se conheceram, e Polidori atendeu de imediato. Shelley o agradeceu com uma corrente e um sinete de ouro pelo trabalho. Nesse ínterim, Mary permaneceu a maior parte do tempo em segundo plano, até que, poucos dias depois, Shelley a exortou a recitar de cor "A War Eclogue" [Écloga da guerra], de Coleridge, poema um tanto feroz para ser memorizado por uma jovem bem-educada. Contudo, Mary o fez com satisfação, em especial a parte em que o Fogo, a Fome e o Massacre condenam o primeiro-ministro Pitt ao inferno — e Polidori se apaixonou de imediato. Sendo ele mesmo um aspirante a escritor, o jovem médico achou Mary muito bela e sofisticada, de modo que, ao longo dos meses que se seguiram, em vez de manter um registro meticuloso das aventuras de Byron, como agradaria a Murray, ele arrolou suas atividades com Mary, que foram muitas: "Li italiano com a sra. S"; "Fiz um passeio de barco com a sra. S e remei a noite toda, até às nove; Tomamos chá juntos, conversamos etc.".

No dia seguinte àquele em que se conheceram, Shelley e Byron jantaram juntos e descobriram que compartilhavam obsessões parecidas: liberdade, poesia, Napoleão, os poetas gregos, a hipocrisia de Londres e, é claro, eles mesmos — seus embates com a melancolia, as críticas que haviam sofrido e seu compromisso com a arte. Juntos, fizeram uma viagem de um dia ao Plainpalais a fim de prestar homenagens a Rousseau, cujo busto ficava exatamente no meio do parque. Claire, frustrada por não ter mais tempo a sós com Byron, se ofereceu para copiar os poemas mais recentes dele. Porém, isso apenas a transformou em uma secretária; ela labutava sozinha com os manuscritos do poeta, batendo-se com sua caligrafia, enquanto Byron velejava, remava, nadava e fazia visitas com os demais. Seu fascínio pela ascensão e queda de heróis ou, mais precisamente, com sua própria ascensão e queda, pode ter inspirado suas composições poéticas com paixão e originalidade, mas tornava-o demasiado egocêntrico para ser um bom candidato a um caso amoroso.

A essa altura, a temporada já estava no auge, dando um ar festivo às noites. Quando não estava chovendo, lanternas eram penduradas em postes para ceias ao ar livre; organizavam-se danças; damas e cavalheiros ingleses tomavam *sorbet* em tigelas de vidro trabalhado, criticavam o vestuário e os modos uns dos outros, comparavam a vista de seus quartos e tagarelavam sobre conhecidos mútuos e a respeito de Londres. Naturalmente, a comitiva Shelley e Byron não era bem-vinda em nenhum desses eventos, embora fossem um assunto interessantíssimo.

Para o turista inglês convencional, ficar em um hotel com o lorde era como viver muito perto de uma estrela do rock malcomportada. Em suas cartas para os que ficaram na Inglaterra, as pessoas tinham prazer em escrever sobre o comportamento chocante de Byron. Um inglês que não sabia os nomes que compunham o trio Shelley se referiu a Claire como uma atriz, um eufemismo do século XIX para uma mulher de má reputação. Ele escreveu: "Nosso mais recente Hóspede é Lord Byron, com a Atriz e outra família de aparência muito suspeita. Quantos mais ele tem à sua disposição afora o grupo, não sei dizer [...]".

Em Londres, os jornais começaram a se referir aos amigos como uma "liga do incesto". Quando Mary ou Claire entravam nos salões públicos, eram saudadas com silêncio e olhares hostis. Ao sair, elas conseguiam ouvir os sussurros, como um vento às costas. Irritado com esse péssimo tratamento, Shelley alugou um chalé chamado Maison Chapuis, do outro lado do lago. Eles chegaram ao chalé no dia 1º de junho, e logo chegaram também Byron e Polidori, que se mudaram para a bela Villa Diodati, uns 45 metros colina acima. Esse magnífico casarão de estuque com três andares, colunas e uma ampla varanda na frente, tinha bastante espaço para a coleção de animais de Byron e outros convidados. O grupo inteiro ficou fascinado ao saber que Milton já se havia hospedado ali, um presságio maravilhoso para essa reunião de jovens que, a essa altura, se consideravam anjos caídos, como o Satanás de Milton: rebeldes e incompreendidos.

Mesmo ali, do outro lado do lago, eles não estavam a salvo de olhares curiosos. M. Dejean instalou um telescópio para que seus hóspedes pudessem observar minuciosamente o pequeno grupo. Mais tarde, Byron diria: "Inventavam toda sorte de histórias absurdas à minha custa. Creio que me viam como um homem-monstro". Quando os criados de Byron penduraram tecidos brancos para secar na varanda de Diodati, os hóspedes do hotel presumiram que fossem anáguas e começaram a debater se pertenciam a Mary ou a Claire. Talvez tivessem ficado entusiasmados se descobrissem que os tecidos brancos eram, na realidade, os lençóis de Byron.

Do chalé de Shelley estendia-se, encosta acima, uma trilha até a Villa Diodati, uma subida fácil até mesmo para quem estivesse vestindo saias longas. Descobriu-se que Byron e Shelley partilhavam da paixão por velejar e dividiram as despesas do aluguel de um pequeno veleiro, que deixavam ancorado na pequena enseada logo abaixo da casa de Shelley. Sempre que podiam, os rapazes saíam para o lago, conquanto isso não fosse tão frequente quanto gostariam, pois o tempo se mostrava cada vez mais tempestuoso. Nuvens cinzentas, vindas de Chamonix, derramavam-se sobre as montanhas. O lago se agitava; raios cruzavam o céu. Tudo que ficava na

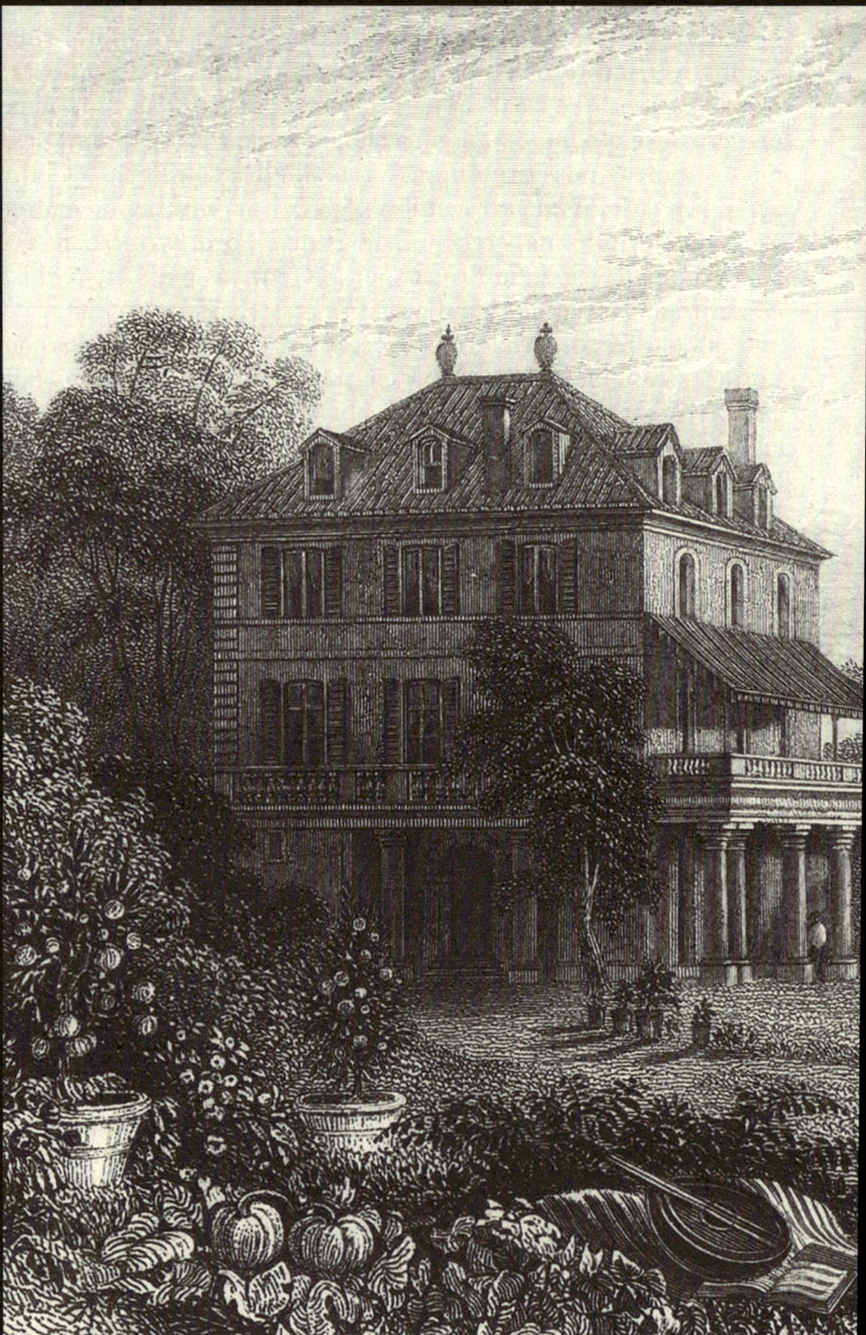

A VILLA DIODATI, EM GENEBRA

margem oposta — as casas de campo com seus telhados vermelhos e os vinhedos nivelados, o Hôtel d'Angleterre com seus hóspedes escandalizados — desaparecia atrás de uma cortina cinzenta de granizo, deixando o pequeno grupo com o que, de início, foi uma deliciosa sensação de isolamento do restante do mundo, mas que, aos poucos, passou a ser preocupante para aqueles que tinham uma tendência à preocupação e enfadonha para aqueles inclinados ao tédio, presos como ficavam em casa, dia após dia.

Do grupo, apenas Mary estava satisfeita. Ela se dedicava a William e aos estudos, tirando grande proveito da oportunidade de trabalhar. Shelley, ao contrário, estava cada vez mais irrequieto; ele queria passear de barco pelo lago e sair para longas caminhadas; odiava ficar confinado. Byron também se sentia impaciente. Sem conseguir exercitar sua égua de dorso largo, sair para praticar tiro ou velejar, ele logo ficou agitado — perigosamente agitado, já que tinha a fama de causar problemas quando não tinha nada para fazer. Claire o interrompia quando o poeta estava escrevendo, aborrecendo-o quando o encarava durante as longas noites em que as duas casas se reuniam. Polidori não estava em melhores condições; ele suspirava por Mary, situação que Byron tornava ainda mais dolorosa, provocando o jovem médico sem piedade ao falar de sua "dama amada". Era claro que problemas estavam prestes a surgir. Todos andavam impacientes. Era difícil bolar atividades. Eles precisavam desesperadamente de algo que quebrasse a monotonia, o ócio enfadonho de cada dia.

CAPÍTULO 14

# MARY WOLLSTONECRAFT: "UMA REVOLUÇÃO FEMININA"

[1791–1792]

Tendo sobrevivido à indignação que sobreveio à revelação de sua identidade como autora de *A Vindication of the Rights of Men*, Mary Wollstonecraft estava preparada para escrever um novo livro. Ela teve de cumprir alguns prazos para escrever *Rights of Men*, mas, agora, queria desenvolver suas ideias com mais vagar. Esse novo projeto seria um livro em que "eu mesma [...] devo certamente aparecer". Ele abordaria o tema que mais poderia enfurecer seus críticos: os direitos das mulheres. E, assim, em outubro de 1791, Mary fechou a porta de seu gabinete e pôs a pena sobre o papel uma vez mais. Dessa vez, ela não entrou em crise no meio do projeto. Tampouco precisou do estímulo de Johnson. Embora, por vezes, o processo de escrita fosse uma luta, ela esteve felicíssima a maior parte do tempo, regozijando-se com "as cores cintilantes" de sua imaginação, bem como com "os lampejos de luz do sol" e da "tranquilidade" que saboreava enquanto estava à escrivaninha. Ela tinha tamanha certeza de seu objetivo que produziu mais de quatrocentas páginas em apenas seis semanas. Em janeiro de 1792, *Reivindicação dos Direitos da Mulher*[1] chegou às livrarias e bibliotecas.

Quando abrimos *Reivindicação dos Direitos da Mulher*, Mary surge imediatamente no palco com sua voz clara e precisa. Ela é divertida, de raciocínio

---

1  Wollstonecraft dedica essa obra a Charles-Maurice de Talleyrand-Périgord (1754-1838), que, em 1791, apresentou à Assembleia Constituinte francesa seu relatório sobre a educação pública (*Rapport sur l'Instruction Publique*), propondo que a educação das meninas nas escolas primárias estivesse limitada à idade de 8 anos. A partir dessa idade, a família seria responsável pela educação doméstica, ou poderiam optar por escolas especializadas em "preparar as meninas para as virtudes da vida doméstica e talentos úteis no governo de uma família". A dedicatória a Talleyrand-Périgord não serviu de homenagem, mas como um convite ao debate de ideias acerca da educação feminina. O tom da escrita argumentativa de Wollstonecraft impressiona pelo equilíbrio que mantém entre a objetividade crítica (a forma como vai "direto ao ponto") e o testemunho da própria vida (que atribui autenticidade aos seus questionamentos e preocupações). [NC]

rápido e irascível — como deve ter sido em pessoa —, mas também apresenta grande rigor lógico, dando a *Reivindicação dos Direitos da Mulher* o estilo primoroso de um diálogo socrático.

Mary ainda apelava para as emoções de seus leitores, como fizera em sua primeira *Reivindicação*, mas também escrevia deliberadamente "como um filósofo". Declarou que seu livro era essencial para o futuro da humanidade porque esboçava os males do estado atual da sociedade e apresentava soluções que libertariam homens e mulheres.

Sim, homens.

Da primeira à última página, Mary enfatizava que a liberdade das mulheres devia ser uma preocupação de todos. Na realidade, ela escreveu *Reivindicação dos Direitos da Mulher* para leitores que conhecessem teoria política e fossem bem versados nela — e, em 1791, esse público era formado por homens, e não por mulheres. Usando o que ela chamava de "força da mente", um atributo supostamente apenas masculino, Mary prometia revelar os "axiomas sobre os quais se constrói o raciocínio retomando os princípios iniciais" — exatamente o que Locke, Rousseau e Adam Smith haviam tentado fazer. Quem são os seres humanos sem as roupagens da civilização?, perguntava ela. De que leis precisamos para governar a nós mesmos? Homens e mulheres são intrinsecamente diferentes?

A essa última indagação, qualquer pensador do sexo masculino (com exceção de Locke, o qual acreditava que a mente de homens e mulheres era uma tábua em branco desde o nascimento, motivo pelo qual seus escritos tanto entusiasmaram Mary aos 16 anos) respondia com um sonoro sim: mulheres eram inferiores em todos os campos do desenvolvimento humano. Enquanto os homens tinham aptidão para a autodisciplina e eram dotados da capacidade de retidão ética e formidáveis faculdades de raciocínio, as mulheres eram amantes do luxo, volúveis, egoístas, destituídas de paixão — ou, por vezes, dependendo do crítico, demasiado cheias de paixão —, ingênuas, suscetíveis à sedução, coquetes, ardilosas, não confiáveis e infantis.

Diante disso tudo, Mary declarava: "Que bobagem!". Mas sua voz era uma voz solitária. A imperfeição feminina era uma máxima que a maioria das pessoas não pensava em questionar: o fogo era quente, a água era úmida, e as mulheres eram tolas e fracas. Ainda mais pernicioso, na opinião de Mary, era que as mulheres se vangloriavam de tal fragilidade, considerando a fraqueza uma qualidade valiosa. Se uma mulher desmaiasse facilmente, não suportasse aranhas, tivesse medo de tempestades, fantasmas e salteadores, comesse apenas em pequenas porções, desabasse após uma breve caminhada e chorasse quando tinha de fazer a soma de uma coluna de números, essa mulher era considerada o ideal feminino.

Mary escarnecia da ideia de que ser "delicada" tornava uma mulher mais atraente. As mulheres haviam sido treinadas para ser imbecis, declarava; elas não eram intrinsecamente menos racionais que os homens, tampouco lhes faltava fibra moral. Afinal, se dizemos repetidas vezes a uma mulher que ela não tem capacidade de meditar sobre um problema filosófico, que ela não tem força para escalar uma colina, que ela é incapaz de fazer escolhas acertadas, é claro que ela duvidará das próprias habilidades. Se ela é privada de toda a educação "racional" e, em vez disso, é ensinada a tocar umas poucas melodias ao piano, dançar um minueto e dizer *enchantée* — se suas únicas atividades são estudar ilustrações de moda, ler romances estúpidos e fofocar —, é óbvio que ela não terá discernimento nem profundidade. O verdadeiro problema, afirmava Mary, não eram as mulheres, mas a maneira como os homens queriam que elas fossem. Nesse ponto, ela citava Rousseau, cujas teorias sobre o direito natural e a importância das emoções ela ainda admirava, mas cujas ideias a respeito das mulheres ainda a aborreciam. Seus métodos de ensino lhe pareciam particularmente nocivos:

> A educação das mulheres [diz Rousseau] deve ser sempre relacionada aos homens. Agradar-nos, ser-nos úteis, fazer-nos amá-las e estimá-las, educar-nos quando jovens e cuidar-nos quando adultos, aconselhar-nos, consolar-nos, tornar nossa vida fácil e agradável: esses são os deveres das mulheres de todos os tempos, e o que devem aprender já na infância.

Que o grande defensor da liberdade se recusasse a promover a liberdade das mulheres era uma ironia que não passou despercebida a Mary, e ela se encontrava determinada a provar que o filósofo estava errado, tal como tentara fazer em seu romance. Por que as mulheres devem ser obrigadas a agradar aos homens? Os homens são deuses? A degradação das mulheres que ele considerava ideais, argumentava ela, tinha consequências negativas também para os homens. Quando se outorga poder absoluto aos maridos, pais e irmãos, sua moralidade desaparece; eles se tornam tiranos. Se for permitido que os homens ajam de acordo com seus impulsos, sem freios em seu comportamento, eles não serão mais que animais. Se as mulheres são ensinadas a avaliar seu valor exclusivamente por sua capacidade de se fazerem atraentes aos homens, então serem amadas constituirá o limite de sua ambição. A fim de que uma sociedade floresça, homens e mulheres devem ter aspirações mais altas que essa; eles também devem ser regidos pela razão.[2]

Além disso, era um sacrilégio ensinar às mulheres que sua única responsabilidade seria se fazerem úteis aos homens — essa noção contradizia abertamente as Escrituras. Deus não criou a mulher "para ser o brinquedo do homem, seu chocalho". Ademais, as almas não têm gênero e, portanto, homens e mulheres devem lutar para ser virtuosos. Esse era um dos argumentos favoritos de Mary, que costumava mencionar, ao lado de tal pensamento, que a palavra "virtude" tem origem em um termo em latim que significa "força".

As mulheres têm de aprender a se imaginar superiores às heroínas de grandiosas histórias de amor, argumentava Mary:

> Com o amor no peito [das mulheres] tomando o lugar de toda
> paixão mais nobre, sua única ambição é serem belas, despertarem
> emoções em vez de inspirarem respeito; e esse desejo ignóbil, como
> o servilismo nas monarquias absolutistas, destrói toda a força de
> caráter. A liberdade é a mãe da virtude, e, se as mulheres forem
> escravas por causa de sua própria compleição e não puderem respirar
> o ar forte e revigorante da liberdade, elas haverão de ser sempre
> ignoradas como exóticas e tidas por belos defeitos da natureza.

Para Mary, a maior tragédia de todas era que homens e mulheres não viam problema algum em suas proposições culturais acerca da feminilidade. O progresso exigia uma mudança drástica no modo como ambos os sexos imaginavam a si mesmos e suas relações. A liberdade, a verdadeira liberdade, derrubava muros, escancarava portões e destruía as cercas do confinamento. As mulheres precisavam aprender que na vida havia mais que o romance, e os

---

2   Locke, no segundo volume da obra *Ensaio Acerca do Entendimento Humano*, conceitua a razão como uma faculdade do homem que o distingue dos animais, a qual possibilita a atividade intelectual de descobrir e sistematizar. É a categoria essencial do Iluminismo porque rompe com as superstições medievais e a crença no poder divino e ilimitado dos monarcas. O contexto das indagações iluministas permitiu que mulheres contemporâneas a Locke e Rousseau refletissem sua própria experiência, a exemplo de Mary Astell (1666-1731), em *Some Reflections Upon Marriage* [Algumas reflexões sobre o casamento], publicado em 1700: "Não é injusto, por parte dos homens, praticar em suas famílias o domínio arbitrário que eles abominam no Estado?". Astell não era a única, pertencia a um círculo de mulheres intelectuais cujas produções literárias faziam crítica à subjugação da mulher: as poetas lady Mary Chudleigh (1656-1710) e Elizabeth Thomas (1675-1731), a erudita Elizabeth Elstob (1683-1756) e a escritora Mary Wortley Montagu. Iluminada pelas mulheres que a antecederam, Wollstonecraft desenvolveu seu próprio conceito de razão como o poder de discernir a verdade. Com base nesse entendimento, formula uma série de questões para chegar à verdade sobre a condição da inferioridade feminina, concluindo que isso não existe. Trata-se de dogmas arbitrariamente ditados pelos homens e sustentados pela ignorância das mulheres. [NC]

homens precisavam aspirar algo mais que a conquista sexual, não apenas em seu próprio benefício, mas com vistas a um mundo mais justo. E, do mesmo modo que as mulheres não deveriam abrir mão de seus direitos e se submeter aos homens, a humanidade não deveria sacrificar seus direitos, submetendo-se a tiranos. "Uma revolução[3] na conduta feminina", bradava Mary, intensificando seu discurso, "[haveria de] reformar o mundo".

Mary sabia que a associação entre a tirania dos governos e a tirania dos homens sobre as mulheres enfureceria muitos de seus leitores, mas ela não se importava. "Proponho aqui um desafio", declarava. Como seus contemporâneos do sexo masculino, ela se esforçara por criar uma nova visão política. Ao mesmo tempo um lamento e uma profecia, *Reivindicação dos Direitos da Mulher* revela Mary como uma professora, alguém que prega o fogo do inferno, uma satirista e uma sonhadora utópica. Alguns escrevem sobre o que já *foi*; outros, sobre o que *é*, disse ela, mas eu escrevo sobre o que *será*.

*Reivindicação dos Direitos da Mulher* fez tanto sucesso quanto *Rights of Men*, vendendo quase o mesmo número de cópias. Mary conseguira fazer o próprio nome não só como opositora liberal de Burke, mas como uma autêntica filósofa por si mesma, ao menos para seus admiradores. Para seus detratores, ela havia confirmado sua identidade de radical perigosa, invadindo domínios legitimamente masculinos. Sem dúvida, a ironia é que a "invasão" de Mary — sua insistência na inclusão dos direitos das mulheres em uma sociedade alicerçada nas liberdades individuais — foi uma de suas mais importantes contribuições para a filosofia política e para aquilo que viria a ser conhecido como feminismo. Em última análise, sua obra modificaria os contornos da disciplina e estenderia as fronteiras do discurso político. Ela afirmava que a distribuição de riquezas e a gênese da tirania, assim como questões relacionadas ao sexo, entre elas a contracepção, o direito matrimonial, o estupro, as doenças sexualmente transmissíveis e a prostituição — assuntos considerados alheios ao âmbito da feminilidade no século XVIII — tinham ligação direta com a opressão das mulheres e vice-versa. Em outras palavras, a

---

[3] O conceito de revolução difere entre o Iluminismo inglês e francês. Enquanto para os revolucionários da França o termo correspondia a "começar do zero", implicando a ruptura com o passado e uma mudança completa da sociedade, para os ingleses significava a restauração das liberdades que foram perdidas com o advento do absolutismo. Nas palavras de Burke: "A Revolução foi feita para conservar nossas leis e liberdades tradicionais e indiscutíveis, esta antiga constituição do governo que é a sua única salvaguarda". Essa diferenciação poderia abrir uma discussão interessante sobre o sentido de "revolução" para Mary Wollstonecraft. Em *Reivindicação dos Direitos da Mulher*, o emprego da palavra parece seguir a linha de restauração: "É hora de fazer uma *revolução* nas maneiras femininas, é tempo de lhes restaurar a dignidade perdida". Mas buscar esse sentido exige o estudo do seu conjunto teórico e um mergulho na mentalidade inglesa do século XVIII, já que a forma moderna de revolução, tal como concebemos hoje, é herança da tradição francesa. [NC]

"questão da mulher" era um elemento crucial, um princípio fundamental na batalha geral pela justiça social.

À época, porém, nem todos compreenderam as consequências colossais dos argumentos de Mary, e aqueles que o fizeram consideravam-nos perigosos — nem mesmo seus admiradores apoiavam totalmente o modo como ela havia ampliado a discussão. De fato, ao ousar vincular a condição das mulheres com a distribuição de riqueza e poder, ela se tornou alvo de ataques brutais. Thomas Taylor, um dos antigos senhorios da família de Mary, escreveu um folheto feroz intitulado "A Vindication of the Rights of Brutes" [Uma reivindicação dos direitos das bestas]. Se as mulheres eram iguais aos homens em natureza, zombava ele, então as feras também o eram. Outros críticos clamavam que ela violara todos os padrões de decência e propriedade, afirmando que seu estilo franco era um substituto deplorável das "agradáveis qualidades" da escritora verdadeiramente feminina. Um crítico da maçante *Critical Review* caçoou "da absurdidade de muitas de suas conclusões" e fez um comentário malicioso sobre o fato de Mary ser solteira:

> Como essa é a primeira combatente no novo campo dos Direitos da Mulher, se sorrirmos apenas, seremos acusados de querer declinar do combate. [...] Devemos contender com essa nova Atalanta; e quem sabe, talvez, nesta disputa moderna, não possamos ter duas vitórias? Há mais de um solteiro em nosso departamento; e, se tivermos êxito, a srta. Wollstonecraft pode fazer sua escolha.

Um crítico, sem saber que seus comentários acabariam por se mostrar irônicos, repisava a fraqueza da lógica de Mary, declarando que ela fora um terrível fracasso enquanto escritora e finalizando sua crítica dizendo: "Devemos relegar a srta. Wollstonecraft [...] ao esquecimento: seus melhores amigos jamais poderiam desejar que sua obra seja lembrada".

Mary havia tocado em um ponto delicado. Atrevendo-se a contestar Rousseau, ela perdera o apoio de muitos liberais que, do contrário, talvez lhe tivessem dado ouvidos. Para os conservadores, ela já era uma causa perdida: "uma puta" desvairada determinada a destronar o rei, desmantelar a família e arruinar a Inglaterra. Ela havia enfurecido a sociedade inglesa. No entanto, tendo lutado por muitos anos contra os preconceitos que sofrera por ser solteira, ela alcançara os limites da paciência. Em *Thoughts on the Education of Daughters*, abordara suas preocupações de forma mais moderada; sua coletânea de histórias infantis também pretendia promover seus ideais educacionais — com brandura. Dessa vez, ela lançara mão de um método diferente, mais feroz. Mary sabia que, em muitos aspectos, seus críticos não estavam tão equivocados. Ela queria virar o mundo de cabeça para baixo: arrancar os ricos de suas poltronas de ouro, derrubar os opressores e elevar os pobres. Ela acreditava que o povo precisava ter voz, e ela seria sua porta-voz.

As críticas que realmente a irritavam eram os comentários direcionados ao estilo de sua escrita — sua obra era dispersa, desorganizada e sem uniformidade, diziam críticos hostis, censuras que são repetidas ainda hoje. Ela levou cinco anos para responder a tais críticas, mas, finalmente, em 1797, ela defendeu suas escolhas estéticas em um ensaio que intitulou "On Taste" [Sobre estética]. Um bom texto deveria ser espontâneo e honesto, dizia ela. O intelecto e o coração deveriam estar presentes no papel. Os escritores não deveriam tentar seduzir seus leitores com uma "bruma de palavras". O objetivo de um bom livro era despertar ideias e emoções no leitor, não travar uma disputa de inteligência com um oponente fictício. Contudo, esses eram ideais românticos em uma época ainda regida pelos valores iluministas da razão, da ordem e da formalidade, apesar dos avanços de Rousseau e da Revolução Francesa.

No dia 13 de novembro, quando Mary já concluía *Reivindicação dos Direitos da Mulher*, Johnson ofereceu um jantar em homenagem a Thomas Paine, então com 54 anos de idade. Recém-chegado dos Estados Unidos, Paine publicara sua própria obra, *Direitos do Homem*, naquele ano e já havia vendido 50 mil exemplares. Na ocasião, ele estava dando os últimos retoques na segunda parte dessa obra, na qual faria sua declaração mais decisiva em favor da liberdade. Johnson convidou Mary porque Paine havia demonstrado sua admiração pelo trabalho da escritora. Ele também convidou William Godwin, que era jornalista à época e não tinha nenhum livro publicado, mas muito importunara Johnson para ser convidado.

Como Mary, Godwin estava escrevendo a obra que o tornaria famoso. Ambos foram para o jantar diretamente de suas respectivas escrivaninhas: Mary estivera compondo expressões taciturnas como "as emoções mais melancólicas de triste indignação deprimiram-me", ao passo que Godwin, orgulhoso de seus parágrafos cerimoniosos, estivera escrevendo frases em que invariavelmente se referia a si próprio na terceira pessoa: "Outro argumento em favor da utilidade desta obra estava constantemente na mente do autor e, portanto, deve ser mencionado. Ele compreendeu a política como o veículo adequado para uma moralidade liberal".

É impossível imaginar duas abordagens ou duas pessoas mais opostas; as "emoções melancólicas" de Mary não tinham lugar nas construções filosóficas de Godwin porque ele não costumava expressar emoções, fosse por escrito ou pessoalmente. Não obstante, não havia dúvida de que ele era capaz de ter fortes sentimentos e desejava muito conhecer Paine, embora não tivesse interesse algum em conhecer Mary, cuja obra *Rights of Men* ele julgara confusa e mal escrita.

Mary também estava exclusivamente concentrada em Paine. Nascido na Inglaterra, esse filho de um quacre fabricante de espartilhos dedicara a vida à luta pela liberdade. Ele imigrara para os Estados Unidos por sugestão de Benjamin Franklin e servira no exército Continental, levando o caderno consigo para o campo de batalha e escrevendo relatos à luz da fogueira. Em dezembro de 1776, quando as tropas de Washington, alquebradas pela guerra na margem errada do congelado Delaware, já não podiam avançar, o general ordenou que seus oficiais lessem as palavras de Paine em voz alta para os soldados exaustos:

> Estes são os momentos que testam a alma dos homens. O soldado
> de verão e o patriota dos dias de sol recuarão, nesta crise, diante do
> serviço por seu país; mas aquele que resiste *agora* merece o amor e a
> gratidão de homens e mulheres. A tirania, assim como o inferno, não
> é vencida com facilidade; não obstante, temos esse consolo conosco,
> de que, quanto mais duro o conflito, mais glorioso é o triunfo.

Depois de ouvirem esse chamado inspirador às armas, as tropas recobraram o ânimo e empreenderam sua famosa travessia, embora fosse quase meia-noite e a neve estivesse caindo. No raiar da manhã, atacaram Trenton, pegando os britânicos de surpresa, e proclamaram a vitória que mudaria o curso da guerra. A Benjamin Franklin, que dissera a famosa frase "Onde está a liberdade, aí está meu país", Paine respondeu "Onde não há liberdade, eis aí meu país".

Agora, na noite do jantar de Johnson, esse famoso revolucionário estava sentado tranquilamente, comendo suas batatas. Godwin e Mary estavam ansiosos: que palavras inspiradoras Paine diria? Mas Paine parecia satisfeito em apenas comer e ouvir. E a pessoa a quem ele mais ouvia era Mary, não Godwin. E isso não só porque Mary fosse uma oradora apaixonada, mas também porque, em jantares como aquele, Godwin costumava ficar observando de seu lugar, embora, por vezes, surpreendesse os demais com súbitas gargalhadas roucas.

Isso não quer dizer que Godwin não tivesse opiniões; na realidade, ele tinha opiniões intransigentes a respeito da maioria das coisas e, quando via uma oportunidade, expressava tais opiniões com a retidão cortante de um experiente pastor evangélico. Porém, vestindo um casaco preto decididamente fora de moda, à época por parcimônia, e não pobreza, trabalhando sob um conjunto de regras criadas por ele mesmo — cinco horas de escrita todos os dias, duas horas de leitura e uma hora de caminhada —, com sua boca cujas extremidades eram voltadas para baixo, suas entradas e a coluna ereta, ele parecia tão desconfortável como geralmente se sentia. Em um momento posterior da vida, ele descreveu seus sentimentos de embaraço social:

> Mal consigo dar início a uma conversa se não tenho um assunto já conhecido de que falar; nesses casos, recorro a temas os mais banais e fúteis, e minha memória se recusa a fornecer-me até mesmo esses. Encontrei um homem na rua que sofria do mesmo problema; ficamos olhando um para o outro pelo espaço de um minuto, cada qual atento ao que o outro diria, e afastamo-nos sem sequer pronunciar palavra.

Ele não queria ofender as pessoas, mas tinha plena consciência de que as pessoas, no geral, o achavam rude:

> Em algumas ocasiões, padeço de uma singular falta de noção quanto ao efeito que terá aquilo que direi sobre a pessoa a quem me dirijo. Assim, eu muitas vezes pareço rude, embora nenhum homem possa estar mais livre de tal intenção, e geralmente ganho a reputação de uma aspereza que meu coração repudia.

Mary, por outro lado, tendo sido instruída a vida inteira a permanecer em silêncio, não tinha paciência para observar. Naquela noite, estava ávida para expor a Paine suas opiniões sobre liberdade, educação, justiça e qualquer outra coisa que lhe ocorresse. Paine ouvia com deferência enquanto os demais convidados engoliam sua cerveja (e os próprios pensamentos) entre colheradas do ensopado de bacalhau de Johnson. Quanto mais Mary falava, mais exasperado Godwin ficava. Quando ele tentou entrar na conversa, elogiando o ateísmo de Voltaire, ela o cortou; as palavras de Godwin, disse ela em tom de desdém, "não poderiam ser motivo de orgulho nem para o elogiado, nem para quem o elogiava". Ela não concordava com as políticas da Igreja Anglicana, mas ainda guardava a fé cristã e se sentiu "provocada" pelo modo radical como Godwin rejeitava a religião.

Humilhado, Godwin estava em desvantagem. Ele não conseguia acompanhar a velocidade das idas e vindas do discurso de Mary e, na realidade, deplorava a maneira como a mulher se expressava. Ele preferia colocar as ideias em ordem antes de falar (ou escrever) e acreditava que jantares deveriam seguir da mesma forma que ele organizava seus livros.

Nada poderia ser mais contrário ao método de Mary. Ela acreditava que a inspiração súbita era mais valiosa que a adesão a qualquer sistema de ideias: "Talvez fazer um comentário político seja afastar-me do tema tratado; porém, como ele surgiu naturalmente do encadeamento de minhas reflexões, não o relegarei ao silêncio", declarou ela em *Reivindicação dos Direitos da Mulher*. Pessoalmente e em seus escritos, ela transitava de ideia em ideia com a rapidez com que surgiam no horizonte. Nessa noite em particular, vencido pela velocidade e contundência de Mary, Godwin recuou, mas notou, um pouco mal-humorado, que, qualquer que fosse o assunto — arte, política, a França, os Estados Unidos ou o rei Jorge —, Mary via o "lado pessimista" e parecia satisfeita apenas quando "estava distribuindo censuras". Não há dúvida de que Mary teria feito um relato diferente, porém, como ela não registrou suas impressões, resta-nos tão somente as de Godwin; e, para um homem que não havia abdicado da crença de que a mulher ideal tinha "a compleição delicada do pássaro que chilreia, imperturbável, em seus bosques nativos", Mary parecia atrevida e marcadamente "masculinizada".

Embora alguns críticos modernos creiam que as diferenças entre Mary e Godwin definam as diferenças entre uma mulher e um homem, entre uma escritora e um escritor, Mary teria rejeitado essa opinião, e com razão. As diferenças entre Mary e Godwin não podem ser reduzidas a estereótipos de gênero. Ambos se dedicavam a refletir, falar e escrever sobre justiça social; ambos se consideravam filósofos. O contraste entre o estilo de um e outro está em suas atitudes com relação à acessibilidade e ao público. Mary, uma jornalista experiente a essa altura, se especializara em cativar e envolver seus leitores, exatamente como gostava de reunir opiniões de um lado a outro na mesa. Ela deixava propositalmente transparecer brechas em sua blindagem autoral, convidando os leitores a discutir com ela, tal como acolhia uma boa discussão em uma festa. Godwin, ao contrário, não se via como um jornalista tentando despertar o interesse de um público geral, mas exclusivamente como um distribuidor de ideias para leitores versados, um intelectual puro e simples. Desse modo, Godwin, o qual preferia que suas conversas se desenvolvessem em etapas lógicas, sentia-se mais propenso a falar *sobre* sinceridade, enquanto Mary se orgulhava de falar *com* sinceridade. No fim da noite, ele se sentia aborrecido e cansado. Ele jamais poderia imaginar que, um dia, se apaixonaria — perdidamente — por aquela mulher irredutível e dominadora.

• • •

Os meses que se seguiram à publicação de *Reivindicação dos Direitos da Mulher* pareceram vazios para Mary. Pela primeira vez desde a morte de Fanny, ela não tinha um livro específico em que trabalhar. Por volta de abril, ela se sentia desorientada: passara os últimos anos se forçando a terminar dois livros que haviam sido recepcionados com zombarias e golpes cruéis contra suas habilidades intelectuais, sua aparência e seu estado civil. Obviamente, ela também fora aclamada, mas, agora que aquele fervor havia se acalmado, Mary era acometida pela sensação recorrente de que *Reivindicação dos Direitos da Mulher* não era exatamente o que ela queria ter escrito. "Se eu me tivesse concedido mais tempo, poderia ter escrito um livro melhor", confessou ela a um amigo.

Em maio, depois que Paine publicou a segunda parte de *Direitos do Homem*, o rei Jorge declarou o escritor um criminoso, acusando-o de sedição e proibindo sua obra. Turbas raivosas expulsaram Paine do país, e o escritor seguiu para a França, onde foi logo aclamado como herói. Indignada com o tratamento dispensado ao amigo e inspirada em seu exemplo, Mary ansiava por se reunir a ele na França. No fim de junho, ela já havia convencido Johnson e Fuseli a atravessar o Canal em sua companhia. Fuseli, sempre interessado em diversões e fascinado pelo drama que se desenrolava em Paris, atendeu de bom grado ao pedido de Mary, mas levou a esposa consigo.

O quarteto estranhamente inconciliável partiu para Dover no início de agosto. Contudo, quando estavam prestes a embarcar, chegaram notícias alarmantes: o Palácio das Tulherias tinha sido atacado; a família real francesa, atirada na prisão do Templo; a assembleia legislativa, dissolvida; e Lafayette, o líder moderado da guarda nacional, fora expulso do país por radicais que haviam assumido o controle da Revolução. Mary queria continuar, mas os demais, não. Eles voltaram para Londres e, embora tenha passado algumas semanas no campo com Johnson, Mary estava desalentada. Parecia não haver motivos para ter alguma expectativa. Ela ansiava estar em Paris. Como poderia ser uma verdadeira reformadora se não testemunhasse a Revolução?

Sem um projeto que lhe ocupasse a mente, aumentavam as atenções de Mary direcionadas a Fuseli. Ela garantiu ao artista que sua paixão era platônica, pois ele era casado e o adultério ia contra seus princípios. Afinal, não acabara de escrever um livro inteiro sobre os perigos que as mulheres enfrentavam quando se entregavam às relações ilícitas? "Se eu julgasse minha paixão criminosa, eu a dominaria ou morreria tentando", declarou ela. Tudo que desejava, escreveu ela, era "unir[-me] ao [seu] intelecto". Ele lhe ajudara a saber se divertir. Antes de se conhecerem, ela levava uma vida ascética:

[Eu] não lia livros por mero entretenimento, nem mesmo
poesia, mas estudava apenas aquelas obras endereçadas à
razão; mal provava comida de origem animal, nem [me]
permitia ter as coisas indispensáveis da vida a fim de
que [eu] conseguisse seguir alguns planos românticos de

caridade; raramente procurava algum entretenimento [...] e [minhas] roupas eram absolutamente inadequadas.

Essas palavras foram reunidas a partir dos poucos fragmentos que sobreviveram das cartas de Mary para Fuseli, mas o que Mary quis dizer ainda resta claro: Fuseli lhe apresentara novos prazeres. Após descobrir sua "grandiosidade de espírito" e sua "vívida solidariedade", ele se tornara fundamental para a felicidade da escritora. Não se tratava de sexo, protestava ela. "Pois, aos meus olhos, despudor é fealdade; minha alma rejeita com repulsa o prazer ornado de encantos que afasta a luz do céu."

Quanto mais ela insistia, tanto mais Fuseli recuava. Em outubro, ela escrevia para Johnson dizendo que "estava angustiada. Sinto-me em um estado tão doloroso de irritação — estou sofrendo mais do que consigo expressar. [...] Sou uma estranha mistura de fraqueza e determinação. [...] Por certo, há um grande defeito em minha mente — meu coração indomável cria a própria tristeza — Por que sou assim, não sei dizer; e até que eu consiga ter uma noção de minha existência como um todo, devo contentar-me em chorar e dançar como uma criança—". Não se sabe ao certo o que houve em seguida. De acordo com Fuseli, Mary decidiu resolver aquela situação. Foi até a casa do artista, bateu à porta da frente, e quando Sophia, a esposa de Fuseli, surgiu, Mary anunciou: "Creio que já não posso viver sem a satisfação de ver [seu marido] e conversar [com ele] diariamente". Antes que a estupefata sra. Fuseli pudesse detê-la, Mary explicou que gostaria de passar a morar com os Fuseli. Não haveria ameaça alguma ao casamento de Fuseli, uma vez que sua "paixão" era de natureza espiritual; ela não queria partilhar do leito conjugal do casal; apenas queria Fuseli como uma companhia constante. Assustada, a sra. Fuseli expulsou Mary da casa e proibiu que o marido voltasse a vê-la. Fuseli não fez nada para afrontar a ordem da esposa, disse ele posteriormente, porque o afeto de Mary passara a ser quase um constrangimento. Na realidade, ele jamais tornaria a falar com a escritora.

Todavia, em 1883, o biógrafo de Godwin, C. Kegan Paul, questionou a história de que a esposa de Fuseli expulsou Mary, alegando que os inimigos da escritora haviam espalhado esse rumor como parte de uma campanha para desacreditá-la, apresentando-a como uma solteirona desesperada e carente de amor. Paul foi um dos últimos a ver o que restou da correspondência entre Fuseli e Mary antes que fosse destruída pelos descendentes da escritora, conferindo a suas palavras uma autoridade ausente no relato de Fuseli. Além disso, Fuseli era conhecido por difundir fofocas injuriosas acerca de amigos e inimigos. Depois da morte de Mary, ele declarou que ela havia demonstrado seu interesse com persistência, divertindo seus amigos com a história, principalmente para provocar Godwin com o afeto que Mary tinha pelo artista.

De qualquer forma, como a versão de Mary para tais fatos se perdeu, é impossível saber o que de fato aconteceu nesse estágio de seu relacionamento com Fuseli. O certo é que, se ela ficou magoada, conseguiu se recuperar rapidamente. Em novembro, Mary escreveu para o amigo William Roscoe, que mandara pintar seu retrato no ano anterior, dizendo que estava tudo terminado com Fuseli: "Já não pretendo lutar com um desejo racional. [...] Continuo sendo uma Solteirona ativa". Com Johnson, ela pensou em um novo plano para o futuro: Mary iria para a França, onde escreveria sobre o que testemunhasse e enviaria os textos para a Inglaterra, a fim de serem publicados na *Analytical Review*. A renda levantada com tais artigos custearia a viagem. Para todos os efeitos, ela seria uma correspondente estrangeira.

Era um projeto perigoso. Se consultados, a maioria dos amigos de Mary teria advertido a escritora a ficar na Inglaterra. A violência em Paris aumentara naquele outono. Doze mil prisioneiros políticos haviam sido assassinados em suas celas; mulheres eram estupradas e homens eram torturados bem à vista de uma turba que aplaudia. Um dos acontecimentos mais aterradores se deu quando a amiga íntima e suposta amante lésbica de Maria Antonieta, a princesa de Lamballe, teve as roupas arrancadas e foi arrastada nua pelas ruas da cidade, "seus seios e a vulva decepados — esta usada como bigode". Ela foi decapitada, e a cabeça, fincada no alto de uma lança do lado de fora da janela da rainha. Visitantes ingleses fugiam assustados com tais atrocidades, temerosos de encontrar o destino dos turistas que já haviam sido mortos no leito. Não obstante, tais relatos aguçavam o apetite de Mary. Ela fez as malas e doou seu gato enquanto os rumores se espalhavam: "Desta vez, não hesitarei em Dover, eu prometo", escreveu ela a Roscoe, "pois, como vou sozinha, a palavra de ordem é enfrentar todos os riscos".

M

CAPÍTULO 15

# MARY GODWIN: ACESSOS DE FANTASIA

[1816]

Após uma semana trancados em casa por causa da chuva constante, Byron se divertia ao sugerir que o apaixonado Polidori demonstrasse seu cavalheirismo saltando da varanda — uma queda de quase três metros — a fim de ajudar Mary, que subia pela trilha molhada e escorregadia. Polidori era demasiado ingênuo para adivinhar o que Byron sabia instintivamente: um homem que tomasse atitudes tão excepcionais pareceria um tolo. Como era de esperar, quando o enamorado Polidori seguiu o conselho do lorde e saltou, Mary se assustou, mas certamente não ficou impressionada. Ainda mais embaraçoso foi que Polidori torceu o tornozelo quando atingiu o chão, de modo que, quando ele e Mary tomaram seu caminho para a casa, o jovem fidalgo teve de se apoiar no ombro de sua dama, e não o contrário. Contraindo-se de dor, aborrecido e irritado, ele desapareceu dentro da casa, plenamente ciente de que fizera um papel ridículo.

Recolhido em seu leito pelo restante da semana, Polidori refletiu sobre as perfeições de Mary — seus oblíquos olhares de soslaio, seu ar de segredos escondidos — até não aguentar mais.

Ele confessou seu amor, na esperança de que Mary acolhesse suas investidas; afinal, ela desprezara as regras sociais quando decidiu viver abertamente com Shelley e ter filhos com ele. Talvez ela aceitasse um novo pretendente. No entanto, ele foi logo destituído dessa ideia quando Mary disse que o tinha por um irmãozinho e que era apaixonada apenas por Shelley. Esse foi um momento humilhante para o jovem ambicioso, que, embora médico, desejava ser escritor e acreditava que seus dotes literários rivalizavam com os de Byron.

Se 15 de junho, o dia do malfadado salto, se destacou como um dos episódios mais humilhantes da breve e tumultuada vida de Polidori — ele cometeria suicídio apenas cinco anos mais tarde —, essa data também se tornou digna de nota na história literária em virtude da sequência de

ESTE RETRATO DE UMA JOVEM É
TRADICIONALMENTE IDENTIFICADO COMO
MARY SHELLEY AOS 19 ANOS DE IDADE.

acontecimentos que se iniciou mais tarde naquela noite. Para animar o jovem médico machucado, o grupo concordou em ouvir a leitura do primeiro esboço de sua nova peça. Embora ninguém tenha dado muito valor à sua composição — eles disseram que "não valia nada", Polidori registrou com tristeza em seu diário —, tal escrito foi o estopim de uma conversa que redundaria em importantes desdobramentos para todos ali reunidos: tão importantes que estudiosos da literatura ainda tentam determinar o que aconteceu exatamente naquela noite.

Criação e natureza humana — tais eram os assuntos em pauta. Eram temas que havia muito interessavam e inquietavam Byron, Shelley e Mary. Polidori se ofereceu para ler as anotações que fizera por ocasião de uma série de palestras que assistira em Londres, dadas pelo renomado anatomista William Lawrence. Mary e Shelley conheciam Lawrence, pois Shelley o escolhera como seu médico justamente por causa de suas teorias vanguardistas, segundo as quais as origens da vida tinham por base a Natureza, e não a vontade divina. Lawrence afirmava a inexistência de uma força "adicional" como a alma, argumentando que os seres humanos eram feitos de ossos, músculos, sangue e nada mais. A reação do público a tais palestras foi hostil:

> [O] que é isso em que o sr. Lawrence [...] quer que todos nós acreditemos? Que não há diferença entre um homem e uma ostra [...]. O sr. Lawrence julga que o homem [...] não seja nada além de um orangotango ou um símio com "hemisférios cerebrais maiores"! O sr. Lawrence lança mão de todos os seus recursos para provar que os homens não têm alma!

Não surpreende, porém, que os jovens instalados na Villa Diodati tivessem uma reação inversa. As ideias de Lawrence fascinavam-nos. Se o médico estivesse certo e Deus não fosse o criador da vida, o poder aos seres humanos seria restituído — um tema originalíssimo que havia muito obcecava Shelley e o inspiraria a escrever "Prometheus Unbound" [Prometeu desacorrentado] poucos anos mais tarde. Na realidade, argumentava Shelley, se Deus não criara os seres humanos, não haveria uma grande possibilidade de que os seres humanos tivessem criado Deus e que o cristianismo fosse uma farsa? Byron também explorou o tema em um poema sobre os poderes criativos do homem, intitulado "Manfred". Ele não foi tão longe como Shelley — o lorde tinha um respeito mais inerente pela religião que o poeta mais jovem —, mas aceitava o princípio de que a Natureza era a força generativa do universo.

A conversa logo passou para o tema da eletricidade e das "experiências do dr. Darwin", avô de Charles Darwin, que, muito tempo antes, jantara com a mãe de Mary à mesa de Joseph Johnson. Byron e Shelley gostavam especialmente da história que contava como Darwin havia aplicado uma descarga elétrica em "um fio de macarrão cabelo de anjo, em um estojo de vidro, até que, de algum modo extraordinário, ele começou a apresentar movimentos espontâneos". Todavia, embora Shelley se deleitasse com a ideia de seres humanos criando vida, Mary diria, posteriormente, em um prefácio para a sua edição revisada de *Frankenstein*, que ela achava o princípio "extremamente pavoroso", confessando sua preocupação com "os efeitos de qualquer tentativa humana de imitar o estupendo mecanismo de ação do Criador do mundo".

As dúvidas de Mary derivavam de suas grandes reservas em relação à capacidade dos seres humanos de melhorar a si mesmos ou ao mundo. Em sua opinião, o mal estava profundamente enraizado no coração humano. Mesmo aqueles homens que pareciam ter os propósitos mais elevados — a verdade, o conhecimento, a liberdade — pareciam-lhe motivados pelo desejo de poder e reconhecimento, compreensão que talvez tenha alcançado a partir de sua vida com Godwin e, agora, com Shelley.

A noite seguinte, do dia 16 de junho, foi ainda mais mirabolante. Raios cortavam o céu, e a chuva caía forte enquanto o pequeno grupo se aconchegava junto à lareira da Villa Diodati. Para passar as horas, Byron lia, em voz alta, um antigo livro de histórias de fantasmas que encontrara na casa. Embora todos estivessem apreciando o terror de tais histórias, Byron começou a se sentir frustrado. Por fim, atirou o livro ao chão, declarando que eles precisavam de algo novo, de alguma coisa mais assustadora: todos deveriam escrever uma história de terror e, então, escolheriam o vencedor. Ele tinha certeza de que seria fácil derrotar Shelley e sequer levou em consideração o talento de Polidori ou das duas mulheres presentes.

Naquela noite, todos dormiram na Villa Diodati; chovia demais para que a comitiva Shelley se arriscasse a voltar pela trilha. No dia seguinte, quando retornaram para casa, Mary tentou se concentrar na escrita de sua história enquanto Elise tomava conta de William, mas não se sabe ao certo se ela conseguiu de pronto, pois há muito de mito em relação ao que aconteceu a partir daí.

Anos mais tarde, Mary diria que demorara bastante para ter uma ideia e que, quando enfim a teve, ela veio na forma de um pesadelo:

> Vi — com os olhos fechados, mas era uma visão mental muito vívida — o pálido estudioso das artes heréticas ajoelhado ao lado da coisa que havia construído. Vi o fantasma horrendo de um homem estirado, que, então, pelo funcionamento de

> alguma máquina poderosa, mostrou sinais de vida e apresentou movimentos como que vitais, mas desconfortáveis.

A sinopse desse sonho de fato resume o enredo do que em breve viria a ser a obra mais famosa de Mary, seu romance *Frankenstein*. As palavras são da própria escritora, de modo que, diante delas, parece haver poucas razões para questionar seu relato do surgimento da história — tirando o fato de que Shelley e Polidori apresentaram uma versão diferente do que aconteceu e ambos escreveram sobre o assunto em uma data mais próxima aos acontecimentos. No prefácio da primeira edição, Shelley não faz menção alguma ao esforço de Mary para ter uma ideia a respeito do que escrever. Tampouco menciona o sonho da escritora. Ele diz tão somente que o grupo de amigos "concordou em escrever, cada qual, uma história baseada em alguma ocorrência sobrenatural". O diário de Polidori corrobora o relato de Shelley. Embora geralmente não fosse digno de confiança em seus registros, ele costumava ser bastante exato quando se tratava de Mary e, em seu diário, o jovem médico escreve que todos, com exceção dele, logo se puseram a trabalhar. Ele não faz menção a nenhuma dificuldade da parte de Mary, colocando em dúvida a versão da escritora, pois, se ela estivesse tendo problemas, parece provável que ele o tivesse notado, dada sua vigilância obsessiva das atividades diárias da jovem. Além disso, a situação teria sido um ponto de contato entre eles, algo que Polidori teria tido prazer em contar.

Portanto, a história contada por Mary acerca da composição de *Frankenstein* é provavelmente apenas isso, uma história, uma narrativa fictícia inserida em seu romance de ficção, mais uma camada em um livro repleto delas. Ela apresentou aquela versão em 1831, no prefácio de uma nova edição do romance. Mais de cinquenta anos se haviam passado desde Genebra, e ela estava diante de enormes pressões financeiras e sociais. A revelação de que uma mulher escrevera *Frankenstein* foi chocante em muitos círculos sociais, prejudicando as vendas do livro e condenando Mary ao ostracismo, embora sua escandalosa história afetiva também tivesse contribuído para que isso acontecesse. No início do século xix, artistas do sexo feminino eram, por definição, uma monstruosidade. Apesar de todos os esforços de Wollstonecraft e de seus amigos radicais, a sociedade ainda acreditava que mulheres deveriam gerar bebês, não arte. Se porventura, sendo modesta, Mary pudesse melhorar suas vendas e a própria reputação, então faria sentido se afastar da gênese do romance e dizer que não havia concebido a história a partir de sua capacidade mental, que ela não era um gênio, tampouco um grande talento:

Quando deitei a cabeça no travesseiro, não consegui dormir, nem ser persuadida a pensar. Minha imaginação tomou-me espontaneamente e conduziu-me, dotando as imagens sucessivas que emergiam em minha mente com uma nitidez muito além dos limites normais do devaneio.

No entanto, encerrada no âmago dessa depreciação de si mesma havia outra reivindicação, mais cheia de dignidade. Como Coleridge, que fizera um relato vívido da alucinação que levara à composição de "Kubla Khan", o famoso fragmento de um poema publicado por ele no outono de 1816, Mary asseverava sua qualificação como verdadeira artista. Uma visão onírica faria apenas reforçar as credenciais românticas de alguém. Sonhos eram espontâneos, não se podia forçá-los a existir. Mas sonhos também não eram particularmente democráticos. Eles não aconteciam a qualquer um, pelo menos não o tipo de sonho extraordinário que Mary descreveu. Artistas, poetas: esses eram os verdadeiros profetas, aqueles que tinham a mais profunda visão. Assim, ao mesmo tempo em que minimizava sua iniciativa, buscando a aceitação de seu trabalho enquanto escritora do sexo feminino, ela também afirmava sua identidade de artista. Nenhum escritor romântico que se prezasse (com a exceção de Edgar Allan Poe) jamais teria admitido (como Poe fez com "The Raven" [O corvo]) que sua obra foi resultado de um cuidadoso processo intelectual, uma atividade fria e prosaica de desenvolver e esboçar um enredo. Súbitos arroubos de inspiração, visitações de espíritos à noite — tais eram as verdadeiras fontes da arte para Mary e seus amigos.

Como todos estivessem mergulhados no trabalho, Claire começou a se irritar. Ela não estava tentando escrever uma história. Estava magoada porque Byron continuava a evitá-la e, quando lhe dava atenção, era geralmente de forma destrutiva. Ele a provocava e ridicularizava. Esse tratamento já era doloroso por si só, mas se tornava ainda pior porque o poeta tratava Mary de maneira muito diferente. Ele ouvia, admirado, quando ela falava, e respeitava sua inteligência e erudição. O poeta ainda dormia com Claire, pois, como ele disse posteriormente a um amigo, a jovem se atirava em seus braços e ele não tinha a intenção de recusar suas investidas, ainda que não sentisse verdadeiro afeto por ela.

Isso era típico de Byron: ele raramente pensava em Claire ou nos sentimentos da moça, sentindo-se mais atraído por Shelley que por qualquer outra pessoa ali, Mary entre elas. Seus primeiros envolvimentos amorosos tinham sido com colegas do sexo masculino na escola ("Thyrza", a figura que figurava no poema que Mary copiara em seu exemplar de "Queen Mab", era, na realidade, um garoto) e, ao longo da vida, ele teve muitos amantes homens. Uma de suas motivações para deixar a Inglaterra era a possibilidade de ter relacionamentos homossexuais sem correr os riscos de ser processado judicialmente; tais relacionamentos ainda eram ilegais na Inglaterra, sujeitos à pena de morte. A sensibilidade poética de Shelley, seus acessos de histeria e suas ideias brilhantes o intrigavam; Byron respeitava-o por sua erudição e seu compromisso com a poesia, divertindo-se com o modo como o poeta mais jovem proclamava princípios ateístas.

Para Shelley, essa relação era mais complicada. Parecia que, quanto mais tempo passava com Byron, menos conseguia escrever. Era Mary quem tinha o relacionamento menos complicado com o poeta mais velho: eles partilhavam da mesma veia pessimista e ambos consideravam o ser humano intrinsecamente egoísta. O lorde percebera que confiava no julgamento literário de Mary e gostava de ler seus trabalhos para ela, pedindo sugestões com frequência. Por vezes, Mary o atendia, lisonjeada por ser consultada, mas ela tinha o próprio trabalho e um bebê para cuidar, isso sem mencionar a tarefa constante de afastar Polidori, que continuava a demonstrar seu interesse por ela.

Na noite do dia 18, o grupo voltou a se reunir na Villa Diodati. Ainda chovia muito e a sala de estar estava ainda mais escura que de costume. Perto da meia-noite, eles "começaram a falar realmente de fantasmas" — espíritos, carniçais e assombrações. Eles se perguntavam, em voz alta, se os mortos podiam voltar à vida e por que o bebê falecido de Mary continuava a lhe aparecer em sonhos.

Byron declamou seu poema preferido de Coleridge, "Christabel", que também era um dos favoritos de Mary. Em "Christabel", uma jovem donzela ingênua — a Christabel do título — encontra uma bela dama na floresta. Ela leva essa mulher misteriosa para casa, observa-a enquanto se despe, e fica fascinada com sua beleza. Porém, quando aparentemente um envolvimento sexual terá lugar ali, a jovem percebe que a mulher é horrivelmente desfigurada e, na verdade, se trata de uma bruxa.

A sala estava silenciosa enquanto Byron falava, mas, quando o poeta alcançou a estrofe culminante:

> *Sob a lâmpada, a dama se inclinou,*
> *E, lentamente, o olhar à volta lançou;*
> *Então, quando o ar com força puxou*
> *Como quem estremece, ela soltou*
> *A cinta de sob o seio;*
> *O vestido de seda, e o peitilho interno*
> *Caíram-lhe aos pés, e a lume veio,*

> *O colo e metade do lado, vê!*
> *Horrendos, deformados, de lívida tez.*[1]

Shelley assustou a todos, "gritando e levando as mãos à cabeça" de repente. Polidori descreveu a cena que se seguiu com a riqueza de detalhes característica de um médico:

> [Shelley] saiu correndo da sala com uma vela. Lavou o rosto com água e, depois, deram-lhe éter. Ele olhava para a sra. S e, de repente, pensou em uma mulher de que ouvira falar e que tinha olhos em lugar de mamilos, pensamento que lhe dominou a mente, aterrorizando-o.

Olhos em lugar de mamilos. Seios que podiam enxergar. Essa estranha imagem não vinha do poema de Coleridge — ao menos, não diretamente.

Por um lado, parece evidente que o ocorrido foi uma reação quase que totalmente inconsciente, visto que Shelley estava transtornado, impotente diante do poder de sua visão. Não obstante, também é possível encontrar a origem da visão de Shelley em uma história que Mary lhe contara certa vez: a ideia inicial de Coleridge era colocar olhos nos seios da dama, mas recuou no último instante, convencido de que era uma imagem pavorosa demais. Assim, a visão grotesca que Shelley teve *de* Mary, na realidade, *vinha de* Mary, embora ele provavelmente não tivesse consciência disso.

Polidori, que não tinha conhecimento do papel de Mary na visão aterradora de Shelley, ficou tão impressionado com o "acesso de fantasia" do poeta, como Byron chamou o episódio, que usou uma versão dele em sua própria narrativa, "O Vampiro", publicada em 1819. Essa obra tremendamente popular inspiraria muitas outras, sendo a mais famosa entre elas o *Drácula* de Bram Stoker. O restante do grupo, porém, se sentiu mais abalado que inspirado. Ninguém julgou o terror de Shelley insignificante por ter sido fruto de sua imaginação. Acreditar nisso teria sido um insulto aos poderes da mente; nada podia ser mais real e mais terrível do que as criações do eu. Shelley viu o que viu. O grupo viu quando ele o fez.

Quatro dias após sua visão de "Christabel", o tempo melhorou e Shelley insistiu que Byron o acompanhasse em uma aventura para explorar mais os antigos lugares frequentados por Rousseau. Apesar da opinião míope que Rousseau tinha das mulheres e de sua educação, para os dois poetas o filósofo

---

[1] "Beneath the lamp the lady bowed,/ And slowly rolled her eyes around;/ Then drawing in her breath aloud/ Like one that shuddered, she unbound/ The cincture from beneath her breast;/ Her silken robe, and inner vest/ Dropt to her feet, and in full view,/ Behold! Her bosom and half her side—/ Hideous, deformed, and pale of hue" (Tradução nossa.) [NT]

já falecido era um dos maiores porta-vozes da liberdade. Com a ausência de Shelley, Mary começou a escrever sua narrativa seriamente, "tão possuída" por seu criador insano, Victor Frankenstein, que ela sentiu "um estremecimento de medo". A primeira frase que ela escreveu — "*Foi numa sombria noite de novembro que contemplei meu homem concluído*"[2] — pareceu desencadear tudo que viria em seguida, como se a história estivesse aguardando para ser vertida sobre o papel. Do lado de fora, ela ouvia o vento soprar ligeiro pelo lago enquanto imaginava um jovem erudito pálido construindo um homem a partir de partes do corpo roubadas de cemitérios e açougues, valendo-se de suas lembranças dos abatedouros e mercados de carne próximos da Skinner Street para criar sua narrativa, bem como da lenda de Konrad Dippel, que ouvira quando de sua visita ao castelo Frankenstein.

Depois de oito dias passeando pelo lago, Shelley voltou de sua excursão e disse a Mary que ele e Byron por pouco haviam sobrevivido a uma súbita ventania que descera com ímpeto das montanhas. Eles baixaram as velas do pequeno barco e se agarraram às laterais, esperando a embarcação virar. Felizmente, o vento abrandou e eles continuaram seu curso sem sofrer acidente algum. Shelley não sabia nadar e seu receio era que Byron, um exímio nadador, arriscasse a vida na tentativa de salvá-lo, o que teria sido um verdadeiro constrangimento. Histórias como essa nos fazem indagar por que Shelley, que era obcecado por velejar, nunca aprendeu a nadar, e por que seus amigos não insistiam para que ele aprendesse. Um verão às margens do lago Genebra pareceria ser a oportunidade ideal.

Depois de quase perder o homem que amava, os temas abordados em *Frankenstein* passaram a ser ainda mais prementes para Mary. Quando ela mostrou a Shelley as páginas que escrevera, ele a exortou a desenvolvê-las em uma narrativa mais longa. Com esse encorajamento, Mary se permitiu imaginar Frankenstein com mais detalhes, recorrendo às próprias experiências enquanto filha de uma mãe que morrera depois de dar à luz e como uma mulher rejeitada pelo pai e condenada pela sociedade por viver com o homem que amava. Ela explorou sua vida interior — a raiva, a mágoa, o orgulho — e, por fim, acrescentou a brilhante guinada no enredo, a surpresa que distinguiria sua história das demais e a transformaria em uma das escritoras mais famosas da história literária inglesa: em vez de olhar para a obra de suas mãos com orgulho, ela fez com que o jovem inventor sentisse aversão por sua criatura, abandonando, horrorizado, seu "homem concluído". Se Shelley ou Byron tivessem escrito essa história, parece improvável que qualquer um deles tivesse imaginado

---

2 "*It was on a dreary night of November that I beheld my man compleated* [sic]." (Tradução nossa.) [NT]

*Chapter 7th*

It was on a dreary night of November that I beheld my man compleated, and with an anxiety that almost amounted to agony, I collected instruments of life around me that I might infuse a spark of being into the lifeless thing that lay at my feet. It was already one in the morning, the rain pattered dismally against the window panes & my candle was nearly burnt out, when by the glimmer of the half extinguished light I saw the dull yellow eye of the creature open. It breathed hard, and a convulsive motion agitated its limbs.

But how can I describe my emotion at this catastrophe, or how delineate the wretch whom with such infinite pains and care I had endeavoured to form. His limbs were in proportion and I had selected his features as beautiful. Beautiful; Great God! His yellow skin scarcely covered the work of muscles and arteries beneath; his hair of a lustrous black, & was flowing and his teeth of a pearly whiteness, but these luxuriances only formed a more horrid contrast with his watery eyes that seemed almost of the same colour as the dun white sockets in which they were set,

---

O ORIGINAL DO INÍCIO DE *FRANKENSTEIN*, NA CALIGRAFIA DE MARY SHELLEY. "IT WAS ON A DREARY NIGHT OF NOVEMBER THAT I BEHELD MY MAN COMPLEATED."

— ou conseguido imaginar — um cenário como esse. Em realidade, nas obras a que deram início naquele verão — "Manfred", de Byron, e "Mont Blanc" e "Prometheus Unbound", de Shelley —, ambos os poetas conceberam como protagonistas criadores cujas habilidades os faziam parecer heroicos. Entretanto, Mary tinha dúvidas quanto à possibilidade de que um ser humano pudesse criar vida. Ela dera à luz uma criança que amava, mas também havia perdido um bebê e a própria mãe em consequência do parto. Se o homem pudesse controlar a vida (e a morte), então ela não teria vivenciado essas tragédias. Por outro lado, ela se perguntava o que seria do papel especial da mulher se fosse possível criar vida por métodos artificiais. Mary também se preocupava com o que seria feito de Deus, ou da ideia de Deus, o poder misterioso, místico até, por trás da Natureza. Atormentada por essas preocupações, deixou de escrever do ponto de vista do criador e passou para o ponto de vista do ente criado, levando a criatura do dr. Frankenstein a sair em busca do pai. Contudo, quando a criatura encontra Frankenstein, em vez de um reencontro feliz, o jovem cientista a rejeita, tal como Godwin rejeitara Mary. Furiosa e magoada, a criatura mata todas as pessoas que Frankenstein ama, do melhor amigo até a noiva. A narrativa de Mary evoluiu de um conto sobrenatural para um complexo estudo psicológico com múltiplas perspectivas. Da exploração do poder criativo da humanidade — uma temática especial para Shelley e Byron —, ela passara a sondar as profundezas da natureza humana.

Todos no pequeno grupo perceberam que Mary tivera uma ideia brilhante. Tomada pelo espírito da composição imaginativa, ela se dedicava ao manuscrito tanto quanto podia. Longe de se sentir intimidada por seus talentosos colegas do sexo masculino, ela extraía coragem da ideia de que, tornando-se escritora, estava vivendo sua herança literária. Shelley desistira totalmente da ideia da história de terror e retomara o próprio trabalho. Byron também se havia voltado para outros projetos. No entanto, a história de Mary exercera sobre eles uma influência maior do que se davam conta ou viriam a reconhecer. Os poemas em que ambos os rapazes trabalharam naquele verão também exploravam o poder da invenção humana para o bem ou para o mal, o embate entre liberdade e escravidão, e a majestade da Natureza. Esse foco compartilhado foi uma homenagem à importância de sua amizade literária. Pelo resto da vida, os três buscariam uns nos outros inspiração e confirmação, competição e revelação.

• • •

A excursão pelo lago não amenizara a inquietação de Shelley e, poucas semanas após seu retorno, ele já fazia planos para uma viagem com Mary e Claire para o então remoto vilarejo alpino de Chamonix, com sua famosa geleira, o mar de Gelo, no sopé do Mont Blanc. Sabendo que seria uma imprudência levar o filho nessa expedição e que Shelley não gostaria muito que William fosse um companheiro de viagem, Mary se despediu com pesar de seu "lindo bebê", deixando-o aos cuidados de Elise. No dia 21 de julho, eles viajaram para as terras altas, tremendo em suas capas e se maravilhando com os rios de gelo e os campos de neve. O trajeto era perigoso, sujeito a enchentes e avalanches, mas o trio conseguiu atravessar os Alpes em segurança. Embora sentisse saudade de seu garotinho, Mary estava entusiasmada com a estranheza do cenário.

Em regra, os outros ingleses em visita a Chamonix formavam um grupo piedoso, ávido por testemunhar a glória de Deus manifesta na geleira e no Mont Blanc. Cinquenta anos mais tarde, o poeta Algernon Swinburne comentaria como as entradas no registro do hotel eram "fervorosas com sebo espiritual e religião rançosa". Aborrecido com os muitos testemunhos cristãos no livro de visitas do hotel, Shelley escreveu, em grego, que era "democrata, filantropo e ateu". Em "Destino", ele escreveu "L'enfer". Ele sentia prazer em chocar seus conterrâneos turistas e fazia declarações semelhantes nos registros de hotéis que se espalhavam pelos Alpes.

Tais entradas logo se tornaram famosas e malquistas. O grego não era uma barreira para outros viajantes britânicos da época, que partilhavam da educação clássica de Shelley e podiam decifrar facilmente sua letra grafada com firmeza. Por certo, ele não poderia ter escolhido palavras mais incendiárias. Sua declaração de ateísmo era, talvez, a pior das ofensas, porém "democrata" era sinônimo de revolucionário, ao passo que "filantropo" (aquele que ama a humanidade) parecia uma referência aos casos amorosos inapropriados de Shelley — para seus inimigos, finalmente a prova de que ele era, de fato, imoral. Até mesmo Byron ficou chocado com a indiscrição do jovem amigo e, ao visitar a região, poucos meses depois, riscou todas as entradas desse tipo que pôde encontrar. Felizmente para a história, ainda que não para a reputação de Shelley entre seus contemporâneos, Byron não encontrou o registro de Chamonix, de modo que aquelas três palavras viriam a assombrar o poeta pelo resto da vida.

Os viajantes caminhavam pela geleira e ficavam impressionados com a enormidade da montanha que lançava sombra sobre o hotel. Um dia, choveu tanto que eles foram obrigados a permanecer no hotel, e Mary se debruçou sobre seu caderno, decidindo que uma das cenas culminantes entre o dr. Frankenstein e sua criatura ocorreria no mar de Gelo. "[A visão da geleira] encheu-me de um êxtase sublime", diz Frankenstein, frase que parece ter sido diretamente tirada do diário de sua criadora.

Voltando a Genebra em 27 de julho, Mary passou a trabalhar de modo a estender ainda mais sua narrativa: ela fez Frankenstein jurar vingança e sair à caça da criatura, a caça tornando-se caçador, o caçador transformando-se em presa. Ela também brincava com o bebê William, fazia caminhadas com Polidori, estudava grego com Shelley e, por vezes, tecia comentários sobre as versões iniciais dos novos poemas de Byron. Parecia que o mundo começava a se abrir para ela, exatamente como sempre esperara.

Contudo, Claire vivia o oposto: descobrira que estava grávida de Byron e, embora a princípio esperasse que o fato pudesse uni-la ao relutante poeta, Byron — que estava absolutamente farto de Claire — não viu motivos para oferecer assistência financeira nem emocional à jovem. Ela gozara do privilégio de fazer sexo com ele. Que mais podia querer? Shelley tentou persuadir Byron a ajudar Claire, mas ele estava irredutível, duvidando de que a criança fosse sua. O poeta mais velho ouvira rumores de que Shelley também dormira com Claire e, por rebelde que fosse, julgava a relação de Shelley com as duas irmãs — ainda que ambígua — imprudente e nada ortodoxa.

Vendo que a situação de Claire era desesperadora, Shelley destinou uma renda periódica para a jovem e o bebê ainda não nascido, ato que Byron considerou uma prova ainda maior da verdadeira paternidade da criança. As coisas poderiam ter parado por aí, mas Shelley foi persistente e, enfim, conseguiu convencer Byron a reconhecer o bebê como seu. Por ironia, esse reconhecimento fez com que o famoso poeta desse ainda menos assistência a Claire; embora jamais tivesse demonstrado qualquer interesse pelos demais filhos ilegítimos que deve ter tido ao longo dos anos, a interferência de Shelley fez com que Byron, de repente, se tornasse possessivo e controlador. Não queria que sua descendência fosse educada por boêmios, declarou ele, e anunciou sua intenção de colocar o bebê sob os cuidados de sua aristocrática meia-irmã — e suposta amante —, Augusta. Claire ficou horrorizada com a proposta (uma reação compreensível, em especial se ela de fato foi forçada a abrir mão do primeiro filho ou se o perdeu). Ela protestou tanto que Shelley persuadiu Byron a deixá-la cuidar da criança, fingindo ser a tia do bebê para proteger a si mesma (e a Byron) de mais um escândalo. Byron concordou, com a condição de que ele pudesse mandar buscar a criança sempre que quisesse.

Shelley, Mary, William, Elise e Claire regressaram à Inglaterra no início de setembro, logo após o aniversário de 19 anos de Mary. Eles não podiam voltar a Bishopsgate — apesar da renda anual da propriedade do avô, Shelley deixara de pagar as contas antes que o grupo partisse da Inglaterra, de modo que os credores já procuravam por ele novamente, depois de já terem confiscado os objetos de valor que eles deixaram para trás. Londres também estava fora de cogitação, pois já era evidente que Claire estava grávida e isso os colocaria no centro de uma nova onda de mexericos.

Tendo deliberado a respeito, o grupo decidiu arranjar uma casa em Bath; a temporada turística terminaria ali e não haveria londrinos fofoqueiros na cidadezinha. Mary não gostou da ideia, visto que Shelley teria de permanecer em Londres para consultar os advogados em relação às finanças e ela não queria que ficassem longe um do outro. Contudo, Mary não tinha escolha, e Shelley achava que ela deveria ficar com Claire durante a gravidez. Mary, porém, não queria cuidar da irmã postiça, que tentara sabotar o relacionamento com seu amado. Ela tinha certeza de que o bebê que estava por vir não era de Shelley, embora também soubesse que o restante do mundo poderia pensar nessa possibilidade. A escritora temia os meses que viriam: a solidão, as brigas com a irmã postiça, o receio de que Shelley pudesse abandoná-la, a monotonia e a atmosfera provinciana de Bath. Ela sentia falta dos Alpes, do lago e, acima de tudo, da vida comunal na qual se sentira isolada dos olhares críticos do mundo e inspirada a visualizar o que se supunha impensável: um ser humano brincando de Deus. Agora, sem Byron, sem a presença reconfortante de Shelley e desprovida da sensação maravilhosa de estar longe da antiquada Inglaterra, ela teria de avançar sozinha, reescrevendo e ampliando seu manuscrito durante o longo outono cinzento que se estendia melancolicamente à sua frente.

## CAPÍTULO 16
# MARY WOLLSTONECRAFT: PARIS
[1792–1793]

Mary Wollstonecraft conseguiu distinguir pouca beleza enquanto seu coche seguia rumo ao Boulevard Saint-Martin, depois de atravessar os portões de entrada da capital francesa. Eram meados de dezembro de 1792 e os cavalos chapinhavam pelas ruas sujas, espirrando lama nos desventurados pedestres que tentavam evitar os fundos buracos entre as pedras da pavimentação. Ela pegara um resfriado durante o longo e desconfortável trajeto desde Londres e, depois de tantos dias de viagem, estava ansiosa para conhecer a amiga das irmãs, Aline Filliettaz, filha da sra. Bregantz, diretora da escola onde Eliza e Everina haviam lecionado em Putney. Mary não conhecia mais ninguém em Paris, uma vez que Eliza voltara para casa em 1788, antes que a Revolução ganhasse força. Agora, as duas irmãs de Mary trabalhavam como professoras, Eliza no País de Gales e Everina na Irlanda, e ambas escreviam com frequência, fornecendo detalhes de suas misérias e pedindo dinheiro. Elas já não tinham ninguém com quem reclamar e culpavam Mary por sua infelicidade. Para elas, a irmã mais velha parecia estar levando uma vida glamorosa, enquanto elas, na prática, ainda eram servas. Era difícil ouvir tais lamentações, pois estava claro que, no pensamento delas, Mary deveria estar trabalhando mais para tornar a vida das irmãs mais feliz: ela deveria lhes arranjar empregos novos ou enviar dinheiro suficiente para que não tivessem de trabalhar. Mary sabia que os cargos das irmãs eram degradantes e desagradáveis. Porém, ela já havia dedicado um tempo considerável para lhes arrumar emprego, enviando mais dinheiro do que podia para as irmãs. Agora que estava na França, ela tinha seus próprios planos e queria concretizá-los.

Quando chegou ao número 22 da Rue Meslée (atual Meslay), uma rua secundária embrenhada no Marais, Mary descobriu que Aline e o marido tiveram de sair inesperadamente. Ela foi deixada aos cuidados dos criados, que falavam um francês coloquial muito diferente da língua acadêmica que ela havia estudado. Por mais que tentasse, Mary não conseguia se fazer entender.

"Você há de imaginar facilmente com que desconforto agi, incapaz que era de pronunciar uma única palavra", escreveu Mary a Everina.

Uma jovem criada conduziu Mary por "uma porta sanfonada atrás da outra", deixando-a sozinha em uma sala distante dos aposentos dos criados. A casa de Aline era uma grande residência de seis andares com sacadas em ferro forjado e janelas compridas que se abriam para a rua. A última vez que Mary havia morado em um ambiente tão luxuoso fora na época em que trabalhou como governanta para os Kingsborough. De tijolos vermelhos, a elegante Place des Vosges, um dos endereços de maior prestígio em Paris, ficava a uma curta caminhada dali. Nas proximidades se encontrava o Templo, uma fortaleza medieval com torreões que teve por prisioneiros o rei Luís e Maria Antonieta.

Mary foi obrigada a permanecer na casa por mais ou menos uma semana a fim de se recuperar do resfriado. A cada dia que passava, esse isolamento ficava mais penoso. O silêncio da casa era sufocante. Ela escreveu a Johnson: "Não consigo ouvir nem o som distante de um passo. [...] Gostaria até mesmo de ter trazido o gato comigo!". Embora as criadas tentassem ajudar, Mary não encontrava palavras para se explicar: "Fico tão atenta à língua, e minha labuta para compreendê-la é tão ininterrupta, que nunca me recolho ao leito sem uma dor de cabeça — e já estou exausta de tentar formar uma opinião justa das questões públicas".

Quando finalmente teve condições de explorar a cidade, Mary ficou decepcionada com o que encontrou. Paris estava repleta de cicatrizes: estátuas de monarcas franceses haviam sido destruídas ou desfiguradas, deixando pedestais vazios e pilhas de mármore; gradis de ferro haviam sido arrancados de janelas para se transformarem em piques nas mãos de trabalhadores. Nas esquinas, placas advertiam as pessoas a não demonstrar apoio ao rei. Os sans-culottes, trabalhadores revolucionários, vestindo suas características calças listradas e rosetas de liberdade, brandiam seus estandartes — "um velho par de calças [...] no alto de um pique" — diante de qualquer um que tivesse uma aparência demasiado aristocrática; Mary fora orientada a não falar inglês nas ruas, pois o povo acreditava que visitantes estrangeiros eram nobres disfarçados ou espiões. Mesmo os nomes de lojas, ruas, pontes e cidades menores haviam sido mudados a fim de erradicar qualquer submissão ou lealdade à realeza. Embora Mary aprovasse essa tentativa de recomeçar, havia poucos mapas atualizados, o que tornava "muito difícil", de acordo com um viajante inglês, "para um estrangeiro saber alguma coisa sobre a geografia do reino".

Mary acabou aprendendo a percorrer a aglomeração de casas que era a Paris do século XVIII, com suas ruas tão estreitas que mais pareciam corredores. Embora se regozijasse com a arquitetura do Marais, as construções eram mais altas que em Londres e tão próximas umas das outras que ocultavam o céu. Um muro de pedra de pouco mais de cinco metros de altura cercava a cidade. Se uma pessoa não apresentasse a documentação correta, ela não tinha autorização para deixar o lugar, precaução que permitia às autoridades o fechamento dos 54 portões de pedágio a seu bel-prazer. Não que Mary quisesse fugir, mas a cidade era claustrofóbica. Caminhar era desagradável; ela odiava as ruas sujas. Como os londrinos, os parisienses atiravam seu lixo e dejetos pelas janelas, mas, em Paris, diferentemente de Londres, não havia calçadas, e os parques eram poucos. Quando o tráfego ficava congestionado e as carruagens se apinhavam, forçando a passagem, a única alternativa era se espremer junto às construções para não acabar embaixo de suas rodas; pedestres morriam com frequência em acidentes de trânsito. No geral, Mary ficou chocada com "o impressionante contraste de riqueza e pobreza, elegância e desmazelo, urbanidade e falsidade".

Se o deslocamento pela cidade era difícil, saber as horas e a data era ainda mais desafiador. Os líderes revolucionários haviam modificado o relógio e o calendário para que refletissem a nova sociedade que desejavam criar. Isso significava que os nomes franceses para os dias da semana que Mary aprendera (*lundi*, *mardi*, *mercredi* etc.) agora eram inúteis. As semanas passaram a ter dez dias, começando com *primidi* e terminando com *décadi*. Ainda havia doze meses, mas cada mês era dividido em três semanas revolucionárias. No fim do ano, que começava no primeiro dia do equinócio de outono (a chegada de Mary ocorrera no terceiro mês do primeiro ano da República Francesa), dias extras eram acrescidos para alcançar a duração do ano solar. Ainda mais confuso era o conceito decimal de tempo. O período diurno já não tinha doze horas; em vez disso, durava dez longas horas. Cada hora tinha cem minutos decimais e cada minuto tinha cem segundos decimais, o que fazia com que a hora revolucionária tivesse 144 minutos convencionais. Já existiam até mesmo novos relógios decimais, que ninguém conseguia compreender. Jornais, panfletos, documentos oficiais, mesmo o passaporte de Mary obedeciam a tal sistema, intensificando o isolamento da França em relação aos países vizinhos.

Para complicar ainda mais as coisas, Paris era um verdadeiro ninho de fofoca. Confusa e ainda enfrentando percalços com o francês, Mary tinha dificuldade de distinguir entre o turbilhão de notícias falsas e a realidade. Na semana anterior ao Natal (segundo o calendário inglês), a cidade fervilhava de histórias: o rei havia fugido; os austríacos estavam invadindo a cidade; facções radicais planejavam um golpe. Frustrada com a falta de informações, Mary pegou um táxi até a casa de uma literata inglesa, Helen Maria Williams, de cujo livro ela fizera uma crítica positiva na primavera anterior. Depois disso, Williams se mudara para Paris, onde publicava relatos entusiasmados da Revolução que fascinavam liberais britânicos como Mary. Na casa de Helen, Mary conseguiu ouvir o noticiário em uma língua que conseguia compreender. O rei não havia fugido. Ele enfrentaria a Convenção Nacional no dia seguinte ao Natal. Helen e seu círculo de amigos tinham opiniões diversas quanto ao futuro mais acertado para Luís XVI: A guilhotina? Uma monarquia constitucional? Uma república? Mary era contrária à execução. Embora detestasse as tradições da aristocracia e da monarquia, solidarizava-se com o rei e odiava o crescente derramamento de sangue. Outros liberais concordavam. Thomas Paine argumentava que Luís devia ser exilado nos Estados Unidos, e não decapitado.

E assim, quando chegou o dia 26 de dezembro, foi com sentimentos conflitantes que Mary subiu as escadas do sótão do número 22 da Rue Meslée para assistir à passagem de Luís a caminho da Convenção Nacional. Por volta das nove horas da manhã, ela ouviu "uns poucos toques de tambor" e, em seguida, as rodas do carro real. Um grande grupo da guarda nacional, vestindo seus casacos azul-escuros com colarinho vermelho e lapelas brancas, marchava ao lado do coche de Luís, mantendo quaisquer pretensos salvadores do rei a uma distância segura. O ar estava parado, e Mary se espantou com o silêncio que saudou a procissão. Ela escreveu para Johnson:

> Os moradores acorreram às janelas, mas estas permaneceram todas fechadas; não se ouviu uma única voz, tampouco vi qualquer coisa que parecesse um gesto insultuoso.
> [...] Não sei dizer-lhe o porquê, mas uma associação de ideias fez com que eu derramasse lágrimas sem o perceber quando vi Luís ali sentado, demonstrando mais dignidade do que eu esperava de seu caráter.

Naquela noite, Mary não pôde dormir. "Não consigo afastar as imagens vívidas que ocuparam minha imaginação o dia inteiro", confidenciou ela a Johnson.

> Não, não sorria, mas tenha piedade de mim; pois, uma ou duas vezes, ao erguer os olhos do papel, vi olhos encarando-me por uma porta de vidro defronte à minha cadeira, e mãos ensanguentadas acenando, furiosas, para mim. [...] Quero ver alguma coisa viva; a morte, em tantas figuras pavorosas, tomou

posse de minha fantasia. — Estou indo para a cama — e, pela primeira vez em minha vida, não consigo apagar a vela.

A referência de Mary a "mãos ensanguentadas" foi uma alusão a uma de suas peças teatrais favoritas, *Macbeth*, de Shakespeare. Para Mary, a morte de Luís parecia, agora, tão inevitável como a do rei escocês, e ela tinha a impressão de estar enredada no que haveria de vir, sem saber se deveria estar protestando contra o que acabara de ver. Como Macbeth, ela e o povo francês em breve seriam culpados de regicídio e poderiam em breve se ver assombrados pela morte do rei. Ela tinha uma única certeza: que acabara de testemunhar um acontecimento extraordinário — um rei indo a julgamento como se fosse um cidadão comum. O mundo jamais seria o mesmo — nem poderia voltar a sê-lo. Essa era uma ideia muito solene, mas também inspiradora. Com energia renovada, Mary fez anotações, planejando utilizá-las para escrever um relato em primeira mão da Revolução.

Impossibilitada de presenciar a sessão do julgamento, Mary teve de contar com a detalhada cobertura dos jornais para o evento. O presidente Barère, que presidia a Convenção, passou a manhã discursando para os 749 representantes:

> A Europa observa os senhores; a história registra seus pensamentos
> e ações; uma posteridade incorruptível haverá de julgá-los com
> severidade inflexível [...]. A dignidade de seu mandato deve ser
> responsável para com a grandiosidade da Nação francesa; ela está
> pronta para, por seu intermédio, ensinar uma grande lição aos Reis
> e estabelecer um exemplo útil para a emancipação das nações.

Tais palavras ecoavam em Mary. Ela também podia sentir uma "posteridade incorruptível" julgando seus atos, e quando, algumas semanas após o debate, a Convenção votou pela pena de morte, ela se preparou para registrar tudo quanto observasse. Desiludida com a tirania do governo revolucionário, escreveu: "Sofro — sofro amargamente — quando penso no sangue que manchou a causa da liberdade em Paris". Naquele ano, a guilhotina fora instalada na Place de la Révolution, hoje Place de la Concorde, perto do Louvre. Mary já tinha ido vê-la e, embora fosse horrenda, ela sabia que o instrumento de execução fora criado para ser mais humano que as antiquadas execuções na fogueira ou por enforcamento do *ancien régime*. Seus inventores se vangloriavam de sua eficiência, e o objeto era largamente elogiado como símbolo da filosofia igualitária da Revolução, uma vez que, no passado, as pessoas comuns tinham de suportar mortes demoradas e excruciantes na roda do suplício, enquanto os aristocratas eram executados com um golpe relativamente misericordioso de uma espada afiada. Agora, todos, inclusive o rei, sofreriam a mesma morte. Contudo, por mais democrática que pudesse ser, a proeminência da guilhotina ainda perturbava Mary. As autoridades haviam-na instalado em frente ao Hôtel Crillon, onde Maria Antonieta costumava ter aulas de piano e tomar chá todas as tardes, asseverando a vitória da Convenção sobre a família real. Esse simbolismo não passou despercebido a Mary, pois ela notou que o novo governo tinha tanta sede de poder quanto o antigo. Começava a parecer que a única diferença entre os regimes era a mudança de nome.

Em 21 de janeiro, dia da execução, a cidade estava mergulhada em um silêncio sepulcral. Os cidadãos haviam recebido ordens de manter as janelas fechadas, sob pena de morte. O céu estava carregado, e guardas marchavam pelas ruas, prontos para reprimir quaisquer protestos em favor do rei. Mary permaneceu trancada atrás das altas portas fechadas e das janelas gradeadas da casa de número 22 da Rue Meslée. Felizmente, Aline havia voltado a Paris e Mary já não estava sozinha enquanto a tensão crescia na cidade. As ruas eram perigosas, em especial para mulheres inglesas. Ninguém sabia o que aconteceria em seguida, se o povo se levantaria e tomaria o poder após a morte do rei, ou se eclodiria uma guerra civil. Fora de Paris, os monarquistas faziam protestos violentos.

Às dez da manhã, o cidadão Louis Capet, como os revolucionários chamavam o rei deposto, então aos 39 anos, subiu os degraus que levavam à guilhotina. Trancada em casa, Mary não conseguiu ser testemunha ocular do que se seguiu, mas, ao ouvir os relatos, ela se comoveu novamente até as lágrimas. Demonstrando mais força nos instantes finais da vida do que durante os anos de seu reinado titubeante, Luís proclamou sua inocência e perdoou o povo publicamente, exortando-o a fazer parar as execuções. Fez-se um silêncio respeitoso enquanto todos esperavam o descer da lâmina, porém, em seguida, quando o carrasco ergueu a cabeça cortada de Luís, o povo avançou para mergulhar as mãos em seu sangue, gritando: *Vive la République!* Era o início de uma nova vida, de uma nova era, bradavam os jornais. Sem o rei, todos seriam ricos e livres. Mary discordava. Ela acreditava que a morte de Luís marcava a guinada da Revolução rumo ao desastre.

A maioria dos líderes ingleses e europeus partilhava da opinião de Mary. Furioso e triste, Jorge III, o rei da Inglaterra, se uniu aos austríacos e prussianos, que já lutavam contra as tropas revolucionárias lideradas por um general jovem e ambicioso chamado Napoleão Bonaparte. Mesmo na França, as comemorações logo cessariam, e a premonição shakespeariana de Mary se tornaria realidade: a morte de Luís viria a assombrar as gerações futuras.

Para o filósofo e escritor Albert Camus, a execução do rei marcou o fim do significado, o desaparecimento de Deus na história. Outro filósofo do século XX, Jean-François Lyotard, afirmaria que a França moderna devia seu nascimento a um assassinato e, portanto, estava condenada à derrocada.

Percebendo a atmosfera sombria do país naquela primavera, muitos expatriados voluntários voltaram para o solo inglês. A própria Mary se sentiu tentada a deixar Paris, pois poderia chegar um momento em que já não lhe seria possível voltar para casa. Mas ela resistiu ao impulso, decidindo enfrentá-lo com coragem pelo bem da história, e passou os meses de fevereiro e março praticando seu francês e registrando mais impressões da cidade. Como escritora célebre, ela era convidada a muitos dos salões e das reuniões políticas mais importantes de Paris. Embora tenha registrado que um cavalheiro tenha feito troça dela por causa do seu hábito de responder *"oui, oui"* a tudo, porque, em conversas reais, suas "belas frases em francês [...] saíam voando Deus sabe para onde", ela aos poucos conseguiu ganhar fluência. Nesse novo mundo, as pessoas gostavam dela e ela gostava das pessoas; era revigorante viver em uma sociedade que valorizava as mulheres e suas ideias. Em Londres, ela era uma raridade, normalmente a única mulher nos jantares de Johnson, mas em Paris o clima social era totalmente diferente. A Revolução desempenhara um papel positivo na vida das mulheres, conferindo-lhes benefícios legais significativos. O divórcio fora legalizado em agosto do ano anterior e, em abril de 1791, o governo estabelecera que filhas podiam herdar propriedades. Agora, o marquês de Condorcet,[1] um dos novos amigos de Mary e membro influente da Convenção, vinha discursando em favor do direito de voto para as mulheres: "As mulheres devem ter absolutamente os mesmos direitos [que os homens]", declarava ele; "ou nenhum membro individual da raça humana tem quaisquer direitos verdadeiros, ou todos eles têm os mesmos".

Sua amizade com Helen Maria Williams também se estreitava naquela primavera. A obra *Letters from France* [Cartas da França], de Helen Maria, conquistara para a bela autora idealista a atenção de um jovem poeta inglês, William Wordsworth, que viajou para a França a fim de conhecê-la e

---

1   A esposa do marquês de Condorcet, Sophie de Grouchy (1764-1822), foi uma filósofa francesa, conhecida pelas suas oito cartas publicadas sob o título *Lettres sur la Sympathie* [Cartas sobre a simpatia]. Segundo textos publicados pelo Núcleo de Pesquisas de História da Tradução da Universidade Federal de Santa Catarina no site de antologias *Mnemósine* (disponível em: <mnemosineantologias.com>), em 1799 a marquesa foi responsável pela abertura do salão de intelectuais chamado Hôtel de la Monnaie, por onde circulavam Thomas Jefferson, Adam Smith, Marquês de Beccaria, Olympe de Gouges, Germaine de Staël, entre outros. Os encontros no salão desempenharam importante papel no surgimento do movimento girondino a favor dos direitos das mulheres. [NC]

testemunhar os milagres que ela descrevera. Anos mais tarde, ele se lembraria desse período como uma época gloriosa, exclamando:

*Bem-aventurança foi estar vivo naquela aurora,*
*Mas ser jovem foi o próprio paraíso!*[2]

Ele também retratou a sentimental Helen em um soneto intitulado "Upon Seeing Miss Helen Maria Williams Weep at a Tale of Distress" [Ao ver a srta. Helen Maria Williams chorar em um conto de angústia]: *"Ela chorava. A purpúrea maré da vida começou a fluir,/ Em correntes lânguidas, por todas as veias palpitantes/ Obscureceram-se meus olhos marejados"*.[3]

Em pouco tempo, Mary se sentiu suficientemente confortável para confidenciar com Helen sobre Fuseli e confiou na "bondade simples do coração [de Helen]" para ajudá-la a transitar pela política social parisiense. Como as anfitriãs dos salões do *ancien régime* — o pequeno grupo de mulheres privilegiadas que comandavam a vida cultural da cidade promovendo recepções aos ricos e poderosos, aos intelectuais e aos políticos —, Helen Maria se orgulhava de saber tudo a respeito de todos: quem odiava quem, quem tinha um amante secreto, quem apoiava os moderados e quem apoiava os radicais, quem era digno de confiança e quem não era. Esse conhecimento era valioso em uma época em que tudo mudava tão depressa. A queda do poder à prisão podia acontecer em questão de horas.

A moral sexual também passava por uma revolução. Em 1793, tantas tradições já haviam sido abandonadas que se tinha a impressão de que nada mais era tabu. Helen Maria, por exemplo, vivia com um inglês casado, John Hurford Stone, e, não obstante, sua sala de visitas continuava apinhada em suas recepções de domingo à noite. A madame de Staël, outra importante anfitriã, estava grávida de seu amante. O amigo de Joseph Johnson, Thomas Christie, cofundador da *Analytical Review* (periódico no qual Mary ainda estava empregada como escritora da equipe), se mudara para Paris e agora estava enredado em conflitos contínuos entre a esposa, Rebecca, e uma amante magoada com quem tivera um filho. Tendo visto seu mundo virar de cabeça para baixo, a maioria dos parisienses achava difícil levar votos matrimoniais a sério. É claro que o adultério já era bastante comum antes da Revolução, mas os casos amorosos costumavam ser mantidos com discrição. Agora, a velha moralidade era vista como um vestígio da corrupção do antigo regime;

---

2  "*Bliss was it in that dawn to be alive,/ But to be young was very heaven!*" (Tradução nossa.) [NT]
3  "*She wept. Life's purple tide began to flow/ In languid streams through every thrilling vein/ Dim were my swimming eyes.*" (Tradução nossa.) [NT]

as pessoas começavam e terminavam casos amorosos com a mesma rapidez, explicando seu comportamento como uma manifestação da nova liberdade. Liberdade sexual e política pareciam caminhar de mãos dadas, exatamente como Mary sempre esperara. Era o que ela antevira em sua *Reivindicação dos Direitos da Mulher*: se a vontade do povo pudesse vencer a tirania dos reis, os grilhões de casamentos desiguais poderiam ser quebrados. Os homens poderiam aprender a ver as mulheres como parceiras de valor. E as mulheres poderiam encontrar sua própria força moral e capacidade filosófica. Acima de tudo, as pessoas seriam livres para seguir seu coração.

O acolhimento da moral revolucionária por Mary correspondia a sua análise do casamento em *Reivindicação dos Direitos da Mulher*. Ao criticar o relacionamento entre homens e mulheres, não fora sua intenção censurar o sexo nem tampouco desaprovar o amor. Em vez disso, ela quisera expor os perigos que as mulheres corriam em uma sociedade em que o equilíbrio de poder estava distorcido em favor de maridos, pais e irmãos, na qual os homens tinham autorização legal e poder econômico para vitimar as mulheres. Somente poderia existir amor verdadeiro, acreditava ela, se os parceiros fossem iguais; assim, a Revolução lhe renovou a esperança, não apenas em relação aos relacionamentos entre homens e mulheres em geral como também no tocante a si mesma. Talvez naquele novo mundo ela pudesse ter um relacionamento profundo com um homem. Talvez ela já não tivesse de se contentar com o tipo de união "espiritual" que tentara estabelecer com Fuseli.

Sem dúvida, os homens de Paris pareciam achar Mary muito mais atraente do que os homens de Londres. Eles acorriam a ela, elogiando-a e convidando-a para peças teatrais, festas e jantares particulares em suas respectivas residências. Um de seus pretendentes, o conde Gustav von Schlabrendorf, um rico silesiano, recordava-se da "graça encantadora" de Mary. "Seu rosto, tão expressivo, ostentava um tipo de beleza que transcendia a mera regularidade das feições. Havia um fascínio em seu olhar, em sua voz, em seus movimentos." Ele a chamava simplesmente de "a mulher mais nobre, pura e inteligente que já conheci". Esses flertes ajudavam-na a deixar de lado pensamentos sobre Fuseli, mas também demonstravam quão distante ela estava da Inglaterra, onde seus modos e suas atitudes pouco convencionais afastavam a maioria dos homens. Ali, era exatamente sua originalidade que atraía a todos, homens e mulheres, embora estivesse muito longe de ser a mulher mais radical de Paris.

A infame Olympe de Gouges, por exemplo, acabara de publicar sua obra, *Déclaration des Droits de la Femme et de la Citoyenne* [Declaração dos direitos da mulher e da cidadã], que fazia reivindicações muito mais chocantes que a *Reivindicação dos Direitos da Mulher*, de Mary. "A mulher nasce livre e vive igual ao homem em seus direitos", proclamava De Gouges.

O ímpeto progressista da Revolução permitira que Olympe de Gouges, então aos 37 anos de idade, sonhasse com uma igualdade entre os sexos que parecera impossível a Mary apenas alguns anos antes. De Gouges convocava as "mães, filhas e irmãs" a criar sua própria assembleia nacional; defendia a necessidade da educação de meninas, do direito de divórcio para as mulheres e de lares para mães solteiras; e propunha reformas que incluíam a "igualdade sexual prevista em lei, a admissão de mulheres em todo e qualquer emprego e a supressão do sistema do dote através de uma alternativa oferecida pelo Estado". Forçada a se casar aos 17 anos com um homem que não amava, Olympe de Gouges declarava que "o único limite ao exercício dos direitos naturais da mulher é a eterna tirania masculina". Em uma nota mais sombria, ela acrescentava que, se "uma mulher tem o direito de subir ao cadafalso, ela deve ter igualmente o direito de subir à tribuna".

Mary nunca conheceu Olympe de Gouges, mas conhecia bem suas reivindicações por reformas, uma vez que, na primavera de 1793, muitas de suas ideias radicais pareciam prestes a ser adotadas, ao menos em Paris. O marquês de Condorcet, um líder moderado, chegou mesmo a recrutar Mary para ajudar a Convenção Nacional a desenvolver um plano de educação para mulheres.

Ainda mais infame era Théroigne de Méricourt,[4] então com 30 anos, a quem Mary conhecera enquanto jantava com Thomas Paine no hotel elegante em que ele se hospedava, no número 63 da Faubourg Saint-Denis. Teatral e impulsiva, De Méricourt entrou majestosamente com um par de pistolas idênticas no cinto e uma espada na cintura. Famosa por seu comportamento excêntrico, ela não queria *discutir* os direitos das mulheres, queria *colocá-los em prática*, de preferência com sua espada. Cortesã e

---

4 Anne-Josèphe Terwagne ou Théroigne de Méricourt (1762-1817) foi a precursora do que se poderia considerar como a "ala" radical e militarizada do feminismo. Ela foi a primeira a defender a formação de um grupo de mulheres armadas, chamadas por seus contemporâneos de "amazonas sedentas de sangue e vingança". Para Théroigne, a liberdade reivindicada pelas mulheres abrangia o direito de defender seus ideais com armas em punho, e morrer por eles caso necessário: "Arme-mo-nos! Temos o direito de fazê-lo, pela natureza e pela lei! [...] Nós [mulheres] também queremos obter a honra de morrer por uma liberdade que nos é mais cara do que a eles [os homens], pois os efeitos do despotismo se acumulam mais duramente sobre nossas cabeças do que sobre as deles" (tradução livre do discurso proferido em 25 de março de 1792). Entretanto, Théroigne foi linchada em público por um grupo de radicais jacobinas ao ser acusada de apoiar o líder dos girondinos (grupo mais moderado da revolução). Milagrosamente sobreviveu ao ataque, mas entrou em processo de melancolia profunda. Segundo a historiadora Elisabeth Roudinesco, em *Madness and Revolution: The Lives and Legends of Théroigne de Méricourt* [Loucura e Revolução: as vidas e as lendas de Théroigne de Méricourt], após esse fato, Théroigne foi declarada "inimiga da liberdade" e iniciou um longo período de internações até a sua morte. [NC]

MARY WOLLSTONECRAFT, EM UMA GRAVURA EM ÁGUA-FORTE E ÁGUA-TINTA A PARTIR DE FISIONOTRAÇO, INÍCIO DO SÉCULO XIX.

cantora de ópera antes da Revolução, Théroigne de Méricourt se desfizera dos adereços de coquete — os decotados vestidos de babados e as toucas rendadas — e, em lugar deles, passou a usar um austero traje de equitação branco e um chapéu de aba redonda, o mais próximo que ela pôde chegar de se vestir como um homem sem usar calças. Ela se recusava a tomar banho, considerando a higiene pessoal um lembrete dos dias em que tinha de agradar aos homens para sobreviver. Ela comparecia diariamente às reuniões da Convenção Nacional, ávida por "fazer o papel de homem", dizia ela, "porque sempre me senti extremamente humilhada pelo servilismo e os preconceitos sob os quais o orgulho dos homens mantém meu sexo oprimido". Ainda mais radical que Mary ou Olympe, Théroigne vibrou com a morte do rei, exortando as mulheres a se insurgir contra a tirania de todos os homens. "Elevemo-nos à altura de nosso destino", declarava ela; "quebremos nossas correntes!"

Em abril, Mary participou de uma festa na casa dos Christie. Ela era grata a Thomas Christie pelo apoio que ele dava a seu trabalho na *Analytical Review* e sabia que Johnson tinha o amigo em alta conta. Mary não o condenava por seu adultério, mas tinha compaixão por sua esposa, Rebecca. As duas mulheres se haviam tornado grandes amigas. Rebecca, uma ouvinte meiga e empática, valorizava a inteligência e afabilidade de Mary. Nessa noite em particular, Mary logo se transformou no centro das atenções dos convidados, rindo, interrompendo e argumentando fervorosamente a respeito do futuro da Revolução com os lampejos de discernimento e sagacidade espirituosa sobre os quais todos sempre comentavam, sem perceber que um belo rapaz norte-americano chamado Gilbert Imlay a observava do outro lado do salão.

Com seus cabelos castanhos soltando-se dos grampos, seu arroubo de vitalidade e sua figura voluptuosa, Mary parecia excepcionalmente desejável a Imlay. Ele decidiu que seria sua missão fazer com que ela o notasse. Ela era diferente de todas as mulheres que ele já havia conhecido, e isso era uma grande proeza, visto que conhecera muitas. Até demais, pensava ele às vezes. As mulheres pareciam ter necessidade de sufocá-lo, reprimi-lo. Mas aquela mulher independente tinha jeito de quem valorizava sua própria liberdade tanto quanto ele, o que significava que um envolvimento com ela seria de puro prazer sem culpa. Por ora, porém, bastava-lhe observá-la em ação: bela, inteligente e cheia de vida.

## CAPÍTULO 17
# MARY SHELLEY: RETRIBUIÇÃO
### [1816–1817]

Shelley encontrou uma casa para si, Mary e Claire, perto do centro de Bath: o número 5 da Abbey Churchyard. Da janela frontal, Mary podia ver as senhoras de touca subindo e descendo a rua, visitando lojas, fazendo breves visitas aos vizinhos — e claramente ignorando a casa do grupo Shelley. Claire estava desconsolada demais para se importar; ela se sentava à escrivaninha, escrevendo às pressas cartas e mais cartas para Byron, implorando que ele voltasse e dizendo: "Haverei de amá-lo até o fim da minha vida, e a ninguém mais".

Foi um outono chuvoso, porém o mau tempo não impedia Shelley e Mary de sair em longas caminhadas na garoa. Eles também desfrutavam tardes aconchegantes, que Shelley imortalizou em uma carta para Byron: "Mary está lendo diante da lareira; nossa gata e o gatinho estão dormindo debaixo do sofá; e o pequeno Willy acabou de adormecer". No entanto, quando Shelley ia para Londres, em sua batalha com o pai pela herança, Mary se sentia desolada. Para se distrair, ela assistia a palestras na Literary and Philosophical Society Rooms de Bath, tomava aulas de desenho, estudava verbos gregos e trabalhava na conclusão de *Frankenstein*.

Ela decidira alongar a narrativa, acrescentando um novo personagem, Robert Walton, um explorador ártico em busca do polo Norte. Walton faz amizade com o dr. Frankenstein e reconta sua história em uma série de cartas destinadas à irmã, Margaret Walton Saville, oferecendo ao leitor uma outra versão da história do jovem cientista. À semelhança de Frankenstein, Walton é obcecado pela ideia de provar a própria genialidade, mas Frankenstein adverte o jovem explorador: "Busque a felicidade na tranquilidade e evite a ambição, ainda que seja a mera ambição aparentemente inocente de se destacar no campo da ciência e das descobertas". A irmã também previne Walton a não ceder à própria ambição e, por fim, ele decide seguir os conselhos e salva a própria vida e a de seus homens ao desistir de sua caça ao polo Norte.

A decisão de Walton propõe uma alternativa promissora às escolhas desastrosas de Frankenstein e da criatura. Embora Walton se considere um fracassado por desistir de sua busca, Mary, na realidade, retrata-o como um herói por livrar seus marinheiros do perigo e dar ouvidos à irmã. Ao contrário de Frankenstein, Walton prova ser capaz de proteger aqueles que lhe são próximos. Em parte, isso se dá porque Walton aprendeu algo com a história de Frankenstein — mas a mudança de planos também deriva de sua relação com Margaret, que desde o início o alerta a não fazer a viagem. É interessante notar que, apesar da importância de sua opinião, Margaret aparece apenas indiretamente na história, por meio das cartas do irmão — um eco estrutural do papel que a maioria das mulheres era forçada a desempenhar na vida dos homens, sempre um passo atrás, afastadas da ação. Contudo, por invisível que Margaret seja, suas palavras de advertência são decisivas na criação de um contraponto à ambição desenfreada das personagens masculinas. E as cartas de Walton para Margaret acrescentam uma análise inestimável ao drama central: o mais importante, conforme sugere Mary através de Margaret, não é a missão, a busca por conhecimento ou justiça, mas o relacionamento que temos com aqueles a quem amamos. A importância da personagem Margaret é enfatizada pelo fato de Mary ter lhe dado as iniciais que seriam dela se fosse casada com Shelley: MWS.

A narrativa tripartite de Mary, sua técnica *matrioska* de inserir uma história dentro da outra, oferece ao leitor três versões diferentes da mesma sequência de acontecimentos. Essa foi uma mudança ousada em relação ao estilo didático dos romancistas da geração anterior (tais como Samuel Richardson e o próprio pai de Mary), mudança que deu a Mary a oportunidade de criar uma narrativa complexa que exigia muito mais de seus leitores do que se ela tivesse produzido uma mera parábola contra os perigos da invenção. Tendo o cuidado de não deixar a história pender em favor do criador nem da criatura, Mary evocava uma sensação de suspensão moral em que as perguntas tradicionais — Quem é o herói? Quem é o vilão? Quem está certo? Quem está errado? — já não se aplicavam. A criatura e Walton destroem a versão dos fatos dada por Frankenstein, permitindo-nos enxergar o que ele jamais admite: que ele era culpado por não ter amado e educado sua criatura. Os monstros, diz Mary, são nossa própria criação.

Mary dedicou *Frankenstein* ao pai, em mais uma tentativa de reconquistar seu afeto. Mas o livro também era uma expressão de seu desejo de ter a mãe consigo, um desejo que se intensificava diante do áspero tratamento de Godwin. Mary tinha certeza de que, se Wollstonecraft estivesse viva, ela jamais teria cortado relações com a filha como Godwin fizera, tal como

Frankenstein com sua criatura. Agora que ela mesma era mãe, não conseguia se imaginar apartando-se de um filho.

Todavia, pais pareciam capazes de rejeitar os filhos sem sequer olhar de relance para trás. Ou essa foi a impressão de Mary no outono de 1816, quando, dia após dia, Godwin mantinha seu silêncio implacável. Ela expressou toda a sua mágoa e indignação em seu romance ao esmiuçar as consequências da rejeição do filho por parte de Frankenstein. Como Mary, a criatura tem apenas pai, e o pai falha com ela, levando-a a buscar uma vingança homicida. Em um mundo sem mães, sugere Mary, reina o caos, e o mal triunfa.

Para Mary, escrever um livro lhe proporcionava o mesmo bálsamo que assistir a palestras públicas. Ela continuava a sentir falta de Shelley. A situação de Claire era um terrível lembrete da situação vulnerável que todas as mães não casadas enfrentavam. Mary estava sempre receosa de que Shelley a abandonasse para nunca mais voltar. O único contato que ela tinha com a casa na Skinner Street era por intermédio de Fanny. A meia-irmã, que nunca fora uma correspondente particularmente alegre, agora escrevia cartas cada vez mais tristes. No dia 26 de setembro, ela escreveu para contar que as tias Wollstonecraft, Everina e Eliza, haviam rejeitado seu pedido de ir morar com elas na Irlanda. Aquelas senhoras puritanas acreditavam que a ligação de Fanny com Mary e Shelley prejudicaria a reputação delas. Uma semana depois, Fanny escreveu outra vez, transmitindo um recado furioso de Godwin: Mary devia pressionar Shelley a ajudá-lo financeiramente. Como Godwin podia escrever livros se tinha de ficar fazendo trabalhos servis para ganhar dinheiro?

Infelizmente, as respostas de Mary a Fanny se perderam, mas seu diário não deixa dúvidas de que os pedidos da irmã e de Godwin deixaram-na exasperada. No dia 4 de outubro, ela escreveu que havia recebido uma "carta idiota de F". Mas a pobre Fanny estava farta de não pertencer a lugar nenhum, de ninguém a querer por perto. Cada casa castigava-a por sua relação com a outra; cada qual a usava como arma e menina de recados. Os Godwin, em especial "Mamãe", queriam que Fanny entregasse recados grosseiros e ofensivos a Mary, e Mary replicava no mesmo tom. Em um último apelo desesperado, parece que Fanny tentou mudar de lado. Em uma de suas viagens para Londres, Shelley viu Fanny, e parece que ela perguntou se poderia viver com eles em Bath. Porém, se isso aconteceu, Shelley não a atendeu. Ele não queria que os Godwin descobrissem a gravidez de Claire, e nem ela nem Mary confiavam em Fanny para guardar o segredo. Alguns meses depois, o jovem poeta escreveria um poema pungente de remorso:

*Sua voz tremeu quando me despedi,*
*Mas eu não conhecia, então, a desdita*

> *Do coração de que provinha, e parti*
> *Sem dar atenção à palavra ali dita.*[1]

No dia 8 de outubro, usando suas melhores roupas, Fanny deixou a casa da Skinner Street às escondidas e saiu de Londres. Em Bristol, postou duas cartas de despedida, uma delas "muito alarmante", para Mary, a qual se perdeu ou foi destruída, e a outra para Godwin, na qual dizia ao padrasto que queria "partir imediatamente para o local de onde espero nunca sair". Godwin, temendo o pior, viajou para Bristol e, dali, para Bath, à procura da enteada. Shelley também partiu de pronto. Mas Fanny não havia deixado pistas de seu paradeiro, já tendo partido havia muito quando os homens saíram à sua procura.

Shelley, porém, não desistiu. Ele seguiu às pressas para Bristol, onde descobriu que Fanny viajara para Swansea, uma estância litorânea no País de Gales. Ao chegar lá, no dia 11 de outubro, o poeta soube que "o pior" havia acontecido. O jornal local, o *Cambrian*, dava a notícia de que o corpo de uma jovem fora encontrado na hospedaria Mackworth Arms. Ela usava um espartilho em que havia as letras MW — as iniciais da mãe dela.

Após conversar com as pessoas na hospedaria, Shelley conseguiu juntar as peças do que ocorrera. Fanny dissera à camareira que não a incomodasse e se trancou em seu quarto. Ali, ela escreveu uma breve nota de suicídio, tomou uma superdose de láudano e deitou na cama para morrer. Sua intenção, escreveu a jovem, era acabar com a vida "de um ser cujo nascimento foi uma infelicidade e cuja vida não passou de uma sequência de sofrimentos para aquelas pessoas que prejudicaram sua saúde na tentativa de promover seu bem-estar". O uso da palavra "infelicidade" é um eco triste da mãe, que se referira a Fanny como "infeliz" em um bilhete que escreveu quando, também ela, esteve tomada pelo desespero.

Na esperança de ocultar a identidade de Fanny, Shelley destruiu a assinatura da jovem na nota de suicídio. Em um gesto trágico, Godwin escreveu seu primeiro recado para Mary desde que esta havia fugido: "Não vá a Swansea, não perturbe a silenciosa falecida; não faça nada para arruinar a obscuridade que ela tanto desejava". Shelley e Godwin foram impelidos pelo desejo de proteger Fanny da condenação social. Em 1816, o suicídio era considerado crime. Ninguém queria que a jovem fosse enterrada em uma encruzilhada, o destino comum dos suicidas, nem mais um escândalo associado à família. Quando perguntavam de Fanny, os Godwin diziam que ela morrera de uma forte gripe enquanto viajava para visitar as tias.

---

[1] "*Her voice did quiver as we parted,/ Yet knew I not that heart was broken/ From which it came, and I departed/ Heeding not the word then spoken.*" (Tradução nossa.) [NT]

Se Fanny queria punir a família, ela conseguiu. Contudo, em vez de aceitar a responsabilidade por seus erros, Godwin e Mary-Jane declararam que Fanny morrera por causa do seu amor impossível por Shelley, e Shelley e Mary culparam Mary-Jane por dar atenção exclusiva à própria filha e ignorar Fanny. Apenas Claire não se sentia culpada; e também não ficou particularmente arrasada. Ela e Fanny nunca haviam sido muito próximas. Se a garota queria dar cabo da própria vida, era problema dela. Claire sabia que Wollstonecraft, como muitas figuras do Iluminismo, acreditava que o suicídio era uma escolha honrosa, e isso legitimava os atos de Fanny aos olhos de Claire. Se alguém estivesse cansado de depender daqueles que o consideravam um fardo, por que não se matar?

Entretanto, Mary não conseguia partilhar da tranquilidade de Claire. Estava torturada de remorso: se tivesse oferecido ajuda à irmã, se não a tivesse deixado para trás, se lhe tivesse dado mais atenção... Ela não devia ter sido impaciente com a passividade de Fanny; devia ter compreendido melhor e se compadecido de sua situação enquanto filha indesejada na família Godwin. A própria Mary era vulnerável e sabia disso. A mãe lutara contra a depressão. Godwin havia reconhecido esse legado ao ensinar às duas garotas que elas deviam evitar seus estados de espírito mais taciturnos e eliminar a tendência à tristeza. Fanny perdera uma batalha que Mary continuava enfrentando.

Em dezembro, Mary ainda estava abalada, escrevendo a Shelley que se sentia "muito agitada" e culpada por não ter oferecido a Fanny "um refúgio adequado". Apesar disso, continuava a trabalhar em *Frankenstein*. Quando Shelley estava lá, ela lhe dava o manuscrito para que ele pudesse ler à noite. Shelley fazia comentários nas margens, corrigia a gramática de Mary e, com a permissão da escritora, reescrevia algumas de suas frases, deixando-as mais formais. Na versão original de Mary, Walton comenta que a história de Frankenstein é "peculiarmente interessante", mas, por sugestão de Shelley, Mary mudou as palavras de Walton para "quase tão imponente e interessante como a verdade". Eles também mexeram na sentença de abertura original, substituindo "contemplei meu homem concluído" por "contemplei a consumação de meus esforços". Mary deixou que Shelley inserisse observações de caráter filosófico e político em alguns capítulos mais cruciais. No capítulo 8 (do primeiro volume), ele acrescentou uma curta passagem que explicava como a tradição democrática suíça era superior aos governos da França e da Inglaterra e, no capítulo 4 (do primeiro volume), escreveu um parágrafo sobre a influência de Agripa e Paracelso na ciência moderna.

O papel ativo de Shelley na preparação e revisão do livro sempre levou a acusações de que Mary não é a verdadeira autora de *Frankenstein*. Todavia, especialistas que estudaram a versão final que o casal aprimorou em conjunto estimam que Shelley tenha acrescentado, no máximo, umas 4 mil palavras originais ao romance de Mary, com suas 72 mil palavras — uma contribuição que, embora prove o papel considerável desempenhado por Shelley na preparação do livro, também ilustra que a obra foi escrita principalmente por Mary. Alem disso, quinze anos mais tarde, muito depois da morte de Shelley, Mary faria extensas revisões na obra, produzindo a versão lida pela maioria dos estudantes de hoje.

Infelizmente, porém, ainda há quem afirme que *Frankenstein* foi basicamente uma criação de Shelley, apesar de todas as provas contrárias. Grandes autores do sexo masculino raramente enfrentam tais ataques, ainda que outras obras da literatura, como *A Terra Inútil* e *O Grande Gatsby*, tenham passado por revisões muito mais amplas que *Frankenstein*. Há uma ironia singular em tais acusações, uma vez que as emendas de Shelley nem sempre enriqueceram a história de Mary. Na realidade, por vezes, suas sugestões tornaram algumas passagens mais prolixas e mais difíceis de compreender. Ademais, Mary e Shelley valorizavam muito sua capacidade de colaboração. A paixão que partilhavam pela literatura foi um dos motivos pelos quais se apaixonaram. Na verdade, a ruína do dr. Frankenstein acontece porque ele se isola dos outros — da família, dos amigos e também de sua criatura.

De qualquer modo, Mary não via razão para roubar algo do tesouro de ideias de Shelley quando ela mesma tinha tantas ideias próprias. O sofrimento da criatura propunha-se a refletir sua situação, não a de Shelley. Mães não casadas e filhos ilegítimos eram odiados pela sociedade, exatamente como a criatura de Frankenstein. Wollstonecraft passou a ser uma pária no instante em que teve Fanny. Fanny se tornou uma pária no instante em que nasceu. Para Mary, isso era de uma injustiça tremenda, resultado de um preconceito cego. Fanny era uma criança inocente. A mãe não fizera nada de errado. Ela não deveria ter sido excluída socialmente. A propósito, nem a própria Mary deveria ser. Seu crime era tão somente amar Shelley. Claire também estava prestes a dar à luz um filho ilegítimo. Apesar de toda a competição entre as irmãs postiças, Mary achava que Claire não merecia ser condenada por amar Byron. Tampouco o bebê que a irmã esperava merecia condenação.

Dez dias antes do Natal, chegaram mais notícias ruins em uma carta do livreiro e amigo de Shelley, Thomas Hookham. Harriet, a esposa que Shelley abandonara e que não dera notícias naquele verão, não respondendo às cartas de Shelley nem dando início a qualquer contato, havia pulado de uma ponte no lago Serpentine. De acordo com a reportagem do jornal, ela estava "em estado de gravidez avançada". Harriet se juntara ao panteão daqueles que, odiados pelo mundo, escolheram a morte em lugar da dor da rejeição.

Porém, no caso de Harriet, Mary tivera participação em sua ruína ao fugir com Shelley. Ela sabia que Harriet a culpava, acusando-a de lhe ter roubado o marido, e lamentou sua cumplicidade no sofrimento da outra mulher. Se Shelley viesse a abandoná-la, Mary temia que pudesse seguir os passos de Harriet e da irmã. Ela escreveu a Shelley naquele inverno: "Ah! Meu grande amor, a você devo cada alegria, cada perfeição de que posso desfrutar ou vangloriar-me — Ame-me, querido, para sempre —".

Essas duas mortes trágicas marcaram uma guinada radical na vida conjunta de Mary e Shelley. Mary era atormentada pela depressão e pela culpa, e a morte de Harriet lançou Shelley em um turbilhão de movimentações frenéticas. Embora tivesse demonstrado pouco interesse por Ianthe, de 3 anos, e Charles, de 2, enquanto a mãe das crianças estava viva, ele acorreu à Londres para requerer a custódia exclusiva dos filhos, tirando-os dos enlutados pais de Harriet, os Westbrook, que ficaram horrorizados. Como aquele lunático furioso que arruinara a vida de sua filha poderia pensar que tivesse algum direito sobre os filhos que mal conhecia? Contudo, esse tipo de oposição costumava inspirar Shelley a se superar em seu antagonismo. E, assim, quando ficou claro que os Westbrook não atenderiam suas reivindicações, Shelley deu início a uma campanha, exatamente como fizera ao tentar fomentar uma revolução na Irlanda ou persuadir Mary a fugir com ele. O rapaz escreveu cartas e mais cartas para amigos influentes e membros da família de Harriet e arquitetou vários planos de ação, muitos dos quais incluíam sequestro.

A fim de se preparar para a batalha judicial, Shelley decidiu que ele e Mary deveriam se casar imediatamente e, assim, Mary deixou William com Claire, viajou para Londres e fez o juramento de amar e respeitar Shelley na igreja de St. Mildred, na Bread Street. Em seguida, Shelley escreveu para Byron: "Não preciso informá-lo de que isso não passa de uma conveniência para nós, e que nossas opiniões quanto à importância dessa pretensa sanção, e todos os preconceitos a ela vinculados, permanecem as mesmas". Temeroso de que Claire se sentisse traída, Shelley lhe escreveu um bilhete de consolo, revelando o misto de sentimentos em que vivia; ele partilhava da dor da solidão da jovem e lhe garantiu que o casamento era apenas para "mantê-los" calmos, embora não esteja claro se ele se referia aos Godwin ou à família de Harriet: "Caríssima Claire [...] Também lhe agradeço, minha doce menina, por não expressar grande parte do que deve sentir — a solidão e a tristeza de ter sido totalmente abandonada".

A atitude despreocupada de Mary em relação ao casamento fica evidente no fato de que ela registrou a data errada, 29 de dezembro, em seu diário. O enlace ocorreu no dia 30 de dezembro. Por certo, é difícil imaginar um casamento menos romântico para esse par de jovens românticos. Todavia, Mary teria considerado uma traição à mãe acalentar sonhos de ser, ela mesma, uma noiva convencional. Em sua experiência, o casamento era uma faca de dois gumes: conferia às mulheres o selo de aprovação social, mas também lhes tirava os poucos direitos que possuíam.

Não obstante, ainda que não apoiasse a ideia, Mary compreendia que precisava dar esse passo para se movimentar com mais liberdade pelo mundo. Ela também achava que o casamento resgataria a aprovação do pai, e, como era de esperar, quando soube que a filha se casaria, Godwin aceitou vê-la, fazendo-lhe uma visita dois dias antes do evento, ao qual compareceu com enorme entusiasmo.

Shelley se queixou com Claire a esse respeito: "A sra. G. e G. estavam presentes, e sua satisfação não parecia pequena". A observação de Shelley foi mais do que acertada. Godwin estava orgulhoso da união de Mary, gabando-se aos parentes de que ela fizera um "bom casamento" com o filho mais velho de um baronete.

...

Nos dois anos e meio em que pai e filha ficaram sem se ver, Godwin, então aos 60 anos, ficara mais grisalho e arqueado. Problemas financeiros, escândalos e complicações de saúde deixaram suas marcas no homem. Mary também havia mudado. Ela já não era a adolescente rebelde do verão de 1814, da qual Godwin se lembrava: tornara-se mãe, vivera aventuras que ele não conseguia imaginar e estivera em países que ele nunca havia visitado. No entanto, Godwin não estava impressionado com seu crescimento, nem perguntou sobre o pequeno William ou a respeito das viagens da filha. Ele não se desculpou por seu silêncio nem uma única vez. Em vez disso, levantou o assunto de sua situação financeira. Agora que a filha se casaria efetivamente com Shelley, ele exigiu do quase genro uma transferência de fundos. Ao longo daqueles últimos dois anos, ele nunca havia parado de pedir dinheiro a Shelley, mas agora Godwin queria uma soma muito maior do que o casal tinha condições de oferecer. Mary tentou ignorar o comportamento do pai, mas era difícil não admitir a hipocrisia de Godwin. O filósofo da verdade e da liberdade, o homem que já havia discursado contra o casamento, enfim estava disposto a falar com a filha novamente porque ela estava casando. E ele parecia querer apenas dinheiro.

Mary expressou toda a sua desilusão nas páginas finais de *Frankenstein*. Quando fugira com Shelley, todos, até mesmo o próprio pai, agiram como se fosse perigoso ter contato com ela. Ninguém levara seu verdadeiro caráter em consideração, tampouco foram capazes de enxergar a verdadeira natureza interior do monstro, para além de sua aparência. Ela aprendera uma lição dolorosa sobre a crueldade da natureza humana. Mary não podia retaliar com um rompante homicida, como sua criatura, mas podia imaginá-lo e descrevê-lo em detalhes vívidos, viscerais. A criatura haveria de se vingar por ela.

Uma vez casados, Shelley redobrou seus esforços para conseguir a custódia das crianças, e assim passou a primavera em Londres para participar dos procedimentos judiciais e enfrentou a família de Harriet, que o acusava de ser imoral e ateu — acusações difíceis de rebater, visto que, aos olhos da sociedade inglesa, ele era as duas coisas. Quanto a Mary, embora algumas mulheres talvez tivessem vacilado diante da perspectiva de adotar os filhos de outra mulher, para ela, que crescera sem a mãe, rejeitar os filhos de Shelley jamais lhe ocorrera. "Aqueles tesouros adorados", era como Mary os chamava. Ela reconhecia sua preocupação com o fato de que William, que completaria um ano em janeiro, perdesse sua condição de filho mais velho — sua tia Claire já o atormentava, dizendo que ele "perderia sua supremacia e seria o terceiro a ser servido à mesa" —, mas ainda assim continuava ávida por acolher as duas crianças.

Mary passou o mês de janeiro em Bath e esteve presente no nascimento da filha de Claire, Clara Allegra Byron, no dia 12 daquele mês. Depois disso, quando não estava ajudando Claire ou cuidando de William, ou Wilmouse, como o chamavam agora, Mary trabalhava em *Frankenstein* e prosseguia com seu rigoroso programa de estudos literários, estudando latim e lendo *Comus*, de Milton, *Roderick Ransom*, de Smollett, *Arcadia*, de Sidney, e a tradução de Robert Southey da obra *Amadís de Gaula*. Porém, conhecendo o marido como conhecia, ela também encontrava tempo para se corresponder com Marianne Hunt, esposa de Leigh Hunt, o anfitrião de Shelley em Londres, para pedir pequenos favores, como enviar as roupas sujas do marido para a lavanderia, tudo isso em meio a pedidos de desculpas pela desatenção de Shelley em relação a tais questões.

Após algumas semanas longe de Shelley, Mary, que vinha sentindo cansaço e tristeza, descobriu estar grávida mais uma vez. Ela escreveu cartas apreensivas para Shelley, lembrando-o de que ele era tudo que a impedia de partilhar o destino de Fanny (e, implicitamente, o de Harriet, embora Mary nunca a mencionasse). Acima de tudo, estava farta de viver com a irmã postiça. Ela não fugira da Skinner Street tão somente para acabar debaixo do mesmo teto que Claire. Preocupado com o tom desalentado da nova esposa, Shelley a instruiu a ir para Londres e, em 25 de janeiro, Mary se reuniu ao marido na casa de campo alugada dos Hunt, em Hampstead.

Leigh Hunt era uma figura fascinante: escritor, editor e ativista político, oito anos mais velho que Shelley. Os dois homens haviam se conhecido no outono anterior, quando Shelley, que admirava a política radical de Hunt, enviou-lhe alguns poemas para serem publicados no novo jornal de Hunt, *The Indicator*, além de algum dinheiro para manter de pé a publicação falida. Embora tenha perdido os poemas de Shelley, o desorganizado Hunt tivera a oportunidade de lê-los e ficou impressionado. Ele também estava interessado em adular um rapaz que aparentemente tinha dinheiro de sobra. E assim, quando Shelley chegou a Londres, Hunt recebeu o poeta com calorosas boas-vindas.

Filho de um rico proprietário de lavouras nas Índias Ocidentais, Hunt era quase considerado um estrangeiro pela sociedade tradicional. Ele tinha a pele escura e os lábios cheios. Sua aparência era exótica — uma forma polida de dizer que ele não parecia totalmente britânico nem inteiramente branco. Sendo um dos editores que fundou o jornal liberal *The Examiner*, Hunt se tornara o queridinho dos radicais — entre eles, Byron principalmente — por promover um ataque contra o príncipe regente. O estilo de vida escandaloso e os gastos exorbitantes do príncipe o tornavam um alvo fácil e frequente dos liberais, mas o editorial de Hunt era tão veemente que lhe rendeu uma condenação a dois anos de prisão. Ele passou seu tempo de encarceramento com tranquilidade, decorando seus aposentos com tapeçarias de parede em temas florais, plantando uma horta perene do lado de fora de sua janela, jogando com amigos que o visitavam e dando continuidade a suas duras críticas ao governo por meio de artigos magistrais.

Após sair da prisão, Hunt construiu uma reputação de excentricidade, usando roupões de seda o dia todo e vestindo roupas apenas quando saía, o que raramente fazia, pois se tornara agorafóbico depois de seus dois anos de encarceramento. Se os amigos quisessem ouvir a respeito de suas ideias mais recentes, tinham de visitá-lo — uma aventura e tanto, visto que não era fácil chegar à casa de campo de Hunt. Hampstead era um vilarejo rural naqueles dias, e a casa de Hunt ficava a dez minutos a pé do centro.

Contudo, para os visitantes que empreendiam a jornada, as recompensas eram imediatas. Hunt logo os levava para seu gabinete a fim de conversarem em particular. Essa saleta era o centro de seu universo e, portanto, do universo literário — ou, ao menos, do universo literário liberal —, pois ele era reconhecido como o líder do movimento reformador. Ali ele construía e destruía carreiras, descobrindo novos escritores e arruinando escritores antigos. Não obstante, seu gabinete não ostentava nenhum símbolo de poder; ao contrário, a decoração tinha um ar curiosamente efeminado. Não havia uma grande escrivaninha. Não havia cores escuras nem algum sóbrio painel

LEIGH HUNT, UM DOS EDITORES FUNDADORES DO *THE EXAMINER*.

de madeira. Em vez disso, as paredes eram pintadas de verde e salpicadas de flores brancas. Para combinar, a mobília também era verde e branca. O aposento era tão pequeno que comportava apenas duas cadeiras, o que obrigava Hunt e seus visitantes a ficar bem próximos, uma intimidade que não agradava a alguns, mas que Shelley adorava.

Quando Mary e Shelley se hospedaram com Hunt e sua família naquele inverno, Hunt estava concentrado em impulsionar a carreira de um jovem poeta ainda desconhecido, John Keats. Nenhum outro crítico estava preparado para assumir a causa de Keats. A *The Quarterly Review* o havia recentemente chamado de "ininteligível", "cansativo" e "absurdo". Outros críticos, que não gostavam dele por causa de sua ligação com a política liberal de Hunt, ridicularizavam suas origens "*cockney*" e sua origem humilde como aprendiz de boticário.

Keats, porém, era exatamente o tipo de escritor que se transformaria na marca registrada de Hunt. Quando se tratava de talentos literários, Hunt era como um cão farejador. Naquele outono, ele escrevera um ensaio intitulado "The Young Poets" [Os jovens poetas], no qual mencionava Shelley e Keats como duas estrelas em ascensão. Sempre passando por dificuldades financeiras, ele de bom grado aceitava doações de Shelley e, por vezes, era acusado de usar seu charme para arrancar dinheiro das pessoas. No entanto, quanto mais Hunt se familiarizava com Shelley, tanto mais se impressionava com o talento do rapaz e, tal como estava fazendo com Keats, resolveu impulsionar sua carreira. Ele apresentou um poeta ao outro e, embora Shelley tivesse interesse em conhecer o rapaz mais jovem, Keats desconfiava das origens aristocráticas de Shelley. Ele pensou que Shelley estava sendo arrogante quando o aconselhou a esperar para publicar sua obra, mas, na realidade, Shelley estava tentando proteger Keats do tratamento cruel que havia recebido dos críticos quando publicou "Queen Mab" e "Alastor".

Tendo mais experiência de mundo que os outros protegidos de Hunt, Shelley não precisava que o editor o guiasse pelas águas traiçoeiras da sociedade, ao passo que Keats, mais jovem e mais pobre, sempre necessitava de conselhos e dinheiro. Apesar da diferença de idade, Shelley tinha mais em comum com Hunt, que considerava o rapaz divertidíssimo. Na realidade, foi graças às reminiscências de Hunt que o extravagante senso de humor de Shelley ficou preservado para a história — uma surpresa agradável diante da imagem sem graça e angelical que Mary ajudaria a propagar após a morte do marido. Na versão de Hunt, Shelley é um jovem traquinas que gostava de chocar as pessoas e tinha uma tendência a proclamar citações literárias se imaginasse que isso poderia causar algum alvoroço. Certo dia, Shelley e Hunt estavam em uma diligência com outra passageira, uma senhora idosa, quando, de acordo com Hunt, Shelley, "movido [...] por algo desagradável que acreditou ter visto no semblante de nossa acompanhante", prorrompeu em uma de suas passagens favoritas da peça *Ricardo II*, de Shakespeare, na qual o rei diz, com tristeza:

> *Pelo amor de Deus! Sentemo-nos no chão,*
> *E contemos histórias tristes sobre mortes de reis.*[2]

A pobre senhora "estremeceu, seu rosto assumiu uma expressão do mais cômico espanto, e ela olhou para o assoalho da carruagem, como que esperando que nos sentássemos ali".

Anos mais tarde, essa amizade se tornaria um marco para ambos. As opiniões de Hunt eram importantes para Shelley; o poeta encontrava inspiração no engajamento político de Hunt e confiava na crença que o editor tinha em sua obra, especialmente quando parecia que ninguém se importava com o fato de Shelley escrever ou não. Quanto a Hunt, que também era poeta, o compromisso de Shelley com sua arte representava o tipo de carreira literária que ele havia imaginado para si no passado. Hunt faria o possível para levar a poesia do amigo à atenção do público e, após a morte de Shelley, passaria a ser um dos promotores mais importantes do seu legado literário.

Para Mary, o lar movimentado dos Hunt era uma mudança revigorante após sua vida isolada em Bath. As crianças Hunt subiam e desciam as escadas ruidosamente, faziam caretas para divertir Wilmouse e imploravam que Shelley brincasse com elas, o que o poeta fazia, perseguindo-as pelos corredores e perambulando com elas pelo campo. O filho mais velho dos Hunt, Thornton, se recordava de um jogo que Shelley inventou, chamado "criaturas apavorantes", no qual Shelley assustava Thornton "'fazendo o chifre', um jeito que Shelley tinha de enrolar a parte da frente dos cabelos para cima, de modo a imitar um chifre". Quando o vento soprava forte, Shelley colocava seus barquinhos de papel para velejar nas lagoas de Hampstead, em geral na companhia de uma ou duas das crianças Hunt.

As estantes de Hunt eram apinhadas de livros e estatuetas de deuses gregos e romanos feitas por sua esposa, a artista Marianne. Mary e Marianne passavam muito tempo juntas, fazendo longas caminhadas, organizando as refeições e atividades para as crianças e trabalhando — Mary em seu livro, Marianne em sua arte. Escultora e pintora — sua silhueta de Keats é uma das poucas imagens existentes do poeta —, Marianne também enfrentava muitos

---

[2] "For Heaven's sake! Let us sit upon the ground,/ And tell sad stories of the death of kings." (Tradução nossa.) [NT]

dos desafios de Mary: um casamento complicado com um marido excepcionalmente talentoso, as dificuldades de manter a própria carreira artística, a maternidade, parcos recursos financeiros e, curiosamente, o problema de ter uma bela irmã solteira que era apaixonada por seu marido.

Elizabeth Kent, ou Bess, era cinco anos mais jovem que Marianne. Como Hunt, era escritora e uma intelectual; ao longo da vida, ela escreveu livros de história natural e narrativas infantis. Elizabeth conhecera Leigh Hunt quando este cortejava a irmã mais velha e, desde então, devotou-se a ele, ouvindo com entusiasmo seus discursos inflamados sobre a perfídia do governo, contribuindo com opiniões para os artigos do editor e até mesmo conduzindo muitas de suas negociações com editores e banqueiros enquanto Marianne estava ocupada com as crianças e com o próprio trabalho. Quando Hunt estava em sua cela de dois cômodos, embora fosse costume que as esposas acompanhassem o marido na prisão, Marianne pediu que Bess tomasse seu lugar. Ela receava que o cárcere fosse demasiado úmido e insalubre para o filho recém-nascido do casal, Thornton. Bess agarrou a oportunidade de bom grado, preparando as refeições de Hunt, revisando seu trabalho, ajudando-o a entreter visitantes e colegas e, em geral, servindo como um tipo de esposa auxiliar enquanto Marianne permanecia em casa com o bebê.

De tempos em tempos, rumores sobre um caso amoroso percorriam os círculos literário e político, agravando-se quando Hunt publicou um poema, "The Story of Rimini" [A história de Rimini], que recontava, e parecia celebrar, a história de Paulo e Francesca, os amantes incestuosos do *Inferno* de Dante — de acordo com os críticos, uma confirmação de seu relacionamento imoral com a irmã da esposa. Embora seja improvável que Bess e Hunt tenham chegado a consumar seu relacionamento, a verdade é que, tal como aconteceu entre Shelley e Claire, havia entre eles uma forte atração e uma grande intimidade que geralmente excediam os sentimentos presentes na relação entre marido e mulher.

Essa situação era tão familiar para Mary que ela não se surpreendeu quando descobriu que Bess e Marianne brigavam quase o tempo inteiro. Todavia, foi um choque acordar certa manhã e descobrir que, enquanto todos dormiam, Bess se atirara na lagoa atrás da casa, onde teria morrido afogada se não fosse encontrada a tempo pelos criados. Mary se solidarizou ao observar Marianne lutando para controlar a culpa, o remorso e a raiva que o ato de Bess evocara.

Para Mary, a tentativa de suicídio de Bess foi um sinal de alerta. Apesar de seus conflitos com a irmã postiça, Mary não queria que Claire se matasse, tampouco que o relacionamento entre elas se tornasse tão acre como o das irmãs Kent. Ela sabia que Bess começara a recorrer ao ópio e que Marianne já estava às raias do alcoolismo, e esse não era o futuro que ela queria para si ou para a irmã. No entanto, sentia-se presa. Suas vidas estavam demasiado emaranhadas, em especial agora que Claire era mãe solteira e dependia ainda mais de Mary e Shelley. Havia também outra questão: o que fazer com Allegra. Se o bebê continuasse com Claire, as pessoas começariam a suspeitar de que ela fosse a mãe, e não sua tia, o que acabaria com qualquer oportunidade futura de se apresentar em uma sociedade polida. Claire dizia não se incomodar com isso, contudo, Mary se importava. Ela queria que a irmã se tornasse independente dela e de Shelley, e a aceitação social era o primeiro passo necessário para um casamento vantajoso, ou mesmo para assegurar um emprego como governanta ou professora — as melhores opções para o futuro de Claire. E assim, após muitas semanas de discussão, Mary, Shelley e os Hunt conseguiram pensar em um plano: os Hunt introduziriam o bebê de Claire em sua família por alguns meses, fingindo ser os pais da criança — eles tinham quatro filhos; quem notaria mais um? Então, os Shelley e Claire "adotariam" Allegra, levando-a de volta para casa e deixando o mundo pensar que o bebê era uma pequena Hunt. Era uma solução imperfeita, pouco convincente até, porém Mary deu total apoio, na esperança de que a ideia pudesse apressar a chegada do dia em que ela finalmente estaria livre de Claire.

## CAPÍTULO 18
# MARY WOLLSTONECRAFT: APAIXONADA
### [1792]

Galanteador, veterano da Revolução Americana, especulador de terras em busca de dinheiro rápido, filósofo amador, escritor e, dizem alguns, espião, Gilbert Imlay ainda hoje é um personagem misterioso. Antes de chegar à França revolucionária, ele passara alguns anos na clandestinidade, fugindo de credores. Agora que estava em Paris, tinha esperança de vender terras na fronteira norte-americana para aqueles que estavam desiludidos com a Revolução ou tinham problemas com as autoridades.

Imlay fora convidado para a festa dos Christie por força de sua amizade com Joel Barlow, também norte-americano e conhecido de Mary, que adorava a esposa de Barlow, Ruth. Nas semanas que se seguiram à festa, Imlay começou a demonstrar interesse por Mary e, embora ela não o tivesse notado de início, seus demais pretendentes logo empalideceram em comparação com o exótico norte-americano. Imlay tinha a dignidade serena de um desbravador dos Estados Unidos; quando tinha uma opinião, ia direto ao ponto, sem esperar para ouvir o que os outros pensavam. Seus modos eram francos e sem rodeios, e ele tinha um sotaque claramente norte-americano. Em pouco tempo, Mary percebeu que suas visões políticas eram quase idênticas às de Imlay. Ambos acreditavam na liberdade, na igualdade e nos direitos das mulheres. Ambos apoiavam a Revolução; ambos estavam preocupados com a violência crescente.

Ele também era um excelente interlocutor — espirituoso, paquerador e charmoso em suas conversas. Mary estava encantada com o retrato que ele fazia dos Estados Unidos: uma república com verdes campos de cereais que ondulavam ao vento, pequenas fazendas pontilhando as encostas dos montes, homens fortes, mulheres pioneiras e bandeiras de liberdade que combinavam vermelho, branco e azul tremulando no alto dos olmos. Nas duas semanas seguintes, enquanto bebericavam chá inglês na casa de Helen Maria ou conversavam na sala elegante da residência dos Barlow, no número 22 da Rue Jacob, Imlay inspirava Mary dizendo-lhe que os Estados Unidos eram um lugar onde sonhos utópicos podiam se tornar realidade, onde homens e mulheres podiam aprender a viver juntos como iguais, escravos podiam ser libertados e a tirania podia ser finalmente erradicada da terra. Ele escrevera dois livros que provavam suas credenciais de autêntico idealista. O primeiro era um hino de louvor ao desbravamento da fronteira. *A Topographical Description of the Western Territory of North America* [Uma descrição topográfica do território ocidental da América do Norte] oferecia não apenas a descrição em forma de livro mais precisa da região para além do rio Allegheny como também constituía uma celebração da vida em territórios agrestes. Os Estados Unidos, declarava Imlay, eram um país onde "a liberdade é enaltecida no coração de todo cidadão". Seu romance, *The Emigrants* [Os emigrantes], criticava o tráfico de escravos, a riqueza transmitida por herança, as monarquias, as rígidas leis previstas para o divórcio e todas as imposições feitas à liberdade, entre elas o casamento, que ele considerava uma "condição de degradação e infelicidade" para as mulheres.

Mesmo antes de conhecer Imlay, Mary já se interessava pelos Estados Unidos; ainda na Inglaterra, ela ajudara o irmão Charles a emigrar para lá. Além disso, o país era um assunto recorrente nos jantares de Johnson. Um dos convidados regulares de Johnson, Joseph Priestley, deixara Mary curiosa ao declarar sua intenção de se mudar para os Estados Unidos a fim de respirar o ar da liberdade.

Quanto mais Imlay falava, mais fascinada Mary ficava. Seus sonhos em relação aos Estados Unidos começaram a se entrelaçar com seus sonhos a respeito de Imlay. O homem, o país — ambos pareciam prometer liberdade e uma vida nova. Mary e Imlay saíam para longas caminhadas por Paris e, agora, diante dessas circunstâncias românticas, ela via a cidade de maneira diferente. Paris era um "cenário encantado" que "toca[va] o coração". Ela se deleitava com os "charmosos bulevares" e com a "elegância simples e alegre" da cidade. O céu parecia "sorrir". Mesmo o ar era "adocicado" pela fragrância das "flores aglomeradas". Em dado momento, ela acabou confidenciando a Imlay sua história com Fuseli e, em retribuição, ele contou a Mary sobre uma mulher "ardilosa" que havia arrasado seu coração. No dia 19 de abril, Joel Barlow escreveu para a esposa, Ruth, em Londres, dizendo suspeitar que Mary e Imlay estivessem começando a se envolver. "Cá entre nós — você não deve insinuar nada a ela, nem a J[ohnson], nem a ninguém —, creio [que Mary] esteja apaixonada por um homem e que ela acaba[rá] indo com ele para a A[mérica] como sua esposa. Ele é de Kentucky, um homem muito sensato".

À medida que os dias esquentavam, a situação política se tornava cada vez mais incerta. A morte do rei não havia resolvido os problemas do povo.

O pão ainda estava caro, e as pessoas continuavam pobres. Rompantes de fúria violenta ocorriam nas esquinas, e cada vez mais "inimigos do povo" eram denunciados. Gilbert e Mary assistiam a seus amigos franceses, os moderados girondinos, em batalhas de vida ou morte contra os radicais jacobinos. Até mesmo Théroigne de Méricourt, que era bastante radical, foi atacada enquanto fazia um discurso ao ar livre em favor dos direitos das mulheres. Uma turba de trabalhadoras de calças vermelhas começou a atirar pedras nela, derrubaram-na da tribuna, rasgaram-lhe as roupas e lhe racharam o crânio. Embora De Méricourt não tenha morrido, ela nunca se recuperou por completo; presa pela polícia jacobina, permaneceu sentada em uma cela escura, ferida e aterrorizada, recusando-se a falar com qualquer de seus antigos amigos.

Mary bem sabia que, se os jacobinos tomassem o poder, madame Roland, Olympe de Gouges e muitos outros que haviam sido contrários à execução do rei correriam sério perigo, bem como seus simpatizantes ingleses, entre os quais ela mesma, Thomas Paine e Helen Maria Williams. Além disso, quando a Inglaterra declarou guerra à França, os cidadãos britânicos se tornaram imediatamente inimigos de Estado. Apenas Imlay e Barlow estavam a salvo, pois os franceses consideravam os norte-americanos companheiros de armas. Todos perceberam que a situação era realmente calamitosa quando a corajosa madame Roland parou de promover suas reuniões naquela primavera; a partir de então, Mary e seus amigos passaram a ter cautela em relação aos lugares da cidade que frequentavam e ao que diziam em público.

Para Mary, assustada com esses relatos terríveis de violência, as histórias de Imlay sobre os Estados Unidos soavam cada vez mais atraentes. Em meados de maio, cerca de seis semanas depois de se conhecerem, ele declarou seu amor e pediu que Mary regressasse aos Estados Unidos em sua companhia para que ficassem bem longe dos excessos da Revolução e da corrupção da Europa. Mary ficou extasiada com a ideia. Juntos, eles foram a pé até o apartamento de Imlay em Saint-Germain-des-Prés e fizeram amor — Mary, pela primeira vez. Posteriormente, ela se lembrou de como os olhos de Imlay "cintilavam com o mesmo afeto", como seus beijos eram "mais que suaves". Em uma festa, uma francesa que tentava conquistar o respeito de Mary disse pensar que casos amorosos eram desnecessários e que ela mesma estava acima deles. "*Tant pis pour vous*", replicou Mary, tomada pelo ardor róseo da paixão. Ela finalmente descobrira o que havia muito suspeitava ser verdade: o fogo sexual é um componente essencial quando se ama um homem, ainda que o casamento não o seja. O que importava era a união de dois corações. A verdadeira castidade não residia na virgindade, mas na fidelidade à pessoa amada. Não era necessário um documento com força jurídica. Se duas pessoas se amavam verdadeiramente, permaneceriam para sempre juntas. Ela não conseguia se imaginar com nenhum outro homem além de Imlay e tinha certeza de que ele sentia o mesmo. Eles faziam parte da revolução como pioneiros de um novo tipo de relacionamento entre homem e mulher — um envolvimento amoroso entre iguais —, algo que ela pensava ser impossível, ao menos enquanto estivesse viva.

Aquele era um momento extraordinário para se apaixonar. No dia 31 de maio, 8 mil parisienses tomaram as ruas, protestando contra o preço do pão e exigindo a retirada dos girondinos. Os radicais jacobinos tiraram proveito dos tumultos, prendendo muitos líderes importantes dos moderados, entre eles madame Roland. No dia 1º de junho, anunciou-se que todos os estrangeiros residentes em Paris tinham de escrever seus nomes com giz nas portas de suas residências. No dia 2 de junho, os girondinos foram excluídos da Convenção. A cidade se tornara uma prisão, e Mary temia que as autoridades paranoicas acusassem seus anfitriões, Aline e o marido, de abrigar uma espiã britânica. Ela decidiu se mudar para uma casa de campo de propriedade do jardineiro dos Filliettaz, em Neuilly, uns sete quilômetros ao noroeste dos muros da cidade.

Além das questões de segurança, a mudança para essa casa de campo foi um golpe de sorte. Mary se regozijou com a ideia de ter um lugar só para si. Passar a noite com Gilbert teria sido uma proposta constrangedora e quase impossível enquanto ela estivesse morando com os Filliettaz. Por liberais que fossem, seus anfitriões eram mais conservadores que os novos amigos revolucionários de Mary e ficariam escandalizados se ela hospedasse um visitante do sexo masculino. Se fosse para a casa de Gilbert e não voltasse antes do amanhecer, eles ficariam preocupados com a segurança da moça. Agora, Gilbert poderia visitá-la e ficar com ela. Eles poderiam dormir na mesma cama, fazer as refeições juntos e passar longas noites tranquilas, apenas os dois.

Sua primeira noite na casa de campo foi estranhamente silenciosa depois da estadia em Paris. Ali não havia vizinhos ou comerciantes intrometidos, nem turbas patrulhando as ruas, tampouco agitadores gritando nas praças, festas para ir e nenhum anfitrião ou anfitriã. Como não vivia no campo havia muitos anos, ela se deleitava com a beleza à sua volta, ainda que parecesse estranho estar em um cenário tão bucólico quando, a poucos quilômetros dali, a cidade estava em polvorosa. Ela passava horas lendo e escrevendo. O jardineiro dos Filliettaz gostava dela, assim como a maioria dos criados. Ele lhe levava cestas de uvas e pêssegos e demonstrava preocupação em relação ao hábito de Mary de fazer longas caminhadas sozinha quando vagabundos e salteadores se escondiam na mata. Sem se deixar intimidar, Mary perambulava pelos campos dos arredores, chegando mesmo a caminhar quase dezoito quilômetros até Versalhes. Ela seria uma das últimas pessoas a ver o palácio deserto antes que a mobília real fosse leiloada, mais tarde, naquele verão. Ainda era tão numerosa como fora quando o rei e a rainha viviam ali, conquanto os salões ecoassem vazios. O "ar é frio", escreveu ela, "parece obstruir a respiração; e a devastadora umidade da destruição parece estar penetrando lentamente, por todos os lados, na ampla construção". Era uma experiência sinistra caminhar sozinha pela Galeria de Espelhos, pelo Salão de Guerra, pelo Quarto de Hércules, pelos aposentos da rainha. Mary se sentia cercada de fantasmas: os "gigantescos" retratos de reis "parecem estar afundando nos abraços da morte". Do lado de fora, todas as famosas grutas e estátuas ainda permaneciam ali, entre elas o "Templo do Amor" de Maria Antonieta e sua infame "fazenda", a *petit hameau*, onde ela e suas damas de companhia se vestiam de pastoras e ordenhavam as vacas mais belas e mansas que os criados conseguiam encontrar. Mas, agora, a relva estava crescida, e os canteiros de flores, repletos de ervas daninhas. Mary ficou chocada e triste com o que viu, escrevendo: "Choro, ó França, sobre os vestígios de tua antiga opressão". Não obstante, embora condenasse a opulência de Versalhes, a glorificação que fazia de reis e seus exércitos, ela também estava estarrecida com os relatos que ouvia acerca do abuso de poder dos jacobinos, que matavam pessoas "cujo único crime é o próprio nome". Ela acreditava que a esperança estivesse na liberdade, e não na tirania, fossem os tiranos líderes republicanos ou monarcas.

Quando Gilbert ia visitá-la, ela o encontrava nos portões da cidade. Ele sorria e a abraçava, chamando-a "querida menina". Ela dizia o quanto o amava e falava sobre seus planos e esperanças, que continuavam a crescer conforme o verão passava. Independência financeira e fama literária já não eram suficientes. Agora, ela queria uma vida doméstica aconchegante com Gilbert, uma casa de campo simples, um jardim de flores e "uma granja alegre". Eles poderiam comprar uma pequena chácara e uma vaca. Talvez pudessem morar às margens do rio Ohio, que Gilbert lhe assegurara ser um dos lugares mais cativantes do mundo. Eles poderiam escrever, ler e estudar, trabalhando para levar a liberdade ao restante do mundo.

No entanto, ela descobriu que apaixonar-se tinha um lado sombrio. Quando Gilbert não conseguia visitá-la, ela entrava em desespero. Se ele tivesse de cancelar um encontro ou se não aparecesse, ela ficava magoada e furiosa. Seus bilhetes para Gilbert refletem a complexidade de seus sentimentos, bem como o receio de que a intensidade de sua paixão pudesse afastá-lo. Mary não queria assustá-lo, mas esperava que ele soubesse o quanto ela o amava, expressando o mesmo tipo de paixão que anteriormente sentira por Jane, Fanny e Fuseli:

> Você não pode imaginar com que felicidade aguardo o dia em que haveremos de começar a viver praticamente juntos; e você sorriria ao ouvir quantos planos de trabalho tenho em mente, agora que estou segura de que meu coração encontrou paz em seu peito. [...] Dê-me aquela ternura digna que encontrei apenas em você; e sua querida menina tentará refrear aquela celeridade de sentimento que, por vezes, lhe causou dor [...]. Sim, serei boa, para que possa merecer a felicidade; e enquanto você me amar, não tornarei a cair no estado deplorável que tornava a vida um fardo quase pesado demais para carregar.

Apesar de todas as suas enfáticas declarações de "confiança", Mary estava preocupada. Ela sabia que sua felicidade dependia do amor de Gilbert e ficaria arrasada se ele fosse embora. Mary tentava não pressioná-lo demais, ansiando pelo dia em que eles viveriam "praticamente" juntos, deixando que a possibilidade de compartilhar uma casa parecesse tentadora. Ela sabia que ele não gostava de sua melancolia, nem de sua raiva quando sentia que ele se distanciava. Mary tentava controlar os sentimentos, como ele lhe pedia, mas não conseguia. Era aterrador precisar tanto de um homem.

À medida que o verão se transformava em outono, os jacobinos intensificaram seu controle sobre a cidade. A cada semana, Mary recebia notícias de novas prisões: Olympe de Gouges, os Christie, Thomas Paine. Ficou claro a que nível de tensão as coisas haviam chegado quando, certo dia, Mary fazia uma visita à cidade e pisou em sangue, que corria como enxurrada pela rua, vindo da guilhotina ali perto. Ao arfar, um transeunte fez sinal para que ela se calasse, advertindo-a para que mantivesse silêncio. Era crucial demonstrar alegria com os assassínios diários; do contrário, a pessoa poderia ser acusada de colaboradora, de trair a Revolução. Ainda que agisse com uma circunspecção atípica, Mary sabia que não demoraria para que também ela fosse aprisionada.

Diante desses perigos crescentes, ela começou a recear que tivesse de deixar a França, mas não se permitia fazer quaisquer planos nesse sentido. Mary ainda não havia testemunhado tudo a respeito daquela "revolução na mente dos homens" e não queria se separar de Gilbert, que agora enfrentava situações muito difíceis em seus esquemas para ganhar dinheiro. A Inglaterra estabelecera um embargo comercial com os franceses, e Imlay, sempre alerta para o surgimento de novos empreendimentos, supriria a lacuna, organizando o comércio da França com os Estados Unidos e negociando itens como sabão, trigo e outros produtos de primeira necessidade.

Em agosto, eles chegaram à conclusão de que o melhor plano seria que Gilbert registrasse Mary como sua esposa na embaixada norte-americana.

Como "Mary Imlay", ela estaria a salvo das autoridades francesas. Aos olhos do mundo, eles passariam a ser reconhecidos como marido e mulher sem que Mary tivesse de abrir mão de nenhum de seus direitos reconhecidos por lei e sem que Imlay tivesse de jurar cuidar dela até a morte.

No fim do verão, Mary regressou a Paris para viver com Gilbert no Faubourg Saint-Germain. O apartamento de Imlay ficava em uma área mais tranquila e menos perigosa que o Marais, onde Mary havia morado antes. Ali, havia casas de pedra branca recém-construídas; o pé direito era alto, bem como as janelas, e as propriedades ficavam mais separadas umas das outras que nos distritos antigos. Algumas décadas antes, Saint-Germain-des-Prés era mais um vilarejo que uma área de Paris — bucólica e pouco frequentada — e ainda mantinha certa atmosfera rural, com árvores enfileiradas de ambos os lados das ruas e jardins floridos. Muitos estrangeiros se haviam mudado para lá na tentativa de evitar a prisão ou a morte. Quando Mary andava pela rua, podia ouvir uma mistura de línguas: inglês, alemão, italiano e russo, além do francês.

Depois de retirar seus livros das caixas, Mary se acomodou para escrever. Tudo acontecia tão depressa que era difícil se inteirar das notícias mais recentes. Ela se ocupava com suas anotações e visitando amigos que não via desde seu retiro de verão, e tudo correu tranquilamente de início, apesar da tensão que dominava a cidade. Seus dias com Imlay eram felicíssimos. Eles faziam as refeições juntos e, à noite, tinham longas conversas sobre seu futuro e o da França. Mary se sentia amada, idealizada e encantada pelo humor e a afetuosidade de Imlay. Acima de tudo, ela estava vivendo de acordo com sua filosofia: não abrira mão de sua independência e, não obstante, estava vivendo com o homem que amava. Contudo, esse idílio foi logo abreviado. Pouco depois da mudança de Mary, Imlay partiu em uma viagem de negócios, percorrendo quase duzentos quilômetros até Le Havre para supervisionar sua empresa de intermediação que se expandira para além dos Estados Unidos, indo se concentrar especialmente na Suécia e na Noruega.

Era um negócio complicado, visto que o comércio ultramarino implicava contornar o isolamento britânico imposto à França. Esperto e ambicioso, Imlay arquitetou um plano, de maneira que seus clientes franceses pagariam em prata Bourbon pelas mercadorias que ele importava — uma moeda ilegal na Grã-Bretanha, na Áustria e na Prússia, países com os quais a França estava em guerra, mas absolutamente legal na remota Escandinávia, onde Imlay estabelecera um contato: um mercador chamado Elias Backman, radicado em Gotemburgo. Backman aceitava de bom grado a prata francesa em troca das mercadorias que vendia, tais como trigo, sabão e ferro, e também convertia a prata numa moeda que Imlay pudesse usar na Grã-Bretanha e nos

Estados Unidos. Como intermediário, Imlay esperava ficar rico, muito rico. Se isso acontecesse, dizia ele a Mary, o casal poderia ir para os Estados Unidos.

Contudo, Mary estava decepcionada com sua partida e aborrecida por toda aquela ambição mercantil. Ela não gostava que ele desejasse tanto crescer nos negócios. Onde estava seu idealismo? Por que ele precisava ganhar tanto dinheiro se eles se tornariam agricultores norte-americanos? Viver sozinha em Saint-Germain-des-Prés não fora seu sonho durante o verão. Além disso, ela se sentia "prestes a desmaiar" com frequência e, naquele mês de setembro, quando sua menstruação não veio, Mary começou a suspeitar que estivesse grávida.

Os receios de Mary quanto ao próprio futuro se tornavam pequenos diante do drama que se desenrolava em Paris. No dia 1º de outubro, o exército britânico conquistou uma importante vitória no porto francês de Toulon e declarou o jovem Luís XVII rei da França, o que enfureceu o líder radical dos jacobinos, o rígido e inflexível Robespierre, que considerava a monarquia um dos males mais perniciosos do *ancien régime*. Até hoje uma figura controversa — um ditador sanguinário ou um líder idealista? —, Robespierre incitou seus seguidores a debelar forças antirrevolucionárias, valendo-se de violência se necessário, a fim de proteger a liberdade e a soberania do povo. Instigadas por ele, autoridades revolucionárias vasculharam a cidade em busca de cidadãos britânicos que ainda estivessem ali e, entre os dias 10 e 14 de outubro, prenderam 250 deles no Luxemburgo, um palácio que havia sido transformado em prisão e que ficava não muito distante de onde Mary estava vivendo. Líderes girondinos ainda libertos também foram localizados e presos, e Condorcet, que pedira para Mary desenvolver um plano de educação para mulheres, foi condenado à morte. Mary viu, em primeira mão, a polícia secreta percorrendo a cidade, arrombando portas e prendendo pessoas nas praças públicas. Por insistência de Robespierre, trabalhadores retiraram todos os símbolos religiosos (crucifixos, pinturas, cruzes) da catedral de Notre Dame e converteram-na em um "Templo da Razão". O povo francês já não precisava da corrupta Igreja Católica, declarava Robespierre; os franceses precisavam ser libertados de suas crenças supersticiosas. A antiga capela medieval não muito distante da casa de Mary, Saint-Germain-des-Prés, foi saqueada por uma turba anticatólica. Os amigos franceses de Mary na prisão se preparavam para enfrentar a guilhotina. Madame Roland passava seu tempo na prisão estudando Plutarco a fim de estar pronta para o martírio.

O perigo se mostrou ainda mais próximo quando Helen Maria Williams foi atirada no cárcere. A execução de uma inglesa bem relacionada era pouco provável, por isso Helen Maria, que, como Mary, acreditava ser aquele um período histórico de enorme importância, estava suficientemente otimista em relação ao seu futuro a ponto de registrar suas experiências em cartas, as quais acabaria publicando na Inglaterra. Mesmo assim, sentia-se aterrorizada. À noite, ela chorava, sentindo a lâmina da guilhotina tremulando sobre sua cabeça e ansiando "pelas asas de uma pomba, para que eu pudesse escapar e estar em paz!". Felizmente, ela e a família foram resgatadas por amigos abastados e fugiram para a Suíça na primavera de 1794. Contudo, o choque da prisão de Helen deixou suas marcas em Mary, que faria um tributo ao suplício da amiga em seu romance seguinte, batizando sua heroína aprisionada de Maria.

Na Inglaterra, as pessoas estavam horrorizadas com a violência na França. Os liberais perdiam o entusiasmo pela Revolução e os conservadores meneavam a cabeça com ares de sabedoria; os radicais tinham perdido o controle, exatamente como haviam previsto. Para muitos, até mesmo para seus antigos amigos, Helen Maria já não era uma figura estimada, uma heroína romântica. Em vez disso, sua prisão parecia uma punição justa, não só por causa de seu apoio à Revolução, mas porque ela era uma *mulher* que ousara se envolver na política. Em uma crítica do terceiro e quarto volumes de *Letters from France*, de Helen Maria, publicados enquanto ela ainda estava na prisão, um escritor do *British Critic* declarou: "Se essa jovem se encontra agora encarcerada na França [...] seu destino é o melhor comentário a respeito das doutrinas delirantes que ela defende". Outro crítico condenou, como um todo, o envolvimento de Helen Maria na vida pública: "A política é um estudo inaplicável, por natureza, às faculdades femininas, e sonegada de nós pela educação". As inglesas não eram as únicas vítimas de tais ataques. Um crítico londrino declarou que "Madame Roland recebeu uma dura lição sobre os perigos em que mulheres ambiciosas se envolvem ao aspirar desobedientemente à notoriedade em tempos turbulentos e ao interferir no que não diz respeito ao seu sexo". Nada disso era um bom sinal para Mary, uma vez que ela, assim como madame Roland e Helen Maria Williams, sentia ser sua obrigação pessoal se envolver na política e se pronunciar em favor de reformas.

Porém, em breve já não haveria para onde ir, visto que a atitude francesa em relação às mulheres estava prestes a dar uma drástica guinada para pior. No dia 16 de outubro, Robespierre executou Maria Antonieta e, com a morte da rainha, houve uma violenta comoção por todo o país. Os líderes revolucionários disseram que a rainha era regida por "fúrias uterinas". Eles queriam que a nova França fosse semelhante à Roma antiga, onde "cada sexo ficava em seu lugar [...] os homens faziam as leis [...], e as mulheres, sem se permitirem questioná-lo, concordavam com tudo". Um dos agentes de Robespierre, Jean-Baptiste Amar, falando pelo Comitê de Segurança Nacional, emitiu uma condenação definitiva: "Em geral, as mulheres não são capazes de pensamentos elevados nem de meditações sérias, e se entre os povos antigos sua timidez e modéstia naturais não permitiam que fossem vistas fora do seio de sua família, então, na república francesa, vocês querem que elas sejam vistas indo à corte judicial, à tribuna e às assembleias políticas tal como fazem os homens?".

Os líderes jacobinos, inspirados pela opinião de Rousseau acerca da mulher ideal — a mesma opinião contra a qual Mary protestara em suas duas *Reivindicações* —, declaravam que as mulheres deviam permanecer em casa educando os filhos. Em 30 de outubro, eles revogaram os direitos que as mulheres haviam ganhado no início da Revolução — divórcio, herança e representação legal — e as proibiram de integrar clubes revolucionários e de participar de manifestações políticas. Até mesmo a iconografia da Revolução sofreu uma mudança: a figura feminina da Liberdade, o símbolo inicial do novo regime, foi substituída por uma figura masculina heroica, a Justiça. Permitia-se que apenas imagens de jovens virgens castas permanecessem na esfera pública, representando a virtuosa domesticidade republicana em lugar da fervorosa liderança feminina. Helen Maria disse bem ao declarar que a força havia derrotado a sensibilidade, e que a sede de poder triunfara sobre a razão. Ela bem poderia ter acrescentado que a ambição masculina suprimira o movimento em favor das mulheres na França.

Mary não fez comentários acerca da crescente reação contrária às mulheres; ela sabia que era perigoso demais. No dia 31 de outubro, os girondinos ainda vivos foram assassinados. Ao receber a notícia, Mary desmaiou. Em 3 de novembro, os sequazes de Robespierre guilhotinaram Olympe de Gouges, não antes de despi-la e examinar seus genitais, claramente para verificar seu sexo. Esse insulto inflamou ainda mais a ira da mulher; ela morreu recusando-se a fazer qualquer retratação e proclamando: "Minhas opiniões não mudaram". As autoridades advertiram as pessoas a não seguirem o exemplo dela e chegaram mesmo a questionar a sexualidade de Olympe. "Lembrem-se daquela virago", alertavam, "daquela mulher-homem, da insolente Olympe de Gouges, que foi a primeira a instituir sociedades de mulheres, que abandonou o cuidado do lar, que desejava fazer política e cometeu crimes. [Ela foi] aniquilada sob a espada vingadora das leis." Por fim, no dia 8 de novembro, madame Roland foi executada. Suas palavras finais — "Ó Liberdade! Que crimes são cometidos em teu nome!" — soariam ao longo de décadas. Na Escócia, vinte anos mais tarde, a jovem Isabella Baxter viria a recitá-las em benefício da nova amiga que, vindo da Inglaterra, visitava o país, a jovem Mary Godwin, então aos 15 anos.

Enquanto lastimava a morte daquelas mulheres corajosas, Mary percebeu que a ausência da menstruação não era um acaso nem uma reação às tensões da época; o espartilho estava mais apertado, e ela sentia tremores no abdome. No início de novembro, por volta do dia em que madame Roland foi executada, Mary escreveu para Gilbert:

> Venho sentindo uns leves espasmos, os quais me fazem começar a pensar que talvez eu esteja nutrindo uma criatura que em breve perceberá meus cuidados [...]. Esse pensamento não só gerou uma efusão de ternura por você como me fez atentar para manter minha mente tranquila e fazer exercícios a fim de não vir a destruir algo pelo qual haveremos de ter um interesse mútuo, você sabe. Ontem — não ria! —, achando que havia me machucado ao erguer depressa uma grande tora, sentei-me angustiada e permaneci assim até sentir os ditos espasmos novamente.

É possível imaginar que Mary ficaria apreensiva com essa mudança — ter um bebê em um país assolado pela guerra, longe de sua terra natal e da família —, mas ela regozijava com a possibilidade da maternidade. Naqueles onze meses, Mary se deparara com mais aventuras do que jamais teria sonhado quando a esposa de Fuseli a enxotou de sua porta. Embora testemunhasse, à sua volta, o desmantelamento dos direitos das mulheres, ouvindo os críticos se erguendo contra Helen Maria e ciente de que também ela teria de enfrentar esse antagonismo quando publicasse seu registro da Revolução, Mary se sentia entusiasmada e orgulhosa. Seu bebê seria um testemunho do relacionamento que ela e Gilbert haviam construído, um fruto dos verdadeiros valores revolucionários — confiança, lealdade e igualdade —, e não da tirania e da dependência servil. Ela estaria concretizando seus ideais, criando uma parceria de igual para igual com um homem, entrando para as fileiras das mães e pautando sua vida e a de seu bebê de acordo com os princípios nos quais acreditava de todo o coração.

**M**

CAPÍTULO 19

# MARY SHELLEY: MARLOW E LONDRES

[1817–1818]

As discussões sobre o que fazer com Allegra haviam intensificado a apreensão de Shelley em relação a seus filhos com Harriet. Naquela primavera, o julgamento pela custódia das crianças estava chegando a um fim desalentador. Em uma última tentativa desesperada de ganhar a custódia dos filhos, Shelley passou à ofensiva. Ele não era o único pecador diante do tribunal, declarou. Harriet podia estar morta, mas não era isenta de culpa: estava grávida quando se suicidou. Esse fato suscitou um debate desagradável acerca da paternidade da criança não nascida, debate do qual Shelley tirou proveito. Embora houvesse uma remota possibilidade de que Shelley fosse o pai — ele visitara Londres desacompanhado de Mary alguns meses antes de sua partida para Genebra —, a história aceita pela família e pelos amigos de Harriet parece mais provável: ela se tornara amante de um soldado e, quando este a deixou, tentara voltar à casa da família, mas foi rejeitada pelo pai. Por volta de seis semanas antes de sua morte, Harriet tinha desaparecido. Havia rumores de que ela estaria vivendo como prostituta, história que Shelley apresentou à corte, declarando que Harriet havia "descido os degraus da prostituição até chegar ao ponto de viver com um criado de nome Smith, que a abandonou, levando-a a matar-se".

Todavia, a corte ignorou as acusações de Shelley. Em sua decisão final, os juízes deram uma advertência ao poeta e indeferiram seu pedido, uma sentença extremamente inusitada para o século XIX, quando era raro que se questionassem os direitos de um pai. Não houve recurso de apelação nem discussão da decisão. Os amigos de Shelley conseguiram arranjar um clérigo para demovê-lo de seus planos desvairados de sequestrar as crianças. Os Westbrook ficariam com a custódia de Ianthe e Charles por causa da "imoralidade" de Shelley, e eles jamais tornariam a ver o pai.

Para Shelley, a negativa judicial do seu pedido de custódia dos filhos era prova de como Londres o odiava, de modo que, na primavera de 1817, ele se mudou com Mary, William, Claire e Allegra para uma bela propriedade em

Marlow, perto da casa de seu velho amigo de escola, Thomas Peacock. Graças à renda que começara a receber após a morte do avô, Shelley firmou um contrato de locação de 21 anos da Albion House, uma residência ainda mais elegante que Bishopsgate, quase cinquenta quilômetros ao oeste de Londres. O melhor e mais importante atributo dessa labiríntica mansão de cinco quartos com estrebarias e um imenso jardim que agradava a Mary com suas flores e árvores majestosas era sua enorme biblioteca. Ao se mudar, o grupo encontrou duas estátuas lascadas de Apolo e Vênus, descartadas pelos antigos locatários; para Shelley e Mary, era como se as moiras tivessem deixado um cartão de visitas. Lá estavam o deus e a deusa da Poesia e do Amor, da Criação e do Desejo — os princípios que os guiavam. Shelley adorou que estivesse a apenas uma curta caminhada do Tâmisa. Ele comprou um pequeno barco a remo que deixava amarrado no cais, pronto para viagens de exploração.

Mary escreveu para os Hunt, insistindo que fossem visitá-los. Ela queria vê-los e estava ansiosa para colocar em prática seu plano para Allegra. Se os Hunt os visitassem naquele verão, as crianças acabariam por se misturar e ninguém perceberia que Allegra era, na realidade, filha de Claire. Hunt, que, como sempre, estava precisando de dinheiro, logo percebeu as vantagens econômicas de viver com os Shelley. Vencendo sua agorafobia, ele locou sua casa e levou Bess, Marianne e os quatro filhos para Marlow, chegando no dia 6 de abril e permanecendo ali até 25 de junho. Apesar da duração da visita, as duas famílias conseguiram preservar seu mútuo entusiasmo. Hunt desfrutou a companhia da jovem Mary, então com 19 anos, chamando-a "aquela ninfa dos olhares de esguelha", e apresentou-lhe a ópera, levando-a para assistir a *As Bodas de Fígaro*, de Mozart, em Londres. Pelo resto da vida, Mary adoraria música e nunca perderia uma oportunidade de assistir a um concerto. Porém, sempre reservada, ela guardava esse entusiasmo para si mesma; o próprio Hunt não fazia ideia de sua paixão, vendo tão somente "uma jovem de semblante impassível [...] com sua testa que parecia uma tábua e os ombros brancos à mostra em seu vestido carmesim".

O clima estava ameno naquela primavera. As crianças Hunt brincavam com William no jardim dos fundos ou escorregavam nas colinas arenosas com Shelley, enquanto a pequena Allegra, ou Alba, como a chamavam, observava no colo da mãe. Wilmouse "pula para lá e para cá como um esquilinho — e fita o bebê com seus olhos grandes", Mary relatou a Shelley quando este estava em Londres cuidando de algumas questões depois de perder o processo de custódia dos filhos. Eles diziam a todos que Allegra era a filha mais nova dos Hunt, mas qualquer um que os visitasse teria sido capaz de perceber que Claire era a mãe do bebê. Allegra se agarrava a ela, estendendo os bracinhos sempre que não conseguia vê-la.

Nessa casa repleta de hóspedes, com seis crianças pequenas atrapalhando e um marido cuja imprevisibilidade já era agora bastante previsível, Mary concluiu o que ela chamou de uma "cópia satisfatória" de *Frankenstein*. Ela levara nove meses para concluir essa versão final, da segunda metade de junho de 1816 até março de 1817, e então cerca de seis semanas para copiá-la em um documento adequado para apresentar aos editores. Durante a composição dos últimos parágrafos da história, em março, ela se viu atormentada por pesadelos em que "os mortos estavam vivos". A primeira filha. Fanny. A mãe. E o mais assustador: Harriet, os cabelos flutuando, vindo à tona no Serpentine, fitando a mulher que lhe havia roubado o marido.

O significado da gestação do romance não passou despercebido para Mary, que estava grávida enquanto escrevia a versão final, tendo concebido em dezembro de 1816. Ela frequentemente se referia ao livro como sua "prole" ou "progênie". Na introdução de 1831, Mary descreveria o ato de escrever *Frankenstein* como uma "dilatação". A escritora chegou mesmo a associar a narrativa com o próprio nascimento. A história tem início em 11 de dezembro de 17** e termina em setembro de 17**. (Embora Mary não tenha fornecido o ano exato, Walton avista a criatura em uma segunda-feira, 31 de julho, e o dia 31 de julho cai em uma segunda-feira no ano de 1797.) Mary Wollstonecraft concebera no início de dezembro de 1796, dando à luz Mary em 30 de agosto de 1797, vindo a falecer no dia 10 de setembro de 1797.

Ao vincular *Frankenstein* às suas próprias origens, Mary sugere as muitas conexões que ela sentia possuir com a história. Como a criatura, ela se sentia abandonada por seu criador. Como Frankenstein, ela se sentia compelida a criar. Seu próprio nascimento provocara a morte de sua mãe, mas também dera vida a seus personagens. Uma vez que o romance é estruturado pelas cartas de Walton destinadas a Margaret, cujas iniciais eram as mesmas de Mary agora que se casara com Shelley (MWS), é como se ela tivesse escrito a história para si mesma, transformando-se em autora e plateia, criadora e criatura, mãe e filha, inventora e destruidora. Quanto a Frankenstein, porém, Mary deixa claro que sua tentativa de construir um ser humano por métodos artificiais está condenada ao infortúnio. Não importa o quanto ele se esforce para se apropriar do papel das mães e da Natureza, sua história ainda está inserida no período gestacional de nove meses do ser humano.

Embora incentivasse o trabalho da esposa e encontrasse tempo para ler os rascunhos que ela lhe apresentava à noite, antes de se recolherem, Shelley nunca se ofereceu para ajudá-la nas obrigações domésticas. Como o gênio da casa, ele saía e voltava a qualquer hora do dia ou da noite. Se perdia o jantar, ele se sentava à mesa da cozinha e devorava pão e passas. Ele entalhava poesia grega em árvores, fez um altar para Pã com os amigos Peacock e Hogg, que vinham de Londres nos fins de semana, e descia o rio em seu barco, deitando-se no assoalho para ler, como Bess se recordou posteriormente, "o rosto voltado para cima, para a luz do sol". O rapaz ficava horrorizado com a pobreza que via e dava qualquer coisa que tivesse nos bolsos. Certa vez, deu os próprios sapatos. Ele convenceu Mary a fornecer abrigo para uma garota do vilarejo, Polly Rose, cuja família, sendo demasiado pobre, não conseguia sustentar. Anos mais tarde, Polly recordaria que Shelley costumava brincar com ela e todas as crianças. Sua brincadeira preferida era quando ele a colocava em cima de uma mesa com rodinhas e a empurrava de cá para lá pelo corredor. Ela também guardava um pequeno prato florido que Mary lhe dera como lembrança, e se lembrava de que Mary era "bela e muito jovem" e a colocava para dormir, cobrindo-a e contando-lhe sobre as discussões que aconteciam no andar de baixo, "sempre terminando com 'E então, Polly, o que você acha disso?'".

Os moradores do vilarejo adoravam Shelley, embora o julgassem louco, mas os fidalgos rurais ficavam horrorizados com as excentricidades do poeta e não queriam ter nenhuma relação com Shelley ou Mary. Para eles, a Albion House era incompreensível — uma espécie de comuna, com um número desigual de cavalheiros e damas, o que tornava impossível saber quem era casado com quem. Shelley era frequentemente visto na companhia de uma mulher atraente de cabelos escuros (Claire), que não era, de maneira alguma, Mary Godwin. E quando os Hunt regressaram para a própria casa, deixando Claire e Allegra para trás como as únicas hóspedes da casa, as fofocas passaram a ser mais incisivas. Shelley vivia em um harém; ele tinha duas esposas. Até mesmo Godwin, quando ele e Mary-Jane souberam que Allegra era, de fato, filha de Claire, acreditou que Shelley fosse o pai do bebê.

Shelley e Mary fizeram uma rápida viagem para Londres naquela primavera a fim de encontrar um editor para o quase terminado *Frankenstein*. Para a decepção do casal, dois recusaram o livro, e foi apenas em agosto que a Lackington's, uma editora medíocre com uma lista de escritores ruins, aceitou fazer uma pequena tiragem de quinhentos exemplares, usando os materiais mais baratos do mercado. Todos concordaram que era melhor que Mary permanecesse anônima. Todavia, ela ficaria com os direitos autorais e um terço do lucro, um contrato potencialmente vantajoso, já que a Lackington's tinha uma biblioteca itinerante e uma livraria popular tão grande que, no dia da inauguração, uma carruagem puxada por quatro cavalos transitou em volta de seus balcões como estratégia de publicidade.

Após a conclusão de *Frankenstein*, Mary não permaneceu ociosa, embora estivesse já no último trimestre de gravidez. Ela havia percebido que era mais feliz quando tinha tarefas a cumprir. Além disso, atormentada pela lembrança dos meirinhos retirando seus pertences de Bishopsgate, ela queria desesperadamente contribuir com a renda da família. Como a mãe e o pai, ela estava sempre preocupada com dinheiro. Shelley, por outro lado, não tinha preocupação nenhuma com as contas. Ele vivia emprestando dinheiro para amigos necessitados e gastara muito mais do que sua renda em um piano para Claire, livros para a biblioteca da casa e viagens para Londres.

Desse modo, Mary começou e quase terminou um novo projeto literário, e isso enquanto continuava a administrar a casa — uma demonstração extraordinária de sua capacidade de organização. Seu novo livro, *A History of a Six Weeks' Tour* [Uma história de uma excursão de seis semanas], tomou por base a estrutura do livro da mãe, *Letters Written During a Short Residence in Sweden, Norway, and Denmark* [Cartas escritas durante uma curta residência na Suécia, Noruega e Dinamarca], e consistia no registro de suas viagens para a França e a Suíça. Era uma tarefa menos árdua que traçar o destino de um cientista louco e sua criatura; bastava-lhe revisar seu diário de viagem e copiar as longas cartas que escrevera para Fanny em 1816. Shelley também colaborou no projeto, incluindo duas cartas que escrevera para Peacock enquanto estavam no exterior e seu poema "Mont Blanc". Charles Ollier, amigo de Hunt, concordou em publicar *A History of a Six Weeks' Tour*, mas, antes que Mary pudesse preparar o manuscrito para publicação, ela entrou em trabalho de parto, dando à luz uma garotinha no dia 2 de setembro. Mary deu ao bebê o nome de Clara, em homenagem à irmã postiça, o que indica uma mudança no relacionamento entre elas, ocorrida ao longo do último ano. Embora Mary ainda quisesse que Claire construísse uma vida independente e nunca tivesse deixado de se aborrecer com suas atitudes dramáticas, a morte de Fanny tornara Mary mais sóbria. Claire era a única irmã que lhe restava. Ademais, a obsessão de Claire por Byron, que se recusava obstinadamente a responder suas cartas, tirara a jovem da competição pela atenção de Shelley. Depois do nascimento de Alba, ela passara a concentrar a intensidade de sua paixão na filha, o que a tornou muito mais fácil de amar para Mary. Elas podiam se comiserar das dificuldades, das alegrias e das preocupações com os bebês.

Mesmo exausta após o parto e por causa da amamentação de Clara, que chorava constantemente porque Mary não tinha leite suficiente, a escritora se obrigou a concluir *A History*. No fim de setembro, já havia terminado o processo de revisão e, em outubro, transcreveu uma cópia satisfatória do manuscrito para Ollier. Em novembro, *A History* estava nas bancas. Foi o primeiro livro publicado de Mary, antecedendo a publicação de *Frankenstein* em dois meses.

Embora Mary tivesse feito todo o trabalho de revisar, compilar e reescrever, mais uma vez eles decidiram que apenas o nome de Shelley apareceria na capa. Mary não se aborreceu com esse acordo, pois sabia que o livro seria mais bem recebido se o público pensasse que fora escrito por um homem. Contudo, a manobra não funcionou. *A History* não recebeu muita atenção, e foram vendidos poucos exemplares. Mary não ganhou dinheiro nenhum. Não obstante, os críticos que leram o livro fizeram boas críticas, encorajando o autor. Anos mais tarde, Mary diria a um novo editor que *A History* lhe rendera "muitos elogios". O crítico da *Blackwood's* foi quem demonstrou mais entusiasmo, escrevendo que "a leitura cuidadosa do livro produz o mesmo efeito de uma caminhada vigorosa antes do café da manhã, em companhia de um amigo animado que odeia histórias longas".

Shelley também teve um verão produtivo. Como Mary cuidava da casa, ele podia desaparecer — despreocupado — durante o dia, caderno em mãos, para escrever nos bosques ou em seu barco. O apoio que Hunt dava a seu trabalho inspirou Shelley a tentar compor um poema longo, mas, desta vez, sobre o grandioso tema da liberdade. Ao longo do ano, houvera períodos de escassez de comida e manifestações tumultuadas contra o preço do pão; trabalhadores protestavam contra as condições de trabalho nas fábricas ao norte. Em Londres, a carruagem do príncipe regente foi atacada quando voltava do parlamento. O governo tomava medidas drásticas contra os manifestantes, suspendendo habeas corpus e instituindo uma lei de mordaça para silenciar todos os seus oponentes. Era esse o verdadeiro espírito da Inglaterra?, perguntava Shelley. Que acontecera com os princípios de liberdade? Tendo escrito a Byron que a Revolução Francesa era a "principal temática da época", Shelley estava determinado a descrever o otimismo inebriante dos revolucionários e seu desespero quando a Revolução deu lugar à tirania.

Escolhendo o Extremo Oriente como cenário do poema, Shelley conseguiu se esquivar da censura, ainda que seus leitores pudessem reconhecer facilmente os contornos gerais dos acontecimentos na França. Os personagens centrais, Laon e Cyntha, irmão e irmã, lutam contra a opressão, incitam uma revolução, lideram os trabalhadores, fazem longos discursos filosóficos em favor da liberdade e se apaixonam; eles também figuraram no título do poema até que o editor de Shelley o convenceu a desistir do tema do incesto e mudar o nome da obra de "Laon and Cyntha" [Laon e Cyntha] para "The Revolt of Islam". Shelley ficou desapontado, pois queria "arrebatar o leitor do transe da vida comum. Era meu objetivo penetrar a crosta daquelas opiniões arcaicas de que dependem as instituições estabelecidas". No entanto, mesmo sem o enredo do incesto, o poema ainda era surpreendente o bastante para chocar os leitores do século XIX, em especial por sua insistência na ideia de uma reforma sexual e política. Cyntha faz muitos discursos, à moda de Wollstonecraft, em favor dos direitos das mulheres:

> *Pode o homem ser livre se a mulher é escravizada?*
> *Acorrentar alguém que vive e respira este imensurável ar*
> *Até a corrupção de uma sepultura fechada?*
> *Podem aquelas cujos maridos são animais, condenadas a suportar*
> *O escárnio, muito mais pesado que a labuta e a agonia, ousar*
> *Esmagar seus opressores?*[1]

Ela também dá início à revolução em sua cidade sem esperar que Laon tome a frente, o que não é um problema para Laon, que considera Cyntha sua igual. Os dois criticam duramente a escravidão, protestam contra a hipocrisia religiosa e a falsa moralidade e, ao final, morrem na fogueira.

Com suas reivindicações de mudança — Não se deve admitir que os homens dominem as mulheres! O governo não deve explorar o indivíduo! A liberdade é um direito natural! —, o poema apresenta muitos dos temas que orientariam a obra política de Shelley pelo resto de sua vida de escritor. E, embora "The Revolt of Islam" não seja um de seus melhores poemas, essa ode à liberdade, com suas 4.818 linhas, mostra a mestria de Shelley na criação de imagens, bem como uma sofisticação métrica adquirida com muito esforço.

Shelley terminou o poema no dia 20 de setembro, apenas três semanas após o nascimento de Clara, e escreveu uma dedicatória a Mary, resumindo a felicidade que haviam vivido naquele verão e reconhecendo o quão distante ficara enquanto trabalhava:

> *Agora, Mary, é findo meu trabalho de verão,*
> *E retorno a ti, que é o lar de meu coração;*
> *Como à sua rainha retorna um Cavaleiro vitorioso*
> *Levando, para o mágico palácio, espólio suntuoso.*[2]

Todavia, em outubro, o clima e a disposição de espírito do casal se tornaram mais sombrios, pondo um fim à longa sucessão de dias ensolarados que haviam desfrutado em agosto e setembro. A chuva açoitava a casa e os cômodos estavam úmidos. Mary se preocupava com Wilmouse e sua tendência a pegar resfriados. Os livros começavam a enrugar por causa do mofo. A tranquilidade recém-descoberta em sua relação com Claire minguava. Aos dez meses

---

1 "Can man be free if woman be a slave?/ Chain one who lives, and breathes this boundless air,/ To the corruption of a closed grave!/ Can they whose mates are beasts, condemned to bear/ Scorn, heavier far than toil or anguish, dare/ To trample their oppressors?" (Tradução nossa.) [NT]
2 "So now my summer task is ended, Mary,/ And I return to thee, mine own heart's home;/ As to his queen some victor Knight of Faery,/ Earning bright spoils for her enchanted dome." (Tradução nossa.) [NT]

de idade, Alba crescia saudável e já não ocupava todo o tempo de Claire. Ela começava a aceitar que Byron falara a sério e recorria a Shelley em busca de consolo. Shelley correspondia de bom grado, visto que, após o nascimento de Clara, Mary já não tinha tempo nem forças para ser a "rainha" do marido. Mais uma vez, Claire se tornou a principal confidente de Shelley, e Mary sentia ciúmes. A competição entre as irmãs recomeçou. Mary se irritava com tudo e com todos, até mesmo com os Hunt, quando lhes fizeram uma visita. Shelley, que nunca teve muita paciência com recém-nascidos, e menos ainda com esposas impacientes e irritadiças, deixou Marlow a fim de estabelecer uma base de trabalho em Londres, levando Claire e Alba consigo.

Antes de partir, Mary insistiu que Shelley pedisse para Byron adotar Alba. Ela sabia que, sem a criança, Claire precisaria de menos ajuda e teria melhores condições de gerir sua vida por conta própria. Claire não queria se separar de Alba, mas acalentava uma esperança secreta de que, quando Byron conhecesse a filha e visse como era bonita, o poeta voltaria a se apaixonar por ela. Shelley atendeu ao pedido da esposa pintando um belo quadro doméstico em uma carta para Byron, na tentativa de persuadi-lo a assumir sua responsabilidade por Alba: "Mary presenteou-me com uma garotinha. Nós a chamamos Clara. A pequena Alba e William, que são bons amigos e se divertem conversando entre si em uma língua ininteligível, estão intrigadíssimos com a recém-chegada, que eles julgam muito estúpida por não brincar com eles no chão". Tratava-se de uma propaganda criada por Shelley, e Byron não era nenhum tolo. Ele percebia que, embora Shelley claramente gostasse de Alba, agora que Mary tinha um segundo filho, a filha de Byron estava atrapalhando.

Contudo, mergulhado em uma nova vida na Itália, Byron ignorou Shelley. Ele ainda estava interessado no poeta mais jovem, porém, após chegar a Veneza, Byron se consumira, levando incontáveis mulheres para a cama, bebendo quantidades excessivas de álcool e, em meio a isso tudo, escrevendo estrofe após estrofe de poesia. A última coisa que ele queria era ficar encarregado de Claire e do bebê.

Mary, por outro lado, continuava a se preocupar com a crescente intimidade entre Shelley e Claire. Ela escreveu muitas cartas para o marido naquele outono, lamentando que estivessem separados. Sozinha no aniversário da morte de Fanny, ela implorou que ele voltasse a Marlow, mas Shelley respondeu explicando que estava em uma crise financeira. Os credores estavam à sua procura e era muito perigoso ir para casa. Ainda mais perigoso, acrescentou ele, era que sua tuberculose parecia ter piorado, e o dr. Lawrence estava preocupado demais com sua saúde para deixá-lo viajar — talvez ele morresse ainda naquele ano. Embora Mary se preocupasse com a saúde do marido, ela não conseguia perdoá-lo por abandoná-la, apesar das explicações dele.

Finalmente, em novembro, tão logo *A History* chegou às livrarias, Shelley conduziu Mary até Londres para que ficassem juntos. O poeta ainda se esquivava dos credores, já que não se dera o trabalho de saldar seus débitos, mas não permitia que sua situação financeira o distraísse de seu trabalho político. Shelley estava ocupado com a escrita de um ensaio que Mary o ajudou a revisar, o qual questionava a suspensão das liberdades civis pelo governo: "Chore, então, Povo da Inglaterra", declarava ele, "a LIBERDADE está morta". Mary se encontrou com o editor de *Frankenstein* para tratar de algumas emendas e pediu permissão ao pai para lhe dedicar o livro. A essa altura, Godwin já havia lido a cópia para publicação e concordou com orgulho; em sua opinião, *Frankenstein* era um livro notável que seria motivo de honra para ele, e a filha deveria confiar em suas habilidades de escritora.

Entretanto, os críticos não concordaram. *Frankenstein* foi publicado depois do Natal e recebeu críticas imediatas e furiosas. Mary não se surpreendeu: ela sabia que havia tocado em um assunto polêmico. Ela, ou melhor, o autor anônimo, foi acusado de ateísmo. A *The Quarterly Review* chamou o livro de "um emaranhado de horríveis e repugnantes absurdos". A *The Monthly Review* achincalhou-o, dizendo-o "grosseiro" e totalmente amoral. O crítico da *La Belle Assemblée* foi mais generoso, expressando admiração pela escrita e pela criatividade, mas condenando a história, tachando-a de fantasiosa. Uma das poucas críticas positivas veio de sir Walter Scott, velho amigo do pai de Mary e um herói para a escritora. Eufórica com seu apreço pelo livro, Mary deixou de lado seu disfarce e lhe escreveu dizendo ser ela a autora de *Frankenstein*. Ela não queria que ninguém conhecesse sua identidade, explicou, por "respeito àquelas pessoas a quem eu tolero". No entanto, ele era uma exceção, pois havia poucos autores que ela admirasse tanto.

O livro de Mary pode ter desagradado aos críticos, mas isso não impediu que as pessoas o lessem nem que especulassem em relação à identidade de seu autor. A maioria das pessoas presumiu que Shelley tivesse escrito a história, não só pelas ideias ateístas, a narrativa chocante e a filosofia godwiniana que ostentava, mas porque ele escrevera o prefácio e a dedicatória era destinada ao seu sogro. Ninguém imaginava que a autora pudesse ser, na realidade, a filha de Godwin. Uma mulher jamais poderia ter escrito um livro tão ousado.

Embora a reação negativa da crítica a *Frankenstein* fosse desanimadora, Mary tinha esperança de que o livro pudesse lhes render algum dinheiro. Contudo, no fim do mês, apesar dos mexericos nas ruas de Londres, já era evidente que as vendas do romance seriam fracas. Como uma das grandes ironias da história editorial, *Frankenstein* não renderia direitos autorais para a escritora. Assim, Mary e Shelley depositaram suas esperanças em "The Revolt of Islam", que também estava prestes a ser publicado; eles estavam convencidos de que essa obra renderia ao menos um pouco do tão necessário retorno financeiro e tornaria Shelley famoso.

Mas, quando "Revolt" realmente saiu, nada aconteceu. Foi a pior das decepções; os críticos permaneceram em completo silêncio — o tipo de silêncio aterrador que arrasa os escritores, pois significa que ninguém acha que vale a pena ler o livro. Shelley tinha o sonho de que "Revolt" seria o seu "Childe Harold". Ele ansiava por ganhar a fama de grande poeta para redimir sua posição na sociedade. Para Mary e Shelley, o silêncio parecia um terrível engano — como seria possível que não admirassem "Revolt"? Eles concluíram que devia ser porque ninguém sabia de sua existência. Shelley pressionou seu editor para que promovesse o livro, enquanto Hunt deu toda a ajuda que pôde de seu escritório em Hampstead, imprimindo seleções do poema e elogiando a obra de Shelley, declarando-a brilhante. Contudo, com o passar dos dias, ficou claro que Shelley estava sendo ignorado, e tanto ele como Mary ficaram profundamente magoados.

Por fim, surgiram umas poucas críticas relutantes, mas os críticos se concentravam tão somente nas "ignóbeis" opiniões políticas de Shelley e em seu comportamento escandaloso: ele não era cristão; fora expulso de Oxford; causara enorme sofrimento a Harriet, provocando-lhe o suicídio; defendia a anarquia e a morte dos reis. Suas colunas mais pareciam uma exposição barata do poeta, com ares de fofoca, escritas com o intuito de vender jornais. Para Mary e Shelley, tais ataques ao caráter de Shelley eram preocupantes. Se sua fama se tornasse demasiado ruim, os tribunais poderiam lhe tirar a custódia de William e Clara, uma ameaça que a acusação já havia feito durante o julgamento da custódia de Ianthe e Charles. E o que aconteceria caso as pessoas descobrissem quem de fato escrevera *Frankenstein*?

Ao longo dos dois anos anteriores, Shelley suspeitara que ele e a família já não podiam viver na Inglaterra; que ali, em "sua ilha natal", eles eram incompreendidos e difamados, e seu trabalho, rejeitado. Atormentado por problemas de saúde, entre eles um novo distúrbio intestinal oriundo, ao menos em parte, de seus estranhos hábitos alimentares — por vezes, ele passava dias com apenas um ou dois nacos de pão —, Shelley passava horas deitado no sofá da sala de estar, automedicando-se com láudano. Sua única alegria era observar Wilmouse e Alba brincando. Shelley tinha orgulho do filho por dividir seus doces com a garotinha, indo até ela com seus passinhos ainda vacilantes e colocando metade da guloseima em sua boca. Ele escreveu para Byron dizendo que Alba se tornara "amorosa e serena".

Depois de algumas semanas desse mal-estar, por insistência de Mary, ele se consultou com o dr. Lawrence, que reconsiderou sua posição sobre os perigos de uma viagem para a saúde de Shelley e sugeriu a Itália como o destino que ajudaria na cura. Talvez no cálido ar mediterrâneo Shelley ficasse livre de suas dores misteriosas. A Itália oferecia ainda o benefício da segurança contra meirinhos e tribunais, crueldades e insultos.

Mary gostou da ideia de "ar puro e sol quente", isso sem mencionar a possibilidade de deixar Alba com Byron em Veneza e, então, se desvencilhar de Claire, visto que, assim, a irmã postiça estaria livre para fazer o que quisesse. Claire não protestou. Ela não apenas se agarrava à esperança de que Byron mudasse de ideia e eles pudessem viver juntos como uma família, mas também estava bem ciente de não ter condições de sustentar e proteger Alba como Byron poderia. Ela também sabia que os motivos de Mary não eram de todo egoístas. O suicídio de Fanny continuava a ser uma advertência. Ambas as irmãs compreendiam perfeitamente os perigos que filhas ilegítimas corriam. O famoso e rico pai de Allegra poderia ajudá-la a ter a vida de independência e dignidade que fora negada a Fanny.

No fim de janeiro, eles já estavam decididos a partir. Rescindiram a locação da Albion House, recebendo algum dinheiro por isso, e passaram os meses de fevereiro e março em um turbilhão para resolver suas pendências. À noite, iam à ópera, ao teatro e a jantares com os demais radicais que ousavam admitir conhecê-los. Os Hunt ficaram tão desolados com a partida dos amigos que não conseguiram deixá-los em sua última noite juntos, adormecendo nos aposentos dos Shelley e partindo em silêncio apenas ao raiar do dia.

Durante essas últimas semanas na Inglaterra, enquanto Mary estava absorta nos detalhes práticos da partida, Shelley se esquivava da arrumação das coisas para a viagem e passava horas com os amigos no recém-inaugurado Museu Britânico. Ali, ele observava as arruinadas peças de mármore que lorde Elgin trouxera havia pouco tempo da Grécia e da Itália. Para o poeta, cada coluna, cada estátua de deus pagão, dava uma pequena mostra das riquezas que ele descobriria em breve na terra da Antiguidade. Havia também no museu alguns objetos egípcios recém-descobertos, datados de até 2000 a.C., entre eles uma estátua de sete toneladas do faraó Ramsés II, esculpida a partir de um único bloco de granito azul e castanho-claro. Os olhos de Ramsés pareciam olhar para baixo, para os visitantes, o que provocava uma estranha sensação de estar sendo observado. Shelley ficou tão tocado pela estátua, tão grandiosa que Napoleão desejara ardentemente tê-la para si, que propôs ao amigo Horace Smith, um financista que representaria os Shelley em seus negócios quando estivessem vivendo fora do país, que cada um deles escrevesse um poema em homenagem à estátua. Smith concordou e compôs algumas linhas nada memoráveis. Shelley, porém, impulsionado pela raiva diante do desprezo da elite literária, por sua desilusão com o repressivo governo inglês e por seu rancor ante o modo como fora tratado pelo mundo em geral, compôs "Ozymandias" — o soneto mais famoso que escreveu e que figura entre os mais evocativos:

> Conheci, de uma terra antiga, um viajante
> Que dizia: 'Duas grandes pernas de pedra, sem tronco,
> Erguem-se no deserto. E sobre a areia, não distante,
> Meio afundado, jaz um semblante arruinado, casmurro,
> Cujos lábios franzidos, um meio sorriso de frio comandante,
> Revelam que seu escultor aquelas paixões bem compreendia,
> As que ainda vivem, impressas nessas coisas sem vida,
> A mão que zombou delas e o coração que as nutria.
> E sobre o pedestal, ainda as palavras são lidas—
> 'Meu nome é Ozymandias, rei de monarcas.
> Vede minhas obras, e desesperai, ó vós, Poderosos!'
> Nada ao seu lado resta. Em redor dos destroços
> Daquele colosso arruinado, desnudas, intermináveis,
> Ao longe se estendem planas areias solitárias.[3]

Essas foram as últimas palavras que Shelley, ainda desprezado, escreveria em solo inglês. Seu significado era claro: todos os tiranos morrem; todos os impérios caem. Um dia, a própria Inglaterra seria esquecida. Apenas a obra do verdadeiro artista perduraria.

No início da manhã de 11 de março, o casal deixou Londres em um grupo de oito pessoas, junto com Claire, Alba, William, Clara e as duas babás, Elise e Milly Shields, uma jovem que eles haviam contratado em Marlow. Era chegada a hora de se libertar, de viver na terra dos romanos e dos deuses romanos. Ninguém teria condições de saber que, desse grupo, apenas Mary, Claire e Milly retornariam à Inglaterra. Shelley e os filhos jamais veriam sua terra natal novamente.

---

3 "I met a traveller from an antique land/ Who said: "Two vast and trunkless legs of stone/ Stand in the desert. Near them, on the sand,/ Half sunk, a shattered visage lies, whose frown,/ And wrinkled lip, and sneer of cold command,/ Tell that its sculptor well those passions read/ Which yet survive, stamped on these lifeless things,/ The hand that mocked them and the heart that fed.
    And on the pedestal these words appear—/ 'My name is Ozymandias, king of kings:/ Look on my works, ye Mighty, and despair!'/ Nothing beside remains. Round the decay/ Of that colossal wreck, boundless and bare/ The lone and level sands stretch far away." (Tradução nossa.) [NT]

## CAPÍTULO 20
# MARY WOLLSTONECRAFT: "MATERNIDADE"
### [1793-1794]

Nem todos os conhecidos de Mary Wollstonecraft em Paris partilharam de seu entusiasmo por estar grávida. Alguns se contentaram em fofocar pelas costas da escritora, mas outros passaram a evitá-la em público, demonstrando seu choque quando a barriga de Mary começou a ficar saliente. Depois de um desses encontros fortuitos, ela exclamou, em uma carta para Imlay: "Apenas lhes disse que estou esperando um bebê: e deixe que olhem de olhos arregalados! [...] o mundo inteiro pode ficar sabendo, eu não me importo!".

Para sorte de Mary, sua amiga Ruth Barlow ficou feliz com a notícia. As duas mulheres costumavam se encontrar para tomar o café da manhã juntas e "tagarelar por quanto tempo quisermos". Em geral, elas iam ao estabelecimento favorito de Ruth, o Chinese Baths, um novo restaurante e spa popular entre os norte-americanos. Mary nunca se cansava de ouvir as histórias de Ruth sobre os Estados Unidos e ficava imaginando como seria viver lá com Imlay. Ruth garantia a Mary que os Estados Unidos eram exatamente tão belos como Gilbert dizia, e que eles poderiam residir em paz com outros amantes da liberdade na fronteira.

Todavia, novembro chegou e passou, e Imlay ainda não havia voltado para casa, o que deixava Mary apreensiva e irritada. Ela tentava se tranquilizar com visões de Imlay sentado junto à lareira, lendo em voz alta enquanto ela aconchegava o bebê do casal, mas, à medida que as chuvas de outono açoitavam as janelas, inundando as estradas e impossibilitando-a de sair para visitar os amigos, Mary se sentia cada vez mais triste. Em uma tentativa de se consolar, ela escrevia longas cartas para Imlay. Por vezes, lamentava que ele tivesse partido: "Venho seguindo seus passos pela estrada inteira [n]este clima ingrato; pois, quando estou distante daqueles a quem amo, minha imaginação se incendeia, como se meus sentidos jamais tivessem se deliciado com sua presença — eu pretendia dizer carícia — e por que não deveria?". Outras vezes, ela reclamava: "Ultimamente, estamos sempre a nos separar — Crac! — Crac! — e você vai embora". Ela tentava "escrever com alegria", mas, então, começava a chorar. Mary temia que Gilbert a traísse: ele era demasiado suscetível aos encantos de outras mulheres. Ela não se sentia tentada por mais ninguém. Por que ele não podia ser mais parecido com ela? "Posso encontrar alimento para o amor no mesmo objeto por muito mais tempo que você", declarou ela, "o caminho até os meus sentidos é através de meu coração; mas, perdoe-me!, creio que, às vezes, exista um atalho para os seus."

Com o passar das semanas, ela começou a atribuir a culpa pela ausência de Imlay à obsessão que ele tinha por dinheiro, dizendo-lhe que não gostava de seu "semblante ganancioso". Ela estava adoecendo com esse período de afastamento: "Minha cabeça dói e meu coração está pesado". Mary estava deprimida — "'Fico prostrada', como disse Milton, 'em dias ruins'" — e isso tudo por causa da desatenção de Imlay. Durante o verão, ela pensara viver no paraíso; agora, porém, "O mundo parece um 'jardim malcuidado' onde 'coisas fétidas e repulsivas' são as que melhor florescem".

Imlay tentava acompanhar o fluxo constante das cartas de Mary, mas geralmente não conseguia. Ele garantia a Mary que "[a] amava como a uma deusa", porém, em vez de se apaziguar com suas palavras, ela ameaçava atirar os chinelos dele pela janela, queixando-se de que não queria ser venerada, antes preferia "ser necessária para você". Ela também condenava a facilidade com que ele lidava com a separação e adotou a postura de uma filósofa moral ao criticar não somente Imlay como os homens em geral: "Quando mergulham no mundo, os homens parecem perder todas as sensações, exceto aquelas necessárias para continuar ou criar a vida!".

Entretanto, seu estado de espírito mudava depressa; apenas uma semana depois, ela já implorava: "Rogo-lhe — Não me rejeite, pois realmente o amo perdidamente e sinto-me arrasada". Mary sentia sua independência escapar pelos dedos e escreveu: "Perceba que a tristeza já quase me transformou em uma criança" e "Minha felicidade depende inteiramente de você". Por fim, Imlay abrandou e lhe convidou para ficar com ele na cidade de Le Havre, e Mary agarrou a oportunidade. No dia 11 de janeiro, ela pediu desculpas por duvidar dele e expressou seu júbilo de que a tranquilidade doméstica que ele prometera enfim se realizaria:

> Que belo retrato você esboçou de nosso lar! Meu amor! Minha imaginação logo começou a trabalhar e descobri minha cabeça sobre seu ombro, enquanto meus olhos fitavam as criaturinhas que circundavam seus joelhos. Eu não decidi, em absoluto, que deviam ser seis — se você não quiser esse número.

Mary se despediu dos amigos que ainda estavam em Paris. Helen Maria Williams, que acabara de sair da prisão e planejava sua própria fuga da cidade, implorou que, antes de partir, Mary queimasse as páginas que escrevera sobre a Revolução, pois tinha certeza de que elas levariam Mary ao cárcere. Contudo, Mary considerava sua nova obra demasiado importante para ser destruída e, carregando o manuscrito consigo, passou depressa pelos guardas dos portões da cidade, embora soubesse que sua "vida não teria tido muito valor caso tivesse sido encontrado". Logo ela estava em uma carruagem que seguia em direção ao oeste, o coração repleto de expectativas e a bagagem cheia de capítulos inacabados.

A cidade portuária de Le Havre era o centro comercial da França revolucionária e tinha quase 25 mil habitantes. Um quebra-mar de 4,5 metros de altura separava a cidade do porto, aglomerando seus habitantes em um denso labirinto de casas amontoadas e ruas estreitas. Le Havre era tão radical quanto Paris, ainda que seus moradores se dedicassem ao comércio, e não à política. Você tem capital para investir? Que tal um empréstimo? Tais eram as perguntas que as pessoas faziam ali. E não: Você apoia Robespierre ou os girondinos? Ingleses, revolucionários e outros tipos indeterminados de pessoas reuniam-se nos bares, trocando esquemas de enriquecimento rápido e maneiras de burlar o embargo inglês. Esse era o ambiente perfeito para Gilbert. Embora tivesse conquistado Mary apresentando-se como um idealista, ele era muito mais pragmático do que revelara de início. Imlay fora à França para fazer fortuna, não para registrar seus pensamentos para a posteridade, como Mary e seus amigos. Mary, por outro lado, sentia-se "um tanto deslocada". Ela não tinha acesso aos jornais parisienses ali. Havia deixado muitos de seus livros, bem como amigos, para trás. Não obstante, estava feliz, enfim vivendo com Gilbert. Ela se refugiou na escrivaninha, na tentativa de terminar seu tratado sobre a Revolução antes do nascimento do bebê.

Ambiciosa como sempre, Mary retomava as grandes questões de filosofia política que levantara em suas duas *Reivindicações*: qual era a origem da sociedade? Quais são os direitos naturais de homens e de mulheres? Que papel o governo deve desempenhar na vida dos indivíduos? Em vez de começar seu livro com a queda da Bastilha, ou com a Convenção Nacional, ou, aliás, por qualquer momento do século XVIII, Mary iniciou-o na Roma antiga. Seu objetivo era provar que a Revolução fazia parte do desenrolar geral da história humana e, assim, passou rapidamente pela Idade Média, Luís XIV e Luís XV, antes de chegar aos eventos da época em que vivia. A humanidade, dizia ela, progredira de tribos a nações, de monarquias a repúblicas. O objetivo do governo deveria ser proteger os fracos. A constituição norte-americana, fundamentada "no alicerce da razão e da igualdade", deveria ser uma inspiração para os outros países. Segundo ela, "a liberdade parece estar alçando voo, com asas maternais, rumo a regiões que prometem amparar toda a humanidade". Obviamente, não era por acaso que a escritora caracterizava a liberdade como uma mãe, e não como um pai.

Do outro lado do oceano, John Adams viria a ler *An Historical and Moral View of the French Revolution* [Uma visão histórica e moral da Revolução Francesa] duas vezes — a primeira delas em 1796, quando era vice-presidente, e outra vez mais de dez anos depois. Ele discordava de muitos dos argumentos de Mary; não obstante, esses mesmos argumentos inspiraram suas próprias ideias. Ele escreveu mais de 10 mil palavras nas margens de seu exemplar do livro, que está sob os cuidados da Biblioteca Pública de Boston e ainda hoje pode ser visto. Por mais que zombasse da ingenuidade de Mary em relação ao governo e discordasse dela sobre a bondade natural do coração humano — Mary acreditava que as pessoas eram boas, e os governos, corruptos, ao passo que Adams acreditava no contrário —, ele partilhava de sua esperança fundamental em um futuro melhor. "Amém e Amém! Era gloriosa, venha depressa!", escrevia Adams na margem, quando Mary se mostrava utópica.

Todavia, para Adams, talvez o único argumento realmente notável do livro — talvez porque o fazia se lembrar das ideias da esposa — era a discussão de como os direitos e as questões domésticas das mulheres estão diretamente relacionados com a esfera pública e a política. Se os homens pudessem aprender a valorizar os "afetos familiares" mais do que o poder, o dinheiro e a terra, dizia Mary, o despotismo chegaria ao fim. Ela não distinguia entre a tirania do rei, do padre e do marido: que pessoa sensata, indagava ela, acredita "que um rei não possa cometer erros ou crimes?" Ou que um padre que engana um moribundo esteja correto apenas por ser padre? Que pessoa equivocada impediria uma mulher que abandona um marido abusivo? Nesse ponto, Mary lançou mão de todo o seu poder de fogo: Por que a esposa infeliz deve ser "tratada como uma pária pela sociedade [...] porque seu coração rebelado repudia o homem a quem, sendo marido apenas no título, e pelo poder tirânico que tem sobre a pessoa e a propriedade da esposa, ela não consegue amar nem respeitar, para encontrar consolo em um peito mais afável ou humano?". Anos mais tarde, a filha e o futuro genro leriam essa passagem com grande interesse, empregando-a em sua própria situação.

Como em suas duas *Reivindicações*, as conexões que Mary via entre as esferas doméstica e pública, e entre o governo e a família, estão entre seus mais importantes *insights*, sendo um dos motivos pelos quais sua obra ainda hoje tem repercussão. Ao mostrar como a negação dos direitos das mulheres está vinculada a outras desigualdades na sociedade, Mary se antecipou a teóricos modernos que defendem que o feminismo nunca abrangeu tão somente os

( 292 )

spected, they began by attacking that of their presumptuous adversaries; and actually surprised the assembly into the unanimous renunciation of all revenues arising from feudal dues, and even into the abolition of tithes. The nobility, also, who saw, that they should gain more by the suppression of tithes, than they should lose by the sacrifice of the obnoxious manorial fees, came into the same system. The steps likewise taken to increase the salaries of the indigent clergy, the most numerous part of the body in the assembly, secured their influence. And by destroying the monopoly of municipal and judicial employments, the support of the cities was obtained.—Thus the national assembly, without a struggle, found itself omnipotent. Their only enemies were individuals, seemingly of importance, it is true, as they had been accustomed to lead the great corporate bodies; but what was their empire, when all their former subjects were withdrawn from their control? of these enemies, the church dignitaries were of the most consequence; but, after the confiscation of ecclesiastical property, it would have been impossible for the court, even supposing a counter-revolution, to provide

UMA PÁGINA DO EXEMPLAR ANOTADO DE JOHN ADAMS DA OBRA DE WOLLSTONECRAFT, *AN HISTORICAL AND MORAL VIEW OF THE FRENCH REVOLUTION*. AO LADO DA VERSÃO DE WOLLSTONECRAFT SOBRE A FORMAÇÃO DA "ONIPOTENTE" ASSEMBLEIA NACIONAL FRANCESA, ADAMS ESCREVEU: "OUÇA! LEIA!" DUAS VEZES, E "ISTO É, PODEROSA O BASTANTE PARA DESTRUIR-SE A SI MESMA E À NAÇÃO!"

"direitos da mulher", mas a injustiça social causada pelo patriarcado em todas as suas formas. Para tais autores, o feminismo moderno engloba muito mais que questões de sexualidade, gênero e reprodução, incluindo também discussões de classe, raça, deficiência e direitos humanos.

Mary não analisou Robespierre e o Terror diretamente, mas lamentava o fato de que a Revolução tivesse perdido o rumo. Em vez de representar um passo adiante para a sociedade humana, a guilhotina era um exemplo de advertência do que acontecia quando a loucura e a ganância tomavam o controle da situação. A razão e o bom senso eram os elementos necessários ao progresso, argumentava ela. Enquanto os líderes fossem motivados pela sede de poder, a morte triunfaria, não a liberdade.

O livro *French Revolution* de Mary constitui uma articulação mais madura de suas ideias do que *Reivindicação dos Direitos da Mulher*; nele, ela discutia não apenas suas teorias sobre liberdade natural e justiça social como também enfatizava a importância da ciência política como disciplina de estudo e o papel positivo que o cientista político pode desempenhar na melhoria da condição humana. Não obstante, apesar de sua visão, essa obra inovadora é a menos conhecida entre todos os seus trabalhos, uma ironia que ilustra como Wollstonecraft não tem sido adequadamente considerada pela história.

• • •

Para a residência do casal em Le Havre, Gilbert alugara um casarão próximo da água, de propriedade de um inglês mercador de sabão. Mary descreveu a nova casa como "de localização agradável". Da janela ela podia ver os navios que chegavam ao porto, arremetendo baía adentro como gaivotas. Os barcos de pesca e as embarcações comerciais se movimentavam próximos uns dos outros no porto, subindo e descendo com as ondas e as marés. Por sugestão de Gilbert, ela contratou uma criada para ajudá-la com as tarefas domésticas. Embora a cidade fosse açoitada por chuvas e ventos naquele inverno, Mary saía todas as manhãs para caminhar antes do desjejum, escrevendo para Ruth que "estava mais concentrada do que nunca no trabalho". Ela também decidiu apoiar os variados e arriscados empreendimentos comerciais de Gilbert, e com alegria lhe dizia que tentaria não "perturbar" seu estado de espírito "por muito, muito tempo — tenho medo de dizer nunca".

Quando não estava escrevendo, Mary saía para comprar mantimentos e preparava as refeições. Ela encomendava tecidos de Paris para costurar roupas de bebê e pedia que Ruth lhe enviasse alguns materiais para vestidos de grávida — tecidos como fustão, algodão ou calicô. Quando Gilbert estava em casa, ele gostava de ler por sobre o ombro de Mary para ver o que ela estava escrevendo. Apesar de todos os seus interesses comerciais, ele ainda era um homem de ideias, ainda o homem que escrevera um romance que homenageava a liberdade. Como um casal unido pelo matrimônio, eles gostavam dos detalhes domésticos. Sempre que Gilbert saía a negócios, Mary escrevia um bilhete dizendo como deixara o pernil de carneiro "defumando sobre a mesa" para que ele "enchesse [as] costelas" quando voltasse para casa. Para Ruth, ela descrevia os linhos que havia encontrado para as camisas de Gilbert em Le Havre e observava, com orgulho, que agora usava a "fraseologia matrimonial" do "nós" em vez do "eu", tendo construído uma parceria doméstica "sem ter subjugado minha alma com as promessas de obediência etc. etc. [...]".

Mary concluiu *French Revolution* em abril. Agora ela não se preocupava com a proximidade da chegada do bebê, pois "a história está terminada e tudo está arranjado". Finalmente, no dia 14 de maio, apenas duas semanas depois de completar 35 anos, Mary deu à luz uma menina, a quem batizou com o nome de sua velha amiga Fanny. Ela contara tão somente com a assistência de uma ama que, Mary contou a Ruth, "estava convencida de que eu me mataria e à minha filha" por não haver chamado um médico nem ficado na cama por uma semana após o parto. Embora se sentisse cansada e dolorida, Mary já estava de pé um dia depois de dar à luz. O parto era um processo natural, declarava ela, não uma doença. Ela confiava na própria força física e, embora reconhecesse que parir "não era uma tarefa tranquila", ela e o bebê estavam passando muito bem.

Na opinião de Mary, ali estava mais uma prova da importância de educar as mulheres. Ela conseguira suportar as contrações sem entrar em pânico porque compreendia o funcionamento do próprio corpo. Para Mary, era fundamental informar as mulheres das realidades do parto porque "esse esforço da natureza torna-se mais cruel pela ignorância e afetação [das mulheres]". Satisfeitíssima com a saúde excelente de Fanny e com seu parto triunfal, Mary se vangloriou para Ruth: "Eu quase poderia esquecer a dor que senti há seis dias". Recusando-se a contratar uma ama de leite, como era costume à época, ela mesma amamentou Fanny no peito e sentia "enorme prazer em ser mãe". Oito dias depois da chegada de Fanny, Mary já havia retomado as caminhadas diárias, e a "ternura constante" de Gilbert lhe permitia "ver o novo vínculo como uma bênção", embora ela também notasse que, por vezes, ele ficava "impaciente" com "os constantes empecilhos" que estorvavam seus negócios. Essa irritabilidade era um aspecto novo do encantador Imlay, mas Mary não se preocupou, visto que ele era amoroso e carinhoso na maior parte do tempo.

À medida que os dias ficavam mais longos, Mary se alegrava com o rápido crescimento de Fanny, escrevendo para Ruth que a criança era "atipicamente saudável, o que atribuo a minha boa, e natural, maneira de amamentá-la, mais do que a qualquer força extraordinária de suas faculdades. Até agora, ela não provou nada além do meu leite, que tenho em abundância desde o seu nascimento". Fanny logo aprendeu a erguer a cabecinha e sorrir para a amorosíssima mãe, e Mary, cada vez mais orgulhosa da filhinha, ia a todos os lugares com ela — saía para jantar, descia ao porto, ia ao mercado. A escritora contou a Ruth que o bebê mamava "tão vigorosamente que o pai já espera marotamente que ela escreva a segunda parte de D—tos da Mulher".

Quando o clima esquentou, a brisa fresca do oceano levava conforto para mãe e filha. Mary brincava com Fanny nos cômodos de grandes janelas da casa, enquanto Gilbert trabalhava até tarde na orla, negociando com capitães e marinheiros e supervisionando o mercado negro de *commodities* que gerenciava. Os preços haviam subido tanto na França que surgiu uma abrupta demanda pelos produtos básicos que negociantes como Gilbert importavam ilegalmente da Inglaterra e dos Estados Unidos. Além disso, Gilbert iniciara, havia pouco tempo, um novo empreendimento ainda mais arriscado. Ele se aproveitara do decreto de Robespierre que proibia a posse de objetos de luxo, como porcelanas, prata, obras de arte e artigos de vidro, e comprara 36 travessas de prata maciça com o brasão dos Bourbon e artigos de vidro por uma fração de seu valor original. Agora ele estava tentando contrabandear tais mercadorias para fora do país, para seus contatos na Escandinávia. Isso significava passar pelo bloqueio inglês aos portos, bem como pelas autoridades francesas, mas Imlay era esperto, persistente e podia ser bastante persuasivo.

No entanto, a prata era um caso especial. As travessas eram tão valiosas que, a fim de evitar que fossem detectadas, Imlay contratou um jovem norueguês chamado Peter Ellefson como capitão de um de seus navios, que passaria pelos ingleses e chegaria ao porto de Gotemburgo, onde estaria o contato de Imlay, Elias Backman. A Noruega era uma nação neutra, de modo que os navios noruegueses não deveriam ser importunados pelas autoridades britânicas e francesas, mas, por precaução, Ellefson e seu primeiro oficial eram os únicos a bordo que sabiam da prata. Ademais, os documentos do navio indicavam Ellefson como proprietário. Imlay encobrira os próprios rastros. Tudo que ele podia fazer agora era aguardar que o navio chegasse ao porto de destino em segurança e esperar que sua jogada arriscada rendesse lucros.

Ellefson permaneceu com Imlay e Mary naquele verão, antes de partir para a Suécia. Quando Mary se deparou com as travessas, sentiu o peso delas e viu o brasão real, ela se deu conta de que a fortuna do casal dependia do jovem norueguês. Totalmente comprometida com o sucesso desse esquema, Mary assumiu o controle da operação quando Gilbert foi chamado para uma viagem de negócios, dando as últimas instruções a Ellefson no dia em que o norueguês zarpou. Conforme o navio fazia uma curva e saía do porto, Mary ficou observando enquanto ele ficava cada vez menor e rezou para que tudo corresse bem. Se conseguissem vender a prata por um bom preço, talvez ela, Gilbert e Fanny pudessem se mudar para os Estados Unidos e começar a cultivar sua chácara. Talvez ela pudesse até levar as irmãs consigo. Conquanto Eliza e Everina estivessem longe, Mary continuava a se preocupar com elas e lhes escrevia inúmeras cartas, embora soubesse que era improvável que as moças chegassem a recebê-las. Os censores franceses eram rígidos no tocante à comunicação entre as duas nações em guerra, e os ingleses também suspeitavam de correspondências da França.

Tendo criado uma rotina após o nascimento de Fanny, Mary e Gilbert tinham uma vida tão sossegada que era quase possível fingir que não estavam vivendo em meio a uma revolução. Contudo, Mary nunca deixou de se informar sobre o que acontecia na capital, acompanhando os jornais de Paris na medida em que podia. Durante o mês de julho, o número de execuções disparou de cinco para mais de 25 por dia até que, por fim, Robespierre foi destituído pela Convenção Nacional e, em um golpe de Estado dramático, guilhotinado na tarde de 28 de julho. De repente, o Terror chegava ao fim. Mary ainda não tinha notícias das irmãs, mas escreveu a Everina dizendo ter esperanças de que "haveria paz naquele inverno" e que, então, elas poderiam se encontrar. Embora, em alguns aspectos, esse longo tempo afastada das irmãs tivesse sido um alívio — Mary foi poupada de suas constantes lamúrias e não tinha de ouvir comentários delas sobre a vida que levava —, o silêncio a deixava apreensiva. Ela escrevera às irmãs para contar sobre Imlay e, depois, sobre Fanny, mas nunca recebeu resposta.

Para Mary, agosto foi um mês preocupante. Agora que o Terror havia terminado, Paris estava aberta novamente, e Gilbert partira para supervisionar seus assuntos comerciais ali, preocupado com relatos de algumas "falcatruas" por parte de um de seus subordinados. Mary lhe enviava longas cartas amorosas, mas, como começava a suspeitar que ele já não estivesse tão entusiasmado com a vida em família como ela, no dia 17 de agosto escreveu uma carta sarcástica para Imlay comentando a respeito de sua preocupação com dinheiro, dizendo que "[os negócios] são a ideia que mais naturalmente se associa a sua imagem". Ela esperava, disse Mary, que ele desejasse fazer algo mais de sua vida do que tão somente "comer e beber, e ser estupidamente útil aos estúpidos". As escolhas que ele vinha fazendo, escreveu ela, não estavam à altura de um verdadeiro homem de imaginação.

Apenas dois dias depois, em 19 de agosto, ela já afirmava sua autoconfiança: se ele não a amasse com a mesma intensidade com que ela o amava e estivesse com ela somente por obrigação, então não deveria estar. Ela podia tomar conta de si mesma e de Fanny. "Seu coração tem qualidades que exigem meu afeto; porém, a menos que o sentimento me pareça claramente mútuo, esforçar-me-ei apenas para estimar seu caráter em vez de nutrir carinho por sua pessoa". Todavia, ela não conseguiu sustentar essa corajosa renúncia por muito tempo. No parágrafo seguinte, já confessava a amargura de seus sentimentos: "Descobri que não poderia jantar no grande salão — e, quando peguei a faca grande para cortar a carne para mim, lágrimas logo me subiram aos olhos". Ela terminou a carta dizendo: "Você é meu amigo do peito e o amparo do meu coração".

No dia seguinte, porém, Mary voltou a demonstrar raiva, queixando-se do "temperamento reservado" de Imlay. Muitas e muitas vezes "você magoou minha sensibilidade, escondendo-se". Como ela ansiava que ele "não usasse disfarces". Ele insistia que as mulheres eram "ardilosas", mas ela era sempre sincera, sempre verdadeira. Por que ele ficava em Paris? Eram suas ambições mercantis? Ou era ela? Apenas uma semana antes, eles estiveram tão contentes. Sim, havia as irritações normais de viver com outra pessoa, e o bebê era exigente, mas, se ele desistisse de seu desejo de fazer fortuna, eles poderiam ser felizes, disso ela tinha certeza. Tudo que ela queria, escreveu, era "ser revigorada e acalentada" pelo amor "sincero" de Imlay. Onde estava o "*épanchement de coeur*"[1] pelo qual ela ansiava e julgava merecer? Ele havia esquecido o verão anterior, a felicidade dos dois em Neuilly, seus sonhos para o futuro?

A ofensiva de cartas de Mary foi interrompida apenas quando a pequenina Fanny pegou varíola. No fim do século XVIII, essa doença pavorosa matava 400 mil europeus ao ano e deixava um terço de suas vítimas cegas. Para bebês, o prospecto era ainda pior; em Londres, até 80% das crianças morria de varíola. Todavia Mary, embora assustada, orgulhava-se de ter informações científicas atualizadas. Johnson havia publicado recentemente o livro de John Haygarth, *An Inquiry How to Prevent Small-Pox* [Uma investigação sobre como prevenir a varíola] (1784), que continha as teorias mais modernas sobre a doença, de modo que ela conhecia bem os estágios e os melhores métodos de tratamento. Em vez de agasalhar bastante o bebê e mantê-lo dentro de um cômodo fechado, como aconselhava a maioria dos vizinhos, ela dava banho em Fanny duas vezes ao dia e abria as janelas para manter a criança o mais fresquinha possível. Os moradores de Le Havre ficavam horrorizados com o tratamento que Mary dava à bebê, mas ela dispensava tais preocupações, escrevendo a Everina que os vizinhos "tratam a terrível doença de modo muito inadequado — eu, porém, decidi seguir as sugestões de minha própria razão, poupando [Fanny] de muita dor, e provavelmente sua vida, [...] colocando-a duas vezes ao dia em uma banheira de água morna".

---

[1] Em francês no original: "efusão do coração". [NT]

Um bebê doente é sempre difícil de cuidar, e Fanny não foi exceção. Ela estava constantemente febril e desconfortável. O corpo ficou coberto de cascas de ferida que coçavam e doíam. O bebê tinha o sono agitado e mamava sem cessar. Quando tinha picos de febre, ela ficava assustadoramente imóvel. Sem ter ninguém para ajudá-la, Mary se sentia cada vez mais exausta, dedicando toda a energia que tinha para salvar a filha. Ela se sentia como uma "escrava", mas amava seu bebê, tendo escrito a Gilbert antes da chegada da doença: "Ela conquistou meu coração e minha mente e, quando saio sem ela, sua imagem pequenina fica dançando diante dos meus olhos".

Quando a febre enfim cedeu e Fanny já convalescia, Mary quis se juntar a Gilbert em Paris, mas ele impediu a concretização de tais planos, anunciando que tinha de viajar para Londres. Ele fez uma parada em Le Havre apenas para acertar algumas questões financeiras com Mary e se desculpar por sua ausência. Ele garantiu que adorava Fanny e adorava Mary. Mas foi irredutível: tinha de ir. As "falcatruas" de que suspeitava eram todas verdadeiras. Ele perdera dinheiro e, agora que aparentemente a Inglaterra retiraria o embargo, Gilbert queria estabelecer conexões com mercadores em Londres. Mary tentou não suspeitar das intenções do homem, mas ele parecia distante, indiferente, entediado até. Talvez tivesse perdido o interesse em viver com Mary e o bebê. Talvez pretendesse abandoná-la.

CAPÍTULO 21

# MARY SHELLEY: ITÁLIA, "AS HORAS FELIZES"

[1818-1819]

Quando os Shelley chegaram à Itália em 30 de março de 1818, para onde olhava Mary via beleza: "Os pomares todos em flor e os campos verdes com o milho que crescia". Tendo lido Homero um para o outro durante a viagem pelos Alpes a fim de se preparar para seus primeiros vislumbres da Antiguidade clássica, a primeira coisa que Mary e Shelley fizeram ao cruzar a fronteira foi descer depressa "uma trilha verdejante recoberta de flores" para ver um antigo "arco do triunfo que havia sido erigido em homenagem a Augusto".

Eles seguiram viagem para o leste, passando por Turim e chegando a Milão em meados de abril. "Na Itália", Mary escreveu com entusiasmo aos Hunt, "respiramos um ar diferente e tudo é agradável". A saúde de Shelley melhorava gradualmente. As crianças vicejavam. O pão era "o melhor e mais branco do mundo". Mesmo as vacas eram bonitas, de "uma delicada cor marrom-acinzentada" e com olhos brilhantes que faziam Mary recordar as descrições de Homero dos "olhos bovinos" da deusa Juno.

Shelley e Mary presumiam que Byron fosse passar o verão com eles, como fizera em Genebra. Com isso em mente, deixaram Claire encarregada das crianças e pegaram uma carruagem em direção ao norte, até o lago Como, a fim de procurar uma casa de campo elegante para alugar, uma que fosse adequada para o lorde, com jardins, vista para o lago e fácil acesso para navegação. O casal ficou encantado com os pomares de limoeiros e laranjeiras, nos quais, como observou Shelley, "há mais frutos que folhas". Por fim, encontraram a Villa Pliniana, um antigo palácio semiarruinado que, segundo a descrição de Mary, tinha "dois grandes salões, tapeçarias esplêndidas penduradas nas paredes e piso de mármore". Como a Villa Diodati junto ao lago Genebra, o casarão tinha vista para a água e para as montanhas. Havia até mesmo uma cascata que descia estrepitosamente pelas rochas próximas, desaguando no lago abaixo. Certa noite, houve uma espetacular tempestade de raios, que trouxe à tona ainda mais lembranças do verão que haviam passado com Byron. Sem Claire e as crianças, Mary e Shelley estavam sozinhos pela primeira vez em mais de um ano. Por três dias, fizeram caminhadas, tomaram banhos de sol, escreveram e leram um para o outro, desfrutando a paz. É verdade que Shelley teve uma de suas visões aterradoras, contudo Mary viria a se recordar desse período como idílico. Nenhum deles sabia que essa seria uma das últimas ocasiões que teriam a sós.

Ao regressar a Milão, o casal encontrou uma carta fria de Byron informando que não tinha interesse em se reunir ao grupo. Ele não queria incentivar Claire a imaginar que eles teriam um futuro juntos, tampouco queria se corresponder com ela. Toda comunicação seria por intermédio de Shelley. No entanto, sua atitude em relação a Allegra sofrera uma mudança radical; por motivos inescrutáveis que só ele poderia conhecer, todas as dúvidas quanto à paternidade da garota haviam desaparecido, e o poeta decidira ser sua vontade que o bebê de um ano e três meses fosse enviado para Veneza, onde — embora não mencionasse isso — ele continuava a participar de orgias, a beber demais e a ter relações sexuais com muitos homens e mulheres, todos ávidos para agradar o rico lorde inglês.

Claire ficou arrasada com a possibilidade de se separar de Alba, mas sabia que, no fundo, não tinha escolha nem direito, por lei, de se opor. Ela teria de contar com a boa vontade de Byron se quisesse ver a filha novamente. Claire tentara aceitar que seria melhor para Alba crescer como filha de Lord Byron do que como a criança ilegítima de Claire Clairmont. Não obstante, agora que tinha plena ciência da realidade, a jovem estava desolada. "Envio-lhe minha criança", escreveu a Byron, "porque a amo demais para mantê-la comigo. Com você, que é poderoso e nobre, e [tem] a admiração do mundo, ela será feliz, mas eu sou uma infeliz abandonada, dependente dos outros."

Porém, quando o criado de Byron chegou para levar a garotinha, Claire não conseguiu ir adiante. Ela declarou que Alba estava doente demais para viajar e se recusou a entregá-la. Shelley e Mary sabiam que de nada adiantaria irritar Byron; ambos já haviam visto como ele podia ser cruel. Talvez, sugeriu Mary, se Claire o atendesse agora, Byron permitiria que ela visse a menina em visitas cada vez mais longas a cada ano. Ela também se dispôs a enviar Elise junto com Alba para ser sua ama, e assim Claire saberia que a filha estava sendo bem cuidada. Diante disso, Claire cedeu, escrevendo um bilhete ao lorde (no qual ainda é possível ver as manchas de suas lágrimas):

RETRATO DA PEQUENA ALLEGRA,
CONHECIDA COMO ALBA.

> Amo [Allegra] com uma paixão que quase destrói meu ser apartar-
> me dela. Meu caro Lord Byron, eu realmente amo demais minha
> filha. Ela nunca me foi um estorvo — ela me ama, estende
> os braços para mim e arrulha de alegria quando a ponho no
> colo. [...] Asseguro-lhe que chorei tanto esta noite que, agora,
> meus olhos parecem verter sangue quente e abrasador.

Mais uma vez, não houve resposta de Byron. Assim, no dia 28 de abril, Alba e Elise, acompanhadas do criado de Byron, partiram para Veneza. Claire ficou inconsolável. A *villa* junto ao lago Como parecia agora grande demais para seu pequeno grupo, contudo Mary tivera um vislumbre de sua vida sem Claire e relutava em abrir mão disso. Ela queria se livrar da irmã e passar o verão com Shelley e os dois filhos em uma das cidadezinhas próximas ao lago. Contudo, Shelley estava irredutível: eles não podiam abandonar Claire.

Por fim, decidiram seguir para Livorno, ao sudoeste, a fim de encontrar uma velha amiga de Wollstonecraft, Maria Reveley, que cuidara de Mary quando esta era bebê e se mudara para a Itália havia dezoito anos com o segundo marido, John Gisborne. Mary estava ansiosa para restabelecer contato com Maria, mas procrastinava a partida, não querendo deixar o norte. Anos mais tarde, a decisão de abandonar Como seria lembrada como uma guinada negativa de sua vida, o primeiro elo da corrente de desastres que logo se abateria sobre eles.

O grupo chegou a Livorno no dia 9 de maio. "Uma cidade idiota", registrou Mary, descontente por viajarem em trio outra vez; mesmo as casas de campo de telhados avermelhados, o magnífico litoral e as praças de pedras largas não a animaram. Ela se alegrou quando visitaram Maria, que, aos 48 anos de idade, ainda era bela, de "modos reservados [...], porém descontraídos". Maria era uma pintora talentosa e musicista, e compartilhava das opiniões políticas liberais de Mary e Shelley, tendo sido fortemente influenciada pelas ideias da geração revolucionária, em particular pelas obras de seus amigos: *Political Justice*, de Godwin, e as *Reivindicações* de Wollstonecraft. Ela contou aos viajantes que um dos motivos de sua mudança para a Itália residia no fato de que ela e o marido abominavam o modo como a Grã-Bretanha se havia tornado conservadora.

Após a chegada dos visitantes, Maria caminhou pelo quebra-mar com Mary, contando-lhe da mãe, sobre como Wollstonecraft era corajosa, intensa e honesta. Mary ficou extremamente comovida por estar com a primeira mulher que a tomara nos braços e que havia sido confidente de sua mãe. Ela sabia que o pai pedira a mão de Maria em casamento depois da morte do primeiro marido dela e que ela recusara. Se tivesse aceitado, Mary teria sido criada pela madrasta ideal, refinada e cultíssima, alguém que conhecia e honrava Wollstonecraft e amaria suas filhinhas. Fanny talvez não chegasse a sucumbir ao suicídio. O pai talvez tivesse permanecido fiel a suas crenças. E, acima de tudo, Claire não existiria.

Maria, que era uma anfitriã afetuosa e muito gentil, não mencionou o fato constrangedor de os jovens visitantes terem aparecido sem aviso prévio. Tampouco lhes fez perguntas delicadas sobre o motivo de estarem na Itália. Ao contrário, ela os convidou a ficar quanto tempo precisassem, advertindo-os a não viajar para Florença nem Roma, pois tais cidades tinham a má fama de infestação de doenças no verão. Mulher do mundo e ateia declarada como Shelley, Maria sabia que Wollstonecraft tinha uma filha ilegítima e mesmo assim se tornou sua amiga. Apesar disso, os Shelley preferiram não revelar os detalhes de sua vida doméstica em conjunto. Encantados com a cordialidade e a informalidade de Maria, eles não quiseram arriscar essa nova amizade. Até o enorme cão de Maria, Oscar, cumprimentou os viajantes com efusivo entusiasmo. O animal de pronto demonstrou uma predileção por Mary — que não era exatamente fanática por cães —, babando em seus sapatos e cutucando-a com o focinho enquanto ela tomava seu chá na sala de estar dos Gisborne.

A princípio, o sr. Gisborne não se mostrou tão encantador. Ele permaneceu em segundo plano, interagindo apenas para declarar, com uma voz anasalada, que havia descoberto um pequeno erro factual no mais recente romance de Godwin, *Mandeville*. Shelley ridicularizou o homem em uma carta sarcástica para Hunt:

> O nariz dele [...] não sai da cabeça de quem o vê — é aquele tipo
> de nariz que transforma todos os *g*s que seu dono pronuncia em
> *c*s. É um nariz que, uma vez visto, jamais pode ser esquecido, e
> exige o máximo da caridade cristã para perdoar. Como você sabe,
> eu tenho o nariz um pouco arrebitado; Hogg tem um narigão em
> gancho, mas reúna os dois, eleve o resultado ao quadrado, ao cubo,
> e você terá apenas uma pálida ideia do nariz a que me refiro.

Pobre Gisborne. Ser assim preservado para a história era uma humilhação, porém ele realmente parecia uma escolha estranha para a bela e animada Maria Reveley. Contudo, Mary e Shelley acabariam por reconhecer a erudição e obsequiosidade do homem, ainda que ele jamais viesse a ser um de seus amigos prediletos.

Eles ficaram com os Gisborne por um mês e, sob o olhar vigilante de Maria, Claire aos poucos voltou a se alegrar e Mary se mostrou menos irritadiça. Mary e Shelley prezavam a "natureza franca e afetuosa" de Maria, bem como seu "extremo amor pelo conhecimento". Entretanto, Maria era também uma mulher prática e administrava uma casa na Itália já havia quase duas décadas. Ela lhes recomendou quais verduras e legumes comprar nas feiras e indicou os morangos, que haviam amadurecido cedo naquele ano. A mulher lhes arranjou uma costureira, um médico e um criado chamado Paolo Foggi, aconselhando-os a alugar uma casa nos campos mais elevados dos arredores.

Depois de algumas semanas de busca, Shelley encontrou uma casa, a Villa Bertini, de três andares, encarapitada na alta Bagni di Lucca, uma estância elegante a um dia de carruagem de Livorno. Conhecida como a Suíça da Toscana por sua localização nos sopés dos Apeninos, acreditava-se que as nascentes de águas quentes da cidade poderiam curar praticamente qualquer coisa: cálculos biliares, entorses, tumores, surdez, dores de cabeça, degeneração dentária, acne, depressão e feiura. Shelley e Mary não tinham interesse em aproveitar as águas, mas gostavam da localização da cidadezinha, aninhada ao lado do rio Serchio.

A Villa Bertini situava-se no final de uma estrada de terra. Uma densa sebe de loureiros fazia sombra em seu pequeno gramado e protegia a família da possibilidade de olhares curiosos; a fragrância de jasmim se insinuava pelas janelas. As plantas dos jardins estavam crescidas e emaranhadas. "Não há nada que eu goste mais do que estar cercada pela folhagem das árvores, tendo apenas vislumbres do cenário à minha volta através da tela de folhas", Mary escreveu a Maria. Era uma descida suave até a cidade, onde havia lojas, uma farmácia e um salão que sediava danças e concertos para os muitos turistas que os Shelley evitavam.

Mary adorou a nova casa. "Quando cheguei aqui", ela escreveu para Maria, "senti o silêncio como um regresso a algo muito prazeroso que havia muito eu não experimentava". Após quase dois meses e meio viajando, eles retomaram sua rotina habitual: ler, escrever e explorar a região campestre. Seu novo criado, Paolo, ajudava com os afazeres na cidade e nas negociações com os moradores locais. Uma faxineira ia todos os dias para lavar a roupa, esfregar os pisos e cozinhar.

Milly, a babá que haviam trazido da Inglaterra, ajudava Claire e Mary com os cuidados de Wilmouse, um garotinho ativo decidido a descobrir o mundo a sua volta. Clara dormitava e sorria para seus admiradores. Em um dia quente de julho, Claire torceu o tornozelo, dando a Mary e Shelley a oportunidade de caminharem a sós à noite. Posteriormente, Mary recordaria como o casal contemplava as estrelas, os vaga-lumes e a lua pálida. Havia um estabelecimento de equitação na cidade e, vez por outra, marido e mulher cavalgavam, visitando, em uma ocasião memorável, *il prato fiorito*, uma campina florida perto de um dos mais altos picos das montanhas dali. Eles não viram ninguém durante a subida íngreme, ouvindo tão somente as cigarras, o som abafado dos cascos dos cavalos e um ou outro cuco.

Shelley montou um gabinete de estudos dentro da casa, mas se sentia revigorado com a visão do céu ao ar livre e das nuvens que deslizavam vindas do oeste, levando súbitas tempestades. Em pouco tempo ele encontrou um riacho na mata onde se sentia à vontade para despir as vestes da civilização. Em uma carta para o amigo Peacock, ele descreveu sua rotina:

> Tenho o hábito de despir-me e sentar-me sobre as rochas, lendo Heródoto, até que a transpiração tenha diminuído, e então saltar da beira da rocha, mergulhando na fonte — uma prática extremamente refrescante neste clima quente. Essa torrente é constituída como que de uma sucessão de piscinas e cascatas e, por vezes, divirto-me subindo às últimas enquanto me banho, sentindo o borrifar da água sobre o corpo todo [...].

Esse retrato que Shelley pinta de si mesmo ajuda a explicar por que aqueles que o conheciam se espantavam com sua originalidade impetuosa, sua gaiatice ou, como diziam, sua genialidade. Quem mais se sentava sobre uma rocha molhada, nu, lendo grego antigo? Aliás, quem mergulhava em piscinas d'água sem saber nadar e, então, descrevia a cena em detalhes para seus puritanos amigos ingleses? Somente Shelley, que estava sempre atento em busca de inspiração, fazendo qualquer coisa que pudesse evocar as musas.

Banhar-se nua nunca pareceu algo instigante para Mary, como Shelley bem recordava da primeira vez que a convidara para acompanhá-lo. Contudo, ainda que pensasse o contrário, ela tinha uma filha de dez meses e um filho de 2 anos que vinham em primeiro lugar. Nessa nova casa, com as abundantes correntes de ar das montanhas que entravam pela janela, o brilho do rio que corria ali perto e a enorme quantidade de verduras, legumes e frutas do mercado do vilarejo, ela instituiu uma rotina de horários para brincadeiras, banhos frequentes e refeições nutritivas. Wilmouse podia até concordar em brincar com tia Claire ou Milly, mas ele preferia a mãe, que, por sua vez, gostava de estar ali para admirar as descobertas do filho, responder suas perguntas ou acalmá-lo depois de uma queda. Nesse ínterim, começaram a nascer os primeiros dentes da pequena Clara, a qual costumava ficar tão mal-humorada que apenas a mãe conseguia confortá-la.

Mary não se irritava com tais interrupções. Após a morte do primeiro bebê, ela se sentia grata por ter dois filhos saudáveis. Com a cabeça cheia de fios que pareciam cabelos de milho, rosto longo e delicado e enormes olhos expressivos, Wilmouse raramente se comportava mal, sendo quieto como a mãe e muito apegado a ela. Embora Shelley não gostasse de "gritalhões", que era como ele chamava crianças pequenas, o poeta tinha verdadeira adoração por William, que a essa altura já tinha idade suficiente para rir dos jogos e gracejos do pai. Mary lera os livros da mãe sobre educação infantil e dava a Wilmouse muito mais liberdade do que era costume à época. Ela planejava conceder a Clara as mesmas liberdades tão logo a garotinha começasse a andar. Como Wollstonecraft, ela acreditava que meninas e meninos deveriam fazer exercícios vigorosos ao ar livre, algo facilitado na Villa Bertini. Wilmouse corria pelo gramado e Clara engatinhava até os loureiros sem correr os perigos da estrada. Era o lugar ideal para as crianças. Wilmouse não tivera uma única febre desde que deixara a Inglaterra. Clara também crescia e ficava mais forte a cada dia e, quando não havia dentes nascendo, mostrava-se cada vez mais independente, permitindo que Mary tivesse tempo para trabalhar.

Sozinha em seu gabinete de estudos, a escritora se dedicava à leitura de Ariosto. Esse poeta renascentista vivera naquela região, e Mary gostava de mergulhar na literatura dos lugares onde morava. Shelley tecera elogios entusiasmados a *Orlando Furioso*, poema dramático de Ariosto, obra que guardava curiosas semelhanças com *Frankenstein*. Quando Orlando é rejeitado no amor, ele explode em uma fúria assassina, destruindo tudo em seu caminho. Além disso, o poema contém monstros e diversas passagens sobrenaturais, entre elas uma viagem à lua, bem como muitos amores trágicos — exatamente o tipo de literatura que Shelley apreciava.

Enquanto isso, Shelley decidira que seu projeto seguinte seria traduzir *O Banquete*, de Platão. Hoje isso pode parecer uma escolha acadêmica convencional, mas, em 1818, *O Banquete* era considerado imoral por sua discussão aberta sobre o amor homossexual. Na realidade, passariam ainda trinta anos para que Oxford incluísse qualquer das obras de Platão na lista de leituras aprovadas pela universidade. Mas é claro que era justamente isso que atraía Shelley. Mary fez o que pôde para ajudá-lo com a tradução, estudando grego no período da manhã, memorizando verbos irregulares e aprendendo vocabulário. Como Shelley, ela aceitava com entusiasmo as ideias de Platão, escrevendo para Maria:

> É verdade que muitos detalhes [de *O Banquete*] chocam nossos costumes atuais, mas ninguém pode ler as obras da Antiguidade a menos que consiga transportar-se desta para aquela época e julgar não pela nossa moralidade, mas pela moralidade dos antigos.

Mary e Shelley partilhavam da crença no que Shelley chamava de "amor civilizado". Para o poeta, o amor verdadeiro não era mera atração física. Ele e Mary existiam em um plano acima do desejo carnal, e suas almas estavam tão sintonizadas que eles eram como as cordas "de duas liras delicadíssimas" que "vibram" como uma. Em um comentário em sua tradução, Shelley asseverava o argumento de Wollstonecraft de que o desequilíbrio de poder entre os sexos transformou os homens em senhores e as mulheres em escravas, e que sem igualdade não poderia existir amor verdadeiro. Platão também acreditava nisso, dizia Shelley, embora o filósofo pensasse que esse amor ideal poderia existir somente entre homens — um erro, argumentava Shelley. As mulheres não eram os seres inferiores que Platão supunha. Wollstonecraft e a filha eram exemplos de como as mulheres poderiam ser brilhantes se fossem libertas da servidão.

Sua descrição do que as antigas mulheres gregas *não* eram (e de por que os homens gregos tinham que encontrar o amor entre si) ajuda a explicar o que ele acreditava ter descoberto em Mary:

> [As mulheres da Grécia antiga] foram certamente destituídas
> daquela graciosidade moral e intelectual com a qual a aquisição
> do conhecimento e o cultivo dos sentimentos animam,
> como que com outra vida de graça irresistível, os traços e os
> gestos de toda forma que habita. Seus olhos não deveriam ser
> profundos e complexos, resultado dos trabalhos da mente, nem
> enredar os corações nos emaranhados labirintos da alma.

Mary sabia que Shelley amava o que ele denominava sua capacidade de compreender "a verdade das coisas". Diversas vezes ele lhe dissera que não eram seus cabelos ruivo-dourados, nem seus ombros brancos, tampouco sua testa lisa ou sua boca delicada que haviam atraído sua atenção, embora tudo isso ajudasse. Eram o espírito e a alma de Mary.

Durante o mês de julho, Mary copiou a tradução de Shelley em sua esmerada caligrafia para que o marido pudesse enviá-la ao editor. Enquanto trabalhava, ela sentia uma satisfação tranquila. Escreveu cartas para os Hunt e para o pai, com quem ela e Shelley mantinham constante correspondência. Embora ansiasse por receber notícias de Godwin, as cartas do pai eram sempre uma espécie de bênção e maldição. Ele descrevia detalhadamente seus problemas financeiros, insistindo que era responsabilidade de Shelley saldar tais dívidas. Mary sabia que as finanças do marido também estavam em desordem, mas ela não gostava de desapontar o pai. Ademais, Godwin retomara seu papel de crítico mais severo de Mary e lhe incentivava a começar um novo livro. Ele tinha até mesmo um tópico ao qual, em sua opinião, Mary deveria se dedicar — um livro de história da revolução inglesa. Todavia, Mary não se sentia pronta para dar início a um novo projeto. Ela estava feliz em mergulhar na tradução de Platão feita por Shelley. Mary apreciava o domínio que ele tinha daquela bela língua; ler sua tradução era como ouvir uma discussão entre o marido e seus amigos eruditos.

Por sete semanas, eles desfrutaram seu retiro no alto do morro. Wilmouse fazia Shelley vibrar ao dizer "pai", e Clara, já com onze meses, estava prestes a começar a andar. Ela já comia alguns alimentos sólidos e, embora ainda não andasse, conseguia ficar de pé apoiando-se na mobília e engatinhava atrás do irmão mais velho em suas aventuras. A garotinha já tinha idade para apontar os pássaros pela janela, brincar de esconder o rosto, rir das palhaçadas de Wilmouse e participar das idas ao vilarejo. Mary se regozijava com sua garotinha, aquela bela segunda chance de ter uma filha. Ela e Claire poderiam lhe ensinar o legado de independência e sede de conhecimento deixado por Wollstonecraft. Quem sabia o que aquela criança poderia realizar?

Contudo, em meados de agosto, um período de calor intenso avançou aos poucos sobre as montanhas e todos sofreram à medida que os dias ficavam intoleravelmente úmidos. Clara, ou pequena Ca, como Shelley a chamava, desenvolveu uma febre alta e Mary ficou desesperada de preocupação. A torção no tornozelo de Claire já havia sarado, mas ela estava mal-humorada desde que ferira a outra perna enquanto cavalgava com Shelley pela mata. Tendo perdido a atenção de Mary e Claire, Shelley andava irrequieto. Então, nos dias 14 e 16 de agosto, chegaram duas cartas de Veneza, em rápida sucessão. A vida com Lord Byron foi um desastre, escrevia Elise. Ele lhe forçara a abandonar a casa com a pequena Allegra, e, se Claire se importasse com a filha, precisava salvá-la das garras do lorde imediatamente. Byron era tão depravado que queria criar a filha como sua futura amante. Embora tais alegações fossem infundadas, Claire acreditou de imediato nas palavras de Elise. Mary e Shelley não acreditaram de pronto, mas logo compreenderam que alguma coisa terrível devia ter acontecido para que Elise escrevesse um apelo tão urgente. Talvez Byron tivesse ficado bêbado e atacado Elise. Talvez ela temesse pela própria segurança.

Por insistência de Claire, ela e Shelley partiram logo para Veneza, levando consigo Paolo e deixando Mary, contrariada, em casa com Milly e as duas crianças. De repente, o silêncio na Villa Bertini era assustador. Enquanto estava vivendo escondida no seio da família, o isolamento fora adequado para Mary, mas agora ela se sentia solitária demais. Uma criança de 2 anos e meio e outra de onze meses davam um bocado de trabalho na melhor das circunstâncias. O calor abafado de verão persistia e Clara teve um pico de febre — parecia que todos os seus dentes estavam nascendo ao mesmo tempo. Milly não sabia que conselhos dar. Clara era o primeiro bebê do qual ela havia cuidado e, quando ficava assim tão adoentada, a garotinha se recusava a sair do colo da mãe. Milly tentava entreter Wilmouse, que estava entediado e apático, mas também ele se agarrava à mãe. Sentindo-se no limite de suas forças, Mary escreveu para os Gisborne pedindo ajuda. Maria, alarmada com o tom da carta de Mary, chegou o mais depressa que pôde e encontrou Mary segurando uma garotinha muito doente. Ela fez o possível para ajudar, mas não conseguiu mitigar os temores de Mary. A morte da primeira filha assombrava a jovem mãe. Ela não conseguia suportar a ideia de perder Ca.

Em meio a essa agonia chegou uma carta de Shelley. Mary abriu-a na esperança de que ele, de alguma forma, tivesse intuído como as coisas iam mal e estivesse voltando para casa. Em vez disso, na carta ele dizia que precisava que ela fosse para Veneza imediatamente. Ele traçara o trajeto da viagem e calculara quantos dias ela levaria para chegar, dando-lhe um dia para fazer as malas e quatro para a viagem. Ela tinha de ir, dizia Shelley, porque ele mentira para Byron, dizendo que Mary, e não Claire, estava à espera, pronta para receber Allegra. O "horror" de Byron por Claire poderia impedi-lo de entregar a menina. Além disso, paradoxalmente, o lorde não aprovaria que Shelley estivesse a sós com Claire. Eles precisavam que Mary fosse até Veneza se quisessem salvar a pequena Alba.

Mary tinha de tomar a decisão sem demora. Ou começava a fazer as malas, ou permanecia em casa, decepcionando Shelley e talvez colocando Allegra em perigo. Seu antigo receio de que Shelley a abandonasse voltou à tona. Caso não fosse, ela temia que o marido jamais voltasse para ela. Talvez Claire tivesse êxito em roubá-lo. Ela ansiava por ir depressa para junto do marido. Mas estava dividida. A febre de Clara piorava e ela começara a ter disenteria, uma das moléstias mais perigosas da época. Desidratada, ela precisava de tranquilidade, líquidos e repouso. A viagem para Veneza seria quente, exaustiva e longa. As estalagens não eram confiáveis, nem a comida. Por fim, porém, a ideia de decepcionar Shelley foi insuportável. Mary passou seu aniversário de 21 anos empacotando os objetos da casa enquanto Maria cuidava de Clara, uma repetição do que acontecera havia exatos 21 anos, embora, desta vez, Maria estivesse cuidando da filha de Mary, e não da menina órfã de Wollstonecraft.

Mary partiu no dia 31 de agosto. Shelley enviara Paolo para ajudá-la, mas o criado não podia fazer muita coisa para facilitar a viagem, que durou quatro dias, como Shelley dissera. Chegando enfim à mansão que Byron lhes emprestara em Este, uma cidadezinha a cerca de dez horas de Veneza, Clara oscilava entre a consciência e a inconsciência. Quando ela abria os olhos, parecia não reconhecer ninguém. Nem mesmo Wilmouse conseguia fazê-la sorrir.

Eles foram recebidos por Claire, Allegra e Shelley, que recitou um belo poemeto que escrevera para Mary: "Como o pôr do sol para a esfera da lua/ Como o crepúsculo para a estrela do ocidente,/ Tu, Amada, és para mim". Apesar do agravamento do quadro de Clara, Mary ficou mais alegre ao ouvir esse testemunho do amor do marido. A filha certamente se recuperaria ali. Afinal, Shelley não estava preocupado. A "pobrezinha Ca" melhoraria, dizia ele à esposa. A casa de Byron, Il Cappuccini, era magnífica, como eram todas as residências do lorde. Situava-se nas planícies da Lombardia. Do jardim era possível ver, ao oeste, toda a extensão até os Apeninos e, ao leste, o horizonte "perdia-se nas brumas distantes". Aquela amplidão era agradável depois de viver em meio aos bosques da Villa Bertini. Uma trilha de lajotas de pedra coberta por uma pérgula levava a uma casa de veraneio em que Shelley trabalhava todo dia. As ruínas do Castelo de Este ficavam nos arredores, logo depois de uma ravina. Suas paredes eram tão extensas que, se William gritasse ali, fazia-se um eco magnífico. À noite, corujas e morcegos "passavam voejando", e era possível observar "a lua crescente mergulhar atrás das sombrias e sólidas ameias".

Todavia, embora persistisse, Clara não melhorava. Ela completou 1 ano no dia 2 de setembro e, à medida que o mês chegava ao fim, a garotinha se mostrava cada vez mais fraca. Shelley fez uma visita a Byron, o qual sugeriu que o casal levasse Clara para se consultar com seu médico pessoal em Veneza. Mary e Clara saíram de Este às três horas da madrugada de 24 de setembro, deixando William com Claire e Milly. Após mais de dez horas de viagem, o bebê começou a convulsionar. Não havia nada que Mary pudesse fazer. Ela beijava a testa da filha doente, alisava-lhe os cabelos para trás, cantava para confortá-la, tentava fazê-la tomar água, mas nada desacelerava o terrível processo. Clara estava morrendo. Sozinha, exausta e arrasada, Mary sabia que "vida e morte dependiam de nossa rápida chegada a Veneza".

Quando enfim chegaram, Shelley levou-as às pressas para a estalagem e, enquanto Mary aguardava no corredor, segurando o bebê, ele correu para buscar o médico. Mas era tarde demais. Quando ele voltou, Ca havia parado de respirar. Mary se agarrava à garotinha e não queria soltá-la. Ela se recusou a falar com Shelley, bem como a ajudar com os arranjos necessários. "Este é o Diário das tragédias", escreveu ela, naquela noite, no caderno que continha seu registro do último ano, inclusive a morte de Fanny e de Harriet. Após consultar Byron, Shelley enterrou Clara no Lido sem erigir qualquer tipo de marco, atitude que nunca foi sanada. O Lido é hoje uma estância litorânea movimentada. Se alguém desejar fazer uma homenagem à garotinha, deverá enfrentar multidões de turistas em trajes de banho, filas do lado de fora de pizzarias baratas e casais caminhando pela areia para imaginar o memorial que fará a Clara Shelley.

Byron fez uma visita à inconsolável Mary e tentou distraí-la com a atribuição de uma tarefa: copiar dois de seus mais novos poemas para seu editor. Por egoísta que possa parecer, Byron queria ajudar Mary a se recuperar, e essa foi sua maneira de lhe oferecer uma distração. Com toda a cortesia, Mary aceitou transcrever os poemas para Byron, mas estava muito distante de conseguir algum consolo. Sua tristeza não amenizou nem mesmo quando reencontrou Wilmouse em Este. Ela achava extremamente doloroso observar Claire com Allegra. Mary acreditava que a própria filhinha ainda estaria viva se não tivesse atravessado a Itália para ajudar Claire. Shelley também tinha culpa. Ele deveria ter sido mais prudente, menos exigente. Se fosse William, o predileto do marido, que estivesse doente, ele jamais teria permitido que fizessem a viagem.

O motivo da desventurada viagem para Veneza — as acusações de Elise — já não importavam para Mary, mas Shelley tratou de saber se Allegra estava em segurança com Byron, por fim descobrindo que as alegações de Elise eram falsas. Ele convenceu Claire de que Elise havia exagerado os fatos e, assim, ela entregou Allegra mais uma vez a Byron, que colocou a criança sob os cuidados do cônsul britânico em Veneza, Richard Hoppner, e sua esposa. Elise, porém, se recusou a permanecer com o lorde, prova de que seu pavor provavelmente tinha mais relação com sua própria situação do que com a de Allegra. Shelley levou-a de volta para trabalhar como babá de Wilmouse e enviou Milly para a Inglaterra. Antes da morte de Clara, eles haviam planejado passar o inverno em Nápoles, e Shelley prosseguiu com os planos, empacotando os pertences da família e organizando a viagem sozinho, visto que Mary se fechara em um silêncio pétreo, impermeável. Entristecido com a intensidade do sofrimento da esposa e sua indiferença para com ele, Shelley registrou seu lamento em um caderno secreto:

> *Esquecerás as horas felizes*
> *Que enterramos sob os refúgios de Amor*
> *Empilhando sobre seus frios cadáveres*
> *Flores e folhas, em vez de terra pôr?*
> *Esquecer os mortos, o passado? Ah, mas*
> *Existem fantasmas que podem vingá-lo,*
> *Lembranças que fazem do coração um jazigo,*
> *Remorsos que transpassam a tristeza do espírito,*
> *E com sussurros horrendos, dizem*
> *Que a alegria, quando perdida, é dor.*[1]

Na realidade, Shelley não precisava ter escondido esse poema de Mary. Se ela tivesse lido tais linhas, provavelmente teria concordado com um movimento de cabeça em vez de considerá-las uma acusação. Para ela, toda a alegria de fato desaparecera. E em seu lugar havia um horrível e doloroso nada, pior que dor, pior que tristeza. Ela começava a pensar se estaria sendo punida pela dor que causara aos outros. Talvez essa fosse a vingança de Harriet.

---

1 "Wilt thou forget the happy hours/ Which we buried in Love's sweet bowers/ Heaping over their corpses cold/ Blossoms and leaves, instead of mould?/ Forget the dead, the past? Oh yet/ There are ghosts that may take revenge for it,/ Memories that make the heart a tomb,/ Regrets which glide through the spirit's gloom,/ And with ghastly whispers tell/ That joy, once lost, is pain." (Tradução nossa.) [NT]

## CAPÍTULO 22
# MARY WOLLSTONECRAFT: ABANDONADA
### [1794-1795]

Depois que Imlay zarpou rumo a Londres no fim do verão de 1794, Mary decidiu pegar Fanny e seguir para Paris. Le Havre havia perdido qualquer encanto que porventura tivera, agora que Gilbert partira. Sua sensação de solidão se intensificava ainda mais por não haver recebido, até então, carta alguma das irmãs. De sua parte, Eliza e Everina haviam recorrido a Johnson, escrevendo ao editor, e não à irmã. Como Mary suspeitava, elas não haviam recebido nenhuma de suas cartas, de modo que fora por intermédio dele que souberam do "marido" e da filha de Mary. Agora, elas esperavam para descobrir que impacto isso teria em sua vida. Será que Mary as convidaria para ir a Paris conhecer o bebê? Mary pediria que as irmãs fossem viver com ela e seu norte-americano? Poderiam elas finalmente pedir demissão do emprego? Tais indagações ainda permaneciam sem resposta, visto que o serviço de correios continuava instável.

Mary escolheu fazer sua viagem para Paris em uma carruagem pública a fim de economizar e se assustou quando o veículo, por quatro vezes, quase capotou. Fanny se agarrava a Mary e chorava, recusando-se a sair do colo da mãe. Quando enfim desceu com a filhinha nos braços, Mary foi diretamente para o antigo apartamento de Imlay, mas, uma vez ali, a ausência do amado parecia ainda mais palpável.

No entanto, com o passar dos dias, Mary se adaptou outra vez à vida na capital. O fato de que Paris estivesse lentamente voltando à vida ajudava. As pessoas caminhavam pelas ruas, ataviavam-se para festas e para ir ao teatro, rindo e fofocando sem temer as autoridades. Havia concertos e festivais ao ar livre, alguns dos quais comemoravam, de formas originais, o trauma que os parisienses haviam vivenciado, tal como o famoso "baile das vítimas" no Hôtel Richelieu. Mary não compareceu, mas todos falavam sobre o evento quando ela chegou à cidade. Apenas aqueles que haviam perdido alguém para a guilhotina eram convidados. Os homens cortavam os cabelos, deixando-os curtos para imitar as vítimas, e as mulheres pintavam uma fina linha vermelha em volta do pescoço. Havia outros eventos igualmente macabros. No dia 21 de setembro, Mary levou Fanny ao Panteão de Paris para assistir aos jacobinos exumarem o corpo de Mirabeau — um líder do início da Revolução que havia sido escarnecido por ser considerado moderado demais e pelo qual Mary tinha grande admiração — e enterrarem seu herói, Marat, mais radical, no lugar de Mirabeau. Fanny, sem ter exata noção do que estava acontecendo, divertiu-se com a "música alta" e "o[s] colete[s] escarlate[s]", Mary escreveu a Gilbert.

Para Mary, algumas dessas mudanças eram mais promissoras que outras. Ela ficou feliz em ver que a última moda era evitar qualquer aparência da "artificialidade", antes tão valorizada por lady Kingsborough e pela sra. Dawson, suas antigas empregadoras. A seda, o cetim, o veludo, os brocados e os laços haviam sofrido a sina do *ancien régime*; anquinhas, saias de crinolina e cinturas macérrimas davam a péssima impressão de privilégio aristocrático. Os estilistas buscavam inspiração na Roma e na Grécia antigas. Os vestidos deviam revelar as belezas da forma natural, não escondê-las.

Embora muitas inglesas puritanas resistissem a tais mudanças quando cruzavam o Canal, Mary descartou com todo o prazer os estilos limitantes do passado. Sem roupas de baixo complicadas e restritivas, era mais fácil se movimentar. Os vestidos tinham cintura alta, permitindo que a mulher que o usava respirasse e andasse a passos largos; as saias tinham fendas, proporcionando ainda maior liberdade de movimento. Tecidos de algodão de cores claras, gaze colorida, e pura musselina indiana ofereciam a vantagem adicional de não pesar muito — outro aspecto libertador. As mulheres chegavam a competir para saber quem tinha os vestidos que pesavam menos; em alguns casos, um traje podia pesar pouco mais de 220 gramas, incluídos os sapatos e as joias.

É verdade que os novos vestidos diáfanos deixavam pouca coisa para a imaginação, porém Mary não achava ruim. Ela concordava com Fuseli: o corpo humano era belo; seu relacionamento com Gilbert lhe apresentara os prazeres da sensualidade. Além disso, havia ainda a vantagem de que essas roupas mais vaporosas e esvoaçantes caíam bem em sua silhueta de estátua. O conde Von Schlabrendorf, um de seus velhos admiradores que também havia regressado a Paris, disse que Mary "enfeitiçava-o" ainda mais que antes. Ele teria tentado estabelecer, de bom grado, um relacionamento amoroso com Mary, mas ela se conservava fiel a Imlay. "Ela tinha a convicção de que castidade consistia em fidelidade", queixou-se o conde. Todavia, a recusa de Mary não o impediu de lhe fazer visitas frequentes. Ela era muito mais encantadora que seus outros conhecidos, e ele apreciava as observações perspicazes da escritora em relação à política parisiense.

Mary não recebeu renda alguma por mais de um ano, visto que Johnson lhe pagara adiantado por *The French Revolution*. Imlay dera instruções a um amigo norte-americano para fornecer recursos a Mary sempre que ela precisasse, porém Mary recusou a oferta. Ela não queria ser amante de Imlay, e aceitar seu dinheiro parecia algo perigosamente próximo desse tipo de situação. Agora, sem ninguém para cuidar da filha pequena, até mesmo pequenas tarefas fora de casa se transformaram em projetos. E se Fanny precisasse mamar, ficasse doente ou fizesse birra? Ela tinha de carregar o bebê para toda parte, ao mercado, em visitas aos amigos ou apenas para comprar papel. Embora estivesse exausta, sentia-se demasiado agitada para dormir, mergulhando em "devaneios e linhas de raciocínio que me perturbam e me cansam". Quando finalmente conseguia fechar os olhos, era despertada por Fanny, que chorava até voltar a dormir, depois de mamar.

A fim de conservar o dinheiro que tinha, Mary decidiu se mudar para um apartamento mais barato, já que Imlay não pagara o aluguel no último setembro. Ela passou a morar com uma família alemã e, quando observava o marido ajudando a esposa a cuidar dos filhos, ficava comovida até às lágrimas. Mary escrevia cartas e mais cartas para o ausente Gilbert, pintando cenas domésticas tocantes, ainda na esperança de que essas pequenas narrativas o convencessem a voltar:

> Estive brincando e rindo com nossa garotinha por tanto tempo que não consigo pegar a pena para escrever-te sem estar emocionada. Aninhando-a em meu peito, ela se parecia tanto com você [...] cada nervo parecia vibrar ao toque, e comecei a pensar que havia algo nessa declaração de que homem e mulher se tornam um — pois parecia que você permeava meu corpo inteiro, acelerando as batidas de meu coração e emprestando-me as lágrimas carinhosas que você provoca. [...] Sei que você a amará cada vez mais.

Ela concluiu uma das cartas dizendo: "Cuide-se se você quiser ser o protetor de sua filha e o consolo da mãe dela".

Mas, na verdade, Fanny não tinha protetor, nem Mary contava com um consolador. Agora, as cartas de Gilbert eram raras e cada vez mais indiferentes. Sem nenhum auxílio, Mary não tinha tempo nem energia para trabalhar. Ela não conseguia sequer ler. Recebia muitos convites para festas e salões, mas não podia ir porque não podia deixar Fanny sozinha.

Por fim, em desespero, procurou o amigo de Imlay para pedir alguma ajuda financeira. Mary odiava ter de fazer isso e começou logo a discutir com o homem, menosprezando os esquemas de Gilbert para ganhar dinheiro.

Ele zombou de Mary, falando-lhe da ausência do amante: "Ele exultou covardemente diante de minha situação, por causa da sua determinação de ficar", queixou-se ela para Imlay.

Contudo, a humilhação valeu a pena, pois os recursos que conseguiu lhe permitiram encontrar uma criada realmente excepcional, Marguerite, uma jovem "animada" que estava pronta para experiências inusitadas e seria leal a Mary pelo resto da vida da escritora. Para as tarefas domésticas, Mary contratou outra criada, de modo que ela estaria finalmente livre para trabalhar um pouco e ir a recepções e chás. Ela retomou seus estudos de francês e se "ocupava e divertia" comparecendo às festas como sra. Imlay. Embora muitos de seus antigos amigos estivessem mortos ou houvessem fugido do país — os Barlow estavam na Alemanha, Helen Maria Williams e os Christie estavam na Suíça, e Thomas Paine continuava na prisão, um lugar perigoso demais para que seus amigos ingleses fossem visitá-lo —, Mary conheceu muitas pessoas novas. Entre elas havia muitos homens, encantados com sua vivacidade e inteligência brilhante. "Seu comportamento é interessante, e sua conversa, animada", escreveu Archibald Rowan, um exilado irlandês que costumava fazer visitas inesperadas à escritora para desfrutar "uma xícara de chá e uma hora de conversa racional". Em um momento de descontração, ela provocou Gilbert dizendo que, se ele não voltasse logo, "ficarei meio apaixonada pelo autor da *Marseillaise* [Claude-Joseph Rouget de Lisle], que é um homem bonito [...] e toca o violino com muita doçura".

Na realidade, Mary atraía tanta atenção que as outras mulheres ficavam com ciúmes. A despeitada madame Schweitzer murmurava que Mary ignorava as amigas para flertar com os homens. Ela contava uma história maldosa de quando fizera sinal para que Mary fosse ver um pôr do sol — "Venha, Mary — venha, amante da natureza —, e aprecie este maravilhoso espetáculo — esta transição de cores!" —, porém Mary a ignorou por causa de uma companhia masculina "por quem ela estava encantada na ocasião. Devo confessar que essa enlevação erótica deixou-me uma impressão tão desagradável que todo o meu prazer desapareceu". Não obstante, como o marido de madame Schweitzer havia confessado recentemente sua atração por Mary, sem dúvida as razões da madame eram cheias de malícia.

À medida que os dias ficavam mais curtos, novamente o dinheiro de Mary começava a chegar ao fim. O inverno de 1794-1795 seria o mais frio da história. Os preços do pão dispararam e a carne se tornou um luxo inconcebível. A lenha ficou tão cara que muitos parisienses se viram obrigados a queimar a própria mobília. No fim de dezembro, as cartas de Mary para Gilbert já haviam se tornado marcadamente críticas. Ela condenava suas ambições mercantilistas, valendo-se das expressões claras e ousadas que havia usado em suas *Reivindicações*:

> Quando começou a se envolver nesses esquemas, você limitou suas intenções ao plano de ganhar 10 mil libras esterlinas. Era suficiente para ter adquirido uma fazenda nos Estados Unidos, o que teria proporcionado autossuficiência. Você percebe agora que não conhece a si mesmo, e que certa posição na vida lhe é mais necessária do que você imaginava — mais necessária que um coração incorrupto —

Por mais frustrada e abandonada que estivesse se sentindo, Mary conseguira formular um ponto de vista ético contra o comercialismo de Gilbert, e suas cartas se tornaram filosóficas na mesma medida em que eram pessoais, elaborando as ideias que ela começara a desenvolver no verão anterior — os problemas de uma vida dedicada ao comércio versus uma vida intelectual:

> Creia-me, sábio senhor, você não tem respeito suficiente pela imaginação — e eu poderia prová-la agora mesmo que ela é a mãe do sentimento, a grande distinção de nossa natureza, a única purificadora das paixões. [...] A imaginação é o verdadeiro fogo roubado do céu para animar esta fria criatura de barro, dando origem a todas as simpatias que levam ao arrebatamento, defendendo o homem social ao expandir seu coração, em vez de deixá-lo com tempo de sobra para calcular quantos confortos a sociedade oferece.

Mary acreditava que o conflito entre eles era uma batalha entre dois modos de vida, uma ideia que, na realidade, rendeu-lhe forças, pois significava que ela não estava debatendo apenas em favor de si mesma, mas em favor de princípios gerais: vínculos humanos em vez de transações comerciais, a arte e a imaginação em lugar da conquista de riqueza. "Sei o que procuro para alicerçar minha felicidade. E não é dinheiro", declarou ela.

Quando se lê tais cartas de Mary, por vezes suas reflexões filosóficas podem ser obscurecidas pela pungência de seus lamentos. Contudo, suas discussões teóricas não constituíam, como dizem alguns críticos, meros estratagemas para trazer Imlay de volta. Wollstonecraft era uma escritora experiente e uma figura pública célebre o bastante para suspeitar que, um dia, suas cartas poderiam ser publicadas, como de fato aconteceria. Assim, ela estava não só discutindo com Imlay como também deixando um registro por escrito para o futuro. Apesar de todo o desespero e a mágoa, ela também estava construindo a argumentação que havia iniciado em suas *Reivindicações* e desenvolvido em *French Revolution*. O que era importante, dizia ela, não eram riqueza e poder, mas os laços entre as pessoas; o que importavam eram os vínculos de intimidade, não os pertences materiais ou a posição na sociedade. Passar a vida tentando conquistar poder sobre outras pessoas era, em última análise, um esforço vazio, que levaria ao arrependimento e à infelicidade.

Consequentemente, quando lesse tais cartas, o público encontraria não só um drama amoroso, mas também a posição ética de Mary — a pessoal, a política e a filosófica, todas fortemente entrelaçadas —, o que teria consequências de grande importância para a filha e o genro de Wollstonecraft. O louvor que Wollstonecraft fazia à imaginação soa estranhamente como uma sinopse do "Prometheus Unbound" de Shelley, também encontrando alusões em seu "Uma defesa da poesia". Os argumentos da escritora em favor da vida intelectual ajudariam a filha a sobreviver às próprias inúmeras perdas e inspirariam a composição de seus romances. Desse modo, para Mary e Shelley, as cartas de Wollstonecraft foram uma espécie de grito de guerra, um lado de um conflito essencial entre duas ideologias antagônicas.

Consumida por seu esforço para trazer Imlay de volta, Mary pegou um resfriado que se agravou, transformando-se em uma infecção pulmonar. Receando morrer e deixar Fanny sozinha no mundo, ela pediu a Gilbert que deixasse seus senhorios, a amável família alemã, educar a filha. Embora Gilbert não tenha corrido em seu socorro, a aflição de Mary ao menos impeliu o norte-americano a convidá-la para ir até Londres. Todavia, o tom de seu convite era distante e, na realidade, Mary não tinha certeza se queria retornar à Inglaterra, mesmo que isso significasse estar junto de Imlay. Tendo lido como a imprensa inglesa expusera Helen Maria Williams e madame Roland ao ridículo, ela sabia que enfrentaria a mesma condenação amarga. Ela não queria que Fanny crescesse em um ambiente tão restritivo, dizendo a Imlay que a filha seria mais livre se permanecesse na França. Para piorar as coisas, se alguém descobrisse que ela não era efetivamente casada com Imlay, sem dúvida Mary enfrentaria a exclusão social. Ademais, até que ponto Gilbert era confiável? "Devo regressar a um país que não apenas perdeu todo o encanto para mim, mas pelo qual sinto uma repugnância que quase equivale ao horror, apenas para ser deixada ali como presa fácil dele?"

Diante disso, Imlay abrandou, escrevendo sua carta mais amorosa em meses: "Apenas os negócios é que me têm afastado de você. Vá para qualquer porto, e correrei ao encontro de minhas duas queridas garotas com um coração que é todo delas". Essas eram as palavras que Mary tanto quisera ouvir. Ele ainda a amava. Ele ainda queria ser um pai para a filha. Talvez seu comportamento cruel realmente tivesse se dado por conta de preocupações financeiras. É verdade que ela condenava seu foco no dinheiro, mas a insensatez era diferente da infidelidade. Era muito melhor corrigir o homem amado por pensar demais nos negócios do que em virtude de sua paixão por outra!

Em sua pressa de reencontrá-lo, Mary encarregou "a boa gente" de Le Havre de encontrar compradores para sua mobília. Ela passou seus últimos dias na França desmamando Fanny, uma vez que, de acordo com a sabedoria popular, mães que estivessem amamentando não deviam ter relações sexuais com o marido. Foi um esforço muito triste, pois implicava deixar o bebê sofrer sem consolo. Ela tentou dormir longe da garotinha, em outro quarto, mas acabou não resistindo após a terceira noite e pegou o bebê no colo. Ela sabia muito bem qual era a sensação de ser abandonada.

No dia 9 de abril, Mary, Fanny e Marguerite zarparam rumo a Londres, mesmo que Mary ainda estivesse preocupada com o que encontraria quando chegasse à Inglaterra, escrevendo para Gilbert:

> De fato, estive tão infeliz neste inverno que acho tão difícil
> ter novas esperanças como o é recobrar a tranquilidade.
> Mas chega disso — aquieta-te, coração tolo! — Não fosse a
> garotinha, eu poderia quase desejar que ele parasse de bater,
> de modo a já não estar viva para a agonia da decepção.

Marguerite ficou incapacitada de trabalhar por causa dos enjoos da viagem, e assim Fanny se agarrou a Mary, que tentou permanecer calma, mas simplesmente não conseguiu, refugiando-se em suas recordações dos dois verões felizes que passara com Imlay. Em pouco tempo, ela se convenceu a acreditar que Gilbert partilharia de sua alegria com o crescimento de Fanny, seus lampejos de humor e sua inteligência. Mary já não teria de ser uma orgulhosa e lutadora mãe solteira. Seria a companheira amorosa do homem que adorava. Teria alguém com quem confidenciar, alguém que a ajudaria a suportar as responsabilidades da maternidade. Juntos, ela e Imlay construiriam uma aconchegante vida doméstica igual à de seus amigos alemães em Paris.

...

Porém, quando Mary, Fanny e Marguerite desembarcaram em Dover no sábado, 11 de abril de 1795, Gilbert não estava ali esperando sua chegada. Mary lhe escreveu imediatamente um bilhete: "Aqui estamos, meu amor, e pretendemos partir logo pela manhã; se você puder encontrar-nos, espero poder jantar com você amanhã". Ela acrescentou um pós-escrito informando-o de que estava disponível para ele de todas as formas possíveis: "Desmamei minha [filha], e ela agora já está comendo todo o pão branco". Mary comprou passagens de uma carruagem para Londres e Imlay foi ao seu encontro quando elas chegaram. Contudo, embora se tenha enchido de alegria quando o viu, sua felicidade foi breve. Aquele estranho cortês não era o seu Gilbert, o amante sedento que costumava tomá-la nos braços. Ele não a olhou nos olhos com desejo. Ele não lhe deu um beijo demorado. Em vez disso, o homem anunciou, com seriedade, que tentaria cumprir seu dever em relação a ela e sua filha. Imlay alugara uma casa de mobília elegante no número 26 da Charlotte Street, no Soho, uma nova vizinhança habitada principalmente por artistas e arquitetos, onde viveria com elas. Mas ele esperava conservar sua liberdade em todos os aspectos.

Mary foi pega de surpresa por essa recepção fria, mas tinha certeza de que poderia persuadir Gilbert a amá-la novamente. Afinal, ela era uma debatedora versada na arte da argumentação, uma filósofa. Ele costumava adorar isso nela. Mary mostraria os erros de Gilbert e ele agradeceria. No entanto, por ora, ela tinha de admitir que ele parecia um estranho. Esse novo Gilbert tinha pouco em comum com o homem com que ela vinha sonhando, o homem com quem ela passara os últimos oito meses conversando em sua imaginação e suas cartas.

Tão logo se instalaram na nova casa, Mary ensinou Fanny a dizer "papai", na esperança de que isso comovesse o coração de Gilbert. Mas, conquanto fosse afetuoso com a filha, Imlay estava preocupado com os negócios. Ele contou a Mary que o navio que transportava as travessas Bourbon havia desaparecido. Mary compreendia a gravidade disso: o futuro financeiro deles dependia da venda daquela prata. Ela lamentou com ele e então tentou falar sobre o futuro. A escritora ainda se apegava ao sonho dos Estados Unidos. Porém, Imlay se recusava a discutir o relacionamento. Ele estava obcecado pela preocupação de quanto dinheiro perderia se não conseguissem localizar Ellefson e a valiosa carga. Ela queria que ele a desejasse — "aninhar-me com ternura em seu peito" —, mas ele rejeitava suas investidas. À noite, o norte-americano desaparecia, e, quando Mary perguntava onde ele estivera, Imlay se recusava a dizer. Ela se perguntava onde estaria o homem que lhe confessara amor e com o qual ela poderia contar para reconfortá-la quando ela tivesse uma de suas crises de tristeza. Contudo, quanto mais ela pressionava, mais ele recuava. Após algumas semanas, o norte-americano começou a se ausentar por dias seguidos.

O desalento de Mary aumentava. Ela sempre tivera o que chamava de seus humores sombrios, mas conseguia se desvencilhar do torpor que costumava acompanhá-los. Diante de seu sofrimento, na infância, ela cuidara dos irmãos e se instruíra. Quando esteve abatida pela rejeição de Fuseli, partira logo para a Paris revolucionária. Suportara a degradação e a solidão de ser uma empregada contratada, primeiro como dama de companhia e, depois, como governanta. Depois da morte de Fanny Blood, ela quase sucumbira, mas, em vez disso, escrevera seu primeiro livro. Mesmo quando enfrentou ataques agressivos por causa da publicação das *Reivindicações*, ela não desmoronou. Continuou a escrever, publicando críticas e *The French Revolution*. Mas a tristeza que sentia agora era diferente de qualquer coisa que vivenciara antes. Era uma tristeza que dominava suas faculdades racionais. Ela se sentia incapaz de fazer qualquer outra coisa além de chorar. Mary lutava para voltar à vida. Porém, em vez de lutar por uma causa, ela brigava com o homem que amava.

Enquanto ela o acusava de ser ganancioso e superficial, ele lhe dizia que precisava de "variedade" e diversão. Ele pedia que ela parasse de fazer cenas, mas ela as fazia ainda mais. Ele implorava que ela não chorasse; ela chorava ainda mais. Ele insistia que ela parasse de exigir compromisso da parte dele. Ela prometia "conservar um semblante alegre" e "evitar conversas que costumam atormentá-lo", mas, minutos depois, ela o expulsava de casa com palavras furiosas e se desmanchava em lágrimas quando ele ia embora.

Gilbert não era má pessoa, mas não era um homem forte. E seria necessário ser um homem muito forte para suportar o peso do sofrimento de Mary. A dor que ela carregava era a dor de uma vida inteira. Não que Gilbert conseguisse compreender isso. Para ele, Mary parecia uma mulher possuída, que lhe era tão estranha quanto ele se apresentava aos olhos dela. A mulher independente e resiliente por quem ele se apaixonara na França havia desaparecido. Agora, Mary parecia uma das heroínas dos romances góticos que ela desprezava, desesperada, implorando por seu amor.

•  •  •

O que nenhum deles conseguiu perceber foi que ela estava sofrendo do que hoje se consideraria uma crise severa de depressão. A crise perduraria ainda por seis meses e traria consigo toda a força de anos de sofrimento. Como tantas outras pessoas que se atreveram a lutar contra a injustiça, ela enfrentara a ira da sociedade de seu tempo. Embora tivesse seguido adiante, o pesar e o medo ficaram acumulados. Não era fácil ser chamada de puta e hiena, ser ridicularizada, considerada insana e imoral. Além disso, havia ainda o trauma do parto, somado ao desafio de ser mãe solteira. Antes do nascimento de Fanny, é possível que Mary tivesse conseguido superar a rejeição de Imlay e seguir em frente, como fizera com Fuseli. No entanto, ela estava exausta, preocupada e solitária, e não havia ninguém para salvá-la como ela fizera com Eliza. Durante a maior parte de sua vida, Mary tivera de contar apenas consigo mesma, com o que ela chamava a "elasticidade" de sua natureza, mas agora esse recurso estava esgotado. Ela perdera as forças.

Nesse estado, Mary não conseguiu procurar a ajuda dos velhos amigos. Ela se recusava a entrar em contato com Joseph Johnson. É verdade que escreveu para as irmãs, informando que voltara a Londres, mas disse que não poderia lhes oferecer moradia nem dinheiro — por enquanto. Envergonhada de sua situação, ela não mencionou suas dificuldades com Gilbert, deixando que as irmãs pensassem que não podiam ficar com ela porque seria um incômodo, e não porque tinha sido abandonada pelo amante. "É minha opinião [que] a presença de uma terceira pessoa perturba ou destrói a felicidade doméstica", escreveu ela. Mary também disse que sentia muita saudade das irmãs e gostaria muito de tê-las por perto, mas tais sentimentos em nada apaziguaram as "garotas", que ficaram magoadas. Eliza já havia até pedido demissão do emprego, supondo que Mary lhe oferecia um lar, e sentiu-se tão ofendida que se manteve em um silêncio pétreo e furioso. Gilbert piorava o cenário com sua hesitação. Ele não conseguia amá-la agora, dizia, mas não tinha certeza do futuro. Talvez um dia ele voltasse a ter sentimentos por ela. Mary implorava que ele dissesse francamente se desejava viver com ela ou partir em definitivo, mas ele continuava a vacilar.

Pode ser que Imlay estivesse de fato em dúvida, mas também é possível que ele temesse as consequências de dar um fim ao relacionamento. Havia meses que Mary vinha ameaçando se ferir. E, assim, ele ia e vinha enquanto Mary vivia em uma espécie terrível de limbo, esperando para ouvir o que ele havia decidido. Por fim, em desespero, ela bateu à porta de Fuseli, na esperança de que ele compreendesse seu sofrimento e a consolasse. Porém, embora já tivesse passado bastante tempo, ele ainda se recusava a vê-la. Isso foi a gota d'água. Seria ela uma pessoa tão difícil de amar? Ela sentia que devia ser. Ainda que se preocupasse com a pequena Fanny, acreditava que a criança estaria melhor sem ela.

No fim de maio, um mês depois de completar 36 anos, Mary ingeriu veneno. Posteriormente, descreveu a experiência em anotações para seu romance inacabado, *Maria*:

> Ela tomou o láudano; sua alma estava tranquila — a tempestade havia acalmado — e nada restava senão um desejo ardente de esquecer-se de si mesma — de fugir da angústia que ela sofria[,] fugir do pensamento — daquele inferno de decepção. [...] a cabeça girava; seguiu-se um torpor; uma sensação de desmaio — "tenha um pouco de paciência", disse [ela], segurando a cabeça a rodar (ela pensou na mãe), "isto não pode durar muito tempo; e o que é uma dorzinha física comparada às agonias que tenho suportado?".

## CAPÍTULO 23

# MARY SHELLEY: "NOSSO PEQUENO WILL"

### [1818–1819]

Quando Mary, Shelley e Claire chegaram a Nápoles, no mês de dezembro, eles se instalaram em uma das mais belas casas da cidade, o número 250 da Riviera di Chiaia, que Shelley alugara na esperança de animar Mary. Havia rumores de que as ruínas da *villa* de Cícero ficavam logo abaixo da janela dessa casa. Para o casal Shelley, o grandioso senador da Antiguidade simbolizava a liberdade da república romana e era um ícone de esperança. Aninhada abaixo das encostas do Vesúvio, que, como dizia Shelley, era "fumaça de dia e uma fogueira à noite", Nápoles tinha jardins públicos e avenidas ladeadas por palmeiras. Para além do mar, eles podiam ver os contornos de uma ilha misteriosa que desaparecia na névoa e ressurgia. Tratava-se da ilha de Circe, de acordo com a tradição local — a bela tentadora que seduzira Ulisses, levando-o para seu leito, onde foi mantido por sete anos. Outra lenda dizia que Virgílio havia composto ali seus suaves poemas bucólicos, as *Geórgicas*. Mary se deleitava ao "olhar praticamente para o mesmo cenário que ele olhou — ler sobre costumes que pouco mudaram desde seus dias". Juntos, ela, Claire e Shelley exploraram os lugares famosos: Pompeia, Herculano, o lago Averno e a gruta da Sibila de Cumas.

Nesse período, reinava a paz entre as irmãs. Unidas pela perda das filhas (embora Alba ainda estivesse viva, Claire sofria por causa da separação imposta), Mary e Claire eram gentis uma com a outra. O trio subiu o Vesúvio e contemplou do alto os campanários e telhados vermelhos da cidade que se estendia até o mar. "Um poeta não poderia ter sepultura mais sagrada [que] em um bosque de oliveiras às margens de uma bela baía", escreveu Mary em seu diário naquele inverno, olhando para o azul-claro das águas. Aos poucos, ela conseguiu se encantar com as "laranjeiras dos jardins públicos ao lado [...] carregadas de flores. [...] O céu, a praia, todas as suas formas e as sensações que ela inspira, parecem concebidas e harmonizadas pelo Espírito de Deus". Pelo menos ela ainda tinha Wilmouse, um garotinho tão bonito que os criados entravam silenciosamente em seu quarto para vê-lo dormir.

Contudo, a sombra da morte de Clara pairava entre o casal Shelley. Mary se refugiava em seus livros, evitando qualquer contato com Shelley. Ela leu sobre a história dos paterinos, hereges italianos medievais que acreditavam na existência de uma batalha contínua entre o bem e o mal no universo, uma temática que calou fundo nela: para cada alegria, havia uma tristeza igual que se opunha. Na interpretação de Mary, isso significava que, para cada bebê nascido, um bebê morria. Para cada amor, havia a perda do amor. Ela estava tão fascinada por essa filosofia que decidiu transformar os paterinos no assunto de seu romance seguinte, *Valperga*, pesquisando a história medieval com verdadeira meticulosidade godwiniana, esquadrinhando enormes tomos e visitando locais históricos.

Shelley não gostava do modo como Mary se refugiava no passado. Ele queria que ela conversasse com ele e ouvisse suas ideias, lesse e discutisse seus poemas, como sempre fizera. O poeta sentia falta da esposa e desejava que seu sofrimento terminasse. Contudo, para Mary, conversar com Shelley era difícil demais. Ela culpava tanto o marido quanto a si mesma pela morte de Clara e fazia o possível para evitá-lo, embora fosse difícil. Quando se encontravam, ela era educada, sempre cordial, mas distante. Raramente ria. Rejeitava as investidas românticas de Shelley. Ela tinha certeza de que a morte de Clara era uma espécie de punição pelo sofrimento que o envolvimento amoroso deles havia causado a tantas pessoas. Shelley concordava que eles eram assombrados por fantasmas do passado, mas não acreditava ser o responsável pela morte de Clara e estava perplexo com a frieza de Mary. Antes, quando "suas almas vibravam como uma", Mary parecia compreender tudo a respeito dele. Agora, ele se sentia sozinho, e foi com essa disposição de espírito que o poeta compôs uma de suas mais famosas líricas, "Stanzas Written in Dejection Near Naples" [Estrofes escritas em desânimo perto de Nápoles], um poema de 45 linhas que Mary encontraria apenas depois da morte do poeta, como um lamento saído diretamente do túmulo:

> *Como uma criança cansada eu poderia deitar*
> *E essa vida de cuidados, para a qual eu nasci*
> *E que devo suportar, chorar e chorar,*
> *Até que a morte, como o sono, venha sobre mim*
> *E eu sinta, em meio ao ar cálido*

*O rosto esfriar, e ouvir o mar*
*Soprar sua última monotonia sobre minha mente a morrer.*¹

•••

No dia 27 de fevereiro de 1819, na véspera do dia em que deveriam partir para Roma, Shelley fez algo tão curioso que os historiadores ainda não conseguiram determinar o que de fato aconteceu. Tomando um queijeiro e um cabeleireiro por testemunhas, ele registrou um bebê na prefeitura do distrito de Chiara. O poeta declarou que a criança era sua, mas, até hoje, ninguém conseguiu identificar esse bebê nem seus pais verdadeiros. As informações que Shelley fez constar no registro oficial são fascinantes, porém contraditórias. O nome da criança era Elena Adelaide; ela tinha dois meses de idade e era filha legítima (alegou ele) de sua esposa, Maria Padurin. Ele declarou que Maria Padurin tinha 27 anos, quando sua esposa Mary tinha apenas 21. O que é interesse nesse detalhe é que a única pessoa do grupo de Shelley que já chegara a tal idade era Elise.

Então, quem era esse bebê? Quem eram seus pais?

Por certo, Elena Adelaide não era filha de Mary. A escritora não tinha quaisquer motivos para esconder uma gravidez e, ainda que o tivesse feito, jamais teria consentido em deixar a nova filha em Nápoles com pessoas desconhecidas, o que Shelley acabou fazendo. Uma hipótese é que Elena fosse uma filha de criação que eles haviam adotado temporariamente para animar Mary. Shelley sempre havia demonstrado interesse em adotar crianças. Mas, se assim fosse, não haveria motivo para ocultar a identidade dos pais do bebê. Por certo, Mary teria registrado o acontecimento em seu diário, e Shelley teria contado tudo aos amigos com orgulho. De fato, quando viveram em Marlow e acolheram a garotinha do vilarejo, Polly Rose, o casal ficou orgulhoso da própria generosidade. Quando partiram para a Itália, eles não abandonaram Polly Rose, mas enviaram a garota aos Hunt, onde ela trabalhava como criada.

Thomas Medwin, primo de Shelley e biógrafo conhecido pela imprecisão de seus relatos, declarava que Elena era filha bastarda de Shelley, fruto de um caso efêmero entre o poeta e uma misteriosa inglesa que seguira os Shelley até a Itália, mas não existem provas de tal alegação. Na realidade, os registros foram quase totalmente destruídos. Não há dúvida de que os Shelley

---

1 "*I could lie down like a tired child,/ And weep away the life of care/ Which I have born and yet must bear,/ Till death like sleep might steal on me,/ And I might feel in the warm air/ My cheek grow cold, and hear the sea/ Breathe o'er my dying brain its last monotony.*" (Tradução nossa.) [NT]

eram bons em guardar segredos quando queriam, e seus descendentes eram melhores ainda nisso. O documento de registro da pequena Elena foi descoberto apenas na década de 1950. Não há nenhuma referência direta a Elena nos papéis de Shelley nem no diário de Mary.

De acordo com outro rumor, que Elise começou a espalhar a fim de proteger a própria reputação, Claire seria a mãe de Elena. Nessa versão dos fatos, que a criada contou aos Hoppner poucos anos mais tarde, Shelley era o pai da criança, e o casal culpado escondeu de Mary a gravidez e o nascimento, embora o bebê tivesse nascido na residência dos Shelley. Mary defendeu o marido quando soube das acusações de Elise, escrevendo uma longa carta na qual arrolava os muitos absurdos daquela alegação. Por certo, parece pouco provável que a gravidez da irmã tivesse passado despercebida a Mary, ou ao menos o trabalho de parto. Além disso, Mary e Shelley se aproximaram depois desse incidente, o que provavelmente não teria acontecido se Mary pensasse que Shelley tivera um filho com Claire. Ainda, Claire e Mary continuaram a ter um bom relacionamento durante esse período, em total contraste com a primavera desastrosa de 1815, quando Claire bem poderia estar esperando um filho de Shelley e as irmãs tinham discussões tão horríveis que Claire foi forçada a se refugiar no interior.

O fato de Elise ter se dado o trabalho de inventar uma história como essa sugere que ela estivesse tentando esconder algo, possivelmente o próprio papel no nascimento de Elena. Naquele mês de janeiro, Elise parou de trabalhar para os Shelley a fim de se casar com o criado da família, Paolo Foggi, por insistência de Shelley, de acordo com uma das cartas de Mary. Todavia, Mary e Shelley haviam descoberto recentemente que Paolo os vinha enganando para lhes tirar dinheiro e planejavam demiti-lo. Por que, então, os Shelley teriam insistido em um casamento entre os criados, em especial quando nutriam afeição por Elise e consideravam Paolo um ladrão? A melhor resposta parece ser que eles haviam descoberto, no outono de 1818, que Elise estava grávida. Os Shelley gostavam de nomes que vinculassem os bebês à mãe; Elise e Elena são nomes bem semelhantes, e Shelley dissera que a mãe do bebê tinha a idade de Elise. Ainda, os heréticos sobre os quais Mary lera e pelos quais tinha admiração eram chamados paterinos, ou paderinos, o que bem pode ter inspirado o sobrenome de "Maria", Padurin. Portanto, é bem possível que Shelley estivesse usando um código que apenas ele e Mary, e talvez Claire, compreendessem. Na verdade, parece muito mais provável que Mary, e não Shelley, tenha inventado o nome Maria Padurin. Os paterinos estavam sempre na mente *dela*, não de Shelley. E, no vocabulário pessoal de Mary, o nome Maria representava o último livro da mãe, *The Wrongs of Woman* [Os erros da mulher], no qual Wollstonecraft tentava mostrar os inúmeros abusos que as mulheres sofriam nas mãos dos homens. Jemima, uma das personagens mais importantes do romance, é uma mulher da classe trabalhadora, como Elise, que é estuprada pelo empregador.

Todavia, se Elise era a mãe, Paolo não poderia ser o pai, porque Elise o conhecera durante a malfadada viagem para Veneza no fim de agosto ou início de setembro e, para ter dado à luz em dezembro, teria de ter engravidado por volta de abril. Isso levaria a crer que o pai fosse Shelley, Byron, ou talvez alguém que Mary e Shelley não conheciam e que Elise teria conhecido em Veneza.

Quando todas as possibilidades são analisadas, os indícios apontam principalmente para Byron. A criança não provocou nenhuma ruptura no casamento dos Shelley, o que parece provar, como no caso de Claire, que Shelley não era o pai. Ademais, se Byron *fosse* o pai, isso ajudaria a explicar a urgência do rogo de Elise naquele mês de agosto: sua vontade teria sido salvar a si mesma, e não Allegra, do lorde, em especial se tivesse descoberto que estava grávida e que Byron se recusaria a reconhecer o bebê. Essa versão é corroborada ainda pelo fato de Shelley, que se preocupava muito com o bem-estar de Allegra, não ter encontrado nada que desabonasse a convivência da menina com Byron, embora tivesse levado Elise de volta para Nápoles. Menos claro é o motivo que levou os Shelley a escolherem Paolo para desposar Elise. Talvez tenha sido escolha de Elise. Talvez ele fosse o único homem que puderam encontrar para casar com ela por dinheiro e em pouco tempo. Por fim, essa decisão se mostrou infeliz, visto que Paolo viria a se tornar uma pessoa difícil, extorquindo pagamentos regulares de Shelley muito depois que o casal deixou Nápoles.

No entanto, se Byron fosse o pai, e não Shelley, por que este registraria Elena como sua filha? Se incluímos Mary na história, então tudo se encaixa. Anos mais tarde, ela mostraria um comprometimento com a proteção de mulheres que tivessem infringido as regras da sociedade. Ela faria grandes esforços para amparar mães solteiras com filhos ilegítimos, transformando-as em sua causa especial. Se estivesse preocupada com o futuro de Elise e do bebê, poderia facilmente ter sugerido que Shelley lhe desse o seu nome, em benefício de Elise. Ela teria lembrado Shelley de que era justamente esse tipo de proteção que a irmã Fanny não tivera.

A ideia de que Mary desempenhou um papel significativo, talvez até de liderança, na história de Elena derruba os argumentos da maioria dos historiadores, que presumem que Shelley estivesse tentando esconder um filho bastardo. Porém, quando se aceita a hipótese de que outro homem, e não Shelley, era o pai, fica mais fácil compreender que Shelley não tinha motivos para esconder a criança de Mary e que ela bem poderia tê-lo ajudado a planejar o futuro de Elena. Tal teoria é reforçada pelo fato de que, nos anos que se seguiram, Shelley não escondeu da esposa as tentativas de chantagem de Paolo. Longe de ser a frágil esposa de um marido infiel, nessa explicação dos fatos Mary é, na realidade, uma coconspiradora, ajudando a concretizar um esquema para salvar outra mulher. É verdade que não há como provar que a legitimação da criança tenha sido um plano conjunto possivelmente arquitetado pela própria Mary, mas se trata de uma hipótese que precisa ser levada a sério quando analisamos o mistério de Elena.

• • •

Em 28 de fevereiro, um dia depois de Shelley ter registrado o nascimento do bebê, Mary, Shelley, William e Claire partiram para Roma, deixando Elise com Paolo. A viagem se deu em etapas lentas até chegarem a Gaeta, logo ao sul da grande cidade, no dia 3 ou 4 de março. Ao longo dos meses anteriores, Mary já se vinha mostrando gradualmente mais afetuosa com Shelley, voltando a sorrir para ele e a ouvir suas ideias e sentimentos. Ela ainda sofria pela morte de Clara, mas também sentia falta de estar perto do marido. Feliz com seu retorno, Shelley fez questão de afastar Claire para passar o dia em Gaeta com Mary, admirando as ruínas, caminhando pela praia e contemplando o mar Tirreno. Eles passearam por um pomar de limoeiros, e Shelley guardou a lembrança de olhar para cima, "para um céu esmeraldino de folhas estrelado com inúmeros globos de frutos que estavam amadurecendo". Foi um dia feliz para o casal, um dia que parecia a promessa de uma nova fase de esperança. À noite, jogaram xadrez no terraço de sua estalagem, empolgados por se encontrarem nas proximidades de uma das casas de veraneio de Cícero, encarapitada acima da cidade. O casal passou a noite em um quarto romântico com vista para a água, e foi ali que Mary acreditava haver concebido o quarto filho.

No dia seguinte, o grupo seguiu pela paisagem desabitada de Albano, e Shelley se maravilhava com os "arcos seguidos de arcos" dos aquedutos romanos, que se erguiam "em linhas intermináveis" à medida que se aproximavam de Roma. Quando enfim conseguiram ver a abóbada da catedral de St. Peter elevando-se junto do rio Tibre, Mary e Shelley sentiram um arroubo de felicidade. As palavras de Byron em "Childe Harold" pareciam apropriadas para esse momento glorioso:

*Ó Roma! Minha terra! Cidade da alma!*
*Os órfãos do coração devem buscar a ti*
\* \* \*

*Que são nossa desdita e sofrimento? Vinde ver*
*O cipreste, ouvir a coruja e seguir vossa via*
*Sobre degraus de tronos e templos arruinados, ó Vós!*
*Cujas agonias são os males de um dia —*
*Jaz um mundo aos nossos pés, tão frágil quanto nós.*[2]

Passando pelo castelo medieval de Sant'Angelo e atravessando a ponte para entrar na cidade, ao leste eles podiam ver as magníficas colunas do Fórum e as muralhas imponentes do Coliseu. Espalhadas ao longo da lateral da estrada viam-se pilhas de escombros antigos, fragmentos de frontões e pilares que haviam caído; o passado estava em toda parte, não confinado a áreas restritas de visitação. Era uma experiência solene imaginar quão grandiosa a cidade já havia sido. Como dizia Byron, a sina da cidade tornava pequenas as tristezas pessoais. Para Mary e Shelley, o ar parecia carregado de história.

Depois de instalados nos aposentos que Shelley havia alugado no Palazzo Verospi em Corso, a rua mais elegante de Roma, eles saíram para caminhar pelas ruas em um arrebatamento de felicidade. "Roma recompensa tudo", declarou Mary. Até mesmo Claire estava contente, fazendo aulas de canto, explorando a cidade e aprimorando seu italiano. Seu local predileto era o templo de Esculápio nos Jardins Borghese, onde ela se sentava nas escadarias para ler Wordsworth.

Pelos meses que se seguiram, à medida que o clima esquentava, Mary e Shelley se aproximaram novamente, como em seus primeiros anos juntos. Em curtos passeios, Wilmouse, então com 3 anos, caminhava depressa com seus passinhos ao lado do casal, segurando a mão da mãe e exclamando "*O Dio che bella*" diante das maravilhas que os pais mostravam. Como pais extremamente amorosos que eram, eles tinham orgulho de ver como o filho gostava de Roma, com sua excêntrica mistura de ruínas e rebanhos, camponeses e cardeais, igrejas e barracas de comida: "Nosso pequeno Will está encantado com as cabras e os cavalos e [...] os pés das senhoras, brancos como mármore", escreveu Mary para Maria Gisborne, dando-nos um vislumbre do ativo filho de 3 anos, que tinha altura suficiente para apreciar os dedos desnudos dos pés das estátuas sobre as quais os pais exclamavam. Como havia passado a maior parte da vida na Itália, o italiano de William era tão bom quanto seu inglês, mas, ainda que andasse bem e fosse um ávido explorador, ele ainda era um pouco frágil, e Mary continuava preocupada com sua saúde.

---

2 "Oh Rome! My country! City of the soul!/ The orphans of the heart must turn to thee,// What are our woes and sufferance? Come and see/ The cypress, hear the owl, and plod your way/ O'er steps of broken thrones and temples, Ye!/ Whose agonies are evils of a day —/ A world is at our feet as fragile as our clay." (Tradução nossa.) [NT]

Eles criaram uma rotina de banhos frios para o garoto, na esperança de que isso afastasse as doenças e o mantivesse forte. Ninguém podia repreendê-lo com severidade demais; Mary não tolerava palmadas, pois acreditava que era possível argumentar logicamente com crianças. Shelley concordava: a última coisa que gostaria era que Wilmouse sofresse o que ele havia suportado nas mãos de sir Timothy. De acordo com todos os registros, esse sistema funcionava; William se tornara um garotinho afetuoso, gentil e nada mimado, apesar da profusa adoração que os pais tinham por ele.

Embora não gostasse de se separar do filho, Mary receava as consequências nocivas de expor o menino ao famoso sol romano. Felizmente, Claire adorava brincar com o sobrinho, de modo que, quando Mary e Shelley partiam em passeios mais longos, eles deixavam Wilmouse em casa com a tia. Um dos lugares favoritos do casal eram as Termas de Caracala, onde podiam contemplar a cidade do alto. Juntos, subiam a "antiga escada em espiral" e saíam no alto dos muros em ruínas, onde trabalhavam, conversavam e desfrutavam uma solidão que parecia profunda para os dois jovens escritores. "Nunca houve solidão mais sublime e adorável", exclamava Shelley. As ruínas eram imensas e austeras, vestígios silenciosos do que já havia sido um grande império, mais um exemplo da visão que Shelley delineara em "Ozymandias". A relva estava salpicada de violetas, anêmonas e goivos, e o vento cheirava a sal e zimbro. Em abril, Mary percebeu que estava grávida novamente e, pela primeira vez desde a morte de Clara, ansiava pelo futuro.

...

Naquele inverno, Shelley havia começado a trabalhar em outro poema longo, "Prometheus Unbound", que se desenvolveu a partir das ideias que o grupo discutira durante o verão que dera origem a *Frankenstein*. Roma parecia ser o lugar ideal para concluí-lo, de modo que o poeta se dedicou a escrever enquanto Mary desenhava, fazia anotações em seu diário e se deleitava com o ar. "É uma cena de perpétuo encantamento viver nesta cidade tão sagrada", refletia Mary. "Roma [...] exerce tamanho efeito sobre mim que minha vida antes de conhecê-la parece um vazio e, agora, começo a viver." Atraídos pelas belas noites primaveris, eles tomavam uma carruagem para ver o Panteão ao luar, e ali Mary se banhava no "espírito da beleza". "Nunca antes eu havia sentido assim as compreensões universais de minha própria mente", refletiu ela posteriormente.

O título de baronete de Shelley lhes permitiu conhecer o papa, que, aos 77 anos de idade, gostava de dar as boas-vindas aos artistas e nobres estrangeiros que chegavam à cidade, mas fez Mary se sentir "terrivelmente exausta" com o próprio cansaço do Santo Padre. Ele viria a morrer menos de quatro anos depois da visita do casal. Como sempre, os Shelley evitavam os demais ingleses em visita à cidade. "Os modos dos ingleses ricos são absolutamente insuportáveis, e eles se arrogam pretensões às quais não se atreveriam em seu próprio país", escreveu Shelley para Peacock. Mary concordava: "O lugar está repleto de ingleses, ricos, nobres — importantes e tolos. Estou farta disso [...]".

Todavia, no início de maio, eles se alegraram por se deparar com uma inglesa, uma velha amiga da família, a artista Amelia Curran. Eles logo pediram que ela pintasse retratos de todos da família. Moradora de longa data em Roma, Amelia olhou uma única vez para o delicado e pequeno William e advertiu-os contra a febre romana, aconselhando que saíssem da cidade imediatamente, pois o verão estava chegando. Mas era difícil pensar em partir quando todos estavam tão contentes. Por fim, concordaram em ir em direção ao norte, para a Via Sestina, logo depois das escadarias da praça da Espanha, área que, segundo Amelia, era mais saudável que Corso.

No dia 14 de maio, Amelia começou a pintar o retrato de William. Mary não o queria em uma postura artificial, portanto, em vez de abotoá-lo em roupas do dia a dia, permitiu que o garoto vestisse seu camisolão de dormir. Amelia colocou uma rosa em sua mão e William deixou a alça do camisolão descer pelo ombro, tagarelando com alegria em italiano e em inglês enquanto Amelia trabalhava junto de seu cavalete. Durante os primeiros dias, o trabalho progrediu bastante. Ela capturou o queixo fino e as feições delicadas do garotinho. Uma mecha de cabelo lhe roça a testa. Os braços são rechonchudos e revelam covinhas. Ele olha para além da pintora, concentrado, como se ouvisse alguém — a mãe, a tia Claire ou o pai talvez.

No entanto, poucos dias depois do início do projeto, o menino começou a se sentir doente. O estômago doía. Ele estava cansado. Isso era tão atípico de seu animado Wilmouse que Mary logo chamou um médico, que o diagnosticou com vermes, assegurando à mãe que o garoto se recuperaria, pois se tratava de um problema bastante comum. Todavia, uma semana mais tarde, William ainda não se sentia bem. "Ele é tão delicado", Mary escreveu para Maria. "Temos de tomar o maior cuidado possível com ele neste verão."

Entretanto não haveria verão para William. No dia 2 de junho, Mary chamou o médico três vezes. Dois dias depois, ela assistia impotente enquanto Wilmouse lutava para permanecer vivo. Ela reconheceu as "convulsões da morte" que Ca sofrera nove meses antes e ficou paralisada de terror. Shelley não saiu de junto de William, passando os três dias seguintes sentado na cama do filho. "As esperanças da minha vida estão todas vinculadas a ele", escreveu Mary. Em 7 de junho, ao meio-dia, William morreu. Mary perdera o terceiro filho. A malária, ou febre romana, se instalara enquanto o garoto

RETRATO DE WILMOUSE, AOS 3 ANOS,
PINTADO POR AMELIA CURRAN.

estava enfraquecido por seu mal-estar estomacal. Shelley chorava. Mary não parava de pensar em tudo que poderiam ter feito de diferente. Se ao menos tivessem deixado a cidade um mês antes. Se jamais tivessem ido para a Itália. E se tivessem permanecido na Inglaterra? Seria mais uma punição pelos pecados do casal no passado? Talvez o espírito zangado de Harriet, não se contentando em levar Clara, tivesse insistido em levar seu menino também — para compensar o menino e a menina que ela tivera com Shelley.

Eles não realizaram nenhuma cerimônia para o filho. Shelley providenciou que o garoto fosse enterrado no cemitério protestante, mas eles não colocaram marcos no local do túmulo. Conversaram sobre erigir uma pirâmide branca de mármore, mas, ao que parece, a ideia não se concretizou, pois, anos mais tarde, quando Mary voltou a Roma, ela não conseguiu encontrar a sepultura de William. "Nunca tenho um só instante de alívio do sofrimento e desespero pelos quais sou possuída", escreveu Mary para Marianne Hunt três semanas após a morte do filho. Para Leigh Hunt, ela escreveu: "O mundo jamais tornará a ser o mesmo — havia uma vida e uma energia nele que estão perdidas para mim [...]".

Todos os dias, Mary revivia a curta vida de Wilmouse, rememorando suas palavras, suas expressões, seu amor por ela. "William era tão bondoso, tão bonito, tão apegado a mim." Era a proximidade desse relacionamento de mãe e filho que mais doía. William dependera dos cuidados e da proteção dela. Mary falhara. Falhara com Ca. Falhara como mãe. Ela era uma maldição, uma maldição viva, ou assim lhe pareceu durante esse período sombrio. Ela não só provocara a morte da mãe como permitira que os próprios filhinhos morressem.

Enquanto isso, Shelley pranteava seu luto em poesia:

> Meu William que se foi, em quem
> Algum espírito luminoso vivia, e fez
> Consumir-se aquela veste decadente
> Que o seu brilho mal escondia —
> Aqui suas cinzas têm um jazigo,
> Mas debaixo desta pirâmide
> Tu não estás — se algo tão divino
> Como tu pode morrer, teu santuário na morte
> É a dor de tua mãe e a minha.
>
> Onde estás, minha doce criança?
> Deixa-me pensar que teu espírito alimenta,
> Com sua vida, suave e intensa,

> *O amor de folhas e ervas viventes,*
> *Em meio a estes túmulos e escombros desertos; —*
> *Deixa-me pensar que, por sementes lá embaixo*
> *De flores gentis e relva ensolarada,*
> *Por seus matizes e perfumes pode exsudar*
> *Uma porção —*³

Ele interrompeu o texto nesse ponto e, ainda que tentasse outras duas vezes, nunca conseguiu terminar um só poema para celebrar a memória do filho.

Se Mary ficara distante após a morte de Ca, dessa vez ela desapareceu por completo. Como uma das estátuas que eles haviam admirado em Roma, ela ficou silenciosa e impenetrável. "Minha amada Mary", rogou Shelley em um poema que não mostrou à esposa, "por que partiste/ E deixaste-me só neste mundo triste?/ Teu corpo está aqui — tua bela forma —/ Mas tu partiste, seguiste a estrada do lamento,/ Que leva à tenebrosa morada do Sofrimento"⁴. Ele hesitou e então concluiu o pensamento, mas em caligrafia muito mais fraca: "Para o teu próprio bem, não posso seguir-te/ Regressa tu à minha morada".⁵

Tarde demais, eles se foram para o norte, indo morar em uma casa de campo logo na saída de Livorno, perto dos Gisborne. A ampla casa de pedra estava fresca naquele verão. À noite, os vaga-lumes piscavam, fazendo todos recordarem o ano anterior, quando Wilmouse os perseguia pelo gramado. O lugar era tão silencioso que, quando soprava uma brisa, eles conseguiam ouvir o farfalhar dos pés de milho nos campos próximos e os gritos dos apanhadores de uvas que trabalhavam nos vinhedos. Do último andar, eles observavam os diversos comportamentos da água — tranquila e plácida, com ondulações esbranquiçadas, escura antes de uma tempestade — e aprendiam os nomes das ilhas que salpicavam o mar: Gorgona, Capraia, Elba, Córsega.

Mary se trancava em casa ou caminhava sozinha pelas trilhas que levavam aos campos. Ela fitava o retrato de William, escrevendo para Amelia, a fim de expressar seu desespero. "Nunca haverei de recuperar-me [daquele]

---

3 *"My lost William, thou in whom/ Some bright spirit lived, and did/ That decaying robe consume Which its luster faintly hid, —/ Here its ashes find a tomb,/ But beneath this pyramid/ Thou art not — if a thing divine/ Like thee can die, thy funeral shrine/ Is thy mother's grief and mine./ Where are thou, my gentle child?/ Let me think thy spirit feeds,/ With its life intense and mild,/ The love of living leaves and weeds/ Among these tombs and ruins wild; —/ Let me think that through low seeds/ Of sweet flowers and sunny grass/ Into their hues and scents may pass/ A portion—"* (Tradução nossa.) [NT]

4 *"My dearest Mary/ wherefore hast thou gone,/ And left me in this dreary world alone?/ Thy form is here indeed—a lovely one—/ But thou art fled, gone down the dreary road,/ That leads to Sorrow's most obscure abode."* (Tradução nossa.) [NT]

5 *"For thine own sake I cannot follow thee/ Do thou return for mine."* (Tradução nossa.) [NT]

golpe — sinto-o mais agora do que em Roma — o pensamento não me abandona nem por um único instante — Tudo perdeu o interesse para mim." Em uma encosta nos arredores ela podia ver um santuário cor-de-rosa chamado Montenero, construído para comemorar a visão que um pastor tivera de Nossa Senhora no século XIV. Sua abóbada de um vivo cor-de-rosa atraía visitantes, em especial aqueles que, como Mary, estavam em busca de consolo. De uma parede interna pendia uma pintura, em moldura dourada, da Virgem com o filho, que aparentava ter mais ou menos a idade de William. Os olhos de Jesus eram escuros como os de William, os cabelos de um castanho dourado semelhante, conquanto fossem mais curtos. Mãe e filho olhavam para o mundo com seriedade, desconfiança até, como que prevendo a grande tragédia que viria. Mary não podia deixar de perceber os paralelos. Duas Marias. Dois filhos. Duas mortes. Mas Wilmouse nunca voltaria.

• • •

Claire e Shelley não se entregaram a esse profundo luto e temiam que Mary talvez não superasse a dor. Claire acabou cancelando sua viagem para visitar Allegra, escrevendo a Byron que ela não poderia deixar Mary sozinha: ela estava triste demais. Apesar de todos os conflitos, havia ainda um forte vínculo de lealdade entre as irmãs.

Não obstante, Mary prestava pouca atenção na maneira como Claire e Shelley passavam os dias. Claire dormia até o meio-dia, cantava por cerca de uma hora e saía para caminhar com Shelley à tarde. Shelley acordava por volta das sete, lia na cama por meia hora, tomava o café da manhã sozinho e, então, "subia" para uma varanda envidraçada no telhado, um detalhe comum nas casas de Livorno, onde escrevia até as duas horas, torrando ao sol. Posteriormente, Mary descreveria esse cômodo como a "cela aérea" do marido, explicando que "a luz do sol e o calor estonteantes a tornavam quase intolerável para qualquer outra pessoa; mas Shelley adorava ambas as coisas, e sua saúde e seu estado de espírito ganhavam vida nova sob aquela influência". Por vezes, ele fazia caminhadas vigorosas à praia ou até a casa dos Gisborne, sozinho ou com Claire, enquanto Mary permanecia em casa, arrasada pelo sofrimento, mas também exausta por causa da gravidez. O bebê nasceria em novembro, mas, naquele momento, Mary não conseguia ansiar por sua chegada. Em seu mundo de tristeza, tudo que ela conseguia antever era a perda; em breve ela teria outro filho, mas por quanto tempo?

À tarde, Mary e Shelley se reuniam por algumas horas para praticar seu italiano, traduzindo versos do *Purgatório* de Dante — uma escolha adequada, dada a disposição de espírito de Mary. Se não o faziam, ela passava o tempo sozinha. "Eu deveria ter morrido no último 7 de junho", escreveu ela aos Hunt. Ela ouvia os trabalhadores do campo "cantarem, não tão melodiosamente, mas bem alto — a música de Rossini, *'Mi Revedrai, ti Revedro'*", mas o que ela queria mesmo ouvir era a voz de William. Se ao menos pudesse segurá-lo no colo outra vez, mostrar-lhe os globos brilhantes dos limões nas árvores, tirar-lhe os cabelos da testa, ouvi-lo tagarelar sobre os pássaros e as flores, sair para caminhar nos arredores dos campos de milho, rir de suas brincadeiras. Ela queria vê-lo correndo pela trilha. Queria ouvi-lo chamando seu nome. Queria sentir a mão dele na sua.

Em alguns momentos Mary sentia que lhe era insuportável continuar vivendo, e a pior parte era que ninguém parecia compreender seu sofrimento. A reação do pai foi particularmente decepcionante. Ao saber da morte de William, Godwin mandou uma carta que primeiro fazia um resumo de suas necessidades financeiras e só então abordava a dor de Mary — com amor, sim, mas o amor godwiniano, que sempre tinha um toque do pregador calvinista. Ela não devia se permitir sofrer demais, dizia ele. Acima de tudo, ela tinha de se proteger da tendência ao desespero dos Wollstonecraft. Ele concluía dando voz aos piores medos de Mary:

> Embora, de início, aqueles que lhe são mais próximos possam ter compaixão por você e por seu estado, [...] quando a virem concentrada no egoísmo e no mau humor, apesar da felicidade de todas as outras pessoas, então eles finalmente deixarão de amá-la, e não conseguirão suportá-la.

Godwin era um observador perspicaz da natureza humana — ou, pelo menos, da natureza de Shelley e Mary. Ele sabia que, se a filha não recobrasse seus modos amorosos, se não pudesse se concentrar em Shelley, o volúvel poeta seguiria adiante, buscando admiração em outro lugar e abandonando Mary. Ele a alertou desse perigo, por cruel que pudesse parecer, porque não sabia se a filha conseguiria sobreviver a um golpe como esse.

CAPÍTULO 24

# MARY WOLLSTONECRAFT: "VOCÊ NÃO ME ESQUECERÁ"

**[1795]**

Não fazia muito tempo que Mary havia perdido a consciência quando Imlay a encontrou. Depois de ler seu último bilhete melancólico, ele suspeitara que ela talvez tentaria se matar e correu até lá, em uma bela tarde de maio, encontrando-a desacordada na cama, os olhos fechados, quase em coma. Ele mandou chamar um médico, e Mary descreveu a experiência em seu romance *Maria*: "Uma [...] visão flutuava à minha frente [...] ela tentava ouvir, falar, olhar!". O médico induziu um "vômito violento" e ela logo estava fora de perigo, mas sua angústia havia chegado a tal ponto que mesmo o insensível Imlay percebeu que ela estava desesperada o bastante para tentar novamente.

Em vez de tomá-la nos braços e consolá-la, ele planejou uma maneira de tirar Mary de Londres. Talvez Imlay ainda a amasse, mas ele não queria abrir mão de sua liberdade, e a tentativa de suicídio dela não o deixara mais disposto a ceder aos desejos da escritora. Também parece possível que ele se sentisse culpado ou temesse o constrangimento que o ato suicida de sua famosa "esposa" poderia causar. Ele deixou Mary descansar por alguns dias, então fez uma proposta. Ela estaria disposta a ir à Escandinávia para descobrir o que havia acontecido com a prata Bourbon e o navio perdido? Era uma proposta surpreendente para se fazer a uma mulher que acabara de tentar dar cabo da própria vida, contudo Mary, que não queria perder a fé em Imlay nem em seus ideais quanto à possibilidade de um amor entre iguais, viu nisso uma esperança. Ele ainda a queria em sua vida como assistente e amiga querida. Ela teria a oportunidade de demonstrar sua versatilidade e competência, e Imlay ficaria grato e impressionado, o que facilmente poderia reacender outra vez a ternura que ele sentia antes — ou era o que Mary esperava. Talvez fosse verdade que Gilbert a estivesse negligenciando em virtude de preocupações financeiras e, se ela conseguisse encontrar o navio desaparecido, ele seria um homem rico, eles poderiam se mudar para os Estados Unidos e ele já não precisaria continuar com aquela busca por riqueza que a frustrava. Imlay também disse que a encontraria para umas férias em Basileia, na Suíça, depois que ela terminasse a investigação. Ele não fingiu que desejava uma vida estável e íntima com ela, porém Mary se permitiu ter esperanças de que pudesse fazê-lo mudar de ideia.

Ela precisou de apenas alguns dias para fazer as malas e organizar seus negócios. Em seguida, partiu para a Escandinávia. Na década de 1790, poucos ingleses haviam viajado para a Europa setentrional, e o número de inglesas era ainda menor. Acompanhada por Fanny, agora com pouco mais de um ano de idade, e da intrépida Marguerite, que apenas alguns meses antes nunca havia saído de Paris, Mary embarcou em uma carruagem que seguia para Hull, ao norte, o porto de onde partiriam para Gotemburgo. Fanny ficou irritada durante toda a viagem noturna, mantendo Mary acordada. Quando enfim chegaram ao porto, tiveram de ficar em uma "casa que mais parecia um sepulcro" até encontrarem um navio com destino à Suécia, o que levou alguns dias. Tendo encontrado uma embarcação, foram obrigadas a esperar até que os ventos estivessem soprando na direção correta. Os dias passavam lentos, e, certa tarde, Mary fez uma viagem a Beverley, uma cidade que achara tão sofisticada no passado. Agora, parecia "diminuta" e as pessoas que antes ela julgava cosmopolitas e bem-educadas pareciam provincianas e de mente fechada. Ela se impressionou com o contraste entre a própria vida e a daquelas pessoas: "Não pude evitar perguntar-me como elas conseguiam continuar vegetando daquele jeito enquanto eu atravessava um mar de sofrimento, tentando alcançar a satisfação e eliminando preconceitos". Embora tivesse sofrido — ou, talvez, *porque* tivesse sofrido —, ela sentia ter se "aprimorado muito" com suas experiências. Aquelas pessoas que haviam vivido no mesmo lugar a vida inteira não sabiam como o mundo poderia ser estranho e curioso. Ela notava como elas desconfiavam dos forasteiros e o pavor que tinham de mudanças. Como a vida delas parecia limitada!

Exausta e ainda sofrendo com os resquícios de sua tentativa de suicídio, toda manhã Mary era tomada de um acesso de tremor, como se tivesse uma febre. Fanny havia aprendido muito bem o que fazer, chamando continuamente: "Papai, venha, venha". Por vezes, Mary desejava ter morrido, mas em outras ocasiões ela sentia uma tranquilidade espantosa. O mais difícil era a rapidez com que seus estados de espírito mudavam. Em um minuto, ela mal podia esperar que a viagem tivesse início; no seguinte, temia deixar a Inglaterra tanto quanto temera regressar para lá. Ocorreu-lhe que Imlay a estivesse mandando embora para poder ficar livre de suas exigências. "Sem dúvida, você não me esquecerá", ela lhe escreveu em tom tristonho.

No dia 16 de junho, depois de quase uma semana, o pequeno grupo conseguiu enfim embarcar no navio, mas, antes que pudessem levantar as velas, o vento virou novamente, e a embarcação ficou presa mais uma semana na neblina, sendo levada pelas ondas enquanto aguardava a brisa certa. Marguerite começou a sentir enjoos tão logo colocou os pés no convés e assim ficou no pavimento inferior, deixando Mary sozinha com Fanny. De início, Fanny "brinca[va] com o camareiro" e estava "alegre como uma cotovia", mas, então, começaram-lhe a nascer os dentes e ela se recusava a dormir, choramingando e se agarrando à mãe. Mary desenvolveu uma forte dor de cabeça, porém não podia se deitar porque tinha de cuidar da criada e da filha pequena. Enquanto o navio "sacolejava sem avançar", Mary encontrou forças para escrever a Gilbert, descrevendo suas agruras e culpando-o pela situação. Ela não conseguia dormir e, quando o fazia, tinha pesadelos com ele. Mary vinha suportando "uma angústia da mente" e "a decepção de um coração partido". Estava magoada porque ele não lhe escrevia com mais frequência e mais intensidade de sentimento. Como o navio, ela se sentia atirada de um lado a outro pelas ondas, mas continuava presa à mesma situação infeliz.

O vento finalmente virou e eles içaram velas, chegando a Gotemburgo no dia 27 de junho. O tempo ali estava carregado; pancadas de chuva forte encharcavam os passageiros que desembarcavam. Quando saiu correndo pelas pedras escorregadias a fim de alcançar a carruagem que aguardava, Mary caiu e cortou a cabeça, assustando a já apreensiva Marguerite ao desmaiar e ficar "em um estado de estupor por um quarto de hora". Ela recobrou a consciência em tempo de fazer a viagem de pouco mais de trinta quilômetros até a cidade, mas a chuva caía sem cessar e, quando chegaram à estalagem, não conseguiram uma lareira nem uma refeição quente.

A viagem e os acontecimentos que se seguiram não foram suficientes para apagar o desespero de Mary. Em sua primeira noite na Suécia, ela escreveu: "Meu amigo — meu amigo, não estou bem —, uma tristeza terrível pesa sobre meu coração". Gilbert respondeu aos lamentos da escritora, mas não se mostrava muito solidário. Ele disse a Mary que ela o torturava com suas queixas e que não tinha respeito por ele nem por seus sentimentos. Mary escreveu de volta, dizendo que deixaria de censurá-lo, contradizendo-se em seguida, ao encerrar a carta com uma meticulosa enumeração dos defeitos de Gilbert, dissecando-o como se estivesse fazendo a crítica de um livro ruim: ele era irresponsável; era covarde; egoísta; ele era como Hamlet, incapaz de decidir o que fazer ou como agir. Compreensivelmente, Imlay passou muitos dias sem escrever para Mary.

Elias Backman, sócio de Imlay, oferecera-se para hospedá-la durante sua estadia, e Mary se animou um pouco quando viu a casa limpa e confortável dos Backman, com roupas de cama e banho de um branco impecável e várias crianças pequenas. Tendo passado a maior parte da vida apenas com a mãe e a ama, Fanny a princípio se assustou com a quantidade de pessoas. No entanto, em pouco tempo ela já brincava com as outras crianças no jardim, dando a Mary umas poucas horas diárias, um tempo que a escritora usava para lapidar suas críticas a Gilbert. Todos os dias (e, às vezes, várias vezes ao dia), ela se debruçava sobre a escrivaninha, brandindo sua pena formidável, e bombardeava o homem com acusações e perguntas: Ele *realmente* iria a seu encontro na Europa? Caso ela encontrasse o navio, ele *realmente* deixaria de se dedicar a uma vida de negócios? Ele era capaz de ser pai e marido? Como em Paris, a separação deu a Mary o espaço de que precisava para desenvolver suas ideias. Ela estava determinada a provar que sofria não por causa de sua própria fraqueza ou de algum defeito inerente, mas porque era capaz de ter sentimentos — sentimentos *verdadeiros* —, e ele era incapaz disso. "Ah, por que você não nos ama com mais emoção?", exigia ela.

Essa argumentação, uma extensão de suas discussões anteriores com Imlay, representava a adoção, por parte de Mary, do que os estudiosos hoje chamam "a cultura da sensibilidade". Deparando-se com tais ideias pela primeira vez em Rousseau, havia já muito tempo que ela considerava a "sensibilidade", ou o "sentimentalismo", uma faculdade especial de que eram dotadas apenas as pessoas mais esclarecidas como ela. Agora, ela opunha seus sentimentos refinados e seu intelecto elevado ao crasso materialismo de Imlay. Se ao menos ela conseguisse ensinar Gilbert a sentir com a mesma intensidade que ela, então sua moral se elevaria. Se ao menos ele tivesse a imaginação dela, dizia-lhe Mary, ele poderia vencer "a vulgaridade de [seus] sentidos".

Quanto mais escrevia, mais ela descobria que havia certo poder em ser a pessoa abandonada. De acordo com a cultura do sentimento, a pureza de seu coração e espírito significava que ela ficava fora — quer dizer, estava acima — da categoria comum de seres humanos. Também era verdade que ser abandonada tinha dois significados: ser deixada para trás, mas igualmente ser indômita, ou viver fora da lei. O século XVIII tinha plena percepção desse paradoxo, em parte porque uma mulher sozinha não tinha de dar satisfação a homem nenhum. Assim, paradoxalmente, a cada grito de abandono, Mary também estava anunciando sua singularidade, sua rebeldia e sua independência. A atriz Mary Robinson, uma amante rejeitada do príncipe regente e que em breve se tornaria uma das melhores amigas de Mary, expressou essa estranha condição em um soneto que escreveu depois de ter sido abandonada pelo príncipe: a amante abandonada desvia-se "do tranquilo caminho da sabedoria", diz ela, e é arrastada ao "espinhoso e desolado ermo da paixão, para ali habitar". Para Robinson, assim como para Wollstonecraft, o abandono se torna um doloroso exílio da civilização, mas, ao mesmo tempo, ambas as Marys estavam declarando algo mais complexo e inevitável do que o sofrimento puro e simples. Com a perda do amante vinha certa liberdade, uma libertação de toda e qualquer restrição.

Quanto mais escrevia, mais ela via seu sofrimento como sinal de sua superioridade em relação a Gilbert. Sua dor não só revelava sua liberdade ante os usos e costumes da sociedade como provava sua profunda sensibilidade. Para o leitor moderno pode parecer contraditório — e um tanto decepcionante — que a autora de *Reivindicação dos Direitos da Mulher* tenha consumido seu ex-amante com missivas chorosas, tentado suicídio e, então, entrado em desespero ao ser rejeitada por ele, mas, para Mary, cada um de seus lamentos foi um elemento fundamental para o argumento que estava construindo contra Gilbert. De escrever sobre os abusos contra as mulheres em geral, ela passara a escrever sobre seu próprio sofrimento. Tendo vivenciado a traição de um homem, ela agora testemunharia contra ele e, no espírito de sua *Reivindicação dos Direitos da Mulher*, recusava-se a aceitar ser rejeitada e agir com elegância e decoro diante disso.

É quase possível ter pena de Gilbert. Jornalista intrépida, Mary sabia como combater com tinta. Vistas em conjunto, suas cartas para Gilbert são formidáveis. Por fim, Mary compusera não apenas o equivalente a diversos tratados que poderiam ser chamados *Reivindicação dos Direitos de Mary*, ou um *Tratado das Faltas de Gilbert*, como também escrevera uma censura feroz ao sistema de "dois pesos e duas medidas" que vigora na relação entre os sexos e uma argumentação instigante em favor do "sentimento" e da "imaginação" quando ameaçados pelas forças do mercado. Outras mulheres talvez considerassem sua dor única, pertencente apenas a elas e a mais ninguém, mas esse não era o caso de Mary. Para ela, a traição de Gilbert, a discordância dele no tocante às maneiras de se levar a vida, representavam o choque máximo de ideologias: ele representava as forças comerciais da Revolução Industrial; ela representava a verdade da mente e do coração. Ela estava em meio ao debate de sua vida, dando início a um duelo de titãs; mas, infelizmente, apesar de ser muitas coisas, Gilbert não era um titã. A batalha de Mary acabaria por se tornar unilateral, visto que seu oponente não tinha, nem de longe, a mesma capacidade, habilidade ou visão.

Tão logo o tempo ficou menos tempestuoso, os Backman persuadiram Mary a sair para conhecer a cidade. À época, Gotemburgo era a cidade mais próspera da Suécia, com seus canais retos ladeados por casas e lojas distribuídas de forma bastante regular. As ruas eram largas o bastante para que os pedestres pudessem caminhar sem receio de ser atropelados por algum coche que estivesse passando. Poucas cidades podiam ser menos parecidas com a apinhada Londres ou Paris. A maior construção de Gotemburgo era a Swedish East India Company House, um retângulo de tijolos amarelados com telhado de cobre. Em vez de apontar para o céu como as catedrais de Notre Dame ou St. Paul, a East India House era achatada e ampla, seu interior repleto de barris e caixotes, cestas e mercadorias, um emblema do florescente comércio de Gotemburgo com o Extremo Oriente.

A devoção sueca ao comércio incomodava Mary. Todos ali pareciam pensar exclusivamente em fazer dinheiro, uma cidade inteira cheia de Gilberts. Mas, ao menos, havia os campos. Faias, tílias e freixos cresciam em arvoredos, como se tivessem sido plantados por um exímio jardineiro, e, depois de ter suportado o calor de Londres, um verão escandinavo era mágico. O ar, os gramados, as folhas — tudo realmente vibrava à luz dourada. Enquanto Fanny brincava com as crianças Backman sob o olhar vigilante de Marguerite, Mary subia as rochas que levavam ao mar, caminhava sob a copa de enormes pinheiros, comia salmão e anchovas, bebia cordiais e saboreava tigelas de morangos com creme.

Era um alívio sentir esse "nível de vivacidade". Embora não gostasse da comida — os pratos à base de carne eram extremamente condimentados ou estranhamente adocicados, o pão de centeio era quase impossível de comer porque era assado apenas duas vezes ao ano —, Mary desfrutava ao máximo o puro exotismo do lugar. E, mesmo que ficasse perplexa com a falta de conversas eruditas, a pobreza dos criados e as práticas de cuidados infantis de oferecer conhaque aos bebês, enrolá-los em pesadas flanelas sujas até mesmo durante o verão e não deixar crianças pequenas andarem ao ar livre, ela gostava da aventura de estar tão longe de casa. Sua compulsão por registrar as falhas de Gilbert e analisar as dimensões, as origens e a gravidade de seus pecados desapareceu aos poucos e, em vez disso, ela fazia breves anotações, não só a respeito da Suécia e dos suecos, mas também sobre como era ser uma inglesa que se recuperava de um romance trágico na terra dos vikings, onde os campos eram uma explosão de verde e a noite chegava de mansinho muito depois da meia-noite. Exercitar-se era terapêutico. Ela sentia que estava lentamente recuperando a saúde física e mental.

Sozinha à escrivaninha, ela passava horas descrevendo o consolo que a Natureza tinha a oferecer:

> Contemplei a natureza inteira em repouso; as rochas, mesmo escurecidas em sua aparência, pareciam participar da tranquilidade geral, e reclinavam-se ainda mais pesadas sobre sua base. — O que, exclamei, é esse princípio ativo que ainda me conserva? — Por que levar meus pensamentos para longe quando todas as coisas em redor parecem-me em casa? Minha filha dormia com igual sossego — inocente e doce como as flores que se fecham.

> — Algumas recordações, associadas à ideia do lar, misturadas com reflexões a respeito das condições sociais sobre as quais eu estivera meditando naquela noite, fizeram uma lágrima cair sobre a face rosada que eu acabara de beijar; e emoções que estremeciam às raias do êxtase e da agonia deram tal pungência às minhas sensações que me fizeram sentir mais viva que o normal.

Mary adentrara um território desconhecido. Wordsworth ainda não havia articulado sua visão da Natureza; outros escritores do fim do século XVIII haviam celebrado as belezas bucólicas que existiam ao ar livre, mas apenas Rousseau tratara a paisagem como uma oportunidade para a detalhada análise psicológica, vinculando pensamentos e sentimentos a lagos, rochas e árvores. E Rousseau excluíra totalmente as mulheres do seu universo de sentimento. Registrando pensamentos em seu caderno à noite, o sol ainda alto, e celebrando sua própria capacidade de autoanálise mesmo enquanto ainda sofria pela rejeição de Gilbert, Mary não podia imaginar que sua nova obra seria lida por gerações de escritores ainda por vir, em especial poetas românticos como o futuro genro, que abraçaria muitos dos princípios estabelecidos por ela. Em sua "Ode to the West Wind" [Ode ao vento Oeste], Shelley encontra consolo na Natureza tal como Mary fazia, passando do desespero à sabedoria enquanto caminhava ao longo do rio Arno.

Após algumas semanas de pesquisa, nas quais em vão entrevistou pessoas quanto ao paradeiro do navio de Imlay, Mary decidiu que era hora de visitar Tønsberg, na Noruega, onde vivia um dos ex-empregados de Imlay. Talvez ele soubesse o que havia acontecido com a prata. Tønsberg ficava a um dia de balsa ao norte, e Mary foi sozinha — uma decisão difícil, pois nunca se havia separado da filha e contava com a alegria de Marguerite para sustentá-la quando não conseguia se desvencilhar da tristeza. Contudo, ela sabia que seria mais proveitoso viajar sem ter de cuidar de ninguém e estava preocupada com a saúde de Marguerite, que ainda se recuperava do mal-estar que sofrera durante a viagem para a Escandinávia. Marguerite protestou, dizendo que não queria ser deixada ali. Ela tinha receio de que sua imprevisível senhora não voltasse e fez Mary prometer que não tentaria se ferir enquanto estivesse fora.

Enquanto a balsa se afastava do cais, Mary permaneceu sozinha junto da amurada. Longe de Fanny pela primeira vez desde o parto, ela refletia sobre o que significava ser mãe de uma menina:

> Sinto mais que o amor e a preocupação de mãe quando penso na condição de dependência e opressão de seu sexo. Temo que ela

venha a ser obrigada a sacrificar o coração por seus princípios,
ou seus princípios pelo coração. Com mão trêmula hei de cultivar
a sensibilidade e alimentar a delicadeza de sentimento para que,
enquanto dou novos tons de vermelho à rosa, eu não afie os espinhos
que ferirão o peito que tanto desejo proteger — temo desenvolver-
lhe a mente, e que isso a torne incapaz de adaptar-se aos mundos
que ela haverá de habitar — Mulher infeliz! Que sina a tua!

Apesar de sentir muita saudade da filha, Mary não ficava sozinha havia mais de um ano e se viu em liberdade, sentindo-se mais livre do que em muitos, muitos meses.

...

Tønsberg, o povoado mais antigo da Noruega, era pitoresca, com suas casas de madeira pintada e um porto de águas profundas e calmas onde seus primeiros habitantes, os vikings, haviam ancorado seus barcos em forma de dragão. Quase cem quilômetros ao norte de Gotemburgo, a cidadezinha ficava aninhada em um vale. Fileiras de pinheiros e choupos subiam as colinas que ficavam depois do povoado. Montanhas azuladas se erguiam ao longe. Terras de cultivo se estendiam pela costa. Focas tomavam banho de sol sobre ilhotas rochosas. Um fiorde cortava os campos do lado de fora da cidade, a água mais límpida e cristalina que Mary já havia visto na vida. O prefeito Wulfsberg, que era amigo de Elias Backman e quem primeiro investigara o caso do navio desaparecido de Gilbert, recebeu Mary com cordialidade genuína, oferecendo assistência à convidada exausta. Ele assegurou que falaria com todas as partes interessadas, visto que Mary não entendia norueguês, mas ela precisaria lhe dar um tempo para fazer as entrevistas — pelo menos três semanas. Mary ficou desalentada diante da ideia de ficar longe de Fanny por tanto tempo, mas já gostava daquele homem gentil e inteligente, e também apreciou os alojamentos que ele providenciara. A estalagem era iluminada e alegre, pintada de vermelho-celeiro com esquadrias e ornamentos em um tom vivo de amarelo por fora e azul-marinho por dentro. Ficava bem na margem da água, de modo que Mary podia observar os navios que chegavam e saíam do porto, exatamente como fazia em Le Havre.

Turista entusiasmada, Mary decidiu que devia aprender sobre os lugares que visitava. Em uma visita turística à igreja de Tønsberg, se deparou com uma exibição macabra que a deixou pasma: corpos embalsamados deitados em seus caixões, os braços cruzados, o rosto emurchecido. Escandalizada com aquelas "petrificações humanas [sic]", ela ponderou que "nada é mais feio que a forma humana quando privada da vida e, assim, ressequida e transformada em pedra, tão somente para preservar a imagem mais repugnante da morte. [...] Oras! Meu estômago está embrulhado". Para Mary, esse testemunho da putrefação física tornava a existência da alma uma questão urgente. Ela não queria acreditar que, quando morresse, se transformaria em uma daquelas múmias pavorosas, ou pior, que simplesmente desapareceria. Por certo, ela continuaria a viver de algum modo inefável. Sem dúvida, ela (e todas as demais pessoas) tinha alma. Poucos dias depois, visitou as ruínas de um castelo do século XIII, no alto de uma encosta com vista para a água. Ali estava mais um exemplo da transitoriedade dos seres humanos, especialmente em oposição à grandiosidade e a eternidade da Natureza.

Era com frequência que ela se "reclinava no declive musgoso ao abrigo de uma rocha", e tamanha era a quietude dos campos que "o barulho do mar [...] fazia[-a] adormecer". Longe dos olhares críticos de parisienses e londrinos, livre de suas responsabilidades de mãe, Mary sentia como se "minha alma mesma se espalhasse pelo cenário e, como que se transformando em todos os sentidos, flutuasse nas ondas tranquilas, derretendo na brisa revigorante". Nunca mais ela tentaria "fazer meus sentimentos seguirem um curso organizado". Em vez disso, ela aceitaria "a afetividade extrema de minha natureza" e "a maré impetuosa de [meus] sentimentos".

A filosofia que ela havia criado em suas cartas começava a se consolidar. Gilbert insistia que ela se refreasse, se contivesse e fosse uma pessoa diferente e, por mais que Mary tivesse brigado com ele, ainda queria agradá-lo. Mas agora, ali, nos campos da Noruega, ela estava aprendendo a aceitar suas qualidades mais essenciais: "Devo amar e admirar com intensidade, ou mergulho na tristeza". Ela confiaria em si mesma — em seus instintos, suas emoções, suas inclinações. Ela sabia quem era. Conhecia sua força. Mesmo que ele não a conhecesse.

De manhã, Mary caminhava até um regato nos arredores, deleitando-se com o "ar que recendia a pinheiros". À tarde, nadava e aprendia a remar com uma jovem grávida que a levava para praticar em águas rasas, onde a água "pululava" de estrelas-do-mar. À noite, o simpático prefeito a convidava para festas que ela apreciava, embora a comunicação ficasse praticamente limitada aos acenos de mão e apontar dos dedos. Nunca antes ela vira "tantos cabelos de tom amarelo". As moças eram bonitas, de olhos claros e rostos sinceros, e muito amáveis, dizendo a Mary "que era um prazer olhar para mim, eu parecia tão afável".

Todavia, Mary percebeu que a higiene era escassa, e a alimentação, nada saudável; os mais velhos tinham dentes "anormalmente deteriorados" e as matronas engordavam graças à interminável sucessão de ceias, banquetes, chás e piqueniques. Para a frugal Mary, parecia que comer era a única coisa com que as pessoas se importavam. Ela queria muito se ausentar dos intermináveis banquetes, mas sabia que a cortesia exigia sua presença. Em segredo, ela se sentia agradecida por não compreender o que as pessoas diziam, pois suspeitava que os novos amigos estivessem gargalhando de piadas que ela acharia de mau gosto: sempre que alguém traduzia as coisas para ela, Mary se mostrava um pouco chocada com o humor indecente de seus anfitriões. Não obstante, ela adorava ouvir os noruegueses falando — "a língua é suave, com uma grande quantidade de palavras que terminam em vogais" — e, em última análise, era um alívio não falar sobre si mesma.

Com o passar dos dias, Mary voltava lentamente às ideias que despertavam seu interesse antes de Imlay — os direitos do indivíduo, a relação entre cidadão e Estado, os rumos da política francesa. Passada a agitação dos últimos dois anos e meio — o caso com Fuseli, a execução de Luís XVI, o Terror, as mentiras e a rejeição de Gilbert —, Mary estava decepcionada em quase todas as áreas da vida. A Revolução não tivera os resultados que ela esperava. Gilbert e Fuseli não eram os homens que ela imaginava. Ela mesma não se comportara como a mulher independente e autossuficiente que se orgulhava de ser. A escritora questionava o que havia acontecido: a si mesma, a Gilbert, ao mundo. Com uma nova compreensão das limitações da natureza humana, livre da responsabilidade de cuidar de Fanny e depois de mais de um ano de profunda introspecção, ela começava a fazer conexões entre suas próprias experiências e os acontecimentos externos, entre si mesma e sua cultura. Mary sempre inserira reflexões e coloquialismos pessoais em sua obra política e histórica, mas agora ela havia mudado seu estilo por completo. Em vez de escrever principalmente sobre política e história com uns poucos apartes pessoais, ela contava a história de seu romance com Imlay e de sua viagem à Escandinávia, inserindo observações filosóficas e teorias políticas no conjunto maior de suas próprias experiências. O resultado foi um amálgama original de narrativa pessoal e ciência política, de relatos de viagem e comentários filosóficos. Ela descrevia sua decepção amorosa enquanto discutia seus raciocínios sobre a história da sociedade humana; regozijava-se com as belezas da Natureza ao mesmo tempo em que recordava as atrocidades do Terror. Mary não se dava conta de que, como escritora, estava infringindo regras; o que importava era que as antigas formas já não podiam abarcar tudo que ela queria dizer. E o mais importante: ela perdeu o interesse em censurar Gilbert. Ele teria de redescobrir seu amor por ela sozinho, decidiu Mary, na confiança de que, quando se encontrassem na Europa, como Gilbert prometera, eles viveriam um feliz reencontro.

Na primeira semana de agosto, Wulfsberg já havia terminado suas inquirições, enviando Mary para Larvik, pouco mais de trinta quilômetros ao sul de Tønsberg, onde ela se consultaria com advogados. Uma vez lá, ela ficou horrorizada com a mesquinharia e a corrupção das autoridades. "Minha cabeça girava[,] meu coração ficou enojado, conforme eu observava os semblantes deformados pela depravação", escreveu ela. Felizmente, Mary não precisou ficar muito tempo ali. Os advogados enviaram-na para Risor, ao sul, o último lugar em que o navio de Imlay fora visto. Lá ela finalmente conseguiria encontrar Ellefson, o capitão, a quem ela não via desde Le Havre, e que, na opinião do juiz Wulfsberg, sem dúvida havia roubado a prata.

Ela viajou por mar, contemplando o litoral rochoso e sonhando com um futuro melhor, se não para si mesma, então para a humanidade, escrevendo em seu diário palavras que os jovens Mary, Claire e Shelley achariam particularmente inspiradoras e que pareciam se dirigir a eles de forma direta: "A visão dessa costa agreste, à medida que a seguimos em nossa embarcação, proporcionou-me um contínuo tema de meditação. Antevi o progresso futuro do mundo e observei o quanto o homem ainda tinha que fazer para obter da terra tudo que ela poderia produzir".

Quando chegou a Risor, Mary encontrou duzentas habitações acocoradas ao longo do porto em formato de U. Porém, as históricas casas brancas e seu charme rústico não a impressionaram. Ela conseguia ver apenas desolação. "Nascer aqui era ser aprisionado [*bastilled*] pela natureza", queixou-se ela, usando sua imagem favorita para a ideia de prisão, com a Revolução ainda em mente. Por muitos anos, o que aconteceu em seguida foi um mistério, porém, uma carta recém-descoberta de Mary para o ministro de Exterior dinamarquês, o conde Andreas Peter Bernstorff, narra em detalhes o encontro que ela teve com o capitão do navio desaparecido: "Elefsen [sic] visitou-me e, quando ficamos a sós, ele se comportou com muita humildade, desejou que o incidente jamais tivesse ocorrido, embora me garantisse que eu nunca conseguiria apresentar provas suficientes para condená-lo. Ele falou ainda das despesas em que haveremos de incorrer — apelou para minha humanidade e assegurou-me que não poderia devolver o dinheiro agora". Diante da resistência de Ellefson, Mary pediu ao ministro do Exterior que a ajudasse a arrancar do capitão algum tipo de acordo, mas, embora todos estivessem convencidos de sua culpa, nunca houve nenhum ressarcimento.

Como era de se esperar, Mary estava desanimada quando deixou Risor. Ela se afeiçoara a Ellefson quando ele ficou com o casal em Le Havre e se sentia pessoalmente traída com o comportamento do homem. Mary também suspeitou que, enfim encontradas as provas do furto, Imlay multiplicaria seus esforços para ganhar o dinheiro que havia perdido e diria que o sonho de uma vida em família nos Estados Unidos era impossível. Enquanto se preparava para partir, ela fez uma observação melancólica: "As nuvens começam a acumular-se e o verão desaparece quase antes de haver amadurecido o fruto do outono".

Apesar de seu desânimo, durante a viagem marítima de volta à Suécia, Mary se permitiu ter esperanças de que Imlay reconhecesse seu empenho. Talvez o período de separação lhe tivesse dado tempo para refletir sobre o próprio comportamento e, em vez de ficar decepcionado com a perda da prata, talvez finalmente percebesse que seus empreendimentos comerciais não valiam a pena. Afinal, apesar de seus esforços (e da dedicação dela), ele perdera o investimento. Talvez isso o ajudasse a lembrar o que era de fato importante na vida. O amor. A família. Ela. A filha. Mary se permitiu até mesmo sonhar que ele faria a proposta de recomeçar. Ela conseguia ver o futuro deles com tanta clareza, como se já estivesse concretizado. Juntos, eles teriam uma nova vida, regozijando-se com seu amor e alegrando-se com Fanny. Mary não havia esquecido a tranquilidade que sentira nos campos escandinavos nem a satisfação que experimentara ao preencher as páginas do diário com suas reflexões. Todavia, conquanto tivesse feito as pazes consigo mesma, ao menos temporariamente, seus sentimentos por Gilbert voltaram depressa ao contemplar seu reencontro com a filha e o retorno ao lar.

Diante do fato desalentador de que Mary havia sucumbido mais uma vez a Imlay, os biógrafos têm pintado a escritora de maneiras variadas: patética, autoiludida, tola e fraca. Contudo, um século depois, Freud explicaria como o passado assombra o presente, como as forças inconscientes moldam a interpretação que um indivíduo faz do mundo. Para Mary, a rejeição de Gilbert passara a fazer parte do conjunto de decepções e sofrimentos de seu passado. A desatenção da mãe, o alcoolismo do pai, a perda de Fanny Blood, a rejeição de Fuseli e os ataques que ela sofrera por causa de suas ideias haviam ficado emaranhados na perda de Imlay. Ela não dispunha dos instrumentos para compreender que toda a sua dor não fora causada por Imlay, mas era, antes, uma resposta compreensível a uma vida inteira de experiências dolorosas. Com coragem e versatilidade admiráveis, ela já havia feito mais que a maioria, promovendo uma autocura parcial por meio da introspecção e da escrita, contudo o período que passou na Escandinávia não foi suficiente para curá-la por completo. Paradoxalmente, a força que Mary alcançara fez apenas intensificar sua determinação de reconquistar o amor de Imlay. Ela era uma filósofa melhor que ele. Em suas contendas, os argumentos dela eram mais precisos e eticamente superiores. Mary decidiu que o faria voltar para ela. Ela venceria a batalha contra ele e, assim, reconquistaria seu amor.

CAPÍTULO 25

# MARY SHELLEY: "A MENTE DE UMA MULHER"

[1819]

Nos longos dias sufocantes que se seguiram à morte de William, Mary passava horas sozinha, tomada de um torpor que a impedia de pegar a pena e até mesmo de ler. A distância que surgira entre ela e Shelley cinco meses antes agora se abria como um abismo. As criadas, Milly e a mulher que haviam contratado para fazer a limpeza pesada, riam e tagarelavam como se o mundo ainda estivesse intacto. Lá fora, diversos tipos de pássaros canoros chilreavam até que o calor do dia ficasse intenso demais. À noite, Mary, Claire e Shelley sentavam-se no jardim, contemplando as estrelas. Certa noite, houve uma pequena agitação quando Milly pensou que tinha descoberto um cometa; Shelley, divertido, disse que ela "criaria alvoroço, como um grande astrônomo".

Porém, a principal lembrança que Mary guardou desses dias foi a mesmice, o silêncio. Posteriormente, ela lamentaria não ter conseguido perceber que Shelley estava sofrendo à sua maneira e também se sentia abandonado. Ele não só havia perdido o filho como, em sua mente, a mulher que ele amava havia desaparecido. Em seu lugar estava uma tábua de pesar, pálida como rocha.

Nas primeiras semanas após deixarem Roma, Shelley se dedicou totalmente à conclusão de "Prometheus Unbound". O Prometeu do poeta era um herói que enfrentava os deuses para roubar o fogo em favor dos humanos, dando ao homem a capacidade de progredir, aprimorar-se e, por fim, transcender sua condição bestial. Isso estava em franca oposição ao *Frankenstein* de Mary, ao qual a escritora dera o subtítulo *O Prometeu Moderno*. Para Mary, Prometeu (Frankenstein) era um anti-herói: sua busca por conhecimento era desastrosa; sua ambição levava à morte.

Pessimismo versus otimismo; desespero versus esperança; Mary versus Shelley. Eles permaneciam em lados opostos da tragédia, seus conflitos permeando todos os aspectos de seu casamento, moldando não apenas o modo como lidavam com suas perdas, mas também como encaravam um ao outro e seu trabalho. Sem conhecer a divisão filosófica do casal, seria possível antes considerar que seus livros não guardam relação entre si do que vê-los como parte de um debate marital. O poema de Shelley celebra os poderes da inventividade humana; o romance de Mary adverte contra as consequências da ambição sem limites. Porém, quando colocados lado a lado, "Prometheus Unbound" surge como a resposta de Shelley para o *Prometeu Moderno*, o lado do poeta na argumentação, por meio do qual ele continua a buscar esperança ante o desespero da esposa.

Não há dúvida de que "Prometheus Unbound" é muito mais que isso, mas, quando lido dessa forma, revela justamente o distanciamento que surgira entre Mary e Shelley. Na época em que Mary escreveu *Frankenstein*, Shelley não concordara plenamente com o ponto de vista da esposa. Em vez disso, ele o julgara interessante, instigante até. Agora, esse ponto de vista sombrio parecia perigoso. À alegação da esposa de que não se podia confiar nos seres humanos para controlar suas próprias criações, Shelley contrapunha que a doença e o desastre podiam ser erradicados pela inventividade humana. No romance de Mary, Prometeu (Frankenstein) destrói todas as pessoas que ama. No poema de Shelley, Prometeu salva o mundo.

No início de julho, o casal já havia perdido a paciência um com o outro. Embora Shelley tivesse recuperado as forças em Nápoles, suas velhas queixas de saúde estavam de volta. Assombrado pelo diagnóstico fatal que havia recebido na Inglaterra, ele tinha certeza de que seu tempo se estava esgotando e escrevia com uma espécie de desespero frenético, buscando consolo na ideia de que sua poesia talvez sobrevivesse após sua morte. Mary, por outro lado, queria parar o tempo, ou, melhor ainda, fazer o relógio retroagir. Ela queria os filhos vivos, dormindo em suas camas. O remorso era o sentimento dominante. Bem como a crítica do passado. Ela teria trocado a saúde dos filhos pela de Shelley? Em caso positivo, era um preço alto demais. O amor dos filhos por ela tinha sido absoluto, ao passo que ele era distante, egocêntrico e inacessível. Se ao menos ela pudesse se unir a eles do outro lado. Era possível que o fantasma da mãe também estivesse ali, esperando para consolar a dor da filha.

Por mais que quisesse morrer, Mary estava grávida de quatro meses e meio e jamais condenaria o filho nascituro à morte. Ainda que não estivesse grávida, ela fora muito bem doutrinada nos rigorosos ensinamentos de Godwin, de modo que não sucumbiria ao suicídio. Mary conseguia escrever umas poucas cartas, mas apenas para lastimar sua situação. "Que você [...] jamais saiba o que é perder duas crianças tão amorosas em um ano — vê-las no momento da morte — e, então, ficar sem filhos, desolada para sempre", escreveu ela para Marianne Hunt.

Finalmente, em agosto, por insistência de Shelley, Mary pegou relutante a pena e começou a escrever em seu diário. Primeiro, ela citou um antigo poema de Shelley, escrito após o suicídio de Fanny e de Harriet:

> *Olhamos para o passado e fitamos, espantados,*
> *Os fantasmas com aspecto estranho e desgrenhado*
> \* \* \*
> *Restamos nós dois ainda, em uma terra solitária,*
> *Como sepulcros a marcar a memória*
> *De alegrias e pesares, que desvanecem e fogem*
> *À luz da sombria manhã da vida.*[1]

As linhas pareciam proféticas, pois ela realmente se sentia como um "túmulo", um marco para os mortos. Em certa medida, Mary fora criada por Godwin para se sentir assim — afinal, ela carregava o nome da falecida mãe —, mas agora esses sentimentos de perda eram lancinantes, insuportáveis. Ela era assombrada por fantasmas amados. Embora relutasse em se entregar ao que denominava um espetáculo Clairmont de emoção, ela se permitiu um raro arroubo de sentimento:

> Quarta-feira, 4 [de agosto de 1819]
>
> Começo meu [terceiro] diário no dia do aniversário de Shelley — Já estamos vivendo juntos há cinco anos e, se todos os acontecimentos desses cinco anos fossem apagados, talvez eu estivesse feliz — porém, ganhar e então perder cruelmente as pessoas de nosso convívio por quatro anos não é um acaso a que a mente humana se possa curvar sem muito sofrer.

O ato de escrever essas poucas palavras, ainda que amargas, ajudou Mary a se lembrar do consolo que sempre encontrava em seu diário. Foi o primeiro passo em sua jornada de volta à vida. A cada dia ela voltava a escrever, pouco a pouco, e quase que imediatamente após o registro acima, uma heroína chamada Matilda surgiu em sua imaginação, plena e acabada, trazendo consigo uma história que, de muitas formas, era mais assustadora que *Frankenstein*.

Mary fez um esboço do novo romance com rapidez surpreendente, a lugubridade do enredo refletindo seu próprio desalento. Matilda, órfã de

---

1 "We look on the past, & stare aghast/ On the ghosts with aspects strange & wild/ We two yet stand, in a lonely land,/ Like tombs to mark the memory/ Of joys & griefs that fade & flee/ In the light of life's dim morning." (Tradução nossa.) [NT]

mãe, descobre que o pai nutre um amor incestuoso por ela; ele se mata e, então, deixando-se consumir pela tristeza, também ela morre, murmurando: "*Um pouco de paciência, e tudo estará acabado*". Mary grafou essas palavras em itálico, pois foram as palavras ditas por Wollstonecraft no leito de morte, e também pela mãe de Wollstonecraft, pouco antes de morrer, e pela figura da mãe no último romance de Wollstonecraft, *Maria*. A morte de Matilda une a jovem ao pai morto, mas as palavras da heroína também a vinculam à sua autora e à mãe de sua autora.

O incesto, como a poesia de Shelley já havia revelado, era um tema comum no Romantismo. Na realidade, enquanto Mary escrevia sobre Matilda, Shelley estava no andar de cima, trabalhando em um conto de incesto entre pai e filha, uma peça que ele intitularia *The Cenci*,[2] baseada em uma história real da qual ele e Mary haviam tomado conhecimento juntos. Beatrice Cenci[3] foi uma bela jovem, conhecida na história italiana por matar o pai depois que este a estuprou. O casal Shelley vira o retrato da moça em Roma, no Palazzo Colonna, onde Shelley ficara impressionado com a semelhança entre ela e Mary. Como Mary, Beatrice era "pálida" e tinha a testa "grande e à mostra". Ela parecia "triste e de espírito abatido. [...] Os olhos, que, segundo dizem, eram célebres por sua vivacidade, estão inchados de tanto chorar e não têm brilho, mas revelam uma beleza terna e serena". Sozinho, o poeta fizera uma visita ao sombrio Palazzo Cenci, que parece uma fortaleza, na Piazza delle Cinque Scole, perto do rio Tibre.

---

2   Nessa peça, Shelley pretendeu acessar o universo intrincado da justiça judicial através da trágica história de Beatrice Cenci. Algumas leituras da obra permitiram estabelecer um paralelo entre a experiência de Beatrice vivida no século XVI e a das mulheres do século XIX envolvendo denúncias de estupro. Em ambas as épocas, a denúncia de crimes sexuais era de difícil exposição não só pelo ambiente pouco amigável da corte de justiça como também pela falta de palavras adequadas para explicar o que aconteceu. A pesquisa da historiadora Anna Clark sobre casos de assédio sexual processados na Inglaterra entre 1770 e 1845, publicada sob o título *Women's Silence, Men's Violence* [O silêncio das mulheres, a violência dos homens], observou que a ênfase exagerada dos tribunais no discurso médico e jurídico, eivados de tecnicalidades, se sobrepunham ao depoimento emocional e coloquial das vítimas. Os magistrados indagavam as mulheres sobre detalhes íntimos do fato: se houve ejaculação, penetração, a duração do ato, entre outras informações que julgavam necessárias para configurar o crime. Testemunhar nesses processos era o mesmo que pisar em ovos: se a mulher não conseguisse articular corretamente as palavras, lhe faltariam argumentos para sustentar o caso; por outro lado, se fizesse uma descrição apurada, corria o risco de ser desqualificada como vítima por demonstrar conhecimento extensivo sobre sexo. Quando, finalmente, prestavam as informações sobre como havia ocorrido o estupro, alguns relatos eram omitidos do processo em nome do bem público, e, da mesma forma, os jornais suavizavam os detalhes, silenciando de forma institucional a história das mulheres que, corajosamente, se dispunham a denunciar seus agressores, na esperança de ser feita a justiça. Na história de Shelley, Beatrice foi condenada à morte pelo crime de parricídio. Por causa do seu conteúdo, embora escrita a partir de um caso real, a peça foi criticada como imoral e sequer foi executada no período em que o autor viveu. O relato de Beatrice foi mais uma vez silenciado. [NC]

3   Jovem de família nobre, viveu de 1577 a 1599, filha do conde Francesco Cenci. [NC]

A perspectiva de Mary no tocante ao incesto era completamente diferente da ideia de Shelley. Ela tinha por objetivo explorar os paralelos existentes entre ela mesma e sua criação ficcional. A escritora e Matilda perdem a mãe ao nascer, e ambas perdem o pai; porém, o pai de Matilda comete suicídio por amá-la demais, ao passo que o pai de Mary a isola porque ela mantém um caso com Shelley. Para Mary, que se sentira rejeitada pelo pai quando Mary-Jane entrou em suas vidas, e novamente depois de sua fuga com Shelley, a ideia de um pai que ama demais a filha era, sem dúvida, uma fantasia gratificante. No entanto, era também uma representação psicológica adequada da própria experiência de Mary. Ao longo do período em que viveram juntos, apesar da inexistência de quaisquer relações de caráter sexual, Godwin realmente representara o papel psíquico do amante decepcionado, indignado por ter sido substituído por Shelley.

Em última análise, tal como a criatura em *Frankenstein*, Matilda chega à conclusão de que ela é o ser monstruoso quando, na verdade, o pai é o verdadeiro monstro. Afinal, qual é o crime de Matilda, ou, aliás, o da criatura? Nenhuma criança pode ser considerada responsável pelo próprio nascimento. Assim, Mary colocava a culpa diretamente nos ombros das figuras paternas, ao mesmo tempo em que apontava a lógica equivocada (e trágica) dos filhos.

Para Shelley, por outro lado, o incesto era uma oportunidade de expor a corrupção das instituições e dos homens que as comandavam. No conde Cenci, pai de Beatrice, um tirano cruel na vida real, Shelley encontrava o emblema perfeito do poder paterno irrefreado. Ao contrário de Mary, ele não explorava a psicologia das personagens principais. O poeta não aborda a vida interior de Beatrice, usando a história da jovem para comunicar sua rebeldia furiosa contra a opressão e enunciar sua filosofia, derivada de Godwin, de que a liberdade do indivíduo é um elemento necessário para um Estado virtuoso. Beatrice é uma heroína porque ela derrota o governante perverso.

Já para Mary, o que mais importava era justamente o que Shelley omitira: os sentimentos da vítima, a vida interior da mulher — os temas nos quais a mãe se concentrara em seus livros. Em *Matilda*, o bem e o mal se infiltram mutuamente um no outro, de modo que todas as personagens vagueiam em meio a uma névoa moral cinzenta. O mundo exterior de Matilda é curiosamente vazio. Em nenhum momento ela faz referência à igreja ou ao Estado, as maléficas forças institucionais que regem a *Cenci* de Shelley. A tragédia da jovem é consequência de seu relacionamento com o pai, e não da corrupção do poder. Que Mary tenha percebido as diferenças entre ela e o marido é algo que fica claro no fim do romance, quando a escritora introduz outra personagem, um rapaz chamado Woodville, que guarda uma incrível semelhança com Shelley. Woodville e Matilda se tornam amigos leais, mas não amantes, por estranho que pareça. Matilda não quer que Woodville se apaixone por ela; ela espera que ele partilhe do desespero da jovem, assim como Mary queria que Shelley compartilhasse de sua dor. Mas Woodville se recusa e, em vez disso, esquadrinha Matilda a distância, levando-a a exclamar:

> Sou, pensei eu, uma tragédia; uma personagem para que ele venha ver-me atuar: vez por outra ele dá minha deixa para que eu possa fazer um discurso que lhe seja mais relevante; talvez ele já esteja planejando um poema em que devo figurar. [...] Ele fica com todo o proveito, e eu carrego todo o fardo.

Na ficção, Mary enunciava sua ira diante do abandono de Shelley. Em vez de ampará-la, Shelley se afastara e passou a estudá-la, usando-a como modelo para Beatrice. Em um golpe de retaliação, Mary faz Matilda implorar para que Woodville morra com ela e, quando o rapaz se recusa a fazê-lo porque um dia talvez seja capaz de realizar algo para melhorar o mundo, Matilda afunda rumo à própria morte, suas palavras expressando a dor (dela e da autora) de ser traída:

> Adeus, Woodville. A relva logo estará verde sobre minha sepultura, e as violetas florescerão sobre ela. Lá estão minha esperança e minha expectativa. As suas estão neste mundo; que elas se concretizem.

É quase possível visualizar Mary escrevendo tais palavras no jardim enquanto Shelley estava fora, caminhando com Claire, ou em sua cela de vidro no telhado. Embora seja compreensível que Woodville (Shelley) escolhesse a vida em vez da morte, para Matilda (Mary), essa escolha representava uma rejeição, um foco no mundo exterior, e não na mulher que ele amava. Para Mary, parecia que Shelley estava mais interessado na Beatrice fictícia do que nela. A outra maneira de compreender isso, e que não a fez se sentir nem um pouco melhor, era que ele estivesse transformando Mary, sua própria esposa, em uma personagem de ficção. Ademais, isso não era justo. Nem Mary nem seu alter ego ficcional tinham as mesmas possibilidades de escolha que Shelley ou Woodville; o mundo não estava aberto a elas como estava para os homens.

•••

No fim de setembro, o grupo infeliz se mudou para Florença a fim de ficar perto de seu médico predileto, o dr. Bell, para que este pudesse supervisionar o parto e cuidar da saúde de Shelley. Todavia, era difícil deixar Livorno;

os Gisborne haviam sido um valoroso esteio naquele verão, apoiando-os em sua tristeza. Conforme os Shelley se afastavam pela esburacada estrada de terra, saindo da *villa* pela última vez, o cão dos Gisborne, Oscar, corria aos saltos ao lado da carruagem, a cauda abanando seu adeus. O criado, Giuseppe, teve de "pegá-lo nos braços para fazê-lo parar", informou Maria posteriormente, em uma carta para Shelley. O cachorro ficou inconsolável por dias. Ele uivava "dolorosamente" na hora do jantar e "arranha[va] a porta da casa vazia [dos Shelley] com toda a força".

"Pobre Oscar!", respondeu Shelley. "Sinto uma espécie de remorso quando penso no amor desigual que dois seres animados dedicam um ao outro quando não tenho por ele emoções tão arrebatadas como as que ele demonstrou por nós. Seu lamento importuno, porém, é como o nosso em relação a vocês. Nossa memória — se me permite tão humilde metáfora — está sempre arranhando a porta de sua ausência."

Eles se instalaram nos aposentos modestos de uma pensão perto de Santa Maria Novella, na Via Valfonde. Os outros pensionistas eram uma mistura já esperada de turistas de cultura mediana: senhoras solteiras, viúvas e membros do clero, uma clientela muito semelhante àquela que seria habilmente descrita um século mais tarde por E. M. Forster, em seu romance *Um Quarto com Vista*. As refeições estavam incluídas no preço da hospedagem, mas comer à longa mesa da pensão era uma experiência desconfortável, visto que os demais visitantes ingleses observavam o infame trio Shelley com um polido horror.

Mary continuava triste naquele outono. Ela sentiu uma imediata antipatia pela proprietária da pensão e não acompanhava Shelley em suas visitas a galerias, permanecendo nos aposentos para descansar, ler e trabalhar em *Matilda*. Claire prosseguia com seu treinamento vocal e começou a estudar francês, de modo que Shelley visitava quase sempre sozinho os pontos turísticos da cidade. Um de seus passeios favoritos era caminhar junto aos muros da cidade, pelo lado de fora, e ali ele passava horas "contemplando as folhas e o subir e descer do Arno".

Apesar da sua tentativa de se distanciar do desalento de Mary, Shelley se mostrava cada vez mais deprimido à medida que o verão se transformava em outono. Ele estava obcecado por um ataque ao seu "caráter pessoal", que fora lançado em uma crítica a "The Revolt of Islam" publicada pela *The Quarterly Review*. A *Quarterly*, o periódico mais respeitado da época, era lida por uma enorme quantidade de pessoas e seus artigos tinham um peso considerável, o que tornava sua crítica ainda mais difícil de tolerar. Tornara-se de conhecimento geral que Shelley havia inserido as palavras "Democrata, Filantropo e Ateu" no registro de hospedagem em Chamonix, e o crítico dedicara a maior parte do artigo à imoralidade de Shelley, sua política radical e atitude contrária à religião:

> O sr. Shelley ab-rogaria nossas leis — isso colocaria um fim imediato aos crimes graves e leves; ele acabaria com os direitos de propriedade, e é evidente que, daí em diante, não poderia haver nenhuma violação a eles, nenhum ódio entre os pobres e os ricos, nem controvérsias sobre testamentos, tampouco litígios sobre heranças [...] ele derrubaria a constituição e, assim, não teríamos tribunais caros [...] nem exército ou marinha; ele destruiria nossas igrejas, arrasaria nosso establishment e queimaria nossas bíblias [...] o casamento, que ele não pode tolerar, e cessaria de pronto o lamentável aumento de relações adúlteras entre nós, enquanto, ao repelir o cânone celeste contra o incesto, ele contribuiria para a pureza e intensificaria o ardor daqueles sentimentos que irmão e irmã agora têm um pelo outro; por fim, como alicerce de todo o arranjo, ele nos faria renunciar a nossa fé em nossa religião.

Shelley leu o artigo na Delesert's English Library. A maioria dos expatriados ingleses reconheceria o infame Shelley, de modo que, sem que o poeta notasse, um estranho o observava na ocasião. Posteriormente, essa pessoa relatou que, depois que Shelley terminou a leitura, "ele se empertigou de repente e explodiu em gargalhadas incontroláveis, fechou o livro com uma risada histérica e saiu depressa da sala, seu riso ecoando enquanto ele descia as escadas".

Embora Shelley tenha caçoado da crítica diante dos amigos, chamando-a de "lixo", ele estava profundamente desalentado, sentimento que se somou ao senso crescente de sua própria mortalidade. Em um dia de outubro, ele se olhou no espelho e encontrou um cabelo branco. Já não era um jovem poeta, disse a si mesmo. Seu "anseio de reformar o mundo" diminuía aos poucos. O mundo o rejeitara. Mas, pior que isso, sua esposa fizera o mesmo.

CAPÍTULO 26

# MARY WOLLSTONECRAFT: A VOLTA PARA CASA

[1795–1796]

Quando Mary retornou a Gotemburgo, na terceira semana de agosto, Marguerite lhe entregou três cartas de Imlay. O coração de Mary se alegrou. Essas seriam as cartas em que Imlay finalmente confessava seu amor, nas quais ele enfim percebia sua perda. No entanto, cada carta de Gilbert era pior que a anterior. Na primeira, ele anunciava que não estava mais em dúvida e concluíra que já não amava Mary, considerando-a um peso. Na segunda, ele implorava que ela percebesse como eles eram diferentes. Na terceira, ele prometia cumprir seu dever em relação a Fanny e dizia que tentaria ser gentil com Mary, mas que isso era tudo que podia oferecer. O romance deles estava terminado. "Nosso modo de pensar não é compatível", dizia ele categoricamente, usando palavras que deveriam machucar, pois ele sabia que Mary queria acreditar que o modo de pensar de cada um deles estava tão unido quanto seus corações.

Mary escreveu uma resposta e enviou-a sem demora. Sim, dizia, Gilbert e ela eram completamente diferentes, porque "eu vivo em um mundo ideal e alimento sentimentos que você não compreende, do contrário não me trataria assim". Ela se recusava a ser "um mero objeto de compaixão" e dispensava "sua proteção sem seu afeto". Ela conseguia se sustentar sozinha. Ele nunca mais teria notícias dela, escreveu Mary furiosa. Por certo, se ele pensava que ela era um peso, deveria esquecê-la, e também Fanny, mas antes deveria saber quanta dor havia causado: ela estava tomada de piedade pela filha sem pai; seus lábios tremiam "de frio", embora parecesse que um "fogo" queimava em suas veias. Em nenhum momento ocorreu a Mary que pudesse haver qualquer outro problema. Seu foco em Gilbert excluía todas as demais explicações. Porém, em retrospecto, parece provável que a maternidade continuasse a pesar sobre seu estado de espírito. Em vez de ficar mais alegre quando estava na companhia de Fanny, ela imediatamente voltou a mergulhar em sua melancolia. Se isso foi ou não uma recidiva da depressão pós-parto do ano anterior ou algo mais situacional — resultado de ter sido abandonada e ter de criar a filha sozinha —, é impossível saber ao certo. O que surpreende é que, por mais que amasse sua garotinha, apenas quando ela e Fanny estiveram separadas, quando Mary esteve no coração dos campos escandinavos e pôde refletir e escrever — ser ela mesma outra vez —, foi que restabeleceu algum senso de serenidade.

No caminho de volta para casa, Mary, Marguerite e Fanny passaram por Copenhagen, onde Mary deu vazão a seus sentimentos pintando um quadro desolador em suas cartas; um incêndio recente havia destruído a cidade quase por completo. A insensatez dos governantes e o egoísmo dos ricos, declarou Mary, permitira que as chamas saíssem do controle. Ela condenou a "indolência" da população, escrevendo: "Se, para apagar o fogo, as pessoas de posses tivessem dedicado metade dos esforços que empreendem para preservar seus objetos de valor e sua mobília, as chamas logo teriam ficado sob [controle]". As pessoas que ela conheceu lhe pareceram inferiores e pouco civilizadas. Os homens eram "tiranos domésticos"; as mulheres, "sem habilidades"; e as crianças eram "mimadas".

Embora Fanny exultasse ao ver as aves marinhas e a tagarelice de Marguerite ajudasse a passar o tempo, nada podia desviar a mente de Mary da rejeição de Gilbert. Talvez, pensava ela, porque falhara em sua tarefa. A escritora dizia a si mesma que, quando Gilbert as encontrasse em Hamburgo, ela tentaria persuadi-lo mais uma vez a viver com ela, mas, quando chegaram à Alemanha, Mary descobriu que, como de costume, ele não havia cumprido sua promessa. Gilbert escreveu para informá-las de que não as encontraria na Europa. Ele estava farto dos sermões de Mary.

Apesar de Mary ter prometido a si mesma que não tornaria a escrever para Gilbert, ela o fez, dando o máximo de si na tentativa de convencê-lo de que ele estava errado. Suas dores de cabeça voltaram e ela voltou a ter sonhos de morte: "Não fosse por esta criança, eu bateria minha cabeça nas [rochas] e nunca tornaria a abrir os olhos!".

Elas chegaram à Inglaterra na primeira semana de outubro. Mary finalmente teria a oportunidade de convencer Imlay, em pessoa, de seus muitos erros. Ela lhe enviou diversos bilhetes de Dover, primeiro pedindo, depois exigindo sua presença, e esperou no porto por alguns dias. Preocupada, Marguerite observava Mary caindo novamente em desespero e fazia o possível para distrair a senhora e a garotinha sob seus cuidados. "Ah", escreveu Mary em outra carta para Gilbert, ela tem "uma *gaieté du coeur* que vale toda minha filosofia".

Quando ficou óbvio que ele não iria aparecer, Mary comprou passagens para a carruagem pública e elas fizeram a longa viagem até Londres, onde Gilbert lhes alugara uma casa, contratara criados e deixara uma mensagem dizendo que elas deviam informá-lo caso precisassem de mais alguma coisa. No dia seguinte, ele visitou mãe e filha e se esforçou para dar um fim às hostilidades, porém Mary tinha muitas coisas que dependiam do seu relacionamento para deixá-lo acabar tranquilamente. Ela achava que, se não pudesse ter o amor de Gilbert, ao menos deveria conseguir que ele admitisse ser um canalha. Então, ela seria a única ocupante da posição de superioridade moral e ética no conflito.

Contudo, Gilbert se recusou a reconhecer qualquer erro e retaliou, ficando fora durante toda a semana subsequente ou quase. Para Mary, era muito mais difícil suportar esse tipo de silêncio do que discussões e cartas furiosas. Ela sentia que a depressão da primavera anterior se instalava. Agora, isolada com a filhinha, na situação vergonhosa de ser uma mãe não casada, sua filosofia em frangalhos, ela tentava reunir as próprias forças. Começou a tirar seus pertences das caixas, dando instruções aos novos criados e organizando sua casa, e passou a se concentrar em reconquistar sua independência financeira. Ela sabia que precisava voltar a escrever, mas mal conseguia dar conta de sua lista de tarefas domésticas. Sentia-se analisada e julgada pela cozinheira, pela criada da cozinha e pela criada da casa que Gilbert havia contratado. Mary e Marguerite estavam acostumadas a gerir tudo sozinhas, mas agora estavam vivendo em um ambiente sem nenhuma privacidade. Ela era invariavelmente afável com os novos empregados, mas sabia que eles especulavam acerca da situação doméstica da senhora. Por que o sr. Imlay não vivia com a esposa? A cozinheira se calava de repente sempre que Mary entrava na cozinha. As criadas murmuravam às suas costas. Era evidente que estavam falando dela.

Por fim, após alguns dias nessa situação, Mary fez uma coisa da qual não se orgulhou; ela desceu até a cozinha e, como disse mais tarde, "forçou" uma "confissão" da cozinheira. Isso exigiu um pouco de insistência, pois a pobre não queria perder o emprego e era Gilbert quem pagava seu salário. Entretanto, Mary persuadiu-a com lisonjas, exortou, argumentou e garantiu que ela não seria prejudicada, até que, por fim, a cozinheira cedeu e contou que Gilbert estava vivendo com outra mulher, uma bela e jovem atriz. Isso era tudo que Mary sempre havia temido. Gilbert lhe dissera diversas vezes que precisava de liberdade no tocante a mulheres. No entanto, essa foi a primeira vez que ela teve provas de sua infidelidade. Ela conseguiu arrancar da assustada cozinheira o nome e o endereço da mulher e saiu desabalada pela porta a fim de confrontar Gilbert.

Ao chegar lá, Gilbert deixou-a entrar antes que ela tivesse oportunidade de dar um espetáculo público. Uma vez dentro da casa, Mary não repreendeu Gilbert por seu novo caso amoroso. Em vez disso, anunciou que tivera algumas ideias sobre o que deveria acontecer: Gilbert deveria viver com ela, mantendo a amante em uma residência separada. Ou, se isso não desse certo, eles deveriam viver todos juntos. Ela esperava que tais propostas provassem a Gilbert (e a si mesma) o quão independente e honrada ela era — a traição dele lhe doía em todos os aspectos, mas ela permaneceria fiel às suas crenças em relação ao amor e aos relacionamentos. Ela poderia viver sem tê-lo como amante, mas queria que Fanny tivesse um pai e desejava a amizade de Gilbert. Ao contrário dele, ela estava disposta a fazer sacrifícios. Sentia-se profundamente decepcionada por Gilbert ser tão falho, mas tinha esperanças de que seu altruísmo e sua retidão o inspirassem a amá-la outra vez, ou no mínimo fariam com que ele se lembrasse da versão mais perfeita dele mesmo. Ela implorou que ele dissesse se isso seria possível.

Gilbert estava acostumado com Mary e suas ideias, mas o que sua jovem amante deve ter pensado? Com os cabelos desgrenhados, lágrimas rolando pelo rosto e declarações fervorosas, Mary deve ter parecido uma louca. Ela falava depressa, com veemência, tentando persuadir Gilbert a incluí-la em seus planos. A lealdade ao seu novo amor não significava que ele tivesse de abandonar Mary e a filha. Por que ela teria de viver sozinha apenas em virtude da inconstância de Gilbert e de regras sociais? Por que a filha deveria ser privada de um pai pelo fato de Gilbert ter se apaixonado por outra pessoa? Fanny deveria crescer em um lar com pai e mãe, mesmo que esse lar tivesse de incluir a amante do pai. Mary e Gilbert poderiam ser companheiros, companheiros afetuosos, e ele poderia dormir com sua nova jovem amante. Aqui, ela voltou a atenção para a rival. Ela pensara no que poderia acontecer caso Gilbert também a abandonasse? Era óbvio que ele precisava de mudanças constantes. Em breve, ele haveria de querer outra pessoa. Ela tinha formação ou uma profissão que ajudassem em seu sustento além da prostituição?

De início, Gilbert ouvia e considerava, mas a amante, que, na realidade, era muito mais convencional que Gilbert e Mary, não haveria de tolerar aquilo. Ela se recusava a viver perto daquela desequilibrada, declarou, e, se Gilbert não a mandasse embora imediatamente, ela o faria. Antes que tivessem tempo de colocá-la para fora, Mary saiu depressa da casa, humilhada e arrasada, o rosto em brasa, a cabeça latejando. Já em seu quarto, ela andava de cá para lá "em um estado caótico".

Embora tentasse se convencer a continuar vivendo para cuidar de Fanny, Mary já não conseguia vencer os impulsos suicidas. A vida era dolorosa demais, e Fanny precisava de uma mãe melhor, uma família de verdade. Era chegada a hora de parar de lutar. Com essa decisão, de repente ela se sentiu "serena" (exatamente como antes). Ela jamais teria de lutar outra vez. Suas humilhações haviam acabado.

Filósofa que era, ao longo dos últimos anos Mary chegara ao que ela considerava fundamentos éticos válidos para o suicídio, e ela usara tais fundamentos para justificar sua tentativa de suicídio na primavera anterior. Escolher a morte se tornara uma maneira de demonstrar sua integridade e retomar certo poder diante de sua impotência. A Revolução fez com que ela passasse a ver o suicídio como uma forma honrada, corajosa e altamente moral de protesto. Embora a maioria das pessoas valentes que ela conhecera não tivesse cometido suicídio de livre vontade, mas, antes, havia sido levada à força para a guilhotina, Mary ainda considerava a morte delas como algo nobre — elas não haviam abjurado suas crenças; em vez disso, sofreram o tipo de morte que ela gostaria de imitar. Agora, tendo sobrevivido a sua primeira tentativa apenas para sofrer ainda mais, ela passara a ver a morte não só como um caminho para a paz, mas também como um esforço final de conquistar sua independência. Ela estaria enfim livre de todas as restrições que enfrentava enquanto mulher. Finalmente poderia expressar a pureza de seus ideais, bem como sua condenação da traição de Gilbert. Sua resolução se fortaleceu com uma compreensão que lhe ocorrera ao ver uma cachoeira na Noruega:

> A fúria impetuosa da torrente que retornava após bater nas cavidades escuras que zombavam dos olhares curiosos produziu igual atividade em minha mente: meus pensamentos dardejaram da terra ao céu, e perguntei-me por que eu estava acorrentada à vida e a sua miséria. Ainda assim, as emoções tumultuosas que aquele sublime objeto despertou eram agradáveis e, observando-o, minha alma elevou-se, com dignidade renovada, acima de seus cuidados — tentando agarrar a imortalidade. [...] Estendi a mão para a eternidade, saltando por sobre a escura partícula de vida que ainda resta.

O suicídio se tornara mais que uma fuga do sofrimento: era um salto para a vida eterna. Sentindo-se firme em suas convicções e agarrando-se a sua visão de imortalidade, ela passou a noite organizando seus pertences e papéis. Na manhã seguinte, 10 de outubro, ela escreveu uma última carta para Gilbert, dando-lhe instruções. Fanny deveria ser enviada de volta à França para ser criada por seus amigos alemães, e Marguerite deveria ficar com as roupas de Mary. Gilbert não devia punir a cozinheira por revelar onde ele estava; Mary obrigara a pobre mulher a lhe dizer a verdade. Depois desses detalhes, Mary deu vazão aos sentimentos. "Eu desejaria enfrentar mil mortes em lugar de uma noite como a última. [...] Mergulharei no Tâmisa, onde é mínima a chance de que eu seja arrebatada da morte que procuro." Na morte, ela encontraria paz, disse, pois se havia portado com virtude. Ele, por outro lado, sofreria de um remorso torturante pelo modo como a tratara. Seu fantasma haveria de assombrá-lo, lembrando-lhe do quanto ele havia se corrompido: "Em meio aos negócios e ao prazer sensual, hei de aparecer a sua frente, a vítima de seu desvio do caminho reto". Ele seria o eterno criminoso. Ela seria a vítima. Ele escolhera dinheiro e atividades mundanas em vez de sentimento e imaginação. Permitira-se ser dominado por preocupações egoístas, enquanto ela havia sido criada demasiadamente delicada e sensível para um mundo regido pelo "interesse próprio".

Vestindo suas melhores roupas, Mary deu um beijo de despedida em Fanny e deixou-a com Marguerite. Ela caminhou até a Strand Street na chuva que mal começara a cair e contratou um homem para levá-la de barco até Putney, ao oeste, perto do local onde vivera com Fanny Blood. Conforme subiam o rio, o tempo piorava; o céu ficou mais escuro, e, quando chegaram a seu destino, a chuva caía forte e a doca estava deserta. Mary pagou seis xelins ao barqueiro e desembarcou, agradecendo-o, como contou o homem posteriormente. Durante a meia hora seguinte, ela andou de cá para lá às margens do rio, demorando-se, talvez, mas também esperando que o barco desaparecesse de vista. A essa altura, a chuva aumentara ainda mais e Mary estava encharcada, mas logo estaria no rio e suas saias molhadas ajudariam-na a afundar.

Ela subiu a encosta até a ponte Putney, depositou sua moeda de meio centavo na caixa de pedágio e atravessou, entrando na ponte. Seus cabelos gotejavam na nuca. Estava frio. Mas logo ela encontraria conforto; precisava ter paciência, exatamente como a mãe tivera no leito de morte. No meio da ponte, ela subiu na amurada e, sem se deter, mergulhou daquela altura vertiginosa. Ao afundar na água, o rio a fez rodopiar, e Mary se esforçou para parar de respirar. Ela não se dera conta de como seria difícil se afogar: imaginara-se deslizando para o abraço da morte. Mas, na realidade, foi necessário muito esforço. Ela teve de forçar a cabeça debaixo d'água repetidas vezes, e a "agonia" do impulso de respirar pegava-a de surpresa. Por fim, ela perdeu a consciência, flutuando rio abaixo. Suas batalhas haviam chegado ao fim.

Ou foi isso o que ela pensou.

A Royal Humane Society havia criado recentemente uma política de pagar recompensas a quem salvasse suicidas. Embora Mary pensasse que o rio estivesse deserto, dois pescadores precavidos estavam à espera de um desses incidentes lucrativos. Eles seguiram depressa o corpo que flutuava, alcançando-a quase duzentos metros rio abaixo e, em poucos minutos, colocaram-na a bordo e a reanimaram, deixando-a na taberna mais próxima, a Duke's Head, onde provavelmente receberam sua recompensa. A esposa do taberneiro ajudou Mary a despir o vestido molhado e envolveu-a em cobertores quentes. Enregelada e estupefata, Mary foi deixada em um quarto dos fundos, tremendo. Para além da porta, a vida seguia. Ela podia ouvir o tilintar de canecas, gritos roucos e explosões de gargalhadas. Um médico foi chamado e declarou-a em perfeita saúde: os pulmões estavam limpos e o coração batia em ritmo regular.

Mary não expressou nenhuma gratidão por seus salvadores, nem pelo médico. Ela se sentia "desumanamente trazida de volta à vida e à tristeza". Ao vencer a batalha contra a dor física do afogamento, ela havia experimentado um breve, porém glorioso, alívio, sentindo enfim um nada, e agora os vivos se apinhavam à sua volta, atirando-lhe perguntas: quem era ela? Por que fizera aquilo? Quem deveriam contatar para levá-la de volta a sua casa? Essa era sua segunda tentativa de suicídio, disse ela com toda a dignidade que ainda conseguia reunir. E ela fizera aquilo por causa do péssimo tratamento de seu marido.

Ela sabia que, àquela altura, Gilbert já teria recebido seu bilhete de suicídio e logo sairia à sua procura. Como era de esperar, poucas horas depois, uma carruagem chegou à taberna, mas, em vez de Gilbert, quem entrou às pressas foi sua velha amiga Rebecca Christie, esposa de Thomas Christie, que, juntamente com Johnson, havia contratado Mary para colaborar com a *Analytical Review*. Mary passara muitas horas com os Christie enquanto estes estavam em Paris e ajudara Rebecca a se manter firme durante o público e tempestuoso caso de Thomas com uma francesa. Thomas acabara reatando com Rebecca e, juntos, os Christie haviam retornado recentemente para Londres. Recém-saída da experiência da infidelidade do marido, Rebecca se mostrou bastante solidária e levou Mary para a casa dos Christie, mandando buscar também Marguerite e Fanny.

Na casa confortável de Thomas e Rebecca, Mary se recuperou o suficiente para atacar Gilbert. Ele não foi vê-la, mas lhe escreveu no dia seguinte, perguntando-se "como nos desvencilharemos do tormento em que fomos mergulhados". Mary escreveu uma resposta furiosa: "Você já se desvencilhou há muito tempo". Quando ele ofereceu dinheiro, ela lhe disse que ele estava tão somente tentando proteger a própria reputação. E quando foi vê-la, poucos dias depois, ela declarou que a visita fora apenas uma maneira de manter as aparências, e não uma tentativa de "apaziguar minha mente perturbada". Aos poucos, Mary começava a aceitar que o homem que ela pensava amar era, na realidade, uma criação sua, "um ser imaginário". O verdadeiro Imlay era muito mais fraco: quando estava apaixonado por ela, o idealismo de Mary o inspirara a mudar; porém, sem ela, ele havia regredido às suas medíocres inclinações naturais.

E, não obstante, Imlay curiosamente não rompia o vínculo. Talvez ele ainda tivesse afeição por Mary. Talvez quisesse atender aos ideais da escritora e provar suas credenciais enquanto livre-pensador. Talvez procurasse apenas evitar outros episódios dramáticos. Ou pode ser que quisesse apenas economizar dinheiro: uma residência era mais barata que duas. De qualquer forma, após algumas semanas de recuperação, quando Mary expressou novamente sua ideia de que eles deveriam viver todos juntos — Imlay, a amante, Fanny, Marguerite e Mary —, Gilbert concordou. Afinal, haveria algumas

UMA VISTA DA PONTE PUTNEY, UM LUGAR
COMUM PARA SUICÍDIOS.

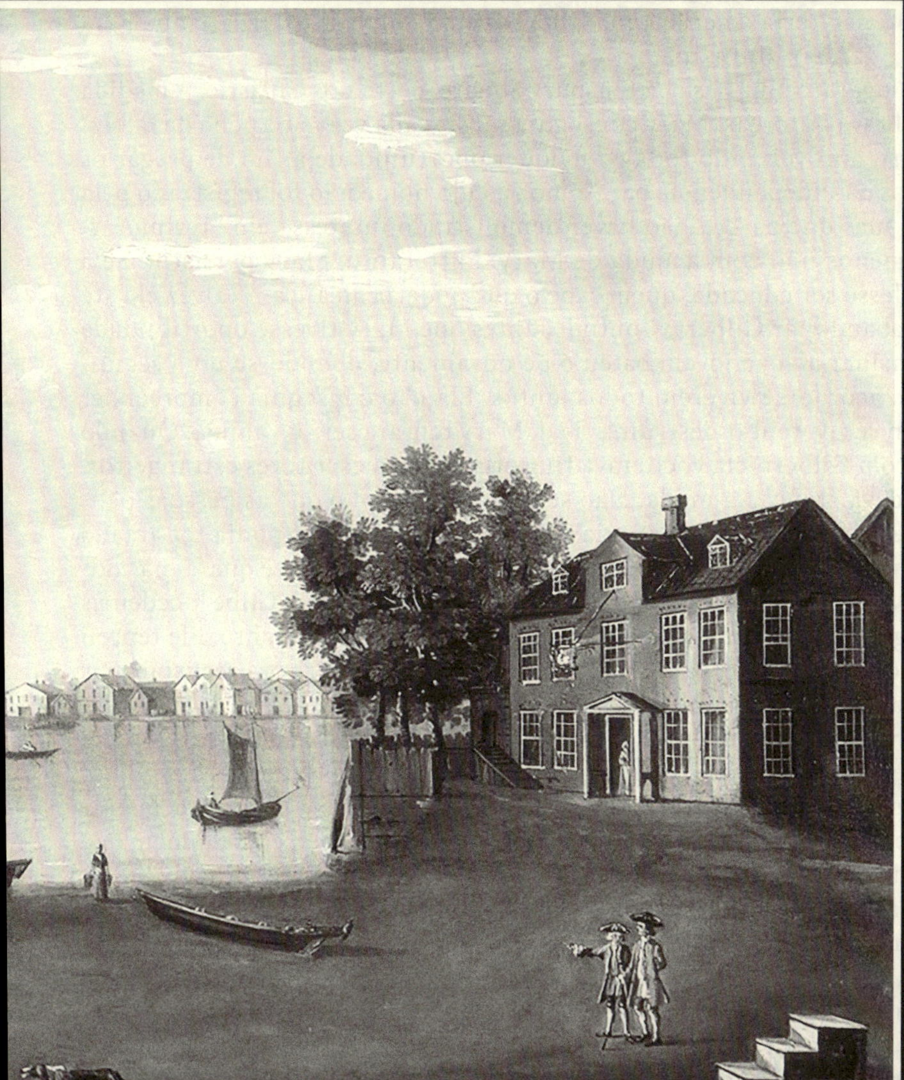

vantagens nessa solução: Fanny teria um pai. Gilbert aprenderia a viver em família, o que seria bom para ele — Mary lhe dissera isso, e ele concordava —, e Mary não teria de criar uma filha sozinha, o que lhe daria tempo para escrever e ganhar dinheiro.

Eles alugaram uma casa na Finsbury Square, perto dos Christie. À medida que recobrava as forças, Mary conseguia sentir cada vez mais pena da "atriz" de Gilbert, aproveitando toda e qualquer oportunidade a fim de pregar os benefícios da independência para a moça, cujo nome não foi registrado pela história, mas que parece não haver demonstrado interesse em "aprimorar-se", ao menos não com a ajuda de Mary. Entretanto, Mary persistiu. Se a atriz pudesse ser educada, quem sabe o que poderia alcançar? Talvez ela até viesse a abandonar Gilbert. Contudo, antes que Mary tivesse oportunidade de lhe ensinar algo, a jovem bateu o pé novamente, opondo-se uma segunda vez ao acordo de viverem todos juntos. Ela não conseguia compreender Mary. Em vez de tentar destruir a rival, Mary tentara ser sua amiga. Quando brigava com Gilbert, ela vociferava filosofia e citava escritores estrangeiros. Ela não dava atenção à moda. Não se importava com o que as pessoas pensavam dela. A atriz não conseguia entender como Gilbert podia ter amado aquela estranha mulher. A jovem chorou e importunou-o até que — nas dores da "paixão", como escreveu Mary em tom de desdém — Gilbert cedeu às suas exigências, levando-a para Paris quase no fim de novembro. Ele tentou mandar dinheiro para Mary naquele inverno, mas a escritora recusou suas ofertas, apesar da insistência dos amigos.

Algo havia finalmente mudado para Mary. Talvez fosse o fato de que, com um ano e meio, Fanny já conseguisse dizer umas poucas palavras e estender os braços para a mãe, dando a Mary um enorme incentivo para se recuperar de sua desilusão. Talvez ela tivesse percebido que Imlay não era o homem que ela imaginara. Ou talvez as reflexões sobre si mesma na Escandinávia lhe tivessem ensinado mais do que ela se dava conta. Mary exigiu que Imlay devolvesse suas cartas e tentou usá-las para escrever um romance sobre a história dos dois, mas o material ainda causava muito sofrimento, de modo que ela começou a desenvolver outra ideia. A escritora não transformaria sua experiência em ficção. Em vez disso, ela editaria suas cartas da Escandinávia e transformaria sua decepção amorosa em um livro que faria uma análise honesta de sua luta com o desalento. Seria um registro de viagens e reflexões, uma observação e uma autoanálise. Quando enfim se sentou para escrever, ela percebeu que o projeto estivera no fundo de sua mente o tempo inteiro.

Escrever sobre viagens era tradicionalmente um gênero literário masculino, porém Mary já havia feito a crítica de mais de vinte livros de viagens para Johnson antes de seguir para Paris e estava confiante de que conseguiria escrever um relato de sua experiência que fosse proveitoso e fascinante para seus leitores. À medida que o inverno se aproximava, ela relia suas anotações e cartas, redescobrindo sua força e versatilidade. Sim, Imlay a magoara muito, mas ela fora salva, trazida de volta à vida; ela não sabia por que motivo, mas talvez existisse um, e ela o descobriria se voltasse a escrever.

Mary foi morar perto de Rebecca, no número 16 da Finsbury Place, uma área tranquila próxima à famosa livraria Temple of the Muses (de propriedade da Lackington's, a editora que viria a publicar a obra de sua filha, *Frankenstein*), não muito distante da St. Paul's Churchyard e da casa de Johnson, e ali ela passava os dias cortando e reorganizando suas cartas, excluindo trechos que expressavam autopiedade, fúria, redundância e duras críticas e modificando a perspectiva de partes da história. Mary omitiu queixas que a faziam parecer histérica ou irracional. Originalmente, ela escrevera que se sentia "desnorteada" quando chegou a Gotemburgo, mas alterou isso, de modo que sua chegada agora era "tranquila", passando a descrever como "fitava enlevada tudo a sua volta". Ela abandonou sua posição de "mulher abandonada" e se apresentou como uma "observadora" — uma mulher no controle de sua situação. Para tanto, acrescentou descrições das paisagens e dos hábitos das pessoas, bem como reflexões pessoais que alcançara a duras penas, em geral escrevendo-as em um tom divertido. Desapareceram os desabafos exagerados e os desatinos emocionais escritos durante as crises e, em seu lugar, surgiram relatos artísticos, cuidadosamente esculpidos.

Entre esses relatos, um dos mais tocantes retrata um agricultor e seus filhos voltando para casa depois de um dia no campo. A princípio, Mary idealiza aquela vida rural, dizendo que desejaria ser a esposa do agricultor, mas, em seguida, ri de si mesma, fazendo o leitor recordar o que é realmente ser a esposa de um agricultor: "Meus olhos seguiram-nos até a casa, e um suspiro involuntário sussurrou ao meu coração que eu invejava a mãe que lhes preparava o caldo, por mais que eu deteste cozinhar". Quanto a cidades pequenas, ela observa que, como ninguém se importa com literatura, arte ou política, "um bom jantar parece ser o único centro em torno do qual se reunir". Ela deu continuidade a sua contenda com Imlay, mas de forma velada. Em vez de atacá-lo pessoalmente, ela criticava a atividade comercial e os interesses comerciais, o mercantilismo e a busca pela riqueza.

A cada parágrafo, ela sentia sua energia voltando. Escrever estava dando a Mary um novo ponto de apoio na vida, como sempre acontecera. Ela começou a sair à noite com Rebecca Christie, sua companheira de confiança, porém, mais importante que isso, ela acordava de manhã cheia de expectativas em relação ao dia de trabalho que estava pela frente. Por vezes, ela chegava a se surpreender, imaginando o que o futuro lhe estaria reservando.

Em dezembro, ela já havia concluído o livro. Joseph Johnson publicou *Letters Written During a Short Residence in Sweden, Norway, and Denmark*, de Mary Wollstonecraft, em janeiro de 1796.

Os leitores foram imediatamente cativados pelo estilo mais pessoal que Mary adotara e o livro vendeu depressa, rendendo mais dinheiro do que qualquer uma das obras anteriores da escritora, e foi traduzido para o alemão, o holandês, o sueco e o português. Embora alguns críticos se queixassem da mistura pouco ortodoxa que o livro fazia de sentimento, filosofia, revelações pessoais e política, a inclusão das reflexões e dos sentimentos de Mary permitiu que os leitores se sentissem ligados a ela ao mesmo tempo em que aprendiam sobre lugares que provavelmente nunca visitariam. Mary parecia sensata, cordial e ao alcance das mãos, tão próxima que um leitor — seu futuro marido — diria: "Se já existiu um livro que intentava fazer com que um homem se apaixonasse por sua autora, parece-me que este é o livro". Todavia, *Letters* era mais do que um autorretrato encantador, mais do que a chama que atrairia Godwin. O livro é uma jornada psicológica, uma das primeiras análises explícitas da vida interior de um autor, que segue a trajetória de Mary do desespero à autoaceitação, do desalento a uma tranquilidade adquirida a duras penas. Como tal, *Letters from Sweden* é um livro reflexivo e inovador, um anúncio emocional, porém filosófico, dos objetivos artísticos da escritora, o início de uma revolução artística. Como afirma um crítico moderno, o "feminismo revolucionário" de Mary lhe permitiu transformar o gênero literário dos relatos de viagens.

De fato, a vanguarda de sua geração via *Letters from Sweden* como a mais importante e bela de todas as obras de Mary, e o livro logo se tornaria referência para muitos dos poemas daquele grupo. A descrição meticulosa da dor psicológica em *Dejection: An Ode*, de Coleridge, ecoaria o registro que Mary faz de seu sofrimento: "Um pesar sem dor, vazio, escuro e monótono,/ Um pesar sufocado, letárgico, apático,/ Que não encontra vazão natural, nem alívio,/ Na palavra, no suspiro ou na lágrima".[1] Muitos dos versos de "Kubla Khan" foram diretamente inspirados por *Letters from Sweden*: "Um lugar selvagem! Tão sagrado e mágico/ Como sempre, sob uma lua minguante era assombrado/ Por um lamento de mulher por seu demônio-amante"[2], e também passagens de "A Balada do Velho Marinheiro" e "Frost at Midnight" [Geada à meia-noite]. As ideias de Wordsworth acerca da Natureza e da imaginação em *The Prelude* [O prelúdio] foram, em grande parte, usadas anteriormente por Wollstonecraft. "Ela fez com que eu me apaixonasse por um [...] luar

---

[1] "*A grief without a pang, void, dark, and drear,/ A stifled, drowsy, unimpassioned grief,/ Which finds no natural outlet, no relief,/ In word, or sigh, or tear.*"

[2] "*A savage place! As holy and enchanted/ As e'er beneath a waning moon was haunted/ By woman wailing for her demon-lover,*"

setentrional", disse o influente poeta Robert Southey — vinte anos mais tarde, Shelley extrairia seu raciocínio sobre a genialidade desse poeta de *Letters from Sweden*, que ele releu muitas vezes.

Mary elevara a exploração da vida interior ao integrar reflexões sobre si mesma e observações políticas e históricas. Embora Rousseau tivesse feito isso antes, Mary estava entre os primeiros escritores ingleses a declarar que a jornada psicológica era tão importante quanto a jornada exterior, o eu tão merecedor de investigação como uma terra estrangeira. *Letters from Sweden* era mais uma peregrinação interior que um diário de viagens, um relato da batalha da autora até alcançar a autoaceitação, sendo o primeiro livro do tipo. Mary não apenas celebrava a imaginação como oferecia um vislumbre de sua inspiração criativa:

> Com que regularidade meus sentimentos produzem ideias que me
> fazem lembrar a origem de muitas ficções poéticas. Na solidão,
> a imaginação corporifica suas concepções sem restrições, e se
> detém, enlevada, para adorar os seres de sua própria criação. Esses
> são instantes de júbilo, e a memória recorda-os com alegria.

Que a mente é capaz criar "seres" reais e que os "sentimentos" podem "produzir ideias"; que a inspiração vem do âmago do eu, não de fora, das emoções, e não da lógica; que o andarilho consegue enxergar verdades na Natureza que o habitante da cidade não percebe; que, em contemplação solitária, o artista combina emoção e pensamento, recordação e observação, para criar um novo universo, novas criaturas, uma nova visão da humanidade — essas são as principais convicções do Romantismo, e Mary enunciou-as seis anos antes do famoso prefácio[3] de Wordsworth para *Lyrical Ballads*,[4] tradicionalmente considerado o primeiro manifesto romântico da Inglaterra. Na realidade, é *Letters from Sweden* que "reivindica" a emoção, a subjetividade e a complexidade psicológica, o livro que mostrou aos românticos um novo mundo literário.

Todavia, apesar da importância das inovações promovidas por *Letters from Sweden*, apenas recentemente foi reconhecido o papel que o livro de

---

3   Nesse prefácio, Wordsworth reivindicou o uso de linguagem simples para que o homem revolucionário pudesse expressar com liberdade seus sentimentos e ideais. A visão romântica estava em oposição à linguagem artificial dos poemas, empregada para marcar um distanciamento entre o dia a dia do homem comum e o universo particular dos poetas. [NC]

4   Diz-se que o título da coletânea representa, por si só, um manifesto do Romantismo: *lyrical* se associa às poesias de alto valor artístico, e *ballads* corresponde a um gênero híbrido da literatura inglesa, de origem popular e, por isso, de pouco rigor. Wordsworth e Coleridge escreveram baladas líricas com temas da natureza, da beleza banal do cotidiano e da simplicidade do campo, sensibilidade e fantasia. [NC]

Mary desempenhou na história literária. À época, como qualquer obra não convencional, *Letters from Sweden* deu margem a duras críticas. Bernard de la Tocnaye, um francês que viajou para a Suécia, chamou o livro de "grotesco", "moderno demais" e uma "bobagem da moda". As revistas *The Monthly Magazine* e *The American Review* se mostraram chocadas com a insólita teologia de Mary, acusando-a de "rejeitar toda a fé no cristianismo". A escritora Anna Seward ridicularizou as mudanças que Wollstonecraft apresentou desde suas *Reivindicações* até *Letters from Sweden*. A *The Monthly Mirror* debochou da mistura de reflexões pessoais e observações políticas da autora, tachando suas ideias de confusas e contraditórias.

E, não obstante, *Letters from Sweden* exerceu um encanto duradouro. Cinquenta anos mais tarde, a obra inspiraria toda uma geração de viajantes britânicos. Entre os mais famosos estavam duas mulheres: Mary Kingsley, que viajou para a África e escreveu um livro que revelava os horrores promovidos pela política imperialista britânica, e Isabella Bird, que escreveu mais de quinze livros de sucesso sobre suas viagens para Havaí, Índia, Tibete, Japão, Singapura, Malásia, China e Austrália. E quando *Letters from Sweden* foi reeditado no fim do século, Robert Louis Stevenson, autor de *A Ilha do Tesouro* e grande amigo de Percy Florence Shelley, neto de Wollstonecraft, levou consigo um gasto exemplar em uma viagem para Samoa.

No entanto, talvez o aspecto mais significativo de todos tenha sido a influência que o volume exerceu sobre sua própria filha, Mary Shelley, que um dia organizaria seus próprios livros de viagem ao estilo de *Letters from Sweden*: *History of a Six Weeks' Tour* e *Rambles in Germany and Italy* [Passeios na Alemanha e na Itália], obras que iniciam e encerram sua carreira, sendo respectivamente a primeira e a última que ela publicou. Sem dúvida, ela jamais se esqueceu do elogio que a mãe fazia à imaginação, imortalizando Wollstonecraft em seu famoso prefácio à edição revisada de *Frankenstein*, de 1831. Antes de apresentar seu relato sobre o surgimento do romance, ela descreve suas próprias origens enquanto artista: "Foi debaixo das árvores [...] que minhas verdadeiras composições, os altos voos de minha imaginação, nasceram e foram alimentados. [...] Eu conseguia povoar as horas com criações". Poderia haver melhor maneira de reafirmar as ideias de Wollstonecraft? Mary havia encontrado uma forma de manter vivo o legado da mãe.

## CAPÍTULO 27
# MARY SHELLEY: "QUANDO CHEGA O INVERNO"
### [1819–1820]

"Ler — trabalhar — caminhar — ler — trabalhar." Tal é o registro das atividades de Mary Shelley nas semanas que precederam o nascimento do quarto filho. Embora ela raramente usasse seu diário para dar vazão a suas emoções, esses registros têm um estranho caráter de monotonia, como se ela não tivesse mais nada a dizer. Em suas cartas aos Hunt, ela escrevia que sentia como se não estivesse exatamente viva. Suspensa como estava entre a morte e a vida, entre a perda de um filho e o nascimento de outro, olhar adiante era tão perigoso quanto olhar para trás. Qualquer coisa era melhor que a esperança. Nada era pior que a lembrança.

À noite, Shelley lia em voz alta — *The History of the Rebellion and Civil Wars in England* [A história da rebelião e das guerras civis na Inglaterra], de Clarendon, e *A República*, de Platão. Ele havia escolhido esses autores porque, pouco antes de chegarem a Florença, os Shelley receberam notícias da Inglaterra que os deixaram chocados e instigaram Percy a escrever um de seus poemas mais políticos e furiosos: "The Mask of Anarchy" [A máscara da anarquia]. Embora tenha sido chamado, desde então, de "o maior poema de protesto político já escrito em inglês", "The Mask of Anarchy" continha tantas ideias radicais que os editores se recusaram a publicá-lo durante a vida de Shelley.

No dia 16 de agosto de 1819, em St. Peter's Field, na periferia de Manchester, tropas armadas do governo dispersaram uma multidão de 60 mil trabalhadores e trabalhadoras que realizavam uma assembleia pública para decidir como conseguir reformas pelos "meios mais legítimos e efetivos". Mais de cem mulheres e crianças ficaram gravemente feridas. Foram onze mortos, entre eles uma criança, que morreu pisoteada. Liberais de toda parte estavam indignados, e o trágico evento passou a ser conhecido quase imediatamente como Peterloo, um exemplo notório de brutalidade governamental.

Para Mary, isso alimentou ainda mais seu desalento. Para Shelley, todavia, foi algo que o reanimou — um sinal de que a revolução tinha de estar chegando à Grã-Bretanha, pois quem poderia tolerar uma tão patente opressão governamental? Por certo, o povo logo se mobilizaria em protesto. Ele passava seu tempo em Florença rondando a galeria Uffizi, em busca "daquela beleza ideal da qual temos um entendimento tão profundo e, não obstante, tão obscuro". Beleza e justiça, como a beleza e a verdade de Keats, se haviam fundido na mente de Shelley: a forma humana perfeita alcançada pelos escultores do renascimento e o governo perfeito idealizado por Platão, Rousseau ou Locke partilhavam da mesma origem — eles surgiam da imaginação humana. O trabalho do artista era invocar esses ideais, visualizá-los e materializá-los de modo a inspirar outras pessoas. Apenas dessa maneira a condição humana poderia melhorar. Para Shelley, uma grande obra de arte podia derrubar a tirania tão cabalmente quanto um exército. Na realidade, mais cabalmente, porque uma pintura ou um poema podiam mudar a mente e a alma das pessoas, algo que a força bruta jamais conseguiria fazer.

Estimulado por uma justa indignação, Shelley começou a se preparar para a ação. Ele queria que "The Mask of Anarchy" fosse o primeiro passo de uma revolta contra a opressão. Ao poeta não importava que a vítima fosse uma pessoa (por exemplo, um artista injustiçado como ele mesmo) ou 60 mil trabalhadores e trabalhadoras, nem que o tirano fosse um crítico ou uma milícia treinada patrocinada pelo parlamento. Injustiça era injustiça. Despotismo era despotismo. Como os manifestantes em St. Peter's Field, também ele fora tratado com brutalidade, mais recentemente na crítica da *Quarterly*, e era sua obrigação fazer algo a respeito. "A esperança é um dever", escreveu ele para Maria Gisborne, embora julgasse a esperança algo difícil de definir naquele momento. Ele tentou preparar uma resposta para a *Quarterly* que falasse pelas vítimas de Peterloo e por si mesmo, mas a tarefa se tornou demasiado pesada e, após umas poucas tentativas frustradas, ele se sentiu tão pior que desistiu, almoçou e saiu para uma caminhada ao longo do rio. Era um daqueles dias com iminência de tempestade — a condição climática predileta de Shelley; as nuvens passavam ligeiras pelo céu e o vento chocalhava os plátanos, ao mesmo tempo "tempestuoso" e "revigorante", dizia Shelley, anotando seus pensamentos no caderno que sempre levava consigo.

A raiva que sentia pela *Quarterly* desapareceu e ele permaneceu ao ar livre, vagueando ao longo do rio Arno, até que a chuva começou a cair com violência. Então, ele correu de volta para casa e colocou no papel o consolo que sua caminhada lhe havia trazido, como o vento, cheio de força, afugentara seus fantasmas, como tudo que era terrível e cruel — a morte de William, sua rejeição pelo mundo literário, o sofrimento e as censuras da esposa, o próprio envelhecimento, as dívidas, Peterloo, os dois suicídios, o ódio do pai — tinha, de algum modo, perdido seu poder. Sem se dar conta de que estes versos estariam entre os mais famosos que escreveria, o poeta começou confiante:

> Ó indócil vento Oeste, tu que és o hálito do Outono,
> Tu, de cuja presença invisível as folhas mortas
> São levadas, como fantasmas fugindo de um mago.[1]

Ele escreveu rapidamente mais três estrofes naquela noite e trabalhou no poema pelos cinco dias subsequentes, escrevendo os últimos versos em outro caderno. De início, pensou que o poema deveria terminar com a declaração "Quando chega o inverno, a primavera vem não muito atrás!".[2] Mas decidiu transformá-la em uma pergunta, tornando o poema mais taciturno e expressando suas próprias incertezas com mais precisão: "Se o inverno chega, pode a primavera estar muito longe?".[3]

Mary não conseguia responder com nenhum tipo de incentivo. Nem ao menos se sabe ao certo quando ela leu esse poema pela primeira vez. Anos mais tarde, depois da morte de Shelley, ela teria de reconstruir "Western Wind", dividido como estava em dois cadernos. Para complicar ainda mais as coisas, Shelley havia começado a escrever, a tinta, uma história em italiano por cima do manuscrito a lápis das três primeiras estrofes. Por fim, reunir os trechos de "Western Wind", bem como de outros poemas de Shelley, levaria Mary às raias de um colapso nervoso. Ela se repreenderia: se ao menos tivesse sido mais compassiva, se tivesse tentado ajudar Shelley, ouvindo seus conflitos. À época, ela estava demasiado consumida pela dor. Era a escrita que lhe proporcionava alívio, não o marido.

Dia a dia, Mary trabalhava nas últimas páginas de *Matilda*, embora o bebê pudesse nascer a qualquer momento. Ela enfatizou os perigos a que Matilda se expôs por não ter mãe, um modo de expressar sua própria perda, a morte de Wollstonecraft, mas também um de seus temas políticos e literários preferidos — a censura de um mundo sem mães, um mundo em que as mulheres eram impedidas de ocupar papéis de liderança na família ou fora dela. Em *Frankenstein*, sem o amor materno, a criatura recorre à violência, e a ambição de Frankenstein pode se desenvolver sem restrições. Em *Matilda*, a morte da mãe expõe Matilda ao comportamento predatório do pai. Na realidade, é a morte da mãe que desperta a luxúria do pai, uma vez que, para Mary, todos

---

1 "O wild West wind, thou breath of Autumn's being,/ Thou from whose unseen presence the leaves dead/ Are driven, like ghosts from an enchanter fleeing." (Tradução nossa.) [NT]
2 "When Winter comes, Spring lags not far behind!"
3 "If winter comes, can spring be far behind?"

os problemas tiveram início com o apagamento da influência materna. Para ela, a moral era clara: o poder patriarcal descontrolado era perigoso para todos, inclusive para os homens. As mulheres precisavam ser investidas de poder a fim de refrear os apetites dos homens e, mais importante, oferecer outro modo de ser, uma existência baseada antes no amor, na educação e na cooperação do que na agressividade e na ambição.

Mary enviou *Matilda* para o pai tão logo o terminou a fim de que ele encontrasse um editor, porém o romance só foi publicado quase um século e meio depois, em 1959. Ironicamente, a responsabilidade por esse atraso foi do próprio Godwin. Considerando o manuscrito "repugnante", ele se recusou a enviá-lo a qualquer editor e não quis devolver a cópia para Mary. Embora alguns biógrafos tenham presumido que isso se deu por causa da temática do incesto, é provável que Godwin estivesse tentando manter a família longe de mais um escândalo. Mary não contestou o julgamento do pai; ela não queria outro rompimento com ele, mas o fato foi uma perda significativa para a carreira da escritora. O romance *Matilda* bem poderia ter alcançado grande popularidade, adequado que era ao gosto da época pelo drama gótico.

• • •

No dia 12 de novembro, depois de apenas duas horas em trabalho de parto, Mary deu à luz Percy Florence, que recebeu o nome em homenagem à cidade onde nasceu. Cuidar do bebê ajudou Mary a se animar. Shelley dizia que ela parecia "um pouco consolada" e, no dia seguinte ao nascimento de Percy, ela já se havia recuperado o suficiente para escrever à sra. Gisborne:

> [Ele] tem um nariz que promete ser tão grande quanto o do avô. [...] Ele tem boa saúde, é bastante ativo e até esperto para a idade — embora, como um cãozinho, imagino que sua maior perfeição esteja no nariz, e que ele reconheça meu cheiro quando fica tranquilo no instante em que o pego.

Em uma carta curta e mais melancólica, ela disse a Marianne Hunt:

> [O pequeno Percy] é o meu único e, embora seja tão saudável e promissor que não posso, em absoluto, temer sua perda, é um pensamento amargo que se deva apostar tudo em um; no entanto, é tão mais doce do que estar sem filhos, como estive por 5 odiosos meses — Não falemos daqueles cinco meses; quando penso em tudo que sofri [...] ainda estremeço de horror

> e, mesmo agora, uma sensação vertiginosa atrapalha toda e
> qualquer alegria quando penso — não escreverei sobre o quê.

Essa "sensação vertiginosa" permaneceria com Mary pelo restante de sua vida, algumas vezes vindo à tona, mas latente em outras. Ela aprendeu a ser grata pelos momentos em que essa sensação ficava em segundo plano, quase esquecida.

Nas semanas que se seguiram ao nascimento de Percy, os dias passaram a ficar mais frios e Mary começou a se preocupar com a saúde do bebê, pedindo que os Hunt enviassem flanelas para mantê-lo aquecido e queixando-se de que os italianos não faziam provisões para o inverno. Apesar de sua felicidade com o novo filho, Mary não se abrandou em relação a Shelley. Ela havia perdido o interesse em fazer amor após a morte de William, escrevendo para Marianne que "uma mulher não é um campo para ser continuamente usada na criação e crescimento de grãos". Shelley, que esperava que o novo bebê trouxesse Mary de volta para ele, ficou desapontado. Para marido e esposa, sua paixão representara um exemplo de uma verdadeira união entre um homem e uma mulher, bem como um consolo para os sacrifícios que haviam feito para ficar juntos. Todavia, após as perdas sofridas por Mary, ela, que sempre fora autossuficiente e serena na vida doméstica, evitava o toque de Shelley e se irritava, repreendia e discutia com facilidade. O poeta começou a sonhar em fazer, sozinho, uma longa viagem para a Inglaterra e reclamou para Maria: "Mary não sente remorso maior em torturar-me do que o sente em torturar a própria mente". Enquanto isso, Claire advertia Mary a não afastar o marido, refletindo: "Uma má esposa é como o Inverno em uma casa".

A metáfora de Claire foi tremendamente adequada, visto que o inverno de 1819-1820 fora o pior nos últimos setenta anos em Florença. A única maneira de se aquecer era segurar pequenos potes cheios de brasa. Shelley encontrara uma enorme capa de sarja com colarinho de pele que ele vestia antes de sair de casa, contudo Mary permanecia ali, na cama, com o bebê. Claire cantava para entretê-la, e sua voz havia melhorado muito com as muitas aulas que fizera. Quando estava em casa, Shelley lia para Mary, mas esses momentos tranquilos se tornaram cada vez menos frequentes. Sophia Stacey, uma bela e jovem prima de Shelley, havia chegado à cidade naquele mês de dezembro, ávida por conhecer o parente excluído, muito embora ele fosse condenado pelo restante da família.

Para Sophia, a libertinagem de Shelley era parte de seu encanto. Teimosa e acostumada a ter as coisas a sua maneira, Sophia contrariou os desejos de sua idosa acompanhante de viagem ao bater na porta de Shelley. Em pouco tempo, ele já havia conquistado a simpatia da protetora de Sophia, a qual permitia que ele escapasse em passeios com a jovem prima, e Shelley se divertia muito mostrando as atrações da cidade para ela. Sophia não suspirava nem chorava como Mary. Tampouco reclamava do frio. Juntos, eles iam a festas e visitavam as galerias. No fim de sua estadia, Sophia estava um pouco apaixonada pelo primo mais velho. Em seu diário, ela registrara meticulosamente como ele a segurara nos braços quando a tirou de uma carruagem, e como ele havia descido ao andar de baixo para aplicar algodão no fundo de sua boca quando ela teve uma dor de dente.

Nevou durante a maior parte do mês de janeiro. Finalmente, no fim do mês, houve um degelo, e Shelley aproveitou a oportunidade para se mudar com a família para Pisa, onde o clima era mais ameno. Após dizer adeus a uma pesarosa Sophia, que ficou desconsolada ao se despedir de Shelley, eles embarcaram em um navio no início da manhã do dia 26 de janeiro e chegaram já no fim da tarde, seguindo imediatamente para a estalagem mais próxima, o Albergo delle Tre Donzelle, no lado norte do Arno.

Pisa atraía Shelley por muitas razões. Era mais barata, visto que não fazia parte da rota turística italiana; e, como em Florença, o Arno cortava o centro da cidade, de modo que ele podia fazer caminhadas nas margens do rio e velejar de barco na primavera. Grandiosas residências e prédios públicos renascentistas ladeavam o rio, as fachadas desbotadas, mas a elegância intacta. O mármore estava lascado, as cantarias ruíam. Tudo parecia velho — as janelas com mainéis, as escuras igrejas medievais, os exóticos mosaicos bizantinos. Crescia grama nas ruas. Havia um ar de Ozymandias ali — a deterioração, os *palazzi* desertos, as residências de príncipes sem nome, mortos havia muito tempo — tudo que lhe agradava e, sabia ele, também algo interessante para a esposa.

Margaret King, aluna de Mary Wollstonecraft no período que esta passou na Irlanda, era outro motivo de interesse. Vivendo então sob o falso nome de sra. Mason, como a governanta idealizada por Wollstonecraft em *Original Stories*, ela tinha uma residência nos arredores de Pisa. Aos 48 anos de idade, Margaret era médica e se tornara exatamente o tipo de mulher que Wollstonecraft teria admirado. Forçada pela família a se casar com um rico conde (lorde Mountcashell), ela tivera oito filhos. Aos 29 anos, fugiu com um irlandês amável, George Tighe, que mostrou a independência de sua mentalidade ao se apaixonar por essa mulher formidável. Margaret tinha pouco mais de 1,8 metro de altura, enormes braços fortes e não apresentava nenhum interesse em ornamentos femininos. Ela usava vestidos surrados sem qualquer espartilho porque dizia que a peça prejudicava a digestão. Quando mais jovem, vestira-se de homem para poder frequentar a escola de medicina na Alemanha. Depois de se formar, ela e Tighe se mudaram para a Itália por causa do clima e da atmosfera moral menos rigorosa e criavam as duas filhas no interior da Itália.

Claire e Mary admiravam o radicalismo da sra. Mason. Ao longo dos anos, Margaret mantivera contato com Godwin e, após a morte de Wollstonecraft, fizera-lhe várias visitas, conhecendo a jovem Mary e acompanhando sua carreira com interesse. Godwin considerou um ato heroico a fuga de Margaret para longe do marido — mais uma razão que torna surpreendente sua reprovação da fuga das garotas para Paris.

A sra. Mason incentivou seus jovens amigos a residir na Lung'Arno, a avenida mais elegante da cidade. Apinhada de carruagens e pedestres, essa avenida era o coração de Pisa. Os esplêndidos palácios cintilavam na luz dourada e, mesmo que a cidade nunca atraísse as multidões que acorrem a Florença, ainda assim havia muitos turistas que caminhavam pela longa curva do rio, admirando as paisagens e saboreando bolos e chá nas cafeterias ao ar livre. Um visitante afirmou que era possível ouvir no mínimo vinte línguas na Lung'Arno. Os Shelley seguiram o conselho da sra. Mason, mudando-se algumas vezes naquele primeiro ano até que, por fim, fixaram-se no espaçoso último andar da Casa Frassi, onde a luz do sol no inverno incidia nas janelas e a vista estendia-se pelas terras cultiváveis. O apartamento dispunha de cômodos suficientes para que Shelley tivesse um gabinete todo seu e para que Claire e Mary tivessem espaços separados, o que era fundamental porque as irmãs já estavam novamente em atrito. Mary estava aborrecida com a retomada da camaradagem entre Shelley e Claire; Claire ficava irritada com o sarcasmo de Mary e seu constante humor melancólico.

Mary, que sempre fora a pessoa prática da família, sentiu-se aliviada com o baixo preço de alimentos e outros produtos essenciais em Pisa. Ela escreveu para Marianne Hunt dizendo que, pela primeira vez em sua vida com Shelley, estava "tranquila em relação às contas semanais e despesas diárias". Mary decorou a sala de estar com vasos de plantas e criou uma rotina que consistia em cuidar de Percy e, enquanto ele dormia, ler e escrever. No entanto, apesar dos períodos de contentamento, ela continuava a se irritar com facilidade. A escritora detestava os homens que andavam pelas ruas de "cabelos desgrenhados e sem camisa". Ela ridicularizava as mulheres de Pisa, que deixavam o vestido se arrastar pela sujeira e usavam chapéus cor-de-rosa e sapatos brancos.

Eles faziam visitas frequentes à residência da sra. Mason, a Casa Silva, que era cercada pelos pomares de cítricos que eles já estavam acostumados a encontrar na Itália, mas também por plantações surpreendentemente vastas, como se estivessem na Irlanda. Conhecido como Tatty em virtude de sua paixão pelo plantio de batatas, George Tighe era bastante versado na química

MARGARET KING, TAMBÉM CONHECIDA
COMO SRA. MASON, FOI ALUNA DE MARY
WOLLSTONECRAFT NA IRLANDA.

de componentes do solo e estava sempre atento às mais recentes descobertas agronômicas, adequando seus interesses ao contexto do radicalismo da esposa. Ele argumentava que, se os camponeses (em especial os irlandeses) pudessem plantar e colher de maneira mais efetiva e menos sujeita a perdas, eles dependeriam menos de aristocratas como o ex-marido de Margaret, o conde.

De batatas à independência! Shelley adorou a ideia e, inspirado pelo republicanismo agrário peculiar de Tatty, escreveu seu famoso grito de liberdade:

> Homens da Inglaterra, por que arar
> Para os lordes que vos subjugam?
> Por que tecer com labuta e cuidado
> Os ricos trajes que seus tiranos usam?
> A semente que plantais, outro colhe;
> A riqueza que encontrais, outro recolhe.[4]

Mary não participava dos novos entusiasmos de Shelley. Ela continuava a se dedicar ao bebê, ignorando o marido ou sendo ríspida com ele, até que Shelley chegou ao limite e começou a se queixar dela em cartas para os amigos, implorando que viessem visitá-los a fim de diminuir a tensão. O poeta ficou ainda mais desalentado quando os Gisborne, que haviam acabado de voltar de uma viagem para a Inglaterra, deram-lhe um novo volume dos poemas de Keats — *Lamia, Isabella, the Eve of St. Agnes, and Other Poems* [Lamia, Isabella, a véspera de Santa Inês e outros poemas]. Era evidente que Keats desfrutava um período produtivo, enquanto Shelley não estava trabalhando em nenhum poema importante na época nem tinha perspectiva de começar a trabalhar em um tão cedo. Ao contrário, ele se sentia exausto. No ano anterior, o poeta escrevera para Ollier, editor de Keats, declarando que, na sua visão, o "Endymion" de Keats estava repleto dos "mais elevados e delicados lampejos de poesia", mas tão longo e falho em estrutura que era impossível lê-lo todo de uma vez — "nenhuma pessoa teria condições de chegar ao fim". Agora, ao ler o novo livro de Keats, Shelley concluiu que o jovem poeta era exatamente a pessoa que ele precisava procurar. A presença de Keats o animaria a voltar a trabalhar e também colocaria um fim ao impasse entre Shelley e Mary. Seria como uma repetição do verão com Byron: haveria uma rica troca de ideias e o prazer do desenvolvimento de uma nova amizade; acima de tudo, todos escreveriam, o que também seria

---

[4] "Men of England, wherefore plough/ For the lords who lay ye low?/ Wherefore weave with toil and care/ The rich robes your tyrants wear?/ The seed ye sow, another reaps;/ The wealth ye find, another keeps." (Tradução nossa.) [NT]

bom para Mary. De qualquer forma, ele e Keats *haveriam* de se tornar ótimos amigos. "Hyperion", um poema inacabado, era o melhor trabalho do poeta, disse Shelley a Marianne Hunt, pois demonstrava que o jovem estava "destinado a transformar-se em um dos maiores escritores da época". Shelley sabia que Keats, sofrendo de tuberculose, tinha sido aconselhado a viajar para a Itália em benefício de sua saúde, e assim pediu a Marianne que lhe transmitisse o convite, pois não sabia como abordar o rapaz:

> Eu o aguardo ansiosamente na Itália, onde cuidarei de dispensar-lhe toda a atenção possível. Considero preciosíssima a vida do rapaz, e tenho enorme interesse em sua segurança. Pretendo ser para ele um médico do corpo e da alma, manter o primeiro aquecido e ensinar à segunda o grego e o espanhol. Estou, de fato, em parte ciente de estar alimentando um rival que será muito superior a mim, o que é mais um motivo que me proporcionará ainda mais alegria.

Shelley não podia imaginar que Keats ainda tivesse uma ideia ambivalente a seu respeito, o que veio à tona quando o poeta mais velho se arriscou a dar ao rapaz conselhos sobre publicações quando Hunt os apresentou. Keats ainda ressentia a ascendência aristocrática de Shelley e não teria recebido bem sua oferta de amizade e hospitalidade se ele tivesse tomado conhecimento dela. Por certo, ele teria notado uma condescendência de Shelley em relação às suas habilidades. Keats também achava Mary ameaçadora, considerando-a extremamente crítica e sarcástica em suas observações, além de precisa demais. Após uma visita aos Shelley, Keats escrevera para Hunt: "A sra. S. sempre corta pão e manteiga com máxima perfeição?". E acrescentou com sarcasmo: "Diga-lhe que arranje uma tesoura letal e corte o fio da vida de todos os futuros poetas decepcionados".

Porém, enquanto Shelley escrevia para Marianne a fim de perguntar sobre o paradeiro do jovem poeta, Keats estava confinado em um navio no porto de Nápoles, impossibilitado de desembarcar até que tivesse terminado o período de quarentena. Quando enfim conseguiu descer do navio, ele não entrou em contato com Shelley, e os dois poetas jamais se encontrariam outra vez.

Não obstante, Shelley ainda tinha esperanças de receber uma visita de Keats e aguardava notícias do rapaz, ficando cada vez mais deprimido com o contínuo silêncio. Sem uma nova companhia para animar seus dias ou um projeto em que trabalhar, Shelley fazia ainda mais caminhadas longas — por vezes sozinho, outras vezes com Claire, mas nunca com Mary. Entretanto, Claire trazia seus inconvenientes, insultando Byron para qualquer um que quisesse ouvir. O lorde a proibira de fazer contato direto com ele, usando Shelley como seu intermediário — uma situação intolerável na opinião de Shelley. No início de junho, por volta do aniversário da morte de William, a relação entre Claire e Mary degringolou a um estado de mútua exasperação. Como Claire escreveu em seu diário: "Ai de mim, a Clare e a Mai/ Todo dia encontrando motivo para se desentender". Em desespero, Shelley enviou um convite para um primo distante que fora seu amigo de infância, Thomas Medwin, na esperança de mudar o clima da casa. Medwin escreveu que iria, mas chegaria apenas em algumas semanas.

Naquele verão, chegaram notícias de Nápoles de que a pequena Elena morrera e que o antigo criado, Paolo, exigia um pagamento por seu papel na ocultação da identidade da menina. Mary insistiu que Shelley averiguasse as finanças da família. Ela não queria que Paolo os arruinasse; além disso, Godwin continuava a pedir ajuda financeira, embora Mary já tivesse dito inúmeras vezes que eles não tinham muito dinheiro extra. Demonstrando uma praticidade atípica, Shelley concordou e examinou suas contas, o que o deixou arrasado. "Meus negócios estão em um estado de extremo comprometimento", Shelley escreveu para Godwin, acrescentando que, se o sogro voltasse a pedir dinheiro, ele deixaria de mostrar as cartas do pai para Mary, pois elas "produziam um terrível efeito físico sobre ela; em dada ocasião, a agitação da mente provocou, através dela, um distúrbio no bebê [Percy], semelhante ao que levou nossa filhinha dois anos atrás".

Embora Shelley tenha enviado essa dura mensagem, é provável que tenha sido ideia de Mary. Ela estava amamentando Percy e sua produção de leite ficava instável quando se preocupava; no que dizia respeito ao bebê, os sentimentos de Godwin já não importavam. Mary se dedicava inteiramente à saúde de Percy, fazendo caminhadas pelo campo com determinação, em parte porque ouvira dizer que exercícios estimulavam a produção de leite, e também porque, obviamente, havia lido os livros da mãe, que pregavam as virtudes do vigor materno.

No fim do mês, Shelley se livrou das exigências de Paolo e fez o pagamento de um sinal, mudando-se logo depois com a família para uma pequena casa na cidadezinha balneária de Bagni di Pisa, a quase sete quilômetros de Pisa. Ali ele escreveu "The Witch of Atlas" [A bruxa do Atlas], um poema que decepcionou Mary. Essa foi a primeira vez que ela fez uma crítica ao trabalho do marido. Embora tivesse reconhecido sua beleza, ela achava que o poema não tinha enredo nem personagens realísticas, de modo que não atrairia leitores comuns, destituídos da capacidade de imaginação de Shelley. Mary desejava ardentemente que Shelley fizesse sucesso, não pela riqueza que poderia lhes proporcionar, mas por ele, pela aclamação que, ela acreditava, Shelley merecia. Todavia, Shelley ficou magoado com a falta de entusiasmo da esposa e lhe escreveu uma breve e cáustica dedicatória:

> *Para Mary (Diante de Sua Objeção ao Poema a Seguir,*
> *Por Ele Não Despertar Nenhum Interesse Humano):*
>
> *Ora, cara Mary, foste picada por um crítico*
> *(Pois víboras matam, ainda que mortas) por alguma crítica,*
> *Que condenas estes versos que escrevi,*
> *Porque eles não contam nenhuma história, falsa ou verdadeira?*[5]

Apesar desse desentendimento, a vida aos poucos ficou mais tranquila. Mary e Shelley davam mergulhos nos banhos públicos, exploravam os campos e desfrutavam as belezas do verão italiano. Claire se ausentou por alguns dias para ficar com os Mason, o que proporcionou às duas irmãs um agradável descanso uma da outra. A sra. Mason, que considerava Claire uma Wollstonecraft honorária, estava preocupada com os relatos que ela fazia das discussões com Mary e deu início a uma campanha para persuadir Claire a permanecer em Livorno durante o mês de setembro e daí mudar para Florença a fim de se preparar para um emprego adequado. Quando Claire protestou, a sra. Mason recorreu a sua habilidade médica, dizendo à jovem amiga que ela precisava ir para cuidar da própria saúde. Ela também temia que, se ficasse com os Shelley por muito mais tempo, Claire pudesse perder toda e qualquer possibilidade de encontrar uma posição como professora ou dama de companhia, para não mencionar um marido, dizendo a Claire que sua prolongada permanência com Mary e Shelley era prejudicial para a reputação da moça.

Shelley e Claire não queriam se separar, mas a sra. Mason raramente perdia uma batalha, de modo que Shelley, vencido pela ex-condessa, levou Claire para Florença naquele mês de setembro, e ali ela foi morar com amigos dos Mason. Aliviada com a partida de Claire, Mary se atirou ao trabalho, terminando suas pesquisas para o romance com que começara a sonhar em Nápoles, *Valperga*, e começando a escrever com determinação, enchendo suas páginas com detalhes que Shelley disse que ela havia "extraído de cinquenta livros antigos". E, de fato, para o leitor moderno, a veracidade histórica de *Valperga* é desconcertante. O texto está repleto de uma porção de expressões italianas; Mary apresenta em detalhes as peculiaridades da

---

5 "To Mary (On Her Objecting to the Following Poem, Upon the Score of Its Containing No Human Interest)// How, my dear Mary, — are you critic-bitten/ (For vipers kill, though dead) by some review,/ That you condemn these verses I have written,/ Because they tell no story, false or true." (Tradução nossa.) [NT]

política italiana do século XIII, fazendo com que o romance se desenrole em um ritmo um pouco lento para aqueles que não tinham tanto interesse no período quanto Mary.

O aspecto interessante do romance é a distorção subversiva que Mary faz na história. Ela baseou o enredo de *Valperga* na vida do príncipe Castruccio Castracani, uma figura histórica retratada como um herói por Nicolau Maquiavel em sua sucinta biografia do homem. Na versão de Mary, porém, o príncipe é uma força destrutiva. Sua sede de poder destrói a liberdade de seu povo e acaba por provocar a morte da mulher que ele ama, a condessa Euthanasia. Mary teve de inventar essa personagem desde o início, pois uma mulher como aquela não poderia ter existido no século XIII. Para Mary, nesse caso específico, a precisão histórica era menos importante que a criação de uma força contrária feminina para se contrapor a Castruccio. Divergindo drasticamente de Maquiavel, ela fez de Euthanasia uma defensora da paz e da liberdade, bem como a líder das forças que tentam parar o príncipe, mas falham.

Os nomes peculiares do herói e da heroína de Mary indicam os temas que ela queria enfatizar. O nome Castruccio Castracani remete aos *castrati*, termo italiano usado para fazer referência aos cantores do sexo masculino que eram castrados para preservar sua voz de soprano. Se a condessa pudesse refrear ou castrar Castruccio, o mundo seria um lugar mais feliz e mais pacífico, insinua Mary. Porém, dado o estado real das coisas, Euthanasia está fadada a morrer a "boa morte" que seu nome sugere; não há lugar para ela no mundo beligerante de Castruccio.

A mensagem lúgubre de *Valperga* é uma dura crítica política do mesmo nível de "The Mask of Anarchy", de Shelley. Mary atacava os valores esposados por Maquiavel e adotados por muitos estadistas desde então. Maquiavel promovera a guerra, não a paz. A falsidade, não a verdade. Governantes absolutos, não a liberdade. Um príncipe tinha de cometer imoralidades para assegurar seu poder, dizia Maquiavel — uma afronta ao idealismo de Mary. Ao longo dos séculos, muitos outros pensadores já haviam condenado a filosofia política de Maquiavel, de acordo com a qual "os fins justificam os meios", porém Mary foi a primeira a escrever um romance que mostrava o sofrimento que vem à tona quando o conselho de Maquiavel era colocado em prática. Castruccio traía as pessoas que amava. Ele fez guerras para consolidar suas propriedades. Era desleal e cruel, matando seus oponentes sem piedade. Sua ambição, como a de Victor Frankenstein, não tinha limites; ele buscava "honra, fama, domínio" apesar dos protestos de Euthanasia. Em consequência, "o povo [é] arrancado de seus casebres felizes", lamenta Euthanasia, "quase sempre uma pobre criança perdida, ou infelizmente ferida, e cada gota de sangue sua é mais valiosa que o poder dos Césares [...]".

Como Shelley, Mary estava lutando contra a injustiça, retratando as consequências da tirania. Nas entrelinhas, porém, ela acusava o próprio Shelley. O príncipe provoca a morte de crianças. Shelley também, na opinião de Mary. E, assim como Mary, Euthanasia é impotente. Ela não consegue derrotar o exército do príncipe nem fazê-lo mudar de ideia e, por isso, faz o que Mary por vezes desejava para si: parte depressa para morrer. Seu povo é deixado nas mãos de Castruccio — aterrorizado, pobre e tiranizado.

Mary dera o seu recado, um recado que também a mãe havia dado antes dela: quando os homens são guiados pela ambição, em vez de pelo amor, e pela fama, em vez de pela família, as mulheres e as crianças pagam o preço. A cobiça de Castruccio, assim como a luxúria do pai de Matilda, provoca a destruição daqueles a quem ele ama. Embora *Valperga* talvez não parecesse muito diferente das *Reivindicações* de Wollstonecraft, para Mary Shelley — que viveu em um período mais conservador que a mãe — a melhor maneira de exigir reformas era fazer uso da ficção. Ademais, ela bem sabia que um dos primeiros objetivos da mãe enquanto escritora era investigar a mente das mulheres. Assim, tanto em *Valperga* como em *Matilda* ela tentara alcançar esse objetivo, embora usando técnicas muito diferentes, mas sempre a serviço da filosofia da mãe. O afastamento entre Mary e Shelley, por difícil que fosse, tinha a vantagem de dar à escritora mais independência, em termos estéticos e políticos. Sua professora mais influente, bem como sua inspiração, era agora a mãe falecida, e não o marido.

Enquanto Mary fazia os últimos remates em *Valperga*, chegaram notícias de que o recém-coroado rei George IV — a quem Shelley abominava — expulsara a esposa, a rainha Caroline, da Inglaterra, apenas por não gostar dela. Agora, a rainha, que eles admiravam como liderança simbólica do movimento liberal na Inglaterra, estava na Itália, um exemplo vivo de como todas as mulheres, até mesmo as rainhas, estavam à mercê dos homens, e de como a liberdade era sempre vítima da tirania. Para Mary, o mundo começava a parecer um lugar de eterno conflito, uma batalha interminável entre o mal e o bem, a ambição e o amor. E, em sua experiência, o mal geralmente vencia.

CAPÍTULO 28

# MARY WOLLSTONECRAFT: "UMA CONSIDERAÇÃO HUMANA"

[1796]

Contentíssima com o sucesso de *Letters from Sweden*, Mary extraiu confiança de sua perseverança diante da rejeição de Imlay. Apenas alguns meses antes, ela estivera flutuando, inconsciente, no Tâmisa; agora, ela havia alcançado novas alturas, tendo escrito seu livro mais famoso até então. Em dezembro, ela foi a um jantar com Mary Hays, uma aspirante a escritora que havia procurado Mary alguns anos antes para pedir conselhos. Mary respondera com sua honestidade habitual, dizendo a Hays que não se desculpasse tanto por seu trabalho. Elas já se haviam encontrado uma ou duas vezes antes desse jantar, mas nunca estabeleceram um vínculo íntimo. Agora, Mary descobria que elas tinham muito em comum. As duas viviam sozinhas. Ambas tentavam ganhar a vida com a pena. E ambas estavam tentando curar um coração partido.

Mary Hays se apaixonara por um unitarista revolucionário que gostava de ter longas conversas filosóficas com ela, mas não queria um relacionamento de caráter sexual. Frustrada, ela buscava consolo no trabalho e em suas amizades próximas com outros homens, entre eles William Godwin, que se tornara uma celebridade internacional desde que Mary o vira pela última vez, cinco anos antes. Embora fosse muito formal, baixo e desajeitado, Godwin atraíra muitas seguidoras.

Para Mary Hays e seus amigos, o livro de Godwin, *An Enquiry Concerning Political Justice, and Its Influence on General Virtue and Happiness* [Uma investigação sobre justiça política e sua influência na virtude e na felicidade geral], publicado em 1793, era um dos mais importantes protestos contra a reação conservadora britânica à Revolução Francesa. Godwin testemunhara a derrota das Propostas de Reforma de 1792 e 1793. Ele vira os líderes do movimento pela reforma sendo presos e processados pelo governo. A seus olhos, a monarquia e o parlamento eram instituições corruptas. Ele defendia os direitos naturais, argumentando que todos os governos, não somente os injustos, violam tais direitos, e que os seres humanos deveriam poder governar a si mesmos. Isso era antes uma manifestação da desilusão de Godwin em relação às tribunas revolucionárias francesas e à monarquia constitucional britânica do que uma idealização ingênua do espírito humano. Em *The Adventures of Caleb Williams* [As aventuras de Caleb Williams] (1794), o romance que escreveu um ano depois de *Political Justice*, ele declarava que seu propósito era mostrar os diversos métodos "pelos quais o homem se torna o destruidor do homem". Ele ainda não vira um sistema político que verdadeiramente promovesse a igualdade e a justiça, escreveu, e, portanto, apesar da extrema organização de seus argumentos, do estilo árido e das longas listas de exemplos filosóficos e históricos, *Political Justice* é um livro furioso, concebido para provocar as autoridades e inflamar o espírito de reforma.

E, não obstante, o chamado à mudança de Godwin era também essencialmente conservador. Ele defendia uma reforma gradual, racional, não súbitos golpes de Estado. Estava horrorizado com a carnificina da Revolução Francesa, escrevendo que a razão, e a razão apenas, poderia salvar os seres humanos de si mesmos. Contudo, essa posição moderada não foi compreendida pelos contemporâneos de Godwin. Para eles, o potencial absolutamente chocante de *Political Justice* transformava Godwin em um ícone da revolução, uma incompreensão da figura de Godwin que persistiu após sua morte, quando radicais de toda sorte — em especial, Piotr Kropotkin, um dos primeiros defensores públicos do anarquismo, além de Karl Marx e Friedrich Engels — o adotaram como seu herói, citando-o como uma influência importante.

Embora não aceitasse a violência, Godwin acreditava na liberdade. Correndo o risco de ser preso, ele escreveu uma formidável defesa dos doze intelectuais radicais que haviam proposto reformas legislativas e foram presos por alta traição em 1794. Um parlamento perigosamente tenso havia tomado medidas severas que tolhiam liberdades civis, suspendendo o habeas corpus, prendendo como traidor qualquer um que discordasse do rei e proibindo toda e qualquer assembleia, panfletos e petições. Godwin publicou seu artigo no *The Morning Chronicle*, inflamando a indignação pública diante do encarceramento do grupo. Os doze homens foram libertados e Godwin foi aclamado por seu comprometimento com a liberdade política. O jovem William Wordsworth disse aos amigos: "Deixem de lado seus livros de química e leiam Godwin". "A verdade, a verdade moral [...] fez sua morada [nele]", escreveu o ensaísta William Hazlitt.

Apesar de toda a sua fama recente, *Political Justice* não rendeu muito dinheiro para Godwin. O primeiro-ministro William Pitt ridicularizou o livro por suas quinhentas páginas, bem como por sua solenidade maçante. Ele disse que não precisava censurar o enorme volume porque ninguém o leria, e menos ainda o compraria, pois, ao preço de mais de uma libra esterlina, era demasiado caro para o cidadão comum. Porém, Pitt subestimou a influência das palavras de Godwin. Por todo o país, reformistas demonstravam enorme confiança em *Political Justice*, formando grupos de leitura que o compravam para ser compartilhado por seus membros. Por fim, ele vendeu mais de 4 mil exemplares, o suficiente para angariar reconhecimento, mas não o bastante para garantir estabilidade financeira. Godwin tinha de se manter ocupado, escrevendo romances e comentários políticos, a fim de sustentar até mesmo a vida simples pela qual havia optado. Ele vivia em acomodações alugadas longe do centro de Londres, tinha uma criada, uma senhora que limpava o lugar todas as manhãs, e se permitia poucos luxos, escolhendo escrever livros que agradassem antes sua consciência que o público.

*Political Justice* foi publicado alguns meses depois que Godwin conhecera Wollstonecraft no jantar que Johnson ofereceu para Thomas Paine, um acontecimento do qual ele se recordava com desagrado. Como ele bem se lembrava, Mary havia dominado a conversa, deixando-o de braços cruzados na outra extremidade da mesa. O fato de que todas as demais pessoas no jantar, em particular Paine, tivessem elogiado a inteligência da mulher e parecessem de fato apreciar sua companhia apenas piorava as coisas. Três anos depois, ele ainda a culpava por seu silêncio naquela noite, descrevendo-a como espalhafatosa e invasiva.

Mary, por outro lado, soubera das nobres conquistas de Godwin por meio de muitos de seus amigos quando ela regressou a Londres, visto que não testemunhara a súbita ascensão do autor porque estava na França. Todavia, mesmo sua reputação de leal defensor da reforma não foi suficiente para afastar as lembranças desagradáveis que ela havia guardado. Também ela se recordava de quando se conheceram e o considerava rígido e desajeitado, alguém para ser ridicularizado, não respeitado. Ao se tornar mais íntima de Mary Hays, porém, Wollstonecraft passou a ouvir a respeito de um Godwin diferente, um amigo querido que "demonstrara uma estima humana e afetuosa" por Hays quando ela lhe confidenciara sua decepção amorosa. Embora admitisse que não conseguia imaginar Godwin como um ouvinte sensível, Mary declarou que sua amabilidade para com Hays elevara Godwin em seu conceito. Hays transmitiu as palavras de Mary para Godwin, que ficou aborrecido com o caráter irônico do elogio de Wollstonecraft. "Ela já se divertiu muitas vezes depreciando-me", queixou-se, recusando o pedido de Hays para que ele se encontrasse com Mary novamente.

Contudo, Hays havia decidido que seus "caros amigos" precisavam aprender a apreciar um ao outro e tramou para que os dois estivessem no mesmo lugar, de modo que pudessem testemunhar as "excelentes" qualidades um do outro. Ela disse a Godwin que Mary tinha "um coração afetuoso e generoso" e, para despertar sua curiosidade, que ela quase morrera por causa de seus sofrimentos, apesar da força de sua mente. Godwin continuava cético. Mary estava tão concentrada em sua própria decepção amorosa que relutava em conhecer outros homens, ainda mais um homem que ela já julgara pouco atraente desde o início. Mesmo assim, Hays persistiu. Ela insistiu que Wollstonecraft e Godwin fossem à sua casa para um chá. E, no dia 8 de janeiro de 1796, eles foram.

Quando a tarde crucial finalmente chegou, as coisas começaram mal. Carregados de preconceitos e lembranças ruins, os dois protagonistas observavam um ao outro com cautela. Godwin agia com condescendência e hostilidade, deixando constrangedoramente óbvio que não gostava de Mary e que só estava ignorando o que considerava os muitos defeitos da escritora porque acreditava em fazer "justiça" a seus inimigos. Mary não se saiu melhor. Ela deu a entender que não fora ao chá para dar início a uma nova amizade, mas apenas para agradar Mary Hays.

Com o passar das horas, porém, Godwin e Mary ficaram surpresos com as mudanças que o tempo havia produzido. Anos de compromissos sociais haviam amainado um pouco a inibição de Godwin. Em vez de pedante, ele agora parecia excêntrico, um gênio, um homem importante. Mary também desenvolvera traquejo social e autoconfiança. Ela era mais gentil, ouvia mais e estava muito menos preocupada em apresentar seus próprios argumentos; a Revolução e a reação conservadora na Inglaterra haviam desiludido a escritora; o debate político já não parecia tão importante. Agora, como em *Letters from Sweden*, eram as questões do coração e da mente que a interessavam — emoções, psicologia e a identidade —, basicamente os tópicos de seus conflitos com Imlay. Que papel a Natureza podia desempenhar no alívio do sofrimento de uma pessoa? De que modo a civilização estava prejudicando ou ajudando o espírito humano? Poderia a vida criativa triunfar sobre uma vida dedicada aos prazeres materiais? Ela não perdera o interesse na política e nos acontecimentos correntes; acontecia apenas que, agora, estava fascinada pela vida interior, as razões e os sentimentos por trás das ações das pessoas — os motivos pelos quais elas agiam de determinada maneira.

Felizmente, Godwin também achava esses temas envolventes, tendo investigado os efeitos psicológicos da tirania em seu romance, *Caleb Williams*. E assim, quando o assunto nesse primeiro encontro passou a ser literatura, logo ficou claro para Mary que o objetivo de Godwin enquanto escritor era igual ao seu: inspirar o público leitor a agir contra a injustiça política, econômica e social. Ele também odiava a autoridade arbitrária, acreditava que escrever livros podia melhorar a condição humana e era fascinado por aquilo que jaz sob a superfície das motivações das pessoas: qual era a psicologia do opressor e do oprimido, do tirano e da vítima?

Mas tudo poderia ter ficado por aí se Mary não fosse bela. Apesar de sua educação calvinista, Godwin apreciava mulheres atraentes, e a maternidade havia arredondado as formas de Mary, assim como o sofrimento suavizara sua atitude. Sempre bonita, ela era considerada adorável agora, aos 36 anos, pela maioria das pessoas que a conhecia. Um de seus conhecidos escreveu que ela era uma "mulher de aparência muito voluptuosa". E, por mais que um de seus olhos fosse levemente mais fechado que o outro, sequela de uma de suas enfermidades, esse defeito não impediu que o poeta Robert Southey glorificasse sua expressividade; o rosto de Mary, dizia ele aos amigos, é "belíssimo, infinitamente belíssimo. [...] Os olhos são castanho-claros e, embora a pálpebra de um tenha sido afetada por uma pequena paralisia, eles são os mais expressivos que já vi". Ela ainda se apresentava como sra. Imlay, mesmo naqueles círculos mais liberais em que a maioria das pessoas conhecia sua história, mas seu sofrimento a tornava exótica e original, não pouco desejável, em especial ao lado de Mary Hays, a quem mesmo um dileto amigo descreveu como "velha, feia e malvestida". O melhor amigo de Godwin, Thomas Holcroft, que era viúvo, ficou tão encantado e atraído por Mary que lhe escreveu uma arrebatada carta de amor propondo que eles embarcassem de imediato em uma aventura amorosa:

> Nunca toquei seus lábios; não obstante, eu os sinto, dormindo ou acordado, presente ou ausente. Sinto-os agora: e agora estremecendo, decepcionado, ao despertar do beatífico transe, pergunto-me por que estou impedido de voar e cair em teu abraço, e aí dissolver-me em um júbilo que jamais conheci, salvo em devaneios como esse.

Embora não se sentisse atraída por Holcroft e seus óculos, Mary reagiu às investidas do homem com uma diplomacia que não possuía antes de sofrer, ela mesma, as rejeições de Imlay. Sua resposta à carta não foi preservada, mas a amizade carinhosa que construíram naquela primavera sugere que suas palavras tenham sido compassivas, permitindo que Holcroft conservasse a dignidade.

Essa nova Mary era muito mais ao gosto de Godwin. Apesar de todo o seu radicalismo, ele acreditava que as mulheres precisavam da proteção masculina. Ele apreciava "a suavidade de sua natureza [e] a delicadeza de seus sentimentos". Uma Wollstonecraft contida se adequava melhor às suas ideias de feminilidade; ela não interrompia nem confrontava as opiniões dos outros e tinha uma aparência triste e vulnerável. Depois daquela primeira tarde, refletiu ele, "a compaixão por sua angústia fez aumentar em minha mente o respeito que sempre nutri por seus talentos". Quando, uma semana mais tarde, eles se encontraram em outra reunião, Godwin se pegou concordando com o amigo Holcroft: Mary era não só uma mulher inteligente como extremamente desejável.

Curioso, Godwin comprou *Letters* e ficou cativado logo na primeira página. Em seu diário, ele descreveu sua reação em um registro atipicamente longo:

> [Mary] fala de suas dores de uma maneira que nos enche
> de tristeza e desmancha-nos em ternura, ao mesmo tempo
> revelando um talento que merece toda a nossa admiração. A
> angústia promoveu em seu coração uma suavidade quase mais
> que humana; e a gentileza de seu espírito parece combinar
> precisamente com todo o romance de uma afeição irrestrita.

No entanto, por impressionada que estivesse com o novo Godwin, Mary ainda pensava muito em Imlay. Escrever *Letters from Sweden* havia melhorado seu estado de espírito e ela já não acreditava que pudesse ser realmente feliz com Imlay, nem que ele fosse alguém que valia a pena amar, mas ainda era difícil esquecê-lo por completo. Apenas em meados de fevereiro, quando Imlay voltou para Londres a negócios, ela enfim aceitou sua perda. Ela e Fanny o encontraram por acaso na casa dos Christie, e Fanny, reconhecendo logo a voz do "papai", correu na direção dele para lhe dar um abraço. Imlay abraçou a filha e foi gentil ao falar com Mary, prometendo que lhe faria uma visita no dia seguinte, porém, quando foi visitá-la, ele agiu com a mesma reserva de hábito. Um homem agradável, mas distante.

Curiosamente, foi isso, essa reserva prosaica e pragmática, comparada à tempestade e ímpeto que ela tentara extrair dele em seus confrontos anteriores, que enfim fez Mary compreender e aceitar a partida de Imlay com uma serenidade que teria sido impossível um ano antes. Ela percebeu que Imlay jamais poderia oferecer o amor e a paixão que ela queria. E, assim, quando sentiu a fisgada de sua antiga tristeza, ela foi sensata o bastante para não deixar o sentimento envolvê-la, fazendo as malas e embarcando com Fanny em uma carruagem a fim de visitar uns amigos em Berkshire. Ali ela reabasteceu as energias sem correr o risco de se deparar com Gilbert e, quando voltou para Londres, escreveu-lhe: "Despeço-me de você em paz". Embora tivesse feito essa declaração muitas vezes antes, agora Mary falava de todo o coração. Quando depois eles se encontraram por acaso, naquela primavera, ela percebeu que não se sentiu particularmente triste.

Na realidade, sua melancolia estava regredindo. Fanny tinha agora quase dois anos e já tagarelava, corria, brincava de bola, ria de gracejos e era, em geral, mais independente, dando a Mary uma sensação de liberdade renovada. As prímulas floresciam, anunciando a chegada da primavera. As árvores frutíferas estavam em flor e campânulas, viburnos, íris, goivos, ervilhas-de-cheiro e lilases cresciam ao longo das trilhas nos parques. Harmonizada com as glórias da Natureza, Mary se mudou para a Cumming Street, Pentonville, nas cercanias de Londres, longe da casa na Finsbury Square que ela associava a Imlay.

Havia uma atmosfera bucólica nessa nova parte de Londres. Ali, ela podia sair pela porta de entrada e ver vastos campos, regatos e terras de cultivo. Vacas mugiam; ovelhas pastavam. De quando em quando, um porco desgarrado passava por ali. A pequena Fanny regozijava com esses prazeres campestres. Ela saltava sobre gravetos e marchava no lugar como um soldado. A menina adorava torta de maçã e queria ajudar Marguerite a "misturar a manteiga e a farinha". Ela não tinha permissão de usar a grande faca de descascar maçãs — facas pequenas para meninas pequenas, dizia Mary —, mas se consolava ao ouvir Mary dizer: "Quando você for alta como eu, terá uma faca grande como a minha". Elas adotaram um filhote de cão, e Mary ensinou Fanny a cuidar do animalzinho, registrando uma das lições no livreto que ela escreveu para ajudar Fanny a aprender a ler: "Oh! O pobre cãozinho caiu do banquinho. Corra para acariciá-lo. Coloque um pouco de leite em um pires para confortá-lo". Para garantir a compaixão de Fanny pelo animal, ela acrescentou: "Quando o livro caiu em seu pé, você sentiu muita dor. O pobre cãozinho sentiu a mesma dor agora. Cuidado para não machucá-lo quando brincar com ele". Mary se alegrava tanto quanto Fanny nesses momentos que passavam juntas; afinal, ela quase perdera a oportunidade de ver a filha crescer.

Em um agradável dia de primavera, durante uma visita a Rebecca Christie, Mary descobriu que Godwin havia passado por ali na esperança de vê-la. O ar primaveril, o tempo com Fanny e a distância de Imlay haviam ajudado Mary a recobrar as forças, e ela se sentiu lisonjeada. A escritora aguardou o retorno de Godwin e, quando ele não apareceu, ela decidiu agir por conta própria. No dia 14 de abril, Mary foi a pé até a residência do escritor, na Chalton Street, em Somers Town, que ficava ali perto. Embora mulheres respeitáveis não devessem fazer visitas desacompanhadas a homens em suas acomodações, Godwin lhe deu as boas-vindas, aceitando o comportamento pouco convencional de Mary sem questionamentos, e a primeira de muitas longas conversas teve início. Ele a convidou para um chá no dia seguinte e, então, passou a vê-la sempre que possível, convidando-a para peças de teatro, mais chás, caminhadas e jantares.

Normalmente eles se encontravam com o animado círculo de amigos que Godwin havia cultivado, o qual incluía inúmeras admiradoras a quem ele chamava "as belas". Ainda que ficasse feliz com a atenção que elas lhe davam, ele nem sempre sabia ao certo como atravessar as águas complicadas do flerte. O escritor tinha muitos hábitos singulares, entre eles longos silêncios, cochilos em momentos inoportunos e tosses inesperadas. Quando suas admiradoras faziam investidas românticas, Godwin se retraía, relutante em revelar sua inexperiência. Certo dia, cerca de um ano antes, Maria Reveley, que vivia um casamento infeliz, tentara beijá-lo, mas ele se esquivou constrangido — hesitação que lamentaria nos anos seguintes.

Maria era bela, culta e bastante segura de seus encantos para não guardar mágoa de Godwin, e ela logo se tornou a preferida de Mary entre as "belas". Ela admirava o trabalho de Mary e aceitou com satisfação a oportunidade de conhecer a escritora. Mary também desejava muito se tornar amiga de Maria. Ela precisava de novas companhias, já que havia perdido contato com Ruth Barlow, e as irmãs se mostravam frias e distantes. Eliza ainda não falava com ela, e Everina enviava, de tempos em tempos, alguma carta sucinta. Mary adorava Rebecca Christie e Mary Hays, mas Rebecca não era uma intelectual e Mary Hays nunca tinha vivido no exterior. Maria, ao contrário, era erudita e cosmopolita. Crescera em Constantinopla e Roma, falava várias línguas e tinha enorme interesse em filosofia política, literatura e nos direitos das mulheres. Além disso, ela era mãe de um garotinho chamado Henry, que tinha mais ou menos a idade de Fanny. As crianças podiam brincar enquanto as mulheres conversavam — Mary nunca tivera a oportunidade de ter uma amizade desse tipo antes.

Ao longo das semanas seguintes, Maria confidenciou a Mary a desatenção do marido, e Mary contou a Maria sobre Imlay e o que ela havia sofrido na França e na Suécia. Nenhuma delas poderia saber que estavam preparando o terreno para um futuro do qual Mary não pôde fazer parte — que, anos mais tarde, após a morte do marido, Maria se casaria com um homem chamado Gisborne e se mudaria para a Itália, e lá, como se as moiras o tivessem planejado, faria amizade com a desesperadamente solitária Mary Shelley.

Mary não tinha muita simpatia por Elizabeth Inchbald, uma viúva mexeriqueira de quarenta e poucos anos, autora de diversos romances mal escritos, que tinha uma beleza comum (ou, como diziam seus contemporâneos, a beleza de "uma ordenhadeira") e os modos esnobes de uma duquesa. O poeta Coleridge advertiu Godwin que não confiasse em Inchbald, dizendo que ela parecia afetuosa e cordial, mas que, no fundo, era "fria e ardilosa". Ele tinha razão. Inchbald tinha inveja das outras mulheres do séquito de Godwin e fazia o possível para minar suas investidas junto ao escritor. Amelia Alderson, uma beldade com aspirações literárias que flertava descaradamente com o reservado Godwin, escreveu para uma amiga: "[A sra. Inchbald] parece ter ciúmes da atenção de G para [comigo], fazendo-o acreditar que eu prefiro [Holcroft] a ele". Inchbald já detestava Mary porque, muito antes de se conhecerem, Mary havia criticado duramente seus esforços literários, dizendo-os ingênuos, tediosos e ridículos. Agora que Godwin estava fascinado por Wollstonecraft, a antipatia de Inchbald fizera apenas aumentar.

No entanto, Inchbald era a única "bela" que não gostava de Mary. As demais admiradoras de Godwin logo se afeiçoaram a Mary, que se sentia mais feliz do que em anos. Ela caiu de repente em um grupo já pronto de amigas e se aproximava de um homem que ela respeitava e cuja companhia lhe era agradável. Todavia, ela não tinha certeza dos sentimentos de Godwin. Solteiro inveterado, ele convidava Mary e as outras para óperas ou festas, mas, quando se tratava de qualquer tipo de relacionamento mais íntimo, ele se mantinha distante. Em *Political Justice*, ele havia declarado que não acreditava no casamento e, por isso, ninguém se surpreendia que vivesse sozinho. O escritor era obviamente um puro filósofo que não precisava de amor — ou era isso o que mexericavam aquelas que se perguntavam se ele já tivera algum envolvimento amoroso na vida.

E, apesar disso, o tempo que passava com essas mulheres adoráveis e espirituosas havia ajudado Godwin a desenvolver ao menos alguns dos elementos da técnica de responder com humor. Ele aprendera a se vestir com mais elegância, segundo Amelia, que contou a uma amiga que Godwin havia abandonado os velhos casacos antiquados e as camisas empertigadas e agora usava "mocassins vermelhos novos de bico fino [e um] casaco verde e carmesim sob o colete". Ele também havia cortado os longos cabelos fora de moda e parado de empoá-los, a fim de afirmar sua simpatia pelos revolucionários franceses. Por mais formal que pudesse ser, Godwin era um verdadeiro radical e até ele reconhecia que era hora de ter a aparência de um.

Contudo, apesar desses progressos no tocante à elegância, Godwin jamais poderia rivalizar os encantos de Imlay. Mesmo as belas haviam sido incapazes de ajudá-lo a perder seu acanhamento, em particular com as mulheres. Embora fosse ateu, ele ainda conservava as maneiras de um clérigo. O escritor condenava a frivolidade, raramente fazia gracejos, em geral parecia entediado em festas, ainda que as conversas fossem inteligentíssimas, nunca elogiava ninguém e não sabia falar de outra coisa além de literatura e filosofia política, e normalmente de sua própria filosofia política.

Não obstante, apesar de todos os seus modos irritantes e embora Mary não tivesse certeza do que Godwin queria dela ou do quão próximo ele desejava estar, o homem parecia confiável aos olhos de Mary justamente por ser tão inflexivelmente, até insolentemente, *pouco* encantador. Ela percebia como o escritor era leal aos amigos e o modo como nunca se esquivava de dar suas opiniões, ainda que magoasse os sentimentos de alguém. Ele não era o tipo de homem que fugiria com uma jovem atriz. Ele sequer desejaria fazer isso. De fato, as histórias que circulavam sobre Godwin destacavam seu extremo pudor, sua relutância em abraçar até mesmo as amigas mais próximas. Ele era virginal, impenetrável, a personificação da integridade. Antes de conhecer Mary, Godwin tentara umas poucas vezes dar início a um flerte, mas era demasiado tímido para ter sucesso. Amelia Alderson se divertia com as investidas do escritor no terreno da galanteria, escrevendo a uma amiga: "Você teria achado engraçado ver [Godwin] despedindo-se de mim. Ele queria cumprimentar-me [beijar-me], mas não teve coragem [...]".

Depois de Imlay, Mary preferia estar com um homem que valorizasse mais a troca de ideias que envolvimentos amorosos, não sabendo ao certo se desejava algo além. Ela confiava cada vez mais na sólida honestidade e na retidão intelectual de Godwin. Sim, em geral ele era calado, animando-se apenas quando discordava de alguém, pois acreditava ser seu dever apontar falhas nos argumentos de outras pessoas; sim, as anfitriãs temiam sua chegada — ele era um convidado difícil, cochilava quando estava entediado, fazia discursos quando estava interessado —, mas isso não desencorajou Mary. Ela percebia que Godwin a admirava e, melhor ainda, ficava impressionado com seus estados de espírito e suas dores. Imlay temia as demonstrações de sentimento de Mary, considerando-as opressivas, uma exigência de algo que ele não podia satisfazer; Godwin via a propensão de Mary à depressão como prova de sua natureza profunda e apreensiva, sua alma artística.

No fim da primavera e início do verão, Mary e Godwin começaram a sonhar com um novo amor improvável, embora sequer confessassem tais sonhos a si mesmos, que dirá um ao outro. Mary não queria se magoar outra vez. Analisando o passado, a escritora se deu conta de que ela e Imlay haviam feito amor com uma espécie de imprudência que era garantia de desastre. Ela não esperou para conhecer o caráter de Imlay e se deixara levar sem testar a integridade do homem. Agora, ela se mantinha sob controle. Saía para longas caminhadas com seu sério admirador, que ouvia com empatia suas queixas, suas ideias e os detalhes de suas reflexões melancólicas, mas sem nenhuma troca de beijos. Eles sequer se davam as mãos.

Em meados de maio, Godwin já jantava regularmente na casa de Mary e, no verão, a escritora fez com que o relacionamento desse um passo adiante, permitindo que Godwin lesse o primeiro esboço de seu mais recente projeto literário, uma peça baseada em seu relacionamento com Imlay. Embora nunca reagisse bem a críticas, Mary ouviu os comentários de Godwin, que foram negativos em sua maioria. O enredo era "rudimentar e imperfeito". A gramática e a pontuação, medíocres. Entretanto Mary não se ofendeu; ao contrário, pediu orientação. Talvez Godwin, impecavelmente educado como era, pudesse lhe ensinar as regras de sintaxe — talvez um alicerce pouco promissor para um romance, porém, para Mary, poucas trocas poderiam ser mais íntimas. Ela escrevia para se revelar ao mundo; vírgulas, orações e parágrafos eram as únicas ferramentas de que dispunha. Anos antes, ela começara suas efusivas amizades com Fanny Blood e Jane Arden pedindo que elas corrigissem sua gramática.

Godwin achou o pedido de Mary muitíssimo lisonjeiro. Cinco anos antes, ele jamais teria imaginado que Mary Wollstonecraft lhe pediria conselhos. Sua nova deferência era gratificante. Ademais, suas discussões literárias davam ao escritor a oportunidade de se sentar perto dela, e eles quase se tocavam quando debruçavam sobre as páginas borradas de tinta da escritora.

Todavia, mesmo com o auxílio de Godwin, Mary não conseguiu desenvolver a peça. Por fim, ela abandonou o projeto para começar a escrever uma obra com a mesma temática de *Reivindicação dos Direitos da Mulher*, um romance que ela intitulou *The Wrongs of Woman*. Nessa nova obra, ela queria dramatizar as dificuldades enfrentadas pelas mulheres maltratadas e abandonadas, expondo a falácia dos romances populares nos quais a fraqueza feminina era glorificada e o sofrimento da heroína era a deixa para a entrada do herói. Em muitos aspectos, esse era o enredo que quase a matara. Ela atribuíra a Imlay todos os poderes de um herói, dando-lhe a oportunidade de resgatá-la com sua primeira tentativa de suicídio. Porém, ele não era um herói nem se tornaria um, não importava quanto tempo ela passasse representando o papel da mulher vulnerável. Para sobreviver, ela fora obrigada a desistir da esperança de que ele a salvaria um dia e, sem os recursos da escrita e da autoanálise, ela talvez tivesse fracassado. Agora, Mary queria que os leitores percebessem como essa fórmula podia ser perigosa. As mulheres precisavam ser capazes de se levantar sozinhas. Os homens não deveriam ser vistos como "salvadores" das mulheres: dar-lhes esse tipo de poder poderia facilmente transformá-los em monstros.

Tal como em *Letters from Sweden*, seu antigo estilo de escrita, discursivo e filosófico, já não parecia a melhor maneira de comunicar seu argumento. Mary queria que os leitores tivessem uma experiência visceral do sofrimento das mulheres. Ao mesmo tempo, ela estava decidida a explorar a psicologia de suas heroínas, expor suas reações às suas experiências traumáticas e alguns dos motivos de suas decisões destrutivas. Sua principal esperança era ajudar seus leitores a perceber a necessidade de reformas. Se as mulheres continuassem a ser infantilizadas, a sociedade degringolaria.

Naquele mês de julho, ela começou a planejar a trama do seu novo romance enquanto Godwin estava de férias em Norfolk. Tendo passado tanto tempo juntos nos meses anteriores, os dois meditavam sobre seu relacionamento agora que estavam distantes. Embora a essa altura eles já reconhecessem que algo além de amizade havia começado, ambos estavam relutantes em declarar seu sentimento: Mary não queria demonstrar demasiado entusiasmo, com "medo de adiantar-se" a Godwin; Godwin, bem sabia ele, era muito menos atraente que Imlay. Ele nunca tinha feito amor com uma mulher e se sentira constrangido quando, mais cedo naquele verão, enviara a Mary um poema de amor empolado e ela zombara de seus esforços, declarando que não queria uma composição artificial, mas, antes, "um panorama de seu coração". Não torne a escrever-me, disse ela, "a menos que você honestamente admita estar enfeitiçado". Godwin, que sempre entendia as coisas literalmente, sentiu-se criticado, sem conseguir perceber o ousado convite de Mary para que ele se declarasse. Em vez disso, o escritor ouvia apenas o tom zombeteiro dela, muito tímido para notar que Mary o estava incitando a confessar seu amor. Inexperiente e receoso, ele não tinha o discernimento nem a experiência para se dar conta de que Mary estava tão somente se protegendo até que ele se declarasse mais abertamente.

No entanto, Mary devia ser mais encorajadora em pessoa porque, enquanto esteve em Norfolk, Godwin se encheu de coragem e tentou outra vez, escrevendo uma carta levemente encabulada, na qual tentava expressar seu amor, mas em termos heroico-cômicos, já que ainda não conseguia se arriscar a usar de sinceridade total:

> Agora, faço de todos os Deuses minhas testemunhas [...] de que sua companhia agrada-me infinitamente, que amo sua imaginação, seu delicado epicurismo, a sensualidade maliciosa de seu olhar, em suma, tudo quanto constitui o conjunto encantador da célebre Mary.

[...] Devo escrever uma carta de amor? Que Lúcifer me carregue com ele se eu o fizer! Não, quando eu fizer amor, será com os tons eloquentes de minha voz, com sussurros, com olhadelas que falam (através das lentes de meus óculos), com toda a sedução daquela paixão irresistível e universal. Ao inferno com o gélido meio mecânico de pena e papel. Quando eu fizer amor, será em uma tempestade, como quando Júpiter fez amor com Sêmele, transformando-a imediatamente em cinzas. Essas ameaças não a assustam?

Mary não se importou muito com o humor de Godwin, mas reconheceu que aquela jocosidade escondia uma ansiedade compreensível; afinal, ela estivera na posição dele apenas três anos antes. Além disso, havia algo de instigante nessa inversão da situação: ela, a amante segura de si; Godwin, o virgem apreensivo. Não obstante, apesar de todas as suas longas caminhadas e conversas, apesar de todas as horas que haviam passado confidenciando seus temores e sonhos, ainda era difícil para ela cogitar em se fazer vulnerável novamente, em especial envolvendo-se com um homem famoso que já tinha um punhado de admiradoras.

## CAPÍTULO 29
# MARY SHELLEY: PISA
### [1820–1821]

O outono de 1820 foi um período tranquilo e produtivo para Mary Shelley. Ela escrevia durante o dia, amamentava o pequeno Percy, saía para caminhar e banhava-se nas águas balneárias de Bagni di San Giuliano. No início da noite, ela e Shelley admiravam o planeta Vênus, baixo no céu, "os matizes suavizados dos bosques de oliveiras, a coloração purpúrea das montanhas distantes [...] o cipreste que aponta para o céu", o "barco da lua" derramando "luz prateada", os grilos "cantarolando" e os vaga-lumes e suas larvas tremeluzindo. Olhando para trás, Mary se recordaria desse lugar como uma espécie de paraíso. Contudo, Shelley estava inquieto. Um abastado admirador de sua poesia escrevera para ele naquele verão, convidando-o para fazer uma viagem ao Oriente Médio. Shelley não contou a Mary sobre a proposta, sabendo que isso a aborreceria, mas escreveu de imediato para Claire, sugerindo que ela o acompanhasse e implorando que não dissesse nada à irmã.

Apesar dessas circunstâncias suspeitas, Shelley não estava interessado em ter um caso com Claire, pelo menos não nessa conjuntura em particular — embora os acontecimentos de 1814-1815 permaneçam obscuros. Em vez disso, a preocupação de Mary com Percy e o modo como ela passou a rejeitar Shelley depois da morte de William tinham surtido um efeito devastador no poeta. Ele se sentia sem importância, sufocado por ser marido e pai. Mary estava menos irritadiça agora, mas continuava sexualmente distante, e Shelley se frustrava. Claire, animada e ardente, venerava-o. O poeta queria que ela estivesse ali com eles, não em Florença. Claire compreendia o quão fria Mary podia ser e sempre era possível contar com ela para lastimar, juntos, as falhas da irmã postiça.

No fim, Shelley permaneceu na Itália, contentando-se com aventuras solitárias pelos campos e escondendo seu ressentimento com tanta habilidade que Mary não percebia como ele se sentia. Ela gostava de ficar a sós com o marido e o filho, vendo-se frustrada quando soube que Shelley havia convidado Tom Medwin para lhes fazer uma visita. Quando chegou, em outubro daquele ano, Medwin encontrava-se em dificuldades financeiras e ficou feliz com as acomodações gratuitas. Tendo acabado de regressar após sete anos na Índia, onde, dizia ele, passara o tempo caçando tigres, cavalgando elefantes e visitando templos hinduístas, o homem declarou-se ávido por restabelecer sua amizade com Shelley.

O poeta não percebeu o tom de falsidade das histórias de Medwin, porém Mary notou os clichês e não se mostrou tão encantada. Medwin repetia-se, dizia ela; o homem era presunçoso, narcisista e vulgar; era sempre o herói de suas próprias histórias e devorava as finanças do casal. A pior parte era que ele não aparentava ter nenhum plano específico para o futuro e parecia satisfeito em ficar ali indefinidamente.

No entanto, Medwin não estava ali apenas para viver às custas dos Shelley. Ele nutria um fascínio genuíno pelo primo de má fama. Medwin vira Shelley pela última vez quando eram adolescentes e registrou suas primeiras impressões em minúcias:

> Seu corpo era emaciado e um pouco curvado; por causa de sua miopia, e de ser obrigado a inclinar-se sobre os livros, com os olhos quase a tocá-los; os cabelos, ainda abundantes e naturalmente enrolados, estavam, em parte, entremeados com fios grisalhos [...] mas sua aparência era jovial, e seu semblante, estivesse sério ou animado, marcadamente intelectual.

Quanto a Mary, ela não fazia o tipo de Medwin, na aparência ou na personalidade, mas ele achou que ela era um bom par para o primo, descrevendo como Shelley encontrava descanso "na ternura da afeição e na afinidade daquela que partilhava de sua genialidade e podia apreciar seus talentos transcendentes".

No fim de outubro, todos eles se mudaram novamente para Pisa. Shelley havia encontrado um apartamento novo e ainda mais espaçoso na Lung'Arno, dessa vez na Casa Galetti, uma *villa* situada ao lado de um dos mais imponentes *palazzi* de mármore. Eles ficaram com o primeiro andar inteiro e mais dois cômodos no quarto andar, um para o gabinete de estudos de Shelley, o outro para ser o quarto de Medwin. De sentir-se rejeitado por Mary, Shelley passara a rejeitá-la. Quando estava em casa, ele se retirava para o quarto andar. "Congratule-me por meu isolamento", ele escreveu a Claire. Porém, esse abandono da residência por Shelley deixou Medwin praticamente ao encargo de Mary e, em meados de novembro, ele deixara de ser um pequeno aborrecimento para se tornar uma intrusão inconveniente, irritando Mary ao ler em voz alta quando ela tentava se concentrar para terminar *Valperga*.

Percy completou 1 ano de idade no dia 12 de novembro. Independente e de bochechas coradas, ele era saudável o bastante para que a mãe participasse de festas e recebesse convidados sem se inquietar demais com sua saúde. Naquele inverno, Mary e Shelley saíram de seu habitual isolamento, aventurando-se a comparecer a eventos sociais. Em parte, isso se deu porque, sem Claire, Mary podia ser apenas a sra. Shelley, e não uma participante indecorosa de um *ménage à trois*, mas também porque marido e esposa já não eram companhia suficiente um para o outro. Ambos precisavam de gente nova e novos estímulos.

No início de dezembro, a vida de Mary se animou com o surgimento de um estranho fascinante: um príncipe de 29 anos chamado Alexander Mavrocordato. O grego de cabelos pretos e olhos escuros estava exilado, dedicando-se à missão de formar um exército para libertar seu país dos turcos. Nenhuma causa poderia ter sido mais atraente aos Shelley — liberdade para a terra de Platão e Homero, o berço da filosofia e da poesia —, contudo Mary se sentiu particularmente instigada. Mavrocordato parecia uma personagem de uma novela romântica, o tipo de herói que Mary sempre desejara conhecer. A própria Mary era diferente de todas as mulheres que Mavrocordato já havia conhecido. Ela era pequena e bastante inglesa, porém, ao contrário da maioria dos ingleses, interessava-se pela Grécia e tinha um conhecimento razoável da história do país. Embora fosse reservada e raramente sorrisse, era atraente — na realidade, muito atraente. Fazia quase um ano e meio que William havia morrido e, à medida que se recuperava, Mary começou a dar mais atenção à aparência. Ela passou a usar os xales de seda que comprara em Livorno e pediu que Peacock enviasse seus pentes para que pudesse fazer penteados nos cabelos. A moda corrente de cinturas altas e mangas bufantes valorizava suas formas femininas; aos 23 anos, depois de quatro filhos, ela já não era a garota delicada por quem Shelley se apaixonara. Mary tinha horror à vulgaridade e não gostava de chamar a atenção para sua aparência, usando cores discretas, rosa-claro, azul-claro e creme. Apesar do sol italiano, sua pele ainda era clara e sem manchas. Diferentemente de Shelley, os fios brancos ainda não haviam começado a aparecer. Seus cabelos brilhavam como cobre.

Quando ela disse a Mavrocordato que estava interessada em aprender o grego moderno, o príncipe ficou muito satisfeito em oferecer seus préstimos, visitando Mary quase todos os dias durante o inverno de 1821. Ela costumava recebê-lo a sós e, em uma carta para Claire, exclamou que ele era "muito ao meu gosto, refinado e cortês — alegre, erudito e cheio de talento e entusiasmo pela Grécia". O contraste entre Mavrocordato e o marido não poderia ser mais acentuado. Shelley era muito magro, sensível e irrequieto; Mavrocordato irradiava saúde e vigor. Ele era um soldado, baixo e robusto, com um farto bigode e um apetite voraz. Todavia, não houve oportunidade para que a situação se complicasse ou para que os sentimentos se aprofundassem demais, pois Mavrocordato foi convocado de volta à Grécia em abril para liderar um exército de 10 mil homens que fora reunido por seu primo. O príncipe e Mary mantiveram contato por carta, mas nenhum dos dois tentou fazer o relacionamento seguir adiante.

Na mesma semana em que Mary conheceu seu príncipe, Shelley foi apresentado à bela e jovem Teresa Viviani, filha do governador de Pisa, em uma soirée. Alta, com um pescoço de cisne e um ar trágico, a jovem de 18 anos era dotada de um encanto que fascinou a ambos os Shelley; ela era uma virgem renascentista com madeixas de um negror profundo e pele alabastrina, exatamente como a donzela que Shelley imaginara em "The Revolt of Islam". Quando aparecia em público, ela guardava um silêncio melancólico e baixava os olhos quando lhe dirigiam a palavra. Quase que de imediato, Teresa identificou Shelley como um homem que a compreenderia e confortaria, e Shelley ficou exultante por novamente ser visto como um herói.

Não demorou muito para Teresa revelar a origem de seu pesar. A madrasta má havia aprisionado a jovem em um convento, disse ela aos sussurros e quase às lágrimas. É verdade que esse convento era a escola mais exclusiva de Pisa. Ficava quase ao lado do *palazzo* de sua família, e assim Teresa podia sair e voltar a seu bel-prazer, frequentar festas e concertos e passear às margens do Arno com as amigas; porém, ambos os Shelley estavam fascinados demais para notar tais detalhes. A história da jovem era como a de Mary! Uma garota amável e sensível à mercê de uma madrasta perversa! Mary visitava Teresa todos os dias e presenteou a jovem com dois pássaros engaiolados para lhe fazer companhia.

Shelley decidiu que Teresa parecia um nome demasiado prosaico para uma criatura tão magnífica e rebatizou-a Emilia. Em pouco tempo, ele começou a alimentar fantasias românticas em relação à moça. Ali estava outra jovem que ele podia salvar. Eis ali uma mulher que ele podia amar. O poeta se sentiu vivo outra vez. Desde a morte de William ele não se sentia tão cheio de vida, tão inspirado, vindo a registrar seus sentimentos em um novo poema com o título grego "Epipsychidion" ("sobre uma pequenina alma"). Ele dedicou esse trabalho à "nobre e infortunada Dama, Emilia", reiterando sua aprovação do amor livre em versos que se tornariam célebres entre as gerações futuras, mas que os críticos da geração do próprio Shelley atacaram, sem piedade, por sua "imoralidade":

> *Nunca fui partidário daquela seita*
> *Cuja doutrina é que cada um eleja*

> *Entre a multidão uma senhora ou amiga,*
> *E todas as outras, embora belas e sensatas, as relegue*
> *Ao frio esquecimento...*[1]

No entanto, para Shelley, tais palavras não se referiam a sexo. Nem a promiscuidade. Elas representavam a ideia de liberdade, descoberta, abertura à mudança, criatividade e vitalidade. Ele se atirou com ardor nesse novo relacionamento, sem nunca o consumar, mas sonhando como seria "unir-se" à bela "Emilia" e, então, escrevendo a esse respeito em versos sensuais e repletos de ornamentos. Ela o trouxera de volta à vida; ela seria sua nova musa. Ele era novamente um poeta. Em nenhum momento Shelley se deu conta de que esse era um padrão familiar, que isso já havia acontecido antes, primeiro com Harriet e, mais tarde, com Mary: ele se sentira perdido, consumido pela insegurança e pelo desalento. Surgia uma jovem que parecia personificar a esperança, que, acreditava ele, poderia guiá-lo de volta à vida e, então, quando ela já não podia fazer cessar o sofrimento do poeta, ele se decepcionava, sentia-se perdido, pronto para encontrar outra potencial salvadora.

Enquanto isso, a donzela empreendia sua própria campanha. Primeiro, ela tentou separar Shelley de Mary, queixando-se ao poeta de que Mary a tratava com frieza. Ela também enviava para Mary bilhetinhos mordazes salpicados de elogios ambíguos; em um deles, ela "confessava" que Shelley lhe dissera que a aparente frieza de Mary era "apenas a cinza que encobre um coração amoroso".

Quando estava com Shelley, Teresa/Emilia confidenciava seus segredos e derramava lágrimas trágicas que o deixavam enlouquecido — se ao menos ele pudesse salvar essa bela garota, aninhá-la ao peito e confessar sua afeição imorredoura. Em janeiro, Mary já havia percebido que Teresa estava brincando com Shelley, mas encontrava-se tão profundamente envolvida com o príncipe que não interferiu. O que magoava, porém, era o "Epipsychidion", então já concluído, no qual ele descrevia o casamento com Mary como "uma morte no gelo", ao passo que, em um encontro extático com "Emily", ela o envolve em seus braços e seus corações se entrelaçam em um só.

Apenas mais tarde Mary viria a confessar que sentira "um grande desconforto". À época, ela escondeu seus sentimentos, receosa de que, se pressionasse Shelley, ele poderia pensar que ela estivesse sabotando sua liberdade e, assim, a abandonasse. A escritora também se acautelou de não fazer

---

1 "*I never was attached to that great sect,/ Whose doctrine is, that each one should select/ Out of the crowd a mistress or a friend,/ And all the rest, though fair and wise, commend/ To cold oblivion...*" (Tradução nossa.) [NT]

queixas em cartas, mesmo para amigos próximos, para que não viesse a público ainda mais um escândalo. O povo de Pisa já estava comentando sobre a frequência com que Shelley e Teresa eram vistos juntos. Contudo, naquela primavera, o romance acabou subitamente quando a família de Teresa colocou um ponto-final nas visitas de Shelley, anunciando o noivado da jovem com um rapaz bastante apropriado. Pronta para dar os primeiros passos na vida adulta, "Emilia" logo voltou a ser Teresa, uma verdadeira jovem dama pisana. Shelley testemunhou a afobação da moça com as providências para a preparação do casamento, exatamente como qualquer outra jovem dama burguesa. Irreconhecível, ele se referiu a ela como "uma nuvem, não uma Juno".

Também outro relacionamento começara para os dois Shelley naquele inverno, o qual parecia, a princípio, bastante comum se comparado aos envolvimentos com o príncipe e Teresa. Jane e Edward Williams, amigos de Medwin, haviam chegado a Pisa em janeiro de 1821 a fim de visitá-lo, mas também para ter o segundo filho ilegítimo. O casal tinha uma história verdadeiramente romântica. Jane, como Mary, fora uma rebelde. Ela escapara do marido com quem fora forçada a se casar aos 16 anos e, no ano seguinte, apaixonara-se por Edward, já casado, fugindo com ele para Genebra. Ali estava um casal da faixa etária dos Shelley que também havia enfrentado as convenções sociais. Parecia impossível que os casais não se afeiçoassem. Mas, de início, Mary se decepcionou com Jane. Apesar de todos os seus atos de rebeldia, a bela jovem de 22 anos era, na realidade, um tanto tradicional. Ela preferia fazer arranjos de flores, cantar madrigais e brincar com o filho do que participar de debates políticos sobre a liberdade grega ou escrever um romance, que foram as atividades escolhidas por Mary naquela primavera.

Shelley não prestou muita atenção a Jane e Edward no começo, pois ainda estava obcecado por Emilia, além de estar lidando com uma perda que, para ele, parecia agourenta: John Keats morrera em fevereiro, aos 26 anos de idade. Sucumbira de decepção e tristeza, pensou Shelley, acreditando erroneamente que o jovem poeta tivesse sofrido uma embolia após saber que a *Quarterly* criticara duramente a sua obra. Porém, a verdadeira causa da morte do poeta foi a tuberculose. A ideia equivocada de Shelley revelava seus sentimentos em relação às próprias críticas negativas que recebia — por vezes, ele sentia como se elas pudessem matá-lo —, mas também o inspirou a escrever.

Dominado pelo pensamento de que o poeta mais jovem era um mártir, alguém que morrera pela própria arte, Shelley, que nunca soube das suspeitas que Keats nutria por ele, chorou seu luto compondo uma elegia de 549 versos intitulada "Adonais", poema largamente considerado um de seus melhores trabalhos. O próprio Shelley julgava-o "melhor, no tocante à composição, que qualquer coisa que já escrevi". Em seu prólogo, Shelley, talvez pensando em

Wilmouse, descreve o cemitério protestante onde Keats foi enterrado como "recoberto, no inverno, de violetas e margaridas", sendo assim, "um lugar tão adorável" que "poderia tornar alguém quase apaixonado pela morte". A perda de Keats representava para Shelley a perda de beleza, espírito e esperança. O poeta mais jovem abandonou Shelley em um mundo de "Inveja e calúnia, de ódio e dor". No fim do poema, Shelley demonstra seu anseio de se reunir a Keats no mundo de eterna luz, declarando: "Que a Vida já não possa separar o que a Morte pode unir".[2] Ironicamente, apesar de todas as suas palavras românticas sobre a morte, ao concluir o poema Shelley se sentiu ainda mais vivo. É verdade que o novo poema trazia temas que alguns poderiam considerar pessimistas, mas ele também abordava a arte e a importância do poeta, assuntos sempre inspiradores para Shelley.

Naquele verão, Shelley e Mary se refugiaram em San Giuliano, acompanhados dos Williams, que ficaram em uma casa no distrito de Pugnano, nos arredores, a pouco mais de onze quilômetros de Pisa. Medwin se mudara para Roma, e Claire ainda estava em Florença. Livre do feitiço de Emilia, Shelley se aproximou dos Williams, particularmente de Edward, que, sendo oficial da marinha, atraía a atenção do poeta. Edward entretinha o grupo com histórias de alto-mar, apresentando-se como um marinheiro versado quando, na verdade, não tinha muita experiência como tal, pois ficara estacionado na Índia. Mas Shelley acreditava na perícia náutica do novo amigo e ignorou os primeiros sinais de sua incompetência. O poeta havia comprado um pequeno esquife em abril daquele ano e, em seu primeiro passeio com o barco, Williams levantou-se para ajustar a vela, tropeçou e fez o barco virar. Por sorte, eles estavam velejando em um canal estreito onde a água era tranquila, e a margem, próxima, de modo que Shelley foi resgatado sem muita dificuldade. Em vez de interpretar o ocorrido como um aviso, Shelley declarou que seu "mergulho na água" tinha apenas "aumentado o fogo" de seu "fervor náutico", passando o restante do verão navegando pelo Arno, acompanhado de Williams ou sozinho. Certo dia, ele velejou toda a distância até o mar, seguindo, então, pelo litoral em direção a Livorno — pouco mais de três quilômetros —, embora ainda não soubesse nadar.

Jane também parecia mais interessante do que na primavera. De início, Shelley achou-a um pouco ignorante. Ela não era inteligente o bastante para seu gosto e se entediava com política, literatura, ciência e história. Além disso, estava grávida, o que impedira que Shelley notasse sua beleza, mas, depois de ter o novo bebê em março — uma garotinha chamada Jane Rosalind —, Jane voltou a ficar esbelta. Ela tinha cabelos escuros,

---

2 *"No more let Life divide what Death can join together."*

Query

Is this Sketch
drawn from life

by Edward Williams

ESBOÇO FEITO POR EDWARD WILLIAMS, PROVAVELMENTE DE PERCY SHELLEY. WILLIAMS NÃO IDENTIFICOU A PESSOA NO DESENHO, MAS O PERÍODO E A SEMELHANÇA COM O ÚNICO OUTRO RETRATO EXISTENTE DO POETA SUGEREM QUE ESTE SEJA, DE FATO, UM RETRATO DE SHELLEY.

que deixava cair em cachos pelo pescoço pálido. De olhos enormes, boca delicada e uma voz rouca quando cantava, Jane tinha modos encantadores. Se não conseguia acompanhar uma conversa, ela se contentava em permanecer sentada, em silêncio, arrumando-se para destacar ao máximo sua beleza. Ela tinha plena ciência de que os homens gostavam dela tal como era, um pouco tola, um pouco reverente — uma jovem que precisava de instrução e orientação, recebendo-as com satisfação. Jane sorvia as palavras de Williams e Shelley, elogiando-lhes a sabedoria, a bravura do marido e a genialidade do amigo. Para o poeta, a cordata Jane era um bálsamo agradável; ela não brigava com o marido nem, aliás, com ninguém. Ela nunca se irritava, se entristecia ou lamentava, mas o fato é que não tinha muito que pudesse desalentá-la. A jovem tinha dois filhos saudáveis, vivia em um lugar lindo e confortável com um homem que a adorava. A vida se estendia a seus pés como um banquete.

Mary também passou a considerar Jane mais aprazível com o tempo. Embora não gostasse de conversas de cunho intelectual, a jovem ficava contente em discutir as dificuldades de se criar filhos na Itália — uma das preocupações mais prementes de Mary. Por muitos anos, a escritora se sentira sozinha enquanto mãe, sobrecarregada de preocupações das quais ninguém parecia partilhar, nem mesmo o marido. Ela ficara isolada de outras inglesas na Itália, visto que a maioria se recusava a se associar com os escandalosos Shelley. Claire se sentira desconsolada demais com a ausência de Allegra para participar dos assuntos domésticos da irmã. Jane, por outro lado, com um recém-nascido sob sua responsabilidade, tinha muitos questionamentos acerca de como cuidar de um bebê e alimentá-lo durante os meses quentes de verão. Ademais, seu garotinho era apenas alguns meses mais jovem que Percy, de modo que suas angústias eram semelhantes às de Mary: quanto uma criança pequena deve comer? Quanto tempo deve dormir?

Mary e Shelley não suspeitaram que Jane talvez não fosse tão adorável ou simples como parecia. Um velho amigo que conhecera Jane na Suíça advertiu Mary a tomar cuidado com a nova conhecida. Ela era mexeriqueira, disse ele, e podia ser cruel. Todavia, assim como Shelley ignorou os sinais de alerta em relação a Williams, Mary escolheu não dar ouvidos aos avisos sobre Jane. Era solitário viver em um exílio perpétuo. Mary precisava de uma amiga.

Entretanto, havia um inconveniente em passar o tempo na companhia de um casal tão devotado. Ao observar os Williams caminhando de mãos dadas pela trilha, ou notar a adoração com que Jane fitava Edward, Shelley sofria e lamentava o que ele e Mary haviam perdido. O poeta disse a Mary que sentia falta da intensidade de seu relacionamento, escrevendo-lhe um poema triste no qual lastimava a distância que surgira entre os dois:

RETRATO DE JANE WILLIAMS, PINTADO POR GEORGE CLINT (1822).

> *Não estamos felizes, amor! nossa condição*
> *É estranha e cheia de dúvida e medo;*
> *Precisamos de palavras que sanem os males; —*
> *Reserva ou censura não se aproxime*
> *De nossa sagrada amizade, para que ainda reste*
> *Consolo para ti e para mim.*³

E, não obstante, eles ainda eram companheiros literários muito próximos, compartilhando ideias e livros e trocando manuscritos. Ninguém compreendia os estados de espírito de Shelley melhor que Mary; e ninguém apoiava as ambições literárias de Mary mais que Shelley. Seus sete anos juntos haviam proporcionado ao casal uma intimidade tão complexa quanto forte. Na França, quando estava na adolescência, Mary se contentara em permanecer na cama o dia todo com Shelley. Na época, ele também não queria nada além de ter Mary nos braços. Agora, os dois tinham suas próprias atividades, seus próprios interesses. Mary já não pensava em Shelley como um semideus. Se ela romantizava algum homem, era seu príncipe grego. Ela era ríspida com Shelley quando falava das finanças da família e rejeitava planos que lhe pareciam arriscados demais para Percy, então com um ano e meio. Na realidade, Mary se tornara uma esposa. Shelley, por sua vez, magoava-se com o que percebia como uma rejeição da esposa. Ele se apaixonara pelo menos uma vez por outra mulher. O desejo que um tinha pelo outro havia diminuído. No entanto, eles ainda eram capazes de desfrutar as longas noites sossegadas, sentados ao ar livre, admirando o céu ou lendo trechos das obras de Lucano ou Homero um para o outro. Por vezes, Shelley levava Mary em passeios de barco no rio ali perto, e ela viria a recordar esses plácidos percursos aquáticos como alguns dos momentos felizes do casal, ouvindo nada além do chapinhar da água e dos piados agudos das *aziola*, as pequenas corujas de penas macias que faziam ninhos nos pinheiros mirrados que cresciam ao longo das margens. Shelley comemorou essas noites em um poema que registra uma conversa amena e carinhosa entre marido e esposa:

> *'Não ouves o pio da aziola?*
> *A mim me parece que deve estar perto',*
> *Disse Mary, enquanto nos sentávamos*
> *Ao entardecer, antes de acesas as estrelas, ou velas trazidas;*

---

3   "We are not happy, sweet! our state/ Is strange and full of doubt and fear;/ More need of words that ills abate; —/ Reserve or censure come not near/ Our sacred friendship, lest there be/ No solace left for thee and me." (Tradução nossa.) [NT]

*E eu, que pensei*
*Que Aziola fosse alguma mulher enfadonha,*
*Perguntei 'Quem é Aziola?'*
\* \* \*
*E Mary viu minha alma,*
*E riu e disse 'Não te inquietes,*
*Não passa de uma corujinha emplumada'*[4]

•••

Certo dia, quase no fim de julho, chegou uma carta de Ravenna. Byron queria que Shelley fosse visitá-lo. Shelley, que estava ávido pela companhia do grande escritor, partiu depressa para passar dez dias com o lorde. Enquanto esteve lá, ele persuadiu Byron a passar o inverno em Pisa, de modo que pudessem congregar uma vez mais sua comunidade literária de Genebra. Eles podiam criar uma nova revista que publicasse seus escritos. Para Mary, ele escreveu: "[Devemos] formar para nós uma sociedade de nossa própria classe, tanto quanto possível, em intelecto e em sentimento". Enviou também uma carta a Hunt exortando-o a ir imediatamente para a Itália a fim de ser o editor do grupo. Shelley, Byron, Medwin e os demais amigos contribuiriam com recursos financeiros, poesia e ensaios, assegurando o êxito do projeto — palavras que Hunt, cada vez mais endividado, recebeu com prazer, uma vez que suas próprias atividades literárias passavam por um momento muito difícil.

Byron se mostrou receptivo à sugestão de Shelley, agora que ele finalmente se cansava de sua vida febril em Veneza e decidira compartilhar o lar com uma bela condessa italiana, Teresa Guiccioli. Ele pediu que Shelley encontrasse uma residência adequada para ele em Pisa e, assim, quando Shelley voltou, começou a procurar uma casa. Byron enviou Teresa na frente, e ela chegou a Pisa na semana em que Mary completou 24 anos de idade. Mary fez logo uma visita à condessa, descrevendo-a como "uma jovem bem bonita, sem pompas, [de] bom coração e cordial". Teresa, de 20 anos, confessou temer que Byrou mudasse de ideia e não aparecesse, um receio que Mary compreendia, de modo que passou muitas tardes com a jovem condessa. Claire, que passava férias em Livorno e não fazia ideia de que Byron estava prestes a chegar, escreveu para dizer que gostaria de ir visitá-los — intenção que preocupou Mary e Shelley. Alguns meses antes, Claire descobrira que Byron enviara

---

[4] "Do you not hear the Aziola cry?/ Methinks she must be nigh,"/ Said Mary, as we sate/ In dusk, ere stars were lit, or candles brought;/ And I, who thought/ This Aziola was some tedious woman,/ Asked "Who is Aziola?"/ And Mary saw my soul,/ And laughed and said "Disquiet yourself not, /'Tis nothing but a little downy owl". (Tradução nossa.) [NT]

Allegra, então com 4 anos, para um convento em Bagnacavallo, não muito longe de Ravenna. Tendo ouvido relatos horríveis sobre a escola, ela ficara desesperadamente preocupada com a filha, escrevendo uma carta tão feroz para Byron que, agora, ele não queria sequer uma ouvir menção ao nome de Claire. A única coisa que restara a Claire era a pena. Ela não tinha direitos reconhecidos por lei, nenhum poder para impedir Byron, mesmo acreditando que ele tivesse colocado a filha em risco.

> Antes de eu deixar Genebra, você me prometeu — verbalmente, é verdade — que meu filho, qualquer que fosse o sexo, jamais seria separado dos pais. [...] Essa promessa foi violada, não apenas um pouco, mas de uma maneira e por uma conduta absolutamente intolerável a meu sentimento de amor por Allegra. Tem sido meu desejo e minha atitude importuná-lo o menos possível; mas, se eu me calasse agora, você usaria isso como argumento contra mim em algum momento futuro. Portanto, eu o advirto que colocar Allegra, na idade em que está, em um convento, longe de qualquer parente, é, para mim, motivo de grave e intenso sofrimento. [...] Todos os viajantes e escritores da Itália são unânimes em condenar [conventos]. [...] Essa é, então, com toda a vantagem de riqueza, de amigos em seu poder, a educação que você escolheu para sua filha. Esse passo haverá de custar-lhe mais um sem-número de inimigos e culpa, pois ele pode ser visto sob uma única luz pelos virtuosos de qualquer seita ou denominação. [...] Somente eu, enganada pelo amor a ponto de acreditar que você era bom, confiei em você e agora colho os frutos. [...] O ódio também é cego!

Quando tomaram conhecimento da situação, os Williams se ofereceram para hospedar Claire em sua casa por algumas semanas, convite que ela aceitou com entusiasmo. Quando ela chegou, Shelley e Mary iam e voltavam de Pisa a San Giuliano. O tempo de separação fizera bem às irmãs. Claire brincava com Percy, o que agradava Mary. Ela também ajudou a escolher móveis para a nova e grandiosa casa em Pisa que Shelley queria arranjar para eles. Apesar das dívidas acumuladas (mais de 2 mil libras esterlinas), Shelley decidira esbanjar em um *palazzo*. Ele nunca conseguiria chegar ao nível de Byron — o poeta tinha apenas um décimo da renda do lorde —, mas ainda podia tentar. Juntas, Mary e Claire escolheram camas, roupas de cama, mesa e banho, um espelho e cadeiras de espaldar alto. Claire acompanhou Mary e Shelley em uma viagem ao golfo de La Spezia para passarem os últimos dias do verão em uma estância litorânea; seus quatro dias de piqueniques, passeios de barco, cavalgadas e visitas aos lugares turísticos foram tão maravilhosos que eles decidiram que La Spezia deveria ser seu destino no verão do ano seguinte.

Durante essas férias, Mary pôde perceber a intensidade crescente dos sentimentos de Shelley por Claire, mas, pela primeira vez na vida do casal, ela não protestou. Se Claire quisesse dar início a uma relação apaixonada com Shelley, Mary estava preparada para aceitar a situação. De muitas maneiras, Claire oferecia menos riscos que uma estranha. Mary sabia que Shelley conhecia as limitações de Claire: sua volatilidade, bem como a letargia que por vezes lhe sobrevinha. Ela já não acreditava que o marido fosse deixá-la por causa da irmã postiça. Ao contrário, ela apreciava a liberdade temporária que ganhava quando Claire estava com eles. Com Shelley feliz e ocupado, Mary podia escrever cartas para seu príncipe grego e se concentrar em Percy. Ela escrevera a conclusão de *Valperga*. A única coisa que faltava era copiar o texto. Então, ela poderia enviá-lo para a Inglaterra e, talvez, ganhar algum dinheiro, quem sabe até fama.

Quando voltaram de La Spezia, Claire começou a se queixar de ter de regressar para Florença. Por que ela não podia viver com Mary e Shelley outra vez? Shelley gostou da ideia, conquanto continuasse preocupado com a reação de Byron. No entanto, o entusiasmo recente de Mary pela irmã evaporou de imediato: uma visita de Claire estava bem, mas viver com ela era um prospecto aterrador. Ela não se importava de compartilhar Shelley por alguns dias, mas não lhe agradava a ideia de ver Shelley procurando Claire o inverno inteiro. A sra. Mason concordava. As irmãs precisavam ficar separadas, disse ela, e a mulher enviou uma advertência tão dura a Claire que, no dia mesmo em que Byron chegava a Pisa, Claire deixou a cidadezinha, seguindo para o sul.

## CAPÍTULO 30
# MARY WOLLSTONECRAFT: APAIXONADA OUTRA VEZ
### [1796]

A volta de Godwin para Londres após suas férias aconteceu no dia 24 de julho, quatro dias depois do que Mary esperava, e ela já se encontrava em um incômodo estado de ansiedade. Enquanto ele esteve fora, ela se sentiu tão segura em relação aos sentimentos do escritor que se mudou para o número 16 da Judd Place West, de onde, para chegar nas acomodações de Godwin na Chalton Street, bastava contornar a esquina. Pela primeira vez desde que partira para a França, em 1792, ela tirara a mobília do depósito a fim de se estabelecer de forma mais permanente. Agora, ela se perguntava se isso teria sido um erro. Talvez Godwin acabasse por mostrar que era igual a Imlay — indigno de confiança, fazendo promessas que não cumpriria. Ela tentou não dar importância a seus receios, escrevendo para Godwin que, como ele não regressara quando disse que o faria, "pretendo guardar minha ternura na garrafa de meu peito, a menos que algo em seu semblante, quando eu o vir, faça com que a rolha estoure".

Godwin foi visitá-la tão logo chegou a Londres, contudo Mary não recuperou de todo a confiança. Ele estava ansioso demais para dizer algo revelador, de modo que, nas visitas seguintes, eles avançavam e retrocediam, conversando de forma evasiva e apenas insinuando seus sentimentos. Por fim, após quase três semanas nessa situação, encorajado pela constância da afetuosidade de Mary e por seus bilhetes lisonjeiros — que ela enviava antes e depois de seus encontros —, Godwin tomou coragem e confessou seu amor com um beijo, ocasião que foi marcante para ambos. Posteriormente, Godwin recordaria "o sentimento que estremecia na língua, irrompia dos lábios".

Ainda assim, nenhum dos dois queria dar o passo seguinte e, por isso, o romance prosseguiu devagar, com investidas e recuos hesitantes da parte de ambos. A intimidade sexual se tornou uma espécie de tabuleiro de xadrez, um teste de estratégia. Para Godwin, cujo pai "era tão puritano que considerava acariciar um gato uma profanação do Dia do Senhor", parecia indecente agir de acordo com seus impulsos sensuais. Mary, por outro lado, sentia-se pronta para se entregar e estava decepcionada com a inibição de Godwin. Ela começou a se referir a ele como "sua sapiência filosofal", em parte por brincadeira, mas também para incitá-lo a demonstrar seus sentimentos com mais liberdade.

As coisas ficavam ainda mais difíceis diante do desafio de conseguirem um tempo a sós. Na casa de Mary, Fanny ficava no quarto logo embaixo e Marguerite estava sempre por perto. Na residência de Godwin, chegavam visitantes a toda hora. Ambos sabiam que a descoberta de um envolvimento amoroso entre o autor de *Political Justice* e a autora das *Reivindicações* seria uma mina de ouro para os jornais; eles tinham muitos inimigos que adorariam contar essa história e, apesar de todas as suas ideias e escritos radicais, Godwin era melindroso no tocante a escândalos. Mary reconhecia que a notícia de seu relacionamento com Godwin a deixaria exposta a perguntas perigosas. Em pouco tempo, as pessoas chegariam à conclusão de que Fanny era filha ilegítima.

É curioso que eles não tenham se deixado deter por seus receios. Nas horas avançadas das noites de verão, quando Marguerite e Fanny já estavam dormindo, o tempo que passavam juntos se enchia de um fervor crescente. Sendo escritores, eles confessavam seus sentimentos em cartas, despachando breves arroubos de palavras depois de seus encontros. Mary dizia a Godwin que não conseguia se desvencilhar de suas "sensações voluptuosas". Godwin confessou a Mary: "Você incendeia minha imaginação. [...] Por seis horas e meia, não consegui pensar em outra coisa. Eu sentia um desejo indescritível de tê-la em meus braços". Porém, essas sucintas missivas também surtiam efeitos desfavoráveis, deixando-os desconfortáveis quando um deles expressava algo de maneira canhestra ou confessava um momento de apreensão.

Depois de um de seus primeiros encontros íntimos, Godwin se sentiu tão humilhado por causa de sua inexperiência que evitou visitar Mary no dia seguinte e foi frio com ela quando a escritora apareceu subitamente em sua residência. Quando ela lhe enviou um bilhete, tentando persuadi-lo ao lançar mão dos ceceios infantis de Fanny — "Voxê, como diria Fannikin, não quer vir me ver hoje?" —, ele não respondeu e, como continuasse a evitá-la, ela enviou outro recado, perguntando: "Você se sentiu muito sozinho ontem à noite?", dando-lhe abertura para expressar seus sentimentos. Porém, o constrangido Godwin respondeu com azedume: "Não estive nada bem a noite toda. Você não me achou suficiente naquele sentido ontem e, portanto, inadvertidamente, deixou-me com uma sensação mortificante". Mary não sabia o que era essa sensação mortificante e, por isso, se sentiu rejeitada.

No entanto, Godwin não tivera a intenção de se afastar. Receoso de que sua inexperiência o fizesse parecer tolo — por certo, ele se *sentia* um tolo —, o escritor queria uma confirmação de que Mary ainda conservava interesse por ele. No instante em que Mary admitiu seu desespero, ele lhe disse que estivera ansiando por ela, mas se afastara por temer que "eu pudesse estar enganando-me quanto a seus sentimentos e que eu estivesse alimentando minha mente com suposições infundadas".

Uma vez que o casal havia declarado um ao outro a seriedade de suas intenções e a profundidade de seus sentimentos, era de supor que as barreiras caíssem e eles se atirassem nos braços um do outro, mas tanto Godwin como Mary estavam apavorados com a ideia de que o outro talvez fosse embora. Além disso, como é comum em envolvimentos amorosos, o que se admira no parceiro de início pode logo se transformar em algo irritante. Godwin, que a princípio se impressionara com a intensidade das emoções de Mary, agora achava seus humores um pouco perturbadores e pregava a necessidade de maior comedimento. "Você tem os sentimentos da natureza", escreveu ele para Mary. "Mas não permita que eles a tiranizem." Mary, que admirara a integridade de Godwin, sua reserva, sua habilidade de controlar o próprio comportamento e os impulsos, respondeu dizendo-lhe que ele precisava cultivar a intuição e a imaginação, bem como agir com mais espontaneidade.

As diferenças entre o casal se estendiam até ao modo como eles lidavam com sua vida diária. A rotina de Godwin raramente variava, ao passo que Mary, por necessidade, mantinha horários bastante irregulares. Fanny ficava doente. Mary Hays precisava chorar por causa de seu unitarista. Um mercador tinha de ser tranquilizado. Maria Reveley e Henry apareciam sem avisar. Ela também voltara a escrever críticas para Johnson, mas ainda tentava fazer progresso com *The Wrongs of Woman*. Para assumir algumas das tarefas domésticas, entre as quais a entrega de seus bilhetes do outro lado da cidade, Mary contratou uma criada, mas horas sossegadas de reflexão, que constituíam o alicerce da existência de Godwin, eram raras na vida de Mary. Não que ela não as quisesse, mas eram apenas muito difíceis de conseguir.

Apesar dessas dificuldades, no fim de agosto, Mary e Godwin já haviam consumado seu relacionamento. Foram necessárias quatro tentativas, que Godwin anotou em seu diário com habitual eufemismo: "*chez moi*" (em minha casa), "*chez elle*" (na casa dela) duas vezes e, finalmente, "*chez elle toute*" (na casa dela — tudo). Godwin não era nenhum Imlay. Virgem e apreensivo, ele precisou dessas três sessões práticas desajeitadas antes do *toute*. Depois do ocorrido, ele não teve arroubos de expressão. Não houve descrições líricas da beleza de Mary nem do próprio êxtase do escritor. Felizmente, Mary não sabia da existência desses registros lacônicos de Godwin; do contrário, bem poderia tê-los visto como mais um indício da frieza do homem.

Todavia, Godwin começava a se mostrar mais afetuoso. Seus bilhetes para Mary se tornaram definitivamente espirituosos já no fim do verão e início do outono. Em setembro, ele se referia a si mesmo como "o pupilo" de Mary. Em outubro, ele acrescentou "*bonne*" ao seu conciso "*chez moi*". Mary também estava aprendendo a confiar em Godwin. Ela começou a lhe escrever cartas que transbordavam sentimento: "É uma tranquilidade sublime a que sinto em seus braços — Quieto! Não deixe que a luz veja, eu ia dizer ouça — estas confissões deveriam ser apenas ditas — você sabe onde, quando as cortinas estão erguidas e o mundo fica lá fora". Eles dependiam do sistema de contracepção da época: nada de sexo por três dias após a menstruação e, então, visto que se acreditava que relações sexuais frequentes reduziam a possibilidade de concepção, muito sexo durante o restante do mês.

Entretanto Mary ainda pressionava Godwin a ser mais expressivo. Ela queria "pequenas mostras de atenção", mas Godwin se recusava a fazer o que lhe dissessem e reclamava: "Você estraga pequenas atenções ao esperar por elas". Por que ela não conseguia acreditar que ele a amava? Porque, escreveu Mary, ela achava que, se quisesse "atenção" dele, era "necessário pedir". Ela percebeu que ele estava apreensivo e abordou o problema diretamente, como lhe era característico. "Você pode resolver este problema?", perguntou ela. "Eu estava tentando descobrir noite passada, na cama, o que é que, em mim, lhe dá tanto medo. Fiquei magoada ao notar que você estava — mas chega disso — tenho um coração perturbado." E, não obstante, esses desentendimentos eram testemunha da intimidade que eles estavam criando. Sempre perplexo diante das mágoas de Mary, Godwin aprendia a lhe fazer elogios e a tranquilizá-la em relação ao seu comprometimento. Por sua vez, Mary aprendia a não esperar tantas demonstrações sentimentais de seu reservado pretendente e a usar de tato e brevidade ao expressar algum desapontamento, em vez de fazer longos discursos e escrever maços de cartas.

Como lhes era característico, nenhum dos dois permitiu que o romance diminuísse o ritmo do seu trabalho. Ambos estavam concentrados em projetos literários. Godwin revisava *Political Justice* para uma segunda edição e também trabalhava em uma peça, a tragédia *Antonio; or, The Soldier's Return* [Antonio; ou O retorno do soldado](que foi produzida em 1799). Ele levava o manuscrito para a casa de Mary, à noite, e eles o examinavam juntos. Após alguns desses tête-à-têtes, Mary enviou um esboço inicial de *The Wrongs of Woman* para Godwin, pedindo seus conselhos. A resposta do escritor foi totalmente diferente do que ela queria ouvir. Havia "uma deficiência básica" em sua escrita, disse ele. A gramática ainda era pobre, apesar de suas aulas particulares. As ideias eram incoerentes. A história era confusa. Embora tivesse recebido bem os comentários anteriores de Godwin sobre seu trabalho, no verão, agora eles pareciam invasivos e ásperos. Ela estava muito mais comprometida com *The Wrongs of Woman* do que estivera com sua peça e esperava mais agora que eles eram amantes. Ela achava que ele deveria compreendê-la e reconhecer o valor de seu trabalho sem ter de argumentar em favor dele. Mary enviou uma longa carta a Godwin, resumindo sua posição:

> Que se há de fazer, devo ou desconsiderar sua opinião, julgá-la injusta, ou largar a pena, desconsolada; e isso seria o mesmo que desistir da existência. [...] Em suma, devo esperar estar fazendo algum bem e ganhar o dinheiro que quero com meus escritos, ou adormecer para sempre. Não me contentarei em manter tão somente corpo e alma juntos. [...] E, pois, eu desejaria que você visse meu coração e minha mente exatamente como eles me parecem, sem lançar qualquer véu de afetada humildade sobre eles. [...] Sou obrigada a pensar que existe algo em meus escritos que seja mais precioso do que nas obras de algumas pessoas a quem você faz calorosos elogios — e quero dizer mais raciocínio [...] mais observações de meus próprios sentidos, mais das associações de minha própria imaginação — as efusões de meus sentimentos e paixões em lugar dos mecanismos frios do cérebro nos materiais produzidos pelos sentidos e pela imaginação de outros escritores.
>
> Estou mais impaciente comigo mesma do que você pode imaginar quando lhe digo que não escrevi uma linha sequer para contentar-me [...] desde que você leu meu manuscrito.

Apesar de respeitar Godwin, Mary deixou claro que não estava preparada para abandonar *The Wrongs of Woman*. Quanto à peça que Godwin criticara, a essa não valia a pena dar continuidade, percebeu a escritora. Ela compreendera isso e abandonara o projeto. Contudo, *The Wrongs of Woman* era diferente, sua mensagem era muito mais importante. Nesse livro, ela conseguiria expor as injustiças que as mulheres enfrentavam, os sofrimentos que suportavam. Godwin podia ajustar *Political Justice* e sua própria peça tanto quanto quisesse, mas ele tinha de permitir que ela se revelasse em sua escrita — expressar emoções pessoais e descrever suas visões e seus pesadelos, suas fantasias e recordações. Eles tinham objetivos diferentes, e os de Mary valiam tanto quanto os dele.

Após receber a carta, Godwin pediu desculpas e disse que continuaria a ajudá-la com a gramática se ela quisesse, o que ela aceitou, confessando sua insegurança: "Agora que você me levou a descobrir que escrevo pior do que eu pensava, não há como parar — devo aprimorar-me, ou ficar insatisfeita comigo mesma". Contudo, ela ficou magoada com essa presunção de superioridade de Godwin. Seis meses depois, Mary recobraria o ânimo e escreveria um ensaio defendendo seus ideais literários. O ensaio foi tão bem formulado que Godwin não se ofendeu e, na verdade, talvez não tenha sequer percebido que o texto se dirigia, ao menos em parte, ao escritor.

Quando as temperaturas começaram a cair, eles passaram muitas noites junto à lareira de Mary, lendo, trabalhando, conversando e brincando com Fanny. Por vezes, saíam para caminhar pelos campos próximos. Outras vezes, passavam as tardes na residência de Godwin, enquanto Marguerite ficava com Fanny. Todavia, essas horas pareciam muito rápidas e breves; os dois desejavam passar uma noite inteira juntos e, assim, planejaram uma excursão fora de Londres. Mary gostou da ideia de visitar o interior. Godwin gostou da ideia de privacidade sem interrupções. Eles marcaram uma data em setembro para passarem um fim de semana fora da cidade. Porém, seus planos foram arruinados por Fanny, que começou a ficar chorosa e difícil na semana que culminaria com a viagem, e a catapora irrompeu na menina na véspera de sua partida. Mary não queria deixar a filha doente, de modo que eles aguardaram até que as pintinhas tivessem quase desaparecido antes de seguir viagem. Por fim, Mary ainda estava tão preocupada com Fanny que eles decidiram passar apenas uma noite fora.

Entusiasmados e apaixonados, eles pegaram uma carruagem até o vilarejo de Ilford, não muito distante do primeiro lar de Wollstonecraft, em Epping, onde fizeram uma visita a sua antiga casa, encontrando-a quase intacta. Como não havia ninguém morando ali, eles ficaram à vontade para vaguear pelos campos onde Mary brincara quando criança. O passado voltou com ímpeto à memória da escritora enquanto eles caminhavam: as explosões de fúria embriagada do pai, a fraqueza da mãe, as muitas injustiças que ela havia sofrido — Mary contou a Godwin tudo de que se lembrava, estabelecendo um vínculo com ele da melhor maneira que conhecia: por meio de histórias e recordações.

Quando voltaram para casa, Mary encontrou a filha muito doente. Ela escreveu para contar a notícia a Godwin "com [Fanny] nos meus braços". A catapora voltara. Fanny se recusara a dormir sem Mary, coçando-se até abrir feridas, ao que sobreveio a febre. Agora, ela seguia de perto os passos da mãe, e Mary passava o dia tentando distraí-la para que ela parasse de coçar o rosto. Outras mães do século XVIII talvez tivessem aplicado um corretivo na criança de 2 anos, ou tentado fazê-lo, porém Mary pegava a filha nos braços e a carregava pela casa, a garotinha agarrada a ela como um caranguejo. À noite, Fanny ainda não conseguia dormir e mantinha Mary acordada; depois de alguns dias nessa rotina, Mary também adoeceu.

Enquanto isso, Godwin avançava depressa com suas revisões de *Political Justice*. Nem uma única vez lhe ocorreu que Mary pudesse precisar de ajuda, e ela protestou contra o egocentrismo do amante: "Por que não pôde dizer *como vai* esta manhã? Sou eu quem quer cuidados [...] — você está acima das funções femininas?". Ele argumentou que não era sua função cuidar dela — e logo se retraiu, recusando-se a responder às acusações de Mary. Ela reclamou ainda mais, até que Godwin enfim cedeu, fazendo uma visita à adoentada. Mary se animou de imediato. A constância do escritor compensava em muito seu egocentrismo. Ela percebeu que ele estava tentando relaxar e proporcionar o que ela queria, de modo que, em retribuição, ela tentou exigir menos demonstrações de afeto. No entanto, a rigidez do escritor continuava a irritá-la e, quando já se sentia melhor, ela o exortou a ser mais "alegre, jovial, divertido; mais que isso, pândego". Mary não tinha paciência com a falta de imaginação e o convencionalismo pomposo do amante. De sua parte, Godwin queria que Mary fosse mais séria, mais razoável. Ele reclamava que não conseguia "distinguir sempre entre sua jocosidade e sua seriedade, e saber quando sua sátira significa muito e quando não significa nada. Mas vou tentar".

A chave, é claro, era que ele tentaria. E, portanto, ela também. Assim, com todos os seus choques, o relacionamento entre eles se solidificou, embora essa solidez trouxesse uma nova preocupação para Mary. Se ela e Godwin realmente teriam um futuro juntos, então Fanny e o escritor precisavam amar um ao outro.

A preocupação de Mary era desnecessária. Apesar de toda a sua rigidez, Godwin aceitara "Fannikin" desde o início, e Fanny adorava Godwin, exigindo saber quando o "Homem" voltaria para outra visita. Quando saíam para passeios a pé, ela puxava a mãe pela Chalton Street, dizendo: "Vem por aqui, mamãe, mim quer ver o Homem". No fim de novembro, Marguerite já deixava Fanny na casa de Godwin, onde ele a empanturrava de biscoitos e pudins enquanto a mãe aproveitava o tempo sozinha para trabalhar. Mary e Godwin começaram a se referir um ao outro como "mamãe e papai". Mary gostava de contar a Godwin as pequenas conquistas de Fanny, escrevendo-lhe um dia para dizer que Fanny "subiu exultante as escadas para contar-me que não chorou quando lhe lavaram o rosto". Era o que ela havia sonhado com Imlay: compartilhar uma filha.

Eles continuaram a manter o relacionamento em segredo, recebendo convidados separadamente e frequentando festas sozinhos. Mesmo seus melhores amigos não sabiam de nada. Em dezembro, porém, após um período de relativa tranquilidade, Mary começou a se sentir deprimida e indisposta. No dia 6 de dezembro, ela sentiu "uma tristeza extrema" e, no dia seguinte, viu Godwin no teatro com a sra. Inchbald, sua rival, enquanto ela se sentou sozinha em um assento barato. "Fui uma tola por não pedir que Opie (o amigo que pintava retratos) fosse comigo", disse irritada a Godwin, na esperança de deixá-lo com ciúmes. Seguiram-se outros pequenos desentendimentos. Na terceira de semana de dezembro, o motivo dos melindres de Mary já havia ficado claro. Ela estava grávida.

Godwin recebeu a notícia com ardor e entusiasmo. No dia 23 de dezembro, Mary lhe escreveu: "Havia uma ternura em seus modos, como se você estivesse abrindo o coração para um afeto recém-nascido, que o tornou muito caro para mim. Existem outros prazeres no mundo, percebe?, além daqueles conhecidos por sua filosofia". Mas ela estava desalentada com sua condição, sentindo que caía novamente na depressão que a torturara tantas vezes antes. No dia 28 de dezembro, "recordações dolorosas" de estar grávida e ser abandonada sobrecarregaram-na tanto a ponto de dizer a Godwin que desejava que eles jamais tivessem se conhecido. Ela queria "anular tudo que se passou entre nós" e que "todas as coisas afetuosas que você me escreveu sejam destruídas". Godwin ficou magoado e apreensivo, mas reconhecia não saber como resolver os problemas que o casal teria pela frente. Os obstáculos à felicidade dos escritores pareciam insuperáveis: desaprovação social, filhos ilegítimos e dinheiro.

Mary não obtivera muitos rendimentos com escrita naquele outono e suas dívidas aumentavam. Johnson, que sempre cuidara dos problemas financeiros de Mary, relutava em pagar as dívidas da escritora, pois queria que ela obrigasse Imlay a contribuir com o sustento de Fanny. Mary compreendia a relutância de Johnson e acabou escrevendo para Imlay, dizendo que aceitaria seu auxílio, mas Imlay nunca respondeu. Godwin também não era de grande ajuda prática. Ele calculava suas despesas até o último centavo e, às vezes, tinha de pedir algumas libras emprestadas para quitar as contas. Ele nunca planejara assumir a responsabilidade financeira de uma família, declarando que tais obrigações arruinavam a liberdade de um intelectual. Mary estava ciente dos princípios em que ele acreditava, mas, na condição de mãe solteira grávida, estava achando difícil respeitá-los.

Ela se sentiu um pouco melhor quando Godwin demonstrou seu comprometimento, emprestando cinquenta libras de um amigo para ajudá-la a passar o inverno. Contudo, embora estivesse grata, não lhe agradava que, uma vez mais, a autora de *Reivindicação dos Direitos da Mulher* dependesse de um homem. Ela tentou ganhar algum dinheiro escrevendo críticas para Johnson, mas estava exausta demais para produzir muito. Foi um inverno difícil. As condições climáticas eram horríveis e, confinada em casa, Fanny ficava entediada e atrapalhava. Mary estava tão cansada que sair para fazer qualquer coisa era penoso. Quando nevava, ela tinha de andar com cuidado pelas ruas cobertas de gelo, a bainha do longo vestido se arrastando pelos montes de neve, os tornozelos e os pés enregelados. Ela escreveu para Godwin: "Você não tem anáguas para balançar na neve. Pobres mulheres, como são acossadas por tormentos — por dentro e por fora". Era irritante que fosse ela que tivesse a filha, que estivesse grávida, que não conseguisse trabalhar porque não se sentia bem. Ela estava tendo dificuldades para chegar ao fim de cada dia com uma criança, que dirá com duas, ao passo que, como de costume, o metódico Godwin escrevia das nove à uma. Ele já havia quase terminado a nova edição de *Political Justice*.

Mary conseguia ao menos manter suas leituras. O casal acompanhava os noticiários e a política. Ambos terminaram o romance de Mary Hays, *Emma Courtney*. Godwin pediu que ela fizesse uma análise crítica de seu ensaio sobre educação para o *The Enquirer* antes de submetê-lo para publicação. Mary o aconselhou a defender com mais ênfase a instituição de escolas públicas diurnas, pois isso "evitaria o mal de serem deixadas com criados e permitiria que as crianças conversassem com crianças". Ela disse que não era a favor de internatos (embora já tivesse sido diretora de um) porque "o exercício de afeições domésticas" era o "alicerce da virtude". A escritora continuava ainda a refletir sobre seu romance, *The Wrongs of Woman*, e decidira que sua personagem feminina central seria uma esposa maltratada, injustamente confinada em um sanatório pelo marido. Ela releu uma parte de *Caleb Williams*, de Godwin, na qual Caleb é preso por crimes que não havia cometido e, em seguida, persuadiu Johnson e Godwin a visitar o manicômio Bedlam com ela, o que eles fizeram no dia 6 de fevereiro.

O manicômio ficava em Moorfields, perto da recém-construída Finsbury Square, atualmente a região nordeste de Londres. Era uma parte da cidade assolada pela pobreza, com construções a ponto de desmoronar e uma fama péssima por causa dos mendigos e criminosos. Era também o centro do comércio de mobília de segunda mão e roupas velhas, e suas vielas eram ladeadas por barracos atulhados de cadeiras quebradas, armações de camas e roupas de cama amareladas. No mesmo dia em que foram ao Bedlam, Mary e Godwin também foram a uma lojinha de "roupas usadas", talvez a fim de comprar artigos de vestuário para algum criado ou até para eles mesmos.

O Bedlam já havia sido uma magnífica construção barroca, mas quando Mary, Johnson e Godwin o visitaram, o prédio já tinha mais de cem anos. Suas fundações haviam sido lançadas no solo arenoso do antigo fosso de Londres e, agora, suas paredes estavam afundando e a estrutura inteira de três andares parecia quase ruir sob o peso do telhado e das elegantes torres de sino. Lá dentro, seus internos estavam famintos, nus e acorrentados às paredes. As "salas de arejamento", que se assemelhavam a celeiros e pelas quais os pacientes que não eram considerados perigosos tinham permissão de perambular livremente, eram abertas para os visitantes. De fato, visitar o Bedlam era uma atividade popular na Inglaterra do século XVIII. Cobrava-se um centavo dos turistas para que, pasmos, pudessem fitar os pobres sofredores. Mary fez anotações com o intuito de usar os gritos que ouvia e a angústia que presenciava em seu novo romance.

Mas havia sempre a questão do que deveriam fazer em seguida como casal, e os dois passaram o inverno debatendo as opções. Como ambos eram famosos por suas críticas ao matrimônio, era difícil aceitar a ideia de se casar, mas eles também sabiam que viviam em um mundo que excluiria Mary caso ela tivesse um filho fora do casamento. Apenas os amigos mais íntimos sabiam que ela não fora realmente casada com Imlay, e ela tinha plena ciência da condenação que sofreria quando corresse a notícia de que Imlay não era seu marido. Embora, a princípio, Godwin tivesse tentado persuadi-la a viver de acordo com os ideais que partilhavam, ele logo percebeu que a filosofia pouco servia de consolo diante da ira da sociedade. Mary seria severamente punida se eles não se casassem. E, no entanto, se o fizessem, ele seria ridicularizado e tachado de hipócrita. E ela também, é claro, mas esse mal talvez fosse menor que o ostracismo que a escritora enfrentaria na posição de mãe solteira. Godwin tentou emendar a própria situação retratando-se, em sua nova edição de *Political Justice*, em relação ao seu ponto de vista anterior, contrário ao casamento. O matrimônio, escreveu ele, ainda era um mal necessário na sociedade, mas o escritor esperava que, um dia, em um mundo melhor, essa instituição passasse a ser desnecessária.

A situação de Fanny complicava ainda mais as coisas. Visto que o casamento com Godwin declararia a filha como efetivamente ilegítima, Mary se preocupava com o tratamento que a sociedade dispensaria a sua garotinha. Por outro lado, se ela não legitimasse esse novo relacionamento, o segundo bebê estaria condenado. De qualquer maneira, uma criança seria prejudicada. De qualquer maneira, sua reputação estava arruinada. Por fim, após muito debaterem, Mary e Godwin decidiram se casar — uma solução deficiente que não os deixava nada felizes, mas que, ainda assim, parecia ser a melhor resposta para o problema.

Nesse ínterim, Godwin tinha receio do que aconteceria caso eles passassem tempo demais juntos. Ele não queria abrir mão de suas silenciosas acomodações e se sujeitar à confusão da residência de Mary, esboçando sua apreensão em um ensaio que escreveu para o *The Enquirer*, no qual falava sobre os perigos da "coabitação":

> Parece ser uma das artes mais importantes da vida que os homens não se aproximem demais uns dos outros, nem se toquem em pontos demais. O excesso de familiaridade é a morte da felicidade social.

Tal como Godwin, Mary temia aquilo que o futuro reservava. Ela continuou escondendo o plano e a gravidez dos amigos e até mesmo da irmã, Everina, que lhe fez uma visita constrangedora naquele inverno. Era a primeira vez que Mary via uma das irmãs depois de voltar da França, mas o reencontro não foi nada alegre. Everina desaprovou os amigos de Mary. Ela sentiu uma antipatia imediata por Godwin e se recusou a falar com ele. Embora fosse a primeira vez que via Fanny, ela ignorou a garotinha. Everina pegou um resfriado e Mary e Marguerite tiveram de cuidar dela. Quando conseguiu sair da cama, ela contraiu uma alta dívida na chapelaria e não a saldou. Ela não fazia nada para ajudar quando havia uma emergência: o gato de Fanny, Puss, ficou "frenético" e "subiu pela chaminé". Mary, que amava animais, não queria que o bichano morresse e não sabia o que fazer com seu comportamento imprevisível. Por fim, ela decidiu que Puss era perigoso demais e, com pesar, mandou afogá-lo, dizendo a Fanny que o animal estava doente e havia fugido.

Por fim, Everina foi embora. Apesar de aliviada com a partida da irmã, Mary lhe escreveu logo em seguida, prometendo enviar dinheiro quando o tivesse, e para Eliza também, mesmo que ela ainda não quisesse falar com Mary. Já se haviam passado catorze anos desde que Mary salvara Eliza do marido abusivo e, não obstante, Mary não conseguia se livrar da sensação de que a felicidade da irmã era sua responsabilidade pessoal. Everina contara que o empregador de Eliza no País de Gales praticamente a aprisionara, impedindo-a de sair ou de fazer intervalos durante o trabalho. Mary queria ajudar, mas se sentia acovardada. Ela estava mais velha e era mais pessimista do que quando escrevera *Reivindicação dos Direitos da Mulher*. Agora, parecia um sonho impossível que as irmãs, ou, por sinal, qualquer mulher comum, pudessem conquistar a independência. Como muitos dos ideais que ela e os amigos haviam compartilhado durante a última década — direitos humanos universais, maior igualdade entre ricos e pobres, a derrocada da aristocracia francesa —, o sonho de melhorar a vida das mulheres não resultara em nada. Suas *Reivindicações* não haviam mudado o mundo — outro motivo por que deixara de escrever ensaios. Ela mesma, que, ao contrário de tantas outras mulheres, tinha alguma renda à sua disposição, não conseguia saldar suas dívidas, uma situação que se agravava por sua predisposição a ajudar os outros. Em abril, ela abrigou o filho da criada quando ele ficou doente e, em seguida, arcou com o custo de seus estudos — circunstância que a impediu de enviar os recursos prometidos a Everina. E assim, ainda que Mary não conseguisse entender plenamente por que as irmãs pareciam sempre furiosas, elas, por sua vez, ouviam com suspeita as promessas da irmã mais velha. Ela fizera pouco para ajudá-las durante anos e, na realidade, abandonara-as quando voltou para Londres, um abandono agravado por tudo que ela dissera que faria por elas, mas nunca fez.

Mary e Godwin ficaram felizes por ter sua privacidade de volta e desfrutaram todas as semanas sossegadas que puderam até o fim de março, quando a gravidez de Mary se tornaria evidente a todos. No dia 29 de março, Mary e Godwin caminharam até St. Pancras, a antiga igreja interiorana de Somers Town, e, tendo James Marshall, amigo de Godwin, por testemunha, tornaram-se marido e mulher. Godwin registrou o acontecimento em seu diário com uma única sílaba — "Panc" —, como se ele fosse incapaz de se obrigar a escrever a palavra inteira, e menos ainda confessar que esse havia sido o dia de seu casamento. E, na realidade, essa foi exatamente a ênfase que o casal deu ao evento. Eles não deram uma festa nem celebraram. Afinal, havia motivo para comemorar? Seu casamento era tão somente uma concessão ao preconceito social.

Em seguida, Godwin foi ao teatro sozinho com a sra. Inchbald enquanto Mary seguiu para casa e começou a arrumar suas coisas. Depois de muita discussão, eles haviam decidido que era hora de viverem juntos, mas o fato de ter sido uma decisão difícil para ambos indica o quanto eles não eram convencionais. À época, não se ouvia falar de casais que mantivessem residências separadas, ou que sequer expressassem o desejo de fazê-lo. E assim, Mary e Godwin elaboraram um conjunto de acordos que se provaria tão revolucionário quanto seus escritos: Godwin alugaria uns aposentos baratos na rua da nova casa do casal, de modo que ele pudesse se isolar todos os dias para escrever. Em compensação, ele não esperaria que Mary assumisse todas as responsabilidades domésticas de sua casa comum — uma concessão extraordinária. Ele respeitaria o direito de trabalhar da esposa e ela respeitaria o dele. Sua parceria, diziam eles, deveria promover a independência do homem e da mulher. Não deveria, a qualquer custo, obrigar nenhum deles a uma espécie de prisão doméstica que ambos receavam e contra a qual haviam lutado durante a maior parte de sua vida adulta. Eles não conheciam nenhum outro casal que tivesse feito um acordo como esse. Como sempre, eles foram pioneiros, tanto que, 130 anos mais tarde, Virginia Woolf buscaria inspiração no casamento deles ao tentar moldar seu próprio relacionamento com o marido, Leonard. Para Woolf, o casamento de Mary se tornaria, na verdade, seu ato mais revolucionário, seu "experimento mais fecundo".

## CAPÍTULO 31
# MARY SHELLEY: "A LIGA DO INCESTO"
### [1821–1822]

A chegada de Byron e sua comitiva era sempre um acontecimento espetacular, principalmente em uma cidadezinha pacata como Pisa. No dia 1º de novembro, as carruagens desceram a Lung'Arno, abarrotadas de mantimentos e objetos, entre eles a enorme cama com o brasão da família Byron entalhado na cabeceira. Em seguida, veio a égua flamenga, conduzida por um cavalariço especial; as cabras e o burro trotavam logo atrás; os cães saltavam e latiam, esticando com força suas guias; os gansos grasnavam e agitavam as penas; o restante da coleção de animais berrava em suas caixas. O lorde chegou por último, em sua carruagem napoleônica de persianas fechadas, longe dos olhares curiosos.

Shelley havia encontrado uma imensa mansão de mármore para o lorde, o Palazzo Lanfranchi, a construção mais imponente do Arno. Muitos criados haviam trabalhado diligentemente a fim de deixar a casa em ordem para o uso — polindo, esfregando e organizando as "necessidades" exigidas por uma residência tão grandiosa. E, apesar disso, mesmo os enormes cômodos mal puderam abrigar a montanha de mobília, roupas de cama, mesa e banho e a prataria que Byron trouxera consigo. Para a própria família, Shelley encontrara uma casa do outro lado do rio, a Tre Palazzi di Chiesa, no final da Lung'Arno e bem defronte à mansão de Byron. "Estamos completamente isolados do tumulto e do *puzzi* desagradável etc. da cidade", observou Mary, mostrando-se feliz. De suas janelas, eles podiam ver os estruturados jardins da cidade, com seus arbustos podados em formato de cones e cilindros, e, para além dos muros da cidade, os descampados com seus retalhos de pomares de oliveiras, escuros bosques de ciprestes e colinas suaves que ondeavam até ao mar. Shelley e Mary se acomodaram no último andar, enquanto os Williams, por insistência de Shelley, ficaram com o térreo.

O palco estava montado. Dois poetas. Duas casas. Os habitantes de Pisa observaram pasmos quando Shelley e Byron começaram a competir um com o outro em quase tudo: quem era o melhor cavaleiro? Quem era o melhor atirador? Shelley acatava Byron como "sua senhoria", embora declarasse, pelas costas do lorde, que a maioria das falhas de Byron vinha de seu exagerado senso de privilégio. Byron se curvava ante a estética de Shelley, declarando que o poeta mais jovem era quem tinha verdadeira sensibilidade poética, mas demonstrava uma satisfação arrogante por sua própria posição de poeta mais famoso.

Nunca a cidadezinha havia sido sacudida por tantos acontecimentos extravagantes e curiosos. Um dos criados de Byron esfaqueou um homem. A casa do lorde ficava acesa a noite inteira. Os pisanos estavam exasperados. Ele nunca dormia? Seus cães lupinos uivavam. Seus pavões gritavam. Vez por outra, os macacos escapavam e perambulavam pelos jardins da cidade. Toda tarde, o lorde e os amigos saíam pelos portões da cidade armados com suas pistolas. As autoridades de Pisa pensaram que estava acontecendo uma revolução, porém, quando seguiram os libertinos, encontraram os ingleses de pé, em fila, mirando tranquilamente em alvos. É provável que Byron fosse o melhor atirador, embora sua mão costumasse tremer porque ele demorava demais para mirar. Shelley era o único que conseguia desafiá-lo, mas seu método de atirar se opunha à tática do lorde. Ele sacava a pistola e disparava imediatamente, acertando o alvo de forma magnífica ou errando de maneira espetacular.

Para aumentar o caos, membros da imprensa inglesa estavam ali, tendo acorrido à cidadezinha para fazer a cobertura dos atos de Byron, rotulando o grupo de amigos, como já haviam feito antes, de "a Liga do Incesto e do Ateísmo". Os mesmos antigos rumores se espalharam por toda Europa e Inglaterra: que Byron estava dormindo com Mary e que Shelley promovia a anarquia. Mesmo o grão-duque da Toscana, geralmente o centro das atenções, perambulava pelo lado de fora da casa de Byron na esperança de avistar o famoso recluso. Contudo, Byron não estava com ânimo de aplacar multidões. Desde que fora escarnecido como um garotinho gordo, ele ficou constrangido com sua circunferência. Periodicamente, o lorde instituía regimes alimentares, durante os quais passava muitos dias sem comer, banqueteando-se em seguida de peixe e vinho. Por vezes, ele comia apenas batatas embebidas em vinagre, ou biscoitos duros e água gaseificada. Porém, ao longo do último ano, ele havia engordado bastante e não queria que ninguém visse o tamanho que alcançara. Em Pisa, quando saía, o poeta preferia passear pelas ruas em algum veículo, protegido de olhares indiscretos, cavalgando sua égua apenas quando estava em segurança fora da cidade.

Medwin se reuniu ao grupo naquele outono e, posteriormente, recordaria uma ocasião em que Byron pediu a Shelley para fazer uma análise crítica de um poema que o lorde havia acabado de escrever, "The Deformed Transformed" [O deformado transformado]. Todos aguardaram para ouvir a opinião de Shelley, na expectativa de que ele se desmanchasse em elogios ao lorde. No entanto, quando enfim Shelley anunciou seu veredito, ele surpreendeu o grupo dos fãs de Byron ao dizer que "de todos os seus trabalhos, é o que menos me agradou [...] era muito ao estilo de *Fausto*". Byron fez um drama por causa disso, destruindo o manuscrito e atirando-o ao fogo, embora, na realidade, tivesse outra cópia cuidadosamente guardada na gaveta de uma escrivaninha.

Ainda que Byron costumasse fazer Shelley se sentir inadequado, e a excentricidade de Shelley, combinada com sua justa indignação diante de quase tudo (desde a crueldade de comer animais até as condições das classes trabalhadoras), irritasse Byron, eles ainda continuavam fascinados um pelo outro. Quando juntos, ignoravam todos os demais, falando apenas entre si, uma arrogância contra a qual ninguém protestava, pelo contrário: a conversação parava para que as pessoas pudessem ouvir os dois mestres. Os poetas exageravam cada qual sua própria maneira de falar a fim de tornar suas diferenças mais prontamente evidentes — Byron se mostrava ainda mais Byron, e Shelley, ainda mais Shelley. Em seu diário, o reverente Medwin tentou descrever como era ouvi-los:

> A conversa [de Byron] era, àquela época [...] cheia de galhofa. [...] Ambos professavam o mesmo espírito especulativo — eu poderia dizer, cético; a mesma capacidade de mudar de assunto, da morte à alegria. [...] Shelley estava sempre lamentando que era quase impossível manter Byron concentrado em qualquer argumento. Ele passava de tópico em tópico como um fogo-fátuo. [...] Cada palavra de Shelley era quase oracular; seu raciocínio, sutil e profundo; suas opiniões, quaisquer que fossem, sinceras e sem disfarces; ao passo que, com Byron, tamanho era seu amor pela perplexidade, era impossível saber quando estava falando a sério. [...] Ele também falava do que era grosseiro e indelicado, coisas pelas quais Shelley tinha uma total aversão, e normalmente o deixavam em um estado mal disfarçado de repugnância.

Byron tinha discernimento para perceber que o trabalho de Shelley, embora ainda tivesse de ganhar reconhecimento público ou conquistar um número significativo de seguidores, era extraordinário. Observando as perigosas explorações de Shelley e Williams no gélido Arno da segurança de sua sacada, Byron se valeu de imagens náuticas para descrever sua percepção do talento de Shelley:

> Somente [Shelley], nesta era de hipocrisia, ousa enfrentar a corrente, como fez hoje em seu esquife no Arno transbordante, conquanto eu não tenha conseguido notar que ele estivesse fazendo algum progresso. A tentativa é melhor do que ser arrastado pela torrente como todo o resto, com o lixo repugnante arrancado de suas margens.

Nas noites de quarta-feira, o grupo inteiro jantava na residência do lorde; em seguida, os dois poetas ficavam acordados até o amanhecer, conversando sobre navios, poemas e, por vezes, mulheres. Para a satisfação de Edward Williams, os poetas o acolheram, bem como a seu recém-chegado amigo, o garboso marinheiro córnico Edward Trelawny, em seu círculo fechado. Mary se sentia um pouco excluída do clube dos garotos. "Nossos bons cavalheiros agrupam-se", escreveu ela para Marianne, "e, como não gostam de caminhar com o estúpido mulherio, Jane [...] e eu saímos juntas e conversamos sobre moralidade enquanto colhemos violetas pelo caminho."

Entretanto Mary tinha muito com que se ocupar. Ela terminou de copiar *Valperga* naquele mês de dezembro e enviou o romance para a Inglaterra, em janeiro, com um bilhete inflexível de Shelley ao editor, exigindo uma boa proposta financeira para a esposa. Enquanto aguardava a resposta de Ollier, Byron, que conservava seu respeito pelo talento da escritora, pediu que ela fosse sua copista, um trabalho que ela aceitou de bom grado, pois ainda era uma fervorosa admiradora da poesia do lorde. Para Shelley, o entusiasmo de Mary pelo trabalho de Byron era desalentador, em especial quando o próprio Shelley não tinha escrito muito desde a chegada de Byron. Felizmente, havia sempre a bela Jane Williams, que parecia ávida por ouvir os pensamentos e sentimentos do poeta, não tinha seus próprios projetos literários e expressava com frequência sua admiração pelos muitos talentos de Shelley.

Um de seus atributos mais interessantes era que ela conseguia falar um pouco de híndi. Jane havia passado parte da infância na Índia, onde o pai fora mercador, e ela por vezes incluía melodias indianas nas canções que cantava — um exotismo que Shelley adorava. Ele a ouvia por horas, enlevado e inspirado. Ali, enfim, estava sua nova musa. Emilia fora uma decepção. Mary era fria demais. Claire estava longe, em Florença. A beleza de Jane haveria de inspirá-lo a escrever excelente poesia — disso ele tinha certeza.

Para Jane, a demonstração de interesse por parte de Shelley era uma vitória excepcional sobre a intelectualizada Mary. Seria possível, perguntava-se Jane, que Shelley, o gênio, a preferisse em detrimento da brilhante esposa escritora? Ela mirava o poeta com seus olhos escuros, e sua presença reverente — um bálsamo para aquela alma carente de admiração — levava-o a compor poemas líricos de enaltecimento, exatamente como ele esperava. Shelley comprou um caro violão para Jane, incrustado de madrepérola, objeto pelo qual não podia pagar, e batizou-o Ariel, o espírito guardião de Miranda (Jane).

É provável que Jane não tenha percebido essa referência à peça de Shakespeare *A Tempestade*, pois não lia muito e nunca tinha ouvido falar da maioria dos autores que Shelley mencionava. Todavia, longe de se importar com isso, Shelley recordava como era agradável quando uma mulher não tinha suas próprias opiniões. Ele também havia apreciado essa qualidade em Emilia — uma inversão irônica para alguém que, no passado, julgara a educação e a inteligência brilhante de Mary tão superiores à ignorância de Harriet —, mas concluiu que seus sentimentos por Jane eram mais profundos. Emilia era uma impostora. Agora era Jane — com sua musicalidade comovente e seus olhos reverentes — quem representava a mulher ideal de Shelley. Ele sempre gostara de fazer o papel do professor e deu início a um curso intensivo de literatura para seu novo objeto de fascínio. Na primavera, Shelley já podia contar com ela para tomar seu partido em qualquer assunto, de história a política, bem como em quaisquer conflitos domésticos. Na verdade, nada agradava mais a Jane do que quando ele se queixava da esposa, ocasiões em que Shelley sempre podia contar com ela para oferecer seus próprios comentários negativos sobre Mary. De acordo com Jane, Mary falhara com o marido de muitas formas.

Se Mary sabia dessa duplicidade de Shelley e Jane, ela escondeu extremamente bem, encontrando consolo em Trelawny, o amigo de Edward Williams. O marujo de 29 anos chegara a Pisa no mês de janeiro, logo após os feriados do Natal, e, a princípio, Mary achou que ele parecia ser tudo que um homem de verdade deveria ser. Edward Trelawny, o caçula de uma família com títulos de nobreza na Cornualha, disse que havia servido na marinha — embora seus biógrafos questionem essa alegação — e que pedira dispensa aos 20 anos para viajar pelo mundo. Ele não mencionou que vivia com apenas quinhentas libras por ano e que havia abandonado a esposa e duas filhas na Inglaterra.

Trelawny era um homem atraente. Ele tinha um bigode elegante e cabelos longos que colocava atrás das orelhas. Em seu diário, Mary se mostrou entusiasmada com os muitos esplendores do homem, escrevendo "seu rosto mourisco [...] seus cabelos escuros, seu corpo hercúleo". Ele parecia extraordinário, capaz de qualquer coisa. Sua voz era alta: "Seu 'Tremendo!' sendo, de fato, tremendo", como um amigo observou. Para Mary, ele era como um cometa, despertando-a da "sonolência cotidiana das relações

O GARBOSO EDWARD TRELAWNY,
AMIGO DE EDWARD WILLIAMS.

humanas". Salteadores, batalhas, terras distantes, naufrágios — não havia nada que ele não tivesse vivenciado, ou assim parecia; ouvir suas histórias era como ler *As Mil e uma Noites*.

No fim de janeiro, Shelley passou um poema de estrofes de sete versos, o qual intitulou "The Serpent is Shut Out from Paradise" [A serpente foi trancada para fora do Paraíso], por baixo da porta do apartamento dos Williams. Shelley era fascinado por cobras — seu papel na mitologia, não só como símbolos demoníacos, mas também como símbolos do renascimento e da reencarnação. Assim, Williams soube que aquele devia ser um poema autobiográfico e, quando ele e a esposa o leram, seu significado ficou evidente. O "Paraíso" de que Shelley estava excluído era o paraíso da vida conjugal dos Williams. Ele se sentia triste e solitário; seu lar com Mary não lhe proporcionava paz e seus sentimentos por Jane aumentavam ainda mais sua solidão. Ele declarou que teria de evitar os Williams — uma resolução que logo deixou de cumprir:

III.

*Portanto, se agora os vejo mais raramente*
*Caros amigos, cara amiga! Saiba que apenas fujo*
  *De teus olhares porque eles despertam*
*Dores que deviam adormecer, e esperanças que não podem morrer:*
*O consolo mesmo que eles oferecem*
  *Mal posso suportar; porém eu,*
*Tão profunda cravou-se a seta,*
*Deveria logo perecer se ela não fosse retirada.*

IV.

*Quando eu voltar a meu frio lar, perguntas*
*Por que já não sou como sempre fui!*
  *Tu me tornas inadequado à tarefa*
*De representar um papel forçado em um cenário monótono da vida,* —[1]

Shelley dizia que Edward poderia ler o poema para Jane, mas que "os versos eram lúgubres demais para que *eu* os guarde comigo". Williams leu os

---

1   "III *Therefore if now I see you seldomer/ Dear friends, dear friend! Know that I only fly/ Your looks because they stir/ Griefs that should sleep, and hopes that cannot die:/ The very comfort that they minister/ I scarce can bear; yet I,/ So deeply is the arrow gone,/ Should quickly perish if it were withdrawn* IV *When I return to my cold home, you ask/ Why I am not as I have ever been!/ You Of acting a forced part on life's dull scene spoil me for the task*". (Tradução nossa.) [NT]

versos para Jane, que ficou lisonjeada com as declarações de amor de Shelley, mas Williams não ficou muito preocupado nem com ciúmes. Em seu diário, ele deu ao acontecimento a mesma atenção dispensada a todas as demais ocorrências daquele dia:

> Shelley enviou-nos alguns versos bonitos, mas muito melancólicos
> — Visitamos Lord B. e acompanhei-o à área [de tiro ao alvo] —
> Quebrei uma garrafa a 30 passos. Jantamos com Mary e Shelley.

Todavia, Williams tinha pena do amigo. Mary não era uma pessoa com quem ele gostaria de ser casado. A seus olhos, Mary reclamava muito, admirava Byron com demasiado entusiasmo e se perturbava demais com as aventuras náuticas de Shelley. Ela podia ser briguenta e temperamental. Preocupava-se com o filho. Amolava por causa de dinheiro. Não era tão bela quanto Jane. Não admirava que Shelley estivesse infeliz. A alegria da escritora se revelava apenas ocasionalmente. Para Jane e Edward, ela parecia uma moça amarga e desagradável, sem nenhum encanto. Tendo conhecido a escritora apenas nessa altura de sua vida, eles não tinham como saber que Mary já havia idolatrado o marido, ainda acreditava no talento poético dele e o considerava como a única pessoa com quem ela conseguia ser plenamente "natural". Quando Shelley duvidava de suas habilidades de escritor, podia sempre recorrer a ela. O mesmo se aplicava a Mary; quando estava insegura, ela sabia que Shelley diria: "Procure conhecer seu próprio coração e, descobrindo o que ele mais ama — tente desfrutar isso". Antes de ler *Valperga*, por exemplo, ele escrevera para a esposa: "Seja rigorosa em suas correções e espere rigor de mim, seu sincero admirador. Vanglorio-me de você haver escrito algo ímpar e único, e que, não contente com as honras de seu nascimento e sua aristocracia hereditária, agregará ainda mais celebridade a seu nome".

Mas, apesar da confiança que Shelley depositava no trabalho da esposa, chegaram más notícias de Londres naquela primavera. Ollier, editor do casal, recusara-se a oferecer uma proposta aceitável por *Valperga*. Shelley e Mary queriam quinhentas libras esterlinas e acreditavam que aceitariam no mínimo quatrocentas. Assim, foi um choque não conseguirem vender o livro. Mary ficou profundamente decepcionada. Com a venda da obra, ela esperava pagar as dívidas do casal e ajudar o pai. Em segredo, ela tivera a expectativa de receber boas críticas e estava orgulhosa de seu feito.

Logo após a rejeição de Ollier, Godwin escreveu para dizer que estava prestes a ser despejado da casa na Skinner Street. Preocupada, sentindo-se culpada e querendo desesperadamente a aprovação do pai, Mary instruiu Ollier a presentear Godwin com o manuscrito para que ele se valesse de seus contatos literários a fim de tentar vender o livro e usufruir do dinheiro caso tivesse êxito. Porém, de algum modo, Godwin conseguiu evitar o despejo sem *Valperga*. Ele recebeu alguns recursos e decidiu esperar até que o mercado melhorasse para tentar vender a obra. Passariam mais dois anos até que ele encontrasse um editor, levando Mary a se lamentar, em particular, com a sra. Gisborne: "Desejo ter notícias dele — com a vaidade de autora, quero vê-lo publicado e ouvir os elogios dos meus amigos".

Infelizmente, quando *Valperga* foi finalmente publicado, embora a maioria dos críticos tenha elogiado a elegância do estilo de Mary, eles não compreenderam a complexidade da história como um todo e, assim, Mary nunca recebeu os louvores que acreditava merecer. Na folha de rosto, ela se identificava como a autora de *Frankenstein*, asseverando suas credenciais enquanto radical e escritora e, não obstante, a grande homenagem que fizera à mãe foi considerada antes uma trágica história de amor, e não o relato de intenso teor político que realmente era. O único crítico que percebeu sua refutação de Maquiavel a criticou duramente por retratar Castruccio como "moderno e feminino" em vez de "glorioso e enérgico". Ele ignorou a filosofia antiguerra e a condenação da ambição masculina que ela apresentava na obra — pontos que ficam logo evidentes para o leitor moderno — e, em vez disso, condenou-a por sua falta de piedade, desdenhando-a como membro da "Escola Satânica", o rótulo que o poeta Robert Southey havia dado a Shelley e Byron. Para o restante de seus contemporâneos, *Valperga* foi tão somente uma ficção histórica, um romance de uma escritora que, como tal, não devia ser levado muito a sério em termos filosóficos ou políticos. Para Mary, foi desconcertante ter suas ideias ignoradas, sua política rejeitada. Ela imaginava que pudesse ser ridicularizada pelos conservadores, mas supunha que se tornaria uma heroína para os liberais. Porém, ela devia ser ignorada.

Em Pisa, no dia 7 de fevereiro, Trelawny levou Mary para um baile na residência de uma inglesa elegante, a sra. Beauclerk, e dançou valsa com a escritora, coisa que Shelley jamais fizera. Depois, ela descreveu a noite com entusiasmo em seu diário:

> Durante uma longa, longa noite em sociedade, com diferentes
> tipos de indivíduos, dança e música, quantas vezes mudam as
> sensações de uma pessoa, e, com a rapidez com que o zéfiro
> conduz as sombras das nuvens pela colina ensolarada ou os trigais
> que balançam ao vento, tão depressa os sentimentos passam.

Seus sentimentos eram arrebatadores. Uma palavra de Trelawny podia "fazer correr [seu] sangue moroso. O riso dança nos olhos e a alegria aumenta cada vez mais". Como seu príncipe grego, ele fazia com que o magro e etéreo marido de Mary parecesse frágil, efeminado até.

Trelawny admirava em Mary a mistura de seriedade e um humor que podia, às vezes, tornar-se irrefletido, bem como os "tranquilos olhos cinzentos" e a "linhagem de talento" da escritora. Ele também ficava impressionado com sua "capacidade de expressar seus pensamentos com uma variedade de palavras apropriadas, derivada de sua intimidade com as obras de nossos antigos e vigorosos escritores".

Alguns dias depois do baile, começaram as celebrações do carnaval pisano. Incapaz de resistir à animação, o grupo inteiro decidiu ir a um dos bailes de máscaras públicos. Mary vestiu uma fantasia turca e Jane usou um "traje hindustâni" — um turbante e bombachas, fantasia de que ela se orgulhava, pois homenageava sua infância na Índia. Eles seguiram a pé pelas margens do Arno, avaliando as outras fantasias, e depois dançaram até as três da manhã.

Durante as semanas que se seguiram, Mary via Trelawny quase todos os dias. A sra. Beauclerk, anfitriã do baile no qual Mary estivera acompanhada de Trelawny, afeiçoara-se a Mary e insistiu para que outras anfitriãs inglesas incluíssem os Shelley em suas listas de convidados. Muitas se recusaram, não querendo se misturar com a "Liga do Incesto", mas a possibilidade de que o infame Lord Byron acompanhasse os Shelley dificultava a resistência de algumas delas. E, assim, por força da recomendação da sra. Beauclerk, bem como da amizade do casal com Byron, os Shelley eram convidados para recepções e festas noturnas, chás e bailes. Shelley não se interessava por tais ocasiões, mas Mary tirava o máximo proveito delas, levando Trelawny consigo como acompanhante. Agora, quando Shelley jantava na residência de Byron e não voltava para casa antes do amanhecer do dia seguinte, Mary não se importava, porque também ela ficava fora até tarde da noite. De fato, ela estava descobrindo que havia certo poder em ser uma jovem atraente no mundo. Um conde grego, amigo de seu príncipe grego, disse-lhe que ela tinha "os modos mais graciosos, a beleza mais graciosa, o corpo mais gracioso [...] os movimentos mais graciosos do mundo".

Quando não estavam em festas, Mary e Trelawny jantavam juntos, saíam para longas caminhadas e discutiam seus sonhos para o futuro — tudo com a tácita permissão de Shelley, visto que o poeta passava a maior parte do tempo com Byron ou com os Williams. Tal como nos misteriosos episódios envolvendo Claire, as páginas de diário que registravam esse período estão perdidas. A ironia, obviamente, é que essas páginas perdidas servem de bandeiras, marcando os acontecimentos que Mary ou seus descendentes não queriam que outras pessoas conhecessem. Isso faz parecer provável que um breve interlúdio romântico tenha ocorrido naquele inverno — mas também indica que o romance não foi muito além de alguns beijos, pois é quase certo que Trelawny teria tirado vantagem de tal experiência mais tarde, em suas memórias ou em cartas que viria a escrever para outras pessoas, contando a respeito de Mary. Quanto à escritora, embora talvez se tenha deixado levar pelo frisson de tais atenções, ela descobriu, logo após o baile, que estava grávida, circunstância que a uniu outra vez a Shelley. Além disso, com o passar das semanas, ela começou a perceber que havia algo suspeito em relação a Trelawny. Mary não conseguia dizer exatamente o que era, mas, apesar de achá-lo muitíssimo atraente, suas histórias eram tão fantásticas que ela se perguntava se ele era mesmo tudo que parecia ser, escrevendo à sra. Gisborne, no dia seguinte ao baile: "De suas qualidades morais, ainda não sei nada[;] ele é uma estranha teia que estou tentando desemaranhar". Ela estava deslumbrada, porém desconfiada — sem perceber, ou sem querer perceber, que poderia haver perigo pela frente, que um dia Trelawny talvez pudesse lhe causar um mal irreparável.

Mary não era a única que recebia atenções especiais de Trelawny durante esses poucos meses. Ávido por se associar aos ricos e famosos, ele estabeleceu como objetivo conquistar também a simpatia de Byron e Shelley. Essa tarefa foi um pouco mais fácil, pois ambos os poetas tinham admiração por soldados e homens do mar. De acordo com Trelawny, quando ele se desculpou por não ter lido mais poesia, Shelley respondeu: "Você está na vantagem; você viu coisas sobre as quais nós lemos; você ganhou conhecimento dos vivos, e nós, dos mortos". Shelley requisitou a ajuda do recém-chegado em um projeto com o qual vinha sonhando desde dezembro — construir um barco que fosse aerodinâmico, belíssimo e, mais importante de tudo, mais rápido que a nova embarcação magnífica de Byron, o *Bolivar*, assim batizado em homenagem ao revolucionário sul-americano que era um dos heróis de Byron. Trelawny garantiu que era o homem certo para o projeto e se pôs logo a trabalhar. Em 15 de janeiro, Williams escreveu que Trelawny havia criado "o protótipo de uma escuna norte-americana". Diante do desenho de Trelawny, eles contrataram um conhecido do marujo, um certo capitão Roberts, para construir o barco em Gênova. Shelley queria a embarcação pronta até a primavera, para que pudessem levá-la consigo até La Spezia, a cidadezinha litorânea que haviam visitado em agosto último e onde desejavam passar o verão.

Confiar tão completamente em alguém que ele acabara de conhecer era algo típico da natureza impulsiva de Shelley. O poeta tratava Trelawny como se eles se conhecessem desde a infância e nunca percebeu — nem se preocupou — que Trelawny tinha a tendência de exagerar o que dizia. Como disse um biógrafo da época, "Trelawny [...] achava que um pouco de ficção desencadeia fatos mais favoráveis". Ele gostava de contar histórias sobre si mesmo e, nelas, "ele enfrenta todo tipo de dificuldade e supera todas elas; é realmente glorioso o Trelawny de sua própria imaginação".

Para Trelawny, a aceitação de sua amizade por parte de Shelley era o portão de entrada para um mundo glamoroso de arte e aventura. Ele se aliou ao poeta mais jovem, tomando notas de suas atividades para uma futura autobiografia. Mesmo seu flerte com Mary era uma maneira de se aproximar de Shelley. No entanto, uma pista sobre o caráter de Trelawny era que, ao contrário do espirituoso Hunt, ele não compreendia o humor de Shelley. Quando, muitos anos depois, Trelawny escreveu sua descrição do poeta, seu Shelley "não ria nem sequer sorria", embora todos aqueles que foram íntimos de Shelley geralmente notassem seu gosto por pregar peças, bem como sua interpretação irônica do mundo.

Byron, porém, logo começou a suspeitar desse novo membro de seu grupo. Como Mary, Byron achava que suas histórias pareciam absurdas. De fato, elas soavam estranhamente parecidas com as histórias do Corsário, de Childe Harold, ou de Lara — os heróis dos poemas do próprio Byron. Embora fosse temerário tentar se passar por um herói byroniano diante do próprio Byron, parece ter sido exatamente o que Trelawny estava tentando fazer. De acordo com Byron, o homem até dormia com um exemplar de *O Corsário* debaixo do travesseiro, de modo que não surpreende que o entusiasmo do poeta tenha desvanecido. O que não se sabe ao certo é por que Byron optou por tolerar o homem da Cornualha. Talvez porque o poeta, que tinha grandes planos náuticos para o *Bolivar* naquele verão, via maneiras de fazer uso do marujo tal como Shelley fizera. De sua parte, Trelawny nunca perdoou Byron por duvidar de suas histórias e, muitos anos mais tarde, após a morte de Byron, ele se vingou em um livros de memórias mordaz, descrevendo o poeta como "fraco" e "ignóbil", e comparando-o desfavoravelmente com Shelley, que "era destituído de qualquer egoísmo e vaidade".

Para Mary, o carnaval fora o ponto alto da estação. No fim de fevereiro, a gravidez já prejudicava seu estado de espírito. Ela se sentia enjoada e não conseguiu aproveitar o início da primavera. As amendoeiras floresciam em aglomerações de um cor-de-rosa incrível; delicadas anêmonas e prímulas alegravam os jardins; porém Mary tinha dificuldade para dormir e comer, empalidecendo por causa da preocupação e da fadiga. Ela estava convencida de que havia alguma coisa errada com o bebê. Em março, quando Percy, com um ano e dois meses, teve uma febre baixa, ela mandou chamar o médico, tomada de pânico. Seus temores aumentaram quando Claire escreveu em abril, dizendo que estava tendo pesadelos de que Allegra havia morrido. Mary associava a primavera com males, recordando a morte de William e o terrível período em Londres, logo após ter perdido a primeira filha, quando ela e a irmã tinham brigas tão horrorosas que Claire fora obrigada a se refugiar no interior. Ela já havia sentido essa sensação agourenta antes e, em cada uma das vezes, houve o prenúncio de alguma tragédia: o suicídio de Fanny e o de Harriet, a morte de Clara e a de William. Ao longo dos anos, ela passou a acreditar que seu pavor predizia o futuro com exatidão — que ela conseguia sentir quando uma tragédia estava para acontecer — e, nesse ano, o pavor se mostrava mais agudo do que antes.

Conforme o clima quente se estabelecia, todos, exceto Mary, ansiavam por realizar seus planos de verão, sonhando com seu período de descanso junto do mar em La Spezia, que ficava uns oitenta quilômetros ao oeste de Pisa. Byron quase desistiu do plano, considerando a área deserta demais e a água demasiado rasa para acomodar o *Bolivar*. Contudo, Shelley persuadiu Byron a encontrar uma casa na vizinha Livorno, e, quando o lorde concordou, os "planos de Spezia" passaram a ser o único assunto de que falavam. Eles velejariam todos os dias! Os poetas apostariam corridas com seus barcos!

Todavia, a viagem de verão parecia preocupante para Mary. Ao modo de Cassandra, ela tentou sugerir que talvez eles não devessem ir, mas ninguém lhe deu ouvidos. Shelley, Williams e Trelawny estavam animados demais com seu projeto de construção do barco para dar atenção aos alertas da escritora. Os homens estavam ansiosos pela conclusão da nova embarcação, mas houve um atraso, já que o projeto final incluía muito mais velas do que era habitual para um barco daquele tamanho. E ali estava uma nova preocupação para Mary: talvez o golfo de La Spezia não fosse um lugar seguro para velejar. Ela revelou seus temores para Jane, mas, se sua esperança era conseguir apoio, ela se decepcionaria. Jane estava exclusivamente ao lado do poeta agora e declarou que nunca sequer sonharia em duvidar da habilidade de Shelley ou de Williams de cuidar de si mesmos na água.

Mary se sentia sozinha. Trelawny passara o fim de março trancado com Shelley e Williams, estudando mapas náuticos e esboçando sistemas de cordame. Havia pouco tempo ele viajara para Roma a fim de visitar amigos e não expressara tristeza alguma quando se despediu. O que Mary não sabia era que os Williams andavam enchendo os ouvidos de Trelawny com relatos sobre a frieza e insensibilidade da escritora. Seu desconsolo servira apenas para confirmar tais alegações e, em vez de compreender as preocupações de Mary, Trelawny se uniu ao casal Williams para condená-la como uma péssima esposa, em nada adequada ao gênio excêntrico, Shelley.

Depois que Byron concordou em acompanhar Shelley naquele verão, surgiu um leve constrangimento entre os dois poetas. A questão de Allegra era sempre um ponto de conflito, mas agora, apavorada com seus pesadelos,

Claire escrevera para Shelley, na esperança de que ele persuadisse Byron a permitir que Allegra deixasse o convento. Se ele não conseguisse, então ela insistia que ele e Mary a ajudassem a sequestrar sua filha. Mary e Shelley fizeram o possível para dissuadir Claire desse intento. No íntimo, eles acreditavam que provavelmente o melhor para Allegra seria permanecer na escola, longe do estilo de vida dissoluto de Byron. Eles também acreditavam que Byron acabaria deixando a Itália e, então, Claire estaria livre para ver a filha tanto quanto quisesse.

Apesar disso, sabendo o quanto Claire estava sofrendo, Shelley tentou discutir a questão com Byron, embora o poeta ainda ficasse enraivecido sempre que ouvia o nome de Claire. Suas cartas eram "insolentes", dizia Byron. Ela mesma não tinha moral. Era "ateia". Quem era ela para lhe dizer o que fazer com uma garotinha? A última coisa que ele queria era que Allegra ficasse igual à mãe. Seu objetivo era conseguir que ela se tornasse "cristã e se casasse, se possível". O convento era bom para ela, sua educação estava progredindo. Como prova, ele mostrou para Shelley um bilhete que a garota escrevera ao pai: "O que meu papai querido está fazendo? Estou tão bem e tão feliz que não posso senão agradecer meu sempre querido papai, que me traz tanta felicidade e cuja bênção eu peço. Sua pequena Allegra envia saudações amorosas". Byron não visitava a filha, mas era seu dever, declarou a Shelley, protegê-la do "comportamento lunático" da mãe. O lorde aparentemente não percebia a ironia no fato de que ele, um dos libertinos mais infames do mundo, sempre às raias de uma nova aventura escandalosa, condenasse a moralidade ou a sanidade de Claire.

Quando Claire chegou de Florença em meados de abril a fim de se preparar para a viagem de verão do grupo, Mary ficou feliz em vê-la. E, de fato, Claire, alarmada com o desalento da irmã, tentou animá-la, lembrando-lhe de que ela sempre ficava apreensiva quando estava grávida e que as belezas do golfo de La Spezia ajudariam a restabelecer sua disposição de espírito. No dia 23 de abril, Claire viajou para o litoral a fim de procurar casas com os Williams, deixando Mary com Percy e Shelley. Poucas horas depois de sua partida, chegou a amante de Byron, Teresa, transtornada e pálida: o convento acabara de informar que Allegra havia morrido de tifo. Ela tinha 5 anos e três meses de idade.

Chocada, Mary se perguntou se essa "notícia dolorosa" seria a catástrofe que ela vinha temendo tanto. Embora estivesse inconsolável com a morte de Allegra, seus pensamentos se voltaram logo para Percy, questionando se ele seria o próximo. Ela também receava que Claire tentasse se vingar de Byron, principalmente agora que ele estava morando tão perto. O mais sensato a fazer, concluiu Shelley, seria levar Claire para La Spezia o mais rápido possível, tão logo ela voltasse de sua busca por casas, contando-lhe a notícia apenas quando estivessem longe de Pisa.

Assim, quando Claire e os Williams voltaram de sua viagem, dizendo que haviam encontrado apenas uma casa aceitável, a Casa Magni, perto do minúsculo vilarejo pesqueiro de San Terenzo, eles se surpreenderam ao ouvir Shelley dizendo que deveriam partir imediatamente para seu destino de verão, notando que Mary, em vez de resistir, concordou com ele. Claire, que estava acostumada com as súbitas mudanças de ideia de Shelley, não ficou muito aborrecida, principalmente porque Shelley lhes garantiu que eles encontrariam outra casa quando chegassem lá ou, do contrário, todos viveriam juntos, o que seria maravilhoso. As colinas azuladas, o litoral rochoso, o céu, a baía — Claire poderia cantar para eles à noite, circundada pela bela paisagem italiana.

No dia 26 de abril, Mary, Claire e Percy partiram para La Spezia por insistência de Shelley, que "parecia uma torrente, levando tudo em seu caminho", conforme Mary escreveu para Maria Gisborne. O poeta e o casal Williams ficaram para encaixotar a mobília e empacotar seus pertences, dando a Shelley a oportunidade de lhes contar a triste notícia e prepará-los para a tempestade que viria.

M

## CAPÍTULO 32
# MARY WOLLSTONECRAFT: "SER INDEPENDENTE"
### [1797]

Durante a maior parte do ano anterior, Mary Wollstonecraft e Godwin ficaram atentos à construção de casas em uma nova área chamada Polígono, perto da Chalton Street. A sensação de amplitude do lugar fazia Mary recordar os vilarejos onde vivera quando menina. Bastante afastada da sujeira e do barulho da cidade, a região era bucólica. Havia campos de feno ao norte, e cada casa possuía um grande jardim nos fundos. Não foi necessário discutir muito para que o casal decidisse que gostaria de viver ali. Eles podiam ir a pé até Londres se quisessem visitar os amigos, ir ao teatro ou conversar com seus editores. As crianças poderiam brincar livres no jardim, exatamente como Mary fazia quando criança.

No fim de março, pouco antes do casamento, eles fecharam negócio com o senhorio e contrataram a locação da casa de número 29. Durante a primeira semana de abril, Mary organizou suas roupas de cama, mesa e banho, os utensílios de cozinha, livros e papéis com a ajuda de uma criada enquanto Marguerite brincava com Fanny. No dia 6 de abril, as caixas e a mobília do casal foram transportadas de suas residências separadas para a nova casa e, após um dia exaustivo desembalando tudo, Mary, Godwin e Fanny passaram sua primeira noite juntos como família. O pé direito da casa era alto e os quartos, espaçosos. As janelas eram grandes e deixavam entrar o ar fresco do campo, uma diferença marcante em comparação com os apartamentos londrinos, cujas janelas tinham de ser mantidas bem fechadas para impedir a entrada da sujeira das ruas. Fanny, que já tinha quase 3 anos de idade, estava encantada com o lugar e com o fato de que o "Homem" era agora seu novo "papai". Ela olhava pelas janelas e declarava sua determinação de sair para cortar feno.

Mary e Godwin, porém, estavam um pouco menos entusiasmados. O *The Times* havia publicado a notícia: "O sr. Godwin, autor de um panfleto contra o matrimônio", casou-se com "a famosa sra. Wollstonecraft, que escreveu em defesa dos Direitos da Mulher", de modo que eles já não podiam adiar a comunicação do fato aos amigos e às respectivas famílias. Depois do café da manhã, eles se sentaram para escrever cartas — que, dentro do histórico de anúncios de casamento, figuram entre os mais curiosos. Insolentes e apologéticas, audaciosas e ingênuas, apreensivas e exageradas — era difícil para esses dois filósofos dar o tom correto às suas cartas. Por exemplo, quando Mary escreveu para uma de suas favoritas entre as belas de Godwin, a jovem Amelia Alderson, em nenhum momento ela mencionou felicidade, amor ou o bebê que estava esperando. Em vez disso, discutiu princípios filosóficos e sua intenção de permanecer livre das obrigações domésticas comuns:

> É meu desejo que o sr. Godwin faça visitas e saia para jantar como antes, e eu farei o mesmo; em suma, ainda pretendo ser independente mesmo quanto ao cultivo de sentimentos e princípios na mente de meus filhos, caso eu tenha mais—

Amelia riu ao receber essa carta, escrevendo para uma amiga que Mary e Godwin eram "figuras extraordinárias. [...] Ai de mim! Que coisas encantadoras seriam as sublimes teorias se fosse possível conservar a própria conduta de acordo com elas".

Godwin também retratou o casamento em termos nada sentimentais. Em uma prosa quase insuportavelmente formal e artificial, o filósofo contou a Mary Hays que ele e Mary se casaram apenas para que ela pudesse se desvincular do sobrenome Imlay:

> Minha bela companheira deseja que eu anuncie uma notícia, da qual, diante da estima que ela e eu lhe dedicamos, você deveria tomar conhecimento antes por nós que por qualquer outro meio. Ela pede que eu venha recordá-la da sinceridade com que você insistiu para que eu a persuadisse a mudar o nome, e ela me insta a acrescentar que me aconteceu, como a muitos outros debatedores, de enredar-me em minha própria rede; em suma, percebemos que não havia meio mais óbvio para que ela abandonasse o nome de Imlay do que assumir o nome de Godwin. A sra. Godwin — quem é essa, com os diabos?
> — ficará feliz em vê-la [...] sempre que estiver disposta a visitá-la.

Ironicamente, após fazer todo aquele alarde em relação à mudança do nome de Mary, ao escrever para o amigo Holcroft, Godwin esqueceu-se totalmente de mencionar a questão. Perplexo com o lapso do amigo e com a identidade da noiva, Holcroft respondeu magoado, dizendo: "Seu segredo dói-me um pouco". Para outro amigo, Godwin disse que o casamento não passou de uma providência necessária; ele não acreditava no matrimônio, a instituição contradizia sua filosofia, mas era indispensável proteger Mary:

> Algumas pessoas concluíram que houve uma incoerência entre minha atitude neste caso e minhas doutrinas. Mas não consigo vê-la. A doutrina de minha "Justiça Política" é que uma afeição, com certo grau de permanência, entre duas pessoas de sexos diferentes é correta, mas que o casamento, tal como praticado nos países europeus, é errado. Eu ainda defendo essa opinião. Apenas a atenção à felicidade do indivíduo, a qual eu não tenho o direito de prejudicar, poderia fazer com que eu me submetesse a uma instituição que desejo ver abolida, a qual eu recomendaria a meus pares, homens, nunca praticar senão com a máxima cautela. Tendo feito o que julguei necessário para a paz e a respeitabilidade do indivíduo, não me considero mais tolhido do que já estava antes da cerimônia.

Fuseli escarneceu da união, dizendo a um amigo: "A defensora dos direitos da mulher deu sua mão em casamento ao *balancier* da justiça política". Maria Reveley chorou quando soube da notícia. Eliza e Everina Wollstonecraft ficaram preocupadas com as consequências que o casamento poderia trazer para sua própria reputação, e seus temores foram confirmados quando, poucas semanas depois que a notícia chegou a Londres, Eliza perdeu um emprego novo e melhor porque era irmã de Mary. A escritora Anna Barbauld ridicularizou o acordo doméstico pouco convencional feito pelo casal. "A fim de destituir ao máximo a união da aparência de um vínculo tão vulgar e degradante como o matrimônio", escreveu ela, "as partes estabeleceram residências separadas, e o marido apenas visita sua senhora como um amante, quando cada um está vestido, com os cômodos em ordem etc. E isso possivelmente dure até que tenham uma família, quando então provavelmente se reunirão em uma única casa, discretamente, como as outras pessoas." Em uma reação nada surpreendente, a sra. Inchbald escreveu a Godwin um bilhete despeitado cancelando um encontro em que iriam ao teatro, combinado antes que a sra. Inchbald soubesse do casamento:

> Desejo, com toda a sinceridade, felicidade a você e à sra. Godwin. Porém, certa de que sua alegria lhe apagaria da memória todo e qualquer compromisso sem importância, solicitei que outra pessoa assumisse o seu lugar. [...] Se fiz mal, quando você se casar novamente, agirei de outra forma.

Contudo, quando Mary soube disso, ela insistiu que Godwin deveria acompanhá-la ao teatro, pois não queria deixar que a sra. Inchbald tivesse tanto poder. Mas os resultados foram desastrosos: Mary e a sra. Inchbald se confrontaram em público e nunca mais se falaram.

Outros conhecidos também se afastaram ou passaram a evitar a companhia do casal, e Godwin se esforçava para lidar com o fato de ser alvo de ridicularização e de fofocas maliciosas. Após a morte do escritor, Mary Shelley escreveria que "o fervor e o tom inflexível adotado por [Godwin] ao proclamar suas opiniões fazia com que seus seguidores exigissem uma rigorosa observância delas na prática, e acatar a regra do casamento foi, aos olhos de muitos entre eles, uma absoluta apostasia". Já odiado pelos conservadores por causa de suas ideias liberais, Godwin passou a ser duramente criticado por muitos de seus antigos apoiadores, que o viam como um traidor da causa, o famoso opositor ao casamento agora casado.

Para Mary, era constrangedor ter se apresentado como vítima de uma grande paixão que deu errado e, agora, passar a viver com outro homem. Ela defendeu sua atitude para Amelia dizendo que a decisão foi puramente prática e que ela ainda sofria por causa do tratamento injusto de Imlay:

> O ferimento que meu coração inexperiente recebeu antes ainda não cicatrizou. Minhas noites eram solitárias e eu desejava, enquanto cumpria meu dever de mãe, ter uma pessoa com aspirações semelhantes, unida a mim por afeição; e, além disso, eu sinceramente desejava abdicar de um nome que parecia envergonhar-me.

Felizmente, havia também aqueles que ficaram contentes pelo casal. Mary Hays partilhava da intolerância de Wollstonecraft em relação às regras que regiam as mulheres e comemorou a bravura da amiga, atitude que deu a Mary uma chance de revelar que continuava inabalável em suas crenças, apesar das críticas que enfrentava:

> Aqueles que são ousados o bastante para estar à frente de sua época e abandonam, pela força de sua própria mente, os preconceitos que a razão do mundo que está amadurecendo repudiará com o tempo, devem aprender a enfrentar a reprovação. Não nos deveríamos preocupar demais em agir de acordo com a opinião dos outros.

Joseph Johnson tinha grande respeito por Godwin e Mary e jantou com o casal no dia seguinte ao casamento. E a mãe de Godwin, uma piedosa viúva metodista, ficou radiante ao saber que o filho havia abandonado sua postura contrária ao casamento. Ela escreveu: "A ruptura com seu propósito em relação ao matrimônio anima-me a ter esperança de que, em breve, você abraçará o Evangelho, aquela palavra segura de promessa a todos os que creem". Ela lhes enviou alguns ovos — um presente rural simples, mas também, talvez, algo que serviu para revelar que a idosa sra. Godwin desejava netos, pois os ovos eram um símbolo tradicional de fertilidade. Os ovos "estragariam" se não fossem tomados os devidos cuidados, e ela aconselhou Mary a armazená-los em palha e virá-los regularmente. Ela também ofereceu ao casal um colchão de penas — mais um símbolo de seu desejo de que o casamento fosse fértil.

Mary e Godwin já haviam passado por controvérsias piores e, apesar de seus protestos em contrário, ambos estavam satisfeitos com sua decisão. Aos 38 anos, Mary se sentia segura, estabelecida e confiante no futuro. Seus sentimentos por Godwin eram diferentes daqueles que tivera por Imlay, menos intensos, porém mais duradouros; ela admirava a integridade e o intelecto de Godwin, ao passo que havia perdido todo o respeito por Imlay. Quanto a Godwin, embora comunicasse sua decisão ao mundo exterior valendo-se de termos relutantes — o filósofo encurralado pelos costumes sociais —, ele regozijava com os prazeres da nova vida. Muitos anos mais tarde, após sua morte, Mary Shelley escreveria: "Todos os sentimentos íntimos e mais pessoais do sr. Godwin eram contrários à suposta essência de suas doutrinas". Ela descobrira da maneira mais difícil que, apesar da condenação do matrimônio declarada pelo pai, quando se tratava da filha, suas próprias teorias não se aplicavam. Embora filósofo, ele nem sempre conseguia vencer seus preconceitos, temores e ambições inerentes — ou próprios da sociedade em que ambos viviam.

Também era verdade que, quando condenou Mary por fugir com Shelley, Godwin já havia mudado de ideia no tocante ao casamento, uma vez que, desde o início, sua união com Mary se provou uma experiência contrária às suas "doutrinas". A nova esposa não tentava persuadi-lo a fazer o que ele não queria e, poucos dias depois da mudança, ele já havia estabelecido uma nova rotina: toda manhã, bem cedo, percorria a pé os dois quarteirões até seu escritório na Chalton Street, lia, tomava o café da manhã e escrevia até a uma hora da tarde, exatamente como sempre fizera. Mary não tinha objeções em relação a esse acordo, dizendo-lhe: "Espero, por minha alma, que você fique cravado em meu coração; mas não desejo tê-lo sempre grudado em mim".

Como Godwin tinha seus gabinetes de trabalho separados da casa, eles ainda precisavam lançar mão de bilhetes para se comunicar durante o dia e, felizmente, Godwin guardou muitos dos recados de Mary. Ela informa o cardápio para o jantar:

> Mandei fazer carneiro cozido em água, por ser melhor
> para mim, e, como o tempo provavelmente o impedirá de
> sair, você talvez não faça objeção a ceiar às quatro.

Ela diz ao marido como se comportar com Fanny e organiza os horários deles:

> Fanny está contentíssima com a ideia de jantar com você — Mas desejo
> que você coma sua carne primeiro e deixe que ela venha com o pudim;
> mas, caso eu não o encontre, deixe-me pedir desde já que não se atrase
> muito esta noite. (Não dê manteiga para Fanny comer com o pudim.)

Mary dá a palavra final nas discussões:

> Sinto muito que tenhamos discutido esta manhã, o que provavelmente
> nos levou cada um a justificar-se em detrimento do outro.

E:

> Para ser franca com você [...] acho que você está errado — sim,
> com a mais absoluta convicção, ouso dizê-lo, tendo ainda em
> minha mente os princípios inabaláveis de justiça e humanidade.

Ela encontra tempo para designar tarefas literárias:

> Tenho planos para você esta noite: tê-lo ao meu dispor (espero
> que ninguém nos venha visitar!) para que você leia a peça—

Quando Godwin voltava para casa, à tarde, ele se reunia a Mary e Fanny para uma refeição e, então, saía para suas atividades noturnas, atendo-se à política do casal de visitarem amigos separadamente.

No fim de abril, Godwin confessou que adorava os sentimentos que estava experimentando e lamentava seu passado, quando considerava a filosofia mais importante que o amor. Apesar de seu receio de passarem tempo demais juntos, ele achava que ele e Mary não corriam "o risco do fastio":

> Parecíamos combinar consideravelmente a novidade do entusiasmo de
> uma visita com os mais deliciosos e sinceros prazeres da vida doméstica.

Porém, mesmo com esse acordo inusitado, Mary ainda achava que a mudança e o cansaço da gravidez haviam atrasado seu trabalho. Ela passou o restante de abril dedicando-se a escrever e se esquivando dos deveres domésticos. Embora tivessem concordado que Mary não se tornaria uma escrava do lar, o fato de que Godwin saía pela manhã deixava a organização da casa quase exclusivamente ao encargo de Mary, e era exatamente isso o que ela tanto quisera evitar. Por que era ela quem tinha de lidar com senhorios, o encanamento e "a tarefa desagradável de negociar com mercadores"? Ela se queixou a Godwin:

> Não estou bem hoje, deixaram-me muito irritada. Mary [a criada]
> contará sobre o estado da pia etc., você sabe que me atormenta (um
> pouco) por não falar de forma mais precisa com o Senhorio, de quem
> tenho uma péssima opinião. Ele me cansa com sua maneira patética
> de fazer tudo — gosto de homens que dizem logo sim ou não.

Mary o lembrou de que a relação dos dois não era um relacionamento padrão. Ele não era o único na família que tinha trabalho a fazer, nem o único a ter o direito de horas exclusivas para se dedicar à escrita:

> [...] meu tempo me parece tão valioso como o de outras
> pessoas acostumadas a ocupar-se. [...] Sinto, para dizer
> a verdade, como se eu não fosse tratada com respeito,
> devido ao seu desejo de não ser perturbado—

Aos ouvidos modernos, isso poderia soar como o lamento comum de uma esposa estressada. Todavia, para o século XVIII, as exigências de Mary eram inusitadas. Basicamente, isso era filosofia aplicada: ela estava afirmando os direitos que defendera em *Reivindicação dos Direitos da Mulher*. Godwin tentou cumprir o acordo do casal, dizendo que assumiria parte das responsabilidades da casa para que sua esposa independente pudesse escrever, mas nunca conseguiu realmente fazê-lo, deixando a maior parte das tarefas para Mary.

Não obstante, no fim de abril, Mary conseguiu escrever, a toda pressa, um artigo para um novo periódico radical, a *The Monthly Magazine*, intitulado "On Poetry, and Our Relish for the Beauties of Nature" [Sobre a poesia e nosso prazer pelas belezas da natureza]. À primeira vista, esse ensaio parece ser uma simples reiteração de alguns dos valores românticos que Mary já havia expressado em *Letters from Sweden*: a melhor escrita é inspirada pela natureza; a civilização enfraquece os artistas porque os distancia da fonte original de inspiração. Porém, na realidade, Mary estava expondo seu lado na discussão que surgira entre ela e Godwin a respeito de *The Wrongs of Woman*: O que é escrever bem? Que grau de formalidade a escrita deve ter? Que grau de pessoalidade, de imaginação? Essas não eram questões acadêmicas improdutivas. Ao contrário, tratavam de pontos cruciais sobre educação e gênero, classe e oportunidade. Em muitos aspectos, a reputação de Mary como escritora dependia das respostas.

Não possuindo nenhum treinamento formal em gramática e estilo, Mary afirmava que a insistência de Godwin no uso de precisão sintática e técnicas tradicionais de retórica o haviam levado a valorizar mais a forma que o conteúdo — sempre um erro, dizia ela. Visto que escritores verdadeiramente criativos extraem sua força da Natureza, sua obra deve ser sempre um pouco rústica, um pouco bruta (como a dela). Mas esse material rústico tem uma força e uma integridade que o tornam superior a tratados filosóficos esplendidamente estruturados como *Political Justice*. Mary defendia uma ordem muito mais democrática do que Godwin estava preparado para aceitar. Ela queria abrir as portas para que mais pessoas como ela mesma integrassem as fileiras de escritores. Um escritor não tinha de ser educado em uma escola de elite para expressar suas ideias de forma adequada, dizia ela. Bastava uma boa imaginação.

A fim de provar seu argumento, ela descreve a situação de um garoto de escola, em nada diferente do jovem Godwin, que ama os poetas do passado e se dedica a imitar sua obra sem nunca perceber que está perdendo a verdade da Natureza, desprovida de refinamentos e magnífica tal como "ela" é. Na realidade, esses alunos estão em desvantagem, Mary argumenta, porque

> Garotos que recebem uma educação clássica enchem a memória de palavras, mas as ideias correspondentes talvez nunca são claramente compreendidas. Como prova de minha asserção, devo observar que conheci muitos jovens que conseguiam escrever versos aceitáveis em sua rítmica e compor epítetos com elegância, enquanto os temas de sua prosa revelavam a esterilidade de sua mente e o quão superficial deve ser essa cultura que sua inteligência recebeu.

O remédio indicado por Mary para esse problema era que os jovens escritores saíssem ao ar livre. Trancados em uma sala de aula tradicional, eles não podiam ser inspirados pela Natureza, a verdadeira fonte de toda a arte — uma premissa verdadeiramente democrática, uma vez que qualquer um poderia ter "talento" se fosse dotado da sensibilidade correta.

O ponto de vista de Mary se mostrou original por possibilitar a entrada das mulheres nos sagrados salões da literatura, exatamente porque elas *não* haviam recebido uma educação clássica. A falta de conhecimento teórico das mulheres, longe de ser uma desvantagem, era algo que as deixava livres para estar mais perto da Natureza. Para Mary, uma artista podia aspirar a inovações mais ousadas do que homens como Godwin. A própria Mary preferiria *ser* uma poeta grega, insinuou ela, do que *ler* um poeta grego, antes *ser* uma força da Natureza que *descrever* uma.

Essa foi uma jogada brilhante: Mary transformara sua deficiência de educação formal em uma vantagem. Godwin, que criticara sua gramática e sua falta de compostura, precisava ouvir o próprio coração mais de perto para alcançar a verdadeira grandiosidade. Todos os homens precisavam. Espontaneidade. Sinceridade. Eram elementos tão importantes quanto a razão e as alusões eruditas, e por certo mais relevantes que a correção gramatical. Ela não repudiava a filosofia. A busca racional pelo conhecimento ainda era importante, pois, sem ela, a imaginação poderia ser levada ao erro; contudo, Mary convocava aqueles que, como Godwin, confiavam tão somente na lógica para se abrir ao "calor de seus sentimentos".

Esse argumento não se tratava de uma oposição simplória entre coração e intelecto, ou entre emoção e razão. Em vez disso, Mary estava declarando seu direito de ser levada a sério enquanto mulher, esposa, intelectual e artista, afirmando que o mais importante em uma obra literária ou em um debate pessoal é o conteúdo e a força da representação, não sua erudição ou estilo pomposo. Suas *Reivindicações* importavam, portanto, por causa da urgência de sua mensagem, não devendo ser rebaixadas por força de umas poucas frases mal colocadas.

"On Poetry" não suscitou nenhuma resposta excepcional dos leitores, muito embora o artigo tenha sido a mais clara declaração, por parte de Mary, dos novos princípios literários e estéticos do Romantismo. No entanto, depois de concluí-lo, ela retomou *The Wrongs of Woman*, renovada e revigorada, dando uma pausa nas críticas que escrevia para Johnson a fim de dedicar mais tempo ao romance. Seu objetivo, dizia ela no prefácio, era mostrar "a miséria e a opressão de que padeciam apenas as mulheres, situação que emerge das leis injustas e dos costumes da sociedade". Ela começava a história com Maria, a heroína, acordando dentro de um manicômio, o qual Mary foi capaz de descrever com uma autenticidade assustadora depois de sua visita ao Bedlam. Os gritos e os berros desvairados dos loucos e loucas provavelmente também evocam a adolescência de Mary, época em que viveu perto do manicômio Hoxton Asylum. O marido de Maria não a internou em um sanatório porque ela era louca, mas por cobiçar a fortuna da esposa e porque ela resistiu a seus esforços de submetê-la à escravidão sexual. Sessenta e três anos mais tarde, Wilkie Collins usaria esse mesmo expediente narrativo em seu famoso romance *The Woman in White* [A mulher de branco]: a heroína inocente é aprisionada em um manicômio, de modo que o marido atroz possa reivindicar-lhe o dinheiro. Na história de Mary, Maria tem uma serviçal chamada Jemima, que conta sua própria história dos abusos sexuais que sofreu nas mãos de senhores perversos — um momento revolucionário para o romance inglês, pois Mary permite que Jemima, a mulher da classe trabalhadora, conte sua própria história de pesar.

Existem personagens semelhantes na literatura inglesa anterior, mais destacadamente a famosa "puta" Moll Flanders, porém a história de Moll é pura comédia; ela é uma trapaceira que derrota seus inimigos e sai vitoriosa no final. Jemima não tem a alegria de viver nem a sorte de Moll. Mary enfatiza que Jemima foi uma *verdadeira* prostituta, frustrada e abandonada por inúmeros homens. Esse tipo de detalhe realista levou Mary a desbravar novas fronteiras literárias, uma vez que Jemima descreve, em termos vívidos, a violência sexual que sofreu, usando uma linguagem que, até então, não era aceita na ficção.

*The Wrongs of Woman* não foi concluído e é difícil de ler, pois Mary ainda estava trabalhando nele quando morreu e não havia decidido como a trama terminaria. Ela sabia que estava adentrando um território tabu ao discutir a exploração sexual feminina, mas, como estava determinada a expor os males que as mulheres enfrentam, nunca pensou em atenuar os sofrimentos de suas heroínas. Para Mary, o manicômio era a imagem central do livro — as paredes deterioradas e os corredores escuros do lugar compõem a metáfora que ela usa para representar a tragédia das mulheres do século XVIII. Exatamente o destino que Mary temia para sua irmã, Eliza.

De fato, fazendo com que Maria e Jemima contassem cada qual sua história, Mary mostrava que não importava se uma mulher era rica ou pobre: de qualquer forma, ela enfrentava a injustiça codificada na lei consuetudinária inglesa. Jemima não podia processar seus abusadores. Seus senhores tinham o direito legal de estuprá-la e vitimizá-la. O mesmo se aplicava a Maria, pertencente à classe mais alta; o marido tinha o direito de tiranizá-la apesar da riqueza e do status social de que ela gozava. Na realidade, provavelmente tenha sido esse um dos motivos pelos quais Mary teve dificuldade em desenvolver o enredo; o cárcere feminino é necessariamente uma condição estática.

Se Mary tivesse tido tempo de concluir *The Wrongs of Woman*, a obra poderia ter sido seu livro mais vendido — um sucesso ainda maior que *Letters from Sweden* —, pois o público era fascinado por histórias de abuso matrimonial. Apenas oito anos antes, Londres ficara em polvorosa diante do caso aterrador de Mary Bowles, condessa de Strathmore. O marido a mantivera trancada em um armário, privou-a da alimentação, estuprou-a repetidas vezes e a torturou quase ao ponto de causar sua morte. Inacreditavelmente, o sistema legal inglês protegia o marido abusivo, não a condessa, pois os homens tinham o antigo direito de "castigar e confinar" a esposa. Apenas em 1891 o direito do marido de "encarcerar a esposa" foi enfim revogado. O estupro marital ainda permaneceria legal por mais um século. O marido da condessa falava em nome de muitos quando se proclamava, com orgulho, um "inimigo do *governo de anáguas* e amigo da subordinação matrimonial". Aos olhos da maioria, "domar más esposas" era uma tarefa honrada. A condessa conseguiu o divórcio, mas o ex-marido permaneceu com a custódia dos filhos, que eram considerados propriedade do pai — uma lei que enfurecia Mary Wollstonecraft.[1] Como dissera, certa vez, a Imlay: "Considerando o cuidado e a angústia que uma mulher precisa ter em relação a um filho antes que ele venha ao mundo, parece-me, por direito natural, que a criança pertence a ela [...] mas a um homem basta condescender em ter um filho para poder reivindicá-lo. — O homem é um tirano!".

Quase no fim de *The Wrongs of Woman*, Maria apresenta seu caso a um tribunal: "Eu me pronuncio contra as leis que [...] forçam as mulheres [...] a assinar um contrato [de casamento] que as torna dependentes dos caprichos de um tirano que, por escolha ou necessidade, foi designado para reinar sobre elas". Mas o tribunal ignora o protesto veemente e fervoroso de Maria — um destino que Mary esperava não partilhar nas mãos do público leitor. Ela queria que o apelo de Maria despertasse as pessoas, abrindo-lhes os olhos, os ouvidos e os corações às injustiças que todas as mulheres sofriam.

---

[1] Muitos estudiosos da história do direito inglês consideram que até o advento da lei de custódia em 1839, denominada *Custody of Infants Act*, o pai detinha direito absoluto sobre os filhos. Foi o intenso ativismo de Caroline Norton (1808-1877) em 1838 que possibilitou às mães reivindicarem a custódia dos infantes com bases legais. Isso porque, para ingressar com um pedido judicial, a requerente precisava estar pautada nos requisitos exigidos para a reclamação do seu direito e, além disso, devia apontar o fundamento jurídico que tornasse a sua petição válida. No caso da lei de 1839, as mulheres podiam formular seus pedidos para a custódia de filhos com idade de até 7 anos e para ter acesso aos demais com idade superior. Entretanto, a mãe não podia ser adúltera e tinha que demonstrar um caráter impecável. Posteriormente, em 1873, uma nova lei sobreveio para estabelecer o direito de custódia de filhos com até 16 anos e remover o adultério como elemento proibitivo do pedido de custódia, entre outras inovações. [NC]

## CAPÍTULO 33
# MARY SHELLEY: "TUDO ACABOU"
### [1822]

Quando chegaram a San Terenzo, no golfo de La Spezia, Mary e Claire encontraram um minúsculo vilarejo cujos habitantes eram tremendamente pobres: as mulheres descalças; as crianças de olhos grandes e famintas. Embora ficasse a apenas um dia de viagem de carruagem ao oeste de Pisa, San Terenzo parecia isolada do mundo. Lerici, a cidadezinha mais próxima, ficava a pouco mais de três quilômetros dali, de barco, e o acesso era quase impossível por terra. Um castelo em ruínas se erguia no alto dos penhascos. Havia uma pequena igreja e algumas cabanas esparsas, sem janelas, para os pescadores. Apesar de sua fluência no italiano, Mary e Claire não conseguiam entender o que os aldeões diziam, tampouco seus criados italianos. "Se tivéssemos naufragado em uma ilha dos Mares do Sul, não nos poderíamos sentir mais afastadas da civilização e do conforto [do que aqui]", escreveu Mary.

A única maneira de chegar à Casa Magni era pela água, ou andando aos tropeços na praia rochosa. Não havia trilha, pois a casa era, de início, um abrigo de barcos. O piso térreo dava diretamente na baía e podia ser usado apenas como depósito para redes, linhas e remos. Quando ventava forte, as ondas passavam por cima da mureta baixa que marcava o limite entre a terra e a água. A loja mais próxima ficava a quase cinco quilômetros dali, do outro lado do rio, que transbordava com frequência. Quadrada e malcuidada, a casa parecia ter sido derrubada do céu, encaixada entre a praia e uma colina íngreme recoberta de ciprestes, castanheiras e pinheiros.

Mary gostava de privacidade e de refúgios sossegados, mas odiou a casa no instante em que a viu. Com suas sujas paredes caiadas, os cinco arcos escuros defronte à baía e uma sala principal imensa como uma caverna, a casa parecia hostil, ameaçadora até. "Uma sensação de desastre abateu-se sobre meu estado de espírito", recordaria Mary. Cinquenta anos mais tarde, Henry James descreveria o lugar como a *villa trágica de face pálida*".

Quando Shelley chegou com o casal Williams e o restante dos criados, todos ajudaram a descarregar os barcos na praia. Eles tiveram de carregar as caixas para dentro subindo por uma escada externa nos fundos da casa, a única maneira de alcançar a parte habitável do imóvel, no segundo andar. Três quartos pequenos davam para a sala central — cômodos apertados para cinco adultos, três crianças pequenas, a cozinheira, os criados e a ama. E, não obstante, Mary e Shelley ficaram em quartos separados, um sinal revelador do estado de seu casamento. A depressão de Mary naquela primavera prejudicara ainda mais o relacionamento já desgastado do casal de escritores. Em uma carta para a sra. Gisborne, Mary desenhou uma planta do andar: seu quarto ficava no lado sul do salão central, e o de Shelley, no lado norte. Eles não só dormiam separados como ficaram em áreas distintas da casa, o mais longe possível um do outro. O casal Williams escolheu o quarto ao lado dos aposentos de Shelley. Os bebês e os criados se abrigaram nos fundos da casa. Claire se acomodou com Mary ou, por vezes, dormia em um sofá no salão.

Antes mesmo que Shelley tivesse desempacotado suas coisas, Mary deu início a uma ladainha de reclamações: Os quartos eram inadequados. A casa era rústica demais. Eles estavam isolados da estrada. Os moradores do vilarejo eram "selvagens e odiosos". Não havia privacidade; as famílias teriam de fazer todas as refeições juntas. Os criados ameaçavam pedir demissão. Shelley não conseguia compreender a extrema infelicidade de Mary. "A estranha beleza do cenário" que fazia Mary "chorar e estremecer" era motivo de entusiasmo para o poeta. Ele tentou consolar a esposa desolada, mas adorou a casa. Para ele, era como se estivessem morando em um navio, expostos a todos os estados de ânimo do mar, os golpes e o fluxo das correntes — um cenário que combinava com a intensa animação dele daquele verão.

Claire ainda não sabia da morte de Allegra, e esconder esse horrível segredo deixava todos com os nervos à flor da pele. No entanto, ninguém queria ser a pessoa que daria a notícia e, assim, passou-se uma semana sem que Claire soubesse de nada. Por fim, no dia 2 de maio, Mary e Shelley se reuniram ao casal Williams para discutir a situação. Claire, perguntando-se para onde todos haviam ido, foi procurá-los e entreouviu a conversa do corredor. Ela não teve a crise histérica que todos temiam, tampouco irrompeu em uma fúria vingativa. Em vez disso, ela sofreu intensamente e em silêncio, e nenhum deles conseguiu confortá-la, Shelley menos ainda que os outros. Ela achava que o poeta e a irmã deviam ter feito mais. Eles deviam tê-la ajudado a resgatar a filha. Sua relutância custara a vida de Allegra.

Shelley fez o que pôde para cuidar de Claire, pedindo a Byron que enviasse para ela uma mecha dos cabelos de Allegra e um retrato, o que Byron fez de imediato. O lorde também disse que ela poderia tomar todas as providências para o enterro, mas Claire não queria organizar um funeral. Ela queria Allegra fora do convento, e viva. A essa altura, sua fúria despertou, e ela despejou sua raiva e seu pesar sobre Shelley, que disse a Byron: "Ela agora parece desorientada, e se pretende valer-se de sua permissão para organizar o funeral, não sei dizer. Na verdade, estou tão cansado das cenas que enfrentei que não ouso perguntar".

Mary compreendia a complexidade do sentimento de perda da irmã, como o pesar e a culpa podiam torturar uma mãe enlutada. Claire estivera na situação insuportável de não ter direitos sobre Allegra; ela acreditara que a filha estivesse em perigo, mas não pudera fazer nada para salvá-la. Olhando para trás, Claire agora tinha certeza de que seus pesadelos haviam sido mensagens da filha; Allegra gritara por socorro e a mãe não respondera a seu chamado. Uma garotinha estava morta porque a crueldade do pai tinha o respaldo da lei. Esse não é o tipo de tragédia que alguém supera. Pelo resto da vida, Claire seria atormentada por recordações da filha e perguntas que ela não conseguiria responder. Como haviam sido os últimos dias da criança? O que ela sofreu no convento?

Em 1870, aos 72 anos de idade, muito depois da morte de Byron, Shelley e Mary, Claire conseguiu que o convento lhe desse toda a papelada que dizia respeito a Allegra. Havia poucos detalhes novos, mas cada um deles era valioso: o banqueiro de Byron, *signor* Pellegrino Chigi, levara Allegra para o convento no dia 22 de janeiro de 1821. Ela usava um grosso casaco de arminho. Aos 4 anos, era jovem demais para cumprir todas as atividades de uma pupila, de modo que ficou aos cuidados de uma freira, a irmã Marianna, juntamente com outra garotinha, Isabella, filha do marquês Ghislieri de Bolonha. Ao menos agora Claire tinha esses fatos para acrescentar ao que Shelley lhe contara após fazer uma visita de três horas a Allegra em agosto, antes da morte da garota. Ele a descreveu com toda a minúcia que pôde, pois sabia que Claire desejaria saber cada detalhe:

> Ela cresceu, está alta e esguia para a idade, e o rosto mudou um pouco. Os traços ficaram mais delicados e ela está muito mais pálida, provavelmente em consequência da alimentação inadequada. Ela ainda conserva a beleza dos olhos azul-escuros e da boca, mas agora tem uma seriedade contemplativa que, mesclada à excessiva vivacidade que ainda não a abandonou, cria um efeito peculiar em uma criança.

Ele notou o vestido de cara musselina branca e o avental de seda preta. Os cabelos eram "maravilhosamente profusos e desciam em grandes cachos pelo pescoço". Ela parecia "algo de uma ordem superior, mais delicada"

A CASA MAGNI, A *"VILLA TRÁGICA DE FACE PÁLIDA"*.

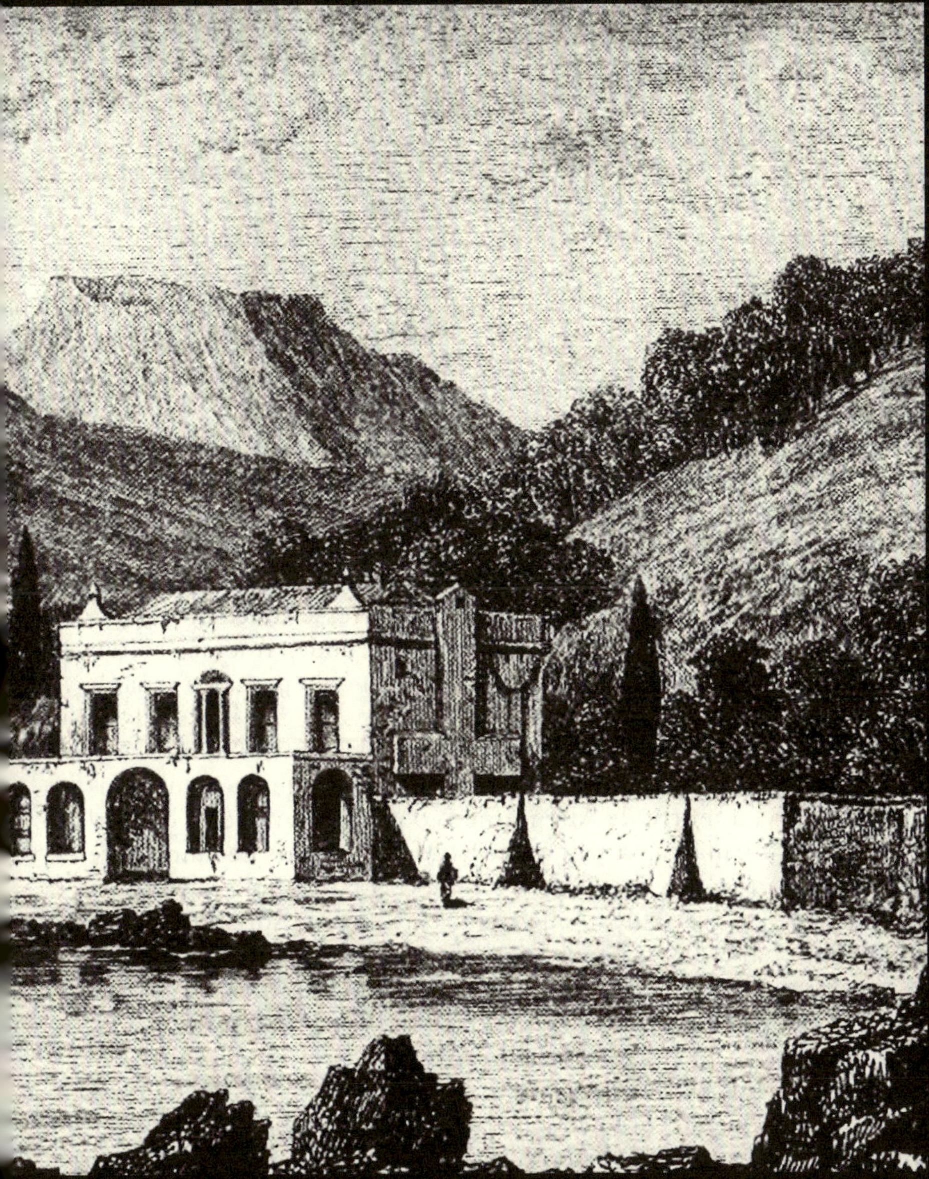

do que as outras crianças. De início, a menina se mostrou retraída, mas Shelley sempre soube encantar crianças pequenas. Ele lhe deu "uma cesta de confeitos" e um bonito colar de ouro. Em pouco tempo, "ela ficou mais à vontade e conduziu-me por todo o jardim e todo o convento, correndo e saltitando tão depressa que eu mal conseguia acompanhá-la". Ela mostrou onde dormia à noite, a cadeira em que se sentava para as refeições e o carrinho do jardim. Shelley comentou que a menina continuava tão travessa como antes; ela tocou o sino do convento sem permissão, e as freiras começaram a sair de suas celas e seguir em direção à capela antes que a prioresa conseguisse explicar que se tratava apenas de uma travessura de Allegra. O poeta ficou feliz em ver que ela não enfrentou problemas por causa da brincadeira. Todavia, não se impressionou com a educação da garota: "Seu intelecto não é muito trabalhado. Ela conhece certas *orazioni* [orações] de cor, e fala e tem sonhos sobre o *Paradiso* e anjos e todo tipo de coisas".

Em seu últimos anos de vida, Claire se converteu ao catolicismo, de modo que, talvez, nesse estágio da vida, ela tenha encontrado consolo no fato de sua filha ter sido educada na tradição católica. Provavelmente tenha sido esse o motivo inicial de sua conversão: partilhar de tais rituais com a filhinha. Porém, em 1822, quando Shelley contou que Allegra falava sobre anjos, Claire ficou horrorizada que Byron estivesse educando a filha para se tornar o tipo de jovem religiosa que viria a condenar a mãe solteira. Para ela, essa era mais uma prova do grande plano do poeta de separá-la da filha a qualquer custo.

Ainda que não pudesse percebê-lo à época — ela estava inconsolável demais, desorientada demais pela dor para saber exatamente o que pensava —, para Claire, a morte de Allegra marcou uma reviravolta crucial em sua vida. Ela e a irmã haviam apostado tudo nos ideais de amor livre de Shelley, mas quando, por fim, Claire tomou certa distância e avaliou o que havia sofrido — na verdade, o que todas elas haviam sofrido —, concluiu que ela mesma, Mary, a pequena Allegra, Harriet, Jane Williams e todas as outras mulheres que Byron e Shelley conheceram e afirmavam amar foram gravemente prejudicadas pelos ideais ilusórios dos homens. Os dois grandes poetas haviam provocado dores indescritíveis, acreditava ela, e tudo em nome da liberdade e da paixão. A perda de Allegra era um exemplo disso. A filha foi o cordeiro sacrifical no experimento romântico, a garotinha que não tivera valor nenhum aos olhos do pai. Perto do fim de sua vida, Claire escreveu uma duríssima condenação dos dois poetas. Esse documento foi descoberto apenas recentemente, em meio a um maço de papéis: "Sob a influência da doutrina do amor livre e da crença nele", declarou ela, "vi os dois primeiros poetas da Inglaterra [...] transformarem-se em monstros de falsidade, sordidez, crueldade e traição — sob a influência do amor livre, Lord B tornou-se uma fera humana que satisfazia sua sede infligindo dor a mulheres indefesas que, sob a influência do amor livre [...] o amaram".

Claire incluiu Shelley em sua condenação porque acreditava que ele deveria ter salvado Allegra. Na realidade, ela culpou principalmente Shelley. Ele deveria ter sido mais forte que Byron, deveria ter sido leal àqueles que o amavam. Shelley dissera que adorava Claire e a garotinha, mas fora cruel em sua falta de atenção para com elas, o que teve consequências desastrosas. Ele dissera que amava Harriet, mas a abandonara. E Mary — ele traíra Mary repetidas vezes, apaixonando-se por uma mulher atrás de outra, entre elas a própria Claire, sempre que uma nova mulher representava um novo sonho, uma esperança mais extravagante, ou uma redenção de seu próprio sofrimento. O preço que Claire e Mary pagaram foi alto demais.

Logo após a morte de Allegra, Byron, que se mudara para Livorno a fim de passar ali os meses de verão, encarregou-se do enterro, uma vez que Claire se recusou a fazê-lo, e providenciou que a cerimônia ocorresse na igreja de sua antiga escola, Harrow, sem jamais imaginar que o vigário moralista se negaria a deixar que a pequena "bastarda" fosse enterrada dentro da igreja, relegando os restos mortais da criança ao pátio, sem lápide alguma.

A morte de Allegra e os preparativos para o funeral intensificaram outra vez os receios de Mary em relação a Percy. Ela implorou a Shelley que os deixasse voltar para Pisa, mas o poeta ignorou seus apelos, de modo que Mary tornou a se fechar no silêncio gélido que Shelley odiava, por vezes irrompendo em lágrimas histéricas ou encolerizando-se com ele, mas sobretudo punindo-o com a "fria indiferença [e] o desvio do olhar" que lhe destruíam o coração. Posteriormente, ela lamentaria esse comportamento, escrevendo ao marido um pedido angustiado de desculpas que ele nunca viria a ler:

> *Meu coração era inteiro teu — não obstante, uma concha*
> *Fechou-se em seu interior, e ela parecia impenetrável,*
> *Até que a Tristeza, com seus dentes afiados, rasgou a casca em dois*
> *E nem mentiras vazias podem voltar a uni-la —*
> *Perdão!*[1]

---

1 "*My heart was all thine own — but yet a shell/ Closed in its core, which seemed impenetrable,/ Till sharp toothed Misery tore the husk in twain/ Which gaping lies nor may unite again—/ Forgive me!*" (Tradução nossa.) [NT]

Contudo, naquele verão, era ele quem parecia insensível, não levando a sério os receios da esposa nem dando atenção a ela e ao filho para passar todo o tempo com Jane.

Para os Williams, as queixas de Mary pareciam cada vez mais extravagantes e egoístas. Nenhum deles conseguia imaginar por que ela tratava o amável Shelley com tanta dureza. Eles se perguntavam por que o poeta continuava com ela. O casal estava encantado com a casa e as férias. Jane, em especial, sentia-se alegre. Os filhos — a pequena Jane (a quem chamavam de Diana) e Meddy — tinham as faces coradas e eram fortes como soldados. Ela se regozijava com a admiração de Shelley e Williams e tomava sol no terraço que ficava defronte ao mar, dedilhando o violão que Shelley lhe dera e cantando, com sua voz aguda e leve, versos que o poeta lhe escrevera. Enquanto Shelley a observava, certa tarde, Edward sentiu ainda mais pena de Shelley. "Tenho orgulho", disse ele a Jane, "de que, *onde quer que* possamos estar juntos, você se mostre sempre animada e satisfeita." A comparação era óbvia: Mary não estava animada nem satisfeita. Ao contrário, ela parecia uma megera — irritada, ressentida e chorosa.

Shelley tinha seu próprio jeito de lidar com a morte de Allegra. Um dia depois de Claire descobrir a verdade, ele teve uma de suas visões enquanto desperto. Abalado, Williams descreveu o que se passou:

> Enquanto caminhava com Shelley no terraço e observava o efeito do luar sobre as águas, ele se queixou de estar atipicamente apreensivo e, estacando de súbito, agarrou-me com violência pelo braço e olhava fixamente para a rebentação branca que chegava à praia sob nossos pés. Percebendo sua evidente aflição, perguntei se ele sentia dor — mas ele respondeu dizendo apenas: "Lá está outra vez! Lá!".

Williams olhou, mas não conseguiu ver nada. Ainda assim, Shelley insistia estar vendo uma criança flutuando, emergindo das ondas, as mãos unidas. Apenas grandes poetas podiam ter tais visões, Williams disse a Shelley. Williams "havia sentido" a presença do fantasma, mas somente um gênio como Shelley podia vê-lo.

• • •

Essa criança espectral foi a primeira de muitas alucinações semelhantes que Shelley teve naquele verão. Seu estado de espírito se tornava cada vez mais imprevisível. Seu médico italiano havia descartado o antigo diagnóstico de tuberculose no qual o poeta acreditava havia tanto tempo, mas Shelley ainda sentia dificuldades para dormir. Ele vinha usando láudano para aliviar uma dor reumática na lateral do corpo; não sentia vontade de comer e se via frequentemente tomado por um terrível pânico que nem mesmo o láudano lograva aplacar. Nos dias em que estava bem, o futuro parecia instigante e repleto de promessas, mas seu glorioso júbilo fazia com que as esmagadoras crises de depressão fossem ainda mais difíceis de suportar. Nos dias ruins, ele se sentia um fracasso, achava que sua poesia não sobreviveria, que estava preso no casamento e que a tirania havia arruinado o mundo. Após algumas semanas dessas alternâncias turbulentas, ele fez um estoque de ácido prússico, uma forma letal de cianureto, como "uma chave de ouro para a câmara do descanso perpétuo". À noite, ele tinha sonhos frenéticos que o mantinham acordado e inquieto. Shelley estava tentando escrever um drama que trazia Jane no papel de uma sedutora "feiticeira indiana", além de estar compondo um poema lúgubre, "The Triumph of Life" [O triunfo da vida], no qual ele descrevia a Vida como uma procissão inexorável de figuras demoníacas mascaradas. As últimas estrofes que escreveu estão fragmentadas e são difíceis de compreender:

> *Então, o que é a Vida?'*
> *Disse eu... o aleijado*
> *Voltou os olhos para o carro que agora já seguia*
> *Adiante, como se aquele olhar fosse o derradeiro*
>
> *E respondeu... felizes aqueles cujo abraço*
> *Do*[2]

Aqui ele parou e nunca voltou para terminá-lo, cobrindo o verso da folha com esboços de barcos.

Com Shelley nesse estado de instabilidade, Mary achava a tarefa de organizar o funcionamento de uma casa ainda mais penosa que o habitual. As crianças tinham de comer, era necessário comprar mantimentos, pagar as contas, manter os quartos em ordem. Os criados mais atrapalhavam que ajudavam; os serviçais dos Shelley odiavam os criados do casal Williams e eles brigavam "feito cães e gatos", queixava-se Mary. Por fim, aborrecidos por causa de suas acomodações e do isolamento do vilarejo, os dois grupos de serviçais cumpriram suas ameaças de pedir demissão, e eles precisaram

---

2 "'Then, what is Life?' I said... the cripple cast/ His eye upon the car which now had rolled/ Onward, as if that look must be the last/ And answered... happy those for whom the fold/ Of" (Tradução nossa.) [NT]

ESBOÇOS DE BARCOS DESENHADOS POR
SHELLEY, QUE ENCHIA SEUS CADERNOS

encontrar novos criados. "Você pode imaginar", escreveu Mary para a sra. Gisborne em meio a esse caos, "como uma família grande é inadequada para minha indolência [...] *Ma pazienza.*"

No dia 12 de maio, o grupo inteiro saiu ao terraço para assistir ao veleiro de Shelley, com seu velame de escuna, deslizar depressa baía adentro, bastante inclinado e seguido de rastro escuro e espumoso. "É um barco belíssimo", exclamou Shelley com prazer. No entanto, Mary continuava a ver a embarcação como um perigoso brinquedo novo. Era a única coisa de que Shelley falava — suas linhas, sua graciosidade, suas proporções delgadas perfeitas; com sete metros de comprimento, o barco era estreito, tinha dois mastros muito altos, gáveas e mais bujarronas do que a maioria das embarcações daquele porte. Mary percebia quão inebriado o marido estava e temia as peripécias que ele pudesse tentar. Outro dissabor era o nome com que Shelley batizara o barco: *Ariel*, em homenagem a Jane.

Além da mortificação de Mary, o nome da embarcação causou ainda outros problemas. Trelawny pensara que eles deveriam chamá-la de *Don Juan*. Byron ficara muito lisonjeado com isso e disse a Trelawny que pintasse *Don Juan* em letras maiúsculas garrafais na vela antes de enviar o barco para Shelley. Porém, uma vez que, na mente de Shelley, o propósito daquilo tudo era competir com Byron, e não lisonjeá-lo, o poeta mais jovem decidiu mudar o nome da embarcação, e Byron tomou isso como uma afronta. Sem se deixar intimidar, Shelley e Williams passaram as três semanas seguintes tentando remover a tinta. Eles esfregaram a vela com sabão, aguarrás e até mesmo vinho, mas em vão. Por fim, Shelley mandou cortar o pedaço de lona e recosturar outro no lugar, e finalmente o barco ostentava seu verdadeiro nome. Shelley vencera e estava ansioso para exibir sua obra a Byron.

Quando Shelley saía para velejar, o que fazia sempre que possível, Mary se via totalmente abandonada, uma viúva que perdeu o marido para o mar. Por vezes, ele sentia pena dela e a levava consigo, então Mary se sentava com as costas apoiadas nos joelhos dele, como fizera na primeira travessia de barco do casal para Paris, quando ela tinha 16 anos. Contudo, Mary sabia que Shelley estava apenas tentando ser gentil, que ele preferiria muito mais estar com Jane. Todas as manhãs, ele saía da casa, refugiando-se das crianças chorosas e dos novos criados no *Ariel*. Ele usava a embarcação como um gabinete flutuante, recostando-se no mastro, lendo, escrevendo e cochilando enquanto a exausta esposa tentava treinar uma cozinheira e uma criada, mandar fazer as refeições, pagar as contas e acalmar os ânimos dos pequeninos amuados. Se Shelley sentia falta da antiga intimidade do casal, Mary sentia-se abandonada com a indiferença do marido diante de seu sofrimento e do peso de organizar um grupo doméstico tão complicado. Jane não ajudava em nada. Ela ignorava os criados e brincava com as crianças, sem se preocupar com a proveniência da próxima remessa de suprimentos ou qual deveria ser a refeição seguinte.

Quando se aproximava a data do aniversário da morte de William, 7 de junho, uma onda de calor se instalou na área. Mary quis que Shelley chorasse a morte do filho com ela e, quando ele resistiu, ela se ensimesmou ainda mais que o usual, recusando-se a falar com ele, seu estado de espírito muito pior por estar cansada e indisposta. "Meus nervos foram levados à máxima irritação", lembrou-se ela, posteriormente. Tempestades de raios iam e vinham, o que apenas deixava o ar ainda mais denso e o calor, mais difícil de suportar. As crianças brigavam; os adultos eram ríspidos uns com os outros e, tal como o marinheiro de Coleridge, começaram a ver coisas que não estavam ali. Na realidade, entediados e com muito calor, cada um deles se esforçava ao máximo para superar os demais em capacidade visionária. O casal Williams era inexperiente nesse tipo de coisa, mas Jane conquistou seu lugar no jogo quando viu uma aparição de Shelley passando pela janela e "estremeceu violentamente" por causa da visão.

No dia 8 de junho, Mary acordou se sentindo muitíssimo doente. Ela não recebeu muita simpatia do casal Williams, que achava se tratar de mais uma manobra para ganhar a atenção de Shelley. Ela tomou um banho de mar, o que lhe deu certo alívio, mas apenas temporário. Para Mary, que acreditava em sinais e augúrios, não parecia um acaso que essa nova sensação de tristeza viesse logo após o aniversário da morte de William. Naquela tarde, Trelawny, que regressara de suas viagens para ficar com Byron em Livorno, conduziu o barco do lorde para o interior da baía, anunciando sua chegada com um disparo do canhão de guerra, o qual Byron insistiu que fosse instalado no convés. Shelley e Williams saíram correndo ao terraço para ver quem havia chegado, pensando, a princípio, que fosse um navio de guerra. Contudo, quando viram o nome *Bolivar* pintado em letras bem destacadas nas velas e a bandeira cor-de-rosa da condessa ondulando no mastro, eles foram obrigados a reconhecer que Byron havia superado Shelley uma vez mais. A embarcação dominava a baía, fazendo com que *Ariel* parecesse uma irmã muito mais jovem, a menorzinha da ninhada.

Buscando consolo, Shelley concebeu um projeto para alongar os mastros de seu barco já sobrecarregado de velame a fim de fazê-lo "velejar com fugacidade". Juntos, Shelley e Williams fizeram velas maiores, com a ideia de que, quanto mais lona, mais rápida seria a embarcação. Marinheiros mais experientes saberiam que *Ariel* era um barco leve demais para sustentar tantas velas, mas nem Shelley nem Edward se deram conta disso e, ainda que o tivessem, provavelmente teriam dado seguimento aos planos de qualquer forma. Tudo que importava era ter um barco mais rápido que o de Byron.

Em dias melhores, Mary teria acalmado o marido, convencendo-o de que aquele era um projeto temerário, mas seu estado de espírito havia piorado. Ela já tinha ultrapassado a marca do terceiro mês de gravidez no fim de maio, quando seus mal-estares costumavam melhorar, mas, em vez de se sentir melhor, estava ficando cada vez mais fraca e, no dia 16 de junho, ela acordou e percebeu os lençóis empapados de sangue. Jane e Claire foram depressa para junto dela, mas não tinham ideia do que fazer. Mary enfraqueceu rapidamente. Mandaram chamar um médico, mas ele estava a quilômetros dali; por sete horas, o sangramento continuou incontrolável, e Mary acreditava que iria morrer. Ela não sentia muita dor, mas estava desesperada de preocupação com o que aconteceria a Percy e Shelley. As mulheres tentavam mantê-la consciente passando em seu rosto panos embebidos em "conhaque, vinagre[,] água-de-colônia etc.", mas a estavam perdendo. Shelley, que tinha um conhecimento superficial de medicina, em parte oriundo de seu interesse em ciências, mas sobretudo do monitoramento dedicado aos imprevistos da própria saúde, teve o bom senso de mandar buscar gelo para diminuir o ritmo do sangramento, mas o gelo demorou horas para chegar. Enfim, quando os criados entraram cambaleando com os blocos que já derretiam, Shelley encheu uma banheira com água e gelo, ergueu Mary, que estava quase inconsciente, da cama e mergulhou-a na banheira. Chocadas com esse tratamento cruel, Claire e Jane tentaram intervir, dizendo a Shelley que esperasse pelo médico, mas, felizmente, como disse Mary, "Shelley rejeitou seus apelos e, pela implacável aplicação do [gelo], eu fui salva".

Shelley salvara a vida da esposa, mas agora Mary tinha outra perda para lamentar. Não haveria outro bebê. Percy seguiria sendo filho único. Seus irmãos eram fantasmas. Ela permanecia deitada na cama, fraca demais para se levantar, enquanto Shelley caminhava de cá para lá pelos salões da Casa Magni, sentindo-se aprisionado. Ele queria experimentar o novo e "melhorado" *Ariel*, porém Mary implorava que ele ficasse com ela. A atmosfera na casa era lúgubre. A cada dia que passava, Shelley se mostrava mais impaciente, e Mary chorava, cada vez mais triste e carente. O calor continuava a castigar o litoral, deixando-os todos irritados. Por fim, Shelley não resistiu à pressão.

Cerca de uma semana após seu aborto espontâneo, Mary ouviu gritos no meio da noite e, em seguida, passos pesados. Shelley entrou de súbito no quarto, os olhos arregalados, ainda gritando, mas em sono profundo. Esse Shelley pálido e monstruoso era como um fantasma do seu primeiro romance, o lívido estudante, Frankenstein. Aterrorizada, Mary pulou da cama, caiu, levantou-se e correu para o quarto dos Williams. Nesse ínterim, Shelley acordou, confuso e arfante. Ele vira coisas horríveis, disse. Vislumbrara Edward e Jane, não em um sonho, mas em uma visão:

[...] em um estado aterrador, os corpos dilacerados — os ossos atravessando a pele, o rosto pálido, mas manchado de sangue; eles mal conseguiam andar, mas Edward era o mais fraco e Jane o amparava — Edward disse — Levante-se, Shelley, o mar está inundando a casa e está tudo vindo abaixo.

Ao olhar pela janela, Shelley vira "o mar entrando com violência". Então, o cenário mudou e ele se viu correndo pelo corredor e entrando no quarto de Mary; ele pretendia estrangulá-la, disse o poeta.

Foi algo quase insuportável para Mary. O marido parecia possuído por um demônio, tão esgotado pelos temores e queixas da esposa que queria assassiná-la. Durante a semana seguinte, Mary permaneceu na cama, tremendamente deprimida. Quando chegou a notícia de que Leigh Hunt — que concordara em ajudar com o início da revista literária — chegara à casa de Byron, em Livorno, com a mulher e os seis filhos, Shelley disse que queria atravessar o Golfo de barco para ver os amigos, o que deixou Mary aterrorizada.

Ela implorou que ele ficasse, e, embora de início ele tenha acatado, a baía continuava acenando; a bela e vigorosa embarcação do poeta subia e descia nas ondas. Ele queria exibi-la ao lorde. Finalmente, no dia 1º de julho, Shelley e Edward carregaram o *Ariel* com suprimentos. O poeta enfiou seu exemplar dos poemas de Keats no bolso e vestiu suas calças favoritas, de tecido nanquim. Mary saiu da cama se arrastando e mais uma vez implorou que Shelley não a abandonasse, mas ele estava irredutível: já havia adiado a viagem uma vez por causa dela e agora estava determinado a ir. Em desespero, ela escreveu depressa um pequeno bilhete para Hunt: "Eu desejaria poder escrever mais — desejaria estar com vocês e ajudá-los — desejaria quebrar minhas correntes e sair desta masmorra —".

Na manhã da partida, Mary observou as velas do *Ariel* desaparecendo no horizonte com um mau pressentimento. Ao receber a notícia de que eles haviam chegado em segurança, ela enviou uma carta chorosa para Shelley, implorando que ele voltasse logo para casa. Ele escreveu de volta imediatamente, garantindo que estariam de volta em uma semana, no dia 8 de julho. Mas o dia 8 chegou e passou sem nenhum sinal deles. Passaram-se mais três dias. Na sexta-feira, chegaram cartas de Hunt e Byron, informando que Williams e Shelley haviam de fato partido na segunda, como o poeta prometera. Quando Mary leu isso, conforme ela escreveu posteriormente para a sra. Gisborne, "o papel caiu das minhas mãos — meu corpo inteiro estremeceu — Jane leu a carta — 'Então, tudo acabou!', disse ela. 'Não, minha cara Jane', exclamei eu, 'não acabou, mas este suspense é terrível — venha comigo, iremos até Leghorn [Livorno] [...] para descobrir nosso destino'".

Elas encontraram alguns moradores locais que as conduziram de barco até Lerici e ali contrataram uma carruagem para percorrer os trinta e poucos quilômetros até a casa de Byron em Pisa, pois ele acabara de regressar de Livorno. Elas apareceram na porta de Byron à meia-noite. Mary, ainda se recuperando do aborto, estava pálida como a morte. "Uma espécie de coragem desesperada parecia dar-lhe força", disse Byron mais tarde. "[Ela] mais parecia um fantasma que uma mulher. [...] Nunca vi nada tão comovente, nem tão perturbador, nas tragédias de palco [...]." Porém, por apiedado que estivesse, ele não tinha notícias.

Mary e Jane seguiram direto para Livorno, sem parar para descansar. Ali, elas encontraram Trelawny, e ele confirmou que os homens haviam realmente zarpado no dia 8. A boa notícia era que nenhum acidente tinha sido reportado. A única coisa que elas podiam fazer era voltar para a Casa Magni. Trelawny foi com elas, pedindo informações em todos os portos ao longo do trajeto. Quando alcançaram Viareggio, as notícias foram horríveis. Um bote salva-vidas fora trazido à praia pelo mar, junto com uma garrafa d'água, e as descrições de ambos os objetos fizeram Mary ter certeza de que pertenciam a Shelley. Foi então, como disse Mary, "que nossa calamidade começou a se revelar para nós". Ela não queria sucumbir ao desespero, por si mesma e por Jane, e se esforçou para parecer esperançosa, fazendo o possível para não chorar, com medo de que não conseguisse parar se começasse. No entanto, quando cruzaram o rio Magra, ela quase perdeu o controle:

> Senti a água bater em nosso veículo — fiquei sufocada — fazia força para respirar — pensei que poderia começar a convulsionar e fiz um esforço violento para que Jane não percebesse nada.

Ao ver um relance do mar, "uma voz dentro de mim pareceu gritar bem alto", escreveu ela posteriormente, "que aquele era o túmulo dele".

Mesmo assim, até que tivessem certeza, havia a possibilidade de que os homens tivessem sobrevivido. Trelawny saiu para buscar mais notícias, e na Casa Magni começava uma horrível vigília. "Dividida entre a esperança e o medo", Mary se postou no telescópio de Shelley, focalizando-o em cada vela que cruzasse a baía. Ela tomou láudano para dormir, mas passou a maior parte do tempo em desespero. Infelizmente, os moradores do vilarejo, que em geral eram silenciosos, por acaso estavam celebrando um festival. "Eles passam a noite toda dançando na areia, perto da nossa porta", escreveu Mary, "correndo para dentro do mar e de volta, gritando o tempo inteiro uma canção sem fim — a mais detestável do mundo —".

ESTE AUTORRETRATO DE EDWARD WILLIAMS
FOI ENCONTRADO NOS DESTROÇOS DO *ARIEL*,
BASTANTE DANIFICADO PELA ÁGUA.

Enfim, na noite do dia 19 de julho, Trelawny chegou. Seu semblante, rígido como uma máscara mortuária, assustou Caterina, a criada. Jane desmaiou antes mesmo que ele pudesse falar. Mary, em silêncio e pálida, ouviu cada palavra. Os corpos de Shelley, Williams e de um rapaz de 18 anos chamado Charles Vivian, a quem eles haviam contratado para auxiliá-los, foram deixados pelo mar em diferentes localidades ao longo da costa, entre Massa e Viareggio. Os cadáveres estavam parcialmente devorados e já começavam a se decompor. Conseguiram identificar Edward pelas botas. As únicas coisas que distinguiram o corpo de Shelley dos demais foram as calças de nanquim e o volume dos poemas de Keats dentro do bolso de seu casaco.

Aos poucos, foi possível reunir as partes da história. Shelley e Williams haviam passado uma semana magnífica na casa de Byron, em Livorno. Shelley brincara a valer com os filhos de Hunt e estava tão exultante em vê-lo que não conseguia parar de dizer "quão indescritivelmente feliz" ele estava. Eles viajaram para Pisa a fim de ver a torre inclinada e ouvir o órgão da catedral. "Ele parecia melhor do que nunca", recordou-se Hunt. "Conversamos sobre mil coisas — antevimos mil prazeres." Radiante, tranquilo e bronzeado, Shelley estivera animadíssimo e hilário, rindo com tamanha exuberância das piadas dos amigos que, em dado momento, teve de se apoiar no batente de uma porta, as lágrimas descendo pelas bochechas. O poeta estava entusiasmado com a perspectiva de criar sua nova revista, a *The Liberal*. Tendo Hunt e Byron como seus comparsas, ele começou a elaborar planos para ofender o parlamento e desbaratar os conservadores intransigentes da Inglaterra.

O tempo se encontrava instável no dia 8 de julho, mas Shelley e Williams estavam decididos a navegar de volta para a Casa Magni. Levaria quase sete horas para percorrer os cerca de oitenta quilômetros entre Livorno e La Spezia. Eles partiram perto das duas da tarde; o sol estava alto e, em circunstâncias normais, eles teriam chegado ao vilarejo por volta das nove da noite. Todavia, às cinco ou seis horas, uma súbita tempestade de vento veio do sudoeste. O céu enegreceu. A chuva caía em todas as direções, e fortes rajadas de vento agitavam a água, formando ondas enormes. O *Ariel* estava em mar aberto, a uns dezesseis quilômetros da costa, a pelo menos quatro horas das águas protegidas do golfo de La Spezia e a três horas de Livorno. Havia um ou dois navios próximos o bastante para avistar as velas do *Ariel*, mas essas embarcações, capitaneadas por marinheiros locais que perceberam a gravidade da tempestade, seguiram imediatamente para a praia. Um dos capitães informou que vira o *Ariel* seguir viagem na direção norte, enfrentando o vento e as ondas altíssimas.

Não se sabe ao certo o que aconteceu em seguida. Tempos depois, Trelawny disse que, em sua opinião, piratas teriam batido na lateral do barco, afundando-o, mas essa história era uma das invencionices de Trelawny, provavelmente inspirada pela culpa que sentia em relação à inavegabilidade marítima da embarcação que ajudara a projetar. Também surgiram outros rumores. Neles, Shelley é retratado como o arquetípico poeta romântico, um homem que desejava morrer porque estava desiludido com a vida e ansiava se libertar das amarras terrenas. Em uma dessas versões, contadas anos depois da tragédia, um pescador italiano supostamente se pusera ao lado do *Ariel* e se oferecera para recebê-los a bordo, mas "uma voz aguda e penetrante [de Shelley] [...] disse claramente: 'Não'. [...] As ondas se erguiam à altura das montanhas — uma arrebentação tremenda abateu-se sobre o barco, que, para espanto do pescador, ainda estava com todas as velas abertas. 'Se vocês não vêm a bordo, pelo amor de Deus, rizem as velas ou estarão perdidos', gritou o marinheiro pelo megafone. Um dos cavalheiros [Williams] [...] foi visto em seu esforço para baixar as velas — o companheiro agarrou-o pelo braço, parecendo furioso".

Na realidade, a apenas algumas semanas de seu aniversário de 30 anos, Shelley, apesar de todos os seus momentos de desalento, estava exultante na época do acidente, como atestaram Byron e Hunt. Por certo, ele havia alcançado o auge enquanto escritor. Dedicava-se totalmente a "The Triumph of Life" e à sua peça sobre a princesa indiana; ansiava publicar artigos políticos na *The Liberal*. Podia estar encantado por Jane, mas isso não significava que deixasse de amar Mary ou o filho pequeno. Em seu último bilhete para Mary, ele escreveu: "Como está, minha suprema Mary? Escreva especialmente sobre o estado de sua saúde e sua disposição de espírito, [...] Sempre caríssima Mary". Assim, apesar de seu estoque de cianureto, parece evidente que ele não tinha a intenção de morrer ainda, pelo menos não no *Ariel*. Ao contrário, Shelley e Williams possivelmente pensaram que conseguiriam escapar da tempestade, sem jamais suspeitar que o poeta transformara o *Ariel* em uma armadilha mortal em sua tentativa de fazê-lo mais rápido que o *Bolivar*. Ele não só instalara velas extras para tornar a embarcação mais veloz como havia estocado "três toneladas e meia" de ferro-gusa em seu casco a fim de dar-lhe mais lastro e evitar que virasse de quilha com ventos fortes. O problema foi que, com todo esse peso sobressalente, o barco corria o risco de afundar se entrasse muita água.

Do modo como tudo aconteceu, sua única esperança residia no grumete, Charles Vivian, que poderia ter subido no mastro para baixar as gáveas ou rizar as velas mestras. Do contrário, com as velas içadas, o já inavegável *Ariel* ficaria exposto à força total do vento. Um exame realizado depois que a embarcação foi deixada na praia pelas ondas mostrou que isso provavelmente nunca aconteceu, já que os mastros haviam se soltado do convés. Além disso, o timão fora arrancado do casco, deixando os homens vulneráveis quando as ondas começaram a invadir o barco. Encurralados, eles devem ter levado apenas alguns minutos para perceber que estavam afundando. Williams foi encontrado com a camisa "parcialmente puxada sobre a cabeça, como se tivesse tentado tirá-la". Ao chegar à praia, levados pelas ondas, os corpos do jovem grumete, de Shelley e Williams ainda traziam as botas.

Enquanto a criada tentava reanimar Jane, Trelawny buscava consolar Mary com elogios dedicados a Shelley: não havia poeta maior, declarou ele, nem espírito mais etéreo. Mais tarde, Mary escreveu ao pai: "Fiquei quase feliz [...] em demorar-me no panegírico que a morte dele assim extraía do amigo. Tenho alguns amigos à minha volta que o veneram — todos concordam que era um ser elementar e que a morte não se aplica a ele. [...] Todavia, não me encontro tão desolada como o senhor talvez imagine. Ele está sempre comigo, incentivando-me a ser sábia e bondosa, para que eu possa ser digna de unir-me a ele".

Considerando a opinião de Godwin em relação à moral de Shelley, deve ter sido estranho ouvir a filha declarar que se esforçaria para ser tão virtuosa quanto o marido, o homem que fugira com duas das filhas de Godwin e que, de acordo com Mary-Jane, fora a causa do suicídio de Fanny.

Mary e Jane, acompanhadas de Claire, também pesarosa pelas mortes, viajaram de volta para Pisa. Sua primeira tarefa era a questão dos corpos. Os oficiais haviam jogado cal sobre os cadáveres e os enterraram na praia, no lugar em que o mar os deixara, mas eles não podiam permanecer ali. Para complicar ainda mais as coisas, Edward e Shelley foram encontrados em pontos separados por quilômetros de distância. Seria necessário realizar dois ritos distintos.

Jane queria que o marido fosse enterrado na Inglaterra. Mary queria Shelley ao lado do filho, em Roma. Os oficiais italianos escolheram esse momento para se tornar particularmente inoportunos. Os corpos tinham de ser cremados, disseram eles, e era necessário pagar certa quantia para alguns departamentos do governo. Mary estava à beira de um colapso nervoso, de modo que Trelawny, que conhecera Shelley havia pouco menos de seis meses, assumiu o controle da situação. Mary ficou grata pela ajuda do homem, sem lhe ocorrer que, para Trelawny, sua resignação era prova de que a escritora realmente não se importava com Shelley, tal como afirmaram os Williams. Daí foi fácil para Trelawny se convencer de que ele era a pessoa mais próxima do poeta, na vida e na morte.

Sempre dramático, Trelawny escolheu exatamente o tipo de rito teatral pelo qual Mary jamais teria optado. Inspirando-se nas piras funerárias que vira na Índia, ele decidiu que, se Shelley tinha de ser cremado, o ato deveria ser um acontecimento glorioso. Sem jamais ter lido *Frankenstein*, ele não sabia que a escolha, na verdade, replicava o retrato que Mary fez dos desejos do monstro em relação ao próprio funeral: ser cremado e ter suas cinzas "levadas ao mar pelos ventos".

Durante as semanas que se seguiram, Shelley e Williams permaneceram em seu túmulo temporário, enquanto Trelawny arrancava um acordo dos temperamentais burocratas italianos e contratava alguns moradores locais para ajudá-lo a construir as duas piras diferentes, cortando madeira, cavando turfa e empilhando toras. Finalmente, no dia 15 de agosto, tudo estava pronto. Williams foi cremado primeiro e, no dia 16, foi a vez de Shelley. Na presença dos oficiais italianos, Trelawny e os homens que havia contratado desenterraram o cadáver do poeta, que havia adquirido "uma tonalidade índigo escura e pavorosa" por conta da cal que fora jogada sobre ele.

Byron e Hunt viajaram desde Pisa a fim de prestar sua homenagem ao amigo, mas, de acordo com Trelawny, nenhum deles foi de muita ajuda. Antes de acenderem a pira, Byron pediu o crânio de Shelley, mas Trelawny — que se fizera guardião de Shelley — recusou-se a entregá-lo, explicando posteriormente que ouvira rumores de que o lorde certa vez "usara [um crânio] como taça". Hunt permaneceu na carruagem, incapaz de suportar o cheiro e a horrenda visão, e, quando o corpo de Shelley foi colocado nas chamas, até mesmo Byron se retirou, deixando Trelawny sozinho para testemunhar o acontecimento — mais uma "prova" para Trelawny de que ele tinha sido o amigo mais leal de Shelley. Ele observou o ar tremular, as chamas luzindo com uma estranha claridade. Então, "o cadáver se abriu e o coração ficou exposto". Essa era a relíquia perfeita, muito melhor que uma mecha de cabelo ou uma aquarela. Trelawny estendeu a mão, chamuscando-a para agarrar o órgão, ainda que emurchecido e escuro. Posteriormente, Trelawny e Byron foram nadar nas mesmas "ondas que haviam subjugado nossos amigos", como escreveu o marujo.

Se os moradores locais soubessem a fama que o poeta viria a ganhar, talvez tivessem aparecido para a ocasião; mas, tal como eram as coisas à época, houve poucos espectadores ali. Um punhado de oficiais se reuniu a certa distância para se certificar de que os regulamentos de quarentena estavam sendo cumpridos. O pequeno grupo de aldeões que ficara curioso com o espetáculo burlesco dos cavalheiros ingleses logo se retirou, afugentado pelo calor. Jane e Mary não compareceram. Ninguém as impediu de estar ali, mas ninguém parecia esperar sua presença. No entanto, Mary quis saber cada detalhe do acontecimento. Ela registrou minuciosamente o relato de Trelawny em seu diário, até mesmo os detalhes vívidos das chamas consumindo o corpo, e sofreu sozinha, rememorando o verão em uma carta de oito páginas para Maria Gisborne, um relato sincero e comovente do que se passara:

> O cenário de minha existência se fechou e, embora não haja
> satisfação em recordar as cenas que precederam o acontecimento
> que destruiu minhas esperanças, não obstante parece haver
> uma necessidade de fazê-lo, e obedeço ao impulso que me
> aguilhoa. [...] Tudo que poderia ter sido feliz em minha
> vida agora está destruído — viverei para melhorar-me,
> cuidar de meu filho e tornar-me digna de unir-me a ele.

Enquanto isso, Trelawny continuava a supervisionar questões práticas. Ele guardou as cinzas de Shelley em uma caixa, que enviou para o cônsul britânico em Roma. Elas foram mantidas na adega do diplomata até a primavera seguinte, quando Trelawny já havia providenciado a sepultura de Shelley em Roma, plantara ciprestes e comprara uma lápide, na qual mandou inscrever uma citação de *A Tempestade*:

> Que nada dele feneça,
> Mas sofra uma mudança no mar
> Que o torne algo rico e de estranhar.[3]

Ele reservou um lugar para si mesmo ao lado de Shelley, chegando a cavar a própria sepultura, de modo que seu corpo pudesse ser colocado ali imediatamente quando chegasse sua vez. Pensando nisso posteriormente, ele escreveu para Mary, dizendo que também poderia haver um lugar para ela ali.

Fazia quase que exatamente oito anos que Mary e Claire haviam fugido com Shelley. O aniversário de 25 anos de Mary chegou e passou em branco. À beira do esgotamento, ela se esforçou para manter uma rotina diária. Além de ainda lhe restar um filho do qual precisava cuidar, Godwin a ensinara a ser valente, a se manter firme diante da tendência ao desconsolo da família Wollstonecraft. Ela tinha a impressão de que Jane não era tão forte quanto ela e queria ser um apoio para a amiga enlutada. Porém, isso foi quase impossível. Já esgotada por causa do aborto espontâneo, ela

---

[3] "*Nothing of him that doth fade,/ But doth suffer a sea-change/ Into something rich and strange.*" (Tradução nossa.) [NT]

Louis-Edouard Fournier
1889

*THE FUNERAL OF SHELLEY*, DE LOUIS EDOUARD FOURNIER (1889), UMA RELEITURA VITORIANA DA CENA. RETRATADOS DA ESQUERDA PARA A DIREITA, TEMOS TRELAWNY, HUNT E BYRON, EMBORA HUNT TENHA FICADO NA CARRUAGEM E BYRON TENHA SE RETIRADO EM POUCO TEMPO se sentia à deriva, sozinha. Apesar de toda a sua raiva, apesar de todas as suas decepções, ela havia transformado Shelley no centro do seu mundo — marido e amigo, pai e irmão, bem como antagonista e inimigo. Agora, a fim de lidar com seu desalento, ela se refugiou na paisagem gélida em que vivera depois que cada um dos filhos havia morrido.

Para seu círculo de amigos, Mary parecia impassível. Hunt, em particular, estava horrorizado. Ele jamais havia compreendido a reserva da escritora. Shelley se queixara da falta de sentimentos da esposa em sua última visita e, agora, Hunt conseguia entender por quê. Já havia começado uma disputa pela primazia. Quem Shelley tinha amado mais? Quem estava mais desconsolado com sua morte? Hunt colocou Mary no fim da lista, ficando ele mesmo no alto. Trelawny concordou e deu a Hunt o coração de Shelley. Quando Mary pediu a Hunt para ficar com o coração, ele se recusou a entregá-lo, dizendo-lhe que, em sua opinião, ela havia sido insensível com o amigo. O homem apenas cedeu quando Jane, em um atípico ato de generosidade, lhe pediu que o entregasse para Mary.

Mary ganhou essa disputa, que foi apenas a primeira de uma longa série de batalhas a respeito de quem deveria se tornar o guardião da chama de Shelley.

## CAPÍTULO 34
# MARY WOLLSTONECRAFT: "UM POUCO DE PACIÊNCIA"
### [1797]

Quando o tempo esquentou naquela primavera, Godwin decidiu fazer uma viagem a pé com amigos, declarando acreditar que ele e Mary desfrutariam ainda mais a companhia um do outro se ficassem um pouco distantes. Mary concordou, mas com relutância. Ela se sentia um pouco apreensiva por deixar o marido ir. Antes de Godwin partir nessa viagem, uma nova admiradora chamada srta. Pinkerton surgira inesperadamente, enviando bilhetinhos entusiasmados e fazendo visitas surpresa frequentes — frequentes demais, pensava Mary. Godwin não colocava limites porque tinha pena da moça, mas também porque era agradável, afinal de contas, ser admirado por uma jovem bonita.

Porém Mary não precisava se preocupar. Quase desde o instante em que partiu, Godwin começou a sentir pontadas de arrependimento, tendo proposto a viagem por sua própria tendência à abnegação, e não porque quisesse fugir das garras de Mary. Sua criação calvinista tornava quase intolerável o prazer que estava vivenciando. Ele precisava apaziguar seu sentimento de culpa pela felicidade que sentia e se certificar de que conseguiria ficar sem Mary ao menos por algumas semanas.

Quando a primeira carta de Godwin chegou, enunciando com detalhes o amor que ele tinha por ela e por Fanny, Mary se sentiu reconfortada e escreveu ao marido uma resposta apaixonada, referindo-se ao bebê que esperava como "Mestre William", pois o casal supunha que ela daria à luz um menino:

> Estou bem e tranquila, exceto pela perturbação produzida pela alegria de Mestre William, que cismou em remexer-se um pouco ao ser informado de sua lembrança. Começo a amar esta criaturinha e a ansiar por seu nascimento como uma nova laçada em um nó que não desejo desatar. Os homens são mimados pela franqueza, creio eu, não obstante, devo dizer-lhe que o amo mais

do que eu imaginava quando prometi amá-lo para sempre — e acrescentarei algo que recompensará sua benevolência, se não seu coração, dizendo que, no geral, posso considerar-me feliz.

A resposta de Godwin foi ainda mais calorosa que a de Mary:

Você não pode imaginar a felicidade que sua carta me concedeu. Nenhuma criatura expressa, porque nenhuma criatura sente, as ternas afeições com tanta perfeição como você; e, apesar de toda a filosofia, é preciso confessar que a ciência de existir alguém que se interessa por nossa felicidade [...] é extremamente gratificante. Amamos como que para multiplicar nossa consciência [...] mesmo correndo o risco [...] de abrir caminhos para que a dor e a tristeza nos ataque.

Fanny também sentia falta de Godwin. Mary contou que a garota pegara a carta dele e não queria soltá-la. Ela perguntava inúmeras vezes para onde ele tinha ido e, quando Mary disse que ele havia "partido para o interior", essa se tornou a frase da menina para se referir a qualquer coisa que estivesse faltando; ela divertiu muito Maria Reveley ao dizer que um macaco de brinquedo perdido devia ter "partido para o interior".

No entanto, em virtude das naturezas complicadas de marido e esposa, foi impossível evitar uma discussão. Godwin adiou a volta para casa, mencionando o desejo de ir à feira de Coventry para ver uma jovem reencenar a cavalgada de Lady Godiva. Lady Godiva! Todas as inseguranças de Mary voltaram à tona. Ela estava em casa, tostando no calor, roliça, solitária e mal-humorada, enquanto ele admirava uma bela jovem seminua montada em um cavalo. Mary escreveu de volta, repreendendo-o duramente por sua "Filosofia gélida" e perguntando se ele a julgava um graveto ou uma pedra. Embora tenha sido apenas um incidente, o comportamento do marido fez com que ela se lembrasse de Imlay, de todos os atrasos e promessas não cumpridas.

Quando o escritor finalmente voltou para casa, levando presentes para Fanny — uma caneca com a letra *F* e outras quinquilharias do tipo —, ele piorou as coisas ao incentivar as investidas da srta. Pinkerton, indo sozinho visitar a jovem em sua residência e convidando-a para ir vê-lo na Chalton Street quando Mary não estivesse presente. Naquela mesma semana, o tempo mudou, ganhando umidade e fortes ventos, o que fez Mary recordar o terrível outono em que tentara dar cabo da própria vida por causa do abandono de Imlay. Isso tudo foi demais para Mary, e ela escreveu uma carta em tom de acusação para Godwin, um tom muitíssimo semelhante ao das cartas que costumava escrever para Imlay:

Sou uma tola por procurar a afeição que encontrei tão
somente em meu próprio coração atormentado; e como você
pode culpar-me por buscar refúgio na ideia de um Deus,
quando perco a esperança de encontrar sinceridade sobre
a terra? [...] Minhas antigas feridas voltam a sangrar.

Mas Godwin não era Imlay. Ele concordou em parar de ver a srta. Pinkerton imediatamente, escrevendo às pressas, do escritório, um bilhete para Mary: "Em hipótese alguma eu faria, de minha vontade, qualquer coisa que a deixasse infeliz". Naquela tarde, Mary escreveu um rascunho de um bilhete ríspido para a jovem, repreendendo-a por seu atrevimento. Antes de enviá-lo, ela pediu que Godwin fizesse alguns retoques no texto:

Srta. Pinkerton, abstenho-me de fazer quaisquer comentários
sobre seu estranho comportamento; porém, a menos que esteja
determinada a comportar-se de maneira apropriada, você deve
desculpar-me por expressar meu desejo de não vê-la em nossa casa.

Godwin emendou o bilhete, escrevendo "sua conduta incompreensível" em lugar de "seu estranho comportamento", e Mary postou-o imediatamente nos correios. A srta. Pinkerton respondeu de pronto: "Estou ciente da impropriedade de minha conduta", escreveu ela para Mary. "Lágrimas e essa comunicação dão-me alívio."

Essa foi uma experiência nova para Mary, que, no passado, sempre fora rejeitada em favor de outra. A atriz de Imlay e a sra. Fuseli haviam afugentado a escritora. Agora, embora a srta. Pinkerton e Godwin não estivessem realmente tendo um caso, Mary afirmara sua posição, deixando claro que se recusava a dividir seu homem, e vencera.

Uma vez resolvida a questão da srta. Pinkerton, Mary se sentiu mais tranquila e confiante. Ajudou o fato de que outras pessoas tivessem se apresentado no último mês para expressar sua admiração e elogiar o casal por sua originalidade. Thomas Holcroft disse: "Acho que vocês são o par casado mais extraordinário que existe". Jovens poetas e intelectuais se reuniam no Polígono para ganhar as boas graças desses radicais de meia-idade e admirar a parceria que haviam construído. O casamento Godwin/Wollstonecraft parecia unir todos os princípios mais caros ao casal: liberdade, justiça, razão, sensibilidade e imaginação — em suma, os ideais do Iluminismo combinados com os novos princípios instigantes do Romantismo.

O então jovem de 19 anos William Hazlitt, que viria a se tornar um dos maiores ensaístas e críticos da língua inglesa, admirava a natureza igualitária do acordo do casal. Mary não era reverente nem calada. Na realidade, ela provocava Godwin, rindo de suas maneiras rígidas. Quando Godwin discordava dela, a escritora se recusava a recuar, assumindo um "ar brincalhão, despreocupado". O jovem Coleridge elogiava o espírito criativo de Mary, considerando-a muito superior ao marido, visto que, em seu julgamento, todas as "pessoas de imaginação" tinham "ascendência" sobre "aquelas de mero intelecto". Poucos anos mais tarde, ele mudaria de ideia em relação a Godwin, mas, à época, o rapaz estava impressionado com o filósofo sobretudo porque ele se casara com Wollstonecraft.

Em vez de passar as últimas semanas de gravidez repousando ou bordando, os tipos de atividade recomendadas para mulheres naquela condição, Mary fazia caminhadas vigorosas, em geral passeando nos campos com Fanny para que a garota brincasse com seu bambolê ou seu ancinho de brinquedo. Maria Reveley e o filho pequeno, Henry, costumavam acompanhá-las em tais passeios, e Mary aproveitou seus últimos dias com Fanny sem a distração de um novo bebê. Seu humor e sua capacidade de partilhar prontamente do ponto de vista de uma criança são revelados em um bilhete de Fanny para Henry, que fora "ditado" pela menina:

> A pequena Fanny ficaria muito feliz em ter o prometido Ancinho em um ou dois dias porque deseja recolher Feno nos campos defronte à sua casa. Se Henry o trouxer, ela ficará feliz em brincar de rolar no Feno com ele. O Forcado tem sido usado todos os dias.
> Fanny manda lembranças a Henry e deseja que ele envie sua próxima carta, a qual ela guardará com seus livros, em seu próprio armário.

De quando em quando, Mary e Godwin caminhavam até o vilarejo de Sadler's Wells ou iam ao centro para visitar Johnson e os demais livreiros: ela gostava de saber das fofocas mais recentes do meio literário. A escritora visitava Mary Hays na hora do chá, trabalhava em *The Wrongs of Woman* e também concluiu algumas pequenas histórias para Fanny ler depois do nascimento de "William". Estes breves fragmentos oferecem vislumbres da rotina cotidiana de Mary e Fanny e, ao mesmo tempo, evidenciam a ternura de Mary pela filha e o orgulho que tinha dela:

> Veja como você é mais alta que William. Em quatro anos, você aprendeu a comer, a andar, a falar. Por que está sorrindo? Você consegue fazer muito mais do que pensa: Você consegue lavar as mãos e o rosto. [...] E sabe pentear os cabelos com o belo pente que

você sempre guarda em sua própria gaveta. Com certeza, você faz tudo isso a fim de se aprontar para fazer uma caminhada comigo. Você seria obrigada a ficar em casa se não conseguisse pentear os próprios cabelos. Betty está ocupada fazendo o jantar e apenas penteia os cabelos de William porque ele não sabe fazer isso sozinho.

E:

Quando peguei um resfriado, algum tempo atrás, sentia tanta dor na cabeça que mal conseguia mantê-la erguida. Papai abria a porta bem devagar porque ele me ama. Você me ama, mas fazia barulho. Você não tinha condições de saber que isso fazia piorar minha dor na cabeça, até que papai lhe disse.
    Você diz que não sabe pensar. Sim, você sabe um pouco. Outro dia, papai estava cansado; ele tinha passado a manhã inteira andando. Depois do jantar, ele adormeceu no sofá. Eu não lhe disse para ficar quieta, mas você pensou no que papai lhe disse quando minha cabeça doía. Isso fez você pensar que não deveria fazer barulho quando o papai estivesse descansando. Então você veio até mim e disse, bem baixinho, Por favor, pegue minha bola e irei brincar no jardim até papai acordar.
    Você estava saindo; mas, pensando outra vez, você voltou até mim nas pontas dos pés. E sussurrou. Por favor, mamãe, me chame quando papai acordar; pois terei medo de abrir a porta para ver, com medo de perturbar.
    E você saiu — Bem devagarinho — e fechou a porta com tanta suavidade como eu teria feito. Aquilo foi pensar. [...] Outro dia veremos se você consegue pensar sobre outra coisa.

• • •

Na segunda semana de agosto, o famoso cometa, ou, para usar as palavras de Mary Shelley, uma "estranha Estrela", surgiu no céu noturno, intrigando a todos que o viram cruzar os céus. Mary esperava que aquilo fosse um prenúncio de que o filho nasceria em breve. Ela queria "retomar minha atividade e reduzir a um formato agradável a sombra corpulenta que meus olhos veem quando saio para caminhar e pensar".
    Já perto do fim do mês, Mary e Godwin desistiram de seu hábito de saírem separados e passavam as longas noites de verão lendo juntos. Na última semana de agosto, eles decidiram reler um de seus romances prediletos,

*Os Sofrimentos do Jovem Werther*. Esse foi um período de "verdadeira felicidade", disse Godwin posteriormente. Eles "destacavam belezas despercebidas" no melancólico romance e ficavam "mutuamente contentes ao notar que nossos sentimentos estavam de acordo e, mais ainda, ao perceber que essa concordância crescia a cada instante".

...

Na manhã do dia 30 de agosto, Mary acordou com as primeiras contrações do trabalho de parto. Como em Le Havre, ela não chamou um médico. Acreditava que a sorte estivesse a seu favor. O nascimento de Fanny havia sido rápido, sem quaisquer complicações. A escritora esperava que se passasse o mesmo com o bebê William e arranjara uma parteira de boa reputação, certa sra. Blekinsop, embora não pensasse que a mulher teria muito que fazer. Ela mandou Godwin ao escritório, como de costume, e, depois de algumas horas, as contrações já estavam regulares o suficiente para que ela escrevesse um bilhete ao marido, dizendo: "Não tenho dúvidas de que verei o bichinho hoje". Ela também pedia que ele enviasse alguma leitura leve, um livro ou jornal, para a longa espera entre as contrações. No entanto, apesar de seus prognósticos otimistas, ao meio-dia, ela ainda andava de cá para lá pela casa; o trabalho de parto estava muito mais lento do que havia sido com Fanny. Às duas horas, ela subiu para seu quarto e mandou chamar a parteira, escrevendo a Godwin para dizer que o bebê nasceria logo, repetindo, então, as palavras que a mãe dissera no leito de morte: "Devo ter um pouco de paciência".

Mas o bebê não nasceu logo. Mary teria ainda de suportar mais nove horas de trabalho de parto. Godwin jantou com os Reveley e só voltou para casa depois do anoitecer, apenas para encontrar Mary ainda no andar de cima, sofrendo com as contrações. O bebê somente veio a nascer quase à meia-noite do dia 30 de agosto de 1797. A parteira convidou Godwin a conhecer o bebê — não um menino, afinal, mas uma menina pequenina de aparência frágil. Godwin sentiu a solenidade da ocasião e viria a recordar aquele momento com frequência nos anos seguintes, chegando mesmo a escrever uma narrativa em que marido e esposa trocam saudações após o nascimento do bebê em seu romance *St. Leon*:

> Jamais haverei de esquecer o colóquio entre nós [...] a efusão de alma com que nos encontramos depois que todo o perigo parecia ter passado, a doçura que nos animava, intensificada como estava por causa de ideias de riscos e sofrimento, a sagrada sensação

> [...] a complacência com que víamos, nos olhos um do outro, um sentimento comunal de ternura meiga e afeição invencível!

Maravilhado e transbordante de amor pela esposa, Godwin viu o novo bebê como "o resultado conjunto de nossa afeição comum" e "o santuário em que nossas afinidades e nossa vida foram derramadas, juntas, para nunca mais se separar. Que outros amantes atestem seu compromisso com presentes e provas de amor; nós registramos e selamos nosso vínculo nesta preciosa criatura".

Mary estava cansada demais para falar, mas Godwin permaneceu ao seu lado, aninhando a pequena filha do casal e contente por ter sido um parto seguro, até que a parteira o enxotou dali porque Mary ainda precisava expulsar a placenta. Porém, duas horas se passaram e a placenta ainda não saíra, deixando Mary sujeita ao risco de ter uma infecção. A sra. Blekinsop alertou Godwin, que, com "desespero [...] no coração", tomou logo uma carruagem e disparou rumo ao hospital Westminster a fim de buscar um médico.

Godwin e certo dr. Poignand chegaram ao Polígono pouco antes do amanhecer e o médico se lançou imediatamente ao trabalho, arrancando retalhos da placenta sem usar nenhum anestésico e provocando em Mary a pior dor que ela já havia experimentado. Ela desmaiou várias vezes e, em alguns momentos, quis morrer, mas "estava determinada", sussurrou, "a não deixar [Godwin]". Por fim, depois de muitas horas, o dr. Poignand lhes assegurou que havia removido tudo. Aliviada, Mary finalmente dormiu. Contudo, o estrago já havia sido feito. O dr. Poignand introduzira a doença que mataria a paciente, sem nunca pensar que seus esforços para salvar Mary causariam a morte da escritora. Em 1797, a teoria dos germes ainda não existia; a ideia de que médicos que não lavassem as mãos pudessem disseminar uma infecção teria parecido ridícula.

O sol já havia nascido quando Fanny veio de mansinho pelo corredor para conhecer a nova irmã, a quem haviam decidido chamar de Mary, em homenagem à mãe. Depois que Fanny beijou o bebê, a mãe exausta abraçou-a em despedida. Maria Reveley se oferecera para levá-la por alguns dias, a fim de que Mary pudesse descansar. Godwin ficou com a esposa naquela tarde e Maria voltou para visitá-los no início da noite. Tudo parecia bem na manhã seguinte, de modo que Godwin foi ao escritório para trabalhar um pouco e fez uma visita a Mary Hays para dar a notícia, voltando apenas ao anoitecer. Enquanto Godwin esteve fora, Johnson visitou Mary e conheceu o bebê. Godwin também chamou outro médico, um velho amigo de Mary chamado George Fordyce, que fez uma rápida visita para vê-la, informando a Godwin, em seguida, que estava otimista em relação à recuperação

Gould calls: call on Ritson: Marshall
dines; adv. M Hays & Stoddart.


Call on Fuseli & Inchbald; adv. Tattersal:
theatre, Merchant of Venice; —


Barnes calls: walk to Booth's, w. M:
read, en famille, Werter, p. 127.


Mary, p. 116. ⟨h Fell & Dyson⟩ Barnes calls: dine at
Reveley's: Fenwicks & M. sup: Blenkinsop.
⟨Birth of Mary, 20 minutes after 11
From 7 to 10, Evesham Buildings. at night.
Fetch Dr Poignard: Fordyce calls: in the
evening, Miss G, LF, M Reveley & Tuthil: JG.
calls.


Call on Robinson, Nicholson, Carlisle
& M Hays: Johnson calls. favourable ap-
pearances.


Carlisle, Montagu, Tuthil, Dyson & M
Reveley call. worse in the evening. Nurse.

de Mary. O casal jantou e decidiu que organizaria sua vida dessa maneira durante os próximos poucos meses. Godwin trabalharia. Mary cuidaria do bebê. Eles foram dormir tranquilos naquela noite, satisfeitos um com o outro e contentes com a nova família.

Sexta-feira e sábado foram dias sossegados e felizes. O bebê mamava. Mary descansava e começava a fazer planos para as semanas seguintes. A primeira providência a tomar seria contratar uma ama. A irmã de Godwin tinha uma amiga, Louisa Jones, que estava interessada na função. No domingo, ela a levou ao Polígono para uma entrevista. Porém, enquanto as duas mulheres esperavam no andar de baixo, pancadas pavorosas começaram a estremecer as paredes. Mary teve uma febre repentina e tremia com tanta intensidade que sua cama de ferro se movia, batendo nas tábuas do piso e sacudindo a casa inteira. Angustiado, Godwin mandou chamar o dr. Fordyce imediatamente. A irmã e Louisa foram embora e os moradores da casa se prepararam para enfrentar a crise.

Não demorou para que o dr. Fordyce diagnosticasse o problema: febre puerperal. Ainda havia resquícios da placenta que não foram expulsos do corpo de Mary, e o tecido estava entrando em decomposição; a infecção se instalara e não havia nada que se pudesse fazer. Para mantê-la calma, Fordyce mentiu para Mary, dizendo que ela se recuperaria e inventando um pretexto para explicar por que seu leite já não era bom para o bebê. Como os seios de Mary estavam doloridos de tão cheios, levaram cachorrinhos para que ela amamentasse, um costume do século de xviii do qual Mary tentava rir, mas que parecia terrivelmente cruel quando a pequena Mary estava no quarto ao lado, ávida para mamar.

Nesse meio-tempo, Fordyce contara a verdade para Godwin. Assim, enquanto Mary se agarrava à crença de que viveria, o marido afundou em tristeza. O bebê foi enviado à casa dos Reveley para ficar com a irmã. Pálida e abaixo do peso, também não havia esperanças de que a criança sobrevivesse. Godwin se instalou no quarto de Mary, dormindo em uma cadeira ao lado da cama da esposa. Ele "suplicava que ela se recuperasse" e "prestava enorme atenção a qualquer circunstância favorável com trêmulo afeto; e, tanto quanto era possível em uma situação tão terrível, ela, com seus sorrisos e suas palavras doces, recompensava minha ternura". Os amigos, liderados por Mary Hays e Maria Reveley, acamparam na casa, e a leal Marguerite se recusou a sair de perto de Mary. Quatro amigos de Godwin montaram guarda no andar de baixo. Como disse Mary Hays: "A estima e o pesar daqueles que a cercavam parecia aumentar a cada hora". Mary, que ainda estava consciente, comovia a todos com sua "ternura preocupada" por aqueles que lhe desejavam melhoras.

O CEMITÉRIO DA ANTIGA IGREJA DE
ST. PANCRAS, EM LONDRES.

1827

O dr. Fordyce fazia visitas frequentes, mas em vão. A fim de aliviar o sofrimento da escritora, ele disse a Godwin que lhe desse grandes quantidades de vinho. Godwin obedeceu, mas não sabia ao certo que quantidade oferecer da bebida. Ele não desejava acelerar a morte da esposa, mas também não queria que ela sofresse, sentindo como se lhe tivessem pedido que "brincasse com uma vida que agora parecia tudo que me era caro no universo". Era "uma tarefa pavorosíssima". Mary enfraquecia a cada hora. Desesperado por consolo, Godwin perguntou a Mary, a criada, o que ela achava do progresso do estado da senhora e ficou horrorizado quando a mulher disse que, em sua opinião, a senhora "estava partindo o mais depressa possível". Por fim, na sexta-feira, dia 8 de setembro, suspeitando que a esposa soubesse a verdade, Godwin desistiu de fingir e teve o que chamou de uma "comunicação solene" com ela, procurando descobrir os desejos de Mary em relação às filhas. Porém, a essa altura, Mary já não tinha forças para falar, que dirá para fazer planos. Tudo que ela conseguiu dizer foi: "Sei o que você está pensando...".

Durante as 48 horas que se seguiram, Mary perdia e recobrava a consciência. Os ataques de tremores haviam cessado e ela parecia, como pensara Godwin, saber que estava morrendo. Suas últimas palavras afirmaram que Godwin era "o melhor homem do mundo, e o mais bondoso". O médico tentou encorajá-lo dizendo que era um milagre que Mary ainda estivesse viva e que "era muitíssimo inadequado perder toda a esperança". Afinal, se alguém pudesse sobreviver, seria Mary. Mesmo assim, Godwin sabia que aquelas eram palavras vazias e fez o possível para estar preparado para o fim.

Ele dormiu por algumas horas na madrugada de domingo, com ordens de ser acordado se houvesse qualquer alteração no quadro da esposa. Às seis horas, o médico o chamou para ficar ao lado de Mary, o que ele fez até que ela veio a falecer, menos de duas horas depois, um pouco antes das oito da manhã do dia 10 de setembro. Em seguida, Godwin desenhou três linhas silenciosas em seu diário. Ele havia perdido Mary para sempre. Levaria dois anos para que ele descrevesse o que sentiu e, quando o fez, falou através de uma personagem ficcional cuja esposa acabara de falecer no parto, transmitindo muito mais emoção ali do que era capaz de expressar na vida real:

> O que é o homem? E de que somos feitos? Dentro daquele corpo insignificante residiu por anos tudo que veneramos, pois ali residia tudo quanto conhecemos e podemos conceber de excelente. O coração, agora, está parado. No interior de toda a extensão daquele corpo não existe pensamento, nem sentimento, nem virtude. Já não é mais, senão para zombar de meus sentidos e escarnecer de meu sofrimento, para rasgar meu peito com uma dor complicada, ímpar e indizível [...].

Fanny foi levada para jantar em casa naquele dia, de modo que pudesse dar um beijo de despedida no corpo da mãe, e então voltou para a casa dos Reveley. Como Godwin não acreditava em Deus, ele não encontrou conforto na ideia de uma reunião no céu. Em sua mente, Mary havia desaparecido. Desaparecido por completo. Ele se trancou em seu gabinete enquanto os amigos de Mary cortavam mechas de seu cabelo para guardar de recordação, distribuíam seus pertences e escreviam cartas para contar a triste notícia. O artista John Opie visitou para prestar condolências e comoveu Godwin profundamente ao lhe dar um retrato de Mary que ele havia pintado naquele verão, quando ela estava nos últimos estágios da gravidez. A escritora parecia delicada e melancólica, como se soubesse o que viria a acontecer.

James Marshall, amigo de Godwin, organizou o funeral, para o qual Godwin forneceu a lista de convidados, e no dia 15 de setembro, cinco dias após o falecimento de Mary, os amigos e a família da escritora se reuniram no campo-santo da igreja de St. Pancras, a apenas alguns passos do local onde ela e Godwin haviam se casado cinco meses antes.

No entanto, se alguém tinha esperanças de ver o viúvo, ficou desapontado. Godwin estava sofrendo sua perda da única maneira que sabia fazer: sozinho em seu gabinete, com um livro aberto e uma pena na mão.

## CAPÍTULO 35
# MARY SHELLEY: "NA MAIS PROFUNDA SOLIDÃO"

[1823–1828]

Após a morte de Shelley, Mary ficou surpresa e triste ao perceber que Hunt agora a olhava com desconfiança. Ela o considerava um de seus amigos mais próximos, porém, ele se mostrou frio e arredio desde que chegou. A escritora não sabia que Jane havia envenenado Hunt contra ela, dizendo que Mary fizera Shelley infeliz em seus últimos meses, negando-lhe o amor que o poeta merecia. Tampouco ela sabia que Shelley se havia queixado da esposa quando viu Hunt, pouco antes de morrer. Perplexa e magoada, ela pensava que Hunt ainda devia estar enraivecido por causa de sua disputa pelo coração de Shelley.

Abalada, ela se voltou para seu diário, falando com Shelley como se ele ainda estivesse vivo: "Não é verdade que este coração fosse frio para contigo [...]. Não repetia eu para mim mesma, na mais profunda solidão do pensamento, minha sorte em ter você?". Contudo, ela se recusava a representar o papel da viúva convencional, chorando e suspirando como Jane. "Ninguém parece compreender-me ou solidarizar-se comigo", escreveu ela, riscando palavras em sua angústia. "[Eles] parecem considerar-me alguém sem afeições. [...] Vejo-me desolada e intimidada diante deles, sentindo-me como se eu pudesse ser a pessoa ~~insensível~~ estúpida que eles parecem ~~cond~~ considerar-me. Mas eu não sou."

Em setembro daquele ano, Jane partiu para a Inglaterra, contudo Mary permaneceu na Itália com os Hunt e Byron. Deixar o país seria como abandonar Shelley, Clara e William. E assim, como sempre fizera, ela buscou amparo em seus estudos, lendo grego e história medieval italiana. Ao contrário da perda de William, que a reduzira ao silêncio, a morte de Shelley abriu as comportas. Ela tentava trazê-lo de volta com suas palavras, escrevendo longos registros dolorosos em seu diário. Com a ajuda de Hunt e Byron, Mary produziu a primeira edição da *The Liberal*, a revista com que Shelley havia sonhado em Pisa, convidando Hunt para editá-la. No dia 15 de outubro, a primeira edição foi publicada, contando com um dos trabalhos recentes de Shelley, *May-day Night; A Poetical Translation from Goethe's Faust* [Noite de primeiro de maio; Uma tradução poética do *Fausto* de Goethe], que Mary editara e preparara para impressão. Para o segundo número, publicado um mês depois, ela contribuiu com um escrito seu, "A Tale of the Passions; or, The Death of Despina" [Um conto das paixões; ou A morte de Despina] — uma história que ela escrevera antes da morte de Shelley —, e outro poema de Shelley, "Song, Written for an Indian Air" [Canção, escrita para um ar indiano]. Hazlitt, um dos antigos admiradores do pai e da mãe de Mary, contribuiu com um ensaio pungente, "My First Acquaintance with Poets" [Meu primeiro contato com poetas], e Byron incluiu seu amargo "Vision of Judgment" [Visão de julgamento]. O objetivo de Mary era se sustentar com a escrita. "É apenas nos livros e em atividades literárias que sempre haverei de encontrar alívio", escreveu ela para Jane, em dezembro daquele ano. Acima de tudo, ela não procuraria outro marido para cuidar dela. Apesar de sua admiração pelo príncipe grego e do arroubo de entusiasmo que sentira com Trelawny, nenhum homem jamais conseguiria estar à altura de Shelley.

Byron decidira deixar Pisa em meados de setembro e seguir para Gênova a fim de fixar residência na esplêndida Casa Saluzzo. Mary e os Hunt seguiram seus passos, mudando-se para a mesma área, onde alugaram a Casa Negroto, com quarenta cômodos, um jardim e duas escadarias em curva — bastante espaço para compartilhar, pensou Mary, especialmente em comparação à Casa Magni. No entanto, os Hunt não tinham disposição para ficar satisfeitos. Eles haviam ido à Itália para começar uma nova revista e, agora, um de seus principais patrocinadores e colaboradores estava morto. Embora estivessem tristes, eles tinham de pensar no próprio futuro. Marianne estava grávida do sétimo filho e sentia falta de Londres. A Itália não era tão romântica como ela imaginava. Suas novas acomodações eram inadequadas, dizia ela: "O número e o tamanho das portas e janelas faz a casa parecer qualquer coisa, menos acolhedora".

Foi um outono atipicamente frio. A Casa Negroto tinha apenas uma lareira central, de modo que Mary e Percy foram obrigados a ficar próximos dos Hunt tão somente para se aquecer. Os filhos sabidamente desobedientes de Hunt brigavam, faziam travessuras, derrubavam os móveis, arranhavam os cotovelos e corriam com estrépito pelas escadas. Percy estava acostumado à vida sossegada de filho único e se agarrava à mãe, chorando se alguma das crianças barulhentas se aproximava dele. Quando os Hunt ficaram hospedados na residência de Byron, as crianças danificaram a casa, e Marianne, em vez de repreendê-los, aborreceu-se com Byron:

> Pode haver algo mais absurdo do que um membro da nobreza — e poeta — fazer todo esse estardalhaço porque três ou quatro crianças estão desfigurando as paredes de alguns cômodos? Essas mesmas crianças sentiriam vergonha dele, ora, Lord B. — ora!

Claire não se mudara para Gênova. Ainda em Pisa, ressurgiram tensões entre as duas irmãs. Como Mary, Claire estava inconsolável com a perda de Shelley, mas ela também continuava arrasada com a morte de Allegra e se magoou ao ver Mary tão consumida pela própria dor a ponto de não conseguir consolá-la. Além disso, havia as preocupações financeiras. Mary e Claire dependiam financeiramente de Shelley. Elas não sabiam como proceder para garantir sustento nem se herdariam algo da propriedade do poeta. Claire vinha se preparando para trabalhar como governanta. Porém, ela ainda tinha de encontrar um emprego adequado e recorreu à assistência de Mary. A escritora, apreensiva em relação ao próprio futuro e o de Percy, não se mostrou muito aberta a ajudar a irmã. Ela deu todo o dinheiro que, em sua opinião, tinha de sobra, mas a quantia não era muito grande, de modo que, ressentida, Claire se mudou para Viena a fim de ficar perto do irmão, na esperança de encontrar um emprego na Áustria. Ela nunca abandonara a ideia de se tornar uma mulher independente como Mary Wollstonecraf e recusara pelo menos uma proposta de casamento — Henry Reveley, filho de Maria Gisborne, estava perdidamente apaixonado por ela — para preservar sua liberdade.

Para a sorte de Mary, o membro mais ilustre do grupo pisano permaneceu leal a ela. Por seis anos, Byron e Mary haviam sido colegas literários e amigos. Ele nunca perdera o respeito que tinha por ela, nem a afeição, apesar de sua habitual desconfiança sarcástica em relação às mulheres. Byron percebeu que ela estava quase sem dinheiro e lhe pagou para copiar algumas de suas novas obras, emendando passagens de acordo com as sugestões da escritora, pedindo conselhos no tocante à publicação de sua autobiografia e assegurando-lhe que o pai de Shelley haveria de pagar uma generosa anuidade, afinal, ela era uma viúva com um filho pequeno.

Mas Byron foi a exceção. Os ingleses em Gênova se recusavam a reconhecê-la, continuando a ver Mary como um membro da escandalizante Liga do Incesto. Para a sra. Gisborne, ela confidenciou: "Aqueles que estão à minha volta não fazem ideia do que sofro; pois converso, concordo e sorrio como de costume — e ninguém está suficientemente interessado em mim para notar que [...] meus olhos estão vazios". Trelawny fez uma visita rápida à cidade na companhia de uma nova e bela amante que já era casada e tentava manter seu adultério em segredo. Mary considerava esse um comportamento hipócrita e o disse; se a mulher estivesse verdadeiramente apaixonada, deveria sacrificar sua reputação para ficar com Trelawny. Afinal, foi isso o que Mary fizera por Shelley. Trelawny ficou furioso e cortou relações com a escritora, tomado pela raiva.

Chegada a primavera, Mary estava sem dinheiro. Shelley havia deixado para trás um complicado emaranhado de contas e sir Timothy não lhe escrevera nem uma única vez, tampouco se oferecera para continuar pagando a renda mensal de Shelley. Mary supôs que pudesse se tratar de uma rejeição, mas Byron lhe assegurou que o silêncio de sir Timothy era, sem dúvida, devido a procedimentos legais, e enviou uma carta para o pai de Shelley em nome de Mary, informando-o das necessidades financeiras da escritora. O próprio pai de Mary escreveu diversas vezes, insistindo que ela voltasse para casa e dizendo que ele a ajudaria a lidar com sir Timothy. E assim, embora relutasse em regressar, ela fez planos para navegar de volta à Inglaterra, ainda que tão somente para chegar a um acordo com os Shelley.

Antes de sua partida, porém, chegaram notícias que confirmaram suas suspeitas em relação a sir Timothy. Ela recebeu uma carta do advogado do pai de Shelley anunciando que ele não tinha intenção alguma de ajudar a mulher que havia "afastado a mente de meu filho de sua família e de todos os seus principais deveres na vida". Ele disse que sustentaria Percy, mas somente se ela concordasse em abrir mão do garoto. Do contrário, ela não precisava esperar nada dele. Byron a incentivou a aceitar a oferta, porém Mary se recusou. "Eu não haveria de viver dez dias longe de [Percy]", declarou ela. Embora a situação parecesse desoladora, Mary decidiu seguir com o plano da viagem para casa, na esperança de que o pai de Shelley abrandasse ao conhecer o neto.

Algumas semanas antes de sua partida, Mary e Hunt se reaproximaram. Ele testemunhara a dor silenciosa da escritora durante todo o inverno, bem como a profundidade de sua honra. Hunt recordou a reserva de Mary durante o verão em que as famílias haviam passado em Marlow e percebeu que ela era incapaz de falsidade. Por fim, ele chegou à conclusão de que Jane estivera disseminando mentiras, escrevendo-lhe uma carta furiosa, mas Jane nunca reconheceu qualquer culpa e continuou a contar suas histórias maldosas.

Aliviada por reatar a amizade com Hunt, Mary investiu suas últimas trinta libras na viagem de volta à Inglaterra, iniciando uma odisseia quente e poeirenta de dezoito dias até Paris. Sem Shelley, não havia carruagens particulares nem estalagens elegantes. Ela seguiu em um trajeto sacolejante rumo ao norte em uma diligência pública, espremida, com Percy ao colo, entre outros passageiros suarentos e mal-humorados. Ela havia lido tantas vezes *Letters from Sweden*, de Wollstonecraft, que era fácil se imaginar na situação da mãe, viajando sozinha com uma criança pequena e abandonada pelo homem que amava, no que Mary buscou consolo. Além disso, Percy era extremamente tranquilo, demonstrando uma docilidade que era, ao mesmo tempo, um bálsamo e uma surpresa de partir o coração da mãe, que todos os dias buscava vestígios do pai inconstante no semblante do menino.

Era dia 25 de agosto quando finalmente chegaram a Londres, cinco dias antes do aniversário de 26 anos de Mary. Godwin foi encontrá-la no cais com William, o meio-irmão de 20 anos que ela não via desde que o rapaz tinha 15. Mary ficara fora por cinco anos, mas Londres havia mudado tanto em sua ausência que, sem o pai para guiá-la, ela teria ficado completamente perdida. "Acho que conseguiria encontrar com mais facilidade o caminho a pé até o Coliseu, em Roma, do que daqui até Grosvenor Square", disse ela, um pouco melancólica.

A mudança mais surpreendente foi o recém-escavado Regent's Canal, que cortava a cidade em linha reta até o norte, onde ficavam os vilarejos da infância de Mary, atravessando ruas e remodelando bairros. Mas também havia outras mudanças significativas. Imensas fábricas haviam surgido perto de Paddington, St. Pancras e Camden Town, lançando fumaça no ar já poluído de Londres. Lâmpadas de iluminação a gás brilhavam em cada esquina, transformando as noites londrinas, antes um escuro e poeirento labirinto, em uma colmeia bastante iluminada, uma mudança que Dickens viria a lamentar em *Sketches by Boz* [Esboços de Boz]. As lojas da redesenhada Regent Street atraíam as pessoas, que deixavam de ir a Mayfair para fitar, boquiabertas, as novidades produzidas pelas fábricas: pratos de porcelana barata e mantos prontos, leques produzidos em massa e canela em pó.

Todavia, mesmo que Mary já não conhecesse Londres, Londres não havia esquecido dela. Na primeira semana de agosto, o Lyceum preparou uma produção chamada *Presumption; or, The Fate of Frankenstein* [Presunção; ou O destino de Frankenstein]. Manifestantes marchavam do lado de fora do teatro, segurando cartazes que condenavam "o monstruoso Drama baseado na obra indecorosa chamada *Frankenstein*". Embora estivesse horrorizada com essa hostilidade contra seu livro, Mary gostou de ir ao teatro para assistir à peça. Ela podia sentir um "entusiasmo tenso na plateia". A escritora também percebeu o orgulho de Godwin. "Ora, ora", escreveu ela para Hunt, "eis que me descubro famosa."

Infelizmente, Mary não ganhou dinheiro algum com essa produção, nem com nenhuma das outras que se basearam em seu livro. Na Inglaterra do século XIX, os dramaturgos tinham permissão de usar livremente as ideias dos romances sem atribuir créditos ao autor. Eles também não tinham nenhuma obrigação de se ater à história original. Versões de *Frankenstein* para o teatro se concentravam em simplificar as complexidades do romance, tornando-o de mais fácil compreensão para o público. Nas mãos desses adaptadores, a criatura multifacetada de Mary se tornou unidimensional, um vilão puro e simples, não a complexa mistura de vítima e assassino que Mary criara. Outro estranho desdobramento foi que, ao longo do tempo, o arrogante dr. Frankenstein de Mary desapareceu quase completamente da percepção do público; já na década de 1840, a palavra "Frankenstein" tornara-se sinônimo de "monstro"; em uma situação anterior a essa época, um cartunista da revista *Punch* simbolizou os perigos do abrandamento do domínio inglês sobre a Irlanda com o desenho de um monstro destruindo uma cidadezinha, rotulando-o de "O Frankenstein irlandês". Perante o público, o nome de Mary ficou indissociavelmente atrelado ao de um demônio homicida. À medida que sua fama crescia, as muitas camadas e as múltiplas perspectivas do romance foram gradualmente sendo esquecidas.

Durante as primeiras semanas do outono de 1823, Mary e o pai visitaram velhos amigos, foram a exposições e viajaram de barco até Richmond. O irmão mais jovem provou ser uma companhia divertida, deliciando Mary ao referir-se a Godwin, então aos 67 anos, como "o velho cavalheiro" — uma irreverência que ela jamais se permitira. Para sua surpresa, Mary-Jane praticamente não a importunava. Ao contrário, a madrasta agora parecia uma figura lastimável, agitada, melodramática e amarga.

Quando enfim eles se encontraram com William Whitton, advogado de sir Timothy, ele enfatizou a animosidade de sir Timothy, ressaltando o fato de que o pai de Shelley não queria ter nenhuma ligação com a viúva do filho nem com o jovem Percy. Ele se recusou a conhecê-los, mas ofereceu uma ajuda financeira, concedendo a Mary meras duzentas libras esterlinas ao ano — cem para ela e cem para Percy. Em tempos modernos, isso equivaleria a menos de 20 mil dólares ou cerca de 12 mil libras esterlinas anuais para o seu sustento. E como condição para o recebimento do dinheiro, ele exigiu, ainda, a residência contínua de Mary na Inglaterra e, pior, sob uma espécie de lei da mordaça. Ela não devia publicar nenhum dos trabalhos de Shelley nem escrever coisa alguma sobre ele. Se desrespeitasse alguma dessas exigências, ela não receberia mais nenhum centavo. Por fim, caso sir Timothy descobrisse que Mary tinha dívidas e que não conseguia se sustentar e ao filho, ele tomaria Percy dela — o maior temor de Mary.

Essa notícia era devastadora. Até ali, Mary encontrara alento em suas ideias de escrever a biografia do marido, enaltecer-lhe o talento e defendê-lo contra as alegações de imoralidade que ainda se prendiam ao seu nome. Ela não fora dissuadida, mesmo sabendo que defender Shelley era uma empreitada perigosa — John Chalk Claris ("Arthur Brooke"), um poeta que se atrevera a escrever uma elegia para Shelley, foi duramente criticado por nada menos que cinco revistas diferentes, e a cunhada de Hunt, Bess Kent, foi insultada apenas por citar um dos poemas de Shelley em seu tratado de botânica sobre plantas cultivadas em ambientes fechados.

Todavia, ela precisava do dinheiro de sir Timothy, de modo que teria de esperar para dar a Shelley o que ele merecia. A fim de aumentar sua renda, Mary passou a escrever para revistas. O pai a apresentou para seus contatos literários, mas, afora isso, não fez nada para ajudá-la, conservando sua postura de que cabia a Mary sustentá-lo financeiramente, com o marido morto ou não. Filha zelosa que era, ao publicar um conto na *The London Magazine*, ela deu ao pai todos os recursos de que podia abrir mão. Mais tarde naquele outono, graças a seus rendimentos, ela se mudou com Percy para uma residência só dela, passando a maior parte do tempo em que não estava escrevendo com o pai e o irmão para afastar a solidão. Em raras ocasiões, ela visitava Jane Williams, que, mãe solteira de dois filhos ilegítimos, padecia um isolamento forçado fora de Londres, em Kentish Town.

Ainda sem ter conhecimento das fofocas maldosas de Jane, Mary começou a considerar a possibilidade de se mudar para fora da cidade no intuito de ficar mais perto da velha amiga. Por vezes, ela chegava a sonhar em ganhar dinheiro suficiente para levar Jane e os filhos de volta consigo para a Itália. E, com a morte de Shelley, sua sensação de não pertencer ao mundo dos vivos voltara à tona. Não só o marido falecido, mas os filhos, a irmã Fanny e a própria mãe esperavam por ela do outro lado. Vez por outra, ela os sentia tão próximos que tinha a impressão de poder tocá-los. Apenas Percy, e às vezes o pai e o irmão, conseguiam atravessar sua concha de tristeza.

Apesar da ordem de sir Timothy, Mary decidiu produzir anonimamente um volume dos escritos de Shelley. Contudo, esse projeto era maior do que parecera de início. Shelley nunca havia sido uma pessoa organizada e seus papéis estavam em uma desordem muito maior do que ela esperava. Ele escrevia quando inspirado e em qualquer superfície que estivesse disponível, atulhando sua escrivaninha de recortes de papel e cadernos, escrevendo no verso de envelopes e guardando pedaços de papel nos livros que porventura estivesse lendo no momento. Muitos poemas haviam sido compostos em folhas diferentes, o que dificultava o trabalho de distinguir em que ponto os novos poemas começavam e os antigos terminavam. Os poemas escritos em um único pedaço de papel geralmente figuravam em meio a desenhos toscos de árvores e veleiros.

Para Mary, por dificílimo que fosse o projeto, examinar os papéis de Shelley era algo que a ajudava a ressuscitar a presença do marido, dando-lhe a sensação de que eles ainda se comunicavam, de que ele ainda falava com ela. A escritora fazia os acréscimos e os cortes que ele parecia indicar, escolhendo versões finais e reunindo versos escritos em locais diversos. Felizmente, ela não estava trabalhando com um material que lhe fosse de todo novo. Mary e Shelley haviam conversado sobre alguns dos rascunhos; o espírito de colaboração entre marido e esposa, nascido do diário conjunto que escreveram em Paris, quando Mary tinha 16 anos e Shelley, 21, permanecia mesmo depois da morte do poeta.

Mas havia também inúmeros poemas sobre os quais eles não haviam discutido e que Mary lia pela primeira vez. Muitos deles haviam sido escritos durante as tragédias dos últimos anos e lamentavam a solidão de Shelley, ou elogiavam Jane ou Emilia, em detrimento dela. Embora esses versos fossem penosos de ler, Mary sabia que, se fosse seu desejo expor ao público o melhor da obra de seu marido, ela teria de se esforçar para organizá-los também. Era uma empreitada dolorosa, mas ela não hesitou, pois acreditava que seus sentimentos pessoais não importavam quando se tratava de arte. Grande literatura era grande literatura, ainda que lhe causasse sofrimento. Desse modo, ela se encarregou de reunir estrofes, reordenando-as e cortando-as, alcançando, por fim, um de seus maiores feitos e também um dos menos reconhecidos: uma coletânea coerente da obra de Shelley.

Curiosamente, apesar do papel significativo que Mary teve na divulgação de sua obra ao público, ninguém jamais acusou Shelley de não ter escrito seus próprios poemas, embora as contribuições de Mary sejam no mínimo tão substanciais quanto as modificações que o poeta fez em *Frankenstein*. Porém isso se deu porque, ao contrário de Shelley, Mary encobriu suas pegadas. Embora tenha redigido um prefácio anônimo para a edição, nem uma única vez ela fez menção ao seu próprio papel de editora. Por um lado, ela tinha que esconder sua identidade de sir Timothy, mas também queria apresentar Shelley como um grande artista que não precisava de editores. Além disso, ela bem sabia que, sendo mulher, enfrentaria críticas por se atrever a mexer na obra do marido, sem importar o quanto todos desaprovassem Shelley.

Em seis meses, *Posthumous Poems* [Poemas póstumos] estava pronto para publicação. O livro foi colocado à venda em junho de 1824 e vendeu rapidamente até que sir Timothy soube de sua existência. Embora não pudesse prová-lo, ele sabia que aquilo era obra de Mary. Furioso com a nora, ele suspendeu as vendas, obrigando o editor responsável pela publicação a recolher todos os exemplares que ainda não tinham sido vendidos, mas já era tarde para impedir que a imagem de Shelley apresentada por Mary deitasse raízes. Aqueles que tinham a sorte de possuir um exemplar de *Posthumous Poems* emprestavam-no aos amigos, enquanto aqueles que não haviam adquirido o livro se contentavam em copiar poemas dos exemplares de outras pessoas e compartilhá-los. O prefácio não assinado declarava que Shelley havia sido um espírito etéreo, um artista amável sem envolvimento com política e outras controvérsias. Mary não mencionou o radicalismo do poeta — suas demandas por reformas, seu ateísmo, suas declarações em favor do amor livre. A intenção da escritora era desassociar o nome do marido de escândalos, e não inflamar o público.

Contudo, em 1824, Mary não tinha condições de saber como havia sido grande seu êxito em estabelecer uma nova reputação para Shelley e, privada do direito de publicar a obra do poeta, ou até mesmo de mencionar o nome de Shelley em algum livro, ela voltou a se concentrar em sua própria carreira literária. Aos poucos, sua imaginação retomou força e deu forma a uma história que resultaria em um novo romance, O Último Homem, tão deprimente como sugere o título. Mary ambientou a história no século XXI, quando uma praga misteriosa aniquila a humanidade inteira, com exceção de um sobrevivente, que grita: "Sou uma árvore rachada por um raio [...] estou sozinho no mundo [...]", sentimentos que refletem perfeitamente o próprio ânimo da escritora.

Em maio daquele ano, enquanto rascunhava as primeiras páginas de O Último Homem, Mary recebeu mais notícias ruins. Começava a lhe parecer uma "lei da natureza" que aqueles a quem ela amava morressem. Dessa vez, tinha sido Byron. Ele sucumbira de uma febre enquanto lutava pela independência da Grécia em relação à Turquia. Os amigos que restavam — os Hunt, Thomas Hogg, Jane Williams, Edward Trelawny e Claire — nunca poderiam se comparar a Shelley e Byron, ou "os Eleitos", como ela os chamava. Em seu diário, ela ponderou que seu novo romance parecia uma descrição ainda mais adequada de suas experiências na vida real: "O Último Homem! Sim, bem posso descrever a sensação de solidão do ser, sentindo-me eu mesma a última relíquia de uma raça amada, meus companheiros mortos antes de mim".

Quando chegou o verão, Mary tomou providências em relação ao seu desejo de estar perto de Jane e se mudou para Kentish Town, um pacato povoado rural protegido pelo terreno alto e arborizado de Hampstead, cujo acesso à cidade se dava por uma única estrada, uma trilha de terra que passava bem defronte à nova residência de Mary. A ferrovia logo invadiria esse pacato vilarejo, não muito distante de Somers Town, mas, na década de 1820, sedes de propriedades agrícolas e refúgios de nobres pontilhavam os campos. Percy ficou feliz ao ver os filhos de Jane, seus colegas de brincadeiras na Itália, e Mary estava contente em viver perto dos campos de sua infância. Todas as tardes, ela observava Percy brincando ao ar livre, sumindo de vista no feno, empinando sua pipa, longe daquela neblina fumarenta e da fuligem da cidade.

A realidade de sua perda mais recente se apresentou com maior nitidez quando a procissão do funeral de Byron marchou diante de sua casa, seguindo a trilha tortuosa para o norte, rumo às propriedades ancestrais do lorde, em Newstead. Mary assistiu da janela, com o coração cheio de dor. Ela se via como uma vítima do destino, poupada por motivos que não conseguia perceber nem compreender, e expressou tais sentimentos em seu romance: na cena que constituía o clímax do livro, o último homem sobe a bordo de um navio com destino a lugar nenhum, à deriva e sozinho.

A fim de aliviar seu sofrimento, ela se dedicou a Jane e permaneceu em Kentish Town quando o outono chegou. À tarde, as duas mulheres caminhavam quilômetros nos campos. Percy frequentava uma pequena escola diurna na rua de sua casa, permitindo que Mary trabalhasse sem distrações durante a manhã. O que ela não sabia e, na verdade, nunca havia descoberto, era que Jane continuava a ser dissimulada. Seu mais recente segredo era que ela estava tendo um caso e suas noites eram animadas por um visitante que ela não mencionou a Mary.

Thomas Hogg, mantendo seu padrão de se apaixonar pelas esposas e amantes de Shelley, ficara enlouquecido por Jane quanto esta voltou a Londres. A mulher deixou Hogg intrigado quando confidenciou que ela, e não Mary, havia sido o último amor de Shelley, bem como o mais verdadeiro. Embora Jane não tenha se sentido particularmente atraída pelo prosaico e desajeitado Hogg, fora-lhe difícil voltar para Londres como mãe solteira; ela havia sido desprezada, atacada e ridicularizada. Era revigorante ser admirada e, assim, ela permitiu que o envolvimento amoroso acontecesse, embora insistisse que o caso não fosse revelado aos amigos e familiares. Naquele verão, ela fizera uma confissão parcial a Mary, contando-lhe sobre as investidas de Hogg, mas insinuando que ela o havia rejeitado. Mary podia compreender a rejeição, não só porque ela já rejeitara Hogg no passado, mas também porque teve de desencorajar potenciais pretendentes. O dramaturgo norte-americano John Howard Payne propusera casamento a Mary após tê-la conhecido na casa de Godwin. Outros homens, cujos nomes ela não se importou em deixar registrados em seu diário, também se candidataram, fascinados pela ideia de ser ela a viúva de Shelley e atraídos por sua inteligência e modos gentis. Como lamentou à enlutada amante de Byron, Teresa, "se você conhecesse os homens que se atrevem a aspirar serem sucessores de Shelley e de Williams — meu Deus — estamos reduzidas a isso".

Mas essa situação não poderia durar muito tempo e, no fim de janeiro, sobreveio a catástrofe. Certa noite, Hogg chegou para uma visita enquanto Mary e Percy ainda estavam na casa de Jane, à espera de sua habitual noite de jogos e conversas junto da lareira, mas Jane queria ficar a sós com Hogg e pediu que Mary saísse, fazendo-o de forma tão abrupta e indelicada que seus ecos ainda se fazem audíveis no diário de Mary: "Agora sei por que sou rejeitada — Que assim seja! [...] Eu não a faço feliz — ela está feliz agora — esteve o dia inteiro — enquanto eu, em gr desgraça — 'com fortuna e os olhos dos homens/ eu choro, sozinha, minha condição de rejeitada'", escreveu Mary furiosa. Ela compreendeu tarde demais a verdadeira natureza do relacionamento de Jane e Hogg. "Oh, triste tola — sofra, mas não enlouqueça —", garatujou ela e, então, o restante da página foi rasgado. Obviamente, alguém, talvez Mary, embora o mais provável é que tenham sido seus descendentes vitorianos, considerou as palavras da escritora escandalosas demais para a posteridade. Talvez Mary tenha sido explícita demais em sua condenação do relacionamento sexual de Jane e Hogg. No entanto, curiosamente, é possível que ela tenha sido demasiado explícita em relação a seus próprios sentimentos, o que levanta a questão da real natureza de seu relacionamento com Jane.

Mary conhecia muitas mulheres que tinham amantes do sexo feminino. As famosas damas de Llangolen, que haviam fugido da censura de suas famílias a fim de viver juntas no País de Gales, em 1780, foram celebridades da época e tinham Godwin por um de seus amigos. Shelley lhes fizera uma visita quando ele e Harriet viviam no País de Gales. Byron também fizera uma peregrinação até a casa de campo das mulheres. Para os poetas e seus amigos, as damas eram um exemplo real de como eles poderiam seguir os ditames do coração em vez das regras sociais. A própria Mary tinha uma nova conhecida, Mary Diana Dods (Doddy), filha ilegítima de um conde escocês, que era bastante conhecida por seus casos amorosos com mulheres. Ela fora apresentada a Doddy em uma festa para a qual Jane insistira que ela fosse e ficara impressionada com o "charme e o fascínio" da mulher e "o talento extraordinário que sua conversação [...] revelava". Não causou desconforto o fato de Doddy ter se apaixonado imediatamente por Mary, enviando-lhe torrentes de cartas que descreviam sua angústia nos dias em que elas não se encontravam.

Não obstante, ao menos com Doddy, Mary estava interessada em criar um laço de amizade. Seus sentimentos por Jane, àquela altura, não eram tão claros. Por certo, Mary considerava Hogg um concorrente; porém, se eram ciúmes de uma amante ou de uma boa amiga, não se sabe. O certo é que ela de pronto deu início a um contra-ataque, advertindo a amiga mais frágil, com longos discursos, de que Hogg não era um sucessor digno para Williams. Ela assegurava a Jane que a mulher encontraria um homem mais merecedor no futuro e insistia que, enquanto isso, a amiga contasse com a amizade entre elas. Prometendo a Jane que cuidaria dela, Mary lembrou-a de que, um dia, Percy herdaria a fortuna de Shelley, e então todos eles poderiam suspirar de alívio. Jane cedeu, dispensando Hogg. Talvez se ele fosse para Roma e se dedicasse a alguma arte, pudesse desenvolver uma atitude mais poética, sugeriu Mary com delicadeza. Jane retransmitiu essa mensagem e Hogg, na tentativa de agradar Jane, partiu em uma extensa excursão pela Europa.

Nunca fora do agrado de Jane ficar sozinha e, com a partida de Hogg, ela direcionou toda a intensidade de seus encantos para Mary, dizendo à escritora que a amava e precisava dela mais que de qualquer outra pessoa. Essas eram as palavras que Mary tanto desejara ouvir desde a morte de Shelley — não de pretendentes, pois eles jamais poderiam estar à altura da imagem do marido, mas, com Jane, tratava-se de outra coisa. Shelley se importava com Jane — Mary ainda não sabia o quanto — e Jane fizera parte do grupo dos "Eleitos". Ao lado de Jane, Mary podia conservar seu vínculo com o passado, uma vez que a amiga a fazia recordar o que ela fora antes — esposa de um baronete, levando uma vida dedicada à arte e à literatura.

Feliz com as declarações de lealdade da amiga, Mary renovou seus votos de fidelidade eterna. Ela expressou sem restrições todo o amor que, de outra forma, teria sido dedicado a Shelley e, a partir de então, o relacionamento entre elas se aprofundou depressa. No verão daquele ano, as cartas de Mary para Jane por certo parecem ser cartas de amor, sugestivas, galanteadoras e repletas de elogios. "Não tenho certeza de que olhares masculinos não encontrarão estas linhas, por isso tentarei ser tão recatada como uma criada de idade", provocava ela. Jane era seu "lírio radiante", sua "fada". A escritora menciona as partes sexuais de ambas — "nossa linda v. — a palavra é tão inadequada que não devo escrevê-la" —, preocupada com a saúde de Jane, e disse a Hunt que "a esperança e o consolo de minha vida são a companhia de [Jane]. A ela estou unida nos bons e maus momentos".

No inverno, o relacionamento entre as mulheres era tão íntimo que Mary buscou conforto em Jane quando *O Último Homem* foi publicado, em janeiro de 1826, e recebeu críticas mordazes. Um crítico se mostrou chocado com a "repetição vertiginosa de horrores"; outro se queixou, dizendo que a imaginação de Mary estava "enferma" e que sua obra era "pervertida" e "mórbida". Em uma época que celebrava as conquistas e o crescimento do império, quando romances de sucesso como *O Último dos Moicanos*, de James Fenimore Cooper, glorificavam o sonho do destino manifesto, *O Último Homem* se destaca como uma voz solitária de protesto contra a guerra e as conquistas. Não existe progresso, diz Mary. Um homem saindo a navegar não é um glorioso símbolo de expansão. Em vez disso, a exploração é ainda outra ação vazia, um gesto fútil em um mundo onde todos os impérios caem e sucumbem.

Como aconteceu com *Frankenstein*, o público largamente masculino de Mary perguntava-se que tipo de *mulher* conceberia um pesadelo como aquele. Livros de mulheres romancistas deviam celebrar a beleza; seu tom devia ser delicado, suas temáticas, suaves e ternas. Mas Mary não queria escrever livros que ela julgava "fracos". Como a mãe, ela aspirava às virtudes "masculinas" da força e do vigor, da bravura e da profecia. Embora ela tenha sido incentivada por umas poucas reações positivas — o artista John Martin pintou uma série de quadros inspirados no romance *An Ideal Design of the Last Man*, e o livro foi traduzido para o francês —, seu único consolo real durante esse período desalentador continuava a ser seu relacionamento com Jane. "Ela é, na verdade, meu tudo, minha única alegria", escreveu Mary a Leigh Hunt.

Porém, infelizmente, a natureza de Jane não havia mudado. Primeiro, Jane, assim como Claire, nunca deixara de ter inveja de Mary. Ela ainda dizia coisas mordazes pelas costas da escritora, repetindo a velha história de que Mary fora cruel com Shelley e que ela, Jane, e não Mary, fora a única a quem o poeta havia realmente amado. Além disso, Jane nunca deixou de sentir falta da proteção de um homem, ainda que fosse um homem tão desajeitado como Hogg.

Naquela primavera, Hogg voltou de suas aventuras pela Europa com a capacidade de falar com segurança sobre os prazeres da cultura mediterrânea, mas, afora isso, sem qualquer mudança. A insistência com que afirmava seu amor por Jane foi demais para que ela resistisse e, em dezembro de 1826, ela já havia retomado secretamente o relacionamento com ele. A verdade enfim veio à tona quando Jane descobriu que estava grávida. Em fevereiro, ela deu a notícia para Mary, acrescentando que ela e Hogg planejavam viver juntos com seu bebê. Embora estivesse indignada e decepcionada, Mary tentou apoiar a decisão de Jane, mas, em seu diário, revelava o receio de que a amiga não seria feliz — e, então, sempre honesta consigo mesma, expressava também o receio de que ela não *quisesse* que Jane fosse feliz.

Com um saudável senso de autopreservação, Mary abandonou sua residência em Kentish Town em maio daquele ano e viajou para longe da amiga grávida, escolhendo uma nova amiga para acompanhá-la, uma jovem chamada Isabel Robinson, a quem ela conhecera em uma festa de uma amiga dos Hunt naquela primavera. Isabel, de 19 anos de idade, tinha olhos escuros, temperamento taciturno e cabelos pretos, curtos e encaracolados. Ela encantava a todos que conhecia, homens e mulheres. Doddy, tendo percebido que Mary jamais corresponderia a seus sentimentos, estava secreta e perdidamente apaixonada pela jovem. Sedutora e coquete, Isabel já tivera um caso amoroso com um jornalista norte-americano e fugira para a França a fim de ter o bebê que nasceu desse relacionamento. Quando Mary a conheceu, ela estava magra, melancólica e desesperada por uma confidente. Mary, a trágica viúva de Shelley, parecia ser a candidata perfeita, e, assim, Isabel chamou Mary em particular e revelou todas as suas dores: Adeline, seu bebê, estava vivendo com uma ama de leite nas redondezas. Se o pai de Isabel descobrisse que ela tinha uma filha, ele a repudiaria. Ela não queria ficar exilada, mas sentia uma falta enorme da filha. Às lágrimas, ela declarou que fugiria com o bebê e enfrentaria o futuro sozinha.

Essa história triste comoveu Mary, colocando-a em ação. A escritora era especialista quando se tratava das angústias de ter filhos ilegítimos. Doddy também estava ávida por oferecer ajuda, pois os cachos e a figura esbelta de Isabel eram difíceis de resistir. Por fim, após muitas discussões, Mary e Doddy arquitetaram um plano. Doddy sabia que muitas pessoas pensavam que ela tinha uma aparência masculina. Ela se sentia masculina. Por que não tirar proveito da impressão equivocada das pessoas, levar a vida que sempre quisera e salvar a deslumbrante Isabel ao mesmo tempo? Ela se disfarçaria de homem e partiria para a França com Isabel, onde elas fingiriam ser marido e mulher. Depois de alguns anos, Doddy desapareceria e Isabel poderia voltar para a Inglaterra como uma respeitável viúva com sua filha. Era um plano absurdo, insano até. Contudo, Mary era filha de Wollstonecraft. Ela sabia que a sra. Mason tivera êxito ao se disfarçar de homem na faculdade de medicina; ela acreditava nos motivos de Isabel. Assim, ela assumiu o papel de cérebro do plano. Havia muitos riscos — se alguém descobrisse, as três cairiam em desgraça permanente —, mas no fim do verão, com a ajuda de Mary, o estranho casal se mudou para a França e, alguns anos depois, Isabel voltou para a Inglaterra com a filha. Ninguém jamais soube de nada.

No entanto, antes de partirem para Paris, Isabel chamou Mary em particular. Durante seu tempo de amizade com Mary, a moça havia conhecido Jane, que, como lhe era típico, confidenciou-lhe coisas horríveis sobre a escritora. Crendo que sua salvadora devia saber que Jane não era de confiança, Isabel contou a Mary tudo que Jane dissera, inclusive os rumores de que Shelley nunca havia amado a esposa. E, agora, havia uma nova distorção dos fatos. De acordo com Isabel, Jane insinuava que Shelley era tão infeliz no casamento que desejara morrer quando navegava de volta para casa naquele dia fatídico. Mary ficou arrasada. "Meus amigos provaram-se falsos e traiçoeiros", rabiscou ela em seu diário. "Não fui uma tola?"

Mary não confrontou Jane de imediato, pois seu bebê havia morrido em novembro, poucos dias depois de nascer. Colocando seus sentimentos de lado, Mary foi às pressas para junto da velha amiga, cheia de empatia por sua perda, e esperou até fevereiro para confrontá-la acerca de sua falsidade. Jane negou que tivesse feito qualquer injustiça, mas as palavras de Isabel pareciam irrefutáveis. Elas ajudavam a explicar a frieza de Hunt na Itália e também esclareciam uma verdade que Mary já não podia negar: Jane fora sua rival na Itália e ainda continuava a sê-lo, embora Mary tivesse escolhido não enxergar.

A escritora não cortou relações com a amiga. Por cruel que tivesse sido, Jane significava muito para que Mary desistisse dela por completo. Em vez disso, Mary manteve uma distância cautelosa que perduraria pelo resto da vida das duas mulheres. Jane implorou por perdão, mas a amizade entre elas agora seguia os termos de Mary. Quando, de tempos em tempos, Jane tentava explicar que sua deslealdade fora uma bobagem, Mary cortava o assunto, dizendo-lhe que o mal não poderia ser desfeito.

No verão de 1828, Trelawny voltou à Inglaterra. Seis anos já haviam se passado desde aqueles terríveis meses após o afogamento de Shelley, quando Trelawny e Mary se desentenderam por conta da crítica que a escritora fizera à amante do marujo. Ela não o vira depois disso, mas, ao longo dos anos, eles haviam trocado cartas. Trelawny fora lutar com Byron pela independência grega, conquistando o respeito de Mary, e, quando descobriu a traição de Jane, Mary lhe escrevera longas cartas repletas de confidências, expressando sua fervorosa amizade e o desejo que tinha de vê-lo. Dominada pelas recordações da amabilidade que o homem lhe dedicava, recordações que eclipsavam suas discussões, Mary escreveu a Jane, dizendo "como desejava ardentemente vê-lo". Ela não revelou sua esperança secreta, mas não havia esquecido a empolgação que sentira ao dançar nos braços de Trelawny tantos anos antes, naquele baile em Pisa.

Trelawny, contudo, não parecia recordar nenhum laço específico entre eles, sem nada demonstrar do ardor de um pretendente, nem, aliás, da afetuosidade de um bom amigo. Mary se mudara para Londres no outono anterior, onde matriculou Percy em uma escola de gramática, mas, em vez de correr à residência da escritora para vê-la tão logo chegou à cidade, Trelawny adiou a visita diversas vezes. Quando finalmente foi visitá-la, ele logo começou a fazer duras críticas em relação ao modo como Mary vinha cuidando do legado literário de Shelley. Ela deveria continuar a publicar seus poemas, disse ele, e não obedecer o pai do poeta. A vontade de Shelley teria sido que ela se rebelasse.

Tendo acabado de abandonar a própria filha (a quem ele nunca se daria o trabalho de ver novamente), Trelawny não compreendia como Mary se sentia atormentada pela ameaça que sir Timothy fizera de separá-la de Percy caso ela infringisse seus ditames ou não conseguisse pagar as próprias contas. Essas preocupações pareciam triviais para Trelawny, que se dedicava a viver a vida de um herói byroniano. Onde estava a sede de Mary pela batalha? Por que ela estava sempre cedendo em vez de lutar? Para Trelawny, o nome de Shelley vinha fazendo maravilhas. A amizade que tivera com o poeta morto reforçava sua reputação de romântico audacioso, de espadachim, e era quase tão útil quanto sua conexão com Byron quando se tratava de atrair a atenção da sociedade londrina. As pessoas iam a festas especialmente para ouvir suas histórias, muito embora ainda se recusassem a conversar com a viúva de Shelley.

Alguns meses após o regresso de Trelawny, Claire também voltou para a Inglaterra. Depois de Viena, ela havia passado cinco anos na Rússia, onde trabalhou como governanta, e só deixou o país quando seus empregadores descobriram, de algum modo, sua ligação com Byron e a demitiram. Exposta como uma mulher de má reputação, ela ficou desempregada e sem um lugar para ficar, pois ninguém a contrataria. Agora, ela retornava para uma prolongada visita à terra natal. Todavia, se Mary tinha esperanças de receber apoio da irmã postiça, ela se decepcionaria. Claire concordava com o pensamento de Trelawny, julgando que a irmã estava sendo fraca e reclamando que Mary desistira de tudo por "uma parcela nas corrupções da sociedade". Claire insinuava que jamais teria sido tão destituída de princípios, não deixando Mary esquecer que ela havia passado os anos em que estiveram separadas vivendo de acordo com a filosofia de independência de Wollstonecraft, ensinando esses ideais para seus alunos, enquanto Mary deixara cair o estandarte da mãe. Todavia, Mary não se deixou levar para a batalha. Ela precisava manter a discrição. Sir Timothy ficara horrorizado com O Último Homem, suspendendo sua pensão em uma tentativa de impedi-la de escrever, e havia reconsiderado sua postura apenas recentemente. Os Godwin e a própria Claire dependiam da capacidade de Mary ganhar o próprio sustento.

A ironia é que, ao mesmo tempo em que criticava a irmã, Claire se acomodou no quarto de hóspedes de Mary, alimentando-se de sua comida e desfrutando o conforto de sua residência na Tarrant Street, não muito longe dos Godwin. Enquanto isso, Mary se trancava todas as manhãs, escrevendo contos para pagar o aluguel. Sua resistência contra a injustiça seria sempre clandestina, mas nem por isso menos formidável. Ela continuou a ter seu trabalho publicado, e, embora se destinassem a anuários femininos, seus contos sempre continham muitas das crenças da escritora — disfarçadas e abrandadas, mas ainda evidentes. Havia muito que dizer por meio do trabalho silencioso e constante nos bastidores. "Uma mulher solitária é a vítima do mundo", refletia ela, "e existe heroísmo em sua consagração."

ESTE RETRATO IDEALIZADO DE MARY SHELLEY BUSCA REPRESENTAR SUA APARÊNCIA DE JOVEM VIÚVA. PINTADO POSTUMAMENTE, BASEOU-SE EM RECORDAÇÕES DO FILHO E DA NORA, BEM COMO EM UMA MÁSCARA MORTUÁRIA.

M

## CAPÍTULO 36
# MARY WOLLSTONECRAFT: AS MEMÓRIAS
[1797–1801]

William Godwin nunca fora inclinado à especulação pessoal, porém, nas primeiras semanas após a perda da esposa, ele se permitiu imaginar o que poderia ter acontecido se tivesse conhecido Mary Wollstonecraft na Hoxton, uma loja de armarinho, tantos anos atrás. Ele tinha 19 anos e frequentava a Hoxton Academy, ela tinha 16 e vivia a apenas oitocentos metros de distância. Ele gostava de pensar que, se tivesse feito perguntas com delicadeza, procurando descobrir onde ela morava, e pedido sua mão em casamento ao irresponsável pai da escritora, suas vidas teriam sido completamente diferentes. O casal teria vivido 22 anos juntos, escrevendo, lendo e se amando.

No entanto, Godwin não se enganava com o pensamento de que poderia tê-la mudado. Ele era reservado, Mary era ardente. Ele era lógico, Mary era imaginativa. Godwin havia aprendido mais com ela do que com todos os livros que possuía. Com Mary, ele sentira um delicioso prazer "sensualista" que era uma revelação.

Os amigos de Mary ajudaram-no a pagar por uma lápide modesta para marcar o túmulo da escritora. Godwin mandou fazer uma inscrição simples, sem nenhuma menção religiosa:

MARY WOLLSTONECRAFT GODWIN
AUTORA DE REIVINDICAÇÃO DOS DIREITOS DA MULHER
NASCIDA EM 27 DE ABRIL DE 1759
FALECIDA EM 10 DE SETEMBRO DE 1797

No entanto, ele sentia que esse memorial não era suficiente. A vida daquela mulher extraordinária não poderia simplesmente acabar assim. Mas havia muitas outras pessoas que pensavam da mesma forma e, em consequência, apenas alguns dias após sua morte, teve início uma competição para saber quem havia sido mais íntimo de Mary e quem tinha direito sobre sua história.

Embora não tenha sido tão dramática quanto a competição pelo coração de Shelley, a repercussão seria igualmente reveladora.

Godwin havia deixado Fuseli fora da lista de convidados para o funeral e Johnson o repreendeu por isso, dizendo que, embora Fuseli e Mary já não fossem próximos, o artista fora "o primeiro dos amigos dela". Fuseli e Mary tinham sido apresentados muito antes de ela conhecer Godwin, e o mesmo se aplicava a Johnson, mas Godwin não cedeu. Ele sabia quão magoada Mary ficara com a rejeição de Fuseli antes de sua primeira tentativa de suicídio. E assim, tal como a fada má, o ressentido Fuseli se vingou, disseminando rumores venenosos a respeito de Mary. Ela estava tão desesperada pelo amor do artista, disse ele, que o bombardeava com cartas — as quais ele não lia. E o perseguia tão incansavelmente em busca de sexo que mesmo ele ficava constrangido por Mary.

O escritor também desconsiderou os relacionamentos de Mary com as amigas e irmãs. Nos últimos dias de Mary, Godwin se desentendeu com Mary Hays, dizendo-lhe que havia gente demais na residência e que ela deveria voltar para casa. Quando Hays protestou, dizendo que "não era, de modo algum, insignificante" e que sentia estar levando conforto para a amiga moribunda, Godwin foi ríspido com ela, dizendo que Hays não respeitava sua dor e estava envenenando sua amizade. Hays nunca perdoou Godwin, mas, ao contrário de Fuseli, ela permaneceu leal à memória de Mary.

Godwin foi ainda mais cruel com Everina e Eliza. Ele não escreveu para nenhuma das irmãs da esposa depois que Mary morreu. Em vez disso, pediu que Eliza Fenwick, amiga de Mary, escrevesse para Everina, mas não para Eliza, que se recusara a falar com Mary depois de seu regresso a Londres. De qualquer forma, ele pediu que a sra. Fenwick incluísse na carta uma mensagem para Eliza, dizendo que Mary tinha um "afeto sincero e intenso" por ela. A sra. Fenwick atendeu ao pedido, escrevendo a Everina: "Nenhuma mulher nunca foi tão feliz no casamento quanto a sra. Godwin. Quem já terá sentido a dor que o sr. Godwin está suportando?".

Talvez o escritor pudesse ser perdoado em vista do choque causado por sua perda, mas Eliza Fenwick deveria ter sido mais sensata. Godwin não era a única pessoa que estava sofrendo. As irmãs bem poderiam ter sentido tanto pesar quanto o arrasado viúvo. Elas estavam furiosas com Mary, porém isso não destruía seus laços com a irmã mais velha. A escritora protegera as irmãs muito mais que a própria mãe. Mesmo no fim, quando estavam brigadas, Mary andava tão preocupada com o futuro das irmãs que vinha tentando lhes arranjar dinheiro nas semanas que antecederam sua morte. Agora, a escritora jamais conseguiria alcançar uma reconciliação com elas, nem as irmãs. O conflito ficou para sempre sem solução, "as garotas" se encontravam em um doloroso limbo, e Godwin não estava fazendo nada para ajudar.

Na realidade, Godwin fazia de tudo para se distanciar daqueles que haviam sido próximos da esposa. Como Fuseli, muitos dos amigos de Mary foram repelidos por seus pronunciamentos de que ele fora o único que *realmente* a compreendeu, com repercussões perigosas, uma vez que, como escritores, eles eram capazes de colocar no papel suas próprias versões da vida de Mary. E alguns deles fariam justamente isso — apenas para aborrecer Godwin.

Wollstonecraft, afinal, era uma figura notável, uma mulher famosa. As pessoas tinham curiosidade em relação a ela, queriam saber a verdadeira história por trás de sua imagem pública. Notas enaltecedoras de falecimento e obituários já estavam sendo publicados na *The Monthly Magazine* e na *The Annual Necrology*.

A ira competitiva de Godwin se inflamou. Aqueles que se atreviam a propalar opiniões sobre Mary precisavam ser colocados em seu lugar. Em menos de uma semana, ele já havia começado a escrever a história da esposa. Isso lhe permitiria reivindicar seu direito de preferência e também conseguir dinheiro para cuidar das filhas do casal. Ele não tinha dúvidas de que um livro como aquele venderia.

No dia 24 de setembro, nove dias depois do funeral ao qual ele não compareceu, Godwin registrou em seu diário que havia concluído as duas primeiras páginas de *Memoirs of the Author of the Vindication* [Memórias da autora de Reivindicação], o livro que arruinaria a reputação de Mary por quase duzentos anos. A primeiras palavras que escreveu — "Sempre me pareceu que apresentar ao público um relato da vida de uma pessoa de tão grande mérito já falecida é um dever que cabe aos sobreviventes" — soam estranhamente distantes para um homem que acabara de perder a esposa, mas Godwin estava sendo tão emotivo quanto lhe era possível. Chamar Mary de "uma pessoa de grande mérito" era um enorme elogio para o rigoroso filósofo. Ele afirmava que nunca havia conhecido uma pessoa como Mary; ela era tão franca, tão ativa na busca por respostas, tão corajosa, tão determinada.

Por disciplinado que fosse, não foi fácil trabalhar no Polígono nas semanas após a morte de Mary, e não só por causa de sua própria dor. A casa estava em polvorosa. A cozinheira não sabia o que fazer para o jantar. Não havia roupas de cama limpas para Fanny, então aos 3 anos. O bebê Mary parecia nunca parar de chorar. Ninguém se lembrava de como Godwin gostava de seu chá. A cozinha ficou sem ovos. Sem Mary, os criados ficaram desolados e desorientados. Wollstonecraft fazia mais do que orientá-los em relação ao serviço: ela queria saber sobre sua vida e se solidarizava com seus problemas. Eles a amavam. Os inconsoláveis amigos da escritora pioravam as coisas, aparecendo a qualquer hora para chorar na sala de visitas. Nunca muito dado às delicadezas da cortesia, Godwin era ríspido com os visitantes e se aborrecia com os criados.

Se Mary estivesse assistindo ao esforço do marido para trabalhar em meio a esse caos, ela bem poderia ter sentido um pouco de pena, mas também teria achado engraçado. A fim de economizar dinheiro e restabelecer a ordem, Godwin havia deixado o escritório na Chalton Street, instalando-se no gabinete de estudos da esposa. Ali, ele pendurou o retrato que John Opie lhe dera em cima da lareira e colocou os livros de Mary nas estantes. No entanto, agora que estava na posição dela, ele descobria a verdade de suas palavras a respeito das muitas interrupções da vida doméstica. Assim que Godwin se acomodava para escrever, Fanny tentava conversar com ele. A arrumadeira e a cozinheira tinham dúvidas que só ele parecia capaz de resolver. Os mercadores enviavam mensageiros para lhe cobrar os pagamentos. Trabalhadores vinham para consertar as esquadrias das janelas.

Por fim, no limite da paciência, Godwin instituiu uma nova regra: a criadagem não podia incomodá-lo durante suas horas de escrita, nem a enteada. Isso fez com que Fanny, que sempre tivera a liberdade de perambular o quanto quisesse pelo escritório da mãe, sofresse mais uma perda. Ela não tinha permissão de bater na porta do gabinete, que dirá de abri-la e sussurrar alguma coisa para o padrasto; ele ficava inacessível até a uma hora, quando almoçava, uma regra sobre a qual nunca hesitou, mesmo quando ouvia o choro do bebê vindo do quarto no andar de cima.

Tendo estabelecido esse sistema, Godwin podia agora enfrentar os desafios de escrever *Memoirs*. Ele conhecera Mary apenas nos últimos dezoito meses de vida da escritora, mas desconsiderou o fato como um detalhe sem importância. Ela lhe contara histórias sobre sua infância; ele compreendia o âmago do seu ser. Quaisquer fatos que desconhecesse, ele poderia descobrir facilmente por si mesmo. O que importava — ele tinha certeza — era o profundo amor que os unira, a percepção especial que ele, e apenas ele, tivera do caráter da escritora.

Ele passava horas examinando os manuscritos não publicados de Mary e, para a indignação de futuros estudiosos, queimou a peça em que ela havia trabalhado durante o primeiro verão que passaram juntos, considerando-a indigna dos talentos de Mary. Godwin leu as antigas cartas que ela havia copiado já pensando na posteridade e escreveu a amigos para pedir quaisquer outras que pudessem ter consigo. Ele entrevistou Margaret Kingsborough (a futura sra. Mason), de quem Mary ficara encarregada em seus dias como governanta. Todavia, ele não tomou a providência mais óbvia de todas. O escritor nunca entrou em contato com as irmãs de Mary. Em vez disso, escreveu uma carta para alguém que mal a conhecera: Hugh Skeys, viúvo de Fanny Blood, fazendo as perguntas básicas que Eliza e Everina eram mais qualificadas para responder. Havia anos que Mary não tinha contato com Hugh e a escritora tinha pouco respeito por ele, mas isso não deteve Godwin: "Eu ficaria satisfeito em saber", escreveu ele para Skeys, parecendo mais um advogado que um marido desconsolado, "a respeito das escolas para as quais ela foi enviada e quaisquer outros acontecimentos de sua infância. Gostaria de descobrir o nome de solteira de sua mãe e quaisquer circunstâncias referentes à família do pai ou da mãe". Reconsiderando, ele acrescentou: "As irmãs provavelmente poderiam dizer algumas coisas que me seriam úteis sobre o período em que viveram juntas em Newington Green".

É possível compreender por que ele não tentou se comunicar com os irmãos de Mary, uma vez que não tinham contato havia muito tempo. Ninguém sabia onde Henry estava. Charles tinha ido para os Estados Unidos. James estivera na França, mas fora acusado de ser um espião britânico e seu paradeiro era desconhecido. Nunca teria valido a pena falar com Edward no que dizia respeito a Mary. Porém, é difícil saber por que Godwin não escreveu para as irmãs Wollstonecraft nesse estágio do projeto. Talvez ele não quisesse aborrecê-las ou tivesse receio do que elas pensariam de seus planos de publicar uma "vida" assim tão depressa. Contudo, se sua intenção fosse ofender "as garotas", ele não poderia ter escolhido estratégia mais eficiente. Everina e Eliza ficaram indignadas quando perceberam que o viúvo não as estava consultando. Skeys lhes havia enviado as perguntas de Godwin, mas o escritor estava progredindo na composição de *Memoirs* com tanta rapidez que elas não teriam tempo de enviar suas contribuições. Quando compreendeu o que estava acontecendo, Everina escreveu a Godwin para informá-lo de suas preocupações:

> Quando Eliza e eu tivemos conhecimento de sua intenção de publicar imediatamente a vida de minha irmã Mary, nós concluímos que o senhor apenas pretendesse fazer um esboço a fim de evitar que seu propósito em relação às memórias dela fosse antecipado. [...] Em uma data futura, teríamos fornecido de bom grado quaisquer informações que fossem necessárias e, mesmo agora, não nos teríamos esquivado da tarefa, embora seja nosso desejo evitar reviver lembranças que seriam trazidas à tona, ou relutemos em mergulhar na dor dos pensamentos que viria em consequência, se supuséssemos fosse possível realizar o trabalho que iniciou no tempo que o senhor estipulou. [...] Creio impossível que o senhor possa ser minimamente exato.

Embora Godwin pintasse as irmãs de Mary como mulheres invejosas que nunca haviam valorizado a irmã famosa, essa carta sugere que elas estavam claramente sofrendo com o choque causado pela morte de Mary. Em nome da irmã, diz Everina, elas teriam suportado a dor de rememorar tempos muito antigos se ao menos tivessem sido instadas a tanto.

Everina escreveu com o mesmo entusiasmo e retidão com que Mary costumava fazê-lo. Acima de tudo, ela sabia quanta pesquisa era necessária para se escrever uma boa biografia e, como a irmã, não tinha medo de apontar os erros de Godwin — neste caso, que sua "vida" era "prematura". Ele não sabia sequer o nome de solteira da mãe delas! Ela não se deu o trabalho de fazer o questionamento mais premente: Por que ele não escrevera diretamente para elas? A resposta parecia óbvia. Ele não se importava com o que elas tinham a dizer. Infelizmente, apesar de famoso por sua lógica e inclinação filosófica, Godwin ignorou as advertências de Everina. Ela queria que o escritor se afastasse do projeto, aguardando até que seus sentimentos tivessem amainado. Godwin queria escrever enquanto estivesse no auge do sofrimento. Isso foi um erro. Ao fazer pouco do repositório de informações de Eliza e Everina, ele não só prejudicou suas *Memoirs* como, ao mesmo tempo, selou seu distanciamento das mulheres que haviam crescido com Mary e eram parentes consanguíneas da pequena Fanny, as mesmas pessoas que mais provavelmente se interessariam de forma ativa pela garota.

Para o biógrafo moderno, resta apenas lastimar essa perda. Poucas pessoas poderiam ter dito mais a respeito da primeira parte da vida de Mary que suas irmãs. Elas podiam ter fornecido a Godwin um vislumbre de como era viver com Mary, confidenciar com Mary e receber os cuidados de Mary quando crianças. As irmãs poderiam ter explicado por que estavam furiosas com ela e qual era a sensação de odiá-la — e amá-la. Afinal, elas a admiravam o suficiente para viver de acordo com sua filosofia de independência. É verdade que suas escolhas eram limitadas. Todavia, nenhuma delas se rendera a um casamento sem amor, tampouco haviam recorrido à possibilidade de viver com o irmão Ned. Ambas estavam decididas a se sustentar por si mesmas. De fato, essa noção de que elas *podiam* ser independentes era a maior lição que a irmã lhes havia ensinado, uma lição que Godwin ignorou por completo. Isso porque a Mary valente, que corria riscos, a garota que tomara conta das irmãs, arranjara-lhes emprego, abrira uma escola, lutara contra o pai e o irmão mais velho e ensinara as irmãs a ser livres a qualquer custo — a mulher que dizia não precisar de um homem para ter uma boa vida, afirmando o mesmo para as irmãs —, essa Mary não era a versão favorita da esposa para Godwin. Ele sentira aversão pela impetuosidade de Mary quando a conheceu na casa de Johnson, junto com Tom Paine. À época Mary era assertiva demais para ele, demasiado confiante e agressiva. Apesar de todas as ideias elevadas de Godwin, ele ainda era um homem do seu tempo. Certa vez, ele censurou Mary Hays dizendo-lhe que ela não estava sendo bastante feminina. "Para falar francamente", disse ele, "acho que você se esqueceu um pouco daquela simplicidade e suavidade humildes tão apropriadas a uma mulher."

Assim, para Godwin, as irmãs de Mary não só eram irrelevantes como tinham a dizer coisas que o escritor não queria ouvir. Ele havia se apaixonado por uma Mary ferida. Ela havia tentado suicídio apenas uns poucos meses antes de se conhecerem e, curiosamente, isso a fazia parecer mais atraente para ele. Ela era como um Werther do sexo feminino — o herói do romance que eles haviam lido na noite anterior ao trabalho de parto. Também Werther havia enlouquecido por amor. Também Werther tentara morrer em virtude de seu coração ferido. Paixão sublime, a capacidade de se consumir por amor — era isso o que ele admirava em Mary, era isso o que ele queria mostrar ao mundo. Ela era meiga e dócil, uma mulher cujo coração terno havia sido ferido, uma "beldade" que precisava ser salva, uma heroína de romances elevados. Ela não era — ele enfatizava isso — a virago que muitos, inclusive ele mesmo, haviam pensado que fosse depois da publicação de *Reivindicação dos Direitos da Mulher*.

Tendo em mente essas prioridades, ele não sentia necessidade dos detalhes domésticos insignificantes que as irmãs da escritora poderiam fornecer. Mesmo as conquistas literárias de Mary eram secundárias para ele. O que realmente importava eram os acontecimentos grandiosos de sua vida, ou seus envolvimentos amorosos. Romancista de sucesso, Godwin sabia como criar uma história. Ele tratou longamente da infância dolorosa de Mary para mostrar ao leitor as dificuldades que ela venceu, mas fez apenas rápidas menções aos períodos em que ela trabalhou como dama de companhia e governanta; apresentou superficialmente a experiência profissional de Mary como jornalista, mas concentrou demasiada atenção no relacionamento da escritora com Fuseli, Imlay e com ele mesmo. Desse modo, em suas mãos, Mary se tornou uma heroína trágica, uma mulher definida a partir da referência dos homens de sua vida, não um ser humano independente, que fez suas próprias escolhas e trilhou o próprio caminho no mundo.

O resultado foi um livro de leitura tão rápida quanto um drama gótico, e não um estudo analítico. Mary sofre nas mãos do pai despótico, apaixona-se por Fuseli e foge para a França a fim de esquecer a rejeição dele. Ela permanece na França durante o Terror por causa de sua grande paixão por Imlay, tem uma filha fora do casamento e tenta se suicidar duas vezes. Apenas no fim da vida ela encontra a felicidade. E essa felicidade, obviamente, se deu ao lado de Godwin.

No tocante aos feitos intelectuais de Mary, Godwin criticava ou desconsiderava quaisquer elementos que desestruturasse sua "trama". Ele escreveu que *Reivindicação dos Direitos da Mulher* era maculado por "opiniões [...] de um caráter um tanto masculino" e era "amazônico" — um insulto —, com um número excessivo de "passagens de cunho inflexível e intransigente". Ela era "demasiado desdenhosa" de Burke. Esses foram apenas lapsos momentâneos, Godwin assegurava ao leitor — "incompatíveis com a índole fundamental da escritora" e sua "trêmula delicadeza de sentimento" —, mas eram também o motivo por que seu escrito mais famoso não poderia ser considerada uma obra-prima: "Quando submetido ao crivo das leis de composição literária há muito estabelecidas, [*Reivindicação dos Direitos da Mulher*] mal pode sustentar sua pretensão de ser incluído na primeira classe das produções humanas". Emocional e arrebatada, argumentava Godwin, Mary era incapaz de seguir as regras da lógica e da retórica: *Reivindicação dos Direitos da Mulher* revelava "um desempenho inadequado e absolutamente deficiente em termos de método e organização". Godwin havia consentido na inscrição do título na lápide de Mary porque se tratava de sua obra mais famosa, porém ele temia que seus leitores a julgassem "grosseira, pedante [e] ditatorial". Para ele, era fundamental que o público compreendesse que Mary era "uma mulher, adorável em sua pessoa e [...] feminina em seus modos".

No curso dessa exegese, Godwin não só desconsiderou as influências filosóficas da esposa como ignorou o último ensaio que Mary escreveu, "On Poetry, and Our Relish for the Beauties of Nature", a mais clara enunciação que ela havia feito de seus objetivos como escritora. Portanto, os leitores de *Memoirs* nunca ficam sabendo que Mary acreditava que os escritores deveriam tentar alcançar o poder e a honestidade que vêm da Natureza em vez de uma correção artificial de estrutura e estilo. Eles nunca leram que ela queria tocar as emoções e paixões dos leitores, não apenas seu intelecto, como Godwin fazia em *Political Justice*. Para Godwin, os objetivos da esposa não pareciam dignos de ser mencionados, uma vez que ele os considerava incoerentes e incompreensíveis. Ele não gostava das repetições, da linguagem coloquial e dos apartes autobiográficos que ela empregava, considerando tais elementos como indícios de uma mente não treinada, e não ferramentas retóricas ou inovações. Piores ainda, em sua opinião, eram o uso que ela fazia do humor e suas repentinas mudanças da linguagem formal para a informal; isso deslustrava o refinamento de seus livros e revelava sua falta de disciplina. Pobre Mary, dizia Godwin, ninguém jamais a havia ajudado. Ela não tivera a educação que merecia; não tinha (ao contrário dele) o treinamento de um erudito, e seus livros padeciam desses males. Para ele, suas digressões e exposições das próprias opiniões e sentimentos arruinavam a coerência de seus argumentos e revelavam sua debilidade enquanto pensadora, em vez de sua originalidade. Godwin não fez menção ao livro de Mary sobre a Revolução Francesa, embora outras pessoas, entre elas John Adams, continuassem a relê-lo muito depois de sua morte, e simplesmente não reconheceu as inovações estilísticas da escritora em *Letters from Sweden*.

Lamentavelmente, a avaliação que Godwin fez da obra de Mary moldou o pensamento das gerações subsequentes de leitores, que a condenaram por se aventurar em território "masculino". Para a maioria dos críticos do século XIX, seus livros eram coisas demais ao mesmo tempo: pessoais e ficcionais, históricos e autobiográficos, formais e informais — uma miscelânea que já não causa estranheza aos leitores modernos, mas que, à época, parecia indecorosa, imperfeita, despreparada e rudimentar. Mesmo no século XX, com umas poucas notáveis exceções, entre elas o ensaio de 1929 de Virginia Woolf sobre Wollstonecraft e a obra de Ralph Wardles, *Mary Wollstonecraft: A Critical Biography* [Mary Wollstonecraft: Uma biografia crítica], de 1951, a maioria dos leitores criticava Wollstonecraft pela inclusão de reflexões pessoais e linguagem informal em obras filosóficas, políticas e históricas. Apenas na década de 1970, na esteira de um novo interesse em literatura feminina, foi que os críticos começaram a reexaminar as contribuições de Wollstonecraft para a história. Hoje, a maioria dos estudiosos considera a mistura de estilos na escrita de Wollstonecraft sofisticada em vez de descuidada, inovadora em vez de ingênua.

Mary finalmente começou a ser vista como uma profissional experiente, bem consciente do que desejava alcançar como escritora, e não como a amadora excessivamente emocional e destreinada retratada pelo marido. Apenas aqueles escritores de mente "menos vigorosa" criam obras de "elegância e uniformidade", declarava ela, ao passo que aqueles que "falam a linguagem da verdade e da natureza" produzirão, por necessidade, obras com "discrepâncias e "irregularidades". Por consequência, ela sabia em que categoria estava. Intolerante a restrições, ela *queria* quebrar regras estilísticas e temáticas. Do mesmo modo que levou uma vida de impetuosidade, derrubando tradições e trilhando seu próprio caminho, ela escreveu obras que estilhaçavam o convencionalismo e destruíam costumes estupidificantes. Ela não podia ter agido de outra forma. Mary nunca conseguira se submeter à autoridade. Em sua escrita, sua voz ecoa sem rebuscamento, deselegante e repleta da força da verdade.

• • •

Godwin levou menos de oito semanas para concluir *Memoirs*. No dia 15 de novembro, dois meses depois do funeral de Mary, ele havia concluído sua primeira versão da obra. O escritor revisou-a em quatro dias e, em 19 de novembro, entregou-a para Johnson a fim de que fosse publicada. O resultado foi desastroso. A rapidez com que Godwin escrevera havia de fato prejudicado sua história, exatamente como Everina previra. Os fatos não haviam sido examinados e verificados; faltava muita coisa. Os próprios preconceitos de Godwin influenciaram sua avaliação das contribuições de Mary para a filosofia política e, pior de tudo, sua franqueza sobre as experiências sexuais da escritora e a maneira como ele a caracterizou como uma heroína de muitos envolvimentos amorosos pareciam ter o propósito de afastar seu público. No entanto, se Johnson tinha reservas em relação à publicação do livro, ele não as mencionou; o editor sabia que Godwin estava muito necessitado de dinheiro e acreditava que o público leitor merecia ter acesso aos pormenores da vida de Mary, ainda que fossem polêmicos. Mas talvez tenha sido dele a sugestão de chamar o livro de memórias, e não de biografia — uma diferença importante, pois lembra o leitor de que a obra se trata antes de uma recordação pessoal que de um relato imparcial.

Quando *Memoirs* surgiu nas livrarias, em janeiro de 1798, as elegias das revistas e jornais semanais cessaram repentinamente. Mary deixou de ser retratada como um farol dos valores do Iluminismo. Suas ideias eram agora "escrituras [...] para a propagação de p[uta]s", dizia a *The Anti-Jacobin Review*. Até mesmo seus admiradores ficaram chocados, menos por suas aventuras amorosas — pois já sabiam delas — do que pelo fato de Godwin tê-las exposto. De acordo com um dos fãs mais ardorosos de Wollstonecraft, o poeta Robert Southey, Godwin foi culpado por "desnudar a esposa falecida". A pequena Fanny se tornou a bastarda mais infame de sua geração. As ideias de Wollstonecraft estavam agora totalmente eclipsadas por sua péssima reputação de "mulher imoral".

O governo, que em segredo financiava a *The Anti-Jacobin Review*, aproveitou a oportunidade para desacreditar o autor de *Political Justice*, incentivando a publicação de artigos e críticas que vergastavam Godwin, Wollstonecraft e os valores sociais liberais em geral. Mesmo passados três anos, a campanha ainda continuava intensa. Um dos ataques mais famosos foi um poema obsceno que satirizava a exposição que Godwin fizera da história pessoal de Wollstonecraft:

> *William escreveu um caminhão de coisas,*
> *E a vida de Mary por fim ele teve de escrever,*
> *Pensando que as prostituições dela fossem pouco conhecidas,*
> *Até que fossem belamente impressas em preto e branco.*
> *Com alegria e orgulho maravilhado, essa simples criatura*
> *Os feitos de lascívia de bordel da esposa registra,*

*E sendo sua esposa, com imenso prazer ele conta*
*Quantas vezes ela traiu o pobre tolo*
*E se entregou, ó parte adorável! a meia cidade.*[1]

Surgiram muitos romances populares que ridicularizavam os princípios feministas de Wollstonecraft, fazendo reverter quaisquer avanços inspirados nas ideias da escritora. Parecia que, da noite para o dia, a filósofa passara a ser vista como uma personagem estereotipada, uma vilã ou objeto de escárnio. No romance *Memoirs of Modern Philosophers* [Memórias de filósofos modernos] (1800), de Elizabeth Hamilton, a heroína, Julia Demond, esposa as ideias de Godwin e Wollstonecraft, o que acaba por levá-la à ruína; ela se apaixona por um libertino por pensar que ele é um filósofo, mas o homem se mostra um canalha, abandonando-a quando a jovem engravida. A *The Anti-Jacobin Review* aplaudiu a postura de Hamilton contra os "voluptuosos dogmas de Mary Godwin". No livro *Belinda*, de Maria Edgeworth, Harriet Freke é uma filósofa cujas "trapalhadas" insensatas levam-na, e aos amigos, a situações embaraçosas que são, ao mesmo tempo, absurdas e perigosas. Elinor Joddrel, no romance *The Wanderer* [O andarilho] (1814), de Fanny Burney, é retratada como uma jovem patética que, embora sobreviva ao Terror da Revolução Francesa e defenda os direitos da mulher, tenta se suicidar quando é rejeitada pelo homem que ama. Curiosamente, tanto Elinor quanto Harriet se vestem de homem em diversas cenas-chave, revelando a crença comum de que filósofas eram "dessexuadas", tendo perdido sua identidade feminina ao tentar cruzar a fronteira do mundo "masculino" da razão e da lógica. Até mesmo Amelia Alderson, uma das "belas", caçoou de Godwin e Wollstonecraft em seu romance *Adeline Mowbray*, cujas personagens centrais são gênios com ideais absurdos e impraticáveis que acabam por causar decepções amorosas.

Embora *Memoirs* tenha provocado muito alvoroço, o livro não vendeu bem. Os mesmos conservadores que vinham escrevendo artigos difamatórios orientavam o povo a não apoiar o comportamento pecaminoso de Godwin e sua amante com a aquisição do livro. Aliás, declaravam eles, a compra de qualquer obra de Godwin ou de Wollstonecraft contribuiria para a depravação moral da sociedade inglesa. Mesmo alguns admiradores liberais se distanciaram. Godwin, que se tornara famoso desde a publicação de *Political Justice*, decaiu aos olhos do público. Tendo simbolizado, no passado,

---

[1] "William hath penn'd a wagon-load of stuff,/ And Mary's life at last he needs must write,/ Thinking her whoredoms were not known enough,/ Till fairly printed off in black and white./ With wondrous glee and pride, this simple wight/ Her brothel feats of wantonness sets down,/ Being her spouse, he tells, with huge delight,/ How oft she cuckolded the silly clown/ And lent, O lovely piece! Herself to half the town." (Tradução nossa.) [NT]

os valores iluministas da razão e da liberdade, seu nome era agora sinônimo de imoralidade e decadência. Sua imagem de respeitado porta-voz do movimento pela reforma fora destruída. Cerca de uma década mais tarde, esse violento ataque do establishment atuaria em favor do escritor, pois rapazes como Shelley julgariam Godwin um mártir; porém, na época, foi difícil para ele suportar tal golpe contra sua reputação.

Apenas alguns dos contemporâneos de Godwin perceberam os verdadeiros danos que o livro causara. A *Analytical Review*, uma das revistas com as quais Mary colaborou, alegou que a ênfase dada por Godwin antes às paixões da escritora que a seu intelecto não lhe faziam justiça: *Memoirs* apresenta "uma história incorreta da formação intelectual da sra. G. Não somos informados de quais eram seus livros favoritos, nem de suas horas de estudo, tampouco de suas competências na área de línguas e filosofia".

Não obstante, impulsionado por um forte senso de sua própria retidão, Godwin acreditava estar homenageando a esposa. Ele devia saber que as pessoas condenariam Mary e Fanny, mas queria deixar claro que a maneira como a esposa levara a vida não o envergonhava. Ele não percebia que suas motivações talvez fossem obscuras, que alguma parte dele talvez quisesse destruir a mulher que o havia abandonado, representando a si mesmo como seu salvador. O escritor sabia apenas que havia perdido a mulher que amava. Nem mesmo as filhas, dizia ele, haviam perdido tanto quanto ele. Com *Memoirs*, ele se apropriava definitivamente da vida de Wollstonecraft, moldando a história da escritora de acordo com seus próprios ditames conscientes e inconscientes, tentando provar ser o homem que melhor a conhecia, o único que a ganhara, vencendo todos os demais concorrentes. Ninguém, e menos ainda o desconsolado Godwin, poderia ter antevisto o mal que seu livro causaria.

## CAPÍTULO 37
# MARY SHELLEY: UMA VIDA DE ESCRITA

[1832—1836]

Na primavera de 1832, aos 34 anos de idade, Mary atraiu a atenção de um homem bonito e inteligente de 31 anos, Aubrey Beauclerk. Já se haviam passado dez anos desde a morte de Shelley e ela supunha que nunca mais voltaria a se apaixonar, mas Aubrey se distinguia dos outros homens que ela havia conhecido. Como Shelley, ele era idealista, gentil e aristocrático. Além disso, o homem parecia admirá-la exatamente pelas coisas que escandalizavam a maioria das pessoas: sua escrita, sua política e até mesmo sua decisão de fugir com Shelley. Filho da sra. Beauclerk, que dera o baile em que Mary havia dançado com Trelawny em Pisa, Aubrey fora educado quase exclusivamente pela mãe empreendedora. Graças a ela e às muitas irmãs do rapaz, todas dinâmicas e animadas, Aubrey se sentia à vontade na companhia de mulheres e já era um veterano de muitos envolvimentos amorosos quando foi apresentado a Mary. Ele era pai de dois filhos ilegítimos de mães diferentes. Embora não tivesse desposado nenhuma das mulheres, ao contrário de muitos homens de sua classe, ele batizara os filhos com seu nome e promovera excelentes acordos financeiros em favor deles.

Muito antes de se conhecerem, Aubrey já tinha ouvido histórias elogiosas sobre Mary, contadas pela mãe, que era muito mais aberta a situações domésticas inusitadas do que a maioria das pessoas de seu ambiente social. Emily Beauclerk era a única filha da infame duquesa de Leinster com o segundo marido, William Ogilvie. Após a morte do duque, seu primeiro marido, a duquesa escandalizou a família e os amigos ao se casar com Ogilvie, que era tutor de seus filhos. Todos os relatos dão conta de que a duquesa e o segundo marido permaneceram apaixonados um pelo outro durante todo o período de seu longo casamento. Tendo testemunhado a felicidade dos pais em primeira mão, Emily ensinava os filhos a abandonar os preconceitos de sua classe social em sua busca pessoal pelo amor. Ela mesma havia rompido flagrantemente seus votos matrimoniais, julgando o marido tão incompatível que arranjou um amante (lorde Dudley), com quem, supõe-se, teve vários filhos. Em consequência, quando levou a ninhada de sete filhas para a Itália a fim de lhes arranjar casamento, ela não hesitou em abandonar o próprio esposo, circunstâncias que, sem dúvida, deixaram-na mais aberta para receber Mary em seus bailes.

No inverno de 1831, Aubrey e Mary se viam com frequência. A irmã de Aubrey, Gee, tornara-se uma das amigas mais íntimas de Mary quando se mudou para Londres com o marido, John Paul. Oito anos mais jovem que Mary, Gee foi tomada de admiração pela escritora desde que elas se conheceram em Pisa. Para ela, o exílio voluntário de Mary e Shelley parecia cativante. O casal era a quintessência do herói e da heroína românticos, pois haviam desistido de tudo por amor. Mary, por sua vez, sentia-se grata a Gee por sua cordialidade. Embora tivesse estabelecido muitos contatos literários e artísticos nos anos que se seguiram à morte de Shelley, a maioria dos londrinos "decentes" ainda se recusava a notá-la.

Gee descrevera com entusiasmo as virtudes de Mary para o irmão mais velho, e ele se esforçou para induzir Mary a falar livremente quando se conheceram na casa dos Paul. Contudo, nem sempre era uma tarefa fácil. Embora pudesse ser muito animada quando cercada pelos amigos, Mary costumava ficar calada na companhia de estranhos. Aqueles que a viam pela primeira vez geralmente ficavam surpresos ao notar que a esposa do infame poeta não era uma escandalosa impertinente nem uma mulher fatal. Na realidade, Mary era o exato oposto: reservada e distinta. Um novo amigo descreveu-a como surpreendentemente "gentil, feminina, uma dama". Outro conhecido confessou que, embora pensasse que a autora de *Frankenstein* fosse "um tanto indiscreta, extravagante até", ele a achou "serena, discreta, feminina", revelando como era difícil para os contemporâneos de Mary associar a ousadia da obra à sua criadora. Em vez de espalhafatosa ou "masculina", ela parecia personificar as ideias correntes de como deveriam ser as "verdadeiras" mulheres.

Apesar disso, Aubrey não desistiu. Quanto mais tempo passavam juntos, mais cativado ele ficava. Os cabelos de Mary ainda tinham o tom louro avermelhado da juventude e seus olhos eram ternos e compreensivos. Ela nunca perdera o hábito de usar vestidos de cores claras, exceto quando ia ao teatro; em tais ocasiões, escolhia vestidos pretos decotados que revelavam seus ombros brancos e a curva dos seios. Ela também tinha um senso de diversão bastante desenvolvido. A escritora conquistava uma total admiração por parte dos filhos dos amigos ao tratar os adolescentes como se fossem adultos e divertindo as crianças menores com a flexibilidade de seus pulsos, vergando os longos dedos finos para trás em um ângulo impossível.

No entanto, talvez seu relacionamento não chegasse a lugar algum se Gee não tivesse passado por um momento de crise. Em novembro de 1831,

Gee foi expulsa de casa pelo marido, que descobriu que ela estava tendo um caso. Mary imediatamente se lançou à missão de salvá-la. "Meu primeiro impulso é tornar-me amiga de uma mulher", dizia ela. Mary apoiou Gee durante o escândalo que se seguiu e consolou-a enquanto a moça se preparava para deixar de Londres a fim de ir viver com uma prima na Irlanda. Os Beauclerk ficaram gratos a Mary pelo apoio que ofereceu a Gee, em especial Aubrey. Ele e a irmã eram tão próximos que ela havia batizado o primeiro (e único) filho com o nome do rapaz.

Aproximados pelos problemas de Gee, Aubrey e Mary começaram a fazer caminhadas pelos campos, às vezes rumo ao norte, na direção do lar da infância de Mary em St. Pancras. Eles iam ao teatro e a concertos, encontravam-se em jantares e, depois de alguns meses, desfrutaram momentos do que Mary chamou "júbilo inefável" nos braços um do outro. Recém-eleito parlamentar por East Surrey, Aubrey acalentava as mesmas opiniões políticas de Mary e do pai da escritora. Ele lutava pela abolição da escravatura, apoiava a causa irlandesa e era um dos mais ativos defensores da *Reform Bill* que estava sendo debatida no parlamento naquela primavera. "A liberdade deve levantar e levantará a cabeça sobre o túmulo da intolerância e da ignorância", declarara ele na Casa dos Comuns em 1828.

Sendo um político promissor, Aubrey precisava de uma esposa que o ajudasse a progredir na carreira. Acossada por dívidas e escândalos, Mary Shelley dificilmente seria a escolha óbvia, mesmo sendo filha de um de seus heróis, William Godwin. Mas Aubrey não conseguia resistir à tentação de passar seu tempo na companhia da nova amada. Para ele, conversar com Mary era revigorante. Com Godwin, Shelley e Byron, Mary havia aprendido a discutir política, um assunto que costumava ser proibido para mulheres. Ela sabia como fazer perguntas pertinentes e sugerir novos argumentos e ideias. Mary também tinha suas próprias opiniões. Sessões de estratégia política e discussões literárias eram seu forte. Para o aristocrático Aubrey, que não estava habituado a jantar com intelectuais e radicais, a erudição e as credenciais liberais de Mary eram um pouco intimidadoras e, não obstante, como os outros homens do passado de Mary, ele a considerava fascinante. Ela era uma bela mulher, mais inteligente e mais culta do que a maioria dos homens que Aubrey conhecia, inclusive ele mesmo.

Para Mary, Aubrey era uma versão mais domesticada de Shelley, um sonhador que também era previsível e confiável, um reformador que também era respeitável. Dedicado à causa da justiça social, ele optara por trabalhar a partir de dentro do sistema, e não do promontório rochoso do exílio. Não sendo imprudente nem irresponsável, ele planejava seus movimentos com cautela e precaução. Aubrey parecia honesto, um homem que ela poderia amar com segurança, um homem digno de sua afeição. Quando a *Reform Bill* que ele ajudara a patrocinar foi aprovada, os dois viram esse triunfo como um aval à carreira política do homem. "Espero que as coisas deem certo — confio que darão", escreveu ela para Jane, tendo jurado que contaria à amiga caso se apaixonasse outra vez.

Após quase um ano de felicidade, Mary tinha tanta certeza dos sentimentos de Aubrey que deu o passo crucial de apresentá-lo ao pai, convidando os dois homens para um jantar em sua casa em abril de 1833. Godwin expressou sua aprovação e Mary se permitiu imaginar um futuro com Aubrey, embora com hesitação, escrevendo em seu diário em maio daquele ano: "O caráter de minha vida mudou — estou muito feliz, mas nada é certo".

Naquele verão, quando passava férias no interior, Mary foi acometida por uma gripe e, durante as muitas semanas que levou para se recuperar, Aubrey não a visitou, nem sequer lhe escreveu. Quando recobrou a saúde, no início de agosto, ela descobriu o porquê: ele havia proposto casamento a outra mulher, uma rica baronetesa chamada Ida Goring, que, aos 19 anos de idade, era quinze anos mais jovem que Mary. Ida, embora fosse uma mulher comum, era um par vantajoso e bem relacionada.

Aos olhos de Mary, Aubrey havia tomado uma decisão insensível, escolhendo o convencionalismo e o decoro em lugar do amor. "Uma noite escura cobre o mundo", rabiscou ela em seu diário. Ela escreveu para Claire, confessando suas esperanças de que aquele fosse seu último ano sobre a terra. Alarmada, Claire escreveu de volta, insistindo que ela se lembrasse do filho, do pai e do trabalho. Não obstante, apesar de todas as suas palavras de desconsolo, Mary sabia como combater a desesperança.

Para evitar se encontrar com Aubrey, ela deixou Londres, alugando uma casa no vilarejo de Harrow, onde Percy havia começado a frequentar a escola no ano anterior. Viver com o filho ajudaria a aliviar a solidão da escritora e também a economizar, já que as despesas escolares com hospedagem e alimentação consumiam grande parte de suas finanças. Ao contrário de muitos adolescentes, Percy, de 14 anos, aceitou com alegria a chegada da mãe. Embora por vezes se decepcionasse com o garoto — ele era arqueado, recusava-se a falar em público, era gorducho, baixo e não tinha nenhum interesse em poesia —, eles nutriam grande afeição entre si. Seus interesses não combinavam — ele gostava de caçar e, pior ainda, de velejar, e não queria ser o filósofo que ela esperava —, porém Mary nunca perdia de vista sua lealdade, sua natureza amorosa, sua inocência e seu desejo de protegê-la. Acima de tudo, ele estava vivo; era um sobrevivente, exatamente como ela.

Segura fora de Londres, Mary agiu como sempre fizera em tempos de grande adversidade: mergulhou no trabalho, atirando-se ao universo de outro romance, *Lodore*, uma resposta direta não só a Aubrey, mas a Godwin e Shelley, os homens de sua vida que a haviam magoado tantas e tantas vezes. No universo de *Lodore* não há heróis. As personagens masculinas são tão fracas que as mulheres precisam salvar umas às outras do infortúnio e encontrar sozinhas a felicidade. Embora haja uma jovem noiva que, à primeira vista, parece ser a heroína, a única figura idealizada na história é a intelectual Fanny Derham, uma mulher independente que lê filosofia e se dedica a cultivar seu próprio "talento" e o gênio das demais. Não é por acaso que Mary batiza sua heroína de Fanny: Fanny leva a vida que ela desejara para a irmã. Autossuficiente, livre dos homens e amparada por suas amigas, Fanny Derham, diferentemente de Fanny Godwin, não comete suicídio. Em vez disso, ela promove a própria instrução, ajuda e aconselha as amigas e trabalha pela reforma da sociedade, personificando o axioma de Wollstonecraft: dê liberdade às mulheres e o mundo será um lugar melhor para todos.

Escrever *Lodore* foi um exercício catártico. Mary contestava aqueles que haviam tentado desacreditar as ideias da mãe e ao mesmo tempo asseverava os benefícios da independência para todas as mulheres. Quando concluiu a obra, Mary havia superado a traição de Aubrey, extraindo forças das ideias da mãe e das próprias. Na ocasião da publicação de *Lodore*, em 1835, as críticas foram mais positivas em comparação àquelas feitas a seus outros livros, e a obra vendeu depressa.

O consolo que obteve a partir dessa experiência ajudou Mary a solidificar seus objetivos. Ela precisava cumprir seu destino como escritora, decidiu. Ela não precisava de um homem. Os anos anteriores à rejeição de Aubrey haviam sido repletos de conquistas literárias. Em 1830, a *Athenaeum* colocou-a na lista das literatas mais notáveis de sua época. No ano seguinte, ela havia publicado seu quarto romance, *Perkin Warbeck*, baseado em um aspirante medieval ao trono inglês. Embora não tenha vendido bem, o livro recebeu críticas positivas e elevou seu status enquanto escritora. Mais importante que isso, a série Standard Novel, de Richard Bentley, ofereceu um lugar para *Frankenstein* em sua lista caso a autora revisasse a obra de modo que Bentley pudesse ficar com os direitos autorais.

Mary se alegrou com a oportunidade de repensar seu primeiro romance. Longe de ter se tornado mais convencional após a morte de Shelley, como Trelawny e Claire haviam afirmado, ela se sentia cada vez mais desiludida com a hipocrisia que testemunhava na vida cotidiana. Quando se sentava à escrivaninha, ela se dedicava a pintar um quadro ainda mais deprimente que o original, fazendo mudanças que enfatizavam seu ponto de vista pessimista. Em sua primeira versão, Victor Frankenstein tem a liberdade de escolher se deseja prosseguir com sua ambição de criar um homem. Ao fazer a escolha errada, sua própria ação acarreta sua ruína; como uma personagem de um drama sofocliano, seus atos determinam seu futuro. Porém, na versão de 1831, Mary despoja-o de qualquer poder. Victor é uma marionete nas mãos de forças inexoráveis, tanto interiores como exteriores, um homem que se vê *obrigado* a obedecer seus impulsos, encontrando-se indefeso nas mãos das moiras. Ela torna mais longas as cartas de Walton para a irmã, fazendo com que Frankenstein redobre seus alertas contra a ambição: "Homem infeliz! Você partilha de minha loucura?", diz Frankenstein a Walton. "Tomou você também do cálice inebriante? Ouça-me — deixe-me revelar minha história, e você afastará depressa o cálice de seus lábios!" Elizabeth, a noiva de Frankenstein, que não era um modelo de força na primeira edição, agora está ainda mais impotente, silenciosa e fraca, refletindo o pessimismo de Mary em relação às chances de felicidade das mulheres quando são dependentes dos homens.

Quando concluiu, Mary havia escrito um novo *Frankenstein*, muito mais crítico à sociedade do que o primeiro. A edição de 1831 retrata o mal provocado pela ambição humana (masculina) e pela sede de poder. As personagens femininas podem ser desprovidas da capacidade de salvar a si mesmas e aos outros, mas são absolutamente inocentes. Elas sofrem tão somente por estar associadas a Frankenstein. Para aqueles contestadores que acreditavam que Percy Shelley tinha sido o responsável pela composição da primeira versão, e para aqueles que, como Trelawny e Claire, acusavam Mary de ser uma mulher transigente e covarde, a versão de *Frankenstein* de 1831 se destaca como um feito sumamente original, uma visão distópica inteiramente criada por sua autora, Mary Shelley. Sem Shelley ao seu lado, Mary fora obrigada a se tornar cada vez mais independente e, ao fazê-lo, fora capaz de escrever um livro mais complexo e dramático do que quando tinha 19 anos e seu amado ainda estava vivo.

A reação da crítica foi sobretudo negativa, uma vez que, como em *O Último Homem*, a amargura do romance minava o ideal acalentado pela maioria dos leitores do século XIX, sancionado pelo próprio Shelley — que a ciência asseguraria o futuro dourado da civilização ocidental. Contudo, Mary não tinha paciência para esses clichês. Ela sabia que estava nadando contra a corrente, mas era impulsionada por sua necessidade de expor o ódio entre classes, o racismo e o preconceito incessante.

Ainda que suas ideias fossem impopulares, a reedição de *Frankenstein* consagrou a fama de Mary. As versões para o teatro continuaram a crescer em popularidade e a manter seu nome em evidência, embora também continuassem a se afastar da história original. Não obstante, apesar da aclamação pública, ela seguia pobre. Nos dez anos que se passaram desde a morte de Shelley, sir Timothy nunca aumentara sua pensão. As revistas femininas pagavam-na relativamente bem, mas a quantia quase não bastava para cobrir suas despesas em Harrow, que dirá sustentar aqueles que continuavam a se agarrar a ela em busca de apoio financeiro. Felizmente, quando Mary estava terminando *Lodore*, Dionysus Lardner, amigo de seu pai, convidou-a para escrever ensaios biográficos para a *The Cabinet Cyclopedia*, a primeira enciclopédia. Foi uma honra notável, visto que Lardner havia escolhido seus colaboradores a dedo e pretendia alcançar um vasto público. Além disso, ele pagava bem. O trabalho que ele atribuiu a Mary foi a produção de ensaios sobre literatos de Itália, Espanha, Portugal e França. Ela estava entre os poucos escritores que ele conhecia que possuíam as habilidades linguísticas, a erudição e o talento necessários para aceitar o desafio. Contente de ser reconhecida por suas capacidades, Mary aceitou a oferta de Lardner de bom grado, tornando-se a única colaboradora do sexo feminino em uma equipe literária que incluía luminares como sir Walter Scott.

Entusiasmada para dar início a um novo desafio literário, ela começou a trabalhar nos ensaios em novembro de 1833, três meses após a traição de Aubrey. Durante os quatro anos e meio que se seguiram, ela pesquisou e escreveu mais de cinquenta retratos dos "Literatos e cientistas mais notáveis de Itália, Espanha, Portugal e França", concluindo o trabalho em maio de 1838. Por muitos anos, os estudiosos subestimaram a quantidade de artigos que Mary escreveu, visto que Lardner nem sempre identificava seus autores. Hoje, existe um consenso de que Mary tenha produzido pelo menos três quartos do projeto de 1.757 páginas. Ela se baseou principalmente em suas próprias traduções, e os resultados estão entre seus melhores esforços literários. Sua escrita é organizada, clara e persuasiva. A escritora escolheu detalhes interessantes para revelar as personalidades. Sua erudição foi impecável. A má notícia é que os ensaios são difíceis de encontrar para o leitor moderno.

"Minha vida e minha razão foram salvas por essas 'Vidas'", escreveu ela. O anonimato parcial dos artigos — nem todos eram assinados e, quando o eram, geralmente levavam somente as iniciais — permitiu que ela expressasse suas opiniões sem receio de perseguições, exatamente como a mãe fizera no início de sua carreira como crítica literária. Ademais, essas "Vidas", com seu caráter direcionado e informativo, libertaram Mary das limitações de escrever ficção. Em vez de ter de desenvolver um enredo, ela podia incluir suas próprias reflexões, até mesmo partes de sua história particular, embora refletidas na biografia de homens ilustres.

Para tanto, ela passava horas escavando a vida das mães, esposas, filhas e irmãs de seus biografados. Amigas leais, amantes e viúvas povoavam as páginas. Na realidade, após os estágios iniciais de pesquisa, Mary se viu tão interessada na vida dessas mulheres que propôs a Lardner a composição de um volume sobre figuras femininas históricas. Quando ele recusou a ideia, ela retomou sua estratégia velada, embutindo a vida de mulheres em suas biografias e, por vezes, permitindo que elas superassem os homens.

O trabalho de Mary na composição dessas biografias ajudou-a não só a esquecer Aubrey como libertaram-na do desagradável isolamento da provinciana Harrow. As longas noites vazias lhe inspiravam um pavor paralisante antes do início de seu projeto, mas mergulhar na vida de seus biografados a ajudou no esforço de suportar a solidão de uma cidade pequena. O pastor religioso local era o puritano sabidamente pomposo que se recusara a enterrar Allegra dentro da capela. Em 1832, o ano anterior àquele em que ela começou a escrever para a *Cyclopedia*, seu querido irmão William morrera durante uma epidemia de cólera. O pai estava cada vez mais fraco e se recusava a viajar os quase vinte quilômetros de Londres até ali para visitá-la, e seus amigos também relutavam em fazer a viagem. Provocando a inveja de Mary, no início de 1836, Jane teve outra filha a quem chamou Prudentia — um nome irônico para a filha de uma mulher que levara uma vida tão ousadamente imprudente, mas talvez Jane tivesse esperanças de que a filha fizesse escolhas mais ponderadas. A própria Jane estava infeliz. Seu relacionamento com Hogg havia perdido o encanto. Entediada e solitária, ela tentara embarcar em um novo flerte, mas Hogg descobriu. Agora, eles estavam presos um ao outro, sempre brigando, irritados e desconfiados.

Claire também estava fora de alcance, tendo se mudado para Pisa a fim de trabalhar como governanta durante o dia e, à noite, lançar as sementes de uma comunidade de mulheres que pensassem como ela. Assim, ela tinha apenas Percy, e se dedicou ao trabalho e ao filho por dois anos, até já não ser capaz de tolerar o isolamento. "Você deve me considerar alguém enterrada viva", escreveu ela para Maria Gisborne no verão de 1835. Por vezes, ela se magoava com Percy, dizendo: "Abri mão de minha existência pelo bem dele" — mas isso era raro; na maior parte do tempo, ela se sentia grata ao filho. Quando os amigos do garoto caçoavam dele por morar com a mãe, ela os procurava e convidava para tomar chá em sua casa. Ela fez um empréstimo para comprar uma casaca para o filho. E ele desejava muito ter um cavalo, algo com que eles não podiam arcar, mas Mary permitiu que ele tivesse um terrier.

Embora Mary se preocupasse com o desempenho acadêmico insatisfatório de Percy — ele conseguia apenas os mínimos resultados necessários e ainda não demonstrava interesse nos estudos —, ela tinha orgulho do rapaz saudável e forte que ele estava se tornando. Ele se dedicava principalmente aos esportes e apavorava a mãe ao seguir a maior tradição do pai, começando a praticar remo e a velejar, embora, ao contrário de Shelley, o garoto fosse sempre cauteloso.

No inverno de 1836, durante o último ano escolar de Percy em Harrow, eles receberam a triste notícia de que o sr. Gisborne, marido de Maria Reveley, a adorada amiga de Mary, havia falecido. Alguns meses depois, Maria também morreu. A conexão mais próxima entre Mary e a mãe havia partido. De repente, Harrow se tornou insuportável. Com uma urgência nascida do pânico, ela tirou Percy da escola, alegando (com razão) que ele não vinha aproveitando muito as aulas, então eles se mudaram para Londres, nas proximidades de Regent's Park. Ela não desistira da ideia de enviar Percy para a faculdade e contratou um tutor para o garoto naquele inverno, mas sabia que não aguentaria permanecer mais tempo isolada no interior. Ela precisava estar perto do pai e de seus amigos londrinos.

Na primavera daquele ano, Godwin, então aos 80 anos de idade, contraiu uma tosse e uma febre bem graves. Por volta da primeira semana de abril, ele já estava seriamente doente. Mary e Mary-Jane se revezavam ao lado da cama do enfermo, pois ele expressava um "grande horror de ser deixado aos cuidados de criados". Vez por outra, ele se animava a falar, mas, como Mary escreveu para a velha amiga da mãe, Mary Hays, "os pensamentos dele divagavam bastante". Elas não perderam a esperança. O próprio Godwin acreditava que se recuperaria. No entanto, na noite de 7 de abril de 1836, Mary relatou que "um leve ruído nos chamou para junto dele". Então, após algumas horas de esforço, ele parou de respirar. Seu coração havia parado.

Foi um consolo para Mary que Godwin tivesse morrido sem sofrimento, mas a dor da escritora era imensa. "O que passei então — assistindo, sozinha, a suas horas de agonia!", escreveu Mary em seu diário, desconsiderando a presença de Mary-Jane como sempre fizera.

O funeral foi um evento horrendo. Sem qualquer consideração pelos sentimentos dos vivos, Godwin havia estabelecido em seu testamento que desejava ser enterrado "o mais próximo possível" da primeira esposa. Assim, Mary, Percy e Mary-Jane assistiram enquanto os coveiros escavavam a terra do túmulo de Mary Wollstonecraft. "Seu caixão foi encontrado intacto", escreveu Mary, e todos fitaram o interior do buraco, onde puderam ver "o tecido ainda sobre ele — e a placa já sem brilho, mas legível". Foi o mais perto que Mary havia chegado da mãe desde que tinha apenas alguns dias de idade. E agora o pai também havia partido.

Como Claire e Charles viviam fora do país, o encargo de cuidar da madrasta viúva recaiu diretamente sobre os ombros de Mary. Ela trabalhou com afinco para conseguir uma pensão do Estado para a antiga inimiga, suplementando-a com seus próprios rendimentos. Mary também visitava Mary-Jane com regularidade, uma tarefa que a desagradava, mas que ela cumpria por causa do pai. Conquanto tais exigências estorvassem seu trabalho, eram muitos menos onerosas do que aquelas que Godwin ainda exigia da filha. Antes de morrer, ele designara Mary como sua executora literária, evidenciando sua esperança de que a filha consolidasse o lugar do escritor no panteão da literatura inglesa com a produção de sua biografia e a edição de suas obras inacabadas para publicação. De uma maneira genuinamente godwiniana, ele dera pouca importância ao impacto que isso poderia causar na vida da filha. Mary sabia que o pai não se contentaria com uma memória sucinta como aquela que escrevera sobre a mãe de Mary; tão somente uma exegese abrangente de sua vida e de suas contribuições filosóficas poderia cumprir a tarefa a contento.

Obedientemente, ela deu início ao trabalho, mas logo se viu atolada nas pilhas de papéis espalhadas pela escrivaninha de Godwin. Convencido de que tinha direito ao seu próprio lugar na história, Godwin guardara uma cópia de praticamente todos os documentos que já havia escrito, bem como da maioria das cartas que recebera, transformando o trabalho de analisar seus livros contábeis, sua correspondência, seus diários, rascunhos e artigos em uma empreitada poeirenta, tediosa e dolorosa. Não obstante, apesar de sua convicção da futura importância de tais documentos, ele havia deixado tudo na mais absoluta desordem. Além disso, o escritor era elíptico, misterioso e dado a ofuscar informações, referindo-se aos amigos tão somente pelas iniciais e documentando suas ideias e acontecimentos importantes em estenografia — barras, traços, parênteses —, um código quase impossível de decifrar.

Mary sabia que o pai não consideraria seus hábitos intricados uma desculpa para o não cumprimento da tarefa; ele mesmo teria trabalhado com vigor e dedicação para chegar ao fim do trabalho, como fizera pela mãe de Mary. Todavia, as memórias que ele escrevera sobre Wollstonecraft tiveram consequências calamitosas. Mary nunca havia expressado seus sentimentos acerca da exposição que o pai fizera da vida particular da mãe, mas ela bem sabia o que aconteceria se revisitasse as tragédias e os antigos escândalos. Caso contasse a história do suicídio de Fanny, de sua própria fuga com Shelley, dos casos da mãe e do ataque de Godwin às autoridades governamentais, ela e Percy seriam excluídos para sempre do convívio social. Talvez jamais voltassem a lhe oferecer trabalho. Contudo, apesar de seus temores e dúvidas, por lealdade ao pai contraditório e inflexível, ela iniciou o projeto e trabalhou nele sem parar por quase quatro anos.

Quando enfim desistiu, ela passou a se torturar, sentindo que falhava novamente, decepcionando o pai mais uma vez. Porém, quanto mais tempo dedicava ao material, mais certeza ela tinha de que Percy teria a vida arruinada pela publicação de um livro desse tipo. A certa altura, em uma espécie de acordo, ela decidiu fazer com que as memórias terminassem imediatamente antes que o pai conhecesse sua mãe. Em outra versão, ela incluía a mãe, mas falsificava a data do casamento. Porém Mary não era uma mentirosa. Ela não conseguiria publicar um livro que contasse inverdades. Tampouco poderia escrever um livro que prejudicasse o filho.

Também era desejo de Godwin que a filha providenciasse a publicação do seu último manuscrito, uma crítica duríssima e esmagadora ao cristianismo. Com seu rigor habitual e sua lógica sistemática, o pai criticava a Igreja Católica, a Igreja Anglicana e as igrejas reformadas, construindo uma espécie de argumento abrangente que ele acreditava ser fundamental e tomando por base seu formidável conhecimento histórico para sustentar seus argumentos.

Mary conhecia bem as ideias do pai, tendo-as ouvido antes, tanto de Godwin como de Shelley, e, embora não discordasse, a escritora, como a mãe, por vezes encontrava consolo na liturgia da Igreja Anglicana. No entanto, assim como a biografia, ela decidiu que o público não estava preparado para um livro como aquele e nunca o enviou a um editor. Com a carreira de Shelley ela pôde descobrir o que o público pensava dos ateus. Ademais, sua experiência no mercado literário lhe ensinara que a publicação de um livro tão longo e acadêmico como aquele era uma empreitada fadada ao fracasso. Ninguém compraria ou leria o livro, de modo que parecia não haver motivos para expor a família à sorte de sofrimento que sobreviria com a revelação da hostilidade de Godwin em relação à religião. Todavia, a decisão de Mary deu munição para seus inimigos. Quando Trelawny tomou conhecimento sobre o assunto, ele recomeçou seus ataques à escritora, acusando-a de ser superficial, de sonegar verdades filosóficas importantes e de se preocupar demais com a opinião dos outros. Porém Mary permaneceu firme e, fazendo-o, ela se mostrou muito mais corajosa do que Trelawny jamais poderia reconhecer: ela estava infringindo as regras que regiam as filhas do século XIX, colocando seus próprios interesses e os de Percy acima dos desejos do pai.

Embora os projetos de Godwin consumissem grande parte do tempo de Mary, ela não interrompeu suas próprias atividades literárias. Aos 40 anos, um ano depois da morte de Godwin, ela concluiu um novo romance, *Falkner*. Curiosamente, ela julgou a obra como seu melhor feito, uma opinião da qual os leitores modernos acham difícil partilhar, dadas as óbvias tramas do enredo, as personagens frias e os diálogos artificiais e pomposos. No entanto, Mary não avaliava seus livros por sua capacidade de descrever as realidades da vida cotidiana nem os ritmos correntes da conversação. Ela se importava com ideias, ajuizando seus livros — e, aliás, todo e qualquer livro — por sua filosofia. Seguindo tais critérios, Mary tem razão. Em *Falkner*, ela enfim expressa plenamente muitas das ideias que havia apenas insinuado antes.

A heroína de *Falkner* tem o mesmo nome da noiva de Frankenstein, mas é muito mais forte que a primeira Elizabeth. Enquanto em *Frankenstein* Elizabeth é morta pelo monstro, sendo um símbolo da vulnerabilidade da inocência, em *Falkner* a nova Elizabeth derrota seus inimigos e salva os homens de sua vida. Uma heroína que protege os homens a quem ama teria sido impensável nos romances anteriores de Mary. A condessa Euthanasia é vencida pelo príncipe guerreiro, Valperga. Todas as mulheres morrem em *O Último Homem*. E até mesmo no mais otimista *Lodore*, a filha não consegue salvar o pai. Em *Falkner*, porém, Elizabeth convence o pai e o amante a levar uma pacata vida doméstica em vez de sair em busca de seus sonhos de glória. Os valores da heroína triunfam sobre os dos homens e todos são mais felizes por isso.

A obra de Mary havia completado o círculo, voltando ao ponto de partida. Em *Frankenstein*, a ambição do herói destrói todos aqueles a quem ele dedica amor. Casas são queimadas por completo, famílias são aniquiladas. Margaret Saville, irmã de Robert Walton, ajuda na salvação do irmão, mas esse ponto é eclipsado pela ruína de Frankenstein e sua impotência diante de seu desejo de conhecimento, fama e poder. Em *Falkner*, por outro lado, Mary enfatiza o poder que a heroína tem de salvar as personagens masculinas de suas ambições, preservando-lhes a vida e conduzindo-os ao abrigo da família. Embora as implicações revolucionárias resultantes talvez não sejam apreendidas pelo público de hoje, a conclusão subversiva do romance foi evidente para os leitores contemporâneos da escritora. Agindo não como uma guerreira, mas como uma defensora da paz, Elizabeth constrói uma utopia baseada nos valores "femininos" da compaixão, do amor e da família. Sem as loucuras geradas pela ambição masculina, insinua Mary, já não haveria guerra nem crianças mortas.

Essa inversão de valores não agradou a maioria dos críticos. Homens deviam salvar mulheres; mulheres não deviam salvar homens. E, além disso, a guerra era gloriosa. Apenas os covardes fugiam da batalha. Não obstante, *Falkner* recebeu alguns elogios por seu alcance criativo e reflexões filosóficas. A *Athenaeum* considerou-o um dos melhores romances de Mary. O *The Age* também demonstrou admiração pela obra, mas o *The Examiner* se queixou da falta de moralidade do romance, e outros críticos acharam-no deprimente demais. As vendas foram fracas, e assim Mary, que estava envolvida em seu projeto das "Vidas" espanholas e portuguesas, o qual ela concluiu naquele verão, decidiu que *Falkner* seria seu último romance. O custo emocional de escrever um livro para vê-lo apedrejado era alto demais.

## CAPÍTULO 38

# MARY WOLLSTONECRAFT: *THE WRONGS OF WOMAN*

[1797-1798]

Ao examinar os papéis de Mary enquanto escrevia *Memoirs*, Godwin encontrara o inacabado *The Wrongs of Woman*, bem como os trechos que a escritora havia suprimido de suas cartas para Imlay — as longas sequências de insultos, os repetitivos catálogos de sofrimentos, a fúria por ter sido abandonada. Ao retirar esses trechos da versão final de *Letters from Sweden*, Mary havia demonstrado um discernimento literário da mais elevada ordem, mas Godwin não respeitou as decisões da esposa. Ele recolocou as passagens extirpadas em seus lugares e publicou-as em uma seção de um novo livro, intitulando-o *The Posthumous Works of the Author of a Vindication of the Rights of Woman* [As obras póstumas da autora de *Reivindicação dos Direitos da Mulher*].

Como aconteceu com *Memoirs*, essa publicação causaria graves danos ao prestígio da esposa enquanto escritora, mas Godwin não estava conscientemente tentando destruir o legado de Wollstonecraft. Ele tinha parâmetros diferentes para cartas e para obras como as *Reivindicações*. As missivas apaixonadas de Mary não tinham de provar um argumento nem ostentar uma estrutura lógica, acreditava o escritor; ao contrário, sua profundidade de "sentimento" era uma característica positiva que a mostrava como uma mulher terna e feminina em vez de "amazônica". Godwin esperava que essas missivas ajudassem a conquistar a simpatia dos leitores e a redimir a reputação literária da esposa. Por outro lado, ele fez modificações em várias outras obras de Mary, sobretudo em seu ensaio "On Poetry", atenuando as ideias da escritora a fim de torná-las menos radicais e reestruturando o ensaio de modo que se adequasse a suas próprias noções daquilo que constituía a boa escrita.

Muitas dessas revisões foram tentativas equivocadas de fazer com que a esposa parecesse mais aceitável ao público e de ajudar o livro a vender. Desesperado para angariar dinheiro suficiente para quitar as dívidas de

Mary e as próprias, ele transferiu os direitos autorais para Johnson, que, em troca, concordou em pagar todos os credores de Mary. Isso foi um ato de caridade da parte de Johnson, pois ele sabia que nunca ganharia dinheiro com um livro que o público, ainda horrorizado com o relato que Godwin fizera da vida de Wollstonecraft, se recusaria a comprar. Todavia, Johnson era um homem de princípios. Ele queria ajudar seu velho amigo e acreditava que as obras inéditas de Mary mereciam ser publicadas, mesmo que inacabadas ou imperfeitas.

Se houvesse um livro capaz de resgatar a reputação literária de Mary, com certeza não era *Posthumous Works*. Os leitores ignoraram o único ensaio realmente importante, "On Poetry", desconcertados que ficaram com o tom furioso e o caráter obsessivo das cartas não censuradas de Imlay. Para eles, todas as ousadas declarações de amor, as exigências, as súplicas e a ira da escritora — tudo que Godwin vira como prova da natureza romântica da esposa — confirmavam que ela era uma mulher dissoluta e histérica, obcecada por amor e sexo. Ela se tornou conhecida por ser exatamente o que a publicação de *Letters from Sweden* havia provado que não era: indisciplinada, melodramática e egocêntrica.

Depois que *Posthumous Works* foi colocado à venda na primavera de 1798, o pouco renome que restara a Wollstonecraft após as *Memoirs* de Godwin foi quase totalmente destruído. Desapareceram a escritora profissional, a correspondente política, a filósofa realista, a inovadora educacional e a intrépida mulher de negócios que, sozinha, sustentava a família e os amigos. Desapareceram também a mãe amorosa, a parceira sensata e a amante compassiva. No lugar delas ficou uma radical enlouquecida, autodestrutiva e sedenta por sexo. Se procurarmos pelo termo *"prostitution"* no índice da *The Anti-Jacobin Review*, a entrada mostrará *"veja Mary Wollstonecraft"*. Especialistas advertiam pais a não deixar que as filhas lessem os livros da escritora, alegando que suas palavras poderiam promover o suicídio, fomentar a licenciosidade e destruir a própria estrutura da sociedade de bem.

Mary sempre fora uma figura polêmica. Para seus inimigos, havia se tornado uma rotina dirigir-lhe epítetos em relação a sua moralidade e a sua política, mas, agora, Godwin havia fornecido a munição de que eles precisavam para sepultá-la de uma vez por todas. Não apenas suas ideias eram incendiárias, diziam eles, mas ela mesma era uma desgraça, sua vida uma sequência de catástrofes. Artigo após artigo, eles desmantelaram a reputação da escritora enquanto intelectual influente e transformaram seu nome em um slogan, um alerta dos perigos que sobreviriam caso se permitisse muita liberdade às mulheres.

A atmosfera em Londres já era tensa quando *Posthumous Works* foi publicado. Os irlandeses haviam se insurgido e os trabalhadores londrinos, revoltados com os preços do pão, atiravam pedras na carruagem do rei e realizavam protestos nas ruas. Os jornais culpavam Godwin, Wollstonecraft e outros radicais de terem levado a anarquia ao reino, sugerindo que eles fossem agentes franceses. Para uma nação aflita, as ideias desses reformadores pareciam tão perigosas quanto o exército que Napoleão estava reunindo do outro lado do Canal.

As coisas se agravaram ainda mais com um escândalo que teve lugar na época da publicação de *Memoirs* e de *Posthumous Works*. A antiga pupila de Mary, filha caçula de lorde e lady Kingsborough, então com 16 anos, fugira com um primo casado que tinha o dobro de sua idade. Em um acesso de fúria vingativa, o irmão da jovem matou o primo e foi processado por assassinato. Deu-se ampla publicidade ao processo judicial e, em pouco tempo, um jornalista perspicaz fez a conexão: Wollstonecraft tinha sido governanta de Mary. A autora promíscua de *Reivindicação dos Direitos da Mulher* era culpada da "má conduta de uma de [suas] pupilas, que recentemente trouxe desonra para si mesma, ocasionou a morte do amante, arriscou a vida do irmão e do pai e causou consternação a todos os parentes. [...]". Dez anos haviam se passado desde que Wollstonecraft fora tutora de Mary, mas isso em nada retardou a avalanche de críticas. Se outras mulheres seguissem o exemplo de Wollstonecraft, vociferava um crítico, adviriam "as mais perniciosas consequências para a sociedade". A influência de Mary poderia levar à desintegração da família e do reino como um todo.

Entre todos os muitos amigos da escritora, apenas Mary Hays se dispôs a publicar uma defesa de Wollstonecraft. Os demais permaneceram em silêncio. Godwin fora longe demais e os tempos eram perigosos. Além disso, era difícil defender Wollstonecraft, pois, em muitos aspectos, seus detratores tinham razão: sua obra era efetivamente um chamado contínuo à luta, um grito de guerra em favor dos direitos naturais de homens e mulheres. Ela *queria* que a situação vigente fosse revertida; ela *estava* ao lado das revoluções; ela desprezava o que ela mesma chamava de "boas e velhas regras de conduta". Havia exceções à condenação geral da escritora — Blake, Coleridge e outros românticos ainda apoiavam suas ideias e se mantinham firmes em sua crença no talento de Wollstonecraft —, mas eles não foram de grande ajuda. Escarnecidos pelos críticos, eles haviam aprendido a ignorar seus inimigos. Não lhes teria ocorrido que Mary Wollstonecraft precisava que eles a defendessem.

Infelizmente, ela precisava. Como escritora, seu caso era diferente. Nos anos que se seguiram à morte de Wollstonecraft, tornou-se cada vez mais arriscado para uma mulher se aventurar no território "masculino" da filosofia e da política. Quem quer que seguisse os passos de Wollstonecraft corria o risco de ser chamada de puta e ter a reputação arruinada. Na Inglaterra, no século seguinte ao de sua morte, poucas obras de cunho filosófico ousariam abordar "a questão da mulher", com a exceção do livro de John Stuart Mill, *A Sujeição das Mulheres*, em que o escritor declarava sua crença na igualdade entre os sexos. No entanto, o próprio Mill, que lera e admirava a obra de Wollstonecraft, não fez uma única menção a ela. Gerações posteriores de defensores dos direitos das mulheres continuaram a manter distância de Wollstonecraft, pois acreditavam que a má reputação da escritora poderia prejudicar a causa. Em 1877, a reformadora vitoriana Harriet Martineau difamou-a, referindo-se a ela como "uma pobre vítima da paixão" e argumentando que os "melhores amigos" do movimento feminino "são mulheres que [...] devem mostrar claramente que falam com convicção da verdade, e não a partir de sua infelicidade pessoal". Robert Browning consolidou a imagem da escritora como uma solteirona "desesperada" em seu poema "Wollstonecraft and Fuseli" [Wollstonecraft e Fuseli], apesar de uma carta urgente do biógrafo de Godwin, C. Kegan Paul, informando a Browning que Godwin fora enganado por Fuseli em *Memoirs* e que, na realidade, ele sabia muito pouco da vida pregressa da esposa. Em 1885, quando Karl Pearson, líder de um grupo socialista, propôs dar à organização o nome de Wollstonecraft, os membros do sexo feminino ameaçaram abandonar o grupo. Poucas pessoas queriam ser associadas com a figura patética em que ela se transformara na imaginação popular.

Não obstante, as tentativas irrefletidas de Godwin de enaltecer a memória da esposa não foram um fracasso total. *Posthumous Works* preservou e compilou muitos de seus rascunhos, cartas não editadas e obras inacabadas, fornecendo para os futuros estudiosos uma compreensão de seu método de trabalho enquanto escritora, bem como provas de seu talento artístico. Além disso, Godwin lançou mão de *Posthumous Works* para continuar a explorar a pergunta que ele havia apresentado em *Memoirs*, a pergunta que a própria Mary fizera tantas e tantas vezes: O que a tornava diferente? Seu caráter, sua experiência de vida ou algum misterioso atributo pessoal? Mary tentara responder a essa questão em todos os seus livros, declarando ser ela "o herói de cada história" que criava. Tanto em *Mary* como em *Maria*, ela tivera a intenção de "traçar um esboço do primeiro período de sua própria existência". "Uma pessoa tem o direito [...] de falar de si mesma", declarara ela em um "anúncio" de *Letters from Sweden*. Porém, o gramaticalmente correto pronome masculino trai as dificuldades que a escritora enfrentava quando queria falar sobre *ela* mesma. Como bem sabia Mary, as mulheres não deveriam colocar sua experiência no centro de uma narrativa, fosse ela ficcional ou não.

Acima de tudo, seus princípios profundamente arraigados a sustentavam. Por um lado, ela era única, a primeira de um novo gênero, mas, como todas as mulheres, havia sido atingida pelos preconceitos e pelo ódio; seus sofrimentos, embora particulares, ilustravam as injustiças que outras mulheres também haviam sofrido; e era essa experiência geral que a escritora queria expor. Se ela conseguisse mostrar para seus leitores qual era a sensação de ser impotente, como era ser uma mulher sem recursos diante dos tribunais, pobre, maltratada e à mercê dos outros, se fosse capaz de revelar as causas centrais do sofrimento humano e da misoginia, então talvez ela conseguisse despertar seus leitores e salvar outras pessoas das mesmas misérias.

Felizmente, Wollstonecraft já havia conquistado um público leal antes de sua morte, e esse grupo seleto manteve suas ideias vivas apesar da campanha para apagar seu nome. Para essas pessoas, os livros mais polêmicos da escritora eram os mais importantes. O socialista utópico Robert Owen, que tinha apenas 26 anos quando Wollstonecraft morreu, sentia-se tão inspirado por seu clamor pela justiça que incluiu uma citação de uma ou outra das *Reivindicações* em quase todos os seus folhetos e panfletos. Em 1881, quando Elizabeth Cady Stanton e Susan B. Anthony publicaram o primeiro volume de sua monumental *History of Suffrage* [História do sufrágio], elas colocaram Wollstonecraft no topo de sua lista de mulheres heroicas "cuja seriedade de vida e cujas palavras destemidas ao exigir direitos políticos para as mulheres foram, na preparação destas páginas, uma inspiração constante". Carrie Chapman Catt, presidente da Aliança Internacional pelo Sufrágio Feminino, declarou que todas as mulheres deviam gratidão a Wollstonecraft por seus sacrifícios em prol da raça humana. Catt chegou mesmo a marcar o primeiro encontro anual da Aliança no aniversário de 150 anos do nascimento de Wollstonecraft — 27 de abril de 1909.

Escritoras também se inspiraram em sua bravura. Ela se tornou uma tábua de salvação secreta entre gerações, ou, como disse Elizabeth Barrett Browning, uma "avó" literária. Apesar do retrato negativo que o marido pintou da escritora em sua poesia, Wollstonecraft e sua filha Mary foram exemplos importantes para Elizabeth. Ler Wollstonecraft aos 12 anos de idade lhe deu coragem para fugir do pai repressor. Ela se viu como outra

Mary Shelley e fugiu com Browning para a Itália, onde se dedicou à causa do progresso das mulheres, criando uma independente heroína literária chamada Aurora Leigh que recusava propostas de casamento em favor da arte, da poesia e da liberdade.

Em meados da década de 1850, a escritora vitoriana Mary Ann Evans, escrevendo sob o nome de George Eliot, compôs um ensaio elogiando Wollstonecraft por sua "elevadíssima ética", tentando libertá-la da névoa de ignomínia que ainda envolvia seu nome. Para Eliot, que vivia com um homem casado e escrevia livros que criticavam a hipocrisia da sociedade vitoriana,[1] a sina de Wollstonecraft era um exemplo perturbador do que poderia acontecer a uma intelectual caso ela infringisse as regras da conduta sexual. A fim de rebater o "preconceito contra *Reivindicação dos Direitos da Mulher*, visto, de uma forma ou outra, como um livro execrável", ela declarou que os leitores ficariam "surpresos ao descobri-lo extremamente sério, rigorosamente moral e também um tanto pesado — talvez o verdadeiro motivo pelo qual nenhuma edição foi publicada desde 1796, e por que é tão raro hoje em dia".

Quase um século mais tarde, Virginia Woolf reivindicou Wollstonecraft, publicando um ensaio em 1935, no qual declarava:

> Muitos milhões morreram e foram esquecidos nos [...] anos
> que se passaram desde que [Wollstonecraft] foi enterrada e, não
> obstante, quando lemos suas cartas e ouvimos seus argumentos
> e meditamos sobre seus experimentos, percebendo o modo
> petulante e impetuoso com que ela abre caminho à essência da
> vida, uma forma de imortalidade é dela indubitavelmente: ela está
> viva e ativa, ela argumenta e experimenta, nós ouvimos sua voz
> e identificamos sua influência mesmo agora, entre os vivos.

Em lugar da séria filósofa vitoriana de Eliot, Woolf retrata uma mulher jovem e dinâmica, o emblema perfeito para a mulher moderna, transbordando de paixão pela política, dedicada à reforma e à justiça social e sem

---

[1] O período vitoriano correspondeu ao reinado da rainha Vitória na Inglaterra, de 1837 a 1904. Foi marcado por intenso controle sobre o comportamento sexual humano, com papéis do homem e da mulher bem definidos. A chefe de Estado defendia a submissão feminina, a modéstia. A retidão também era valorizada, a exemplo da rainha que manteve luto por quarenta anos pelo falecimento do seu marido Albert — devotada ao compromisso do casamento, ela se vestia apenas com as cores do luto. Em contraste com o sentimento fúnebre preservado pela monarca, a Inglaterra colhia os frutos da Revolução Industrial: as transformações sociais, econômicas, institucionais e jurídicas estavam a todo vapor. Pode-se dizer que um dos eventos mais importantes desse período, para as mulheres, foi o movimento das sufragistas. [NC]

paciência para a desonestidade e a estupidez. Nas mãos de Woolf, Wollstonecraft parece subitamente viva, divertida, serena, imaculada pelas calúnias cruéis que foram depositadas sobre sua cabeça, uma mulher valente e impetuosa cujas ideias são dignas de imitação.

No entanto, apesar dos esforços de tais escritoras, Wollstonecraft continuou sendo lida por poucos, considerada antes uma curiosidade que uma figura essencial até o advento do movimento feminista na década de 1970. Ao longo das últimas quatro décadas, inúmeras biografias e estudos críticos redimiram a obra da escritora, situando suas ideias e sua vida em seu devido contexto histórico e cultural. Ela tem hoje lugar permanente em antologias de filosofia, literatura britânica e literatura feminina e é uma figura fundamental nos cursos de história intelectual, história das mulheres e teoria feminista. Todavia, embora possa parecer uma vitória, a narrativa do legado de Wollstonecraft é uma advertência. Ela quase ficou perdida para a história, seu nome por pouco não foi apagado. Os críticos usaram escândalos sexuais para tentar silenciar suas palavras e chegaram perto de obter êxito. Wollstonecraft quase caiu no esquecimento, *Reivindicação dos Direitos da Mulher* foi uma obra pouco lida, e seu clamor por justiça ficou praticamente inaudito.

M

## CAPÍTULO 39
# MARY SHELLEY: DIVAGAÇÕES
### [1837-1848]

No verão de 1838, pouco antes de Mary completar 41 anos, Edward Moxon, editor de Tennyson, ofereceu-lhe quinhentas libras para a edição de uma coletânea em quatro volumes das obras de Shelley. Ele também queria que ela fornecesse material biográfico para aqueles leitores que já conheciam os poemas de Shelley e estavam ávidos para saber mais sobre o poeta. Eis ali enfim a oportunidade com que Mary havia sonhado por mais de uma década. Mas sir Timothy permitiria que o projeto fosse levado adiante? Mary queria concluí-lo depressa porque diversas cópias pirateadas dos poemas de Shelley, comprometidas por erros e falhas de impressão, haviam sido publicadas desde sua morte. Havia, à época, cinco coleções não autorizadas em circulação.

Nos anos que antecederam a proposta, o advogado de sir Timothy havia morrido e o homem contratara um novo representante chamado John Gregson, que era favorável à causa de Mary. Admirador da poesia de Shelley, Gregson havia convencido sir Timothy a pagar os estudos de Percy em Cambridge e, em consequência, o rapaz acabara de concluir seu primeiro ano no Trinity College. Agora, Gregson persuadia sir Timothy a permitir que Mary publicasse a obra de Shelley, dizendo que o homem deveria ter orgulho da poesia do filho e lembrando-o de que o nome Shelley já não era sinônimo de escândalo. Contudo, sir Timothy estabeleceu um limite, proibindo a publicação de uma biografia. Ele não queria que as antigas histórias fossem recontadas. Havia levado dezesseis anos, mas enfim a reputação de Shelley enquanto poeta começara a substituir sua reputação de mulherengo e ateu. O prefácio de Mary para *Posthumous Poems* havia ajudado, bem como o passar do tempo. Muitos dos alardeadores de escândalos da geração anterior estavam mortos.

Mary ficou contente com a chance de levar a obra de Shelley ao público, embora continuasse frustrada com a proibição que sir Timothy lhe impusera de escrever um relato confiável da vida de Shelley. Todavia, antevendo a recusa do sogro, ela havia arquitetado uma estratégia que lhe permitiria publicar sua própria versão da biografia de Shelley sem chamar atenção de sir Timothy. Ela escreveria extensas notas em cada poema, notas muito mais abrangentes que aquelas da edição de 1824, situando os trabalhos em seu contexto e revelando os aspectos da experiência de Shelley que ela sentia que o público deveria conhecer, mas tudo sob o disfarce de um "editor", e não de um biógrafo.

Ela começou a trabalhar de imediato, abrindo uma vez mais os diários e organizando os papéis que não examinava havia mais de uma década. A tarefa foi monumental e muito mais dolorosa do que revisar as anotações do pai. Lá estavam de volta Shelley, a pequena Clara, William, Allegra, Fanny e Byron. E igualmente seu eu mais jovem: frio, raivoso e ressentido. Havia também uma batelada de recordações felizes — Genebra, Marlow, os primeiros anos na Itália —, mas estas eram, se possível, ainda mais difíceis de suportar. No entanto, a parte mais exaustiva de todas foi confrontar o fantasma de Harriet. "Pobre Harriet, a cuja triste sina eu atribuí tantas de minhas tão pesadas dores como uma expiação exigida pelo destino em virtude de sua morte", escreveu ela.

Mary descobrira todos os segredos do marido durante o primeiro processo de edição e refletira por muitos anos sobre o que fazer com esses dolorosos detalhes. Deveria oferecê-los aos leitor, arriscando a reputação do marido? Não, concluiu ela. Não em nome de sua própria dignidade, mas por causa do legado literário de Shelley. Se soubessem demais sobre sua vida particular, a maioria das pessoas se recusaria a ler a obra do poeta, exatamente como negavam a leitura dos livros da mãe depois que Godwin relatou explicitamente suas memórias. Ela não se portaria com Shelley da mesma maneira que o pai fizera com Wollstonecraft.

A alternativa mais honrada, decidiu ela, seria omitir os detalhes biográficos que seu público julgaria escandalosos, mas deixar claro que estava fazendo isso. Dessa maneira, os leitores saberiam que havia segredos e que ela não os revelaria. "Não é o momento de relatar a verdade", escreveu ela no prefácio, "e repudiarei qualquer mascaramento da verdade". Assim, ela não faz menção às outras mulheres da vida de Shelley nem discute a própria fuga em sua companhia. Em vez disso, ela se utiliza do silêncio como se fosse a pena de um censor, marcando e ocultando, ao mesmo tempo, as passagens retiradas, um gesto com vistas a uma verdade maior, as histórias que ela não podia contar.

Em compensação, ela incluiu pequenas curiosidades fascinantes a respeito das circunstâncias em que Shelley compôs seus poemas, pintando cenas do marido perambulando pelo parque sombreado de Marlow e contemplando o mar da sala envidraçada no alto da casa nas proximidades de Pisa. Ela o descreve encostado no mastro de seu barco enquanto lê e escreve, maravilhado com os vaga-lumes em Bagni di Lucca e avistando o pássaro que inspiraria "To a Skylark" [Para uma cotovia]. Ao longo de suas notas, ela enfatizava a voz lírica de Shelley e suas qualidades espirituais — sua pureza, a pouca importância que dava à fama mundana, quão apaixonadamente ele amava sua arte. Tendo sido alvo de críticas por tantos anos, Mary sabia que, se quisesse que as pessoas aceitassem e amassem o poeta Shelley, ela tinha de evitar a questão de sua política, suas ideias excêntricas sobre moralidade e sua falta de fé religiosa.

Foram meses de esforços, período durante o qual ela adoeceu e ficou esgotada. Em fevereiro de 1839, ela já estava exausta: "Estou dilacerada pela Memória", escreveu ela em seu diário. Mesmo sua nova casa de campo em Putney, às margens do Tâmisa, com vista para os jardins nas encostas próximas, pouco a animava. Em março, ela estava tomada por uma "espécie de sensação indescritível de ferocidade e irritação". Ela tinha de tirar folgas periódicas, mas, quando Moxon sugeriu que adiasse a publicação do volume seguinte, Mary se recusou. A escritora terminou em maio e, em sua introdução, desculpou-se pela enfermidade que, pensava ela, havia enfraquecido seu trabalho.

Quando surgiram os comentários sobre o primeiro volume, os críticos elogiaram Shelley, mas se queixaram de Mary. O *The Examiner* discordava de suas interpretações da obra do marido, e as revitas *The Spectator* e *Athenaeum* criticaram a edição feita por ela. Os periódicos achavam que Mary havia omitido coisas demais — opinião apoiada pelos antigos amigos de Shelley, obviamente liderados pelo implacável Trelawny. Mary tinha sido a pior escolha para editar a obra de Shelley, bradava ele. Em resposta a tais críticas, Mary e Moxon publicaram uma nova edição do primeiro volume que apresentava mais material controverso, em especial os versos políticos de Shelley e os poemas que subvertiam explicitamente a moral aceita na época. Exatamente como Mary previra, os leitores conservadores se ofenderam, o que redundou em um processo por blasfêmia contra Moxon, o último caso do tipo na Inglaterra. O livro continuou no mercado, mas a batalha jurídica que se seguiu foi um lembrete dispendioso de tudo quanto Mary receava.

Ela passou o verão e o outono preparando os volumes de prosa, batendo-se para decidir o que incluir e o que deixar de fora. Mary não queria "mutilar" a obra de Shelley, mas sabia que algumas de suas ideias eram demasiado chocantes para o público. Ela não incluiu muitas das cartas que o marido escrevera para o pai dela, embora Godwin tivesse preservado a maior parte, pois revelavam muitos detalhes sobre a vida particular de todos eles, e também não incluiu passagens de caráter ateísta. Não obstante, ela estava preparada para correr alguns riscos. Por exemplo, quando Leigh Hunt sugeriu que ela atenuasse as referências homossexuais na tradução que Shelley fez de *O Banquete*, Mary se recusou a fazê-lo, dizendo que era importante manter "tantas das próprias palavras de Shelley quanto fosse possível". Pressionada pela noção de responsabilidade em relação ao futuro e ao próprio poeta, ela se esforçou para tomar as decisões que, em sua opinião, seriam apreciadas pelo marido. Quando finalmente concluiu o trabalho, em 1840, Mary tinha a sensação de que já não seria capaz de escrever uma única palavra.

Apesar de todos os pedidos de desculpas de Mary, sua edição em quatro volumes das obras completas de Shelley coroou a campanha iniciada por ela com *Posthumous Poems*. Ao pintar seu retrato de Shelley, ela fora ainda mais longe do que em 1824, não apenas sugerindo a condição angélica do marido, mas afirmando a seus leitores que o poeta deixara este mundo para habitar uma esfera mais elevada:

> Seu espírito encontra paz em seu novo estado a partir da percepção de que [...] seus esforços não foram em vão e no avanço da liberdade que ele tanto amava. [...] É nosso maior consolo saber que um ser de mente assim tão pura e excelsa já esteve entre nós e agora existe em um lugar onde temos esperança de, um dia, a ele nos reunirmos. [...]

Como a talentosa escritora de ficção que era, Mary havia transformado seu marido radical, antigoverno, partidário do amor livre e ateu em um mártir vitoriano. Ela acreditava que a única liberdade que havia tomado fora a de omitir o que era pessoal, o que o público não conseguiria entender e o que, de qualquer forma, não lhes dizia respeito. Logo, aos olhos modernos, o retrato que Mary fez de Shelley parece incompleto, mas a escritora acreditou ter capturado a *essência* de Shelley no papel. Na verdade, se ela não tivesse desempenhado o papel editorial pelo qual tem sido censurada desde então, os leitores do século XIX talvez jamais teriam conhecido a obra de seu marido, que poderia ter sido perdida para sempre. Ao contrário da mãe e do pai (ou de Shelley, a esse respeito), ela optou por não confrontar seu público diretamente, amenizando suas notas a fim de adequá-las ao gosto dos leitores. Uma traição, diriam alguns, entretanto Mary era uma veterana do mercado literário; ela sabia o que os leitores gostariam ou não de ler.

E ela tinha razão. Novos leitores, desconhecendo as ideias radicais de Shelley e os escândalos associados ao seu nome, renderam-se ao talento de Shelley e conduziram-no aos salões dos grandes poetas ingleses. Em retrospecto, pode parecer estranho que ninguém tenha se perguntado como Shelley passara de ateu famoso a um "coração cristão", de um poeta desconhecido a uma estrela literária. Contudo, Mary cumpriu tão bem o seu trabalho que ninguém fez indagações perturbadoras. Shelley era elogiado na maioria dos grupos, mesmo naqueles em que teria sido execrado caso ainda estivesse vivo. O puritano capelão da Eton College dedicou uma elegia efusiva à memória do poeta, proclamando sua virtude espiritual e seu talento artístico.

O toque final foi a invisibilidade de Mary. Assim como em *Posthumous Poems*, em nenhum momento ela faz menção a seu papel como editora. Todos tinham a impressão de que Shelley havia deixado uma pilha organizada de poemas e ensaios acabados, prontos para publicação. Mary não revelou o esforço que empreendera no trabalho, declarando ser tão somente uma discípula fervorosa de um grande homem cujas lições de amor e pureza não podiam ser compreendidas por ninguém, para não mencionar ela mesma. E foi assim que ela criou a maior de todas as ficções: "Mary Shelley", a humilde esposa vitoriana, uma pessoa que se parece tão pouco com a verdadeira Mary quanto "o poeta Shelley" se assemelha ao Shelley real.

Ao mesmo tempo, a própria celebridade de Mary crescia gradualmente. No inverno de 1839, Richard Rothwell, seu amigo, pintou um retrato da escritora que seria colocado em exposição na Royal Academy. Para posar, ela escolheu um vestido preto que parece estar prestes a deslizar por seus ombros alvos. Os cabelos estão penteados e presos para trás. Ela tem uma aparência pálida, pesarosa e alquebrada, como de fato estava — cansada demais para sorrir ou esconder sua tristeza do artista. "O tempo [...] faz apenas aumentar o discernimento e a nitidez com que vejo o passado", disse ela a Hunt, "pois quando as tragédias e os dramas mais dolorosos estavam em curso, eu não sentia seu significado e suas consequências com tanta intensidade como os sinto agora."

Apesar de toda sua melancolia, aos 42 anos, Mary alcançava o reconhecimento que lhe era devido. Ela tinha muitos novos amigos, uma gama impressionante de pensadores políticos e criativos, entre eles Benjamin Disraeli, Samuel Rogers, Walter Savage Landor e os Carlyle. Mary preservou sua amizade com as irmãs de Aubrey e já tinha lhe concedido perdão suficiente para conhecer sua esposa, Ida, e os filhos. Melhor ainda, Mary se desvencilhara daqueles que a haviam traído ou sido cruéis com ela. A escritora raramente via Jane. E sua relação com Trelawny, sempre precária, chegara a um fim amargo em 1838. Trelawny havia fugido com uma das amigas casadas de Mary, Augusta Goring, irmã da esposa de Aubrey. Rejeitados pela sociedade londrina, ele e Augusta viveram praticamente exilados, não muito longe de Putney. Geralmente era possível contar com a compreensão de Mary em tais situações, mas quando Trelawny pediu que

RETRATO DE MARY SHELLEY PINTADO
POR RICHARD ROTHWELL E EXIBIDO
NA ROYAL ACADEMY EM 1839.

ela ajudasse Augusta, a escritora negou. Ele já a havia denunciado em público vezes sem conta. Posteriormente, Trelawny citaria esse fato como mais uma prova da superficialidade de Mary; porém, muito pelo contrário, sua atitude demonstrava a sensatez que a escritora havia adquirido a duras penas. Ela tinha um longo histórico de ajudar aqueles que escolhiam viver fora das regras da sociedade, mas, no caso de Trelawny e Augusta, ela não via por que deveria arriscar sua reputação (ou, mais importante, a de Percy) para promover a causa de um homem que não fizera nada para ajudá-la e, na realidade, intencionalmente a prejudicara com suas críticas, ainda que Augusta fosse inocente. Em consequência, eles nunca voltaram a se falar, e Trelawny intensificou sua campanha contra Mary, escrevendo para Claire: "Ela vive de inutilidades — que fracassos, em sua maioria, são as pessoas!".

Então, certo dia, no fim de 1839, Mary recebeu a notícia de que a esposa de Aubrey, Ida, afogara-se em um acidente na propriedade rural da família. Quase imediatamente, Aubrey voltara para o lado de Mary, procurando-a em busca de consolo. Com quatro filhos pequenos para criar, ele se sentia sobrecarregado e solitário, confessando suas dificuldades à escritora. Como faziam antes do casamento de Aubrey, eles passavam muitas horas a sós, caminhando pelos parques londrinos e tomando chá na sala de estar de Mary. Ela tinha esperanças de que eles se casariam dessa vez, mas o verão chegou e Mary ainda não tinha certeza dos sentimentos do homem. "Outra esperança — Posso ter outra esperança?", escreveu ela em seu diário.

Aubrey não podia se casar novamente até que terminasse o período necessário de luto e, como ele ainda não se havia declarado, Mary decidiu dar continuidade a um plano com o qual ela vinha sonhando havia quase duas décadas — retornar à Europa. Após anos de economias, a escritora enfim havia guardado dinheiro suficiente para que ela, Percy e um dos amigos do garoto em Cambridge partissem para a Itália em junho de 1840. Mary foi tomada de alegria no instante em que se puseram na estrada: "Sinto uma boa parte de meu espírito cigano voltar a mim", escreveu ela.

Eles viajaram ao longo do rio Reno até Frankfurt e Zurique e, quando finalmente atravessaram os Alpes e adentraram a Lombardia, Mary refletiu que havia regressado "à terra que é minha". Sua fluência no italiano voltou depressa. Ela regozijava com o sol, as colinas amareladas, os vinhedos e os limões e morangos frescos. Todavia, também ficou estupefata com a tristeza que sentiu, "chegando quase à agonia". Os pinheiros, as cintilações do lago Como, os pescadores chamando uns aos outros — tudo parecia inalterado: Shelley ao seu lado; Wilmouse segurando sua mão. Por vezes, sua cabeça doía tanto que ela era obrigada a se deitar. Em outras ocasiões era acometida por violentos tremores. Ela atribuiu esses mal-estares aos sofrimentos que havia suportado, à dor de recordar aqueles que amara e perdera, e, embora isso pudesse ser verdade, havia também um fundo biológico para as indisposições de Mary, uma condição da qual ela jamais suspeitou. As dores de cabeça e o cansaço constante eram os primeiros sinais do meningioma, a enfermidade cerebral que acabaria por levá-la à morte.

Enquanto os garotos velejavam e exploravam a paisagem, Mary escrevia longas cartas e visitava outros hóspedes nos hotéis. Ela tentava não se apegar a suas esperanças de um futuro com Aubrey, mas era difícil controlar seus sonhos. Anteriormente, naquele ano, ela escrevera em seu diário:

> Uma amizade segura, salutar — duradoura — uma união com um coração generoso — e, ainda assim, um sofredor a quem posso confortar e abençoar — se assim for, então sou feliz. [...] Posso, de fato, confiar na amabilidade e na afeição inalteráveis de A [...] mas os acontecimentos não nos haverão de separar — e impedir-me de ser-lhe um alento — a ele, de ser um esteio em que posso recostar — Veremos — Se eu puder proporcionar algum prazer permanente para sua hoje arruinada existência e reanimá-la pela força do afeto sincero e desinteressado — Serei feliz.

Porém, como acontecera antes, as semanas passavam e não chegava nenhuma carta de Aubrey. A apreensão de Mary aumentava. No fim de setembro, ela enviou os garotos de volta para a Inglaterra a fim de que retornassem à universidade enquanto ela seguia para o norte, rumo a Paris, onde o irmão de Aubrey, Charles, oferecera-lhe seu apartamento na Rue de la Paix. Ali, ela recebia amigos e visitas de pessoas que admiravam seu trabalho e a obra de Shelley, incluindo o poeta Alphonse de Lamartine e o escritor Charles Sainte-Beuve. Então, chegaram más notícias. Claire, que voltara para Londres a fim de cuidar da idosa Mary-Jane, escreveu dizendo que Aubrey ficara noivo de Rosa Robinson, amiga de Mary e irmã mais jovem de Isabel, a moça que Mary havia ajudado a salvar treze anos antes. Rosa era jovem e respeitável. Ela oferecia a esperança de mais filhos e seria uma boa esposa para um político. Eles se casariam em dezembro.

Rejeitada e humilhada, Mary permaneceu em Paris até janeiro de 1841. Quando enfim regressou a sua casa de campo vazia, foi difícil voltar ao lar "infeliz, traída, sozinha!", escreveu ela em seu diário. A única alegria de sua vida era que Percy, tendo recebido seu diploma de Cambridge, completaria 21 anos em novembro e o avô lhe havia prometido uma pensão de quatrocentas libras esterlinas ao ano. Juntando a renda do filho e a dela, eles teriam mais que o suficiente para viver. Chegado o grande dia, eles comemoraram com a compra de móveis e se mudaram para a Half Moon Street, na elegante área de Mayfair.

No entanto, a ausência de dívidas também deu a Mary mais tempo para remoer lembranças. "Entreguei todo o tesouro de meu coração; tudo foi aceito prontamente — e mais e mais me foi pedido — e quando mais eu já não podia dar — eis-me traída, abandonada; horrivelmente traída, de modo que eu preferiria morrer a ter qualquer um deles mais —" Ela não terminou a frase. Na realidade, ela nunca voltou a escrever nenhuma palavra em seu diário. O custo emocional se tornara doloroso demais para suportar.

Em junho daquele ano, uma era chegou ao fim. Mary-Jane Godwin faleceu, expressando o desejo de ser enterrada no cemitério de St. Pancras, ao lado de Godwin. Claire, que havia detestado o tempo que passara em Londres, reuniu-se a Mary no cemitério para o funeral e, depois de pedir outro empréstimo à irmã, seguiu de navio para Paris. A distância entre as duas irmãs se tornara um fato consumado — nenhuma delas queria nutrir uma grande proximidade, embora tampouco desejassem cortar todos os laços. Cada uma precisava da própria independência, mas reconhecia a importância da outra, trocando cartas com regularidade e sempre planejando visitas. Elas haviam compartilhado coisas demais para se perderem.

Mary não sentiu muita tristeza pela morte da madrasta, mas também não encontrou o alívio que, um dia, havia imaginado. Em vez disso, sentia como se uma de suas últimas ligações com a infância tivesse desaparecido. Mary e os Clairmont, Claire e Charles, eram os únicos que restavam da estranha mistura de sua família. Charles se casara e tinha filhos, mas vivia na Europa.

Sozinha em Londres, Mary se viu cada vez mais dependente de Percy. Mas Percy começava a se afastar, envolvendo-se em flertes com várias moças, e Mary receava que o filho escolhesse a pessoa errada. O sangue de Godwin, Wollstonecraft e Shelley corria nas veias do rapaz, transformando-o em uma espécie de príncipe herdeiro aos olhos de Mary, um filho régio da literatura. A mulher que ele escolhesse desposar era da máxima importância. Havia também a preocupação de que a esposa errada se opusesse à presença de Mary e tentasse separá-la do filho. Para a escritora, isso teria sido um desastre, pois Percy continuava sendo o centro de sua vida, e ela temia que ele a abandonasse agora que havia atingido a maioridade. Contudo, Percy não dava sinais de insatisfação e nunca pensou em viver separado da mãe. Ele permitiu que Mary submetesse as jovens que ele conhecia a um exame minucioso e permaneceu absolutamente tranquilo quando a mãe se mudou às pressas com ele para a Europa no verão de 1842 a fim de tirá-lo de um relacionamento que ela considerava inadequado.

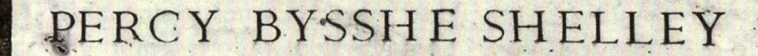

> PERCY BYSSHE SHELLEY
>
> COR CORDIUM
>
> NATUS IV AUG. MDCCXCII
>
> OBIIT VIII JUL. MDCCCXXII
> Nothing of him that doth fade,
> But doth suffer a sea=change
> Into something rich and strange

O TÚMULO DE SHELLEY.

Para Mary, porém, essa nova viagem parecia destinada ao infortúnio. O calor em Dresden drenava a energia de mãe e filho, os amigos que haviam convidado para viajar em sua companhia eram difíceis e melancólicos, e tudo era caro demais. Todavia, quando chegaram à Itália, Mary sentiu que revivia. Veneza, Florença e Roma, especialmente Roma, foram-lhe um bálsamo, embora, como antes, sua alegria fosse matizada pela tristeza. Dessa vez, ela tentou encontrar os túmulos de Clara e William, mas seus locais não haviam sido marcados e ela não conseguiu localizá-los. Apenas Shelley jazia em majestoso repouso no cemitério protestante de Roma. Trelawny havia plantado ciprestes em redor de sua lápide, uma imensa laje retangular branca fixada no solo como um enorme paralelepípedo. O fragmento de *A Tempestade* estava gravado em elegantes letras cursivas e, acima dele, em grandes letras maiúsculas, lia-se a frase latina que Hunt havia sugerido: *cor cordium*, coração dos corações.

No entanto, o jovem Percy, então aos 23 anos de idade, sentia saudades da Inglaterra e arrastava os pés quando a mãe sugeria que visitassem uma galeria ou um lugar histórico. Ao contrário da mãe erudita, ele não gostava de passar horas lendo e escrevendo. Ele sentia falta dos campos ingleses, não gostava do calor e tinha pouco interesse em arte. Para o rapaz, era mais agradável estar velejando no Tâmisa do que contemplando as colinas da Toscana.

Finalmente, em agosto de 1843, após um ano no exterior, Percy estava farto e o disse à mãe. Mary ficou desapontada, mas deu atenção ao filho. Ela fizera o possível para transformá-lo em um poeta ou filósofo, um Godwin, um Shelley ou uma Wollstonecraft, mas ele continuava o mesmo rapaz do campo. Felizmente, ela se deu conta de que já era hora de aceitar o filho pelo que ele era — amoroso, leal e vigoroso — e incentivou-o a voltar para a Inglaterra enquanto ela passava um mês com Claire em Paris.

Quando chegou o outono, ela se reuniu a Percy em Londres e eles decidiram voltar para Putney. Percy queria viver perto do rio, e Mary ficou satisfeita em abandonar o centro da cidade. A casa de campo, embora pequena, era sossegada e tinha um bonito jardim. Ali, Mary organizou as anotações que fizera em sua viagem com o filho e, em janeiro de 1844, havia concluído o primeiro volume do que seria sua última obra, um livro de viagens que ela intitulou *Rambles in Germany and Italy*, um tributo final à mãe. Conscientemente imitando *Letters from Sweden*, de Wollstonecraft, ela descrevia como a paisagem, abençoada pela "bondade imensurável de nosso Criador", a alegrava. Seguindo os passos da mãe, ela preconizava os poderes de cura da solidão e da Natureza e, ao verdadeiro estilo Wollstonecraft/Godwin/Shelley, também fazia análises políticas, mostrando-se contrária à ocupação da Itália pela Áustria. Mary dedicou muitas páginas à arte que havia encontrado, revelando seu próprio brilhantismo analítico ao extrair ideias de O Banquete. Os artistas não deveriam ser censurados por retratar cenas de amor homossexual, declarava ela — um ponto de vista ousado, condenado pela maioria dos vitorianos.

Todavia, quando o livro foi publicado, ninguém notou sua erudição ou as observações artísticas, muitas das quais seriam ecoadas por Ruskin menos de cinquenta anos mais tarde, rendendo-lhe o respeito que fora negado a Mary. Em vez disso, a maioria dos críticos se limitou a aplaudir seu posicionamento antiaustríaco, uma vez que essa opinião combinava com a política externa popular à época, embora, é evidente, alguns tenham ficado descontentes com o fato de uma mulher ter ousado escrever sobre política. Porém Mary não se incomodou muito com isso. Para ela, não era novidade ser lida de maneira equivocada ou ser ignorada. Além disso, ela havia recebido notícias muito aguardadas.

No dia 24 de abril de 1844, sir Timothy por fim morreu. Agora, Percy era sir Percy, o digno proprietário de Field Place, a casa ancestral dos Shelley em Sussex. Mary ficou aliviada de ver o filho contemplado com a herança, mas também receava que sir Timothy tivesse encontrado alguma maneira ardilosa de despojar o rapaz da propriedade. Talvez não tivesse sobrado dinheiro. E era provável que os Shelley ainda vivos inviabilizassem a reivindicação de Percy por seu quinhão de direito.

Seus receios eram bem fundados. Lady Shelley havia removido toda a mobília de Field Place, à exceção das grades da lareira. Shelley havia deixado legados para Claire, Hunt, Peacock e Hogg. O poeta também prometera 6 mil libras esterlinas para Ianthe, sua filha com Harriet. O total chegava a 22,5 mil libras, o que deixou Mary e Percy em uma situação desesperadora, sem condições de pagar seus credores nem honrar as vontades de Shelley. Em circunstâncias normais, eles poderiam ter contado com as propriedades arrendadas da família Shelley, que proporcionavam uma renda anual de 5 mil libras ou mais, para ajudá-los a restabelecer o equilíbrio financeiro. Porém, o verão de 1845 trouxe consigo condições climáticas horríveis; as lavouras morreram e os fazendeiros não conseguiram pagar os aluguéis. Por sorte, Mary, com toda a sua experiência diante de graves problemas financeiros, soube administrar a situação. Ela vendeu porções da propriedade, cortou despesas, negociou com os credores e elaborou um plano para saldar lentamente seus débitos enquanto honrava aos poucos os legados de Shelley. No entanto, os legatários não entendiam por que ainda não haviam recebido seu dinheiro e ficaram desconfiados. Claire foi a mais insultuosa de todos. Ela escrevia cartas frequentes e furiosas: Onde estava sua herança? Percy e Mary estavam tentando privá-la do que era seu por direito? Ela apenas abrandou quando passou quatro meses na Inglaterra e percebeu que Mary e Percy estavam fazendo o possível para administrar uma situação tão difícil. Ao voltar para Paris, ela escreveu uma carta para fazer as pazes, dizendo que ficar com eles lhe fizera bem:

> Perto de você e de Percy é impossível estar infeliz, pois sua união é tão encantadora e há tanta tranquilidade e alegria em vocês que isso transmite a mais benéfica influência [...] e, ainda, sua conversação tão agradável e tão universal tira qualquer um dos estreitos cuidados do eu.

Mary escreveu de volta, dizendo que seus objetivos eram: "Fazer algum bem — cuidar dos que lhe são caros — desfrutar o sossego — e, se é possível divertir-se um pouco, *voilá tout?*".

Era impossível viver em Field Place. O lugar estava deteriorado, em péssimo estado, de modo que Mary e Percy continuaram a morar em Putney, onde recebiam visitas frequentes de velhos amigos, entre eles Leigh Hunt e, surpreendentemente, Aubrey e a esposa, Rosa, pois Mary aceitara a segunda traição de Aubrey com extraordinária dignidade. Nos anos que se seguiram, a escritora se dedicou a transformar os poucos recursos que ela e Percy tinham em uma sólida dotação. Após algumas boas colheitas e uma economia minuciosa, Mary já havia saldado suas dívidas, o que lhes garantiu uma renda suficiente para comprar uma casa em Londres, uma residência urbana de quatro andares no número 24 da Chester Square, em Pimlico. Sobrou até um dinheiro para que Percy adquirisse um iate. Mary tentou não se preocupar, pois sabia que Percy era muito mais ajuizado que o pai, e sua nova embarcação era robusta e bem equipada para toda e qualquer condição climática. Além disso, o rapaz sabia nadar.

No entanto, apesar de toda a recente segurança conquistada, Mary se sentia cada vez mais doente. As dores de cabeça que tivera na Itália seis anos antes iam e vinham de tempos em tempos, mas agora voltavam com força total. O médico que ela consultava dizia que se tratava de "angina do peito" — um diagnóstico equivocado. Suas costas doíam, os nervos formigavam, davam a impressão de estar "vivos" e, por vezes, ela pensava que a "coluna entregaria de vez o espírito". Ela era atormentada por um tremor que tornava difícil escrever, comer, andar e cuidar de suas necessidades diárias. Os médicos não sabiam o que fazer, até que, por fim, como costumava acontecer a senhoras da mesma classe e erudição de Mary, eles diagnosticaram uma queixa de caráter nervoso, exatamente como haviam feito com a poeta Elizabeth Barrett, que ficara confinada ao leito antes de fugir para a Itália com Browning, inspirada pela própria fuga de Mary e Shelley.

Mas Mary ainda não estava preparada para se refugiar em seu quarto de dormir. Ela buscou tratamento em Baden-Baden e em Brighton, consultando diversos médicos. E, não obstante, embora houvesse períodos em que sua dor nas costas amenizava, as dores de cabeça nunca desapareciam por completo. Ela lia romances leves e acompanhava a política, mas não conseguia fazer nenhuma tarefa que fosse demasiado exigente. Ela se consolava recebendo amigos, quando tinha disposição para tanto, e mantendo-se atenta a fim de encontrar uma noiva apropriada para Percy. Por fim, em março de 1848, a jovem certa apareceu na casa de amigos em Bayswater.

Pequena e gorducha, Jane Gibson St. John já havia sido casada; o marido falecera, deixando-a viúva aos 24 anos, a mesma idade que Mary tinha quando Shelley morreu. Ela não era bonita nem artística, mas apresentava as virtudes pelas quais Mary vinha procurando. A moça era sensível, leal e amorosa com Percy. E ainda tinha profunda admiração por Mary. Anos mais tarde, ao rememorar a ocasião em que conheceu o marido, ela descreveria a sogra, e não Percy: Mary era "alta e esbelta", com "o mais belo par de olhos profundos que eu já havia visto". Ela usava vestidos "longos, de um tecido cinzento macio, feitos com simplicidade e esmero". Nunca ninguém descrevera Mary como uma pessoa alta, mas é preciso ressaltar que Jane era baixa e gorducha.

Enfim estava ali uma filha, pensou Mary. Não foi necessário muito esforço para persuadir Percy de que Jane era a mulher certa. Ele se sentia estimado por Jane, admirado até. Embora ele e a mãe tivessem chegado a um acordo após sua última expedição pela Europa, Mary ainda conseguia fazer com que o rapaz se sentisse inadequado. Ela o pressionava a ler mais, a acompanhar a política e a frequentar teatros e galerias. Percy sabia que a mãe se preocupava com sua paixão pelo iate. Jane, por outro lado, parecia gostar dele tal como ele era. A moça não lhe perguntava o que ele estava lendo nem quais eram suas opiniões sobre a unificação italiana. Ela o incentivava a velejar. E o melhor de tudo, ela nunca havia conhecido o brilhante pai de Percy, de modo que jamais poderia compará-los e achar o rapaz inferior.

O namoro foi rápido, embora Percy não fosse exatamente um bom galanteador, sobretudo porque as mulheres já tinham decidido a questão. Percy pediu Jane em casamento no mês de março e eles se casaram no dia 22 de junho de 1848, uma união que resultou em uma longa e amorosa parceria, embora sem filhos. Jane não se importava em deixar que Percy se distraísse no rio. Ela supervisionava o guarda-roupas e as refeições do marido e passava a maior parte de seu tempo com a sogra, lendo em silêncio, conversando e ouvindo histórias do passado.

A situação financeira da família era muito melhor agora, graças ao gerenciamento que Mary fazia dos negócios, e, assim, o jovem casal reformou

Field Place e se mudou para lá com Mary no outono de 1848. A escritora escolheu para si o antigo quarto de Shelley; de lá, ela podia olhar pela janela e ver um bosque de cedros que ficava para além dos terrenos da casa e contemplar o pôr do sol em um espetáculo de lavanda e tons alaranjados. Shelley lhe contara histórias sobre a "Grande Cobra Velha" que vivia no jardim e a "Grande Tartaruga" que costumava se arrastar pela relva para visitá-lo. Mas a cobra havia sido morta acidentalmente pelo jardineiro e ninguém além de Shelley jamais afirmou ter visto a tartaruga.

No passado, a residência tinha sido uma simples casa de fazenda que o avô de Shelley transformara em um majestoso solar senhorial de fachada georgiana e duas alas que cercavam um amplo gramado verdejante. Ali Shelley havia aterrorizado as irmãzinhas com histórias sobre um alquimista que vivia atrás de uma porta trancada em um dos sótãos, debaixo das vigas. Havia uma cozinha enorme com um antigo assoalho de pedra e uma imensa escadaria de carvalho. Na comprida e graciosa sala de estar onde os pais de Shelley haviam recebido a aristocracia local, o pequeno Percy deixara o pai satisfeito ao recitar poesia latina após o chá, remexendo os braços de maneira teatral e fazendo as irmãzinhas rirem. Ele também gostava de encenar o poema de Gray que era o favorito da mãe, "Ode on the Death of a Favorite Cat, Drowned in a Tub of Gold Fish" [Ode à morte de um gato favorito, afogado em um tonel de peixes dourados]. Havia estábulos nos fundos da casa, um pomar e, do outro lado da campina ao sul, um grande lago chamado Warnham Pond, onde o pai de Shelley mantinha um barco a remos para que o filho pudesse passear e explorar os rios e riachos adjacentes. É impossível não se perguntar por que os Shelley nunca ensinaram o pequeno Percy a nadar.

Embora fosse bonita, Field Place ficava perto da água e era úmida, uma localização perigosa para a saúde das duas senhoras. "O lugar é um verdadeiro pântano — Nada pode ser pior para mim", escreveu Mary para Claire, culpando a casa por seu sofrimento, pois a verdadeira fonte de seus mal-estares ainda não havia sido diagnosticada. Confusa e agora assustada com crises periódicas de paralisia, até caminhadas curtas eram exaustivas para Mary. Ela mal conseguia subir em uma carruagem. Escrever era extremamente difícil, mesmo cartas. Os médicos continuavam a atribuir suas queixas ao nervosismo, prescrevendo óleo de fígado de bacalhau e repouso. Em fevereiro de 1849, ela deixou Claire inteirada de sua situação: "Consigo caminhar muito bem — mas não posso usar a cabeça — ou estranhos sentimentos surgem —".

Jane era uma cuidadora dedicada. A nora cobria Mary de atenções, afofando-lhe os travesseiros, fazendo chá e lendo para ela. A moça também assumiu mais responsabilidades na administração da propriedade. Embora Percy a chamasse de Cambaxirra, esse era um apelido enganoso, pois Jane mais parecia um falcão no tocante a seus entes queridos. Por exemplo, quando Claire lhes fez uma visita na primavera de 1849, foi Jane quem protegeu Mary e Percy de uma terrível explosão de ira de Claire.

Clari, sobrinha de Claire e filha de Charles, chegara a Field Place algumas semanas antes da tia, conhecera John Knox, um amigo de Percy, e logo se apaixonara por ele. Os jovens haviam ficado noivos, mas ninguém se lembrara de escrever para Claire, informando-a do noivado. Quando chegou e foi pega de surpresa pelos planos da sobrinha, Claire logo concluiu que o noivado de Clari fosse o resultado de um complô secreto maquinado pela irmã. Ela despejou sua fúria sobre Mary, Clari e Percy até que Jane interferiu depressa e assumiu o controle da situação. A nora enxotou Mary para o quarto, no andar de cima, ameaçou Claire até que ela deixasse a casa jurando nunca mais voltar e, então, sentou-se com Clari para planejar o casamento. Um mês depois, sob os olhos vigilantes de Jane, Clari se casou com John Knox e os Shelley deram um baile para comemorar a ocasião. Claire não foi convidada e nunca perdoou Jane nem Percy, aliás. Na realidade, ela enviou um ultimato aos parentes — não poderia haver comunicação com nenhum dos Shelley:

> Até que tenham feito um desagravo por sua insolência para conosco, ficará marcado com desonra qualquer membro de nossa família que tenha qualquer contato não hostil com eles, e minha decisão está tomada, e cortarei relações com qualquer de meus parentes que mantenha laços com eles.

Para Mary, toda essa situação fez com que sua estima por Jane aumentasse ainda mais. Se a nora conseguia subjugar Claire, então ela podia lidar com qualquer coisa. E, assim, foi sem remorsos que a escritora deixou o comando da casa, transmitindo-o à vigorosa nora. Para Jane, porém, essa concessão era mais um sintoma da saúde cada vez mais debilitada da sogra. Jane e Percy levaram Mary para o sul da França naquele outono, na esperança de que o clima ameno restaurasse suas forças. De início, o plano funcionou. Mary se sentia bem o suficiente para bebericar vinho e passear pela praia no lombo de um burro. Quando voltaram para a Inglaterra, no verão seguinte, ela se encontrava muito melhor. Mary conseguia ficar sentada ao ar livre, nos jardins, observando os cães de Percy correndo livremente pelos terrenos da propriedade e ouvindo os arrulhos dos pombos em seu viveiro. Contudo, quando o tempo piorou naquele outono, suas dores de cabeça ficaram mais intensas e ela sentia uma constante dormência no lado direito. Para Jane, estava claro que a sogra precisava ficar perto dos melhores médicos, e assim o trio se mudou para a Chester Square, onde, no dia 17 de dezembro de 1850, o dr. Richard Bright (descobridor da doença de Bright, ou insuficiência renal crônica) finalmente diagnosticou Mary com um tumor no cérebro.

Como Percy não estava no quarto quando Mary recebeu a notícia, ela e a nora conversaram em particular e decidiram manter o diagnóstico em segredo, pois deixá-lo a par da situação só faria preocupá-lo. Pelo restante do mês, as duas mulheres não lhe contaram nada. Mary conseguia permanecer sentada por algum tempo todos os dias, e Percy e Jane se revezavam junto do leito da escritora. Todavia, no início de janeiro, não era mais possível guardar segredos. A perna esquerda de Mary ficou totalmente paralisada e ela quase não conseguia falar. Quando contaram sobre o tumor, Percy ficou pálido e permaneceu calado. Ele passara praticamente a vida inteira ao lado da mãe. Raras vezes eles haviam ficado mais de alguns meses separados. O rapaz permanecia ao lado do leito da mãe, rezando para que ela se recuperasse, mas foi em vão.

No dia 23 de janeiro, Mary sofreu uma série de violentas convulsões e nunca mais recobrou a consciência. Ela ficou oito dias em coma e morreu na noite do dia 1º de fevereiro de 1851, aos 53 anos de idade. Percy e Jane estavam com ela quando "seu doce e suave espírito fez a passagem sem nem um suspiro sequer", como recordaria Jane futuramente. Percy ficou inconsolável. Um mundo sem Mary era inimaginável.

M

## CAPÍTULO 40
# MARY E MARY: ESFORÇOS HEROICOS

Depois que Mary Shelley morreu, sua reputação sofreu uma transformação lenta, injusta e ofensiva. Os obituários se concentravam em seu papéis de esposa e filha, menosprezando seu trabalho enquanto escritora e editora. "Não é [...] como autora, mesmo de *Frankenstein*, [...] que ela recebe seu mais duradouro e caro direito a nossa estima", diz a coluna da *The Literary Gazette*, "mas como a fiel e dedicada esposa de Percy Bysshe Shelley." Até a liberal *Leader* a identificou primeiro como filha de Wollstonecraft e Godwin, depois como esposa do poeta "de coração cristão" e apenas em seguida como autora de *Frankenstein*. O único obituário que se dedicou às suas conquistas literárias foi publicado na *Athenaeum*, mas, embora elogiasse *Frankenstein*, o texto ignorava a maioria de seus outros escritos. Houve somente uma breve menção a seus ensaios biográficos e livros de viagem, uma avaliação tépida de *O Último Homem* e nenhuma discussão acerca dos demais romances. Nenhum crítico comentou sobre seu papel na promoção e edição da obra do marido. Mary quase se fizera irrelevante no cenário literário.

A ideia de Mary como uma luz secundária, a esposa do grande poeta e nada mais, foi tão duradoura que perdurou por quase um século. Os críticos ignoraram e compreenderam mal os romances de Mary, tachando-os de triviais ou julgando-os "histórias de amor"; seus artigos enciclopédicos permaneceram não lidos e seus atos para promover o bem-estar das mulheres continuaram ocultos, enterrados em arquivos e cartas inobservadas. Apenas em 1951, na revolucionária biografia escrita por Muriel Spark, os leitores foram apresentados à sofisticação de Mary como escritora e às suas ideias decididamente não vitorianas. A personagem conhecida como "sra. Shelley" foi enfim contestada como a ficção que sempre havia sido.

Na década de 1970, a reputação de Mary, assim como a da mãe, beneficiou-se do movimento feminista, mas sua reconstrução ainda foi um processo lento. A estudiosa Betty T. Bennett observou que, ao publicar o primeiro volume das cartas de Mary Shelley em 1980, um crítico "sugeriu que não valia a pena publicar as cartas de Mary Shelley". Sem se deixar desencorajar por tais críticas, ao longo dos últimos trinta anos muitos célebres estudiosos literários dedicaram sua carreira à análise da obra de Mary Shelley, lançando luz sobre suas inovações, seu brilhantismo e seus estratagemas. Vasculhando arquivos nos Estados Unidos, na Inglaterra e na Itália, biógrafos restabeleceram a complexidade do relacionamento da escritora com Shelley, refutando afirmações de escritores anteriores que, seguindo o exemplo de Trelawny, consideravam-na indigna do marido talentoso. Em consequência, a disciplina de Mary como escritora profissional, sua originalidade como romancista e sua seriedade como pensadora política finalmente emergiram da névoa que ameaçava obscurecer seu nome para sempre.

Porém, mesmo recentemente, a maioria dos leitores não tinha plena compreensão da influência da mãe sobre Mary Shelley. Radicais criticaram-na por ter se afastado dos ideais da mãe. Ela foi acusada de covardia, muito embora, ao longo de toda a sua vida, Mary tivesse mantido a postura de fiel discípula de Wollstonecraft. O conjunto de sua obra é notável por seu compromisso com os direitos das mulheres e sua condenação da ambição masculina irrefreada. Ela dedicou a vida à defesa da filosofia da mãe, e um de seus maiores medos era não estar à altura do brilhantismo de sua antecessora. Em 1827, ela escreveu a um amigo:

> A memória de minha Mãe sempre foi o orgulho e a alegria da minha vida, e a admiração dos outros por ela tem sido causa da maior parte da felicidade [...] que sinto. A grandiosidade de sua alma recorda-me eternamente que devo degenerar o menos possível em relação àqueles de quem derivo minha existência.

Após a morte de Godwin, durante seu esforço para escrever a biografia do pai, ela se permitiu uma pausa para escrever uma longa seção elogiando a mãe:

> Mary Wollstonecraft foi um daqueles seres que talvez apareçam uma vez em uma geração para iluminar a humanidade com um raio de luz que nenhuma diferença de opinião nem mudança de circunstâncias pode encobrir. Seu talento era inegável. Ela fora criada na árdua escola da adversidade e, tendo vivido os sofrimentos reservados aos pobres e oprimidos, inflamou-se em seu íntimo um sincero desejo de diminuir aqueles sofrimentos. Seu entendimento cheio de sensatez, sua bravura, sua sensibilidade e sincera compaixão, marcaram todos os seus escritos com força e verdade, dotando-nos com um fascínio amoroso que encanta e ao mesmo tempo ilumina. Ela foi uma pessoa amada

por todos os que a conheceram. Muitos anos se passaram desde que aquele coração pulsante foi colocado no sepulcro frio e silencioso, mas ninguém que já a tenha visto fala dela sem entusiasmo e veneração.

Em 1831, em um prefácio que Mary escreveu para uma nova edição da obra de Godwin, *Caleb Williams*, ela se associou publicamente à tradição radical da mãe, expressando uma admiração sem reservas por Wollstonecraft:

> Os escritos dessa mulher célebre são monumentos de sua superioridade moral e intelectual. Seu espírito elevado e sua declaração ardente dos clamores de seu sexo dão vida à *Reivindicação dos Direitos da Mulher*, ao passo que a doçura e o bom gosto revelados em *Letters from Norway* retratam as qualidades mais suaves de seu caráter admirável. Mesmo hoje, aqueles que sobrevivem a ela depois de tantos anos nunca falam dela sem um incontrolável entusiasmo. Seus esforços incansáveis pelo bem dos outros, sua retidão, sua independência, unidos a um coração terno e afetuoso e à mais refinada suavidade de maneiras, tornavam-na o ídolo de todos os que a conheciam.

O tom laudatório dessas passagens nos deixa tentados a imaginar o que teria acontecido se Mary Shelley tivesse direcionado seus talentos para a reabilitação da reputação da mãe, escrevendo uma análise das ideias e inovações de Wollstonecraft. Se sua própria vida não tivesse sido interrompida pela morte do marido e, mais tarde, pelo tumor cerebral, talvez ela tivesse dado início a esse projeto. Afinal, ao término de sua vida como escritora, ela se dedicava exclusivamente a escrever biografias, e não mais ficções.

No entanto, a fidelidade de Mary à mãe tem sido invisível a alguns porque, ao contrário de Wollstonecraft, Mary não atuou na arena política nem escreveu sobre filosofia política. Ela tinha muito mais suspeitas em relação ao processo legislativo do que a mãe, o pai ou o marido, testemunhando quão pouco se ganhou com seus posicionamentos públicos e o quanto foi perdido. Mas isso não significa que ela quisesse se distanciar do radicalismo da mãe. Para Mary, mudanças podiam acontecer somente através da arte, por meio dos atos dos indivíduos e da integridade dos relacionamentos. Ela proclamou sua lealdade a Wollstonecraft em seus cinco romances e em seus dois livros de viagens, bem como em seus ensaios sobre escritores ilustres para a *Cyclopedia* e nos mais de vinte contos, ensaios, traduções, críticas e poemas que publicou em vida. Em toda a sua obra, ela enfatizou a importância da independência e da educação das mulheres e criticou os valores tradicionalmente masculinos de conquista e autopromoção.

Mary Shelley também deixou um enorme repositório de documentos para os historiadores, de modo que um biógrafo que vivesse em períodos mais liberais pudesse usá-los para contar as histórias que ela não podia. Dolorosamente ciente de que uma verdadeira biografia do marido ainda não havia sido publicada, ela nunca escondeu a história de seu relacionamento com Shelley e protestou com veemência quando um escritor tentou camuflar o envolvimento amoroso dos dois, não fazendo menção alguma a Harriet na história do namoro da escritora com o poeta. Em um nível mais pessoal, ela arriscou a própria reputação em favor de outras mulheres, apoiando Gee, irmã de Aubrey, quando ela se separou do marido e planejando a fuga de Isabel Robinson com Doddy.

De fato, seu último ato público mostra que ela permaneceu leal aos princípios da mãe até o fim. Alguns meses antes da morte de Mary, sua velha amiga Isabella Booth escreveu para pedir que a escritora solicitasse a assistência da Royal Literary Fund em seu favor. Tendo cuidado do marido muito mais velho durante uma longa enfermidade, Isabella estava sem dinheiro e esgotada. Ela não via Mary desde os anos que esta passara na Escócia e, mesmo assim, Mary, perto de morrer, quase incapaz de escrever uma única palavra legível, escreveu para o órgão, colocando sua reputação em risco pela esposa de um homem que não só era malvisto em virtude de suas opiniões irreverentes e reformadoras como que também se recusara a deixar Isabella visitar Mary por causa da fuga da escritora com Shelley. Tal como teria feito Wollstonecraft, Mary associou as dificuldades de Isabella aos sofrimentos de todas as mulheres. "A doença [do marido] exigiu uma dedicação e uma coragem em seus cuidados", escreveu ela, "que demandavam um esforço heroico de uma mulher que os assumisse e enfrentasse sozinha."

As palavras de Mary a respeito dos "esforços heroicos" de Isabella talvez ecoem com mais intensidade porque foram as últimas palavras que escreveu, mas também porque poderiam definir sua jornada de vida. Assim como Isabella, os desafios enfrentados por Mary tinham sido tremendos. É verdade que existiram momentos de alegria. No último ano de sua vida, junto do lago Como com Jane e Percy, ela escrevera a Isabella: "Com o sol brilhando, o lago azul aos meus pés e as Montanhas em toda a sua Majestade e beleza à minha volta e meus amados filhos bem e felizes, devo assinalar este como um momento de paz e felicidade". Porém, a maior parte do tempo, Mary sentira-se solitária, fora obrigada a sustentar a si mesma e àqueles que dependiam dela em um mundo que a condenava pelas escolhas que havia feito aos 16 anos de idade.

O Royal Literary Fund não partilhava da preocupação de Mary em relação a senhoras indigentes e rejeitou sua solicitação. No entanto, Mary não abandonou a amiga, pedindo a Percy que pagasse uma pensão de cinquenta libras anuais pelo resto da vida de Isabella. Em seus romances, ensaios e contos, bem como em suas discretas atuações nos bastidores, Mary Shelley transformara o infortúnio das mulheres na força motriz de sua vida, exatamente como a mãe fizera.

...

Ao longo de seus últimos anos de vida, Mary colocara seus assuntos literários em perfeita ordem. Ela se lembrava muito bem de como havia sido lidar com os documentos desorganizados de Shelley e do pai, de modo que organizou seus diários e cartas, bem como os cadernos de Shelley, para as gerações futuras. A escritora acreditava que a nora, Jane, conduziria os estudiosos aos papéis que ela não pôde publicar, às anotações que mantivera escondidas. Um de seus mais importantes tesouros era uma mecha do cabelo da mãe, à qual ela anexou uma nota: "Jane e Percy, respeitem". Muitos anos mais tarde, Jane transformaria os espessos anéis de cabelos em um colar que ainda está guardado na Biblioteca Bodleiana, em Oxford.

Mary também conversou com Jane a respeito das providências que deveriam ser tomadas por ocasião de sua morte, pedindo à nora que a enterrasse no St. Pancras, ao lado da mãe e do pai. Apesar de sua devoção a Shelley, apesar dos anos de luto e do amor que eles haviam compartilhado, Mary queria que o lugar de seu descanso final fosse junto dos pais, e não do marido. Talvez ela se sentisse incapaz de defender as opiniões e os ideais que partilhava com a mãe ao estilo das "reivindicações" de Wollstonecraft, mas conseguiu deixar claro que ela se considerava, acima de qualquer coisa, filha da radical mais famosa da geração anterior, bem como do autor de *Political Justice*.

Enterrar a sogra separada de Shelley não era algo que desagradasse a Jane, mas a ideia de enterrá-la no cemitério de St. Pancras a deixava horrorizada. "Partiria meu coração deixar sua beleza murchar em um local tão pavoroso", disse ela. Ao longo das últimas décadas, a igreja ficara abandonada; a nova ferrovia havia chegado ao norte de Londres, dividindo a antiga área em que Mary vivia e destruindo as terras de cultivo. O cemitério se tornara um famoso local de "pescaria", ou roubo de túmulos, uma atividade macabra que ficou bastante conhecida por meio da obra de Dickens, *Um Conto de Duas Cidades*.

Jane decidiu que seria necessário encontrar outro lugar, mais adequado para a sogra amada, o qual teria de ser encontrado logo, pois o governo havia decretado que muitos dos túmulos de St. Pancras deveriam ser exumados com o intuito de abrir caminho para a ferrovia. Estranhamente, o jovem Thomas Hardy, o futuro romancista, seria o responsável pela supervisão desse projeto.

Designado pelo bispo de Londres, era função de Hardy saber quais caixões correspondiam a quais lápides. Hoje, quando visitamos o St. Pancras, as lápides estão cuidadosamente empilhadas em redor das raízes emaranhadas de um freixo, recordando a quantidade de túmulos que o cemitério já abrigou.

Após meses de procura, Jane encontrou um cemitério isolado na St. Peter, em Bournemouth, para onde ela e Percy haviam se mudado por causa do clima ameno e do ar marítimo. Agradou-lhe que o cemitério ficasse perto de sua nova casa, Boscombe Manor, pois assim eles poderiam visitar o túmulo de Mary sempre que desejassem. O único empecilho era que o vigário não queria radicais famosos enterrados em seu cemitério. Jane, que estava acostumada a fazer as coisas ao seu modo, ignorou os protestos do clérigo, contratando homens fortes para desenterrar os caixões de Wollstonecraft e Godwin. Seguramente instalados em sua carruagem particular, ela os levou até os portões da igreja de Bournemouth, onde esperou com seus companheiros esqueléticos até que o vigário, querendo evitar uma cena, deixou que ela entrasse. A última advertência desconsolada do clérigo foi que o enterro deveria acontecer tarde da noite.

Godwin e Wollstonecraft foram reunidos à filha em um grande túmulo na colina atrás da igreja. No epitáfio de Mary, Jane e Percy comemoraram sua identidade de filha, esposa e mãe: "Mary Wollstonecraft Shelley, Filha de William e Mary Wollstonecraft Godwin, e Viúva do Finado Percy Bysshe Shelley". Não fizeram qualquer menção a *Frankenstein*, embora, para homenagear Wollstonecraft e Godwin, tenham citado *Political Justice* e *Reivindicação dos Direitos da Mulher*. Eles também não incluíram Mary-Jane na placa que erigiram como memorial da família. Quando Claire soube disso, ficou furiosa. A mãe havia sido enterrada ao lado de Godwin no cemitério de St. Pancras, mas Jane a deixara para trás, a eterna figura sobressalente. Ela também havia deixado para trás a lápide original de Wollstonecraft — aquela que Mary Godwin usava para traçar suas letras quando criança —, que ainda hoje permanece no St. Pancras.

Jane não se importou que Claire tenha ficado ofendida. Assim como *Frankenstein*, Mary-Jane não fazia parte do legado que ela estava tentando criar. Jane queria que a sogra fosse vista como uma viúva digna que sofria pela morte do marido, uma filha e mãe amorosa, não como uma enteada rebelde ou a autora de um romance escandaloso. Acima de tudo, ela não queria que Mary fosse vista como uma seguidora do exemplo promíscuo de Wollstonecraft. Em um canto da sala de estar da Boscombe Manor, recoberto por cortinas vermelhas, ela erigiu uma espécie de santuário, pintando o teto de azul com pequenos pontos amarelos que faziam as vezes de estrelas. Ela pendurou o retrato de Mary que fora pintado por Rothwell na parede atrás de uma fileira de caixas de vidro envoltas em cetim laranja para protegê-las da luz do sol. Os admiradores eram conduzidos até lá para espiar as relíquias expostas nas prateleiras: o espelho de mão de Mary Shelley e o anel de ametista de Mary Wollstonecraft, pulseiras feitas de cabelo, manuscritos e cartas de amor, além de uma urna que continha os restos do coração de Shelley, que fora encontrada por Percy um ano após a morte de Mary. Ele se sentia relutante em abrir a escrivaninha da mãe, mas, quando finalmente o fez, encontrou o diário dele, uma cópia do "Adonais" de Shelley e, embrulhadas lá dentro, as cinzas do pai.

Para Jane, o diário de Mary continha muitas surpresas indesejadas, bem como suas cartas. Chocada com o que descobriu, Jane destruiu tudo que pudesse macular o nome Shelley. Os registros do incidente em Nápoles — o bebê Elena e sua controvertida história — desapareceram sem deixar vestígios, assim como muitas das cartas de Shelley para outras mulheres. Jane não tinha tanto respeito pela verdade, nem se dedicava tanto a ela como a sogra. Na realidade, ela era muito mais convencional do que Mary jamais pudera sonhar — tanto que seus atos foram um dos principais motivos pelos quais os ideais políticos e literários de Mary foram mal interpretados por tantos anos.

Talvez o exemplo mais impressionante da revisão que Jane fez da história seja sua versão do namoro de Mary e Shelley em um livro que ela intitulou de *Shelley Memorials* [Memoriais Shelley]. Publicado em 1859, esse pequeno volume antisséptico foi concebido e editado por Jane para desvincular a família de todo e qualquer escândalo. Declarando ter ouvido a história de seu envolvimento amoroso diretamente dos lábios de Mary, Jane escreveu que Shelley e Mary confessaram seus sentimentos pela primeira vez apenas depois da morte de Harriet, e que Shelley havia entoado um hino de amor altruísta para revelar a profundidade de sua paixão por Mary:

> Com palavras ardentes, [Shelley] desfiou a história de seu
> passado turbulento — como havia sofrido, como havia se
> enganado e como, se amparado pelo amor dela, esperava,
> em anos futuros, inscrever seu nome junto dos sábios e bons
> que haviam lutado por seus pares e se conservado leais, em
> todas as tempestades adversas, à causa da humanidade.

De um único golpe, ela apagou o Shelley irracional, o rapaz confuso, aterrorizado e por vezes egoísta, que fazia amor com uma jovem enquanto estava casado com outra. Desapareceu também a rebelde beldade de cabelos avermelhados, a abominável filha de Wollstonecraft, a adolescente impetuosa que fugiu com um homem casado. Em seu lugar estava uma esposa e uma filha altruísta, obediente e maleável, a personificação da feminilidade do século XIX, um ideal vitoriano. Consciente ou não, Jane agira aos moldes do dr. Frankenstein, costurando partes diversas para criar uma nova criatura que pouco se assemelhava à verdadeira sogra.

A sociedade vitoriana leu as palavras de Jane e acolheu Mary Shelley como um modelo de virtude — recatada e despretensiosa —, incitando aquelas almas valentes que ainda reverenciavam Wollstonecraft a rejeitar sua filha como uma hipócrita. O vingativo Trelawny se aproveitou de tais críticas em seu relato da vida de Shelley, *Records of Shelley, Byron, and the Author* [Registros de Shelley, Byron e do Autor] (1878), pintando o casamento de Shelley e Mary como "a máxima maldade do destino" e descrevendo Mary como uma mulher pedante, convencional e tacanha.

> O ciúme de Mary Shelley deve ter afligido Shelley dolorosamente — de fato, ela não era uma companhia adequada para o poeta — sua primeira esposa Harriett [sic] devia ser mais adequada — Mary era a maior escrava do convencionalismo que já conheci — ela chegava mesmo a fingir ser piedosa, tamanho era seu desejo pela sociedade — ela não era dotada de imaginação nem de Poesia.

Trelawny chegou ao ponto de deturpar a história do coração de Shelley. Em sua versão, Mary sentira repulsa quando ele o ofereceu, saído da pira, entregando-o imediatamente a Leigh Hunt, sem pensar duas vezes.

É claro que Claire, a última sobrevivente do círculo de Shelley, também havia registrado seus pensamentos acerca da história vivida pelo grupo, mas, como suas palavras amargas sobre o amor livre foram descobertas apenas há alguns anos, a hagiografia que Mary fez de Shelley vigorou por mais de um século. O poeta, como um "espírito jovial" transcendental, dominou a imaginação dos leitores do século XIX, tal como o retrato que Jane pintou de Mary como sua companheira ideal. Os leitores adoravam o Shelley de Mary — puro, visionário e de uma criatividade brilhante — e a Mary de Jane — pura, inocente e absolutamente respeitável. Em parte, isso se devia à época: Keats também se tornou um santo. O próprio Byron passou por uma purificação vitoriana: de líder da Liga do Incesto, ele foi transformado em um poeta heroico que morreu pela liberdade.

A história da ascensão e queda de ambas as Marys é uma narrativa que nos leva à reflexão, pois mostra com muita clareza como é difícil conhecer o passado e quão mutável pode ser o registro histórico. Por quase duzentos anos, Wollstonecraft teve sua imagem difamada, primeiro sendo tida por puta e depois por histérica, uma mulher irracional cujas obras não são

A LÁPIDE DE MARY WOLLSTONECRAFT AINDA PODE SER ENCONTRADA NO CEMITÉRIO DA ANTIGA IGREJA DE ST. PANCRAS, EMBORA SEUS RESTOS MORTAIS TENHAM SIDO TRANSFERIDOS PARA BOURNEMOUTH PARA QUE PUDESSEM FICAR JUNTO COM OS DA FILHA, MARY SHELLEY.

dignas de leitura — calúnias que se provaram tão eficientes para solapar os ideais de *Reivindicação dos Direitos da Mulher* que persistem até hoje na retórica daqueles que se opõem aos princípios feministas. Mary Shelley, por outro lado, seria condenada por comprometer os valores revolucionários do marido talentoso e da mãe pioneira. Vista como uma mulher que se importava mais com seu lugar na sociedade do que com ideias políticas ou integridade artística, ela foi colocada de lado como uma intelectual medíocre, tendo produzido sua única obra importante com a ajuda do marido. Esses ataques foram feitos a partir de fundamentos opostos, mas ambos tiveram o mesmo sucesso assustador.

No fim de sua vida, Mary Shelley jamais poderia ter suspeitado que ela e a mãe seriam tratadas de maneira tão diferente pela história. Ela passara a vida inteira seguindo os passos da mãe. Ainda criança, fitando as palavras naquela lápide, "Mary Wollstonecraft Godwin, Autora de *Reivindicação dos Direitos da Mulher*", ela acreditara que apenas ali, perto da mãe, é que ela poderia ser seu eu mais autêntico. E isso, afinal de contas, era o que ela mais queria, um desejo que mãe e filha compartilharam. Ser elas mesmas. Os obstáculos, as críticas, os inimigos, os insultos, o ostracismo, as traições, o abandono, até mesmo as decepções amorosas — nada disso as deteve.

Hoje, em seus retratos, com suas saias longas e rostos solenes, mãe e filha parecem circunspectas e veneráveis, como se tivessem passado a vida diante de suas escrivaninhas, esboçando seus ensaios e romances. Os escândalos foram esquecidos. O burburinho amainou. Nas antologias de literatura inglesa, o nome de ambas aparece na lista de conteúdos, antes de Dickens e depois de Milton, suas entradas tão importantes e significativas quanto as dos homens de sua geração.

Porém, o paradoxo de seu sucesso é que a maioria dos leitores modernos não conhece os obstáculos tremendos que essas duas mulheres tiveram de superar. Desconhecendo a história da época, as dificuldades enfrentadas por Wollstonecraft e Shelley são quase invisíveis, e sua bravura, incompreensível. As duas foram o que Wollstonecraft chamou de "rebeldes". Elas não apenas escreveram livros para mudar o mundo, mas infringiram as regras que regiam a conduta feminina, e não apenas uma, mas repetidas vezes, desafiando profundamente o código moral da época. A recusa de ambas em se curvar, em ceder e se entregar, em calar e ser subserviente, em pedir desculpas e se esconder, torna suas vidas tão memoráveis quanto as palavras que deixaram. Elas afirmaram seu direito de conduzir o próprio destino, dando início a uma revolução que ainda não terminou.

# NOTAS

Abreviaturas e títulos reduzidos:

| | |
|---:|---|
| MW | Mary Wollstonecraft |
| MWS | Mary Wollstonecraft Godwin, posteriormente Mary Shelley |
| CC | Jane Clairmont, posteriormente Claire Clairmont |
| PBS | Percy Bysshe Shelley |
| Godwin | William Godwin |
| Daughters | Mary Wollstonecraft, *Thoughts on the Education of Daughters* |
| Frankenstein | Mary Shelley, *Frankenstein* |
| The French Revolution | Mary Wollstonecraft, *A Historical and Moral View of the Origin and Progress of the French Revolution* |
| Friends | C. Kegan Paul, *William Godwin: His Friends and Contemporaries* |
| HOW | Diane Jacobs, *Her Own Woman: The Life of Mary Wollstonecraft* |
| Journals CC | Marion Kingston Stocking, ed., *The Journals of Claire Clairmont* |
| Journals MWS | Paula Feldman e Diana Scott-Kilvert (orgs.), *The Journals of Mary Wollstonecraft Shelley* |
| Letters from Abroad | Mary Shelley (org.), *Essays, Letters from Abroad, Translations and Fragments* |
| Letters from Sweden | Mary Wollstonecraft, *Letters Written During a Short Residence in Sweden, Norway, and Denmark* |
| Letters MW | Janet Todd (org.), *The Collected Letters of Mary Wollstonecraft* |
| Letters MWS | Betty T. Bennett (org.), *Selected Letters of Mary Wollstonecraft Shelley* |
| Letters PBS | Frederick Jones (org.), *The Letters of Percy Bysshe Shelley* (2 v.) |
| Maria | Mary Wollstonecraft, *The Wrongs of Woman* |
| Mary | Mary Wollstonecraft, *Mary: A Fiction* |
| Matilda | Mary Shelley, *Matilda* |
| Memoirs | William Godwin (org.), *Memoirs of the Author of a Vindication of the Rights of Woman* |
| MS | Miranda Seymour, *Mary Shelley* |
| MS:R&R | Emily Sunstein, *Mary Shelley: Romance and Reality* |
| MW:ARL | Janet Todd, *Mary Wollstonecraft: A Revolutionary Life* |
| Political Justice | William Godwin, *An Enquiry Concerning Political Justice* |
| Recollections | Edward Trelawny, *Recollections of the Last Days of Shelley and Byron* |
| Shelley's Friends | Frederick Jones (org.), *Maria Gisborne and Edward E. Williams, Shelley's Friends: Their Journals and Letters* |
| "Supplement" | W. Clark Durant, "Supplement" in *Memoirs of the Author of a Vindication of the Rights of Woman*, William Godwin (org.) |
| TCC | Marion Kingston Stocking (org.), *The Clairmont Correspondence* |
| VAL | Lyndall Gordon, *Vindication: A Life of Mary Wollstonecraft* |
| Vindication of Woman | Mary Wollstonecraft, *Reivindicação dos Direitos da Mulher* |

Capítulo 1. **Uma morte e um nascimento (1797-1801)**

021 William Godwin não achava Emily W. Sunstein, *Mary Shelley: Romance and Reality* (Baltimore: Johns Hopkins University Press, 1989), 26.

021 "maior, mais sábio" Essa passagem, extraída de "The Elder Son", é a descrição que Mary Shelley fez dos sentimentos de uma de suas personagens que foram criadas pelo pai. Charles E. Robinson (org.), *Mary Shelley: Collected Tales and Stories* (Baltimore: Johns Hopkins University Press, 1976), 256. Em suas obras de ficção mais tardias, Mary representou o amor entre pais e filhas como um vínculo sagrado, estabelecendo uma ligação direta entre si mesma e suas filhas ficcionais, escrevendo: "Quando um pai é tudo que um pai pode ser [...] o amor de uma filha é um dos mais profundos e mais fortes, pois trata-se da paixão mais pura de que nossa natureza é capaz". C. Kegan Paul, *William Godwin: His Friends and Contemporaries* (Boston: Roberts Brothers, 1876), v. 1, 276.

022 "A boca foi demasiadamente" Paul, *Friends*, 1:290.

022 "fuga" de Londres William Hone, *The Year Book of Daily Recreation and Information* (Londres: 1838), 317.

022 Um vendedor de bolinhos Miranda Seymour, *Mary Shelley* (Nova York: Grove, 2000), 42. Essa passagem é baseada na descrição que Seymour faz do Polígono, bem como na de Edward Walford em "Somers Town and Euston Square", *Old and New London* (1878), 5:340-55. Também disponível on-line em <www.british-history.ac.uk/report.aspx?compid=45241>.

023 Ele trabalhava até a uma Sunstein, MS:R&R, 25.

023 Juntos, eles desfrutavam Ibid., 26.

023 "Quando tinha fome" Camilla Jebb, *Mary Wollstonecraft* (Chicago: F. G. Browne & Co., 1913), 281.

023 No fim da tarde Sunstein, MS:R&R, 21.

026 "inteligente", "bonita" Paul, *Friends*, 2:214.

026 "conheceu-me imediatamente" Una Taylor, *Guests and Memories: Annals of a Seaside Villa* (Londres: Oxford University Press, 1924), 28.

028 Coleridge era um fantástico Um ouvinte descreveu que deixava a voz do poeta "fluir" sobre ele como "um rio de ricos perfumes destilados". James Gillman, *The Life of Samuel Taylor Coleridge* (Londres: William Pickering, 1838), 1:112.

029 "[Meu pai] nunca me acariciava" "The Elder Son", Robinson (org.), *Mary Shelley: Collected Tales and Stories*, 256.

029 "usando o ar" Ernest Hartley Coleridge, ed., *Letters of Samuel Taylor Coleridge*, 2 v. (Boston: Houghton Mifflin, 1895), 1:359.

029 "acertou um pino de boliche" Ibid., 321.

029 "Faço trocadilhos, charadas" Samuel T. Coleridge para John Thewall, 1797, in Coleridge(org.), *Letters of Samuel Taylor Coleridge*, 1:220.

029 "fugirem como cervos" Ernest Hartley Coleridge (org.), *The Poetical Works of Samuel Taylor Coleridge* (Londres: Oxford University Press, 1912), 30. Devo a Michael Dineen a indicação deste poema.

Capítulo 2. **Mary Wollstonecraft: Primeiros anos (1759-1774)**

031 "O afeto parental [de uma mãe]" Mary Wollstonecraft, *A Vindication of the Rights of Woman and The Wrongs of Woman; or, Maria*, Anne Mellor (org.), Longman Cultural Editions (Pearson, 2007), 185.

032 Os tecelões de seda de Spitalfields Como observou o historiador do século XIX Edward Walford: "Revoltas entre os tecelões de Spitalfields foram ocorrências frequentes por muitos séculos". Ver "Spitalfields" em *Old and New London* (Londres: 1878), 2:149-52. Também disponível on-line em <www.british-history.ac.uk/report.aspx?compid=45086>.

033 Embora pai e filho Roy Porter, *English Society in the Eighteenth Century* (Londres: Penguin Books, 1982; reimp., 1990), 87. Porter discute as discrepâncias entre ricos e pobres no século XVIII, citando as vozes de contemporâneos para provar a raiva das classes baixa e média, indivíduos cuja condição socioeconômica lembrava muito a dos Wollstonecraft.

034 "uma velha mansão" Elizabeth Ogborne, *The History of Essex: From the Earliest Period to the Present Time* (Londres: Longman, Hurst, Rees, Orme and Brown, 1814), 161.

034 "desprezava bonecas" William Godwin, *Memoirs of the Author of a Vindication of the Rights of Woman*, 2. ed. (Londres: J. Johnson, St. Pauls Church Yard, 1798), 13.

034 "tirano substituto" Mary Wollstonecraft, *Maria* (1798). In *Mary Wollstonecraft: Mary and Maria; Mary Shelley: Matilda*. Janet Todd (org.), 55-148. Londres: Penguin Classics, 1992, 95.

034 "temperamento irascível e impetuoso" Godwin, *Memoirs*, 7.

034 a "agonia" de sua infância Ibid., 11.

035 povoar os campos Mary Wollstonecraft, *Mary* (1788). In *Mary Wollstonecraft: Mary and Maria; Mary Shelley: Matilda*. Editado por Janet Todd, 1-54. Londres: Penguin Classics, 1992, 8.

035 "contemplava a lua" Ibid.

036 "sem ousar dizer uma única palavra" Godwin, *Memoirs*, 8.

036 segredinhos Wollstonecraft, *Mary*, 9.

036 "a casa inteira" Wollstonecraft, *Maria*, 95.

036 Para ela, foi um choque Godwin, *Memoirs*, 15.

036 Havia lojas Porter, *English Society in the Eighteenth Century*, 215.

037 belas portas Ibid.

037 Em seu interior, quando a luz do sol entrava Beverley Minster, "History and Building", <http://beverleyminster.org.uk/visit-us/history-and-building>. Janet Todd também faz uma descrição da catedral em *Mary Wollstonecraft: A Revolutionary Life* (Londres: Weidenfeld and Nicolson, 2000), 10.

037 Com indignação Wollstonecraft, *Vindication of Woman*, 159.

038 O dialeto local Yorkshire Dialect Society, "Word Recognition", <www.yorkshiredialectsociety.org.uk/word-recognition/> (acesso em 23 ago. 2014). Ver também "A Fact Sheet on Yorkshire Dialect", West Winds, <www.westwindsinyorkshire.co.uk/attachments/AnAncientTongueWestWinds.pdf (acesso em 23 ago. 2014).

038 "Se, por acaso, você aprender alguma coisa" John Gregory, A Father's Legacy to His Daughters (Londres: 1774), citado em Wollstonecraft, Vindication of Woman, 124.

038 "com tanto empenho" Arthur Ropes (org.). Lady Mary Wortley Montagu: Select Passages from Her Letters (Londres: 1892), 237.

038 Jane Arden Essa visão geral da amizade é extraída de cartas de Wollstonecraft para Jane Arden. Janet Todd, ed., The Collected Letters of Mary Wollstonecraft (Nova York: Columbia University Press, 2003), 1-18.

039 "Se eu não te amasse" MW para Jane Arden, c. segundo semestre de 1773–11/16/1774, ibid., 13.

039 "O amor e o ciúme" Ibid., 14.

039 "passei parte da noite em prantos" Ibid., 15.

039 eletricidade, gravitação Lyndall Gordon, Vindication: A Life of Mary Wollstonecraft (Nova York: Harper Perennial, 2006), 12.

039 Estava na moda "O conhecimento tornou-se algo elegante", Benjamin Martin, um palestrante itinerante, comentou, "e a filosofia é a ciência à la mode". Porter, English Society in the Eighteenth Century, 240.

039 incluindo-a nas aulas Todd, MW:ARL, 14-15.

040 quando os Arden sugeriram Gordon, VAL, 13.

040 "O mortal mais estranho" MW para Jane Arden, segundo semestre de 1773, Letters MW, 9. As palavras de Jane e Mary foram extraídas da mesma carta, uma vez que Mary citou uma passagem da carta de Jane que a agradou particularmente e respondeu a ela.

041 "não hesitavam" MW para Jane Arden, início de 1780, ibid., 23.

041 Os deficientes mentais de Londres The Hoxton Trust, "Real Hoxton: The Lunatic Asylums", <www.realhoxton.co.uk/history.htm#lunatic-asylums>.

041 "a mais aterradora das ruínas" Wollstonecraft, Maria, 67.

041 "A melancolia e a imbecilidade" Ibid.

## Capítulo 3. Mary Godwin: Infância e uma nova família (1801–1812)

043 "Será possível" Paul, Friends, 2:58.

043 Mary-Jane uniu as mãos Maud Rolleston, Talks with Lady Shelley (Londres: Norwood Editions, 1897; reimp., 1978), 35.

045 a perfeição de Mary Wollstonecraft Memoirs of the Author of a Vindication of the Rights of Woman, de Godwin, publicado apenas dez meses após a morte de Wollstonecraft, era um livro complicado, mas revelador da adoração que o autor tinha pela esposa falecida: ele se refere a ela como "uma pessoa de mérito extraordinário", incluindo-a entre os "ilustres mortos", e afirma: "Não existem muitos indivíduos com cujo caráter, o bem-estar e o progresso públicos estão mais intimamente relacionados do que com a autora de Vindication of the Rights of Woman" (1-3). As mulheres que ele cortejava achariam difícil escapar da sombra de Wollstonecraft.

045 "Conheci a sra. Clairmont" 5 de maio de 1801, Victoria Myers, David O'Shaughnessy, e Mark Philip, eds., The Diary of William Godwin (Oxford: Oxford Digital Library, <http://godwindiary.bodleian.ox.ac.uk>, 2010).

045 linhas traçadas horizontalmente 10 de setembro de 1797, ibid.

045 uma abreviação de quatro letras ("Panc") 29 de março de 1797, ibid.

045 uma sequência de pontos e traços Para um relato completo do código que Godwin empregava quando fazia referências ao seu relacionamento sexual com Wollstonecraft, ver St. Clair, The Godwins and the Shelleys, 497-503.

045 Na segunda semana de julho 13 de julho de 1801, Myers, O'Shaughnessy e Philip (org.), Diary of William Godwin.

046 "Controle-se e contenha" Paul, Friends, 2:75.

046 "amarga e mimada" Ibid., 77.

046 "posse de uma mulher" William Godwin, An Enquiry Concerning Political Justice, 3. ed., 2 v. (Londres: Robinson, 1798), 2:508.

046 "Não [...] abandone todos os seus defeitos" Paul, Friends, 2:77.

046 Seu primeiro amor O verdadeiro passado de Mary-Jane foi descoberto apenas recentemente. Para um relato abrangente do estado atual das pesquisas sobre a história de Mary-Jane, ver Seymour, MS, 46-47.

047 "segunda mamãe" Sunstein, MS:R&R, 32. Ver também Seymour, MS, 46.

047 "excessivo e romântico" MWS para Maria Gisborne, 30 de outubro-17 de novembro de 1824, Betty Bennett, ed., The Letters of Mary Wollstonecraft Shelley, 3 vols. (Baltimore: Johns Hopkins University Press, 1980-88).

047 **A própria filha de Mary-Jane** Um amigo da família recordava que Jane era "um tanto intratável". Florence Marshall, *The Life and Letters of Mary Wollstonecraft Shelley* (Londres: Bentley, 1889), 1:33-34.

048 **A pobre Jane** Para uma descrição detalhada dos conflitos Clairmont/Godwin, ver Seymour, MS, 49-50.

048 **Mary passaria a usar "Clairmont"** Sunstein, MS:R&R, 35.

048 **Mary-Jane não era sempre cruel** Para uma descrição do complicado relacionamento entre Mary-Jane e as garotas Godwin, ver Paul, *Friends*, 2:108; Seymour, MS, 47-50; Anne K. Mellor, *Mary Shelley: Her Life, Her Fiction, Her Monsters* (Nova York: Routledge, 1989), 12-13.

049 **Na noite da visita de Coleridge** Paul, *Friends*, 2:58.

050 **"Ah! Well a-day!"/["Ah, infeliz!"]**. Coleridge (org.). *Poetical Works of Samuel Taylor Coleridge*, 191.

051 **do que ele chamava de "delíquio"** Essa é uma palavra criada por Godwin, que começa a aparecer com frequência em seus diários por volta dessa época: 17 de julho de 1803, Myers, O'Shaughnessy e Philip, eds., *Diary of William Godwin*.

051 **um diagnóstico de esgotamento mental** Seymour, MS, 52.

054 **O número 41 da Skinner Street** Grande parte desta descrição é baseada no relato de Seymour, ibid., 57.

055 **Mary expressava suas opiniões** Sunstein, MS:R&R, 59. Sunstein descreve como Mary gostava de participar de "debates" com seus pares e com a família.

055 **"as deusas"** Aaron Burr, *The Private Journal of Aaron Burr, During His Residence of Four Years in Europe*, v. 2, Mathew L. Davis (org.) (Nova York: Harper & Brothers, 1838), 318.

056 **"A influência do governo"** Ibid., 307.

## Capítulo 4. Mary Wollstonecraft: Hoxton e Bath (1774-1782)

057 **"Minha filosofia"** MW para Jane Arden, ?abril de 1781, *Letters MW*, 28.

057 **"começou a considerar"** Wollstonecraft, *Mary*, 8.

057 **Mary tentou confidenciar** A heroína de Wollstonecraft, Mary, tenta contar segredos à mãe, mas esta "ri" da filha. Ibid., 9.

058 **Ele apresentou para Mary as ideias de John Locke** Godwin, *Memoirs*, 16-18. Posteriormente, Mary recordou como os Clare "se esforçaram para cultivar minha inteligência [...] eles não apenas me recomendavam bons livros como me faziam lê-los". *Letters MW*, MW para Jane Arden, início de 1780, 24.

058 **"criaturas da mesma espécie e posição"** John Locke, *The Second Treatise of Government and a Letter Concerning Toleration*, Paul Negri (org.) (reimp. pela Dover Thrift Editions, 2002), 2.

058 **"não deveria ter mais poder"** Ibid., 37.

059 **"santuário de liberdade"** Edmund Burke, *The Works of the Right Honourable Edmund Burke*, 3 vols. (Londres: Rivington, 1801), 3:124.

060 **que se ocupava** Godwin, *Memoirs*, 21.

060 **No fim da visita** "Antes de terminada a entrevista", escreveria Godwin posteriormente, "[Mary] havia feito, no coração, os votos de uma amizade eterna". Ibid., 22.

060 **William Curtis** Gordon, VAL, 16. Ver Gordon para uma descrição mais detalhada da obra de Curtis.

060 **"masculina"**, dizia Mary MW para Jane Arden,?início de 1780, *Letters MW*, 25.

060 **"Eu poderia delongar-me para sempre"** MW para Jane Arden,?início de 1780, ibid. O relacionamento de Mary com Fanny era "tão ardoroso que, por anos, constituiu a paixão que regia sua mente". Godwin, *Memoirs*, 20.

061 **"Sei que essa decisão"** MW para Jane Arden,?início de 1780, *Letters MW*, 25.

061 **"recato pessoal decente"** Wollstonecraft, *Vindication of Woman*, 157-58.

061 **"mais racional"** MW para Jane Arden,?início de 1780, *Letters MW*, 25.

064 **a mal-humorada e arrogante Sarah Dawson** Godwin descreveu a sra. Dawson como dotada de uma "grande peculiaridade de temperamento". Ele estava impressionado com a capacidade de Mary em perseverar apesar da empregadora desagradável. "Mary não se deixou intimidar", escreveu Godwin; ela se esforçava para "tornar sua situação tolerável". *Memoirs*, 26.

064 **"A dor e a decepção"** MW para Jane Arden,?início de 1780, *Letters MW*, 22.

064 **"civilidade sem sentido"** MW para Jane Arden,?abril de 1781, ibid., 28.

065 **As damas da sociedade** Para uma discussão sobre a moda feminina da época, ver Gordon, VAL, 24.

065 **"eriçá-los"** Ibid.

065 **"Desejo afastar-me"** MW para Jane Arden,?abril de 1781, ibid.

067 **Os homens se sentiam atraídos por ela** Todd, MW:ARL, 34.

067 **preocupava-se com os pobres** Detalhes da descrição que Mary faz de sua personagem ficcional "Mary",

que foi baseada explicitamente em sua própria vida. Ver Wollstonecraft, *Mary*, 11.

067 "Cearei sozinha, apenas" MW para Jane Arden, fim do verão de?1781, *Letters MW*, 35.

067 "Creio ser assassinato" MW para Jane Arden,?fim do verão de 1781, ibid., 34.

068 "consideração" suficiente por seus familiares MW para Eliza Wollstonecraft, 17/8/?1781, ibid., 32. Mary reclama: "Ultimamente, [minha mãe] não deseja sequer ser lembrada por mim. — Um dia ou outro, neste mundo ou em um melhor, ela talvez se convença de meu afeto — e, então, pense que não mereço que ela pense em mim com hostilidade —".

068 Elas trocavam cartas exasperadas Ibid., 31-32. Por exemplo, ver MW para Eliza Wollstonecraft, 17/8/?1781. MW escreveu: "Há um tom de ironia ao longo de sua epístola que me magoa intensamente".

068 Mary chamou a doença de hidropisia MW para Jane Arden, c. segundo semestre de 1782, ibid., 36.

069 "Um pouco de paciência" Godwin, *Memoirs*, 28.

069 "Ai de mim, minha filha" Wollstonecraft, *Mary*, 15.

069 estava "esgotada" MW para Jane Arden, c. segundo semestre de 1782, *Letters MW*, 36.

070 Eliza e Everina, por outro lado Wollstonecraft, *Vindication of Woman*, 88. Wollstonecraft reflete sobre esta situação, dizendo que, quando irmãs vivem com irmãos, tudo pode seguir tranquilamente, até que o irmão se case, ao que a irmã "é vista com olhares enviesados, como uma intrusa, um fardo desnecessário".

070 "fizera bem, casando-se com um homem honrado" MW para Jane Arden, c. fim de 1782, *Letters MW*, 38.

Capítulo 5. **Mary Godwin: Escócia, um "ninho de liberdade" (1810-1814)**

071 Mary-Jane havia arranjado Anne K. Mellor, *Mary Shelley*, 13.

072 "torpor" do qual não conseguia Citado em Gordon, *VAL*, 418.

072 a depressão de Fanny, tomando-a por "indolência" Paul, *Friends*, 2:214.

072 modos "altivos" Ibid.

072 "soberba" Ibid.

072 "Godwin [...] estendia" Paul, *Friends*, 1:36-38.

072 O próprio Godwin admitia Muitas e muitas vezes, escreveu Godwin, ele "proclamava seus desejos e suas ordens de um modo algo sentencioso e autoritário e, por vezes [...] enunciava suas censuras com seriedade e ênfase". Mrs. Julian Marshall, *The Life and Letters of Mary Wollstonecraft Shelley*, 2 v. (Londres: Richard Bentley & Son, 1889), 28.

073 "Acredito que ela não tenha nada" Ibid., 29.

073 "mil preocupações" Ibid.

074 Os riachos da Escócia Dorothy Wordsworth faz inúmeras referências aos pés descalços das crianças, comparando a "liberdade" delas com as restrições suportadas pelas crianças inglesas. "[As crianças escocesas] estavam todas sem sapatos e meias, o que, sem medo de ferir ou serem feridas, dá uma liberdade de ação a seus membros que eu nunca vi em crianças inglesas." *Recollections of a Tour Made in Scotland, 1803*, Carol Kyros Walker (org.) (New Haven: Yale University Press, 1997), 127.

074 "A Escócia é o país" Ibid, 55.

075 "sem graça e monótona" Mary Shelley, introdução a *Frankenstein* (Nova York: Collier, 1978), 7-8.

075 seu comportamento reservado Godwin escreveu uma longa carta para William Baxter a fim de explicar os defeitos da filha. Ele a achava impossível de compreender, admitia, porque estava sempre tão calada. Godwin para W. Baxter, 6 de agosto de 1812, Marshall, *The Life and Letters of Mary Wollstonecraft Shelley*, 1:27-29.

075 A jovem tinha grande admiração por Charlotte Corday Seymour, *MS*, 74.

077 "o diabo" Ibid., 76.

077 Isabella chegava mesmo a sonhar Ver Seymour para uma descrição mais detalhada de David Booth e Isabella Baxter, da casa de Booth e de Broughty Ferry. Ibid., 77.

077 seu rabisco Ibid., 76.

080 empréstimo *post mortem* Para uma explicação mais detalhada dessa prática financeira, ver ibid., 88, e Richard Holmes, *Shelley: The Pursuit* (1974; Nova York: New York Review of Books, 1994), 219, 223-25. As citações se referem à edição da New York Review of Books.

080 "O casamento, tal como compreendido hoje" Godwin, *Political Justice*, 2:507.

080 Entretanto, tudo mudou Para uma descrição mais completa do relacionamento de Shelley e Harriet, ver Holmes, *Shelley*, 222-29.

081 "uma união apressada e sem sentimentos" PBS para Thomas Hogg, outubro de 1814, *The Letters of Percy Bysshe Shelley*, ed. Frederick Jones (Oxford: Clarendon Press, 1964), 1:402.

081 um falcão, um eclipse PBS para Hogg, outubro de 1814, ibid. Esse relato é baseado na versão de

Shelley dos acontecimentos, na qual ele esperava por uma "mudança".

081 Como bem observara a mãe Wollstonecraft discute essa questão no capítulo intitulado "Unfortunate Situation of Females, Fashionably Educated, and Left Without a Fortune" em *Thoughts on the Education of Daughters* (Londres: 1788), 69-78.

## Capítulo 6. Mary Wollstonecraft: Independência (1783-1785)

083 "acessos de desvario" MW para Everina, c. fim de 1783, *Letters MW*, 39.

083 "Suas ideias" Ibid.

084 "um leão como um cocker spaniel" Ibid., 41.

084 "Não sei" Ibid., 40.

084 "sendo a esposa uma propriedade do homem" Wollstonecraft, *Maria*, 118.

085 ela havia sido "maltratada" MW para Everina, [5 de janeiro de 1784], *Letters MW*, 43.

086 "Não consigo deixar de" MW para Everina, c. fim de 1783, ibid., 41.

086 "embora o contrário estivesse tão claro" Ibid.

086 garantindo-lhe Mary escreveu para Everina: "A pobre criança, ela já conquistou meu afeto, espero que possamos pegá-la uma hora ou outra". MW para Everina, [11, 18 ou 25 de janeiro de 1784], ibid., 45.

086 "Aqueles que desejam salvar Bess" MW para Everina, c. fim de 1783, ibid., 41.

087 morder o anel de casamento MW para Everina, c. janeiro de 1784, ibid., 43.

087 "Espero que Bishop não nos encontre" MW para Everina, [c. janeiro de 1784], ibid., 43-44.

087 "tentaria fazer a sra. B. feliz" MW para Everina, terça-feira à noite [c. janeiro de 1784], ibid., 49.

087 interná-las em manicômios Gordon cita o historiador Lawrence Stone, que escreve: "Um dos destinos mais terríveis que um marido podia infligir à esposa era confiná-la [...] em um manicômio particular [...] onde ela poderia permanecer [...] por anos". *VAL*, 33-34.

088 "a vergonhosa incitadora desse escândalo" MW para Everina, [c. janeiro de 1784], *Letters MW*, 47.

088 comida e vinho A sra. Claire trouxe "torta e uma garrafa". MW para Everina, [c. janeiro de 1784], ibid., 50.

088 "Não deixe que algumas pequenas dificuldades" MW para Jane Arden, ?abril de 1781, ibid., 29-30.

089 Hannah Burgh ofereceu a Mary Gordon chama a sra. Burgh de "fada madrinha." *VAL*, 40.

089 uma pastagem de uso comum, à sombra Ver a descrição feita por Gordon, Ibid., 42.

090 a pensar por si mesmos Wollstonecraft faz o primeiro esboço de sua filosofia educacional em *Daughters*, 22.

090 "Estou farta" Ibid., 52.

090 "um modo diferente de tratamento" Mary Wollstonecraft, *Original Stories* (Londres: 1906), XVIII.

091 uma tragédia para toda a humanidade Price argumentou: "A Revolução Americana pode provar-se o passo mais importante no curso progressivo do desenvolvimento humano". Richard Price, *Observations on the Importance of the American Revolution* (Bedford, MA: Applewood Books; reimp., 2009), 50-52, 6.

091 hábitos alimentares saudáveis Wollstonecraft escreveu: "Uma quantidade moderada de alimentos adequados restaura nosso ânimo exausto". *Original Stories from Real Life* (Londres: 1796), 39.

091 Em vez de envergonhá-los De acordo com Godwin, "Apenas a brandura e o afeto" orientavam-na ao lecionar. Ele disse: "Ela nunca se envolveu na educação de uma criança que não estivesse pessoalmente afeiçoada a ela, e preocupava-se sinceramente em não incorrer em seu desagrado". Godwin, *Memoirs*, 35, 45.

091 compor suas próprias histórias Wollstonecraft, *Daughters*, 34. Wollstonecraft desprezava o que ela chamava "conquistas exteriores". *Daughters*, 29.

091 "Que não haja disfarces" Ibid., 45-46.

092 o que era diferente e pouco convencional Ibid., 25.

092 equívocos insignificantes Wollstonecraft escreveu: "Acidentes e erros frívolos são punidos com demasiada frequência". Ibid., 15.

092 Eliza e Everina não gostavam das longas horas de trabalho MW para George Blood, 20 de julho [1785], *Letters MW*, 56.

093 Elas não gostavam de ficar Este resumo é baseado na descrição que Todd faz das irmãs em *MW:ARL*, 62.

093 apaziguar os ânimos Para uma explicação mais completa do papel de Fanny na escola e do comportamento das irmãs de Wollstonecraft, ver Gordon, *VAL*, 61.

094 "Ele está muito mais gordo" Citado em Todd, *MW:ARL*, 62.

094 "Eu poderia antes" MW para George Blood, 20 de julho [1785], *Letters MW*, 55.

094 Os londrinos escarneceram Abigail Adams para Cotton Tufts, 18 de agosto de 1785, *The Adams Family*

094 *Correspondence*, ed. Lyman H. Butterfield, Marc Friedlaender e Richard Alan Ryerson, 6 v. (Boston: Massachusetts Historical Society, 1993), 6:283.

094 "todo o escopo" Citado em David McCullough, *John Adams* (Nova York: Simon & Schuster, 2001), 417.

094 "no novo código" Abigail Adams para John Adams, 31 de março de 1776, *The Letters of John and Abigail Adams*, Frank Shuffleton (org.) (Nova York: Penguin, 2003), 91.

095 "discípula de Wollstonecraft" John Adams para Abigail Adams, 22 de janeiro de 1794, *Adams Family Correspondence*, 6:254.

095 "Agradeço-lhe, srta. W." John Adams, anotações à obra de Mary Wollstonecraft, *An Historical and Moral View of the Origin and Progress of the French Revolution*, no Departamento de Livros Raros da Biblioteca Pública de Boston, disponível on-line em <https://archive.org/details/historicalmoralvoowoll>.

095 Quatro horas depois de Mary ter entrado pela porta Este relato é baseado em uma versão mais longa encontrada em Todd, MW:ARL, 68.

095 "a vida parece um fardo" MW para George Blood, 4 de fevereiro de 1786, *Letters MW*, 65.

Capítulo 7. Mary Godwin: "O momento de sublime êxtase" (1814)

097 ele vira "manifestações" Shelley escreveu: "Manifestações de minha mudança iminente matizaram os pensamentos que tenho quando acordado. [...] Uma sequência de acontecimentos visionários desenrolou-se em minha imaginação. [...]". PBS para Thomas Hogg, 3 de outubro de 1814, *Letters PBS*, 1:402.

097 um olhar coquete de soslaio Sunstein, MS:R&R, 58.

097 "indômito, intelectual, transcendental" Holmes, *Pursuit*, 172.

099 olhos "pensativos" de um cinza-esverdeado Percy Shelley, dedicatória de "The Revolt of Islam", *The Poetical Works of Coleridge, Shelley, and Keats* (Filadélfia: Thomas, Cowperthwait & Co., 1844), 252-53.

099 "um brilho radiante e lustroso" *The Journals of Claire Clairmont*, Marion Kingston Stocking (org.) (Cambridge, MA: Harvard University Press, 1968), 431.

099 "muito parecida com a mãe" Harriet Shelley para Catherine Nugent,?outubro de 1814, citado em Seymour, MS, 79.

099 "They say that thou wert lovely"/["Dizem que és adorável"] Percy Shelley, dedicatória de "The Revolt of Islam", *Poetical Works of Coleridge, Shelley, and Keats*, 253.

100 "uma lâmpada" Ibid.

100 Godwin assentia De acordo com Hogg, amigo de Shelley, Godwin bajulava Shelley e tentava ganhar sua estima antes de o poeta fugir com Mary. Holmes, *Pursuit*, 227.

101 "enquanto a bela jovem senhora" Rosalie Glynn Grylls, *Claire Clairmont, Mother of Byron's Allegra* (Londres: John Murray, 1939), apêndice D, 277.

101 "a porta foi genuinamente aberta com delicadeza" T. J. Hogg, *The Life of Percy Bysshe Shelley* (Londres: 1858), 2:538.

101 o lugar favorito Paul, *Friends*, 2:215.

101 Ali, os dois liam em voz alta Holmes especula sobre suas conversas em *Pursuit*, 230.

103 "pálido fantasma" Mary Shelley frequentemente usava essa expressão em sua ficção para se referir ao luto de uma criança pelo pai ou mãe falecidos. Ver *Lodore* (Londres: 1835), 127; *Falkner* (Londres: 1837; Google Books, 2009), 99; <http://books.google.com/books?id=cZk_AAAAYAAJ&dq=Falkner&source=gbs_navlinks>.

103 "em genuína elevação" PBS para Hogg, 3-4 de outubro de 1814, *Letters PBS*, 1:401-3.

103 Em meados de junho Holmes, *Pursuit*, 231. As datas foram 19-29 de junho.

103 "por um espírito" PBS para Hogg, 4 de outubro de 1814, *Letters PBS*, 1:403.

104 "todo o ardor" MWS, "Life of Shelley" (1823), Bodleian, fac-símile e transcrição ed. A. M. Weinberg, Manuscritos de Shelley na Bodleian, 22 pt 2 (1997), 266-67. Seymour, MS, 92.

104 "How beautiful and calm"/["Quão bela e serena"] *Poetical Works of Coleridge, Shelley, and Keats*, 252.

104 "But our church"/["Mas nossa igreja"] Ibid., 403.

105 Shelley alegou Para mais informações sobre as invenções de Shelley, ver Seymour, MS, 92.

105 Por certo, Shelley *sentia* Como escreve Seymour, Shelley gostava de "deixar sua imaginação solta no passado". Ibid.

105 "Mary estava determinada" Harriet Shelley para Catherine Nugent, 20 de novembro de 1814, *Letters PBS*, 1:421. As cartas de Harriet são apresentadas em notas cronológicas às cartas de Shelley. Para uma explicação mais abrangente dos diferentes relatos que dão conta do caso amoroso de Mary e Shelley, ver Seymour, MS, 93.

106 Na última semana de julho Esse relato se baseia na carta da sra. Godwin para lady Mountcashell (Margaret King), 20 de agosto de 1814, in Edward Dowden, *The Life of Percy Bysshe Shelley* (Londres, 1886), 2:544. Também em Holmes, *Pursuit*, 233.

107 Shelley foi embora Do relato da sra. Godwin. Ver também Seymour, MS, 97-98.

107 "após o esfacelamento" *Poetical Works of Coleridge, Shelley, and Keats*, 374.

107 "O amor é livre" Ibid.

107 "Este livro é sagrado para mim" St. Clair, *Godwins and the Shelleys*, 366.

107 "Lembro-me de tuas palavras" Ibid., 358.

108 derrubava os preciosos abetos do pai Holmes, *Pursuit*, 23.

108 abria furos Ibid., 3.

108 usava pólvora para explodir Ibid., 13, 24.

108 ateou fogo acidentalmente ao mordomo Ibid., 3.

108 "reunia" as irmãzinhas Hellen Shelley para Jane [Williams] Hogg, in Hogg, *Life of Percy Bysshe Shelley*, 9.

108 botou fogo na propriedade baronial dos pais Holmes, *Pursuit*, 18.

108 microscópio solar Ibid., 17.

108 Certa noite, ele entrou furtivamente em uma igreja Ibid., 24-25.

Capítulo 8. Mary Wollstonecraft: *Sobre a educação das filhas* (1785-1787)

111 "Não consigo sequer encontrar" MW para George Blood, 18 de junho [1786], *Letters MW*, 72.

111 "Minhas esperanças de felicidade" MW para George Blood, 1º de maio [1786], ibid., 68.

111 como "Fúrias" Ibid., 69.

111 Certa noite, ela sonhou Ibid., 72.

112 "o aprimoramento diligente" John Hewlett, *Sermons on Various Subjects*, 4. ed., 2 v. (Londres: Johnson, 1798), 1:22.

112 Deus era isto Ibid., 10.

112 "São poucas as formas" Wollstonecraft, *Daughters*, 70-71.

113 Para a época Como argumenta Kirstin Hanley: "Wollstonecraft apropria-se e revisa a obra de escritores do século XVIII sobre o tema da educação das mulheres, tais como Jean-Jacques Rousseau e o dr. John Gregory, sintetizando uma abordagem didática feminista posteriormente (re)utilizada por Jane Austen e Charlotte Brontë". *Redefining Didactic Traditions: Mary Wollstonecraft and Feminist Discourses of Appropriation, 1749-1847* (dissertação de doutorado não publicada, University of Pittsburgh, 2007). No entanto, alguns estudiosos declaram que há pouco material de interesse em *Thoughts on the Education of Daughters*. "Na realidade, há pouca originalidade em seu conteúdo e nenhum mérito impressionante no método de tratá-lo", diz Elizabeth Robins Pennell, primeira biógrafa de Wollstonecraft, dando o tom para críticos futuros. *Mary Wollstonecraft* (1884; Fairford, UK: Echo Library, 2008), 68.

113 as garotas eram "delicadas" demais William McCarthy e Elizabeth Kraft, eds., *The Poems of Anna Letitia Barbauld* (Atenas: University of Georgia Press, 1994), 77.

113 "ousado, independente" Hannah More, *The Complete Works of Hannah More*, 2 v. (Nova York: 1856), 2:568.

114 o estilo rebuscado Wollstonecraft, *Vindication of Woman*, 26.

115 Mary teve a impressão de haver entrado em uma prisão Para Everina, ela escreveu que estava para "entrar na Bastilha". Dia 30 de outubro [1786], *Letters MW*, 84.

117 Esse era exatamente o tipo de excesso Ela escreveu para Everina, dizendo que Mitchelstown "tinha uma espécie de estupidez solene". Ibid.

117 o rapto de Proserpina Gordon discute as implicações desta pintura em *VAL*, 84.

117 Mary ouvira rumores Ibid., 93.

117 "uma multidão de mulheres" MW para Everina, 30 de outubro de 1786, *Letters MW*, 84-85.

118 "Indisciplinada", pensou ela Ibid.

118 "faltava-lhe suavidade nas maneiras" MW para Everina, 30 de outubro [1786], ibid., 86.

118 falava com eles como se fossem bebês MW escreveu para Everina que lady Kingsborough "usa[va] expressões infantis" quando falava com seus cães, 30 de outubro [1786], ibid., 85.

118 Mary, horrorizada com a frieza de sua senhoria Ela escreveu para Everina: "Sua senhoria visitou [as garotas] de uma maneira formal — embora a situação delas demandasse minha ternura — e eu tentasse diverti-las". Dia 17 de novembro [1786], ibid., 91.

118 "muito medo" MW para Eliza Bishop, 5 de novembro [1786], ibid., 88.

119 Margaret era inteligente MW escreveu para Eliza que a garota tinha uma "capacidade maravilhosa". Ibid.

119 "monte de bobagens" MW para Eliza Bishop, 5 de novembro [1786], *Letters MW*, 88.

119 "arrogância" e "condescendência" MW para Everina, 3 de março [1787], ibid., 108.

119 "nem cá, nem lá" MW para Eliza Bishop, 5 de novembro [1786], ibid., 88.

120 "entre quarenta e cinquenta anos" MW para Everina, 25 de março [1787], ibid., 116.

120 "aversão pelas bobagens de vestuário" Autobiografia inédita de Margaret King, citada em ibid., 124 n286.

120 "tive [...] um violento acesso" MW para Everina, 12 de fevereiro [1787], ibid., 104.

120 "Rousseau afirma que uma mulher jamais deve" Wollstonecraft, *Vindication of Woman*, 43.

121 "a mente de uma mulher" "Advertisement", in Wollstonecraft, *Mary*, 3.

121 sua heroína não seria uma "Sophie" Ibid.

121 "naquele mundo em que" Ibid., 53.

121 "Ela tinha [...] dois" Ibid., 6.

122 "libertado sua mente" Autobiografia inédita de Margaret, citada em Janet Todd, MW:ARL, 116.

## Capítulo 9. Mary Godwin: A fuga (1814)

124 que a enlaçou em um abraço apertado Mary e Shelley mantiveram um diário conjunto até a morte do poeta. No relato que Shelley fez da fuga do casal, ele escreveu: "Ela estava em meus braços". PBS, 28 de julho de 1814. Paula Feldman e Diana Scott-Kilvert (org.), *The Journals of Mary Wollstonecraft Shelley 1814-1844* (Baltimore: Johns Hopkins University Press, 1987; reimp., 1995), 6.

125 "Mary, veja" 28 de julho de 1814, *Journals MWS*, 7.

125 "uma senhora gorda" 29 de julho de 1814, ibid.

125 liberdade em face da escravidão PBS, 29 de julho de 1814, ibid., 8.

125 Mary-Jane era uma inimiga perigosa Para um exemplo de uma dessas cartas, ver Mary-Jane Godwin para lady Mountcashell, 15 de novembro de 1814, em Dowden, *Life of Shelley*, apêndice, 2:546-48.

125 Harriet, a esposa abandonada Seymour, MS, 100.

126 Ele vencera Este é o argumento de Seymour. Ela afirma que Shelley acreditava que "A tirania fora derrotada". Ibid., 99.

127 abotoados até o queixo Seymour escreve, "as jovens inglesas, que se vestiam com decoro e usavam toucas, sentiam-se constrangidas e deslocadas em meio aos vestidos reveladores e justos das damas parisienses". MS, 105.

127 "felizes demais" 2 de agosto de 1814, *Journals MWS*, 9.

127 "noite de núpcias" do casal "The Revolt of Islam". Neste, que é o segundo poema longo de Shelley, escrito depois de "Queen Mab", a descrição que o poeta faz da união romântica de Laon e Cyntha é baseada em seu relacionamento com Mary. As passagens usadas para descrever a primeira noite de Mary e Shelley juntos são da primeira noite de paixão de Laon e Cyntha: "lábios ávidos", estrofe XXXIII; "seus braços alvos", estrofe XXIX; "Senti o sangue", estrofe XXXIV; "êxtase indescritível", estrofe XXXIV. Thomas Hutchinson, ed. *The Complete Poetical Works of Percy Bysshe Shelley*, 2 v., v. 1 (Oxford: Oxford University Press, 1914).

127 Mary contou a Shelley Em seu diário conjunto, Shelley escreveu: "[Mary] sente como se nosso amor pudesse, sozinho, resistir às investidas da calamidade. Ela dormiu sobre meu peito e parecia até mesmo indiferente a ingerir alimento suficiente para o sustento da vida". Dia 7 de agosto de 1814, *Journals MWS*, 11.

128 "prazeroso" caminhar 7 de agosto de 1814, ibid.

129 "sujeira, miséria e fome" PBS para HS, 13 de agosto de 1814, *Letters PBS*, 1:392.

129 ratos passaram correndo sobre o rosto de Jane 12 de agosto de 1814, *Journals MWS*, 13.

129 "aos gloriosos fundadores" William Godwin, *Fleetwood* (Londres: 1853), 74.

129 "leal e constante" PBS para HS, 13 de agosto de 1814, *Letters PBS*, 1:392.

130 "Sua imensidão" 19 de agosto de 1814, *Journals MWS*, 17.

130 Mary mentira 20 de agosto de 1814, Marion Kingston Stocking (org.), *Journals CC*. Jane, que mudou seu nome para Claire, acrescentou essa história quando, em 1820, revisava seu diário original. O diário original está na Biblioteca Britânica (Ashley, 394).

130 ridiculamente puritana Ibid.

130 os suíços "são ricos" 25 de agosto de 1814, ibid.

131 "conjecturar o espanto" 26 de agosto de 1814, *Journals MWS*, 20.

131 florestas de faias Godwin, *Fleetwood*, 73.

131 tiveram de esperar 26 de agosto de 1814, *Journals MWS*, 20.

131 "Nosso único desejo" 28 de agosto de 1814, ibid.

132 Havia uma lenda perturbadora Para uma narrativa mais completa da lenda, ver Seymour, MS, 11.

## Capítulo 10. Mary Wollstonecraft: Londres (1786-1787)

134 "filósofa desmazelada" John Knowles, *The Life and Writings of Henry Fuseli* (Londres: 1831), 164.

135 "irritações e desespero" Esta é uma expressão que Mary usou posteriormente, naquele outono, para descrever sua situação. MW para Everina, 7 de novembro [1787], *Letters MW*, 139.

136 Entre 1750 e 1801 Roy Porter, *London: A Social History* (Cambridge, MA: Harvard University Press, 2001), 131.

136 "Aqui se tem a Vantagem da solidão" Henry Fielding, *The Works of Henry Fielding, with Memoir of the Author*, Thomas Roscoe (org.) (Oxford: Oxford University Press, 1845), 121. Também disponível no Google Books, <http://books.google.com/books?id=JGYOAAAAQAAJ&printsec=frontcover&source=gbs_ge_summary_r&cad=0#v=onepage&q&f=false>.

136 "as nuvens de Hálitos Fétidos" Citado em Porter, *London: A Social History*, 162.

137 "um esgoto comum e extremamente nauseabundo" Citado em ibid.

137 por volta dos 37 anos, em média Porter, *English Society in the Eighteenth Century*, 13.

137 "quando um homem está cansado" Citado em Porter, *London: A Social History*, 165.

137 o rio "ficava quase oculto" Ibid., 138.

137 "uma extensa floresta invernal" Citado em ibid., 136.

139 "Serei, então, a primeira de um novo gênero" MW para Everina, 7 de novembro [1787], *Letters MW*, 139.

139 Contudo, Mary era a primeira escritora "Wollstonecraft era diferente das literatas anteriores", escreve a estudiosa Mary Waters, porque "sua ligação com Johnson não era simplesmente aquela de uma autora com o livreiro que comprava seus manuscritos terminados a fim de publicá-los. [...] Em vez disso, Wollstonecraft foi contratada por Johnson como escritora de sua equipe, alguém que aceitaria o trabalho que lhe fosse designado e, em troca, poderia contar com um constante fornecimento de trabalhos literários." *British Women Writers and the Profession of Literary Criticism 1789–1832* (Nova York: Palgrave Macmillan, 2004), 86.

140 "Tomei uma decisão" MW para George Blood, 16 de maio [1788], *Letters MW*, 154.

140 "desastres e dificuldades" MW para George Blood, 3 de março [1788], ibid., 148.

140 "Se um dia eu tiver dinheiro" MW para Everina, 22 de março [1788], ibid., 152.

141 Mary se afastou drasticamente dos textos originais Minha discussão sobre a tradução de Wollstonecraft é baseada na exegese de Todd em *MW:ARL*, 135-36.

143 parece um "grilhão" Christian Salzmann, *Elements of Morality, for the Use of Children*, 3 v. (Londres: 1792), 2:106.

143 "[Ele] colocou os cabelos da jovem em papéis" Ibid., 106-7.

143 "Por que quer ir" Ibid., 114-17.

## Capítulo 11. Mary Godwin: Londres e Bishopsgate (1814–1815)

145 "sentia-se muito mal" 11 de setembro de 1814, *Journals CC*.

146 Certa tarde, Mary-Jane Holmes, *Pursuit*, 251.

146 Furioso com o sofrimento Sunstein, *MS:R&R*, 88-89. Shelley escreveu para Mary: "Fiquei chocado e estupefato com a fria injustiça de Godwin". Dia 24 de outubro de 1814, *Letters PBS*, 1:420.

146 ele teria de ser tudo Mary escreveu para Shelley: "Abrace sua Mary junto do coração, talvez ela um dia tenha um pai; até lá, seja tudo para mim, meu amor", 28 de outubro de 1814, Bennett, ed., *Letters MWS*, 1:3.

147 "a hora das bruxas" 7 de outubro de 1814, *Journals MWS*, 32.

147 "Naquela hora em que a aurora" Ibid., 33.

149 Shelley "se refugiava" Mary Shelley, *Notes to the Complete Poetical Works of Percy Bysshe Shelley* (1839); Project Gutenberg, 2002, <www.gutenberg.org/files/4695/4695.txt>.

149 ela também decidiu mudar de nome Para uma discussão dos motivos que levaram Jane a mudar seu nome para Claire, ver Deirdre Coleman, "Claire Clairmont and Mary Shelley: Identification and Rivalry Within the 'Tribe of the Otaheite Philosophers'", *Women's Writing* 6, n. 3 (1999), 309-28, <www.tandfonline.com/doi/abs/10.1080/09699089900200075?journalCode=rwow20#preview> (acesso em 18 de setembro de 2013).

150 "Fiz uma morena, a outra, clara" Jean-Jacques Rousseau, *The Confessions of Jean-Jacques Rousseau* (Nova York: Modern Library, 1945), 444.

150 "comunidade de mulheres" Marion Kingston Stocking, editora dos diários de Claire, sugere que a ideia de Claire acerca de uma "comunidade de mulheres" pode ter derivado de sua leitura do livro de Ludvig Holberg *A Journey to the World Under-Ground*, que descreve uma sociedade subterrânea em que as mulheres são superiores. Dia 7 de outubro de 1814, *Journals MWS*, 32 n1.

150 Ela sonhava em escrever um romance *Journals CC*, 40.

150 "Que toda mulher" James Lawrence, introdução a *The Empire of the Nairs; or, The Rights of Women: An Utopian Romance, in Twelve Books*, 4 v. (Londres: T. Hookham, 1811), I, XVII.

152 "devia ser recebido" 6 de dezembro de 1814, *Journals MWS*, 50.

153 "o amor da Sabedoria" 29 de novembro de 1814, ibid., 48.

153 fracos e confusos Ibid. Para mais queixas a respeito de Hogg, ver 20 de novembro de 1814, ibid.

153 "Eu [...] o amo" MWS para Hogg, 24 de janeiro de 1815, *Letters MWS*, 1:9.

153 Mary reconsiderou Ver o relato que Seymour faz do relacionamento complicado entre Shelley, Hogg e Mary em *MS*, 125-30.

154 "Meu bebê morreu" MWS para Hogg, [6 de março de 1815], *Letters MWS*, 1:11.

154 "Sonhar que meu bebezinho" 19 de março de 1815, *Journals MWS*, 70.

154 breves notas espirituosas Referindo-se a si mesma como "Arganaz", Mary escreveu: "A Arganaz fará uma longa caminhada hoje pelos campos verdejantes e as trilhas solitárias, tão feliz como qualquer Animalzinho ficaria ao ver-se em seus ninhos nativos outra vez", MWS para Hogg, 25 de abril de 1815, *Letters MWS*, 1:14.

155 "amiga" de Shelley 12 de maio de 1815, *Journals MWS*, 78.

155 "tanta insatisfação" CC para FG, 5 de maio de 1815, *Letters CC*.

156 sua "regeneração" [data?] de maio de 1815, *Journals MWS*, 79.

156 "Mary, eu comi?" Citado em Sunstein, *MS:R&R*, 104.

157 De acordo com Hogg *Life of Shelley*, 2:320-22.

157 "aristocracia hereditária" Citado em Sunstein, *MS:R&R*, 105.

158 "Nunca antes senti a plenitude" PBS para Hogg, 4 de outubro de 1814, *Letters PBS*, 1:403.

158 "Você é a única que consegue reconciliar-me" PBS para MWS, 4 de novembro de 1814, ibid., 1:419.

158 "cavaleiro mágico" Maio de 1815, *Journals MWS*, 80.

159 "coração de poeta" Mary Shelley, "Notes on Alastor, by Mrs. Shelley", in Percy Bysshe Shelley, *The Works of Percy Bysshe Shelley*, ed. Roger Ingpen e Walter E. Peck (1816; Londres: Scribner's, 1926-30), 10 v., 1:198.

159 o tema que mais prendia sua atenção Seymour oferece um relato abrangente das leituras sobre escravidão feitas por Mary. *MS*, 138-39.

160 "Meu espanto" PBS para Godwin, março de 1816, *Letters PBS*, 1:460.

160 a renda anual de artífices Brian Mitchell, *British Historical Statistics* (Cambridge: Cambridge University Press, 1988), 153.

## Capítulo 12. Mary Wollstonecraft: A primeira reivindicação (1787-1791)

163 "OS HISTORIADORES da República" Stuart Andrews, *The British Periodical Press and the French Revolution, 1789-99* (Nova York: Palgrave, 2000), 157.

163 "enriqueceriam o repertório" Gerald Tyson, *Joseph Johnson: A Liberal Publisher* (Cidade de Iowa: University of Iowa Press, 1979), 99.

163 eram "lixo" MW para Joseph Johnson, [c. julho de 1788], *Letters MW*, 156.

164 "personagens artificiais" *Analytical Review* 2/1789, in Janet Todd e Marilyn Butler (org.), *The Works of Mary Wollstonecraft* (Nova York: New York University Press, 1989), 7:82-83.

164 "escritoras" Mitzi Myers, "Mary Wollstonecraft's Literary Reviews", in *The Cambridge Companion to Mary Wollstonecraft*, Claudia Johnson (org.) (Cambridge: Cambridge University Press, 2002), 85.

164 "envenenam a mente" Citado em ibid.

164 "Por que a virtude deve ser sempre recompensada" *Analytical Review*, in Todd e Butler, ed., *Works of Mary Wollstonecraft*, 7:228.

164 Isso não significa que Mary fosse contrária aos sentimentos Ver Myers, "Mary Wollstonecraft's Literary Reviews", in *Cambridge Companion to Mary Wollstonecraft*, 84.

164 "de forma despreocupada, em xícaras" Knowles, *The Life and Writings of Henry Fuseli* (Londres: 1831), 165.

166 "covardes, cruéis" Citado em Todd, *MW:ARL*, 138.

166 "um monte heterogêneo" *Analytical Review*, in Todd e Butler (org.), *The Works of Mary Wollstonecraft*, 7:19.

166 "Ye dungeons" "The Task", in William Cowper e James Thomson, *The Works of Cowper and Thomson* (Filadélfia: 1832), 88.

166 "Recebido um aviso de Paris" St. Clair, *Godwins and the Shelleys*, 41.

167 "Em um ano, vi" Citado em Kirstin Olsen, *Daily Life in Eighteenth-Century England* (Westport, CT: Greenwood, 1999), 10.

167 "saudava a aurora" *The French Revolution*, 213. Wollstonecraft escreveu essas palavras alguns anos mais tarde, quando passou a considerar a tomada da Bastilha um acontecimento muito mais complexo do que pensara de início. Em última análise, ela argumentaria que a tomada da prisão desencadeou a

violência que resultaria no Terror. Mas ela sempre reconheceu sua queda como um evento importante na história da Revolução e recordava como também ela havia acreditado que aquilo redundaria em mais liberdade para os franceses e para a humanidade. Diane Jacobs oferece uma análise detalhada do apoio gradual de Wollstonecraft à Revolução. Ela também vincula o "abrandamento" de Wollstonecraft em relação à Bastilha com seu novo relacionamento com Henry Fuseli. *Her Own Woman: The Life of Mary Wollstonecraft* (Nova York: Simon & Schuster, 2001), 88.

167 seus casos amorosos com homens e mulheres Todd, MW:ARL, 153.

167 "penteados fálicos" Simon Schama, *A History of Britain*, v. 3, *The Fate of Empire, 1776-2000* (Nova York: Miramax Books, Hyperion, 2002), 76.

167 Estudiosos mais recentes chegaram a sugerir Lyndall Gordon escreve: "Será possível que Mary tenha encontrado o amor no coração da intimidade de uma vida inteira entre Johnson e Fuseli? O amor com o mesmo sexo poderia explicar o silêncio de Mary quanto à questão de Fuseli [...]". VAL, 386-87.

169 estilo "masculino" Wollstonecraft, *Vindication of Woman*, 26-27.

169 preparada para abraçar os novos ideais Embora muitos estudiosos concordem com esse retrato de Wollstonecraft como uma figura pioneira do movimento romântico, há algumas notáveis exceções. Barbara Taylor argumenta que: "Não se ganha muito, em minha opinião, ao classificar Wollstonecraft como uma escritora romântica ou pré-romântica. Seu débito para com fontes anteriores do século XVIII, que inspiraram suas temáticas, já foi identificado [...] e tratar suas ideias como antecipações de motivos românticos posteriores é menos esclarecedor para mim do que compreendê-los por si mesmos". *Mary Wollstonecraft and the Feminist Imagination* (Cambridge: Cambridge University Press, 2003), 282 n208.

170 "singela energia" *Analytic Review* 7 (maio de 1790). Jacobs apresenta uma discussão abrangente sobre a mudança do ponto de vista de Wollstonecraft durante esse período; ver HOW, 89.

170 seu relacionamento com Fuseli ficou tão intenso que a esposa dele se viu desconfortável "uma mente desconfortável", Todd, MW:ARL, 154.

171 "Minha sorte está lançada!" MW para Everina, 4 de setembro [1790], *Letters MW*, 178.

172 "os costumes, a autoridade e o exemplo" Edmund Burke, *Reflections on the Revolution in France, and on the Proceedings in Certain Societies in London* (Londres: J. Dodsley, 1790), 45.

172 "grandiloquência bombástica" Mary Wollstonecraft, *A Vindication of the Rights of Men in a Letter to the Right Honourable Edmund Burke* (Londres: J. Johnson, 1790), 62.

172 "flores de retórica" Ibid., 6. Wollstonecraft também usaria esse argumento contra as "flores de retórica" em *Reivindicação dos Direitos da Mulher*. Como escreve Laura Runge: "Wollstonecraft utiliza sua mais potente retórica para contrapor-se à persuasão da galantaria, 'aquelas bonitas frases femininas que os homens usam de forma condescendente para suavizar nossa dependência servil'. [...] Ela expõe a ilusão da maestria feminina que se encontra ambiguamente codificada na linguagem de galantaria ao enfatizar com as formas sedutoras da linguagem na verdade infantilizam as mulheres e restringem sua atuação". *Gender and Language in British Literary Criticism* (Cambridge: Cambridge University Press, 2005), 24.

172 "[Os pobres] devem respeitar" Ibid., 135-36.

172 "A caridade não é" Ibid., 11.

172 "defensor da propriedade" Ibid., 19.

173 "afrontado seu orgulho" Godwin, *Memoirs*, 78.

173 "hiena de anáguas" Horace Walpole para Hannah More, 24 de janeiro de 1795. Helen Toynbee e Paget Toynbee, ed., *The Letters of Horace Walpole: Fourth Earl of Oxford*, v. 15 (Oxford: Clarendon, 1905), 337.

173 "Os *direitos dos homens* defendidos por uma bela mulher!" *The Gentleman's Magazine* 1791, 151, <http://books.google.com/books?id=IK5JAAAA-YAAJ&pg=PA151&lpg=PA151&dq=The+rights+of+-men+asserted+by+a+fair+lady!+>.

174 "feliz por ter uma defensora como ela" Dr. Price para MW, 17 de janeiro de 1790, Carl H. Pforzheimer Collection of Shelley and His Circle (Nova York: New York Public Library, Astor, Lenox, and Tilden Foundations, 1822).

## Capítulo 13. Mary Godwin: "Louca, cruel e perigosa de conhecer" (1816)

177 "louco, cruel e perigoso de conhecer" Citado em Paul Douglas, *The Life of Lady Caroline Lamb* (Nova York: Palgrave Macmillan, 2004), 104.

178 "Nunca consigo resistir" Os comentários de Claire no tocante ao casamento vêm diretamente após sua citação de Dante, mencionando a "inscrição sobre o portão do Inferno, '*Lasciate ogni speranza, voi ch'entrate*' [Abandonai toda a esperança, vós todos que entrais aqui]. A meu ver, uma descrição admirável do casamento. O tema me faz prolixa". CC para Byron, [março ou abril de 1816], Marion Kingston Stocking (org.), *The Clairmont Correspondence*:

*Letters of Claire Clairmont, Charles Clairmont, and Fanny Imlay Godwin* (Baltimore: Johns Hopkins University Press, 1995), 31.

180 "There be none of Beauty's daughters"/["Entre as filhas da Beleza"] "Stanzas for Music", Lord Byron, *The Works of Lord Byron*, ed. Ernest Hartley Coleridge (1900; Project Gutenberg, 2007, <www.gutenberg.org/files/21811/21811.txt>).

180 Esse entusiasmo logo diminuiu Para um resumo do relacionamento do casal com trechos de suas cartas, ver Mayne, *Byron*, 62-65.

180 Mary adorava a poesia de Byron Ver Seymour a respeito da admiração de Mary, Shelley e Claire por Byron, MS, 148-49.

181 "Mas sou tua, unicamente tua" Inscrição de Mary Shelley em "Queen Mab", citada em St. Clair, *Godwins and the Shelleys*, 366.

181 "The glance"/["O relance"] Byron, "To Thyrza", in *The Works of Lord Byron*, Coleridge (org.).

181 "Entreguei-me" Inscrição de Mary Shelley em "Queen Mab", citada em St. Clair, *Godwins and the Shelleys*, 366.

181 Apreensiva quanto à confiabilidade de Byron Em uma carta para Byron, preparando-o para o encontro com Mary, Claire exortou-o a ser pontual: "Na noite de quinta-feira, esperei quase um quarto de hora em seu saguão, uma situação desagradável que eu talvez ignore — ela, que não está apaixonada, não o faria. [...] Ela está muito curiosa para conhecê-lo". CC para Byron, 21 de abril de 1816, TCC, 39.

182 "Mary está encantada" CC para Byron, 21 de abril de 1816, ibid.

183 "abandonar minha pátria natal" PBS para Godwin, 21 de fevereiro de 1816, *Letters PBS*, 1:453.

183 "morbidamente sensível" PBS para Godwin, dezembro de 1816, *Letters PBS*, 1:460.

183 "Ouso dizer que você virá" CC para Byron, 6 de maio de 1816, TCC, 43.

184 "o ano sem verão" Para uma visão geral dos efeitos mundiais da erupção, ver Henry Stommel e Elizabeth Stommel, *Volcano Weather: The Story of the Year Without a Summer* (LA: Seven Seas Press, 1983).

184 "Nunca houve um cenário" MWS para Fanny, 17 de maio de 1816, *Letters MWS*, 1:13.

185 "azul como os céus" Ibid.

185 Elise Duvillard Para uma descrição mais detalhada de Elise, ver Seymour, MS, 152.

185 "Não frequentamos" MWS para Fanny, 17 de maio de 1816, *Letters MWS*, 1:13.

186 "o delicioso aroma" Ibid.

186 "Olhe [...] para a multidão de peixes" Mary Shelley, *Frankenstein*, 164.

186 Ele e o imperador tinham "alçado voo" "Ode to Napoleon", in Byron, *The Works of Lord Byron* (1828), 513. Para mais detalhes sobre a adulação de Byron a Napoleão, ver John Clubbe, "Between Emperor and Exile: Byron and Napoleon 1814-1816", *Napoleonic Scholarship: The Journal of the International Napoleonic Society* 1 (abril de 1997), <www.napoleonicsociety.com/english/scholarship97/c_byron.html>.

186 "fizera como Childe Harold" J. G. Lockhart, *Memoirs of sir Walter Scott*, vol. 5 (Edimburgo: Adam and Charles Black, 1882), 140.

187 "Farewell to the Land"/["Adeus ao País"] George Gordon, Lord Byron, *The Works of Lord Byron* (Londres: 1828), 537.

187 "oito cães enormes" PBS para Peacock, [10] agosto de 1821, Ingpen, ed., *The Letters of Percy Bysshe Shelley*, 2 vols. (Londres: Sir Isaac Pitman & Sons, 1912), 2:897. Essa carta foi escrita seis anos depois do verão em Genebra, mas, segundo contemporâneos, a coleção de animais de Byron nunca sofria nenhuma mudança significativa.

187 "Passei as últimas duas semanas" Grylls, *Claire Clairmont: Mother of Byron's Allegra*, 65; CC para Byron, 27 de maio de 1816, TCC, 47.

188 "acanhado, tímido, tuberculoso" 27 de maio de 1815. William Rossetti, ed., *The Diary of Dr. John William Polidori* (Londres: Elkin Mathews, 1911).

188 recitar de cor "A War Eclogue", de Coleridge 1-5 de junho de 1816, ibid., 113.

188 "Li italiano" 31 de maio de 1816, ibid.

189 "Nosso mais recente Hóspede" "J. S." para "Stuart", 6 de junho de 1816. Citado em Seymour, MS, 153.

189 "liga do incesto" Byron para John Cam Hobhouse, 11 de novembro de 1818, John Murray, ed., *Lord Byron's Correspondence*, 2 v. (Nova York: Charles Scribner's Sons, 1922), 2:89.

189 "Inventavam toda sorte de histórias" Thomas Medwin, *Conversations of Lord Byron: Noted During a Residence with His Lordship* (Londres: Henry Colburn, 1824), 14.

189 os tecidos brancos Byron recordava: "Eu era observado por binóculos do outro lado do lago, e por binóculos que também deviam ter óticas muito distorcidas". Ibid. Seymour escreve: "M. Dejean instalou prontamente um telescópio para os hóspedes de seu hotel. Espiando o outro lado do lago, eles discutiam se viam a camisola da sra. Shelley ou da irmã. [...]". MS, 153.

## Capítulo 14. Mary Wollstonecraft: "Uma revolução feminina" (1791-1792)

193 "eu mesma" MW para William Roscoe, 6 de outubro de 1791. *Letters* MW.

193 "as cores cintilantes" Ibid.

194 "como um filósofo" Wollstonecraft, *Vindication of Woman*, 53.

194 do estado atual Ibid., 28.

194 "força da mente" Ibid.

194 "Que bobagem!" Ibid., 45.

195 "A educação das mulheres [diz Rousseau]" Ibid., 105-6.

196 "para ser o brinquedo" Ibid., 52.

196 "Com o amor no peito [das mulheres]" Ibid., 56.

197 "Uma revolução na conduta feminina" Ibid., 65.

197 "Proponho aqui um desafio" Ibid., 71.

197 Alguns escrevem Mary escreveu: "Rousseau esforça-se para provar que tudo *era* correto originalmente; uma multidão de escritores, que tudo *está* correto agora; e eu, que tudo *ficará* correto". Ibid., 31.

198 *Rights of Brutes* Esta obra foi publicada anonimamente, mas o exemplar do Museu Britânico afirma que Taylor era, de fato, o autor. Thomas Taylor, *A Vindication of the Rights of Brutes* (Londres: 1792).

198 decência e propriedade Crítica ao livro de Mary Wollstonecraft, *A Vindication of the Rights of Woman*, in *Critical Review*, segunda série, vol. 5 (1792), 141.

198 "da absurdidade" Crítica ao livro de Mary Wollstonecraft, *A Vindication of the Rights of Woman*, in *Critical Review*, segunda série, vol. 4 (1792), 389-90.

198 "Devemos relegar" *Critical Review*, segunda série, vol. 5 (1792), 141.

199 "bruma de palavras" Wollstonecraft, *Vindication of Woman*, 29.

199 "as emoções mais melancólicas" Ibid., 23.

199 "Outro argumento" Godwin, *Political Justice*, vi.

200 "Estes são os momentos" Thomas Paine, *The American Crisis* (Rockville, MD: Wildside Press, 2010, 1776), 7.

201 "Mal consigo dar início" Paul, *Friends*, 1:360.

201 "Em algumas ocasiões, padeço" Ibid.

201 "não poderiam ser motivo de orgulho" Godwin, *Memoirs*, 57.

201 "Talvez fazer um comentário político seja afastar-me" Wollstonecraft, *Vindication of Woman*, 41.

202 o "lado pessimista" Godwin, *Memoirs*, 57.

202 "a compleição delicada" William Godwin, *Things as They Are; or, The Adventures of Caleb Williams* (1794; Londres: Penguin, 1988), 50.

203 "Se eu me tivesse concedido" MW para William Roscoe, 3 de janeiro de 1792, *Letters* MW, 194.

203 Em maio, depois que Paine Da segurança de Paris, Paine respondia aos ataques do rei George: "Se, para expor a fraude e a imposição da monarquia [...] para promover a paz universal, a civilização e o comércio, e para quebrar as correntes da superstição política e elevar o homem degradado a sua posição de direito; se tais coisas são difamatórias [...] que a alcunha de difamador seja gravada em meu túmulo". "Letter Addressed to the Addressers on the Late Proclamation", in *The Thomas Paine Reader*, Michael Foot e Isaac Kramnick (org.) (Londres: Penguin Classics, 1987), 374.

203 "Se eu julgasse" MW para Henry Fuseli, ?final de 1792, *Letters* MW, 204-5. Essa carta é, na verdade, uma reconstrução dos diversos fragmentos registrados pelo biógrafo de Fuseli, John Knowles, 204 n471.

204 "estava angustiada" MW para Joseph Johnson, ?outubro de 1792, *Letters* MW, 205.

204 "Creio que já não posso viver" John Knowles, *The Life and Writings of Henry Fuseli* (Londres, 1831), 167. Essa é a versão de Fuseli sobre os acontecimentos, registrada por seu dedicado amanuense, Knowles. Mary não deixou sua própria versão da história. Assim, apesar da frequência com que as minúcias dessa cena são citadas pelos biógrafos de Wollstonecraft, na realidade, é difícil determinar os detalhes exatos de seu relacionamento com Fuseli. Em anos posteriores, Fuseli gostava de se gabar de haver conquistado a autora de *Reivindicação dos Direitos da Mulher*. Seu biógrafo, Knowles, não questiona as afirmações de Fuseli no tocante a seu relacionamento com Mary, e a própria Mary não deixou muitas indicações de seus sentimentos, exceto por umas poucas alusões em suas cartas.

204 Todavia, em 1883, o biógrafo de Godwin Paul escreveu: "Não acredito, em absoluto, que tenha acontecido qualquer coisa nas interações entre Mary e Fuseli além do que ocorre entre uma jovem e um amigo mais velho, casado e *paternal*, com cuja esposa ela tinha uma relação bastante afetuosa. Godwin adotou parcialmente [essa história], mas, na realidade, ele não sabia quase nada da vida pregressa da esposa. Ele se mostra até mesmo claramente enganado em relação a muitos aspectos sobre os quais ele afirma ter conhecimento. [...] As cartas existentes [entre Fuseli e Mary] são do caráter mais corriqueiro

possível, e eu já li todas elas. [...]". Beineke Rare Book and Manuscript Library, Yale University, citado em Gordon, VAL, 387-88. Gordon complica ainda mais a questão ao sugerir que Mary acalentou sentimentos românticos por Fuseli, mas descobriu que Fuseli e Johnson estavam tendo um caso secreto e que, por isso, se sentiu rejeitada. VAL, 386-87. Esse é um argumento interessante, mas que continua sendo especulativo, pois não há consenso entre os estudiosos acerca da natureza exata do relacionamento Fuseli/Wollstonecraft. Não parece estar claro que Mary tivesse sentimentos profundos por Fuseli. Além disso, aparentemente, ela de fato se sentiu rejeitada por ele. Porém os detalhes dessa rejeição, bem como a verdadeira natureza do desejo da escritora, nunca foram confirmados por seus documentos.

205 "Já não pretendo" MW para William Roscoe, 12 de novembro de 1792, Letters MW, 206.

205 "seus seios" Todd, MW:ARL, 199.

205 "Desta vez, não" MW para William Roscoe, 12 de novembro de 1792, Letters MW, 208.

Capítulo 15. **Mary Godwin: Acessos de fantasia (1816)**

207 **Byron se divertia** Thomas Moore, *The Life of Lord Byron: With His Letters and Journals* (Londres: John Murray, 1851), 319. Mary Shelley foi a fonte de Moore para o relato do verão em Genebra com os Shelley.

207 **um irmãozinho** 18 de junho de 1816. Rossetti (org.), *Diary of Dr. John William Polidori*, 127.

209 **"não valia nada"** 15 de junho de 1816, ibid., 123.

209 **"adicional"** Citado em Richard Holmes, *The Age of Wonder* (Nova York: Vintage, 2010), 317.

209 **"[O] que é isso"** *Quarterly Review*, 1819, citado em ibid., 318.

209 **Ele não foi tão longe** A comparação de Byron e Shelley feita por Moore é útil aqui. Ele escreve que Byron era mais pragmático que Shelley: Byron "acreditava na existência da Matéria e do Mal, ao passo que Shelley, até então, refinava a teoria de Berkeley [...] para acrescentar [...] o Amor e a Beleza". *Life of Lord Byron*, 317.

209 **das "experiências"** Mary Shelley, introdução a *Frankenstein*, 10.

210 **"um fio de macarrão cabelo de anjo"** Ibid.

210 **todos deveriam escrever uma história de terror** Moore, *Life of Lord Byron*, 394.

210 **"Vi — com os olhos fechados"** Mary Shelley, introdução a *Frankenstein*, 10.

211 **"concordou em escrever, cada qual, uma história"** Percy Shelley, "Preface to the 1818 Edition", in *The Original Frankenstein*, Charles E. Robinson (org.) (Nova York: Vintage, 2009), 432.

211 **diário de Polidori** Devo esse insight a Miranda Seymour. Ela escreve: "A declaração [de Mary] é destruída pelo diário de Polidori, no qual, escrevendo à época, o que Mary não fez, ele afirma que todos, à exceção de si mesmo, começaram a escrever de imediato. É improvável que ele se esqueceria de mencionar o fato consolador, se tivesse mesmo ocorrido, de que sua admirada Mary também estava sem ideias". MS, 157.

212 **"Quando deitei a cabeça"** Mary Shelley, *Frankenstein*, 10.

212 **"Kubla Khan"** Coleridge descreveu a experiência de compor este poema como um sonhar acordado, referindo-se a si mesmo na terceira pessoa. Era como se "todas as imagens emergissem à minha frente como coisas [...] sem qualquer sensação ou consciência de esforço. Ao despertar, parecia-lhe que tinha a clara recordação de tudo e, pegando pena, tinta e papel, logo escreveu, com voracidade, as linhas que estão aqui preservadas". M.H. Abrams (org.), *The Norton Anthology of English Literature*, 4. ed., 2 vols. (Nova York: W. W. Norton, 1979), 2:353.

212 **Sonhos eram espontâneos** Mary Shelley, introdução a *Frankenstein*, "Minha imaginação espontaneamente possuiu-me e guiou-me", 10.

212 **Edgar Allan Poe** A descrição que Poe faz da maneira como compôs "The Raven", tratando o ato da composição como um enigma lógico a ser decifrado, e curiosamente declarando que devia isso a William Godwin, pode ser encontrada em "The Philosophy of Composition." Nina Baym (org.), *The Norton Anthology of American Literature*, 5. ed., 2 v. (Nova York: W. W. Norton, 1998), 1:1573-80.

212 **mais atraído por Shelley** Fiona MacCarthy escreve: "Conhecer Shelley nessa conjuntura foi muito mais importante para Byron do que ele chegou a admitir. [...] A pureza de atitude do poeta mais jovem e seu idealismo radical defendiam uma crença solene no valor intrínseco da poesia e na responsabilidade de Byron para consigo mesmo e com os outros como um dos supremos artífices da poesia". *Byron: Life and Legend* (Londres: John Murray, 2002), 291.

212 **Seus primeiros envolvimentos amorosos** "Thyrza" era, na verdade, John Edleston, um coralista do Trinity College. Byron conheceu Edleston e se apaixonou por ele em 1805. Uma prova conclusiva desse sentimento veio à tona em 1974, quando um novo poema, "Thyrza", foi descoberto nos arquivos de John Murray, editor de Byron, com as palavras "Edleston, Edleston, Edleston" escritas no alto. MacCarthy, *Byron: Life and Legend*, 145-46.

213 Para Shelley, essa relação era mais Holmes escreve: "Shelley ficava atipicamente calado na presença do poeta mais velho". Ele também sugere que Byron "inib[ia]" Shelley. *Pursuit*, 334-36.

213 "começaram a falar realmente" 18 de junho de 1816. Rossetti, ed., *Diary of Dr. John William Polidori*, 128.

213 "Beneath the lamp"/["Sob a lâmpada"] ll. 245-54, Abrams (org.), *Norton Anthology of English Literature*, 362.

214 "gritando e levando" 18 de junho de 1816. Rossetti, ed., *Diary of Dr. John William Polidori*, 128.

214 Essa estranha imagem Para uma explicação mais detalhada a respeito das origens da visão de Shelley, ver o relato de Sunstein, MS:R&R, 112. Ver também Holmes, *Pursuit*, 328-29.

214 "acesso de fantasia" Moore, *Life of Byron*, 394.

214 Ninguém julgou Richard Holmes escreve que esforços criativos e experimentos científicos não eram vistos como atividades conflitantes durante essa época, mas estavam diretamente relacionados; a ciência romântica e a poesia romântica estão ligadas pela "noção de curiosidade e maravilha". *Age of Wonder*, xv-xxi.

215 "tão possuída" Mary Shelley, introdução a *Frankenstein*, 11.

215 "It was on a dreary night"/["Foi numa sombria noite"] Mary Shelley, *Original Frankenstein*, Robinson (org.), 80.

215 Do lado de fora, ela ouvia Em sua introdução à versão revisada de *Frankenstein* (1831), Mary Shelley recria o cenário de seu sonho: "Eu ainda os vejo; a mesma sala, o assoalho escuro de madeira, as persianas fechadas, com o luar tentando penetrar, e a sensação que eu tinha de que o lago cintilante e os altos Alpes brancos estavam logo além". *Frankenstein*, 11.

215 ele e Byron por pouco haviam sobrevivido PBS para Thomas Love Peacock, 12 de julho de 1816, *Letters PBS*, 483.

218 "lindo bebê" 26 de julho de 1816, *Journals MWS*, 121.

218 "fervorosas com sebo" Citado em Holmes, *Pursuit*, 343.

218 "democrata, filantropo e ateu" Holmes, *Pursuit*, 342. Ver Gavin de Beer, "The Atheist: An Incident at Chamonix", in Edmund Blunden, Gavin de Beer e Sylva Norman, *On Shelley* (Oxford: Oxford University Press, 1938), 43-54.

218 "[A visão]" Mary Shelley, *Frankenstein*, 82.

218 frase que parece A comparação tem sido feita por muitos estudiosos. Minha atenção foi atraída a esse respeito pela leitura de Seymour, MS, 159.

## Capítulo 16. Mary Wollstonecraft: Paris (1792-1793)

221 as duas irmãs de Mary Para uma análise da situação das duas irmãs, ver Todd, MW:ARL, 174.

222 "Você há de imaginar facilmente" MW para Everina, 24 de dezembro de 1792, *Letters MW*, 214.

222 "nem o som distante" MW para Johnson, 26 de dezembro de 1792, ibid., 217.

222 "Fico tão atenta" MW para Everina, 24 de dezembro de 1792, ibid., 214.

222 "um velho par" Richard Twiss, *A Trip to Paris in July and August, 1792* (Londres: 1792), 105.

222 "muito difícil" Ibid., 89.

223 Caminhar era desagradável Para uma descrição detalhada das ruas da Paris do século XVIII, ver Jacobs, HOW, 118.

223 ela odiava as ruas sujas MW para Everina, 24 de dezembro de 1792, *Letters MW*, 215.

223 "o impressionante contraste" Mary Wollstonecraft, *Posthumous Works of the Author of a Vindication of the Rights of Woman*, editado por William Godwin, 4 vols. (1798), 3:39-42.

224 "uns poucos toques" MW para Johnson, 26 de dezembro de 1792, *Letters MW*, 216.

224 "Os moradores acorreram" Ibid.

225 "A Europa observa" Joseph Trapp (org.), *Proceedings of the French National Convention on the Trial of Louis XVI, Late King of France and Navarre, from the Paper of the World* (Londres: 1793), 53-58.

225 "Sofro" Wollstonecraft, *Posthumous Works*, 44.

227 Para o filósofo e escritor Albert Camus Para um estudo do legado do regicida, ver Susan Dunn, *The Deaths of Louis XVI: Regicide and the French Political Imagination* (Princeton: Princeton University Press, 1994).

227 um cavalheiro MW para Ruth Barlow, 1-14 de fevereiro de 1793, *Letters MW*, 220.

2227 "As mulheres devem ter" Charles Seymour e Donald Paige Frary, *How the World Votes: The Story of Democratic Development in Elections* (Nova York: C. A. Nichols, 1918), 12.

228 "Blisswasit"/["Bem-aventurança"] William Wordsworth, *The Prelude*, in *The Collected Poems of William Wordsworth* (Londres: Wordsworth Editions, 1994), 245.

228 "She wept"/["Ela chorava"] Ibid., 735.

228 "bondade simples" MW para Everina, 24 de dezembro de 1792, *Letters MW*, 215.

229 O acolhimento da moral revolucionária por Mary Nem todos os biógrafos concordam com essa descrição da atitude inicial de Mary no tocante à sexualidade. Por exemplo, Janet Todd argumenta que: "A *Reivindicação dos Direitos da Mulher* havia revelado uma atitude puritana em relação ao prazer, em consonância com a experiência e a educação [de Wollstonecraft]. Embora o sexo para fins de procriação fosse adequado, o sexo recreativo era, no geral, censurável e imprudente". *MW:ARL*, 235. Em 1986, Cora Kaplan apresentou o famoso argumento de que Wollstonecraft não conseguiu abraçar a sexualidade feminina porque ela continuava presa ao retrato que Rousseau pintava da sexualidade feminina como algo incontrolável e perigoso. Kaplan escreve: "Ela aceita a atribuição de inferioridade feminina feita por Rousseau e a situa ainda mais firmemente que ele no excesso de sensibilidade". Ver "Wild Nights: Pleasure/Sexuality/Feminism", in *Sea Changes: Essays in Culture and Feminism* (Londres: Verso, 1986), 38-39, 45-46. No entanto, *Reivindicação dos Direitos da Mulher* visa a ser uma crítica ao desequilíbrio de poder entre homens e mulheres, apontando os perigos naturais que correm as mulheres inseridas em um sistema como esse. A obra não foi escrita como uma crítica à sexualidade feminina, mas como uma crítica ao sistema que permitia, e, na verdade, incentivava, o abuso e o estupro de mulheres.

229 "graça encantadora" Emma Rauschenbusch-Clough, *A Study of Mary Wollstonecraft and the Rights of Woman* (Londres: Longmans, Green & Co., 1898), 201-2.

230 "A mulher nasce livre" Olympe de Gouges, *The Rights of Woman*, trad. Nupur Chaudhuri, in *Women, the Family and Freedom: The Debate in Documents*, v. 1, *1750-1880*, ed. Susan Groag Bell e Karen Offen (1791; Stanford: Stanford University Press, 1983), 104.

230 "mães, filhas" Olympe de Gouges, *Oeuvres*, ed. Benoîte Groult (Paris: Mercure de France, 1986), 105.

230 "igualdade sexual prevista em lei" Megan Conway, "Olympe de Gouges: Revolutionary in Search of an Audience", in *Orthodoxy and Heresy in Eighteenth-Century Society: Essays from the Debartolo Conference*, ed. Regina Hewitt e Pat Rogers (Lewisburg, PA: Bucknell University Press, 2002), 253.

230 "uma mulher tem o direito de subir ao cadafalso" De Gouges, *The Rights of Woman*, 104-9.

230 O marquês de Condorcet Todd, *MW:ARL*, 211. Todd argumenta que Wollstonecraft achava as ideias de Olympe de Gouges extremas demais, porém, embora a *Reivindicação dos Direitos da Mulher*, de Wollstonecraft, jamais tenha ido tão longe quanto o grito de guerra de Olympe de Gouges, isso se deve, em grande parte, ao contexto. A Paris da década de 1790 era muito mais radical que a Londres da década de 1780, o que permitiu que De Gouges adotasse posturas mais revolucionárias do que Wollstonecraft poderia ter ousado articular na conservadora Inglaterra.

230 Ainda mais infame Lucy Moore, *Liberty: The Lives and Times of Six Women in Revolutionary France* (Londres: Harper Perennial, 2011), 48-51.

232 "fazer o papel" Ibid., 49.

232 "Elevemo-nos" Ibid., 118. Ver também Linda Kelly, *Women of the French Revolution* (Londres: Hamish Hamilton, 1989), 49.

232 que conhecera muitas Gordon, *VAL*, 211, 250-51, 275, 281-82. Posteriormente, Wollstonecraft viria a acusar Imlay, com frequência, de ser incapaz de controlar seu desejo pelas mulheres. Por exemplo, ver MW para Imlay, 10 de fevereiro de 1795, *Letters MW*, 283.

Capítulo 17. **Mary Shelley: Retribuição (1816-1817)**

233 "Haverei de amá-lo" CC para Byron, ?29 de agosto de 1816, *TCC*, 70.

233 o mau tempo 7 de outubro de 1816. Edward A. Bloom e Lillian D. Bloom (org.), *The Piozzi Letters: 1811-1816* (Plainsboro, NJ: Associated University Presses, 1999), 521.

233 "Mary está lendo" PBS para Byron, 29 de setembro de 1816, *Letters PBS*, 1:508.

233 "Busque a felicidade na tranquilidade" Mary Shelley, *Frankenstein*, 185.

234 suas palavras de advertência A irmã de Walton se chamava Margaret Walton Saville. Anne Mellor destaca que tais iniciais, M.W.S., "são aquelas que Mary Wollstonecraft Godwin desejava e ganhou ao se casar com o viúvo Percy Shelley". Embora não conheçamos essa irmã, Mellor destaca que é interessante notar que Walton menciona com frequência a influência moderadora da irmã, que o ajuda a resistir ao impulso de sua ambição. Anne Mellor, "Making a 'Monster': An Introduction to *Frankenstein*", in *The Cambridge Companion to Mary Shelley*, ed. Esther Schor (Cambridge: Cambridge University Press, 2003), 12.

235 Mary devia pressionar Shelley Fanny para MWS, 3 de outubro de 1816, *TCC*, 81. As exatas palavras de Fanny foram: "Não é seu dever e de Shelley considerar tais coisas?".

235 "carta idiota" 4 de outubro de 1816, *Journals MWS*, 138.

235 "Her voice did quiver"/["Sua voz tremeu"] "On Fanny Godwin", Hutchinson (org.), *Complete Poetical Works of Percy Bysshe Shelley*, 2:45.

236 "muito alarmante" 9 de outubro de 1816, *Journals* MWS, 139.

236 "partir imediatamente" Godwin para MWS, 13 de outubro de 1816, Dowden, *Life of Percy Bysshe Shelley*, 58.

236 "o pior" 11 de outubro de 1816, *Journals* MWS, 141.

236 o *Cambrian* Citado em Ibid., 139-40 n2.

236 usava um espartilho Sunstein, MS:R&R, 127.

236 "de um ser" Dowden, *Life of Percy Bysshe Shelley*, 57. Ver também *Journals* MWS, 139-40 n2.

236 O uso da palavra Wollstonecraft dedicou seu livro infantil a Fanny: "O primeiro livro de uma série que pretendia ter escrito para minha pobre menina". Jebb, *Mary Wollstonecraft*, 289.

236 "Não vá a Swansea" Godwin para MWS, 13 de outubro de 1816. Dowden, *Life of Percy Bysshe Shelley*, 58; ver também *Journals* MWS, 139-40 n2.

236 os Godwin diziam Godwin para MWS, 13 de outubro de 1816, Dowden, *Life of Percy Bysshe Shelley*, 58.

237 "muito agitada" MWS para PBS, 18 de dezembro de 1816, *Letters* MWS, 1:24.

216 Shelley fazia comentários Charles Robinson escreve: "A colaboração parece ter sido a marca do relacionamento literário do casal Shelley. [...] Os vestígios manuscritos realmente nos permitem imaginar como os Shelley passavam os cadernos de cá para lá entre agosto/setembro de 1816 e meados de abril de 1817". Introdução à obra de Mary Shelley, *Original Frankenstein*, 25.

237 "peculiarmente interessante" Para um breve apanhado das mudanças que Shelley fez no manuscrito, ver ibid., 26-28.

238 4 mil palavras originais Ibid., 25.

238 *A Terra Inútil* e *O Grande Gatsby* O editor Max Perkins pressionou F. Scott Fitzgerald a desenvolver uma personagem "vaga", transformando-a no famoso Jay Gatsby, chegando mesmo a fornecer a Fitzgerald ideias do que Gatsby deveria dizer e fazer. Perkins afirmou que a imprecisão de Fitzgerald em relação a Gatsby "pode ser, em certa medida, uma intenção artística, mas eu a considero equivocada. Não poderia ele ser descrito fisicamente com tanta precisão como os demais, e não poderia você acrescentar uma ou duas características como o uso daquela expressão 'velho esporte' — não verbais, mas físicas, talvez". Max Perkins para Scott Fitzgerald, 20 de novembro de 1924, in Gerald Gross, *Editors on Editing* (Nova York: Harper and Row, 1985), 281.

Além disso, Perkins cortou 90 mil palavras do esboço original da obra de Thomas Wolfe, *Look Homeward, Angel*. Em um dos demais exemplos famosos de colaboração, Ezra Pound, amigo de T.S. Eliot, apagou quase seiscentas linhas do primeiro esboço de mil linhas de *A Terra Inútil*, enquanto Eliot estava hospitalizado por insanidade mental, excluindo o plano de rimas e a métrica original e deixando intactas apenas 434 linhas de versos livres. Na realidade, a maioria dos estudiosos concorda que *A Terra Inútil* é uma obra em coautoria. Jack Stillinger escreve: "Segundo a visão majoritária, as 434 linhas de *A Terra Inútil* estavam escondidas, desde o início, nas mil linhas do esboço, bem ao modo de uma das figuras adormecidas de Michelangelo, esperando para serem salvas do bloco de mármore. Mas Michelangelo, nessa analogia, era artista e revisor simultaneamente. No caso de *A Terra Inútil*, foi necessário que um gênio poético criasse aquelas 434 linhas e outro se livrasse das várias centenas de linhas de qualidade inferior que as cercavam e obscureciam". *Multiple Authorship and the Myth of Solitary Genius* (Nova York: Oxford University Press, 1991).

238 por vezes, suas sugestões Robinson escreve: "Nem todas as alterações de Percy Shelley ao texto de Mary Shelley no Rascunho são para melhor". Introdução a *Original Frankenstein*, 26.

238 Ademais, Mary e Shelley Ver Daisy Hay para uma discussão completa da importância da sociabilidade e da colaboração, não apenas para Mary e Shelley, mas também para seu grupo de amigos. Ela escreve: "*Frankenstein*, como 'Alastor', de Shelley, é uma crítica da criatividade egoísta, isolada. [...] Frankenstein provoca a própria ruína por meio de um ato de criação que exalta o próprio criador, o que fica caracterizado por sua incapacidade de considerar as ramificações socais de suas ações. Ele rejeita o contexto comunal e institucional da Universidade de Ingolstadt para se esguiar em ossários e em seu quarto no sótão em busca de glória pessoal. *Frankenstein* [...] é o manifesto de Mary em favor da comunidade idealizada de indivíduos esclarecidos que ela e Shelley tentavam reunir". Daisy Hay, *Young Romantics: The Tangled Lives of English Poetry's Greatest Generation* (Nova York: Farrar, Straus and Giroux, 2010), 86-87.

238 mais notícias ruins T. Hookham para PBS, citado em Dowden, *Life of Percy Bysshe Shelley*, 67.

238 "em estado de gravidez avançada" 12 de dezembro de 1816, *The Times*, citado em Seymour, MS, 175.

239 e lamentou sua cumplicidade Mary escreveu: "Pobre Harriet, a cuja triste sina eu atribuí tantas de minhas tão pesadas dores como uma expiação exigida pelo destino em virtude de sua morte". 12 de fevereiro de 1839, *Journals* MWS, 560.

239 "Ah! Meu grande amor" MWS para PBS, 17 de dezembro de 1816, *Letters MWS*, 1:24.

239 "Não preciso" PBS para Byron, 17 de janeiro de 1817, *Letters PBS*, 1:539-40.

239 "Caríssima Claire" PBS para CC, 30 de dezembro de 1816, ibid., 1:524-25.

240 "A sra. G. e G." Ibid.

240 "bom casamento" PBS descreve "os efeitos mágicos" do casamento sobre os Godwin, ibid.

241 "Aqueles tesouros adorados" MWS para PBS, 17 de dezembro de 1816. *Letters MWS*, 1:24.

241 desatenção de Shelley MWS para Marianne Hunt, 13 de janeiro de 1817, ibid., 1:27.

242 Leigh Hunt era uma figura fascinante Para uma descrição mais completa de Hunt, ver Hay, *Young Romantics*, 54-57.

244 "ininteligível", "cansativo" John Wilson Croker, "Keats, *Endymion*: A Poetic Romance", *Quarterly Review* (1818): 204.

244 suas origens *"cockney"* John Gibson Lockhart, "On the Cockney School of Poetry", *Blackwood's Edinburgh Magazine* (1818): 519.

245 "movido" Roger Ingpen, ed., *The Autobiography of Leigh Hunt: With Reminiscences of Friends and Contemporaries, and with Thornton Hunt's Introduction and Postscript*, vol. 2 (Londres: 1903), 37.

245 "criaturas apavorantes" Ibid.

246 Elizabeth Kent Para mais informações sobre Hunt e Elizabeth Kent, ver Hay, *Young Romantics*, 7, 15-18, 55, 60, 70, 72-75, 96-97, 115-18, 226, 262.

Capítulo 18. **Mary Wollstonecraft: Apaixonada (1792)**

250 "a liberdade é enaltecida" Gilbert Imlay, *A Topographical Description of the Western Territory of North America* (Londres: 1792), 159.

250 "condição de degradação" Gilbert Imlay, *The Emigrants*, W. Verhoeven e Amanda Gilroy (org.) (Nova York: Penguin, 1998), 101.

250 "cenário encantado" Mary Wollstonecraft, *An Historical and Moral View of the Origin and Progress of the French Revolution* (Londres: 1794), 476.

250 "Cá entre nós" Joel para Ruth Barlow, 19 de abril de 1793, citado em Eleanor Flexner, *Mary Wollstonecraft: A Biography* (Nova York: Coward, McCann and Geoghegan, 1972), 181.

251 "cintilavam com o mesmo afeto" MW para Imlay, [data?] de dezembro de 1793, *Letters MW*, 234.

251 *"Tant pis"* W. Clark Durant, "Supplement", in *Memoirs of the Author of a Vindication of the Rights of Woman*, William Godwin (org.) (Londres: Constable and Co., 1927), 237.

251 ardor róseo MW para Imlay, [data?] de dezembro de 1793, *Letters MW*, 234.

253 O "ar é frio" Wollstonecraft, *The French Revolution*, 162.

253 os "gigantescos" retratos Ibid., 161.

253 "Choro" Ibid., 163.

253 "querida menina" MW para Imlay, [data?] de agosto de 1793, *Letters MW*, 228.

253 "uma granja alegre" Wollstonecraft, *A Vindication of the Rights of Men* (Londres: J. Johnson, 1790), 141.

253 lugares mais cativantes Imlay, *Emigrants*, 54.

254 "Você não pode imaginar" MW para Imlay, [data?] de agosto de 1793, *Letters MW*, 228.

254 "revolução na mente" Wollstonecraft, *The French Revolution*, 396.

254 o melhor plano Todd, *MW:ARL*, 240.

256 "prestes a desmaiar" MW para Imlay, [data?] de novembro de 1793, *Letters MW*, 232.

257 "pelas asas" Helen Maria Williams, *Letters Containing a Sketch of the Politics of France, from the 31st of May 1793, Till the 28th of July 1794, and of the Scenes Which Have Passed in the Prisons of Paris* (1795; University of Oxford Text Archive), 37, <http://ota.ox.ac.uk/text/4517.html>.

257 "Se essa jovem" *The British Critic*, vol. 2 (1793; Google Books, 2008), 252, <http://books.google.com/books?id=EP8VAAAAYAAJ&dq>.

257 "a política é um estudo" Citado em Deborah Kennedy, *Helen Maria and the Age of Revolution* (Plainsboro, NJ: Associated University Presses, 2002), 106.

257 "Madame Roland" Citado em ibid., 115.

257 "fúrias uterinas" Lynn Avery Hunt, *The Family Romance of the French Revolution* (Berkeley: University of California Press, 1993), 121.

257 "cada sexo" Citado em ibid., 122.

257 "Em geral" Citado em ibid., 119.

258 "Minhas opiniões" Citado em Linda Kelly, *Women of the French Revolution* (Londres: Hamish Hamilton, 1989), 123.

258 "Lembrem-se daquela virago" Citado em M. J. Diamond, *Women and Revolution: Global Expressions* (Nova York: Springer, 1998), 14.

258 "Ó Liberdade!" Citado em Gary Kelly, *Women, Writing and Revolution, 1790-1827* (Oxford: Clarendon Press, 1993), 55-56.

259 "Venho sentindo" MW para Imlay, [data?] de novembro de 1793. *Letters MW*, 232-33.

## Capítulo 19. Mary Shelley: Marlow e Londres (1817-1818)

261 "descido os degraus" PBS para MWS, 16 de dezembro de 1816, *Letters PBS*, 1:521.

262 "aquela ninfa" Leigh Hunt para MWS, 16 de novembro de 1821, *The Correspondence of Leigh Hunt* (org.) Thornton Hunt, 2 v. (Londres: Smith, Elder and Co., 1862), 1:106.

262 "de semblante impassível" Leigh Hunt para MWS, 25-27 de julho de 1819, St. Clair, *Godwins and the Shelleys*, 6:846.

262 "pula para lá e para cá como" MWS para PBS, 17 de janeiro de 1817, *Catalogue of the Library of the Late Charles W. Frederickson: A Carefully Selected and Valuable Collection of English Literature, Comprising a Large Number of First and Other Rare Editions, Especially of Byron, Gray, Keats, Lamb, Shakspeare, Scott, and an Unrivalled Collection of the Works of Shelley and Shelleyanna; Also Autograph Letters and Manuscripts of the Greatest Intrinsic Interest and Value* (Cambridge, MA: D. Taylor & Company, 1897), 231, citado em Seymour, *MS*, 180. Essa passagem trata de um momento anterior daquele ano, mas é uma das mais vívidas expressões de alegria de Mary junto ao pequeno William.

263 "os mortos" MWS para Leigh Hunt, 3 de maio de 1817, *Letters MWS*, 1:32.

263 "prole" ou "progênie" Mary Shelley, introdução a *Frankenstein*, 11.

263 como uma "dilatação" Ibid., 7.

263 Embora Mary não tenha fornecido Anne Mellor apresenta uma análise dessas datas em "Making a 'Monster': An Introduction to *Frankenstein*", 12, e em *Mary Shelley: Her Life, Her Fiction, Her Monsters* (Nova York: Routledge, 1989), 54-55.

263 é como se ela tivesse escrito Anne Mellor escreve: "O romance é escrito pela autora para um público de uma única pessoa — ela mesma". Para uma discussão mais meticulosa a respeito dessa ideia, ver *Mary Shelley*, 54-55.

263 Não importa o quanto Mellor escreve: "A grande busca de Victor é precisamente usurpar da natureza o poder feminino da reprodução biológica, criando um 'Monstro'", 19.

263 pão e passas Dowden, *Life of Percy Bysshe Shelley*, 123.

264 "o rosto voltado para cima" Elizabeth Kent, *Flora Domestica* (Londres: 1823), xix.

264 "bela e muito jovem" Dowden, *Life of Percy Bysshe Shelley*, 123.

264 Os moradores do vilarejo Ibid., 120-22.

266 "muitos elogios" Jeanne Moskal, "Nota introdutória", in Mary Shelley, *The Novels and Selected Works of Mary Shelley* (Londres: William Pickering, 1996), 8:4.

266 "a leitura cuidadosa" Benjamin Colbert, "Contemporary Notice of the Shelleys' *History of a Six Weeks' Tour*: Two New Early Reviews", *Keats-Shelley Journal* 48 (1999).

266 "principal temática" PBS para Byron, 8 de setembro de 1816, *Letters PBS*, 1:504.

266 "arrebatar" *The Complete Poetry of Percy Bysshe Shelley*, ed. Donald H. Reiman, Neil Fraistat e Nora Crook (Baltimore: Johns Hopkins University Press, 2012), 3:120.

267 "Can man be free"/["Pode o homem ser"] Ibid., 3:167.

267 "The Revolt of Islam" Para uma análise abrangente do poema, ver Holmes, *Pursuit*, 390-402.

267 "So now my summer"/["Agora, Mary"] *Complete Poetry of Shelley*, ed. Reiman, Fraistat e Crook, 123.

268 A competição Mary escreveu, "Clare [sic] sempre me impacienta com suas queixas infantis e sem fundamento". MWS para PBS, 18 de outubro de 1817, *Letters MWS*, 1:57.

268 "Mary presenteou-me" PBS para Byron, 24 de setembro de 1817, *Letters PBS*, 1:557.

268 Ela escreveu muitas cartas para o marido "Volte assim que puder", MWS para PBS, 26 de setembro de 1817, *Letters MWS*, 1:52. Ver também 24 e 28 de setembro, 2, 16, e 18 de outubro. Ela se queixa de Alba, Claire e dos Hunt, mas o tema mais constante é a ausência de Shelley.

269 "Chore, então" David Clark, ed., *Shelley's Prose: or, The Trumpet of a Prophecy* (Albuquerque: University of New Mexico Press, 1966), 168.

269 Godwin já havia lido Muitos anos mais tarde, depois da morte de Shelley, Godwin diria a Mary: "[*Frankenstein*] é o livro mais maravilhoso que, escrito aos 20 anos de idade, eu já li". Paul, *Friends*, 2:282.

269 recebeu críticas imediatas e furiosas Seymour apresenta um resumo da reação a *Frankenstein* em *MS*, 196.

269 "respeito àquelas pessoas" MWS para sir Walter Scott, 14 de junho de 1818, *Letters MWS*, 1:34.

270 umas poucas críticas relutantes Para uma visão geral da reação da crítica, ver Holmes, *Pursuit*, 403-4.

270 um ou dois nacos de pão Hogg frequentemente dizia que Shelley era tão puro ou "sensível" que não precisava de alimento. *Life of Shelley*, 2:114, 2:187, 2:305, 2:517.

271 "amorosa e serena" PBS para Byron, 17 de dezembro de 1817, *Letters PBS*, 1:557.

271 "ar puro" MWS para PBS, 26 de setembro de 1817, *Letters MWS*, 1:27.

272 "*I met a traveller*"/["Conheci"] *Complete Poetry of Shelley*, ed. Reiman, Fraistat e Crook, 3:4-5.

## Capítulo 20. Mary Wollstonecraft: "Maternidade" (1793-1794)

273 "Apenas lhes disse" MW para Imlay, 1º de janeiro de 1794, *Letters MW*, 238.

273 "tagarelar por quanto tempo" MW para Ruth Barlow, [c. meados de 1793], ibid., 229.

273 cada vez mais triste MW para Imlay, [data?] de setembro de 1793, ibid., 231.

273 "Venho seguindo" Ibid.

274 "semblante gananciono" MW para Imlay, [data?] de dezembro de 1793, ibid., 234.

274 "Minha cabeça dói" MW para Imlay, 1º de janeiro de 1794, ibid., 238.

274 "[a] amava como a uma deusa" Ibid.

274 "Rogo-lhe" MW para Imlay, 8 de janeiro de 1794, ibid., 241.

274 "Que belo retrato" MW para Imlay, 11 de janeiro de 1794, ibid., 243.

275 sua "vida não teria" MW para Everina, 10 de março de 1794, ibid., 248.

255 "um tanto deslocada" MW para Ruth Barlow, 3 de fevereiro de 1794, ibid., 247.

275 a origem da sociedade Wollstonecraft, *The French Revolution*, 7.

275 "no alicerce" Ibid., 13.

276 "a liberdade parece estar alçando voo, com asas maternais" Ibid., 19.

276 "Amém e Amém!" John Adams, anotações na obra de Mary Wollstonecraft, *An Historical and Moral View of the Origin and Progress of the French Revolution*, no Departamento de Livros Raros da Biblioteca Pública de Boston, disponível on-line em <https://archive.org/details/historicalmoralvoowoll>. Daniel O'Neill escreve que as notas de Adams nos textos de Wollstonecraft constituem um "diálogo" entre Adams e a escritora acerca da "base teórica de suas avaliações tão diferentes da importância da Revolução Francesa". Ele acrescenta que a inexistência de estudos a respeito desse "diálogo" é uma "lacuna tanto na literatura sobre Wollstonecraft como naquela sobre Adams". "John Adams versus Mary Wollstonecraft on the French Revolution and Democracy", *Journal of the History of Ideas* 68, n. 3 (julho de 2007), 453. Para outra análise do debate Adams/Wollstonecraft, ver Gordon, *VAL*, 374, 461, 475.

276 "afetos familiares" Wollstonecraft, *The French Revolution*, 254.

278 "de localização agradável" MW para Ruth Barlow, 3 de fevereiro de 1794, *Letters MW*, 247.

278 "perturbar" seu estado de espírito MW para Imlay, 15 de janeiro de 1794, ibid., 246.

279 "defumando sobre a mesa" MW para Imlay, [data?] de março de 1794, ibid., 250.

279 "fraseologia matrimonial" MW para Ruth Barlow, 27 de abril de 1794, ibid., 251.

279 "a história está terminada" Ibid., 252.

279 "estava convencida" MW para Ruth Barlow, 20 de maio de 1794, ibid., 253.

279 "esse esforço" Ibid., 252.

279 "atipicamente saudável" MW para Ruth Barlow, 8 de julho de 1794, ibid., 254.

280 "tão vigorosamente" MW para Ruth Barlow, 20 de maio de 1794, ibid.

280 dando as últimas intruções a Ellefson De acordo com a descoberta recente (2005) de uma carta que Mary escreveu para o ministro dinamarquês do Exterior em 1796, ela foi realmente a última pessoa inglesa a ver a prata e quem deu as instruções a Ellefson em sua partida, pois Imlay estava fora tratando de negócios quando Ellefson zarpou: "Senhor, eu dei a Elefsen [sic] suas últimas ordens", declarava ela. Ver Lyndall Gordon e Gunnar Molder, "The Treasure Seeker", *The Guardian*, 7 de janeiro de 2005.

281 "haveria paz" MW para Everina, 20 de setembro de 1794, *Letters MW*, 262.

281 algumas "falcatruas" MW para Imlay, 20 de agosto de 1794, ibid., 259.

281 "[os negócios] são a ideia" MW para Imlay, 17 de agosto de 1794, ibid., 257.

282 "Seu coração tem qualidades" MW para Imlay, 19 de agosto de 1794, ibid., 258.

282 "temperamento reservado" MW para Imlay, 20 de agosto de 1794, ibid., 259.

282 400 mil europeus Stefan Riedel, "Edward Jenner and the History of Smallpox and Vaccination", *Baylor University Medical Center Proceedings* 18, n. 1 (2005), <www.ncbi.nlm.nih.gov/pmc/articles/PMC1200696/>.

282 "tratam a terrível" MW para Everina, 20 de setembro de 1794, *Letters MW*, 262.

283 como uma "escrava" MW para Imlay, 28 de setembro de 1794, ibid., 267.

283 "Ela conquistou" MW para Imlay, 19 de agosto de 1794, ibid., 258.

## Capítulo 21. Mary Shelley: Itália, "as horas felizes" (1818-1819)

285 "Os pomares" MWS para os Hunt, [6] de abril de 1818, *Letters MWS*, 1:63.

285 "há mais frutos" PBS para Peacock, 20 de abril de 1818, Percy Shelley, *Essays, Letters from Abroad, Translations and Fragments*, Mary Shelley (org.) (Londres: Moxon, 1845), 106.

285 "dois grandes salões" A descrição que Mary faz de uma *villa* fictícia em *O Último Homem* foi baseada na Villa Pliniana. Mary Shelley, *The Last Man* (1826; Rockville, MD: Wildside Press, 2007), 373.

286 participar de orgias Fiona MacCarthy argumenta que Byron fazia sexo com muitas mulheres a fim de reprimir e controlar seus impulsos homossexuais. *Byron*, 163, 173.

286 "Envio-lhe minha criança" CC para Byron, 27 de abril de 1818, *TCC*, 1:115.

286 "Amo [Allegra]" CC para Byron, ibid.

288 "Uma cidade idiota" *Journals MWS*, 209.

289 o enorme cão de Maria, Oscar Maria Gisborne para MWS, *Maria Gisborne and Edward E. Williams, Shelley's Friends: Their Journals and Letters*, ed. Frederick Jones (Norman: University of Oklahoma Press, 1951), 53. Posteriormente, a sra. Gisborne escreveu aos Shelley que Oscar sofreu muito quando eles partiram, *Letters from Abroad*, 186.

289 "O nariz dele" PBS para Peacock, [22] de agosto de 1819, *Letters PBS*, 2:114.

289 "franca e afetuosa" Mary Shelley, prefácio a *Letters from Abroad*, 1:xix.

290 "Não há nada que eu goste mais" MWS para a sra. Gisborne, 15 de junho de 1818, *Letters MWS*, 1:72.

290 "Quando cheguei aqui" Ibid.

291 *il prato fiorito* MWS para Maria Gisborne, 2 de julho de 1818, ibid., 1:74.

291 "Tenho o hábito" PBS para Peacock, 25 de julho de 1818, *Letters PBS*, 2:96.

292 "É verdade" MWS para Maria Gisborne, 17 de agosto de 1818, *Letters MWS*, 1:77.

293 "de duas" Richard Holmes, ed., *Shelley on Love* (Berkeley: University of California Press, 1980), 72.

293 "[As mulheres da Grécia antiga] foram" Richard Shepherd (org.), *The Prose Works of Percy Bysshe Shelley*, 2 vols. (Londres: 1897), 2:45.

293 "a verdade das coisas" PBS para Hogg, 10 de abril de 1814, *Letters PBS*, 1:389.

295 O "horror" de Byron PBS para MWS, 23 de agosto de 1818, *Letters PBS*, 2:37-38.

295 Mary tinha de tomar a decisão Bem ao estilo do pai, Mary resumiu esse debate em seu diário com uma única palavra: "Consulta". 28 de agosto de 1818, *Journals MWS*, 225.

296 "Como o pôr do sol" "To Mary", in Hutchinson (org.), *Complete Poetical Works of Percy Bysshe Shelley*, 549.

296 "pobrezinha Ca" PBS para MWS, 22 de setembro de 1818, *Letters PBS*, 39-40.

296 "perdia-se nas brumas distantes" Mary Shelley, "Nota do editor", in *Poetical Works of Percy Bysshe Shelley*, ed. Mary Shelley (Londres, 1839), 160-61.

296 "vida e morte" "Letter VI", Mary Shelley, *Rambles in Germany and Italy, in 1840, 1842, and 1843* (Londres, 1844), 79.

297 "Este é o Diário" 24 de setembro de 1818, *Journals MWS*, 226.

298 "*Wilt thou forget*"/ ["Esquecerás"] "The Past", in Hutchinson (org.), *Complete Poetical Works of Percy Bysshe Shelley*, 549.

## Capítulo 22. Mary Wollstonecraft: Abandonada (1794-1795)

300 "música alta" MW para Imlay, 22 de setembro de 1794, *Letters MW*, 263.

300 "enfeitiçava-o" Durant, "Supplement", 251-52.

301 "devaneios e linhas" MW para Imlay, 23 de setembro de 1794, *Letters MW*, 266.

301 "Estive brincando" Ibid.

301 "Cuide-se" MW para Imlay, 28 de setembro de 1794, ibid., 267.

302 "Ele exultou covardemente" MW para Imlay, 10 de fevereiro de 1795, ibid., 282.

302 uma jovem "animada" MW para Imlay, 1º de outubro de 1794, ibid., 269.

302 "ocupava e divertia" MW para Imlay, 26 de outubro de 1794, ibid., 270.

302 "Seu comportamento" William Drummond, ed., *The Autobiography of Archibald Hamilton Rowan* (Shannon: Irish University Press, 1972), 253-54, 56, 49.

302 "ficarei meio apaixonada" MW para Imlay, 26 de outubro de 1794, *Letters MW*, 270.

302 "Venha, Mary — venha" Durant, "Supplement", 247.

303 "Quando começou" MW para Imlay, 10 de fevereiro de 1795, *Letters MW*, 282.

303 "Creia-me" MW para Imlay, 22 de setembro de 1794, ibid., 264.

303 "Sei o que procuro" MW para Imlay, 9 de fevereiro de 1795, ibid., 281.

304 O que era importante Lyndall Gordon também afirma que o conflito entre Imlay e Mary era tanto filosófico quanto pessoal. *VAL*, 242-52.

304 a filha seria mais livre MW para Imlay, 19 de fevereiro de 1795, ibid., 284.

304 "Devo regressar a um país" Ibid.

304 "Apenas os negócios" Imlay para MW, citado em ibid., 285 n643.

305 "a boa gente" MW para Archibald Hamilton Rowan, [data?] de abril de 1795, ibid., 288.

305 "De fato, estive tão infeliz" MW para Imlay, 7 de abril de 1795, ibid., 286.

305 "Aqui estamos" MW para Imlay, 11 de abril de 1795, ibid., 289.

306 "aninhar-me" MW para Imlay, 28 de setembro de 1794, ibid., 267.

307 precisava de "variedade" MW para Imlay, 12 de junho de 1795, ibid., 297.

307 "conservar" MW para Imlay, 22 de maio de 1795, ibid., 293.

307 a "elasticidade" "Como me altero com a decepção!", escreveu Mary. "Quando estava indo para [Lisboa], dez anos atrás, a elasticidade de minha mente era suficiente para afugentar o cansaço." MW para Imlay, 20 de junho de 1795, ibid., 304.

308 "É minha opinião" MW para Eliza, 23 de abril de 1795, ibid., 290.

308 "Ela tomou o láudano" Wollstonecraft, *Maria*, 147.

## Capítulo 23. Mary Shelley: "Nosso pequeno Will" (1818-1819)

309 "fumaça" PBS para Peacock, 22 de dezembro de 1818, *Letters from Abroad*, 140.

309 "olhar praticamente para o mesmo cenário" MWS para Maria Gisborne, 22 de janeiro de 1819, *Letters MWS*, 1:85.

309 "Um poeta não poderia ter sepultura mais sagrada" 30 de novembro de 1818, *Journals MWS*, 241.

309 "laranjeiras" MWS para Sophia Stacey, 7 de março de 1820. Betty Bennett, "Newly Uncovered Letters and Poems by Mary Wollstonecraft Shelley", *Keats-Shelley Memorial Bulletin* 46 (julho de 1997).

310 os criados entravam silenciosamente Sunstein, *MS:R&R*, 159.

310 "*I could lie down*"/["Como uma criança"] Hutchinson (org.). *Complete Poetical Works of Percy Bysshe Shelley*, 567.

311 Então, quem era esse bebê? Muitas teorias foram propostas. Para um apanhado delas, ver Seymour, *MS*, 221-28. Ver também o sumário anterior de Holmes, *Pursuit*, 481-84. Como de praxe, os Shelley, ou seus descendentes, fizeram um trabalho excelente ao cobrir seus rastros. Infelizmente, falta ao menos uma carta crucial. Sabemos que, muitos meses depois, Mary escreveu para os Gisborne explicando por que teriam de retornar a Nápoles por seis meses no verão de 1819, uma vez que os Gisborne fazem menção ao recebimento dessa carta, mas ela foi destruída ou perdida, deixando-nos na ignorância.

312 Claire seria a mãe A única prova dessa alegação é uma anotação de Mary, a qual informa que Claire estava "indisposta" no dia 27 de dezembro de 1818, *Journals MWS*, 246.

312 Mary defendeu o marido MWS para Isabella Hoppner, 10 de agosto de 1821, *Letters MWS*, 1:207.

314 "para um céu esmeraldino" PBS para Peacock, 23 de março de 1819, *Letters PBS*, 2:84.

314 "arcos seguidos de arcos" Ibid.

314 "*Oh Rome!*"/["Ó Roma!"] Byron, "Childe Harold", canto IV, LXXVIII, *Lord Byron: Selected Poems*, Susan Wolfson e Peter Manning (org.) (Nova York: Penguin Classics, 2006), 537.

315 "Roma recompensa" MWS para Marianne Hunt, 12 de março de 1819, *Letters MWS*, 1:88.

315 Até mesmo Claire estava contente Holmes, *Pursuit*, 221.

315 "*O Dio che bella*" MWS para Marianne Hunt, 12 de março de 1819, *Letters MWS*, 1:88-89.

315 "Nosso pequeno Will" MWS para Maria Gisborne, 9 de abril de 1819, ibid., 1:93.

316 "antiga escada em espiral" PBS para Peacock, 23 de março de 1819, *Letters PBS*, 2:84-85.

316 "É uma cena de perpétuo encantamento" MWS para Marianne Hunt, 12 de março de 1819, *Letters MWS*, 1:89.

316 "espírito da beleza" Mary Shelley, *Valperga* (Oxford: Oxford University Press, 2000), 96.

316 "terrivelmente exausta" MWS para Marianne Hunt, 12 de março de 1819, *Letters MWS*, 1:88.

317 "Os modos dos ingleses ricos" PBS para Peacock, 23 de março de 1819, *Letters PBS*, 2:85.

317 "O lugar está repleto de ingleses" MWS para Maria Gisborne, 9 de abril de 1819, *Letters MWS*, 1:93.

317 Amelia Curran Para uma descrição mais completa de Curran, ver Holmes, *Pursuit*, 513-14.

317 "Ele é tão delicado" MWS para Maria Gisborne, 30 de maio de 1819, *Letters MWS*, 1:98.

317 "convulsões da morte" MWS para a sra. Gisborne, 5 de junho de 1819, ibid., 1:99.

319 "Nunca tenho um só instante de alívio" MWS para Marianne Hunt, 29 de junho de 1819, ibid., 1:101.

319 "O mundo" MWS para Leigh Hunt, 24 de setembro de 1819, ibid., 1:108.

319 "William era tão bondoso" MWS para Marianne Hunt, 29 de junho de 1819, ibid., 1:102.

319 *"My lost William"*/["Meu William"] Hutchinson (org.). *Complete Poetical Works of Percy Bysshe Shelley*, 576.

320 "Minha amada Mary" Ibid., 577.

320 "Nunca haverei de recuperar-me" MWS para Amelia Curran, 27 de junho de 1819, *Letters MWS*, 1:100.

321 então, "subia" PBS para Peacock, 22 de agosto de 1819, *Letters PBS*, 2:114.

321 "cela aérea" Mary Shelley, "Preface" para *The Cenci*, em Hutchinson (org.), *Complete Poetical Works of Percy Bysshe Shelley*, 336.

322 "Eu deveria ter morrido" MWS para Leigh Hunt, 24 de setembro de 1819, *Letters MWS*, 1:108.

322 "cantarem, não tão" MWS para Marianne Hunt, 28 de agosto de 1819, ibid., 1:102.

322 "Embora, de início" Godwin para MWS, 9 de setembro de 1819, Paul, *Friends*, 2:270.

Capítulo 24. **Mary Wollstonecraft: "Você não me esquecerá" (1795)**

323 "Uma [...] visão" Wollstonecraft, *Maria*, 147.

323 ele planejou Para uma visão geral dos possíveis motivos de Imlay, ver Todd, MW:ARL, 303-5.

324 "casa que mais parecia um sepulcro" MW para Imlay, 10 de junho de 1795, *Letters MW*, 295.

324 parecia "diminuta" MW para Imlay, 14 de junho de 1795, ibid., 300.

324 "Papai, venha" MW para Imlay, 12 de junho de 1795, ibid., 299.

324 "Sem dúvida, você" MW para Imlay, 16 de junho de 1795, ibid., 301.

325 "brinca[va] com o camareiro" MW para Imlay, 17 de junho de 1795, ibid., 303.

325 "uma angústia da mente" MW para Imlay, 18 de junho de 1795, ibid., 303.

325 "em um estado de estupor" MW para Imlay, 27 de junho de 1795, ibid., 306.

325 "Meu amigo" MW para Imlay, 29 de junho de 1795, ibid., 307.

325 o torturava Quando Imlay se queixou de que as cartas de Mary o estavam aborrecendo, ela escreveu: "Creia-me (e meus olhos se enchem de lágrimas de ternura ao assegurá-lo), não há nada que eu não suportaria a título de privação a fim de não perturbar sua tranquilidade". MW para Imlay, 3 de julho de 1795, ibid., 309.

326 "Ah, por que você" MW para Imlay, 4 de julho de 1795, ibid., 311.

326 "a cultura da sensibilidade" Originalmente conhecido como "o culto da sensibilidade", G.J. Barker-Benfield apresenta esse termo em seu estudo revolucionário, *The Culture of Sensibility: Sex and Society in Eighteenth-Century Britain* (Chicago: University of Chicago Press, 1992).

326 "a vulgaridade" MW para Imlay, 4 de julho de 1795, ibid., 311.

326 ser abandonada tinha dois significados Para uma análise do duplo significado de "abandono", ver Lawrence Lipking, *Abandoned Women and Poetic Tradition* (Chicago: University of Chicago Press, 1988), 82.

326 "do tranquilo" Mary Robinson, soneto v, *Sappho and Phaon* (1796; Whitefish, MT: Kessinger Publishing, reimp., 2004), 14.

328 "nível de vivacidade" MW para Imlay, 4 de julho de 1795, *Letters MW*, 311.

328 "Contemplei a natureza inteira em repouso" Mary Wollstonecraft, *Letters Written During a Short Residence in Sweden, Norway, and Denmark* (Londres: J. Johnson, 1796), 14.

329 "Sinto mais que o amor e a preocupação de mãe" Ibid., 66.

330 "petrificações humanas" Ibid., 91.

331 "reclinava no declive musgoso" Ibid., 93-95.

331 "Devo amar" Ibid.

331 "ar que recendia a pinheiros" Ibid.

331 a água "pululava" Ibid., 97.

331 "tantos cabelos de tom amarelo" Ibid., 100.

331 "anormalmente deteriorados" Ibid., 102.

332 "a língua é suave" Ibid., 104.

333 "Minha cabeça girava" Ibid., 119.

333 "A visão" Ibid., 132.

333 "Nascer" Ibid., 133.

333 uma carta recém-descoberta Gunnar Molden é o historiador norueguês que encontrou a carta perdida. Para um relato completo de sua descoberta, ver Lyndall Gordon e Gunnar Molden, "The Treasure Seeker", *The Guardian*, 7 de janeiro de 2005. Ver também VAL, 260-62.

334 "As nuvens" Ibid., 167.

321 Para Mary, a rejeição de Gilbert Eleanor Ty argumenta que a noção de perda de Wollstonecraft tinha raízes muito mais profundas que as rejeições de Imlay. Ela escreve: "Na teoria psicanalítica de Freud e na de Lacan, desejo e sexualidade estão ligados a um objeto original que se perde. [...] Portanto, o desejo de Wollstonecraft não é tão somente por Gilbert Imlay, ou por outro amante". Ty prossegue, argumentando que, mesmo se Imlay tivesse se comprometido com Wollstonecraft, seu amor jamais teria sido suficiente para satisfazer o desejo da escritora, pois "ele é meramente um objeto que representa outra coisa". "'The History of My Own Heart': Inscribing Self, Inscribing Desire in Wollstonecraft's Letters from Norway", in *Mary Shelley and Mary Wollstonecraft: Writing Lives*, Helen M. Buss, D. L. Macdonald e Anne McWhir (org.) (Waterloo, Ontário: Wilfrid Laurier University Press, 2001), 71.

## Capítulo 25. Mary Shelley: "A mente de uma mulher" (1819)

335 "criaria alvoroço" PBS para Peacock, 6 de julho de 1819, Ingpen, ed., *Letters PBS*, 696.

335 Pessimismo versus otimismo O pessimismo de Mary Shelley é tão enfático, escreve Barbara Jane O'Sullivan, que se pode dizer que ela tinha um complexo de "Cassandra": "Mary Shelley desenvolve uma alternativa ao otimismo prometeico do Romantismo. Percy Shelley anunciava sua visão poética triunfante com a personificação de um Prometeu Liberto — um deus-herói no centro de uma história metafísica de renovação e liberação da energia criativa. Mary Shelley, por outro lado, retrata uma heroína trágica e extremamente humana, que faz lembrar a antiga profetiza Cassandra. Um estudo detalhado das obras de Mary Shelley revela que a figura de Cassandra é uma imagem dominante e que a escritora sentiu uma forte identificação pessoal com Cassandra em certos momentos de sua vida". "Beatrice in Valperga: A New Cassandra", in *The Other Mary Shelley: Beyond Frankenstein*, Audrey A. Fisch, Anne K. Mellor e Esther H. Schor (org.) (Nova York: Oxford University Press, 1993), 140.

336 "Que você [...] jamais" MWS para Marianne Hunt, 29 de junho de 1819, *Letters MWS*, 1:101.

337 "*We look on the past*"/["Olhamos para o passado"] 4 de agosto de 1819, *Journals MWS*, 293.

337 "Quarta-feira, 4" Ibid.

338 "*Um pouco de paciência*" Mary Shelley, *Matilda*, in *Mary Wollstonecraft: Mary and Maria; Mary Shelley: Matilda*, ed. Janet Todd (Londres: Penguin Classics, 1992), 201.

338 O incesto, como a poesia de Shelley já havia revelado Posteriormente, Shelley escreveria: "O incesto é, como muitas outras coisas incorretas, uma circunstância bastante poética. Ele pode ser a oposição a tudo em nome de outra pessoa, o que se reveste da glória de um heroísmo superior; ou pode ser aquela ira cínica que, confundindo o bem e o mal em opiniões existentes, supera-os com o propósito de insurgir-se no egoísmo e na antipatia". PBS para a sra. Gisborne, 16 de novembro de 1819, Ingpen (org.), *Letters PBS*, 749.

338 Como Mary, Beatrice era "pálida" Embora Richard Holmes, biógrafo de Shelley, acredite que a descrição que o poeta faz de Beatrice guarde uma misteriosa semelhança com o próprio Shelley, os adjetivos que ele usa são aqueles que geralmente usava para se referir a Mary — "pálida" e "sem manchas". E os olhos de Mary eram certamente inchados por causa das lágrimas. Ver Holmes, *Pursuit*, 516-17.

339 A perspectiva de Mary no tocante ao incesto Janet Todd destaca um paralelo interessante entre Mary Shelley e a psicanalista francesa Marie Bonaparte, uma das pacientes mais famosas de Freud e cuja própria mãe havia morrido quando a deu à luz. Bonaparte escreveu sobre o fenômeno da filha que anseia ser, ao mesmo tempo, a esposa do pai (a própria mãe) e a filha do pai. "Estar morta para mim era ser identificada com a mãe, era estar no lugar da esposa de meu pai, o equivalente à morte da minha mãe." *Revue Française de psychanalyse* 2.3 (1928), citado em Janet Todd, introdução a *Mary Wollstonecraft: Mary and Maria; Mary Shelley: Matilda* (Londres: Penguin Classics, 1992), xx.

340 "Sou, pensei eu, uma tragédia" Mary Shelley, *Matilda*, 199.

340 Em um golpe de retaliação Claire Raymond escreve que, embora Mary Shelley não cite explicitamente *The Cenci*, *Matilda* "responde implicitamente ao texto de Percy Shelley, argumentando com a opinião do poeta em relação ao que constituiria a bravura. *Matilda* contradiz a imagem da corajosa Beatrice Cenci da peça de Percy Shelley ao apresentar em seu lugar a lenta e metódica automortificação de uma filha derrotada que sofreu, embora não tenha cometido pecados. Matilda obtém sua vingança através

340 "Adeus, Woodville. A relva logo estará verde" Ibid., 210.

341 O criado, Giuseppe Sra. Gisborne para PBS, [data?] de outubro de 1819, Mary Shelley, ed., *Works of Percy Bysshe Shelley* (Oxford: Oxford University Press, 1847), 133.

341 "Pobre Oscar!" PBS para sra. Gisborne, 13 ou 14 de outubro de 1819, Ingpen (org.), *Letters PBS*, 723.

341 E. M. Forster, em seu romance Seymour comenta essa semelhança em *MS*, 238.

341 Ela sentiu uma imediata antipatia Mary queixou-se com a sra. Gisborne, escrevendo: "Mme M. poderia continuar extremamente bem e tirar algum proveito se tivesse o cérebro de um ganso, mas ela tem a memória fraca e seu temperamento é pior que um incêndio descontrolado". 28 de dezembro de 1819, *Letters MWS*, 1:122.

341 "contemplando as folhas" PBS para os Gisborne, 6 de novembro de 1819, *Letters PBS*, 2:150.

341 "caráter pessoal" PBS para Ollier, 15 de outubro de 1819, *Letters PBS*, 2:128.

342 "O sr. Shelley ab-rogaria" Newman Ivey White, *The Unextinguished Hearth* (Londres: Octagon Books, 1966), 141. Para outra discussão sobre essa crítica, ver Holmes, *Pursuit*, 545.

342 "ele se empertigou de repente" Thomas Medwin, *The Life of Percy Bysshe Shelley* (Oxford: Oxford University Press, 1913), 226.

342 chamando-a de "lixo" PBS para Ollier, 15 de outubro de 1819, *Letters PBS*, 2:128. Ver o relato detalhado de Holmes a respeito desse período da vida de Shelley, *Pursuit*, 545.

342 encontrou um cabelo branco Holmes, *Pursuit*, 546.

342 "anseio de reformar" Ibid.

## Capítulo 26. Mary Wollstonecraft: A volta para casa (1795-1796)

343 "Nosso modo de pensar não é compatível" Não temos as cartas de Imlay, porém Mary cita frases dele em suas respostas. MW para Imlay, 26 de agosto de 1795, *Letters MW*, 319.

343 "eu vivo" Ibid.

343 Em nenhum momento ocorreu Eleanor Ty usa as teorias de Freud e Lacan para analisar as cartas de Wollstonecraft, argumentando que o anseio que a escritora demonstra por seu amado era, na verdade, um desejo mais profundo, que estava associado a todas as suas experiências de perda. Ela escreve: "Durante suas viagens, Wollstonecraft expressou o desejo de estar com o amante. No entanto, em termos lacanianos, essa necessidade articulada [...] é sempre direcionada a um Outro e não satisfaz a necessidade da pessoa". "'The History of My Own Heart'", in *Mary Wollstonecraft and Mary Shelley: Writing Lives*, Buss, Macdonald e McWhir (org.), 71. Ver também a última nota do capítulo 24.

344 a "indolência" Wollstonecraft, *Letters from Sweden*, 201-2.

344 "Não fosse por esta criança" MW para Imlay, 6 de setembro de 1795, ibid., 320.

344 "Ah", escreveu Mary Wollstonecraft, *Letters from Sweden*, 235.

345 "forçou" uma "confissão" MW para Imlay, 10 de outubro de 1795, *Letters MW*, 326.

346 "em um estado caótico" MW para Imlay, ibid.

347 A Revolução fez Todd escreve: "Wollstonecraft havia encontrado muitos suicidas 'racionais' entre os políticos durante a Revolução Francesa". *Letters MW*, 327 n694. Ver também *MW:ARL*, 354.

347 "A fúria impetuosa" Wollstonecraft, *Letters from Sweden*, 174.

347 "Eu desejaria enfrentar" MW para Imlay, 10 de outubro de 1795, *Letters MW*, 326.

348 "interesse próprio" MW para Imlay, 27 de setembro de 1795, *Letters MW*, 322.

348 a "agonia" MW para Imlay, domingo de manhã, [c. outubro de 1795], *Letters MW*, 327.

348 A Royal Humane Society Todd, *MW:ARL*, 356.

349 "desumanamente trazida" MW para Imlay, domingo de manhã [c. outubro de 1795], *Letters MW*, 327.

349 "como nos desvencilharemos" Ibid.

349 "um ser imaginário" MW para Imlay, 8 de dezembro de 1795, ibid., 334.

352 da "paixão" MW para Imlay, 27 de novembro de 1795, ibid., 332.

353 Mary omitiu queixas Mary Favret fornece os exemplos que cito, bem como uma análise brilhante das estratégias de Wollstonecraft para a organização e composição de *Letters from Sweden*. Favret, *Romantic Correspondence: Women, Politics, and the Fiction of Letters* (Cambridge: Cambridge University Press, 2005), 102-3. Favret argumenta que as cartas publicadas de Wollstonecraft "reescrevem e substituem deliberadamente as cartas de amor, transformando a dependência emocional e o sofrimento pessoal

de Wollstonecraft em um confronto público com a corrupção social", 101.

353 "Meus olhos" Wollstonecraft, *Letters from Sweden*, 187.

353 "um bom jantar" Ibid., 20.

354 "Se já existiu um livro" Godwin, *Memoirs*, 133.

354 "feminismo revolucionário" Gary Kelly, *Revolutionary Feminism: The Mind and Career of Mary Wollstonecraft* (Nova York: St. Martin's Press, 1992), 178-79.

354 "Um pesar sem dor" Samuel Taylor Coleridge, *Dejection: An Ode*, in *The Poetical Works of Coleridge, Shelley, and Keats* (Filadélfia: Thomas Cowperthwait & Co., 1844), 48-49.

354 "Um lugar selvagem!" Esses exemplos de Coleridge, Wordsworth e Southey são citados em Richard Holmes, introdução a *A Short Residence in Sweden, Norway, and Denmark and Memoirs of the Author of a Vindication of the Rights of Woman* (Nova York: Penguin, 1987), 17.

355 "Com que regularidade" Wollstonecraft, *Letters from Sweden*, 110.

356 um francês que viajou Citado em Todd, MW:ARL, 369 n6.

356 "rejeitar toda a fé" Citado em Mary Poovey, *The Proper Lady and the Woman Writer: Ideology as Style in the Works of Mary Wollstonecraft, Mary Shelley, and Jane Austen* (Chicago: University of Chicago Press, 1984), 256 n8.

356 Anna Seward Seward escreve: "Deveríamos ao menos ter esperado que ela escondesse a fraqueza, cuja exposição manifestava a inépcia de todas as suas máximas". Citado em Todd, MW:ARL, 369 n5.

356 *The Monthly Mirror* Ibid., 369 n6.

356 uma geração de viajantes britânicos Richard Holmes, introdução a *Letters from Sweden*, 41. A ligação com Bird e Kingsley é estabelecida pela primeira vez por Holmes.

356 "Foi debaixo das árvores" Mary Shelley, introdução a *Frankenstein*, 7-8.

## Capítulo 27. Mary Shelley: "Quando chega o inverno" (1819-1820)

357 "Ler — trabalhar" Ver as entradas de setembro, outubro e novembro de 1819, *Journals* MWS, 294-301.

357 "o maior poema" Holmes, *Pursuit*, 532.

357 "meios mais legítimos e efetivos" Citado em ibid., 530.

358 "daquela beleza ideal" PBS para a sra. Gisborne, 13 ou 14 de outubro de 1819, *Letters* PBS, 2:126.

358 "A esperança é um dever" Ibid.

358 "tempestuoso" e "revigorante" Relato de Shelley da composição de "Ode to the West Wind", in Hutchinson, ed., *Complete Poetical Works of Percy Bysshe Shelley*, 577.

358 A raiva que sentia Para um relato detalhado da composição de "Ode to the West Wind", ver Holmes, *Pursuit*, 547.

359 "*O wild West Wind*"/["Ó indócil vento"] Hutchinson (org.), *Complete Poetical Works of Percy Bysshe Shelley*, 573.

359 De início, pensou Neville Rogers, *Shelley at Work: A Critical Inquiry* (Oxford: Clarendon Press, 1956), 228.

360 Considerando o manuscrito "repugnante" Jones, ed., *Shelley's Friends*, 44.

360 "um pouco consolada" PBS para Leigh Hunt, 13 de novembro de 1819, *Letters* PBS, 2:151.

360 "[Ele] tem um nariz" MWS para a sra. Gisborne, 13 de novembro de 1819, *Letters* MWS, 1:112.

360 "[O pequeno Percy] é o meu único" MWS para Marianne Hunt, 24 de novembro de 1819, ibid., 1:114.

361 "uma mulher não é" MWS para Marianne Hunt, 24 de março de 1820, ibid., 1:136.

361 "Mary não sente remorso" 11 de março de 1820, citado em Seymour, *MS*, 240.

361 "Uma má esposa" 8 de fevereiro de 1820, *Journal* CC, 123.

361 Sophia Stacey, uma bela e jovem prima Para fragmentos do diário de Stacey, ver Helena Rossetti Angeli, *Shelley and His Friends in Italy* (Londres: 1911). Ver também Holmes, *Pursuit*, 564-68, 579, 632.

363 "tranquila em relação às contas semanais" 24 de fevereiro [equívoco na data de 24 de março] de 1820, *Letters* MWS, 1:136.

363 "cabelos desgrenhados" Ibid.

365 "*Men of England*"/["Homens da"] Hutchinson (org.), *Complete Poetical Works of Percy Bysshe Shelley*, 568.

365 "mais elevados e delicados" PBS para Ollier, setembro de 1819, *Letters* PBS, 2:17. Para mais informações sobre a opinião de Shelley acerca da poesia de Keats, ver Holmes, *Pursuit*, 613-14.

366 "destinado a transformar-se" PBS para Marianne Hunt, 29 de outubro de 1820, *Letters* PBS, 1:239-40.

366 "Eu o aguardo ansiosamente na Itália" Ibid.

366 "A sra. S." John Keats para Leigh Hunt, 10 de maio de 1817, *The Correspondence of Leigh Hunt*. Thornton Hunt (org.) (Londres: Smith, Elder and Co., 1862), 1:106.

367 "Ai de mim, a Clare" 4 de julho de 1820, *Journals* CC, 154.

367 "Meus negócios estão em um estado" PBS para Godwin, 7 de agosto de 1820, ibid., 2:229.

368 *"To Mary"*/["Para Mary"] Hutchinson (org.), *Complete Poetical Works of Percy Bysshe Shelley*, 366.

368 "extraído de" PBS para Peacock, 8 de novembro de 1820, *Letters PBS*, 2:245.

369 Na versão de Mary Para uma análise da política radical de Mary Shelley em *Valperga*, ver Stuart Curran, "Valperga", in *Cambridge Companion to Mary Shelley*, 111-15.

369 uma força contrária feminina Stuart Curran escreve que o romance "oferece uma alternativa democrática e feminista à política da época". Ibid., 110.

369 "Honra, fama, domínio" Mary Shelley, *Valperga*, 205-6.

Capítulo 28. Mary Wollstonecraft: "Uma consideração humana" (1796)

372 "pelos quais o homem" William Godwin, *Caleb Williams*, Maurice Hindle (org.) (Nova York: Penguin, 1988), 3.

372 "Deixem de lado" Citado em William Hazlitt, *The Spirit of the Age* (1825; reimp., Nova York: E. P. Dutton, 1955), 182.

373 "demonstrara uma estima humana e afetuosa" Mary Hays para Godwin, 11 de janeiro de 1796, in "Appendix A: Selections from the Mary Hays and William Godwin Correspondence", *Memoirs of Emma Courtney*, Marilyn L. Brooks (org.) (Peterborough, Ontário: Broadview Press, 2000), 236.

373 "Ela já se divertiu muitas vezes" Godwin para Mary Hays, [data?] de janeiro de 1796, em Durant, "Supplement", 311.

374 "excelentes" qualidades Mary Hays para Godwin, 11 de janeiro de 1796, in "Appendix A: Selections from the Mary Hays and William Godwin Correspondence", *Memoirs of Emma Courtney*, ed. Brooks, 236.

375 "muito voluptuosa" Amelia Alderson para MW, 28 de agosto de 1796, Abinger MSS, Dep. b. 210/6, citado em Todd, *MW:ARL*, 377.

375 "belíssimo" Robert Southey para Joseph Cottle, 13 de março de 1787, *Life and Correspondence of Robert Southey*, ed. C. C. Southey (Londres, 1849).

375 "velha, feia" Amelia Alderson, 28 de agosto de 1796, Abinger MSS, Dep. b. 210/6, citado em Todd, *MW:ARL*, 377.

375 "Nunca toquei seus lábios" St. Clair, *Godwins and the Shelleys*, 162. Embora a maioria dos estudiosos tenha bastante certeza de que Holcroft escreveu essa carta, sua identidade deve permanecer como uma especulação, pois a correspondência foi enviada anonimamente. No entanto, Todd argumenta que Holcroft é o provável autor com base na linguagem da carta e nas ideias expressas. Ver Todd, *MW:ARL*, 377-78 n20.

375 Mary reagiu às investidas do homem Todd escreve: "Se ela sabia que o autor anônimo da carta era Holcroft, então lidou com a situação com atípico tato". *MW:ARL*, 378.

376 "a suavidade" Essa passagem é de uma carta que Godwin escreveu para Maria Reveley após a morte de Mary Wollstonecraft a fim de tentar persuadir Maria a se casar com ele. Apesar de seu relacionamento com Wollstonecraft, fica claro que ele ainda compartilhava da opinião social em relação às mulheres: "Os dois sexos [...] são diferentes em nossa estrutura, e somos talvez ainda mais diferentes em nossa educação. A mulher necessita da coragem do homem para defendê-la, de sua constância para inspirar-lhe firmeza e, pelo menos no presente, de sua ciência e informação para fornecer-lhe recursos de divertimento e materiais para estudo. As mulheres pagam-nos com generosidade por tudo que podemos trazer para o estoque comum, e o fazem por meio da suavidade de sua natureza, da delicadeza de sentimentos e daquela sensibilidade peculiar e instantânea pela qual estão qualificadas a orientar nossos gostos e a corrigir nosso ceticismo. De minha parte, sou incapaz de conceber como a felicidade doméstica poderia ser tão bem gerada sem essa disparidade de caráter. Eu não me casaria, se o pudesse[,] com um homem em forma de mulher, ainda que essa forma fosse a de uma Vênus". [data?] de setembro de 1799, Paul, *Friends*, 336. Ver também, Pforzheimer Collection, rolo 6.

376 "a compaixão por sua angústia" Godwin, *Memoirs*, 154.

376 "[Mary] fala de suas dores" Ibid., 133.

377 "Despeço-me de você em paz" MW para Imlay, [data?] de março de 1796, *Letters MW*, 339.

377 "misturar a manteiga e a farinha" Jebb, *Mary Wollstonecraft*, 291-92.

379 uma ordenhadeira Paul, *Friends*, 74.

379 "fria e ardilosa" Coleridge não mediu palavras. "Não gosto nem um pouco da sra. Inchbald; cada vez que me recordo dela, gosto menos ainda. Aquela fração de olhar pelos cantos dos olhos — Ah, Deus do céu! É tão fria e ardilosa. Eu atravessaria mundos de desertos para fugir de seu olhar, aquele olhar que esquadrinha corações!" Coleridge para Godwin, 21 de maio de 1800, in *The Living Age* (Boston: 1864), v. 81, 276. Ver também Pforzheimer Collection, rolo 6.

379 "[A sra. Inchbald]" Cecilia L. Brightwell, ed., *Memorials of the Life of Amelia Opie* (Londres: Longman, Brown, 1854), 57.

379 "mocassins vermelhos novos de bico fino" Amelia Alderson para a sra. Taylor, in *The Living Age* (Boston, 1893), vol. 198, 709.

380 "Você teria achado engraçado" Ibid.

381 "rudimentar e imperfeito" Godwin, *Memoirs*, 152.

382 "medo de adiantar-se" Wollstonecraft, *Maria*, 78.

382 "um panorama" MW para Godwin, 1º de julho de 1796, *Letters MW*, 342.

382 "Agora, faço" Ralph Wardle, *Godwin and Mary* (Lincoln: University of Nebraska Press, 1977), 8.

## Capítulo 29. Mary Shelley: Pisa (1820-1821)

385 "os matizes suavizados" Mary Shelley, *Valperga*, 207.

385 O poeta queria que ela estivesse ali com eles Para mais informações sobre Claire e Shelley nesse estágio de seu relacionamento, ver Holmes, *Pursuit*, 618, e Seymour, MS, 255, 57.

386 Tendo acabado de regressar Para mais informações sobre o caráter e a aparência de Medwin, ver Seymour, MS, 255-56.

386 "Seu corpo era emaciado" Thomas Medwin, *The Life of Percy Bysshe Shelley*, 2 v. (Londres: 1847), 2:2.

386 "na ternura" Thomas Medwin, *Memoir of Percy Bysshe Shelley* (Londres: Whittaker, Treacher, & Co., 1833), 57.

386 "Congratule-me" 29 de outubro de 1820, *Letters PBS*, 2:241.

387 Mary começou a dar mais atenção Essa visão geral da aparência de Mary foi retirada de Seymour, MS, 260.

387 "muito ao meu gosto" MWS para CC, 21 de janeiro de 1821, *Letters MWS*, 1:182.

388 a origem de seu pesar MWS para Marianne Hunt, 3 de dezembro de 1820, ibid., 1:165, 167. De acordo com Mary, Emilia era "muito bonita, muito talentosa" e "extremamente infeliz. A mãe é uma mulher muito má e, como tem inveja dos talentos e da beleza da filha, tranca-a em um convento [...]".

388 "nobre e infortunada Dama" Hutchinson (org.), *Complete Poetical Works of Percy Bysshe Shelley*, 420-21.

389 "apenas a cinza" Emilia Viviani para MWS, 24 de dezembro de 1820. Os originais em italiano podem ser encontrados em Enrica Viviani della Robbia, *Vita di una donna* (Florença: G. C. Sansoni, 1936), citado em Betty Bennett (org.), *Selected Letters of Mary Wollstonecraft Shelley* (Baltimore: Johns Hopkins University Press, 1995), 120 n5.

389 "uma morte no gelo" Hutchinson (org.), *Complete Poetical Works of Percy Bysshe Shelley*, 413.

399 "um grande" MWS para Maria Gisborne, 7 de março de 1822, *Letters MWS*, 1:222.

390 povo de Pisa PBS para Byron, 14 de setembro de 1821, *Letters PBS*, 2:347.

390 "uma nuvem" PBS para o sr. Gisborne, 18 de junho de 1822, ibid., 2:434.

390 de decepção e tristeza Shelley escreveu para Byron, dizendo que: "O jovem Keats, cujo 'Hyperion' revelava uma tão grande promessa, morreu recentemente em Roma das consequências do derrame de uma veia, em paroxismos de desespero pelo ataque desdenhoso a seu livro na *Quarterly Review*". 16 de abril de 1821, *Letters PBS*, 2:284. Byron não concordava com a explicação de Shelley para a morte de Keats: "Sinto muito por saber o que diz sobre Keats — é *mesmo* verdade? Não imaginava que as críticas tivessem sido tão mortais. [...] Li a crítica ao 'Endymion' na *Quarterly*. Foi severa, mas com certeza não tão severa quanto muitas críticas daquele e de outros periódicos a outros escritores". Byron para PBS, 26 de abril de 1821, Thomas Moore (org.), *Letters and Journals of Lord Byron: Complete in One Volume* (Londres: 1830), 479.

390 "melhor, no tocante" PBS para os Gisborne, 5 de junho de 1821, *Letters from Abroad*, 148.

391 "Inveja e calúnia, de ódio" "Adonais", in Hutchinson, ed., *Complete Poetical Works of Percy Bysshe Shelley*, 435.

391 Shelley se aproximou Ele escreveu para John Gisborne: "Gosto cada vez mais de Jane e considero Williams a mais agradável das companhias". 18 de junho de 1822, Dowden, *Life of Shelley*, 2:512.

391 O poeta havia comprado Para mais informações sobre essa nova embarcação, ver Holmes, *Pursuit*, 646-47.

391 seu "mergulho" PBS para Henry Reveley, 17 de abril de 1821, *Letters PBS*, 2:285.

394 Um velho amigo Seymour cita o alerta de sir John St. Aubyn a Mary: "Existem assuntos de que falo com poucas pessoas e, independentemente da estima que eu possa ter pela sra. Williams, ela não está entre as que eu escolheria". MS, 271n.

396 "*We are not happy*"/["Não estamos"] Hutchinson (org.), *Complete Poetical Works of Percy Bysshe Shelley*, 519.

396 "*Do you not hear the Aziola*"/["Não ouves"] Ibid., 636.

397 "[Devemos] formar para nós" PBS para MWS, 15 de agosto de 1821, *Letters PBS*, 2:339.

397 Enviou também uma carta a Hunt PBS para Leigh Hunt, 26 de agosto de 1821, ibid., 2:344.

397 "bem bonita" MWS para a sra. Gisborne, 30 de novembro de 1821, Letters MWS, 1:209.

398 "Antes de eu deixar" CC para Byron, [data?] de maio de 1821, Isabel Constance Clarke, *Shelley and Byron: A Tragic Friendship* (1934; reimp., Nova York: Ardent Media), 163.

398 (mais de 2 mil libras esterlinas) Sunstein, MS:R&R, 203.

398 Mary e Claire escolheram Ibid.

Capítulo 30. **Mary Wollstonecraft: Apaixonada outra vez (1796)**

401 "pretendo guardar minha ternura na garrafa" MW para Godwin, 21 de julho de 1796, Letters MW, 343-44.

401 "o sentimento que estremecia" Godwin, *Memoirs*, 159.

401 "era tão puritano" Elizabeth Pennell, *Life of Mary Wollstonecraft* (Boston: Roberts Brothers, 1884), 290.

402 "sua sapiência filosofal" MW para Godwin, 11 de agosto de 1796, Letters MW, 347.

402 "sensações voluptuosas" MW para Godwin, 13 de setembro de 1796, ibid., 363.

402 "você incendeia" Godwin para MW, [data?] de agosto de 1796, ibid., 349 n733.

402 "Voxê, como diria Fannikin" MW para Godwin, 11 de agosto de 1796, ibid., 347.

402 "Você se sentiu" MW para Godwin, 16 de agosto de 1796, ibid., 348.

402 "Não estive" Godwin para MW, 16 de agosto de 1796, Wardle, *Godwin and Mary*, 14.

402 por isso, se sentiu rejeitada MW para Godwin, 17 de agosto de 1796, Letters MW, 348.

403 "eu pudesse estar" Godwin para MW, 17 de agosto de 1796, Wardle, *Godwin and Mary*, 16.

403 "Você tem os sentimentos" Ibid., 17.

403 "*chez moi*" Para uma breve explicação do sistema de anotações de Godwin, ver Todd, Letters MW, 348 n730. Para uma descrição mais completa, ver "William Godwin's Diary", Biblioteca Bodleiana, <http://godwindiary.bodleian.ox.ac.uk>.

404 "o pupilo" Godwin para Mary, sem data, 1796, Wardle, *Godwin and Mary*, 44.

404 ele acrescentou "*bonne*" "William Godwin's Diary", 9 de outubro de 1796, <http://godwindiary.bodleian.ox.ac.uk>.

404 "É uma tranquilidade sublime" MW para Godwin, 4 de outubro de 1796, Letters MW, 371.

404 "pequenas mostras" MW para Godwin, 18 de novembro de 1796, ibid., 376.

404 "Você estraga pequenas atenções" Godwin para MW, sem data, 1796, Wardle, *Godwin and Mary*, 49.

404 "atenção" dele MW para Godwin, 28 de novembro de 1796, Letters MW, 381.

404 "Você pode resolver este problema?" MW para Godwin, 7 de outubro de 1796, ibid., 372.

404 "uma deficiência básica" MW citou Godwin em sua carta, respondendo às críticas do marido, 4 de setembro de 1796, ibid., 357-58.

405 "Que se há de fazer" Ibid.

406 "Agora" MW para Godwin, 15 de setembro de 1796, ibid., 365.

406 "com [Fanny]" MW para Godwin, 17 de setembro de 1796, ibid., 366.

407 "Por que não pôde" MW para Godwin, 19 de setembro de 1796, ibid.

407 "alegre, jovial" MW para Godwin, 19 de novembro de 1796, ibid., 377.

407 "distinguir sempre entre sua jocosidade e sua seriedade" Godwin para MW, sem data, Wardle, *Godwin and Mary*, 50.

407 "Vem por aqui" MW para Godwin, 10 de setembro de 1796, ibid., 359.

407 "subiu exultante" MW para Godwin, 19 de novembro de 1796, ibid., 377.

408 "uma tristeza extrema" MW para Godwin, 6 de dezembro de 1796, ibid., 382.

408 "Fui uma tola por não pedir que Opie" MW para Godwin, 7 de dezembro de 1796, ibid.

408 "Havia uma ternura" MW para Godwin, 23 de dezembro de 1796, ibid., 386.

408 "recordações dolorosas" MW para Godwin, 28 de dezembro de 1796, ibid., 387.

409 "Você não tem anáguas" MW para Godwin, 12 de janeiro de 1797, ibid., 391.

409 "evitaria o mal" MW para Godwin, 31 de dezembro de 1796, ibid., 388.

409 no dia 6 de fevereiro Para uma discussão ampla das fontes que influenciaram a descrição que Mary faz da loucura em *The Wrongs of Woman*, ver o capítulo 36, em especial as notas 23-28, in Todd, MW:ARL.

409 O manicômio ficava Para um relato abrangente da história de Bedlam durante esse período, ver Catherine Arnold, *Bedlam* (Londres: Simon & Schuster, 2008), 172-80.

409 foram a uma lojinha de "roupas usadas" "William Godwin's Diary", <http://godwindiary.bodleian.ox.ac.uk>. Em 6 de fevereiro de 1797, Godwin escreveu: "Loja de roupas usadas e Bedlam com Johnson e Wollstonecraft". Todd sugere que eles podem ter visto "velhas roupas para homens" em Bedlam. MW:ARL, 492 n23.

411 "Parece" William Godwin, *The Enquirer: Reflections on Education, Manners, and Literature* (Londres: G.G. and J. Robinson, 1797), 86.

411 Puss, ficou "frenético" MW para Godwin, início de 1797, ibid., 400.

412 "experimento mais fecundo" Virginia Woolf, *The Second Common Reader* (1932; reimp., Nova York: Harcourt, Brace and World, 1960), 148.

## Capítulo 31. Mary Shelley: "A Liga do Incesto" (1821-1822)

413 "Estamos completamente" MWS para a sra. Gisborne, 30 de novembro de 1821, *Letters MWS*, 1:209.

414 É provável que Byron Medwin, *Life of Shelley*, 329.

414 "a Liga do Incesto" De acordo com Byron, essa história surgiu de um rumor espalhado pelo poeta Robert Southey. Em 1818, Byron escreveu para seu amigo John Cam Hobhouse, relatando-lhe que Southey dissera que Byron e Shelley "haviam formado uma Liga do Incesto" enquanto estiveram na Suíça. Marchand (org.), *Byron's Letters and Journals*, 10.

414 garotinho gordo Existem muitos relatos diferentes sobre os estranhos hábitos alimentares de Byron. Mas Andrew Stott ressalta que, para Byron, seu peso não era tão somente uma questão estética. Embora preferisse sua aparência quando se encontrava mais magro, ele também se preocupava com seu vigor quando estava mais pesado. Por outro lado, ele gostava desse vigor, mas receava ser a fonte de seus excessos sexuais e terríveis acessos de raiva, e assim se dedicava a "matar o diabo de fome". Ver "The Diets of the Romantic Poets", *Lapham's Quarterly*, <www.laphamsquarterly.org/roundtable/the-diets-of-the-romantic-poets.php> (acesso em 23 set. 2013).

415 "é o que menos me agradou" Medwin, *Life of Shelley*, 335.

415 "A conversa [de Byron] era" Ibid., 330-31.

416 "Somente [Shelley]" Edward Trelawny, *Recollections of the Last Days of Shelley and Byron* (Londres: Edward Moxon, 1858), 39.

416 "Nossos bons cavalheiros" MWS para Marianne Hunt, 5 de março de 1822, *Letters MWS*, 1:221.

417 e batizou-o Ariel Hutchinson (org.), *Complete Poetical Works of Percy Bysshe Shelley*, 665. Essa postura "Ariel" de Shelley originou-se de um poema que ele intitulou "With a Guitar: To Jane":

> Ariel to Miranda: Take
> This slave of Music, for the sake
> Of him who is the slave of thee,
> And teach it all the harmony
> In which thou canst, and only thou.[1]

Para John Gisborne, Shelley escreveu: "[Jane] tem um gosto musical e uma elegância de formas e movimentos que compensa, em certa medida, a falta de refinamento literário. Você conhece minhas ideias rudimentares sobre música e haverá de perdoar-me quando digo que ouço a noite inteira, em nosso terraço, as melodias simples com extremo deleite". 18 de junho de 1822. Ele disse a Jane que ela era sua única "fonte de [...] consolo". 4 de julho de 1822, *Letters PBS*.

417 seus biógrafos A primeira mostra de ceticismo em relação à história da vida de Trelawny aparece na introdução de Edward Garnett às suas memórias, *Adventures of a Younger Son* (Londres: 1890), 8.

417 "seu rosto mourisco" 19 de janeiro de 1822, *Journals MWS*, 391.

417 "Seu 'Tremendo!' sendo, de fato, tremendo" Garnett, introdução a *Adventures*, 17.

417 "sonolência cotidiana" 19 de janeiro de 1822, *Journals MWS*, 391.

419 "*The Serpent is shut*" Hutchinson (org.), *Complete Poetical Works of Percy Bysshe Shelley*, 637.

419 "os versos eram lúgubres demais" PBS para Edward Williams, [data?] de janeiro de 1822, *Letters PBS*, 2:384-86.

420 "Shelley enviou-nos alguns versos bonitos" Jones, ed., *Shelley's Friends*, 125.

420 plenamente "natural" 2 de outubro de 1822, *Journals MWS*, 429.

420 "Procure conhecer" 2 de outubro de 1822, ibid., 430.

420 "Seja rigorosa" PBS para MWS, 8 de agosto de 1821, *Letters from Abroad*, 253.

---

1   "Com um violão, para Jane": "Ariel para Miranda: Aceita/ Este escravo da Música, em vista/ Daquele que é um escravo teu/ E ensina-lhe a harmonia toda/ Que só tu podes, e só tu." (Tradução nossa.) [NT]

420 Shelley e Mary queriam quinhentas libras esterlinas PBS para Ollier, 25 de setembro de 1821, *Letters PBS*, 2:353.

421 "Desejo" MWS para a sra. Gisborne, 9 de fevereiro de 1822, *Letters MWS*, 1:218.

421 Infelizmente, quando *Valperga* Para uma visão geral da reação à publicação do romance, ver Stuart Curran, "Valperga", in *Cambridge Companion to Mary Shelley*, 110-11.

421 Na folha de rosto Stuart Curran argumenta que, quando Mary se revela como autora de *Frankenstein*, está promovendo suas credenciais radicais para o público. Ele escreve: "Assinando na folha de rosto como 'A autora de *Frankenstein*', ela deixa claro que o fará em seus próprios termos, claramente se recusando a aceitar os limites de gênero implícitos que impediam as mulheres de abordarem questões públicas em sua escrita". Ibid., 114.

421 O único crítico John Gibson Lockhart escreveu uma crítica a *Valperga* na *Blackwood's Edinburgh Magazine*, mar. 1823, citado em ibid., 111. Ver também Michael Rossington, "Introduction" a *Valperga* (Oxford: Oxford University Press, 2000), XII-XIX.

421 "Durante uma longa, longa noite" 8 de fevereiro de 1822, *Journals MWS*, 396.

422 "tranquilos olhos cinzentos" Trelawny, *Recollections*, 28-29.

422 "traje hindustâni" Jones (org.), *Shelley's Friends*, 131.

422 "os modos mais graciosos" "Portrait de Mme. Shelley par le Comte de Metaxa", in Sunstein, *MS:R&R*, 208.

423 "De suas qualidades morais" 9 de fevereiro de 1822, *Letters MWS*, 1:218.

423 "Você está" Trelawny, *Recollections*, xv.

423 "o protótipo de uma escuna norte-americana" Jones, ed., *Shelley's Friends*, 125.

423 "Trelawny [...] achava" Garnett, introdução a *Adventures*, 8.

424 Shelley "não ria" Edward Trelawny, *Records of Shelley, Byron, and the Author* (Londres: 1878), xvi.

424 *O Corsário* Byron escreveu para Teresa: "Conheci hoje a personificação de meu Corsário. Ele dorme com o poema debaixo do travesseiro e todas as suas aventuras passadas e seus modos presentes buscam essa personificação". "La Vie de Lord Byron", de Teresa Guiccioli, citado em *Journals MWS*, 392 n1.

424 "fraco" e "ignóbil" Trelawny, *Adventures of a Younger Son*, 20.

424 Mary associava a primavera "A primavera é nossa estação de má sorte", MWS para CC, 20 de março de 1822, *Letters MWS*, 1:226.

425 os "planos de Spezia" Termo cunhado por Holmes. *Pursuit*, 696.

425 declarou que nunca sequer sonharia Existem versões diferentes sobre a atitude de Jane em relação ao plano de navegação. Em geral, a maioria dos biógrafos concorda que ela não expressava apreensão diante do plano. Mas, de acordo com um relato: "Mary disse a Jane: 'Odeio esse barco, embora eu não diga nada'. Ao que Jane respondeu: 'Eu também, mas falar seria inútil e apenas estragaria a diversão deles'". Dowden, *Life of Percy Bysshe Shelley*, 2:465.

426 Claire escrevera As cartas que Claire escreveu para PBS se perderam, mas sua agitação e seu sonho de sequestrar Allegra eram bem conhecidos pelo círculo todo. Ver *Journals CC*, 279-84.

426 "insolentes", dizia Byron Citado em Clarke, *Shelley and Byron: A Tragic Friendship*, 163.

426 O que meu papai querido está fazendo? Biblioteca Bodleiana, Universidade de Oxford, Shelfmark: MS. Abinger c 69, fol. 11. Também disponível on-line em "Shelley's Ghost: Letter from Allegra to her father Lord Byron", <http://shelleysghost.bodleian.ox.ac.uk/letter-from-allegra-to-her-father-lord-byron>.

426 "comportamento lunático" Citado em Clarke, *Shelley and Byron: A Tragic Friendship*, 163.

426 "notícia dolorosa" 23 de abril de 1822, *Journals MWS*, 408.

426 O mais sensato a fazer MWS para a sra. Gisborne, 2 de junho de 1822, *Letters MWS*, 1:236.

427 "parecia uma torrente" 2 de junho de 1822, ibid.

Capítulo 32. **Mary Wollstonecraft: "Ser independente" (1797)**

429 declarava sua determinação MW para Maria Reveley, manhã de quarta-feira [c. primavera/verão de 1797], *Letters MW*, 425.

429 *The Times* Citado em Richard Holmes, *Sidetracks: Explorations of a Romantic Biographer* (Nova York: Random House, 2001), 208.

430 "É meu desejo" MW para Amelia Alderson, 11 de abril de 1797, *Letters MW*, 408-9.

430 "figuras extraordinárias" Brightwell (org.), *Memorials of Amelia Opie*, 63.

430 "Minha bela companheira" Godwin para Mary Hays, 10 de abril de 1797, C. Kegan Paul, "Prefatory Memoir", in *Letters to Imlay by Mary Wollstonecraft*, lv.

430 "Seu segredo" Thomas Holcroft para Godwin, 6 de abril de 1797, in Paul, *Friends*, 1:240.

431 "Algumas pessoas" Godwin para Tom Wedgewood, abril de 1796, ibid.
431 "A defensora" Knowles, *Fuseli*, 170.
431 "A fim de" Durant, "Supplement", 313-14.
431 "Desejo, com toda a sinceridade" Paul, *Friends*, 1:240.
432 "o fervor" Ibid., 1:238.
432 "O ferimento" MW para Amelia Alderson, 11 de abril de 1797, ibid., 409.
432 "Aqueles que são ousados" MW para Mary Hays, [data?] de abril de 1797, *Letters MW*, 410.
433 "A ruptura com seu propósito" Paul, *Friends*, 1:238.
433 "todos os sentimentos íntimos" Ibid.
433 "Espero" MW para Godwin, 6 de junho de 1797, *Letters MW*, 418.
434 "Mandei fazer" MW para Godwin, 3 de julho de 1797, ibid., 427.
434 "Fanny está contentíssima" MW para Godwin, 20 de abril de 1797, ibid., 410.
434 "Sinto muito" MW para Godwin, 21 de maio de 1797, ibid., 414.
434 "Para ser franca" MW para Godwin, 4 de julho de 1797, ibid., 428.
434 "Tenho planos" MW para Godwin, 3 de julho de 1797, ibid., 426.
434 não corriam "o risco" Godwin, *Memoirs*, 174.
435 "a tarefa desagradável" MW para Godwin, 11 de abril de 1797, *Letters MW*, 407.
435 "meu tempo me parece" Ibid.
436 Mary afirmava que a insistência de Godwin Todd escreve: "Ao reiterar sua crença na verdade a partir da observação e da necessidade de pensar e se expressar com independência, o ensaio [de Wollstonecraft], claramente uma meditação sobre a arte, a natureza e o artista, formulava outra resposta para Godwin e sua incompreensão em relação ao método pessoal de escrita de Wollstonecraft"; *MW:ARL*, 425.
436 Bastava uma boa imaginação Harriet Jump Devine argumenta que "On Poetry" é a defesa definitiva de Wollstonecraft à imaginação e criatividade como princípio central da estética romântica. Ver "'A Kind of Witchcraft': Mary Wollstonecraft and the Poetic Imagination", *Women's Writing* 4, n. 2 (1997): 235-45.
436 "Garotos que recebem uma educação clássica" Mary Wollstonecraft, "On Poetry, and Our Relish for the Beauties of Nature", in *Posthumous Works of the Author of a Vindication of the Rights of Woman*, 4 v., William Godwin (org.) (1798), 3:169-70.

437 "calor de seus sentimentos" Ibid.
437 "a miséria e a opressão" Wollstonecraft, *Maria*, 59.
439 "castigar e confinar" Wendy Moore, *Wedlock: The True Story of the Disastrous Marriage and Remarkable Divorce of Mary Eleanor Bowes, Countess of Strathmore* (Nova York: Crown, 2009), 288.
439 "inimigo do *governo de anáguas*" Ibid., 287.
439 "Considerando o cuidado" MW para Imlay, 1º de janeiro de 1794, *Letters MW*, 238.
439 "Eu me pronuncio" Wollstonecraft, *Maria*, 142-43.

Capítulo 33. **Mary Shelley: "Tudo acabou" (1822)**

441 "Se tivéssemos naufragado" MWS, "Notes on Poems of 1822", in Hutchinson (org.), *Complete Poetical Works of Percy Bysshe Shelley*, 670.
441 "Uma sensação de desastre" MWS para a sra. Gisborne, 15 de agosto de 1822, *Letters MWS*, 1:244.
441 "*villa* trágica de face pálida" "Italy Revisited", in Henry James, *Collected Travel Writings* (Library of America, 1877; reimp., 1993), 399.
442 "selvagens e odiosos" MWS para a sra. Gisborne, 15 de agosto de 1822, *Letters MWS*, 1:244.
442 "A estranha beleza" Ibid.
442 no dia 2 de maio Dowden, *Life of Shelley*, 547. Mary Shelley faz um relato um pouco diferente em uma carta para Maria Gisborne, escrevendo que Claire decidira voltar para Florença alguns dias depois de sua chegada à Casa Magni e, por isso, Shelley foi obrigado a lhe contar. 2 de junho de 1822, *Letters MWS*, 1:238.
443 "Ela agora parece" PBS para Byron, 8 de maio de 1822, *Letters PBS*, 2:416.
443 o banqueiro de Byron Clarke, *Shelley and Byron: A Tragic Friendship*, 163.
443 "Ela cresceu, está alta e esguia" PBS para MWS, 15 de agosto de 1821, in Dowden, *Life of Shelley*, 435.
446 "Sob a influência da doutrina" Pforzheimer Collection, manuscrito não catalogado, arquivado em Claire Clairmont to Lady Mountcashell, 24 de setembro de 1822. Publicado pela primeira vez em Hay, *Young Romantics: The Tangled Lives of English Poetry's Greatest Generation*, 307-9.
447 "fria indiferença" "The Choice", in *Journals MWS*, 491.
447 "*My heart was all thine own*"/"Meu coração"] Ibid.
448 "Tenho orgulho" Jones (org.), *Shelley's Friends*, 162.
448 "Enquanto caminhava" Ibid., 147.
448 "uma chave de ouro" PBS para Trelawny, 18 de junho de 1822, *Letters PBS*, 2:433.

449 *"Then, what is Life?"*["Então, o que é a Vida?"] Holmes, *The Pursuit*, 724. Ver também Donald H. Reiman, *Shelley's "The Triumph of Life": A Critical Study* (Champaign: University of Illinois Press, 1965).

449 "feito cães" MWS para a sra. Gisborne, 2 de junho de 1822, *Letters MWS*, 1:236.

451 "Você pode imaginar" Ibid.

451 "É um barco belíssimo" PBS para o capitão Roberts, 12 de maio de 1822, *Letters PBS*, 2:419.

451 uma afronta MWS para a sra. Gisborne, 15 de agosto de 1822, *Letters MWS*, 1:236. Consequentemente, muitos biógrafos ainda se referem ao barco de Shelley como *Don Juan*.

452 "Meus nervos" MWS para a sra. Gisborne, 15 de agosto de 1822, *Letters MWS*, 1:236.

452 "estremeceu violentamente" MWS para a sra. Gisborne, 15 de agosto de 1822, *Letters MWS*, 1:245.

452 "velejar com fugacidade" 15 de maio de 1822, Jones (org.), *Shelley's Friends*, 149.

453 "conhaque, vinagre" MWS para a sra. Gisborne, 15 de agosto de 1822, *Letters MWS*, 1:244.

453 "Shelley rejeitou seus apelos" Ibid.

453 Mary ouviu gritos Ibid.

454 "em um estado aterrador" Ibid.

454 "Eu desejaria poder escrever mais" MWS para Leigh Hunt, 30 de junho de 1822, ibid., 1:238.

454 "o papel caiu das minhas mãos" MWS para a sra. Gisborne, 15 de agosto de 1822, ibid., 1:247.

455 "Uma espécie de coragem desesperada" Ernest J. Lovell (org.), *Lady Blessington's Conversations with Lord Byron* (Princeton: Princeton University Press, 1969), 53.

455 "[Ela] mais parecia" MWS para a sra. Gisborne, 15 de agosto de 1822, *Letters MWS*, 3:247.

455 "nossa calamidade" Ibid.

455 "Senti a água" Ibid.

455 "Dividida entre" Ibid.

457 Caterina, a criada Trelawny, *Recollections*, 126.

457 "quão indescritivelmente feliz" Thornton Hunt, citado em Dowden, *Life of Shelley*, 564.

457 Eles viajaram para Pisa Ibid., 566

457 "Ele parecia melhor" Leigh Hunt, citado em ibid.

457 rindo com tamanha exuberância Holmes, *Pursuit*, 728.

458 Trelawny disse que, em sua opinião Trelawny, *Records of Shelley, Byron, and the Author*, 196.

458 "uma voz aguda e penetrante" *The Journal of Clarissa Trant* (Londres, 1826; reimp., 1925), 198-99. Para uma visão geral dos diferentes relatos do acidente, ver Dowden, *Life of Shelley*, 2:534-36, e Holmes, *Pursuit*, 729 n56.

458 "Como está, minha suprema Mary?" PBS para MWS, 4 de julho de 1822, *Letters PBS*, 2:720.

458 "três toneladas e meia" Trelawny, *Records of Shelley, Byron, and the Author*, 200.

459 "parcialmente puxada sobre a cabeça" Trelawny, *Recollections*, 123.

459 "Fiquei quase" MWS para Godwin, 19 de julho de 1822. St. Clair, *Godwins and the Shelleys*, 555.

459 para Trelawny, sua resignação era prova Trelawny registrou seus esforços em suas duas memórias, *Records of Shelley, Byron, and the Author* e *Recollections of the Last Days of Byron and Shelley*, das quais a última é uma versão floreada de seu primeiro relato da morte dos poetas. Em ambas as memórias, Trelawny enfatiza sua própria importância na vida dos poetas, aumentando os fatos e inventando histórias para servir a seu propósito. No entanto, algumas partes de suas memórias parecem ser confiáveis, em especial detalhes que não são úteis à autopromoção do autor, tais como sua descrição da inavegabilidade do *Ariel*. Quando tomou a frente das providências para o funeral, porém, ele começou um processo de reinvenção que seria deletério para Mary. Como escreve Seymour: "Foi nesse momento que Trelawny se converteu em um guardião do santuário, um dedicado defensor do homem que ele havia conhecido menos de seis meses antes, mas pelo qual sentia uma veneração que, com o tempo, viria a competir e ameaçar o próprio amor devotado de Mary". *MS*, 304-5. Para mais informações sobre o legado da morte de Shelley, os mitos que surgiram e o conflito entre os diversos relatos, ver Richard Holmes, "Death and Destiny", *Guardian*, 24 de janeiro de 2004, <www.theguardian.com/books/2004/jan/24/featuresreviews.guardianreview1>.

460 "levadas ao mar" Mary Shelley, *Frankenstein*, 190.

460 "uma tonalidade índigo escura e pavorosa" Trelawny, *Recollections*, 133.

460 "usara [um crânio] como taça" Ibid.

460 Ele observou o ar tremular Ibid., 134.

460 "ondas que haviam subjugado" *Journals MWS*, 423.

461 "O cenário de minha existência" MWS para a sra. Gisborne, 15 de agosto de 1822, *Letters MWS*, 1:244-52.

461 Pensando nisso posteriormente, ele escreveu para Mary Trelawny para MWS, [data?] de abril de 1823: "Eu [...] levei as cinzas dele para [o túmulo],

coloquei uma pedra por cima, estou fixando-a agora, e encomendei a preparação de um granito para mim, que colocarei neste belo refúgio [...] para quando eu morrer". Henry Buxton Forman (org.), *Letters of Edward John Trelawny* (Londres: Henry Frowde, Oxford University Press, 1910).

464 Mary parecia impassível *Journals MWS*, 440.

464 Quando Mary pediu A história do coração de Shelley é famosa. Para uma síntese inicial, ver Dowden, *Life of Shelley*, 2:534.

## Capítulo 34. Mary Wollstonecraft: "Um pouco de paciência" (1797)

465 "Mestre William" MW para Godwin, 6 de junho de 1797, *Letters MW*, 416-17.

466 "Você não pode imaginar" Godwin para MW, [data?] de junho de 1797, Wardle, *Godwin and Mary*, 89.

466 "partido para o interior" MW para Godwin, 10 de junho de 1797, *Letters MW*, 420.

466 "Filosofia gélida" MW para Godwin, 19 de junho de 1797, ibid., 421.

467 "Sou uma tola" MW para Godwin, 4 de julho de 1797, ibid., 428.

467 "Em hipótese alguma eu faria" Godwin para MW, 4 de julho de 1797, 115.

467 "srta. Pinkerton" MW para a srta. Pinkerton, 9 de agosto de 1797, *Letters MW*, 434.

467 "conduta incompreensível" Ibid., 434 n951.

467 "Estou ciente" Srta. Pinkerton para MW, [data?] de 1797, ibid., 434 n952.

467 "Acho que vocês" Thomas Holcroft para Godwin e MW, 6 de abril de 1797, Paul, *Friends*, 1:334.

468 "ar brincalhão, despreocupado" William Hazlitt, "My First Acquaintance with Poets", *Selected Essays*, ed. George Sampson (1823; reimp., Cambridge: Cambridge University Press, 1958), 7.

468 "pessoas de imaginação" Coleridge, citado em ibid.

468 "A pequena Fanny" MW para Maria Reveley, primavera/verão de 1797, *Letters MW*, 425.

468 "Veja como" Jebb, *Mary Wollstonecraft*, 291.

469 "estranha Estrela" "The Choice", in *Journals MWS*, 491.

469 "retomar minha atividade" MW para James Marshall, 21 de agosto de 1797, *Letters MW*, 435.

470 "verdadeira felicidade" A descrição que Godwin faz do luto de um viúvo no romance *St. Leon: A Tale of the Sixteenth Century* foi baseada em sua própria experiência de perder Mary Wollstonecraft. *St. Leon: A Tale of the Sixteenth Century*, ed. William Dean Brewer (Peterborough, Ontário: Broadview Press, 2006), 87.

470 "Não tenho" MW para Godwin, 30 de agosto de 1797, *Letters MW*, 436.

470 "Jamais haverei de" Godwin, *St. Leon*, 89.

471 "desespero [...] no" Godwin, *Memoirs*, 187.

471 "estava determinada" Ibid., 182.

473 "suplicava que ela" Ibid., 189.

473 "A estima" Paul, *Friends*, 1:282.

476 "brincasse com" Godwin, *Memoirs*, 189-90.

476 "Sei o que você está pensando..." Paul, *Friends*, 1:197.

476 "o mais bondoso" Ibid., 1:283.

476 "era muitíssimo inadequado" Godwin, *Memoirs*, 199.

476 "O que é o homem?" Godwin, *St. Leon*, 297.

## Capítulo 35. Mary Shelley: "Na mais profunda solidão" (1823-1828)

479 "Não é verdade" 2 de outubro de 1822, *Journals MWS*, 429-30.

479 "Ninguém parece" 21 de outubro de 1822, ibid., 440-41.

480 "É apenas" MWS para Jane Williams, 5 de dezembro de 1822, *Letters MWS*, 265.

480 "O número" Marianne Hunt, 7 de outubro de 1822, "Unpublished Diary of Mrs. Leigh Hunt", *Bulletin and Review of the Keats-Shelley Memorial*, n. 1-2 (Nova York: Macmillan, 1910), 68.

481 "Pode haver algo mais absurdo" Marianne Hunt, 23 de setembro de 1822, "Unpublished Diary", 73.

481 "Aqueles que estão à minha volta" MWS para a sra. Gisborne, 17 de setembro de 1822, *Letters MWS*, 1:261.

481 Mary considerava esse um comportamento hipócrita Ela escreveu para Jane: "Odeio e desprezo as intrigas das mulheres casadas e, em minha opinião, as cadeias que os costumes lançam sobre elas não podem justificar [...] a falsidade". 5 de dezembro de 1822, ibid., 1:264.

482 "afastado a mente de meu filho" Sir Timothy Shelley para Byron, 6 de fevereiro de 1823, in Doris Langley Moore, *Accounts Rendered* (Londres: John Murray, 1974), 404-5.

482 "Eu não haveria de viver" MWS para Byron, 25 de fevereiro de 1823, *Letters MWS*, 1:315.

483 "Acho que conseguiria encontrar com mais facilidade o caminho" MWS para Louisa Holcroft, 2 de outubro de 1823, ibid., 3:388.

483 **mudanças significativas** Para uma visão mais abrangente da "nova" Londres, ver Porter, *London*, 200.

483 **"o monstruoso Drama"** *Theatrical Observer*, 9 de agosto de 1823. Miranda Seymour sugere que esses "manifestantes" foram contratados pelo teatro a fim de promover a peça. MS, 334.

483 **"entusiasmo tenso"** MWS para Leigh Hunt, 9-11 de setembro de 1823, *Letters MWS*, 1:378.

483 **Infelizmente, Mary não ganhou dinheiro algum** Seymour escreve: "Dramaturgos não tinham nenhuma obrigação de pagar pelo uso de um livro". MS, 335.

484 **um cartunista da revista** *Punch* 4 de novembro de 1843, *Mr. Punch's Victorian Era: An Illustrated Chronicle of the Reign of Her Majesty the Queen*, vol. 1 (Londres: Bradbury, Agnew & Co., 1887), 23.

484 **"o velho cavalheiro"** Para mais informações sobre William Godwin, ver Seymour, MS, 333.

484 **John Chalk Claris** A *Literary Gazette* declarou: "Essa deplorável composição sobre a morte lamentável e chocante de Shelley [...] é imoral; seus sentimentos, insípidos, ininteligíveis ou maldosos; e seus deméritos poéticos, do caráter mais odioso", 21 set. 1822, n. 296, 591. Para uma lista completa de referências a Shelley na década de 1820, ver Karsten Klejs Engelberg, *The Making of the Shelley Myth: An Annotated Bibliography of Criticism of Percy Bysshe Shelley, 1822-60* (Londres: Mansell, 1988).

485 **Bess Kent** *Monthly Magazine*, 1 ago 1823, v. 56, n. 385.

485 **Contudo, esse projeto era maior** Para uma exegese mais abrangente de Mary enquanto editora, ver Susan Wolfson, "Mary Shelley, Editor", in *The Cambridge Companion to Mary Shelley*, ed. Esther Schor (Cambridge: Cambridge University Press, 2003), 193-210.

485 **A escritora fazia os acréscimos** Para uma análise criteriosa e cuidadosa das contribuições de Mary na organização da obra e do legado literário de Shelley, ver ibid., 191-210.

486 **Mary encobriu suas pegadas** Wolfson ressalta que Mary introduziu sua presença como autora por meio de suas notas e de seus acréscimos biográficos, mas, para seus contemporâneos, ela posava de humilde esposa, uma discípula prestimosa. Ver ibid., 191-210. Wolfson escreve: "Com fragmentos e lacunas, Mary Shelley produziu 'Percy Bysshe Shelley'". Ibid., 197.

487 **"Sou uma árvore"** Mary Shelley, *Last Man*, 391.

487 **"lei da natureza"** MWS para Teresa Guiccioli, 16 de maio de 1824, *Letters MWS*, 1:422.

487 **"O Último Homem!"** 14 de maio de 1824, *Journals MWS*, 476.

488 **"se você conhecesse"** MWS para Teresa Guiccioli, 30 de dezembro de 1824, *Letters MWS*, 1:460.

489 **"Agora sei"** 30 de janeiro de 1825, *Journals MWS*, 489.

489 **"charme e o fascínio"** Eliza Rennie, *Traits of Character; Being Twenty-Five Years of Literary and Personal Recollections*, 2 v. (Londres: 1860), 2:207-8.

489 **enviando-lhe torrentes de cartas** Doddy dirige-se a Mary como "minha Linda" e "Meine Liebling". Ela acrescenta que cinco dias sem vê-la lhe causava angústia. "Contando em meus dedos a última noite em tua companhia como uma criança ansiosa para a chegada das prometidas férias, senti algo parecido com dor [...]". Maria Diana Dods para MWS, s.d. (Oxford, Bodleian Library, Abinger Dep. c. 516/11).

490 **"Não tenho certeza de que olhares masculinos"** MWS para Jane Williams, 28 de julho de 1826, *Letters MWS*, 1:556.

490 **"nossa linda v."** MWS para Jane Williams, verão de 1826, ibid., 1:573. Posteriormente, Mary refletiria sobre esse relacionamento com Trelawny, usando um termo curioso, "*tousy-mousy*", que parece sugerir um relacionamento sexual. "Dez anos atrás, eu estava tão pronta para entregar-me — e, tendo medo dos homens, era capaz de ficar *tousy-mousy* por mulheres" (12 de outubro de 1835, *Letters MWS*, 2:256). Betty Bennett, editora das cartas de Mary Shelley e a estudiosa que descobriu a identidade travestida de Doddy, escreve uma explicação detalhada do termo "*tousy-mousy*" no século XIX: "De acordo com o uso polido da época, '*to touse and mouse*' significava 'reverter bruscamente'. Ver *Dictionary of Obsolete and Provincial English*, Thomas Wright (org.) (Londres: Henry G. Bohn, 1851). Sendo uma variante, '*towsy-mousy*' era também uma gíria para os órgãos genitais femininos. Ver *Slang and Its Analogues*, J.S. Farmer e W.E. Henley (org.) (1. ed., 1890-1904; reimp. Nova York: Arno Press, 1970)", in *Mary Diana Dods: A Gentleman and a Scholar* (Baltimore: Johns Hopkins Press, 1994), 286 n18. O OED define "*tousy*" ou "*towsy*" como "desgrenhado, despenteado, descabelado; felpudo, áspero" e observa que o termo também ocorre em combinações. Contudo, apesar dessas acepções contemporâneas do termo, Bennett rejeita a ideia de que Mary Shelley tenha se sentido sexualmente atraída por mulheres. Eu discordo. Minha interpretação dessas cartas é de que Mary e Jane tinham um relacionamento importante e íntimo que era, por vezes, de natureza sexual.

490 **"a esperança e o consolo de minha vida"** MWS para Leigh Hunt, 27 de junho de 1825, *Letters MWS*, 1:491.

490 **"repetição vertiginosa de horrores"** Crítica à obra *O Último Homem*, *Literary Gazette*, v. 10 (Londres: Henry Colburn, 1826), 103; Google Books. Para um relato abrangente da recepção de *O Último*

*Homem* e da história de sua publicação, ver Morton D. Paley, "*The Last Man:* Apocalypse Without Millennium", in *The Other Mary Shelley: Beyond Frankenstein*, Audrey A. Fisch, Anne K. Mellor e Esther H. Schor (org.) (Nova York: Oxford University Press, 1993), 107-22.

490 **a imaginação de Mary estava "enferma"** Essa crítica anônima, publicada na *The Monthly Review*, associava Mary a Shelley, Godwin e Wollstonecraft: "A sra. Shelley, fiel ao talento de sua família, acha este mundo vivente e as operações e os cenários que o animam tão indignos de sua fantasia mirabolante que ela se aventura mais uma vez a criar um mundo só seu, povoá-lo com seres moldados por suas próprias mãos e governá-lo com leis extraídas das teorias visionárias que ela foi ensinada a admirar como a perfeição da sabedoria. [...] Sua imaginação parece deleitar-se com invenções que não têm fundamento em ocorrências ordinárias nem encanto para as simpatias comuns da humanidade. [...] Todo o trajeto de sua ambição tem sido retratar monstros que poderiam existir apenas em suas próprias concepções e envolvê-los em cenários e acontecimentos que não têm nenhum paralelo com nada que o mundo já testemunhou. [...] O todo nos parece ser a prole de uma imaginação doentia e de um gosto polutíssimo". *Monthly Review, from January to April Inclusive*, v. 1, 1826 (Londres: R Griffiths, 1826), Google Books, 335.

490 **de James Fenimore Cooper** Morton Paley aborda o contraste entre a obra de Mary e a de seus contemporâneos. Ver "*The Last Man:* Apocalypse Without Millennium", in *The Other Mary Shelley: Beyond Frankenstein*, ed. Audrey A. Fisch, Anne K. Mellor e Esther H. Schor (Nova York: Oxford University Press, 1993), 107-22.

491 **"Ela é, na verdade"** MWS para Leigh Hunt, 12 de agosto de 1826, *Letters MWS*, 1:528.

492 **Doddy sabia que muitas pessoas pensavam** Para mais informações sobre a questão problemática de escrever a respeito da prática de travestir-se e da identidade lésbica na condição de biógrafa literária, com uma ênfase particular nas questões da identidade de gênero de Doddy, ver Geraldine Friedman, "Pseudonymity, Passing, and Queer Biography: The Case of Mary Diana Dods", *Romanticism on the Net 23(2001)*, Michael Eberle-Sinatra, Richard Sha (org.), DOI: 10:7202/005985ar. Betty Bennett foi a primeira a descobrir a identidade de Doddy como travestida. Ela conta a história de sua descoberta e as provas que encontrou em *Mary Diana Dods*.

492 **"Meus amigos"** 13 de julho de 1827, *Journals MW*, 502-3.

493 **Mary cortava o assunto** "Rogo-lhe, não faça alusões ao passado, nem às mudanças que não podem ser desfeitas—" MWS para Jane Williams Hogg, 5 de junho de 1828, *Selected Letters MWS*, 205.

493 **"como desejava ardentemente vê-lo"** MWS para Jane Williams Hogg, 5 de junho de 1828, *Letters MWS*, 2:42.

493 **duras críticas** Mary faria sua defesa contra as críticas de Trelawny, escrevendo-lhe uma longa carta: "Você está furioso comigo, fala de evasões — O que você pede, o que eu recuso? Deixe-me escrever a você como escrevo a meu próprio coração e não mostre esta carta a ninguém — Você fala de escrever sobre a vida de Shelley e me pede material — a vida de Shelley, no que diz respeito ao público, teve muito poucos acontecimentos e estes são bastante conhecidos — Os acontecimentos particulares foram tristes e trágicos". 15 de dezembro de 1829, ibid., 2:94.

494 **"uma parcela"** CC para Trelawny, datada por Stocking como posterior a 1828 porque Claire se refere ao período que passou em Dresden como anterior ao da passagem. Aparentemente, Claire ainda não havia condenado Shelley por sua opinião sobre o amor livre, pois ainda o defendia como um ideal de virtude. Mais adiante, nessa mesma carta, ela declara: "Deus quisesse que ela [Mary] perecesse sem ser notada ou lembrada, de modo que o brilho de seu nome [de Shelley] não fosse obscurecido pelas corrupções que ela lança sobre ele. Que ambição vil é essa, que busca ouropel e espalhafato quando a realidade de tudo que é nobre e digno desapareceu". *Journals CC*, 432.

494 **Ela continuou a ter seu trabalho** Mary Shelley escreveu 21 contos para revistas e anuários entre 1823 e 1839. Suas heroínas sofrem nas mãos de seus inimigos e geralmente morrem em vez de se ajustar às exigências da sociedade. De muitas maneiras, tais histórias são uma forma de protesto de Mary contra as regras do casamento e aquilo que Charlotte Sussman chama "a comoditização" das mulheres. Sussman escreve: "As críticas de Shelley ao modo como o valor econômico das mulheres é controlado pelo mercado de casamentos chega por um meio que ajudava a construir outra forma de valor dentro da esfera doméstica: um meio que formava mulheres não apenas como corpos casadouros, mas como leitoras e escritoras. Se as imagens dos anuários oferecem um pouco de feminilidade conservada em âmbar, os contos e os poemas que essas publicações veiculavam minam esse ideal de feminilidade e aquela estrutura de valor econômico". "Stories for the Keepsake", em *Cambridge Companion to Mary Shelley*, 178.

494 **"Uma mulher solitária"** Mary Shelley, "Review, 'The Loves of the Poets'", *Westminster Review* 11, 2 out. 1829 (Londres: 1829), 476.

Capítulo 36. **Mary Wollstonecraft: As memórias (1797-1801)**

498 "o primeiro dos amigos dela" Johnson para Godwin, 12 de setembro de 1797, Gerald P. Tyson, *Joseph Johnson: A Liberal Publisher* (Cidade de Iowa: University of Iowa Press, 1979), 150-51.

498 "de modo algum" Mary Hays para Godwin, outubro de 1797, Abinger: Dep. b. 227/8.

498 "sincero e intenso" Paul, *Friends*, 1:283.

499 Notas enaltecedoras de falecimento e obituários Mary Hays havia escrito um obituário laudatório na *The Monthly Magazine*, bem como um tributo biográfico de cinquenta páginas na *The Annual Necrology*, no qual declarava: "As ideias de [Wollstonecraft] eram ousadas e originais, e sua liberdade de pensamento e coragem de rebater opiniões populares, dignas de admiração. Uma pessoa obscura, desconhecida e sem apoio, ela se elevou por seus próprios esforços a uma celebridade que incitava, em um nível extraordinário, a atenção pública, o que lhe rendeu uma fama que se estende para além das fronteiras de seu país de nascimento. [Ela era dotada de] sensibilidade e ternura femininas aliadas à força e fortaleza masculinas, uma combinação tão admirável quanto rara. [...] Seu sexo perdeu, com a morte prematura dessa mulher extraordinária, uma grande defensora, mas ela não lutou em vão: o espírito de reforma está seguindo silenciosamente seu curso. Quem pode estabelecer seus limites?". Mary Hays, *The Annual Necrology for 1797-98; Including, also, Various Articles of Neglected Biography*, v. 1 (1798), 426.

499 "Sempre" Godwin, *Memoirs*, 1.

501 "Eu ficaria satisfeito" Godwin para Skeys, [data?] de outubro de 1797, Abinger: Dep. b. 227/8. Ver também uma segunda nota, Dep. b. 229/1(a), 17 de outubro de 1797.

501 "Quando Eliza e eu tivemos conhecimento" Everina para Godwin, 24 de novembro de 1797. Abinger: Dep. c. 523.

502 "Para falar francamente" Para informações sobre a discussão entre Hays e Godwin, ver suas cartas: 5, 10, 22 e 27 de outubro de 1797, Abinger: Dep. b. 227/8.

503 maculado por "opiniões" Godwin, *Memoirs*, 81-83.

504 "demasiado desdenhosa" de Burke Ibid., 76.

504 "incompatíveis com a índole fundamental da escritora" Ibid., 81-83.

505 Apenas na década de 1970 A primeira biografia completa a celebrar os feitos de Wollstonecraft foi a de Claire Tomalin, *The Life and Death of Mary Wollstonecraft* (Londres: Penguin, 1974).

505 mente "menos vigorosa" Mary Wollstonecraft, *Posthumous Works of the Author of a Vindication of the Rights of Woman*, 4 vols. (Londres: 1798), 164.

506 "escrituras [...] para a propagação de p[uta]s" *Anti-Jacobin Review and Magazine, or Monthly Political and Literary Censor* 5 (1800), 25.

506 "desnudar a esposa falecida" Robert Southey para William Taylor, 1º de julho de 1804, n. 958, in *A Memoir of the Life and Writings of the Late William Taylor of Norwich*, 2 v. (Londres: 1843), 1:506. Também disponível on-line: *The Collected Letters of Robert Southey*, Part 3: *1804-1809*, Carol Bolton e Tim Fulford (org.), A Romantic Circles Electronic Edition, 17 de fevereiro de 2014, <http://romantic.arhu.umd.edu/editions/southey_letters/Part_Three/HTML/letterEED.26.958.html>.

506 "William hath penn'd"/["Wlliam escreveu"] *Anti-Jacobin Review* 5 (1800), 25.

507 "voluptuosos dogmas de Mary Godwin" *Anti-Jacobin Review* 7 (1801), 374 (Google Books). Para um apanhado da filosofia e obra de Elizabeth Hamilton, ver Claire Grogan, introdução a *Memoirs of Modern Philosophers*, de Elizabeth Hamilton (Peterborough, Ontário: Broadview Press, 2000).

507 No livro *Belinda*, de Maria Edgeworth Deborah Weiss sugere que o retrato que Edgeworth faz de Harriet Freke não pretende ser uma caricatura de Wollstonecraft, mas, na realidade, amplia e desenvolve as teorias da escritora sobre a sexualidade, já que, como Wollstonecraft, Edgeworth rejeitava "a compreensão essencialista de gênero do período". "The Extraordinary Ordinary Belinda: Maria Edgeworth's Female Philosopher", *Eighteenth Century Fiction* 19, n. 4, artigo 5 (2007), <http://digitalcommons.mcmaster.ca/ecf/vol19/iss4/5>.

508 "uma história incorreta" *Analytical Review* 27 (1798), 238.

Capítulo 37. **Mary Shelley: Uma vida de escrita (1832-1836)**

510 "gentil, feminina" Para um relato completo, ver Eliza Rennie, "An Evening at Dr Kitchiner's", in *Friendship's Offering* (Londres: 1842), 2:243-49.

510 "um tanto indiscreta" Viscount Dillon para MWS, 18 de março de 1829, Marshall, *The Life and Letters of Mary Wollstonecraft Shelley*, 2:197.

511 "Meu primeiro impulso" 18 de novembro de 1831, *Journals MWS*, 524.

511 "júbilo inefável" 5 de outubro de 1839, ibid., 563.

511 "A liberdade deve levantar e levantará a cabeça" Peter Beauclerk Dewar e Donald Adamson, *The House*

*of Nell Gwynn: The Fortunes of the Beauclerk Family* (Londres: William Kimber, 1974), citado em Sunstein, MS:R&R, 316.

511 **uma versão mais domesticada** A comparação entre Aubrey Beauclerk e Percy Shelley é baseada em Sunstein, MS:R&R, 316-17.

512 **"Espero"** MWS para Jane Hogg, 5 de maio de 1833, *Letters MWS*, 2:189.

512 **"o caráter"** abril ou maio de 1833, *Journals MWS*, 529.

512 **"Uma noite escura"** [data?] de agosto de 1833, ibid., 530.

514 **Victor é uma marionete** Anne Mellor tem uma posição um pouco diferente. Ela ressalta a diferença entre a descrição que Mary Shelley faz do destino e da Natureza nas duas versões, mas argumenta que, embora sua noção de destino seja mais pessimista no *Frankenstein* de 1831, sua concepção sobre a natureza humana, do próprio Frankenstein, é um pouco mais positiva. Mellor escreve: "Em 1818, Victor Frankenstein era dotado de livre-arbítrio, ou da capacidade para fazer escolhas morais significativas — ele poderia ter abandonado sua busca pelo 'princípio da vida', poderia ter cuidado de sua criatura, poderia ter protegido Elizabeth. Em 1831, tais escolhas lhe são negadas. Ele é um peão de forças que estão além de seu conhecimento ou controle". *Mary Shelley: Her Life, Her Fiction, Her Monsters* (1988; reimp., Nova York: Routledge, 1989), 171. Portanto, de acordo com Mellor, em 1831, a visão fatalista de Mary perdoa Frankenstein de alguns de seus crimes, visto que ele é impotente perante a situação. Mellor também faz a importante observação de que Mary se apresenta no mesmo papel de Frankenstein, impotente nas mãos do destino; Mary Shelley "negava a responsabilidade por sua progênie hedionda e insistia que permanecera passiva antes dela, 'deixando seu âmago e substância intocados'. [...] Como Victor Frankenstein, ela se tornou a inadvertida 'autora de males indizíveis'". *Mary Shelley: Her Life*, 176. Para outra discussão sobre o papel do destino nas duas diferentes versões de *Frankenstein*, ver Mary Poovey, *The Proper Lady and the Woman Writer: Ideology as Style in the Works of Mary Wollstonecraft, Mary Shelley, and Jane Austen* (Chicago: University of Chicago Press, 1884), 133-41. Ver também John R. Reed, "Will and Fate in *Frankenstein*", *Bulletin of Research in the Humanities* 83 (1980): 319-38.

514 **"Homem infeliz! Você partilha"** Mary Shelley, *Frankenstein*, 24.

515 **existe um consenso** Para uma discussão mais ampla sobre a obra de Mary como biógrafa, ver Greg Kucich, "Biographer", in *The Cambridge Companion to Mary Shelley*, Esther Schor (org.) (Cambridge: Cambridge University Press, 2003), 226-41.

515 **"Minha vida e minha razão"** 2 de dezembro de 1834, *Journals MWS*, 543.

515 **ela passava horas escavando** Por exemplo, em sua descrição de Montaigne, seu admirador da juventude, Marie de Gournay le Jars se destaca mais que o grande escritor; Marie, como Mary, promoveu o trabalho dos homens que amou: "Era ela quem editava e publicava os ensaios dele, escrevendo um prefácio em que defendia habilmente a obra dos ataques que lhe eram lançados". De fato, nas mãos de Mary, Marie se parece muito com a própria Mary: "[Marie era] uma jovem de grande mérito e, posteriormente, foi considerada uma das mais versadas e excelentes senhoras da época; e honrada pelos insultos de pedantes que atacavam sua aparência pessoal e sua idade para vingar-se do fato de que ela transcendia até mesmo os feitos e a inteligência do sexo deles; ao passo que, por outro lado, gozava do respeito e da amizade dos melhores homens de seu tempo". Mary Shelley, *Lives of the Most Eminent French Writers* (Filadélfia: Lea and Blanchard, 1840), 44.

516 **"Você deve me considerar"** MWS para a sra. Gisborne, 11 de junho de 1835, *Letters MWS*, 2:245.

516 **"Abri mão de minha existência"** 2 de dezembro de 1834, *Journals MWS*, 542.

517 **"grande horror"** MWS para Mary Hays, 20 de abril de 1836, *Letters MWS*, 2:270.

517 **"O que passei então"** 7 de junho de 1836, *Journals MWS*, 549.

517 **"o mais perto"** MWS para Mary Hays, 20 de abril de 1836, *Letters MWS*, 2:271.

519 **Porém Mary permaneceu firme** Às acusações de Trelawny, Mary respondeu: "Você não poderia crer que eu tenha pensado com inquietação — decidi com cuidado — e a partir de motivos desinteressados — não para preservar-me, mas a meu filho, do mal—". MWS para Trelawny, 26 de janeiro de 1837, *Letters MWS*, 2:282.

520 **A heroína de *Falkner*** Para uma comparação criteriosa entre as duas Elizabeths, ver Kate Ferguson Ellis, "*Falkner* and Other Fictions", in *Cambridge Companion to Mary Shelley*, 151-62.

520 **a conclusão subversiva do romance** Até bem recentemente, dizia-se que a obra de Shelley se tornou cada vez mais conservadora ao longo do tempo. Como escreve Kate Ferguson Ellis: "A ficção tardia de [Mary] Shelley não costuma ser considerada particularmente feminista". "*Falkner* and Other Fictions", in *Cambridge Companion to Mary Shelley*, 161. Em 1984, Mary Poovey argumentou que *Falkner* é um romance muito menos inovador e político que *Frankenstein*, uma vez que Mary havia se afastado de temas políticos e passava a celebrar a

esfera doméstica. *The Proper Lady and the Woman Writer*, 164-65. Porém, como ressalta Ellis, baseando seu argumento nas ideias de Anne Mellor em *Mary Shelley: Her Life, Her Fiction, Her Monsters*, em *Falkner* Mary dá um passo radical ao tentar retratar o que Mellor chama de "família burguesa igualitária". "*Falkner* and Other Fictions", 161. Para mais detalhes sobre a política radical de Shelley em *Falkner*, ver Melissa Sites, "Utopian Domesticity as Social Reform in Mary Shelley's *Falkner*", *Keats-Shelley Journal* 54 (2005): 148-72.

520 Essa inversão de valores Para uma visão geral da reação da crítica à publicação do romance, ver Seymour, *MS*, 445-46.

520 *The Age The Age*, 2 de abril de 1837, 106.

Capítulo 38. **Mary Wollstonecraft:** *The Wrongs of Woman* (1797-1798)

521 ele fez modificações em várias outras obras de Mary Harriet Devine Jump analisa como Godwin alterou "On Poetry", de Wollstonecraft, para torná-lo mais conservador e mais alinhado aos valores do Iluminismo, e não da nova estética romântica. Ela escreve que Godwin "retirou ou emendou pelo menos quatro referências à imaginação". "'A Kind of Witchcraft': Mary Wollstonecraft and the Poetic Imagination", *Women's Writing* 4, n. 2 (1997): 242-43. Tilomatta Rajan sugere que Godwin incluiu "On Poetry" em *Posthumous Works* de Wollstonecraft a fim de pintar um retrato de Wollstonecraft como uma escritora "reclusa e meditativa" em vez de uma autora "pública". Ver "Framing the Corpus: Godwin's 'Editing' of Wollstonecraft in 1798", *Studies in Romanticism* 39 (2005): 511-31, 515.

521 atenuando as ideias da escritora Sem jamais haver concordado com os argumentos de Mary de que a melhor escrita vinha diretamente do coração e da imaginação e de que era melhor possuir um ensaio pouco sofisticado, porém honesto e vigoroso, do que um texto sumamente refinado, mas dotado de pouco mérito, Godwin excluiu quatro das referências da escritora à imaginação. Mas essa era uma interpretação bastante equivocada de suas ideias, uma vez que, para Wollstonecraft, a imaginação representava uma oportunidade democrática. Qualquer um podia ter imaginação. Nem todos podiam ter instrução. Além disso, seus "devaneios poéticos" lhe permitiram desmantelar estereótipos de gênero e fronteiras ideológicas. Como escreve Lawrence R. Kennard: "A poética da sensibilidade de [Wollstonecraft] e seus devaneios poéticos representam tentativas de reconstruir o eu e a realidade. [...] Os devaneios de Wollstonecraft [...] fornecem uma crítica não apenas às convenções genéricas como também ao binarismo ideológico e ao sujeito estereotipado". "Reveries of Reality", in *Mary Wollstonecraft and Mary Shelley: Writing Lives*, Buss, Macdonald e McWhir (org.), 66.

522 Se procurarmos pelo termo "*prostitution*" *European Magazine*, abril de 1798 (33: 246-51), in Durant, "Supplement", 340. Para um excelente apanhado da reação da crítica a Wollstonecraft, ver Claudia Johnson, "Introduction", e Cora Kaplan, "Mary Wollstonecraft's Reception and Legacies", in *The Cambridge Companion to Mary Wollstonecraft*, Claudia Johnson (org.) (Cambridge: Cambridge University Press, 2002), 1-6, 246-70.

522 fomentar a licenciosidade Durant, "Supplement", 344.

523 "má conduta de uma de [suas]" Ibid., 340.

523 "as mais perniciosas consequências" Ibid.

523 "boas e velhas regras" Wollstonecraft, *Wrongs of Woman*, ed. Mellor, 354.

524 "uma pobre vítima" Citado em Miriam Wallraven, *Writing Halfway Between Theory and Fiction: Mediating Feminism from the Seventeenth to the Twentieth Century* (Würzburg, Alemanha: Königshausen & Neumann, 2007), 93.

524 **Robert Browning consolidou** Robert Browning, "Wollstonecraft and Fuseli", in *Jocoseria* (Londres: Smith, Elder, & Co., 1883), 48.

524 Em 1885, quando Karl Pearson Gordon, *VAL*, 389.

524 "o herói de cada história" Wollstonecraft, anúncio de *Letters from Sweden*.

524 "traçar um esboço" Godwin, *Memoirs*, 8.

525 "cuja seriedade de vida" *History of Woman Suffrage*, ed. Elizabeth Cady Stanton, Susan B. Anthony e Matilda Joslyn Gage, v. 1 (1881; Project Gutenberg, 2007), 831, <www.gutenberg.org/files/28020/28020-h/28020-h.htm#CHAPTER_1>.

525 **Carrie Chapman Catt** No dia 9 de junho de 1936, em um discurso de abertura no Sweet Briar College, Catt declarou: "Exatamente quando o movimento feminista começou, ninguém sabe. Gosto de pensar que o movimento feminista definitivo emergiu da agitação desvinculada e dispersa provocada pelo livro de Wollstonecraft, *Reivindicação dos Direitos da Mulher*", <www.loc.gov/rr/mss/text/catt.html#speech>.

525 uma "avó" literária Esta é a famosa queixa que Browning faz à falta de ancestrais na literatura feminina: "Busco avós em toda parte e não vejo nenhuma". Elizabeth Barrett Browning para Henry Chorley, 7 de janeiro de 1845, in *The Letters of Elizabeth Barrett Browning*, ed. Frederic G. Kenyon, v. 1 (Londres: Smith, Elder, & Co., 1898), 232.

525 Ler Wollstonecraft aos 12 anos "Li Mary Wolstonecraft [sic] quando eu tinha 13 anos — não, doze! [...] e, durante toda minha infância, senti uma constante indignação contra a natureza que me fez mulher e uma resolução firme de vestir-me com roupas de homem assim que estivesse livre dos cuidados infantis, e sair ao mundo para 'buscar minha sorte'". Elizabeth Barrett Browning para Mary Russell Mitford, 22 de julho de 1842, ibid. Para outra discussão acerca da importância de Wollstonecraft para a jovem Elizabeth Barrett, ver Susan Wolfson, *Borderlines: The Shiftings of Gender in British Romanticism* (Redwood City, CA: Stanford University Press, 2006), 87.

526 "elevadíssima ética" George Eliot, "Margaret Fuller and Mary Wollstonecraft", *Leader* 6 (13 out. 1855), 988. Reimpresso em *Essays of George Eliot*, Thomas Pinney (org.) (Londres: Routledge, 1968).

526 "Muitos milhões morreram" Virginia Woolf, *The Second Common Reader* (1932; reimp. Londres: Harcourt, Brace & World, 1960), 148.

## Capítulo 39. Mary Shelley: Divagações (1837-1848)

530 "Pobre Harriet" 12 de fevereiro de 1839, *Journals* MWS, 560.

530 "Não é o momento" "Preface", in Hutchinson (org.), *Complete Poetical Works of Percy Bysshe Shelley*, 1:x.

531 "Estou dilacerada" 12 de fevereiro de 1839, *Journals* MWS, 559.

531 "espécie de sensação indescritível" MWS para Leigh Hunt, 20 de julho de 1839, *Letters* MWS, 2:318.

531 *The Examiner* Para informações sobre a reação negativa ao trabalho de Mary como editora, ver *Letters* MWS, 2:282 n1.

531 "mutilar" MWS para Leigh Hunt, 14 de dezembro de 1839, ibid., 2:326.

532 "tantas das próprias palavras de Shelley" MWS para Leigh Hunt, 10 de outubro de 1839, ibid., 2:327.

532 "Seu espírito" Hutchinson (org.), *Complete Poetical Works of Percy Bysshe Shelley*, 1:xii-xiii.

532 "coração cristão" George Lewes e Thornton Hunt, obituário em *The Leader*, 1851, citado em MS:R&R, 384.

533 "O tempo [...] faz apenas aumentar o discernimento" MWS para Leigh Hunt, 23 de dezembro de 1839, *Letters* MWS, 2:335.

535 "Ela vive de inutilidades" Trelawny para CC, 17 de agosto de 1838, Forman (org.), *Letters of Edward Trelawny*, 209.

535 "Outra esperança" 27 de novembro de 1839, *Journals* MWS, 563-64.

535 "Sinto uma boa parte de meu espírito cigano voltar" Mary Shelley, *Rambles in Germany and Italy in 1840, 1842, and 1843* (Londres: Moxon, 1844), 1:9.

535 "à terra que é minha" MWS para Abraham Hayward, 26 de outubro de 1840, *Letters* MWS, 3:5.

535 "chegando quase à agonia" Shelley, *Rambles*, 1:61.

536 "Uma amizade segura" 27 de novembro de 1839, *Journals* MWS, 563.

536 "infeliz, traída, sozinha" Mary escreveu estas palavras em italiano no dia 12 de janeiro de 1841, ibid., 570-71: *"Pare che le mie calde preghiere sono udite esaudite—Pare—dio volesse che sara—ed io—se veramente tutto va bene—felice me! partire di questo paese fra poco"*.

537 "Entreguei todo" 26 de fevereiro de 1841, ibid., 573.

539 "bondade imensurável" Mary Shelley, *Rambles*, 1:12.

539 mostrando-se contrária à ocupação da Itália pela Áustria Para uma análise da política de Mary Shelley em *Rambles*, ver Jeanne Moskal, "Travel Writing", in *Cambridge Companion to Mary Shelley*, ed. Esther Schor (Cambridge: Cambridge University Press, 2003), 247-50. Para a crítica de Mary Shelley sobre as artes, ver Moskal, "Speaking the Unspeakable: Art Criticism as Life Writing in Mary Shelley's s*Rambles in Germany and Italy*", in *Mary Wollstonecraft and Mary Shelley: Writing Lives*, Helen Buss, D.L. Macdonald e Anne McWhir (org.) (Waterloo, Ontário: Wilfrid Laurier University Press, 2001), 189-216.

540 ninguém notou No geral, porém, o livro foi recebido com entusiasmo. Um crítico elogiou *Rambles*, declarando que Mary Shelley provara ser "uma mulher que pensa por si mesma sobre todos os assuntos e ousa dizer o que pensa". Citado em Elizabeth Nitchie, "Mary Shelley, Traveller", *Keats-Shelley Journal* 10 (1961): 22-42, 34. Uma crítica na *Atlas* enalteceu sua "rica criatividade, seu intenso amor pela natureza e sua apreensão sensível de tudo que é bom, belo e livre". Citado em Jeanne Moskal, nota introdutória a *Rambles*, in *The Novels and Selected Works of Mary Shelley*, v. 8, Jeanne Moskal (org.) (Londres: Pickering and Chatto, 1996), 52. Não obstante, houve alguns detratores; um crítico do *The Observer* queixou-se: "Para ela, como para todas as mulheres, a política é uma questão do coração, e não, como para a natureza mais robusta do homem, da cabeça. [...] É um tema inútil e improfícuo para uma mulher". Citado em Moskal, "Travel Writing", 250.

541 "Perto de você" CC para MWS, 7 de maio de 1845, TCC, 428.

541 "Fazer algum bem" MWS para CC, 6 de junho de 1845, *Letters MWS*, 3:185.

541 "angina do peito" Para uma discussão abrangente sobre a doença de Mary, ver Sunstein, *MS:R&R*, 373.

541 formigavam, davam a impressão de estar "vivos" Citado em ibid.

541 Elizabeth Barrett Para esta conexão, ver ibid.

542 "alta e esbelta" Rolleston, *Talks with Lady Shelley*, 25-28.

543 a "Grande Cobra Velha" As lendas da cobra e da tartaruga vêm de uma carta escrita pela irmã de Shelley, Hellen, em Hogg, *Life of Shelley*, 1:7.

543 o favorito da mãe Hellen Shelley escreveu: "Ouvi dizer que a memória de Bysshe era particularmente boa. Mesmo quando pequeno, ele repetia os versos de Gray sobre o Gato e o Peixinho Dourado, palavra por palavra, depois de lê-lo apenas uma vez, fato que ouço frequentemente de minha mãe". Ibid., 9.

543 "O lugar é um verdadeiro" MWS para CC, 28 de agosto de 1848, *Letters MWS*, 3:346.

543 "Consigo caminhar" MWS para CC, 5 de fevereiro de 1849, ibid., 3:356.

544 "Até que tenham" CC para Antonia Clairmont, 1º de agosto de 1850, *TCC*, 533.

545 "seu doce" Jane Shelley para Alexander Berry, 7 de março de 1851, *Letters MWS*, 3:394.

## Capítulo 40. Mary e Mary: Esforços heroicos

547 Os obituários se concentravam Sunstein, *MS:R&R*, 384.

547 Muriel Spark Spark estava determinada a levar Mary Shelley de volta à vanguarda da história literária. Ela argumentava que Shelley foi uma das primeiras autoras de ficção científica e que já era tempo de reavaliar sua obra. Ver a biografia de Spark, *Child of Light: A Reassessment of Mary Wollstonecraft Shelley* (Essex, UK: Tower Bridge, 1951). Em 1988, Spark revisou a biografia que escreveu após a publicação da edição das cartas de Shelley por Betty T. Bennett. Uma edição ampliada foi posteriormente publicada com o título *Mary Shelley* (Londres: Carcanet, 2013).

547 "sugeriu que não valia a pena publicar" Betty T. Bennett, "Finding Mary Shelley in Her Letters", *Romantic Revisions*, Robert Brinkley e Keith Hanley (org.) (Cambridge: Cambridge University Press, 1992), 291.

548 O conjunto de sua obra As opiniões radicais que permeiam os romances de Mary Shelley em geral foram ignoradas até recentemente. Como escreveu Betty T. Bennett sobre *O Último Homem*: "A importância política do romance recebeu pouca atenção, sem dúvida porque não se esperava que mulheres tratassem de política. Uma das maiores barreiras que Mary Shelley encontrou em seu público naquela época — presente ainda hoje — foi uma falha na percepção de que todas as suas principais obras estão estruturadas em torno da política, tanto civil como doméstica". "Radical Imagining: Mary Shelley's *The Last Man*", *The Wordsworth Circle* 26, n. 3 (Verão de 1995), 147-52. *Romantic Circles*, <www.rc.umd.edu/editions/mws/lastman/bennett.htm>.

548 "A memória de minha Mãe" MWS para Frances Wright, *Letters MWS*, 2:3-4.

548 "Mary Wollstonecraft foi um daqueles seres" Paul, *Friends*, 1:231.

549 "Os escritos dessa mulher célebre" Mary Shelley, prefácio à obra de William Godwin, *The Adventures of Caleb Williams* (Londres: Harper & Brothers, 1870), 11.

549 tentados a imaginar Charles Robinson apresenta essa questão, especulando a respeito do que teria acontecido se Mary Shelley tivesse "tentado redimir a mãe em vez do marido por meio de seu trabalho como biógrafa". Robinson, "A Mother's Daughter: An Intersection of Mary Shelley's *Frankenstein* and Mary Wollstonecraft's *A Vindication of the Rights of Woman*", in *Writing Lives*, Buss (org.), Macdonald e McWhir, 130.

550 "A doença [do marido] exigiu" MWS para Octavian Blewitt, 15 de novembro de 1850, *Letters MWS*, 3:387.

550 "com o sol brilhando" MWS para Isabella Booth, 26 de maio de 1850, ibid., 3:376.

551 Mary também conversou com Jane Rolleston, *Talks with Lady Shelley*, 90.

552 recoberto por cortinas vermelhas Essa descrição do santuário foi retirada de Seymour, *MS*, 542.

553 "Com palavras ardentes, [Shelley]" *Shelley Memorials*, lady Jane Gibson Shelley (org.) (Londres: Henry S. King & Co., 1859), 77.

554 "a máxima maldade" Trelawny, *Records of Shelley, Byron, and the Author*, 230.

554 "O ciúme de Mary Shelley" Trelawny para CC, 3 de abril de 1870, Forman (org.), *Letters of Edward John Trelawny*.

554 Por quase duzentos anos Em consequência dos escândalos que cercavam o nome de Wollstonecraft, Cora Kaplan argumenta que a vida da escritora vem sendo analisada com muito mais interesse do que sua obra. "Wollstonecraft's Reception", in *The Cambridge Companion to Mary Wollstonecraft*, ed. Claudia Johnson, 247.

556 O que Wollstonecraft chamou de "rebeldes" Wollstonecraft, *Maria*, 318.

### Referências das notas complementares

015 O livro publicado Mary Wollstonecraft, *Reivindicação dos Direitos da Mulher*. Trad. Ivania Pocinho Motta (São Paulo: Boitempo Editorial, 2017).

018 A agressão contra mulheres Jessica Gibson, *What Are You? — A Woman I Suppose": Women in the Eighteenth-Century British Court* (Tese de mestrado. University of Oregon, 2013).

033 Segundo os tradutores Eric Hobsbawm, *A era das Revoluções: 1789-1848* (São Paulo: Paz e Terra, 2015).

038 Mary Wortley Montagu (1689-1762) ficou conhecida Lewis Saul Benjamin, *Lady Mary Wortley Montagu: Her Life and Letters (1689-1762)* (Londres: Hutchinson & Company, 1925); Raquel Martins Borges Carvalho Araújo, "Mary Wollstonecraft e Nísia Floresta: diálogos feministas". *Água Viva* 1, n. 1 (2011): 1-16; Kathryn Carlisle Schwartz, *The Rhetorical Resources of Lady Mary Wortley Montagu* (Tese de ph.D. Ohio State University, 1976).

038 Atribui-se à escritora a publicação Constância Lima Duarte, "Nísia Floresta e Mary Wollstonecraft: diálogo ou apropriação?". *O eixo e a roda* 7, (2001): 153-161; Nísia Floresta Brasileira Augusta, *Fragmentos de uma obra inédita: notas biográficas* (Brasília: Editora da UnB, 2001).

051 Chamada M. J. Godwin and Co. Pamela Clemit, "William Godwin's Juvenile Library". *Charles Lamb Bulletin* 147, (2009): 90-99.

055 John Locke (1632-1704) Christian Lindberg Lopes do Nascimento, *Locke e a formação do gentleman* (Dissertação de mestrado. Universidade Federal de Sergipe, 2010).

059 Em sua obra John Locke, *Segundo tratado sobre o governo* (São Paulo: LeBooks, 2018).

076 Durante a Revolução Chantal Thomas, "Heroism in the Feminine: The Examples of Charlotte Corday and Madame Roland". *The Eighteenth Century* 30, n. 2 (1989): 67-82.

085 O registro mais antigo United Kingdom House of Lords Decisions, "Regina Respondent and R. Appellant" (1991), www.bailii.org/uk/cases/UKHL/1991/12.html; Sexual Offences Act 2003, www.legislation.gov.uk/ukpga/2003/42/contents.

117 Na mitologia romana María Dolores Castro Jiménez, *El mito de Proserpina: fuentes grecolatinas y pervivencia en la literatura española* (Tese de doutorado. Universidad Complutense de Madrid, 2002).

166 Série de medidas Simon Fairlie, "A short history of enclosure in Britain". *The Land* 7, (2009): 16-31.

169 O Romantismo foi Maria Leonor Machado de Sousa, "Romantismo inglês: uma interpretação". *Revista da Faculdade de Ciências Sociais e Humanas*, Universidade Nova de Lisboa, (1980): 7-23.

196 Locke, no segundo volume Mary Wortley Sophia, *Woman Not Inferior to Man or, a Short and Modest Vindication of the Natural Right of the Fair-Sex to a Perfect Equality of Power, Dignity and Esteem with the Men* (Brentham Press, 1975); Mary Astell, *Some reflections upon marriage* (Londres: R. Wilkin, 1703); Fatih Duman, "The Roots of Modern Feminism: Mary Wollstonecraft and the French Revolution". International Journal of Humanities and Social Science 2, n. 9 (2012): 75-89; Anderson Soares Gomes, "Mulheres, Sociedade e Iluminismo: o surgimento de uma filosofia protofeminista na Inglaterra do século XVIII". *Matraga* 18, n. 29 (2011): 31-51; John Locke. *Ensaio acerca do entendimento humano*. Trad. Anoar Aiex (Rio de Janeiro: Nova Cultural, 1999).

197 O conceito de revolução Eduardo Ubaldo Barbosa, "O momento Burke: notas para a história de um Iluminismo contra-revolucionário". *Em tempo de histórias*, n. 26 (2015): 49-65.

227 A esposa do marquês Ricardo Hurtado Simó, "Cuerpo y simpatía en la filosofía de Sophie de Grouchy". *Thémata*, n. 46 (2012): 427-434; Marie-Hélène C. Torres et al., *Antologia de escritoras francesas do século XVIII* (Universidade Federal de Santa Catarina, 2015), https://mnemosineantologias.com/seculo-xviii.

230 Anne-Josèphe Terwagne Urias Arantes, "Anne-Joseph Terwaigne, aliás, Théroigne de Méricourt (1762-1817): revolução e loucura". Ide 39, n. 63 (2017): 201-216; Elisabeth Roudinesco, *Madness and Revolution: The Lives and Legends of Théroigne de Méricourt* (Verso, 1992).

338 Nessa peça Colleen Fenno, "Remembering Beatrice Remembering: Sexual Crime and Silence in Shelley's The Cenci". *Essays in Romanticism* 22, n. 1 (2015): 35-51.

439 Muitos estudiosos da Sarah Abramowicz, "English Child Custody Law, 1660-1839: The Origins of Judicial Intervention in Paternal Custody". Colum. L. Rev. 99, n. 5 (1999): 1344.

526 O período vitoriano correspondeu Luciana Wolff Apolloni Santana e Elaine Cristina Senko. "Perspectivas da Era Vitoriana: sociedade, vestuário, literatura e arte entre os séculos XIX e XX". *Diálogos Mediterrânicos*, n. 10 (2016): 189-215.

NOTA BIBLIOGRÁFICA
# CARTAS DE PERCY BYSSHE SHELLEY

"Não existem fatos neutros nem editores neutros", Betty Bennett, editora das cartas de Mary Shelley, alertou os leitores quando estava trabalhando na edição da volumosa e problemática correspondência da escritora. "Há apenas processos editoriais teóricos e interpretativos que, como 'a terrível sombra de algum Poder invisível', não devem pairar incógnitos em nosso meio."[1] Isso é particularmente verdadeiro no tocante às cartas de Percy Shelley. Embora Percy tenha morrido quase duzentos anos atrás, ainda não existe uma edição definitiva e confiável de suas cartas. Facções conflitantes continuam a contestar o direito de seus oponentes de publicar a correspondência de Shelley.

Mary Shelley designou a nora, Jane Shelley, como a executora literária dos papéis do poeta. No entanto, Jane tentava controlar o que os biógrafos publicavam acerca de sua amada sogra, restringindo o acesso dos pesquisadores às fontes originais. Por fim, Jane publicou seu próprio livro, *Shelley and Mary* [Shelley e Mary], no qual apresentava suas próprias versões editadas das cartas de Shelley e Mary.

Em 1909, dez anos depois da morte Jane Shelley, em 1899, Roger Ingpen publicou a primeira edição completa da correspondência de Shelley. Depois disso, por um período de cerca de cinquenta anos, o livro de Ingpen foi o texto padrão. Porém, em 1964, Frederick Jones publicou uma edição em dois volumes das cartas de Shelley, provocando um conflito com os editores da coleção Shelley and His Circle (1961), os quais argumentavam que Jones havia excedido seus direitos ao publicar cartas de propriedade da Pforzheimer Collection. Essa controvérsia nunca foi totalmente resolvida, de modo que, hoje, existem duas edições distintas das cartas de

---

[1] Betty Bennet, "The Editor of Letters as Critic: A Denial of Blameless Neutrality" [O editor de cartas como crítico: uma negação da neutralidade irrepreensível], in *Text: Transactions of the Society for Textual Scholarship* 6 (1994), 222. [NA]

Shelley, e ambas afirmam ser o texto padrão. Contudo, essas edições apresentam diferenças marcantes. A edição da Shelley and His Circle conserva grande parte da espontaneidade da correspondência original, pois os editores transcreveram e anotaram meticulosamente cada uma das cartas, oferecendo ao leitor uma noção muito mais precisa desses documentos enquanto objetos físicos, ostentando até mesmo marcas de selos de cera e carimbos de correio. A edição de Jones, por outro lado, é muito mais escorreita, porém, como observa a estudiosa Daisy Hay, falta-lhe "o imediatismo impetuoso e idiossincrático dos originais".[2] As diferenças entre as edições são um alerta necessário aos leitores, no sentido de que, como diz Hay, cartas são "sempre construídas editorialmente, e a epístola publicada tem uma existência independente daquela escrita por seu autor".[3] Para este livro, consultei todas as fontes disponíveis, a edição da Shelley and His Circle, bem como as edições de Ingpen e de Jones. Também fiz uso da correspondência que Mary Shelley publicou depois da morte de Shelley em uma edição que ela intitulou *Essays, Letters from Abroad, Translations and Fragments* [Ensaios, cartas do exterior, traduções e fragmentos]. Para cada carta, forneci a fonte da citação usada. As edições de Jones e de Ingpen foram particularmente úteis no fornecimento de contexto biográfico, ao passo que a edição da Shelley and His Cirle me ajudou a compreender as circunstâncias em que Shelley de fato escreveu cada carta.

2   Daisy Hay, "Shelley's Letters" [Cartas de Shelley], in *The Oxford Handbook of Percy Bysshe Shelley*, ed. Michael O'Neill e Anthony Howe (Oxford: Oxford University Press, 2013), 210. [NA]
3   Ibid., 211. [NA]

# BIBLIOGRAFIA ESCOLHIDA

Abrams, M. H. (org.). *The Norton Anthology of English Literature*. 4. ed. 2 v. Nova York: W. W. Norton, 1979.

*The Age*. 2 abr. 1837, 106.

Andrews, Stuart. *The British Periodical Press and the French Revolution, 1789-99*. Nova York: Palgrave, 2000.

Angeli, Helen Rossetti. *Shelley and His Friends in Italy*. Londres, 1911.

Arnold, Catherine. *Bedlam*. Londres: Simon & Schuster, 2008.

Barker-Benfield, G. J. *The Culture of Sensibility: Sex and Society in Eighteenth-Century Britain*. Chicago: University of Chicago Press, 1992.

Baym, Nina (org.). *The Norton Anthology of American Literature*. 5. ed. 2 v. Nova York: W. W. Norton, 1998.

Bennett, Betty T. "Biographical Imaginings and Mary Shelley's (Extant and Missing) Correspondence". In *Mary Wollstonecraft and Mary Shelley: Writing Lives*. Editado por Helen M. Buss, D. L. Macdonald e Anne McWhir, 217-32. Waterloo, Ontário: Wilfrid Laurier University Press, 2001.

_____. "The Editor of Letters as Critic: A Denial of Blameless Neutrality". *Text: Transactions of the Society for Textual Scholarship* 6 (1994): 213-23.

_____. "Finding Mary Shelley in Her Letters". In *Romantic Revisions*. Editado por Robert Brinkley e Keith Hanley. Cambridge: Cambridge University Press, 1992.

_____ (org.). *The Letters of Mary Wollstonecraft Shelley*. 3 v. Baltimore: Johns Hopkins University Press, 1980-88.

_____. *Mary Diana Dods: A Gentleman and a Scholar*. Baltimore: Johns Hopkins University Press, 1994.

_____. *Mary Wollstonecraft Shelley: An Introduction*. Baltimore: Johns Hopkins University Press, 1998.

_____. "Newly Uncovered Letters and Poems by Mary Wollstonecraft Shelley". *Keats-Shelley Memorial Bulletin* 46 (jul. 1997).

_____. "Radical Imagining: Mary Shelley's *The Last Man*", *The Wordsworth Circle*, 26.3 Verão de 1995, 147-52. *Romantic Circles*, <www.rc.umd.edu/editions/mws/lastman/bennett.htm>.

_____. *Selected Letters of Mary Wollstonecraft Shelley*. Baltimore: Johns Hopkins University Press, 1995.

Beverley Minster. "Beverley Minster, History and Building", <http://beverleyminster.org.uk/visit-us/history-and-building/>.

Bloom, Edward A. e Lillian D. Bloom, eds. *The Piozzi Letters: 1811-1816*. Londres: Associated University Presses, 1999.

Blunden, Edmund, Gavin de Beer e Sylva Norman. *On Shelley*. Oxford: Oxford University Press, 1938.

Bolton, Carol e Tim Fulford, eds. *The Collected Letters of Robert Southey, Part 3: 1804-1809*. A Romantic Circles Electronic Edition. Acesso em 17 fev. 2014.

Boswell, James. *Life of Johnson*. 3. ed. Londres: 1799.

Braithwaite, Helen. *Romanticism, Publishing and Dissent: Joseph Johnson and the Cause of Liberty*. Nova York: Palgrave Macmillan, 2003.

Brant, Clara. *Eighteenth-Century Letters and British Culture*. Basingstoke: Palgrave Macmillan, 2006.

Brewer, William D. "Mary Shelley's *Valperga*: The Triumph of Euthanasia's Mind". *European Romantic Review* 5 (1995): 133-48.

Brightwell, C. L. (org.). *Memorials of the Life of Amelia Opie*. Londres: Longman, Brown, 1854.

Brinkley, Robert e Keith Hanley, eds. *Romantic Revisions*. Cambridge: Cambridge University Press, 1992.

*The British Critic*, vol. 2, 1793. Via Google Books, 2008, <http://books.google.com/books?id=EP8VAAAAYAAJ&dq>.

Browning, Robert. *Jocoseria*. Londres: Smith, Elder, & Co., 1883.

Burke, Edmund. *Reflections on the Revolution in France, and on the Proceedings in Certain Societies in London*. 2. ed. Londres: J. Dodsley, 1790.

_____. *The Works of the Right Honourable Edmund Burke*. 3 v. Londres: Rivington, 1801.

Burr, Aaron. *The Private Journal of Aaron Burr, During His Residence of Four Years in Europe*, vol. 2. Editado por Mathew L. Davis. Nova York: Harper & Brothers, 1838.

Buss, Helen M. "Memoirs Discourse and William Godwin's *Memoirs of the Author of a Vindication of the Rights of Woman*". In *Mary Wollstonecraft and Mary Shelley: Writing Lives*. Editado por Helen M. Buss, D. L. Macdonald e Anne McWhir, 113-26. Waterloo, Ontário: Wilfrid Laurier University Press, 2001.

_____, D. L. Macdonald e Anne McWhir, eds. *Mary Wollstonecraft and Mary Shelley: Writing Lives*. Waterloo, Ontário: Wilfrid Laurier University Press, 2001.

Butler, Marilyn. *Burke, Paine, Godwin, and the Revolution Controversy*. Cambridge: Cambridge University Press, 1984.

_____. "Culture's Medium: The Role of the Review". In *The Cambridge Companion to British Romanticism*. Editado por Stuart Curran. Cambridge: Cambridge University Press, 1993.

_____. *Romantics, Rebels and Reactionaries: English Literature and Its Background, 1760-1830*. Oxford: Oxford University Press, 1998.

Butterfield, Lyman H., Marc Friedlaender e Richard Alan Ryerson, eds. *The Adams Family Correspondence*, 6 v. Boston: Massachusetts Historical Society, 1993.

Byron, Allegra, carta para Lord Byron [1822]. The Bodleian Library, University of Oxford, Shelfmark: MS. Abinger c 69, fol. 1r, Bodleian Library, Oxford University.

Byron, George Gordon, Lord. *The Works of Lord Byron*. Paris: Galignani, 1828.

_____. *The Works of Lord Byron*, Ernest Hartley Coleridge (org.), 1900; Project Gutenberg, 2007, <www.gutenberg.org /files /21811 /21811.txt>.

The Carl H. Pforzheimer Collection of Shelley and His Circle. Nova York: New York Public Library, Astor, Lenox, and Tilden Foundations, 1822.

Catt, Carrie Chapman. "A Message to Sweet Briar College", 9 jun. 1936, <www.loc.gov/rr/mss/text/catt.html#speech>.

"CK". *Anti-Jacobin Review and Magazine, or Monthly Political and Literary Censor*, abr.-ago. 1801, 515-20.

Clairmont, Claire. "Claire Clairmont to Lady Mountcashell, 24/09/1822". In Carl H. Pforzheimer Collection of Shelley and His Circle. Nova York: New York Public Library, Astor, Lenox, and Tilden Foundations, 1822.

Clark, David (org.). *Shelley's Prose; or, The Trumpet of a Prophecy*. Albuquerque: University of New Mexico Press, 1966.

Clarke, Isabel Constance. *Shelley and Byron: A Tragic Friendship*. Londres: Hutchinson & Co., 1934; reimp., Nova York: Ardent Media, 1971.

Clemit, Pamela. "Holding Proteus: William Godwin in His Letters". In *Repossessing the Romantic Past*. Editado por Heather Glen e Paul Hamilton. Cambridge: Cambridge University Press, 2006.

_____. "*Valperga*: 'A Book of Promise'". In *The Godwinian Novel: The Rational Fictions of Godwin, Brockden Brown, and Mary Shelley*. Oxford: Oxford University Press, 1993, 175-83.

Clubbe, John. "Between Emperor and Exile: Byron and Napoleon 1814-1816". *Napoleonic Scholarship: The Journal of the International Napoleonic Society* (April 1997), <www.napoleonicsociety.com/english/scholarship97/c_byron.html>.

Colbert, Benjamin. "Contemporary Notice of the Shelleys' *History of a Six Weeks' Tour*: Two New Early Reviews". *Keats-Shelley Journal* 48, 1999.

_____. *Shelley's Eye: Travel Writing and Aesthetic Vision*. Aldershot, UK: Ashgate Publishing, 2005.

Coleman, Deirdre. "Claire Clairmont and Mary Shelley: Identification and Rivalry Within the 'Tribe of the Otaheite Philosophers'". *Women's Writing*, n. 3 (1999), <www.tandfonline.com/doi/abs/10.1080/09699089900200075?journalCode=rwow20#preview>.

Coleridge, Ernest Hartley (org.). *The Poetical Works of Samuel Taylor Coleridge*. Londres: Oxford University Press, 1912.

_____ (org.). *Letters of Samuel Taylor Coleridge*. 2 v. Boston: Houghton Mifflin, 1895.

Coleridge, Samuel Taylor. *Biographia Literaria: Biographical Sketches of My Literary Life and Opinions*. 2 v. Londres: William Pickering, 1847.

_____, Percy Bysshe Shelley e John Keats. *The Poetical Works of Coleridge, Shelley, and Keats*. Philadelphia: Thomas Cowperthwait & Co., 1844.

Conger, Syndy M., Frederick S. Frank e Gregory O'Dea, eds. *Iconoclastic Departures: Mary Shelley After Frankenstein*. Madison: University of Wisconsin Press, 1997.

Conway, Megan. "Olympe de Gouges: Revolutionary in Search of an Audience". In *Orthodoxy and Heresy in Eighteenth-Century Society: Essays from the Debartolo Conference*. Editado por

Regina Hewitt e Pat Rogers, 247-65. Lewisburg, PA: Bucknell University Press, 2002.

Cowden Clarke, Charles e Mary. *Recollections of Writers*. Sussex, UK: Centaur Press, 1969; primeira edição em 1878.

Cowden Clarke, Mary. *My Long Life*. Londres: T. Fisher Unwin, 1896.

Cowper, William e James Thomson. *The Works of Cowper and Thomson*. Philadelphia: 1832.

Croker, John Wilson. "Keats, *Endymion*: A Poetic Romance". *Quarterly Review*, 1818, 204-8.

Curran, Stuart. "Valperga". In *The Cambridge Companion to Mary Shelley*. Editado por Esther Schor, 103-15. Cambridge: Cambridge University Press, 2003.

de Beer, Gavin. "The Atheist: An Incident at Chamonix". In Edmund Blunden, Gavin de Beer e Sylva Norman, *On Shelley*. Oxford: Oxford University Press, 1938.

de Gouges, Olympe. *Oeuvres*. Editado por Benoîte Groult. Paris: Mercure de France, 1986.

_____. *The Rights of Woman*. Tradução de Nupur Chaudhuri. In *Women, the Family and Freedom: The Debate in Documents*, vol. 1, *1750-1880*. Editado por Susan Groag Bell e Karen Offen. Stanford: Stanford University Press, 1983.

Dewar, Peter Beauclerk e Donald Adamson. *The House of Nell Gwynn: The Fortunes of the Beauclerk Family*. Londres: William Kimber, 1974.

Diamond, M. J. *Women and Revolution*. Dordrecht, Neth.: Kluewer Academic Publishers, 1998; reimp., Nova York: Springer, 1998.

Dods, Maria Diana. Carta para Mary Shelley, s.d. Oxford, Bodleian Library, Abinger Dep. c. 516/11.

Douglas, Paul. *The Life of Lady Caroline Lamb*. Nova York: Palgrave Macmillan, 2004.

Dowden, Edward. *The Life of Percy Bysshe Shelley*. 2 v. Londres: 1886.

Drummond, William (org.). *The Autobiography of Archibald Hamilton Rowan*. Shannon: Irish University Press, 1972.

Dunn, Susan. *The Deaths of Louis XVI: Regicide and the French Political Imagination*. Princeton: Princeton University Press, 1994.

Durant, W. Clark. "Supplement". In *Memoirs of the Author of a Vindication of the Rights of Woman*. Editado por William Godwin. Londres: Constable and Co., 1927.

Eberle-Sinatra, Michael (org.). *Mary Shelley's Fictions: From Frankenstein to Falkner*. Nova York: St. Martin's Press, 2000.

Eliot, George. "Margaret Fuller and Mary Wollstonecraft". *The Leader*, 13 out. 1855, 988-89. Reimpresso em *Essays of George Eliot*. Editado por Thomas Pinney. Londres: Routledge, 1968.

Ellis, Kate Ferguson. "*Falkner* and Other Fictions". In *The Cambridge Companion to Mary Shelley*. Editado por Esther Schor. Cambridge: Cambridge University Press, 2003.

Engelberg, Karsten Klejs. *The Making of the Shelley Myth: An Annotated Bibliography of Criticism of Percy Bysshe Shelley, 1822-60*. Londres: Mansell, 1988.

Enno, Ruge. "Is the Entire Correspondence a Fiction? Shelley's Letters and the Eighteenth-Century Epistolary Novel". In *Alternative Romanticisms, Proceedings of the Grimma Conference 2001*. Editado por Werner Huber e Marie-Luise Egbert, 111-21, 2003.

Falco, Maria J. (org.). *Feminist Interpretations of Mary Wollstonecraft*. University Park: Pennsylvania State University Press, 1996.

Farmer, J. S. e W. E. Henley, eds. *Slang and Its Analogues*. 1. ed., 1890-1904; reimp., Nova York: Arno Press, 1970.

Favret, Mary. *Romantic Correspondence: Women, Politics, and the Fiction of Letters*. Cambridge: Cambridge University Press, 2005.

Feldman, Paula R. e Diana Scott-Kilvert, eds. *The Journals of Mary Shelley, 1814-1844*. Baltimore: Johns Hopkins University Press, 1987.

Fielding, Henry. *The Works of Henry Fielding, with a Memoir of the Author*. Editado por Thomas Roscoe. Oxford: Oxford University Press, 1845.

Fisch, Audrey A., Anne K. Mellor e Esther H. Schor, eds. *The Other Mary Shelley: Beyond Frankenstein*. Nova York: Oxford University Press, 1993.

Flexner, Eleanor. *Mary Wollstonecraft: A Biography*. Nova York: Coward, McCann and Geoghegan, 1972.

Foot, Michael e Isaac Kramnick, eds. *The Thomas Paine Reader*. Londres: Penguin Classics, 1987.

Forman, Henry Buxton (org.). *Letters of Edward John Trelawny*. Londres: Henry Frowde, Oxford University Press, 1910.

Friedman, Geraldine. "Pseudonymity, Passing, and Queer Biography: The Case of Mary Diana Dods". Michael Eberle-Sinatra (org.), Richard Sha, (org. convidado). *Romanticism on the Net* (2001), doi: 10:7202/005985ar.

Garnett, Edward. "Introduction", in *Adventures of a Younger Son*, de Edward Trelawny. Londres: 1890.

Gay, Peter. *The Enlightenment: The Science of Freedom*. Nova York: W. W. Norton, 1996.

Gelpi, Barbara. *Shelley's Goddess: Maternity, Language, Subjectivity*. Oxford: Oxford University Press, 1992.

*The Gentleman's Magazine*, 1791, <http://books.google.com/books?id=IK5JAAAAYAAJ&pg=PA151&lpg=PA151&dq=The+rights+of+men+asserted+by+a+fair+lady!+>.

Gillman, James. *The Life of Samuel Taylor Coleridge*. Vol. I. Londres: William Pickering, 1838.

Godwin, William. *An Enquiry Concerning Political Justice and Its Influence on Morals*. 2 v. Londres: Robinson, 1798.

_____. *The Enquirer: Reflections on Education, Manners, and Literature*. Londres: G. G. and J. Robinson, 1797.

_____. *Fleetwood*. Londres, 1853.

_____ (org.). *Memoirs of the Author of a Vindication of the Rights of Woman*. 2. ed. Londres: J. Johnson, St. Pauls Church Yard, 1798.

_____. *St. Leon: A Tale of the Sixteenth Century*. Editado por William Dean Brewer. Peterborough, Ontário: Broadview Press, 2006.

_____. *Things as They Are; or, The Adventures of Caleb Williams*. Editado por Maurice Hindle: Penguin, 1988.

_____. *Thoughts Occasioned by the Perusal of Dr. Parr's Spital Sermon, Preached at Christ Church, April 15, 1800*. Londres: Taylor and Wilks, 1801.

Gordon, Lyndall. *Vindication: A Life of Mary Wollstonecraft*. Nova York: Harper Perennial, 2006.

Greer, Germaine. "Yes, *Frankenstein* Really Was Written by Mary Shelley. It's Obvious—Because the Book Is So Bad". *The Guardian* (2007), <www.guardian.co.uk/world/2007/apr/09/gender.books>.

Grogan, Claire. "Introduction", in *Memoirs of Modern Philosophers*, de Elizabeth Hamilton. Peterborough, Ontário: Broadview Press, 2000.

Gross, Gerald. *Editors on Editing*. Nova York: Harper and Row, 1985.

Grylls, Rosalie Glynn. *Claire Clairmont, Mother of Byron's Allegra*. Londres: J. Murray, 1939.

Hanley, Kirstin. "Redefining Didactic Traditions: Mary Wollstonecraft and Feminist Discourses of Appropriation, 1749-1847". Dissertação de doutorado não publicada. Universidade de Pittsburgh, 2007.

Harper, Henry H. (org.). *Letters of Mary W. Shelley (Mostly Unpublished)*. Cornell University Library Digital Collections, 1918.

Hawtrey, E. C. *Sermons and Letters Delivered to Eton College Chapel, 1848-49*. Eton: 1849.

Hay, Daisy. "Shelley's Letters". In *The Oxford Handbook of Percy Bysshe Shelley*. Editado por Michael O'Neill e Anthony Howe, 208-24. Oxford: Oxford University Press, 2013.

_____. *Young Romantics: The Tangled Lives of English Poetry's Greatest Generation*. Nova York: Farrar, Straus and Giroux, 2010.

Hays, Mary. *The Annual Necrology for 1797-98; Including, also, Various Articles of Neglected Biography*. Vol. 1 (1798): 426.

_____. *Memoirs of Emma Courtney*. Editado por Marilyn L. Brooks. Peterborough, Ontário: Broadview Press, 2000.

Hazlitt, William. "My First Acquaintance with Poets". In *Selected Essays*. Editado por George Sampson. Cambridge: Cambridge University Press, 1958.

_____. *The Spirit of the Age*. Nova York: E. P. Dutton, 1955.

Hewlett, John. *Sermons on Various Subjects*. 4. ed. 2 v. Londres: Johnson, 1798.

Hill-Miller, Katherine C. *"My Hideous Progeny": Mary Shelley, William Godwin, and the Father-Daughter Relationship*. Newark: University of Delaware Press, 1995.

Hogg, Thomas Jefferson. *The Life of Percy Bysshe Shelley*. Londres: 1858.

Holbert, Ludvig. *A Journey to the World Under-Ground*. Tradução de John Gierlow. Boston: Saxton, Pierce & Co., 1845, <www.gutenberg.org/files/27884/27884-h/27884-h.htm>.

Holmes, Richard. *The Age of Wonder*. Nova York: Vintage, 2010.

_____. "Introduction". In *A Short Residence in Sweden, Norway, and Denmark and Memoirs of the Author of a Vindication of the Rights of Woman*. Nova York: Penguin, 1987.

_____ (org.). *Shelley on Love*. Berkeley: University of California Press, 1980.

_____. *Shelley: The Pursuit*. Nova York: New York Review Books, 1994.

_____. *Sidetracks: Explorations of a Romantic Biographer*. Nova York: Random House, 2001.

Hone, William. *The Year Book of Daily Recreation and Information*. Londres: 1838.

The Hoxton Trust. "Real Hoxton: The Lunatic Asylums", <www.realhoxton.co.uk/history.htm#lunatic-asylums>.

Hudson, Jane. *Language and Revolution in Burke, Wollstonecraft, Paine, and Godwin*. Londres: Ashgate, 2007.

Hunt, Leigh. *The Autobiography of Leigh Hunt with Reminiscences of Friends and Contemporaries*. 2 v. Londres: Harper & Brothers, 1850.

_____. *The Correspondence of Leigh Hunt*. Editado por Thornton Hunt. 2 v. Londres: Smith, Elder and Co., 1862.

Hunt, Lynn Avery. *The Family Romance of the French Revolution*. Berkeley: University of California Press, 1993.

Hunt, Marianne. "The Unpublished Diary of Mrs. Leigh Hunt". *Bulletin and Review of the Keats-Shelley Memorial*, n. 1-2. Nova York: Macmillan, 1910.

Hutchinson, Thomas (org.). *The Complete Poetical Works of Percy Bysshe Shelley*. 2 v. Oxford: Oxford University Press, 1914.

Imlay, Gilbert. *The Emigrants*. Editado por W. Verhoeven e Amanda Gilroy, 1793. Nova York: Penguin, 1998.

_____. *A Topographical Description of the Western Territory of North America*. Londres, 1792; reimp., Nova York: Penguin, 1998.

Ingpen, Roger (org.). *The Autobiography of Leigh Hunt: With Reminiscences of Friends and Contemporaries, and with Thornton Hunt's Introduction and Postscript*. v. 2. Londres, 1903.

_____ (org.). *The Letters of Percy Bysshe Shelley*. 2 v. Londres: Sir Isaac Pitman and Sons, Ltd., 1912.

Jacob, Margaret C. *The Enlightenment: A Brief History with Documents*. Editado por Ernest R. May, Natalie Zemon Davis e David W. Blight. Bedford Series in History and Culture. Boston: Bedford/St. Martin's, 2001.

Jacobs, Diane. *Her Own Woman: The Life of Mary Wollstonecraft*. Nova York: Simon & Schuster, 2001.

James, Henry. "Italy Revisited". In *Collected Travel Writings*. Library of America, 1877; reimp., 1993.

Jebb, Camilla. *Mary Wollstonecraft*. Chicago: F. G. Browne & Co., 1913.

Johnson, Barbara. "The Last Man". In *The Other Mary Shelley: Beyond Frankenstein*. Editado por Audrey A. Fisch, Anne K. Mellor e Esther H. Schor. Nova York: Oxford University Press, 1993.

_____. *A World of Difference*. Baltimore: Johns Hopkins University Press, 1987.

Johnson, Claudia. *Equivocal Beings: Politics, Gender, and Sentimentality in the 1790s*. Chicago: University of Chicago Press, 1995.

_____. "Introduction". In *The Cambridge Companion to Mary Wollstonecraft*. Editado por Claudia Johnson. Cambridge: Cambridge University Press, 2002.

Johnson, Joseph. "Letters". In *Johnson's Letters*. Carl H. Pforzheimer Collection of Shelley and His Circle. Nova York: New York Public Library, Astor, Lenox, and Tilden Foundations, 1822.

Jones, Chris. "Mary Wollstonecraft's Vindications and Their Political Tradition". In *The Cambridge Companion to Mary Wollstonecraft*. Editado por Claudia Johnson. Cambridge: Cambridge University Press, 2002.

Jones, Frederick L. (org.). *The Letters of Mary W. Shelley*. Norman: University of Oklahoma Press, 1944.

_____ (org.). *The Letters of Percy Bysshe Shelley*. 2 v. Oxford: Clarendon Press, 1964.

_____ (org.). *Maria Gisborne and Edward E. Williams, Shelley's Friends: Their Journals and Letters*. Norman: University of Oklahoma Press, 1951.

Jones, Vivien. "Women Writing Revolution: Narratives of History and Sexuality in Wollstonecraft and Williams". In *Beyond Romanticisim: New Approaches to Texts and Contexts, 1789-1832*. Editado por Stephen Copley e John Whale. Londres: Routledge, 1992.

Jump, Harriet Devine. "'A Kind of Witchcraft': Mary Wollstonecraft and the Poetic Imagination". In *Women's Writing* 4, n. 2 (1997): 235-45.

_____. *Mary Wollstonecraft and the Critics, 1788-2001*. 2 v. Nova York: Routledge, 2003.

_____. *Mary Wollstonecraft: Writer*. Londres: Harvester Wheatsheaf, 1994.

Kaplan, Cora. "Mary Wollstonecraft's Reception and Legacies". In *The Cambridge Companion to Mary Wollstonecraft*. Editado por Claudia Johnson, 246-70. Cambridge: Cambridge University Press, 2002.

_____. "Pandora's Box: Subjectivity, Class and Sexuality in Socialist-Feminist Criticism". In *Making a Difference: Feminist Literary Criticism*. Editado por Gayle Greene e Coppelia Kahn, 146-76. Londres: Methuen, 1985.

_____. "Wild Nights: Pleasure/Sexuality/Feminism", in *Sea Changes*. Londres: Verso, 1986, 31-56.

Keats-Shelley Memorial, Roma. *Bulletin and Review of the Keats-Shelley Memorial*, n. 1-2. Nova York: Macmillan, 1910.

Kelly, Gary. "The Politics of Autobiography in Mary Wollstonecraft and Mary Shelley". In *Mary Wollstonecraft and Mary Shelley: Writing Lives*. Editado por Helen M. Buss, D. L. Macdonald e Anne McWhir, 19-30. Waterloo, Ontário: Wilfrid Laurier University Press, 2001.

_____. *Revolutionary Feminism: The Mind and Career of Mary Wollstonecraft*. Nova York: St. Martin's Press, 1992.

_____. *Women, Writing and Revolution, 1790-1827*. Oxford: Clarendon Press, 1993.

Kelly, Linda. *Women of the French Revolution*. Londres: Hamish Hamilton, 1989.

Kennard, Lawrence. "Reveries of Reality: Mary Wollstonecraft's Poetics of Sensibility". In *Mary Wollstonecraft and Mary Shelley: Writing Lives*. Editado por Helen M. Buss, D. L. Macdonald e Anne McWhir, 55-68. Waterloo, Ontário: Wilfrid Laurier University Press, 2001.

Kennedy, Deborah. *Helen Maria and the Age of Revolution*. Cranbury, NJ: Associated University Presses, 2002.

Kent, Elizabeth. *Flora Domestica*. Londres: 1823.

Kenyon, Frederic G. (org.). *The Letters of Elizabeth Barrett Browning*. Londres: Smith, Elder, and Co., 1898.

Kilgour, Maggie. "'One Immortality': The Shaping of the Shelleys in *The Last Man*". *European Romantic Review*, 2005, 563-88.

Knott, Sarah e Barbara Taylor, eds. *Women, Gender and Enlightenment*. Londres: Palgrave Macmillan, 2005.

Knowles, John (org.). *The Life and Writings of Henry Fuseli*. Londres: 1831.

Kucich, Greg. "Biographer". In *The Cambridge Companion to Mary Shelley*. Editado por Esther Schor, 226-41. Cambridge: Cambridge University Press, 2003.

Lawrence, James. Introdução a *The Empire of the Nairs; or, The Rights of Women: An Utopian Romance, in Twelve Books*. 4 v. Londres: T. Hookham, 1811.

Lew, Joseph W. "God's Sister: History and Ideology in *Valperga*". In *The Other Mary Shelley: Beyond Frankenstein*. Editado por Audrey A. Fisch, Anne K. Mellor e Esther H. Schor, 159-84. Nova York: Oxford University Press, 1993.

Lipking, Lawrence. *Abandoned Women and Poetic Tradition*. Chicago: University of Chicago Press, 1988.

*Literary Gazette*, 21 set. 1822, n. 296.

*Literary Gazette*. "Review of *The Last Man*". Vol. 10. Londres: Henry Colburn, 1826.

Locke, John. *The Second Treatise of Government and a Letter Concerning Toleration*. Editado por Paul Negri. Mineola, NY: Dover Thrift Editions, 2002.

Lockhart, J. G. *Memoirs of sir Walter Scott*. Vol. 5. Edimburgo: Adam and Charles Black, 1882.

_____. "On the Cockney School of Poetry". *Blackwood's Edinburgh Magazine*, 1818, 519-24.

Lovell, Ernest J. (org.). *Lady Blessington's Conversations with Lord Byron*. Princeton: Princeton University Press, 1969.

Lynch, Deidre. "Historical Novelist". In *The Cambridge Companion to Mary Shelley*. Editado por Esther Schor, 135-50. Cambridge: Cambridge University Press, 2003.

Lyster, Gertrude (org.). *A Family Chronicle Derived from Notes and Letters Selected by Barbarina, the Honorable Lady Grey*. Londres, 1908.

MacCarthy, Fiona. *Byron: Life and Legend*. Nova York: Farrar, Straus and Giroux, 2002.

Marchand, Leslie (org.). *Byron's Letters and Journals*. Cambridge, MA: Harvard University Press, 1973.

Marshall, Mrs. Julian. *The Life and Letters of Mary Wollstonecraft Shelley*. 2 v. Londres: Richard Bently and Son, 1889.

Marshall, Peter. *William Godwin*. New Haven: Yale University Press, 1984.

Mayne, Ethel. *Byron*. 2 v. Nova York: Scribner's, 1912.

McCarthy, William e Elizabeth Kraft, eds. *The Poems of Anna Letitia Barbauld*. Atenas: University of Georgia Press, 1994.

McCullough, *John Adams*. Nova York: Simon & Schuster, 2001.

McWhir, Anne. "'Unconceiving Marble': Anatomy and Animation in *Frankenstein* and *The Last Man*". In *Mary Wollstonecraft and Mary Shelley: Writing Lives*. Editado por Helen M. Buss, D. L. Macdonald e Anne McWhir, 159-76. Waterloo, Ontário: Wilfrid Laurier University Press, 2001.

Medwin, Thomas. *Conversations of Lord Byron: Noted During a Residence with His Lordship*. Londres: Henry Colburn, 1824.

_____. *The Life of Percy Bysshe Shelley*. Londres: Oxford University Press, 1913.

_____. *Memoir of Percy Bysshe Shelley*. Londres: Whittaker, Treacher, and Co., 1833.

Mellor, Anne K. "Making a 'Monster': An Introduction to *Frankenstein*". In *The Cambridge Companion to Mary Shelley*. Editado por Esther Schor, 9-25. Cambridge: Cambridge University Press, 2003.

_____. *Mary Shelley: Her Life, Her Fiction, Her Monsters*. Nova York: Routledge, 1989.

_____. "Reflections on Writing Mary Shelley's Life". In *Mary Wollstonecraft and Mary Shelley: Writing Lives*. Editado por Helen M. Buss, D. L. Macdonald e Anne McWhir, 233-42. Waterloo, Ontário: Wilfrid Laurier University Press, 2001.

Middeke, Martin e Werner Huber, eds. *Biofictions: The Rewriting of Romantic Lives in Contemporary Fiction and Drama*. Rochester, NY: Camden House, 1999.

Mitchell, Brian R. *British Historical Statistics*. Cambridge: Cambridge University Press, 1988.

*Monthly Magazine*, 1 ago. 1823, vol. 56, n. 385.

*Monthly Review, from January to April inclusive*, vol. 1, *1826*. Londres: R. Griffiths, 1826. Google Books, 335.

Moore, Doris Langley. *Accounts Rendered*. Londres: John Murray, 1974.

Moore, Jane. "Plagiarism with a Difference: Subjectivity in *Kubla Khan* and *Letters Written During a Short Residence in Sweden, Norway, and Denmark*". In *Beyond Romanticism*. Editado por Stephen Copley e John Whale. Londres: Routledge, 1992.

Moore, Lucy. *Liberty: The Lives and Times of Six Women in Revolutionary France*. Londres: Harper Perennial, 2011.

Moore, Thomas (org.). *Letters and Journals of Lord Byron: Complete in One Volume*. Londres, 1830.

_____. *The Life of Lord Byron: With His Letters and Journals*. Londres: John Murray, 1851.

Moore, Wendy. *Wedlock: The True Story of the Disastrous Marriage and Remarkable Divorce of Mary Eleanor Bowes, Countess of Strathmore*. Nova York: Crown, 2009.

More, Hannah. *The Complete Works of Hannah More*. 2 v. Nova York: 1856.

Moskal, Jeanne. "Introductory Note". In *The Novels and Selected Works of Mary Shelley*, de Mary Shelley. Londres: William Pickering, 1996.

_____. "Speaking the Unspeakable: Art Criticism as Life Writing in Mary Shelley's *Rambles in Germany and Italy*". In *Mary Wollstonecraft and Mary Shelley: Writing Lives*. Editado por Helen M. Buss, D. L. Macdonald e Anne McWhir, 189-216. Waterloo, Ontário: Wilfrid Laurier University Press, 2001.

_____. "Travel Writing". In *The Cambridge Companion to Mary Shelley*. Editado por Esther Schor. Cambridge: Cambridge University Press, 2003.

*Mr. Punch's Victorian Era: An Illustrated Chronicle of the Reign of Her Majesty the Queen*. Vol. 1. Londres: Bradbury, Agnew and Co., 1887.

Murray, John (org.). *Lord Byron's Correspondence*. 2 v. Nova York: Charles Scribner's Sons, 1922.

Myers, Mitzi. "Mary Wollstonecraft's Literary Reviews". In *The Cambridge Companion to Mary Wollstonecraft*. Editado por Claudia Johnson. Cambridge: Cambridge University Press, 2002.

_____. "Sensibility and the 'Walk of Reason': Mary Wollstonecraft's Literary Reviews as Cultural Critique". In *Sensibility in Transformation: Creative Resistance to Sentiment from the Augustans to the Romantics*. Editado por Syndy Conger. Rutherford, NJ: Fairleigh Dickinson University Press, 1990.

Myers, Victoria, David O'Shaughnessy e Mark Philip, eds. *The Diary of William Godwin*. Oxford: Oxford Digital Library, <http://godwindiary.bodleian.ox.ac.uk>, 2010.

Nitchie, Elizabeth. "Mary Shelley, Traveller". *Keats-Shelley Journal* 10 (1961).

Norman, Sylva (org.). *After Shelley: The Letters of Thomas Jefferson Hogg to Jane Williams*. Oxford: Oxford University Press, 1934.

Ogborne, Elizabeth. *The History of Essex: From the Earliest Period to the Present Time*. Londres: Longman, Hurst, Rees, Orme and Brown, 1814.

Olsen, Kirsten. *Daily Life in Eighteenth-Century England*. Westport, CT: Greenwood, 1999.

O'Neill, Daniel. *The Burke-Wollstonecraft Debate: Savagery, Civilization, and Democracy*. University Park: Pennsylvania State University Press, 2007.

_____. "John Adams Versus Mary Wollstonecraft on the French Revolution and Democracy". *Journal of the History of Ideas*, n. 3 (2007).

Opie, Amelia. *Adeline Mowbray*. Editado por Shelley King e John Pierce. Oxford University Press, 2000.

O'Sullivan, Barbara Jane. "Beatrice in *Valperga*: A New Cassandra". In *The Other Mary Shelley: Beyond Frankenstein*. Editado por Audrey A. Fisch, Anne K. Mellor e Esther H. Schor, 140-59. Nova York: Oxford University Press, 1993.

Overy, Richard (org.). *The Enlightenment: Studies in European History*. 2. ed. Nova York: Palgrave, 2001.

Paine, Thomas. *The American Crisis: 16 Revolutionary War Pamphlets*. Rockville, MD: Wildside Press, 2010.

_____. "Letter Addressed to the Addressers on the Late Proclamation". In *The Thomas Paine Reader*. Editado por Michael Foot e Isaac Kramnick. Londres: Penguin Classics, 1987.

Paley, Morton D. "*The Last Man:* Apocalypse Without Millennium". In *The Other Mary Shelley: Beyond Frankenstein*. Editado por Audrey A. Fisch, Anne K. Mellor e Esther H. Schor. Nova York: Oxford University Press, 1993.

Paul, Charles Kegan. *William Godwin: His Friends and Contemporaries*. 2 v. Boston: Roberts Brothers, 1876.

Pennell, Elizabeth. *Life of Mary Wollstonecraft*. Boston: Roberts Brothers, 1884.

Pennell, Elizabeth Robins. *Mary Wollstonecraft*. Fairford, UK: Echo Library, 2008.

Poovey, Mary. *The Proper Lady and the Woman Writer: Ideology as Style in the Works of Mary Wollstonecraft, Mary Shelley, and Jane Austen*. Chicago: University of Chicago Press, 1984.

Porter, Roy. *English Society in the Eighteenth Century*. Londres: Penguin Books, 1982. Reimpressão, 1990.

_____. *London: A Social History*. 4. reimp.. Cambridge, MA: Harvard University Press, 2001.

Price, Richard. *Observations on the Importance of the American Revolution*. Bedford, MA: Applewood Books, 2009.

Rajan, Tilomatta. "Framing the Corpus: Godwin's 'Editing' of Wollstonecraft in 1798". *Studies in Romanticism* 39 (2005): 511-31.

Rauschenbusch-Clough, Emma. *A Study of Mary Wollstonecraft and the Rights of Woman*. Longmans, Green & Co., 1898.

Raymond, Claire. *The Posthumous Voice in Women's Writing, from Mary Shelley to Sylvia Plath*. Burlington, VT: Ashgate Publishing, 2006.

Reed, John R. "Will and Fate in *Frankenstein*". *Bulletin of Research in the Humanities* 83 (1980): 319-38.

Reiman, Donald H. *Shelley's "The Triumph of Life": A Critical Study*. Champaign: University of Illinois Press, 1965.

_____ e Doucet Devin Fischer, eds. *Shelley and His Circle*. Cambridge, MA: Harvard University Press, 1961.

_____, Neil Fraistat e Nora Crook, eds. *The Complete Poetry of Percy Bysshe Shelley*. Vol. 3. Baltimore: Johns Hopkins University Press, 2012.

Rennie, Eliza. "An Evening at Dr Kitchiner's". In *Friendship's Offering*, 243-49. Londres: 1842.

_____. *Traits of Character: Being Twenty-Five Years of Literary and Personal Recollections*. 2 v. Londres: 1860.

Richardson, Alan. "Mary Wollstonecraft on Education". In *The Cambridge Companion to Mary Wollstonecraft*. Editado por Claudia Johnson. Cambridge: Cambridge University Press, 2002.

Riedel, Stefan. "Edward Jenner and the History of Smallpox and Vaccination". *Baylor University Medical Center Proceedings*, n. 1 (2005), <www.ncbi.nlm.nih.gov/pmc/articles/PMC1200696/>.

Robinson, Charles E. (org.). *The Frankenstein Notebooks: A Facsimile Edition of Mary Shelley's Manuscript Novel, 1816-17*. 2 v. Nova York: Routledge, 1996.

_____ (org.). *Mary Shelley: Collected Tales and Stories*. Baltimore: Johns Hopkins University Press, 1976.

_____. "A Mother's Daughter: An Intersection of Mary Shelley's *Frankenstein* and Mary Wollstonecraft's *A Vindication of the Rights of Woman*". In *Mary Wollstonecraft and Mary Shelley: Writing Lives*. Editado por Helen M. Buss, D. L. Macdonald e Anne McWhir, 127-38. Waterloo, Ontário: Wilfrid Laurier University Press, 2001.

_____. *Shelley and Byron: The Snake and Eagle Wreathed in Fight*. Baltimore: Johns Hopkins University Press, 1976.

Robinson, Mary. *Sappho and Phaon*. Londres: S. Gosnell, 1796; reimp., Whitefish, MT: Kessinger Publishing, 2004.

Rogers, Neville. *Shelley at Work: A Critical Inquiry*. Oxford: Clarendon Press, 1956.

Rolleston, Maud. *Talks with Lady Shelley*. Londres: Norwood Editions, 1897. Reimpressão, 1978.

Ropes, Arthur (org.). *Lady Mary Wortley Montagu: Select Passages from Her Letters*. Londres, 1892.

Rossetti, William (org.). *The Diary of Dr. John William Polidori*. Londres: Elkin Mathews, 1911.

Rousseau, Jean-Jacques. *The Confessions of Jean-Jacques Rousseau*. Nova York: Modern Library, 1945.

_____. *Émile; or, On Education*. Tradução de Allan Bloom. Nova York: Basic Books, 1979.

Runge, Laura. *Gender and Language in British Literary Criticism, 1660–1790*. Cambridge: Cambridge University Press, 2005.

Sacks, Peter. *The English Elegy: Studies in the Genre from Spenser to Yeats*. Baltimore: Johns Hopkins University Press, 1985.

Salzmann, Christian. *Elements of Morality, for the Use of Children*. 3 v. Londres: 1792.

Sapiro, Virginia. *A Vindication of Political Virtue: The Political Theory of Mary Wollstonecraft*. Chicago: University of Chicago Press, 1992.

Schama, Simon. *A History of Britain*, vol. 3: *The Fate of Empire, 1776-2000*. Nova York: Miramax Books, Hyperion, 2002.

Seymour, Charles e Donald Paige Frary. *How the World Votes: The Story of Democratic Development in Elections*. Nova York: C. A. Nichols, 1918.

Seymour, Miranda. *Mary Shelley*. Nova York: Grove, 2000.

Shelley, Lady (org.). *Shelley Memorials: From Authentic Sources*. Boston, 1859.

Shelley, Mary (org.). *Essays, Letters from Abroad*. 2 v. Londres, 1852.

_____. *Falkner*. Londres, 1837; Google Books, 2009.

_____. *Frankenstein*. 1831; Nova York: Collier Books, 1978.

_____. *The Last Man*. 1826; Rockville, MD: Wildside Press, 2007.

_____. "Life of Shelley" (1823?) Bodleian Library, fac-símile e transcrição A.M. Weinberg (org.), The Bodleian Shelley Manuscripts, 22 pt 2 (1997).

_____. *Lives of the Most Eminent French Writers*. 2 v. Filadélfia: Lea and Blanchard, 1840.

_____. *Lives of the Most Eminent Literary and Scientific Men of Italy, Spain, and Portugal*. 2 v. Londres, 1835.

_____. *Lodore*. 3 v. Londres, 1835.

_____. *Matilda*. In *Mary Wollstonecraft: Mary and Maria; Mary Shelley: Matilda*. Editado por Janet Todd, 148-210. Londres: Penguin Classics, 1992.

_____. "Notes on *Alastor*, by Mrs. Shelley". In *The Works of Percy Bysshe Shelley*. Editado por Roger Ingpen e Walter E. Peck. 10 v. Londres: Scribner's, 1926-30.

_____. *The Novels and Selected Works of Mary Shelley*. Editado por Jeanne Moskal. Londres: William Pickering, 1996.

_____ (com Percy Shelley). *The Original Frankenstein*. Editado por Charles E. Robinson. Nova York: Vintage, 2009.

_____ (org.). *The Poetical Works of Percy Bysshe Shelley*. 2 v. Londres, 1839.

_____. "Preface". In *Things as They Are; or, The Adventures of Caleb Williams*, de William Godwin. Londres: Harper and Brothers, 1870.

_____. *Rambles in Germany and Italy, in 1840, 1842, and 1843*. 2 v. Londres: Moxon, 1844.

_____. "Review, 'The Loves of the Poets'". *Westminster Review*, 2 out. 1829, 472-77.

_____. *Valperga*. Oxford: Oxford University Press, 2000.

Shelley, Percy. "Preface to the 1818 Edition". In *The Original Frankenstein*. Editado por Charles E. Robinson. Nova York: Vintage, 2009.

Shepherd, Richard (org.). *The Prose Works of Percy Bysshe Shelley*. 2 v. Londres: 1897.

Shuffleton, Frank (org.). *The Letters of John and Abigail Adams*. Nova York: Penguin, 2003.

Sites, Melissa. "Utopian Domesticity as Social Reform in Mary Shelley's *Falkner*". *Keats-Shelley Journal* 54 (2005): 148-72.

Smith, Johanna M. "'Hideous Progenies': Texts of *Frankenstein*". In *Texts and Textuality: Textual Instability, Theory and Interpretation*. Editado por Philip Cohen, 121-40. Nova York: Garland Publishing, 1997.

Smollett, Tobias. *The Critical Review, or Annals of Literature*. Segunda série. Vols. 4-5, 1792.

Southey, C. C. (org.). *Life and Correspondence of Robert Southey*. Londres, 1849.

Spark, Muriel. *Child of Light: A Reassessment of Mary Wollstonecraft Shelley*. Essex, UK: Tower Bridge, 1951. Edição expandida publicada como *Mary Shelley*. Londres: Carcanet, 2013.

Stanton, Elizabeth Cady, Susan Anthony, Matilda Gage e Ida Harper, eds. *History of Woman Suffrage: 1876-1885*. Vol. 3. Princeton: Gowler and Wells, 1886.

St. Clair, William. *The Godwins and the Shelleys*. Londres: Faber, 1989.

Stewart, Sally. "Mary Wollstonecraft's Contributions to the *Analytical Review*". *Essays in Literature* 11, n. 2 (1984): 187-99.

Stillinger, Jack. *Multiple Authorships and the Myth of Solitary Genius*. Nova York: Oxford University Press, 1991.

Stocking, Marion Kingston (org.). *The Clairmont Correspondence: Letters of Claire Clairmont*,

Charles Clairmont, and Fanny Imlay Godwin. 2 v. Baltimore: Johns Hopkins University Press, 1995.

_____, (org.). *The Journals of Claire Clairmont*. Cambridge, MA: Harvard University Press, 1968.

Stommel, Henry e Elizabeth Stommel. *Volcano Weather: The Story of the Year Without a Summer*. Newport, RI: Seven Seas Press, 1983.

Stott, Andrew. "The Diets of the Romantic Poets". *Lapham's Quarterly* (2013), <www.laphamsquarterly.org/roundtable/roundtable/the-diets-of-the-romantic-poets.php>.

Sunstein, Emily W. *Mary Shelley: Romance and Reality*. Baltimore: Johns Hopkins University Press, 1989.

Sussman, Charlotte. "Stories for the Keepsake". In *The Cambridge Companion to Mary Shelley*. Editado por Esther Schor. Cambridge: Cambridge University Press, 2003.

Taylor, Thomas. "A Vindication of the Rights of Brutes". Londres: 1792.

Taylor, Una. *Guest and Memories: Annals of a Seaside Villa*. Londres: Oxford University Press, 1924.

Taylor, William. *A Memoir of the Life and Writings of the Late William Taylor of Norwich*. 2 v. Londres: 1843.

Teich, Nathaniel. "The Analytical Review". *British Literary Magazines: The Augustan Age and the Age of Johnson, 1698-1788*. Editado por Alvin Sullivan. Westport, CT: Greenwood Press, 1983.

*Theatrical Observer*, 9 ago. 1823.

Todd, Janet (org.). *The Collected Letters of Mary Wollstonecraft*. Nova York: Columbia University Press, 2003.

_____. *Daughters of Ireland: The Rebellious Kingsborough Sisters and the Making of a Modern Nation*. Nova York: Ballantine Books, 2003.

_____. *Death and the Maidens: Fanny Wollstonecraft and the Shelley Circle*. Londres: Profile, 2007.

_____. *Mary Wollstonecraft: A Revolutionary Life*. Nova York: Columbia University Press, 2000.

_____ (org.).. *Mary Wollstonecraft: Mary and Maria; Mary Shelley: Matilda*. Londres: Penguin Classics, 1992.

Tomalin, Claire. *The Life and Death of Mary Wollstonecraft*. Londres: Penguin, 1974.

Toynbee, Helen e Paget Toynbee, eds. *The Letters of Horace Walpole: Fourth Earl of Oxford*. Vols. 15 e 16. Oxford: Clarendon, 1905.

Trant, Clarissa. *The Journal of Clarissa Trant*. Londres: 1826. Reimpressão, 1925.

Trapp, Joseph (org.). *Proceedings of the French National Convention on the Trial of Louis XVI. Late King of France and Navarre from the Paper of the World*. Londres: 1793.

Trelawny, Edward. *Adventures of a Younger Son*. Londres: 1890.

_____. *Recollections of the Last Days of Shelley and Byron*. Londres: Edward Moxon, 1858.

_____. *Records of Shelley, Byron, and the Author*. Londres: 1878.

Twiss, Richard. *A Trip to Paris in July and August, 1792*. Londres: 1792.

Ty, Eleanor. "'The History of My Own Heart': Inscribing Self, Inscribing Desire in Wollstonecraft's *Letters from Norway*". In *Mary Wollstonecraft and Mary Shelley: Writing Lives*. Editado por Helen M. Buss, D. L. Macdonald e Anne McWhir, 69-84. Waterloo, Ontario: Wilfrid Laurier University Press, 2001.

Tyson, Gerald P. *Joseph Johnson: A Liberal Publisher*. Iowa City: University of Iowa Press, 1979.

Vargo, Lisa. "Further Thoughts on the Education of Daughters: *Lodore* as an Imagined Conversation with Mary Wollstonecraft". In *Mary Wollstonecraft and Mary Shelley: Writing Lives*. Editado por Helen M. Buss, D. L. Macdonald e Anne McWhir, 177-88. Waterloo, Ontario: Wilfrid Laurier University Press, 2001.

Walford, Edward. "Somers Town and Euston Square", *Old and New London* (1878), 5:340-55, <www.british-history.ac.uk/report.aspx?compid=45241>.

_____. "Spitalfields". *Old and New London* (1878), 2:149-52, <www.british-history.ac.uk/report.aspx?compid=45086>.

Walker, Gina Luria (org.). *The Idea of Being Free: A Mary Hays Reader*. Peterborough, Ontário: Broadview Press, 2005.

Wallraven, Miriam. *A Writing Halfway between Theory and Fiction: Mediating Feminism from the Seventeenth to the Twentieth Century*. Würzburg, Ger.: Königshausen & Neumann, 2007.

Wardle, Ralph. *Godwin and Mary*. Lincoln: University of Nebraska Press, 1977.

_____. *Mary Wollstonecraft: A Critical Biography*. Lincoln: University of Nebraska Press, 1951.

Waters, Mary. *British Women Writers and the Profession of Literary Criticism, 1789-1832*. Nova York: Palgrave Macmillan, 2004.

Weiss, Deborah. "The Extraordinary Ordinary Belinda: Maria Edgeworth's Female Philosopher".

*Eighteenth-Century Fiction*, n. 4 (2007), <http://digitalcommons.mcmaster.ca/ecf/vol19/iss4/5>.

Wheelock, John Hall (org.). *Editor to Author: The Letters of Maxwell E. Perkins*. Nova York: Charles Scribner's Sons. Reimpressão, 1979.

White, Newman Ivey. *The Unextinguished Hearth*. Londres: Octagon Books, 1966.

Williams, Helen Maria. *Letters Containing a Sketch of the Politics of France, from the 31st of May 1793, Till the 28th of July 1794, and of the Scenes Which Have Passed in the Prisons of Paris*. Londres: 1795. University of Oxford Text Archive, <http://ota.ox.ac.uk/text/4517.html>.

Wilson, Ben. *The Making of Victorian Values: Decency and Dissent in Britain, 1789-1837*. Nova York: Penguin Press, 2007.

Wolfson, Susan. *Borderlines: The Shiftings of Gender in British Romanticism*. Redwood City, CA: Stanford University Press, 2006.

_____. "Mary Shelley, Editor". In *The Cambridge Companion to Mary Shelley*. Editado por Esther Schor, 193-210. Cambridge: Cambridge University Press, 2003.

_____ e Peter Manning, eds. *Lord Byron: Selected Poems*. Nova York: Penguin Classics, 2006.

Wollstonecraft, Mary. *Analytical Review* 2/1789. In *The Works of Mary Wollstonecraft*. Editado por Janet Todd and Marilyn Butler. Nova York: New York University Press, 1989.

_____. *An Historical and Moral View of the Origin and Progress of the French Revolution*. Londres: 1794.

_____. *Letters to Imlay with Prefatory Memoir by C. Kegan Paul*. Londres: 1879.

_____. *Letters Written During a Short Residence in Sweden, Norway, and Denmark*. Londres: J. Johnson, 1796.

_____. *Maria*. In *Mary Wollstonecraft: Mary and Maria; Mary Shelley: Matilda*. Editado por Janet Todd, 55-148. Londres: Penguin Classics, 1992.

_____. *Mary*. In *Mary Wollstonecraft: Mary and Maria; Mary Shelley: Matilda*. Editado por Janet Todd, 1-54. Londres: Penguin Classics, 1992.

_____. *Original Stories*. Londres: 1906.

_____. *Original Stories from Real Life*. Londres: 1796.

_____. *Posthumous Works of the Author of a Vindication of the Rights of Woman*. Editado por William Godwin. 4 v. 1798.

_____. *Thoughts on the Education of Daughters, with Reflections on Female Conduct*. Londres: J. Johnson, 1788.

_____. *A Vindication of the Rights of Men in a Letter to the Right Honourable Edmund Burke*. Londres: J. Johnson, 1790.

_____. *"A Vindication of the Rights of Woman" and "The Wrongs of Woman; or, Maria"*. Editado por Anne Mellor e Noelle Chao. Longman Cultural Editions: Pearson, 2007.

Woodford, Adrian. "Brenta Canal River Cruise: At Home in a Watery Hinterland". *The Telegraph* (2009), <www.telegraph.co.uk/travel/cruises/riversandcanals/5612695/Brenta-Canal-river-cruise-At-home-in-a-watery-hinterland.html>.

Woolf, Virginia. *The Common Reader: Second Series*. 3 v. Londres: Hogarth Press, 1953.

Wordsworth, Dorothy. *Recollections of a Tour Made in Scotland, 1803*. Editado por Carol Kyros Walker. New Haven: Yale University Press, 1997.

Wordsworth, William. *The Collected Poems of William Wordsworth*. Londres: Wordsworth Editions, 1994.

Wright, Thomas (org.). *Dictionary of Obsolete and Provincial English*. Londres: Henry G. Bohn, 1851.

# CRÉDITOS DAS IMAGENS

020 *The Epitaph on My Mother's Tomb*, de W. e J. Hopwood, gravura do frontispício da obra de Mary Lamb, *Mrs. Leicester's School*, 5. ed. (Londres: M. J. Godwin and Co., 1817). The Carl H. Pforzheimer Collection of Shelley and His Circle, the New York Public Library, Astor, Lenox and Tilden Foundations.

024 O Polígono. Edward Walford, *Old and New London; A Narrative of Its History, Its People, and Its Places*, v. 5, *The Western and Northern Suburbs* (Londres: Cassell & Company, 1892), <https://archive.org/details/cu31924091765846>.

027 Mary Wollstonecraft, retrato de John Opie (1797). De Agostini Picture Library/Bridgeman Images.

028 Samuel Taylor Coleridge, gravura de William Say (1840), baseada em um retrato feito por James Northcote (1804). Coleção particular/Bridgeman Images.

044 William Godwin, gravura de George Dawe, baseada na pintura de James Northcote (1802). The Carl H. Pforzheimer Collection of Shelley and His Circle, the New York Public Library, Astor, Lenox and Tilden Foundations.

052 Imagem do mercado de Newgate, na Paternoster Square, Londres, c. 1850. HIP/Art Resource, Nova York.

062 *The South Parade, Bath*, de James Gandon (1784). Cortesia da Victoria Art Gallery, Bath & North East Somerset Council.

066 *The Lady's Maid*. British Library, Londres, © British Library Board, todos os direitos reservados/Bridgeman Images.

098 Retrato de Percy Bysshe Shelley, 1819 (óleo sobre tela), de Amelia Curran (1775-1847). National Portrait Gallery, Londres/Bridgeman Images.

102 Shelley e Mary no cemitério da antiga St. Pancras, 1877 (óleo sobre tela), de William Powell Frith (1819-1909). Coleção particular/Bridgeman Images.

116 Joseph Johnson, de William Sharp, baseada em uma gravura em metal feita por Moses Haughton, o Velho, c. 1780-1820. © National Portrait Gallery, Londres.

138 *The Nightmare*, c. 1781 (óleo sobre tela), de Henry Fuseli (Johann Heinrich Füssli) (1741-1825). Goethe Museum, Frankfurt/Peter Willi/Bridgeman Images.

142 *Œconomy & Self-Denial Are Necessary*, gravura de William Blake, Placa 6, *Original Stories from Real Life*, Lessing J. Rosenwald Collection, Library of Congress. Copyright © 2014 William Blake Archive. Utilizada com permissão.

151 Claire Clairmont, 1819 (óleo sobre tela), de Amelia Curran. Nottingham City Museums and Galleries (Nottingham Castle)/Bridgeman Images.

168 Autorretrato de Henry Fuseli (giz preto sobre papel). Coleção particular/Bridgeman Images.

175 Mary Wollstonecraft, gravura pontilhada de William Ridley (1796), baseada na pintura de John Opie. The Carl H. Pforzheimer Collection of Shelley and His Circle, the New York Public Library, Astor, Lenox and Tilden Foundations.

179 Lord Byron (óleo sobre tela), de Thomas Phillips (1770-1845). Coleção particular/Bridgeman Images.

190 A Villa Diodati, extraída de *Finden's Landscape & Portrait Illustrations to the Life and Works of Lord Byron*, v. 2 (Londres: John Murray, 1832). Cortesia da John Murray Collection.

208 Mary Shelley, c. 1816 (litografia), English School (século XIX). © Russell-Cotes Art Gallery & Museum, Bournemouth, UK/Bridgeman Images.

216 Página do original de *Frankenstein*, na caligrafia de Mary Shelley. Bodleian Library, University of Oxford. Abinger c. 56, fol. 21r.

231 Mary Wollstonecraft, gravura em água-forte e água-tinta de Roy, baseada em um artista desconhecido a partir de fisionotraço, início do século XIX. © National Portrait Gallery, Londres.

243 James Henry Leigh Hunt (1784-1859), aos 44 anos de idade, gravura de Henri Meyer (1844-1899), litografia, baseada em John Hayter (1800-1891), extraída de E. V. Lucas, *The Life of Charles Lamb*, vol. 1 (Londres: Methuen, 1905). Coleção particular/Ken Welsh/Bridgeman Images.

277 Comentários de John Adams, escritos à mão, no exemplar de Mary Wollstonecraft, *An Historical and Moral View of the French Revolution* (Londres, 1794). Cortesia da Trustees of the Boston Public Library/Rare Books.

287 Miniatura de Allegra, artista desconhecido. Cortesia da John Murray Collection.

318 William Shelley, 1819 (óleo), de Amelia Curran. The Carl H. Pforzheimer Collection of Shelley and His Circle, the New York Public Library, Astor, Lenox and Tilden Foundations.

350 *Putney Bridge and Village from Fulham*, c. 1750 (óleo sobre tela), anônimo. HIP/Art Resource, Nova York.

364 Margaret King, lady Mountcashell (fisionotraço), de Edme Quenedy, c. 1801. The Carl H. Pforzheimer Collection of Shelley and His Circle, the New York Public Library, Astor, Lenox and Tilden Foundations.

392 Caderno de Edward Ellerker Williams. Prell Collection of Edward J. Trelawny, Special Collections, Claremont Colleges Library, Claremont, CA.

395 Retrato de Jane Williams, por George Clint, 1822. Bodleian Library, University of Oxford.

418 Edward Trelawny, fotogravura de Annan & Swan, a partir de um retrato feito por Joseph Severn. Florence A. Thomas Marshall, *The Life and Letters of Mary Wollstonecraft Shelley*, vol. 2 (Londres, 1889), <www.gutenberg.org/files/37956/37956-h/37956-h.htm>.

444 Casa Magni. Edward Trelawny, *Records of Byron, Shelley, and the Author*, v. 1 (Nova York: Benjamin Blom, 1878), p. 144.

450 Esboços de barcos desenhados por Shelley. Bodleian Library, University of Oxford. Shelley adds. E. 18, p. 106.

456 Autorretrato de Edward Ellerker Williams (1793-1822). Coleção particular/Bridgeman Images.

462 *The Funeral of Shelley*, 1889 (óleo sobre tela), de Louis Edouard Paul Fournier (b. 1857). © Walker Art Gallery, National Museums Liverpool/Bridgeman Images.

472 O diário de William Godwin. Bodleian Library, University of Oxford. Ver também Victoria Myers, David O'Shaughnessy e Mark Philp (org.), *William Godwin's Diary: Reconstructing a Social and Political Culture 1788-1836* (Oxford: Oxford Digital Library, 2010), <http://godwindiary.bodleian.ox.ac.uk/index2.html>.

474 Velha igreja de St. Pancras, Londres (gravura), de George Cooke (1793-1849). Coleção particular/© Look and Learn/Peter Jackson Collection/Bridgeman Images.

495 Mary Shelley (aquarela sobre marfim aplicado sobre papel-cartão), de Reginald Easton, em algum momento entre 1851 e 1893. Bodleian Library, University of Oxford, Shelley relics (d).

534 Retrato de Mary Shelley, de Richard Rothwell. National Portrait Gallery, Londres, photo © Tarker/Bridgeman Images.

538 Túmulo de Shelley. Cortesia de Brooks Richon.

555 Lápide de Mary Wollstonecraft. Cortesia de Brooks Richon.

# AGRADECIMENTOS

Eu gostaria de agradecer:

À minha incomparável agente, Brettne Bloom, que acreditou neste livro desde o início e me deu coragem para contar a história dessas mulheres admiráveis.

À equipe da Random House, em especial Barbara Bachman, Jenn Backe, Steve Messina, Emily DeHuff, Chris Jerome, Karen Mugler, Joe Perez, e às minhas editoras — a brilhante Susanna Porter, cuja visão, competência, discernimento e clareza foram indispensáveis durante os longos anos em que passei escrevendo este livro e cuja paixão pelas Marys me inspirou durante as inevitáveis dificuldades de um projeto tão imenso; e à talentosa Priyanka Krishnan, cuja paciência, humor, lucidez e habilidades organizacionais me ajudaram a transformar o primeiro esboço em uma versão final coerente.

À equipe da Random House UK, em especial Sarah Rigby, cujos comentários e sugestões editoriais ajudaram a tornar a narrativa mais concisa e clara, e cujo incentivo me fortaleceu na reta final.

Aos extraordinários biógrafos literários, cuja pesquisa pioneira e análise perspicaz de Wollstonecraft e dos Shelley me permitiram escrever esta dupla biografia: Lyndall Gordon (*Vindication: A Life of Mary Wollstonecraft* [Reivindicação: a vida de Mary Wollstonecraft]), Richard Holmes (*Shelley: The Pursuit* [Shelley: a busca]), Miranda Seymour (*Mary Shelley*), Janet Todd (*Mary Wollstonecraft: A Revolutionary Life* [Mary Wollstonecraft: uma vida revolucionária]) e Claire Tomalin (*The Life and Death of Mary Wollstonecraft* [A vida e a morte de Mary Wollstonecraft]).

Aos editores que disponibilizaram ao público as cartas e os diários de Mary Shelley, Claire Clairmont e Mary Wollstonecraft: Betty T. Bennett, Marion Kingston Stocking e Janet Todd.

Aos volumes Shelley and His Circle, da Pforzheimer Collection, editados por Kenneth Neill Cameron, Donald Reiman, Doucet Fischer e outros.

Aos funcionários e bibliotecários da Biblioteca Pública de Nova York, à Biblioteca Bodleiana, à Biblioteca Britânica e à Biblioteca Honnold/Mudd dos Claremont Colleges, em especial a Elizabeth Denlinger, Bruce Barker-Benfield e Carrie Marsh.

À minha assistente de pesquisas, Eva Schlitz, por revisar o manuscrito, formatar e organizar as notas e a bibliografia; a Allie Graham e Helen Gordon, pela inestimável ajuda com tecnologia, imagens e direitos autorais; e a Todd Wemmer pelas fotografias.

Aos meus primeiros leitores: Nola Anderson, Laura Harrington e Gabrielle Watling.

Ao Endicott College, em especial ao presidente Richard Wylie e à vice-presidente e coordenadora do Undergraduate College, Laura Rossi-Le, e aos funcionários da Biblioteca Endicott, especialmente Betty Roland e Brian Courtemanche, pelo suporte necessário para que eu escrevesse este livro. Agradeço também a Mark Herlihy, Gene Wong e aos meus muitos colegas e amigos de faculdade.

Aos meus fiéis amigos: Heather Atwood, Carolyn Cooke, Paul Fisher, Laila Goodman, Jo Kreilick, Vicki Lincoln, Phoebe Potts, Ruth Rich, Chris Stodolski, Gabrielle Watling e Jim Watras.

Aos meus irmãos: Richard, Liz, Jacques e Helen.

A Brooks, que tem convivido com as Marys por tanto tampo quanto eu. E a Mark, que nos apoiou durante todos os estágios do processo de escrita, desde preparar o jantar e cuidar da família até ler as frases de abertura e encerramento deste livro incontáveis vezes.

E, por fim, à minha mãe, que sempre foi e é minha inspiração.

CHARLOTTE GORDON é a autora de *Mistress Bradstreet: The Untold Life of America's First Poet* e *The Woman Who Named God: Abraham's Dilemma and the Birth of Three Faiths*. Também publicou dois livros de poesia, *When the Grateful Dead Came to St. Louis* e *Two Girls on a Raft*. É professora adjunta de Inglês no Endicott College e vive em Gloucester, Massachusetts.

# DARKLOVE.

*No fim, todos nos transformamos em histórias.*
— MARGARET ATWOOD —

DARKSIDEBOOKS.COM